ISBN 978-0-266-13660-6
PIBN 11014903

1 MONTH OF
FREE
READING

at

www.ForgottenBooks.com

By purchasing this book you are
eligible for one month membership to
ForgottenBooks.com, giving you
unlimited access to our entire
collection of over 1,000,000 titles via
our web site and mobile apps.

To claim your free month visit:
www.forgottenbooks.com/free1014903

English
Français
Deutsche
Italiano
Español
Português

www.forgottenbooks.com

Mythology Photography **Fiction**
Fishing Christianity **Art** Cooking
Essays Buddhism Freemasonry
Medicine **Biology** Music **Ancient
Egypt** Evolution Carpentry Physics
Dance Geology **Mathematics** Fitness
Shakespeare **Folklore** Yoga Marketing
Confidence Immortality Biographies
Poetry **Psychology** Witchcraft
Electronics Chemistry History **Law**
Accounting **Philosophy** Anthropology
Alchemy Drama Quantum Mechanics
Atheism Sexual Health **Ancient History**
Entrepreneurship Languages Sport
Paleontology Needlework Islam
Metaphysics Investment Archaeology
Parenting Statistics Criminology
Motivational

Dr. Martin Luther's

vermischte

deutsche Schriften.

Nach den

älteſten Ausgaben kritiſch und hiſtoriſch bearbeitet

von

Dr. Johann Konrad Irmiſcher,

k. zweitem Pfarrer an der Neuſtadtkirche und zweitem
Univerſitäts-Bibliothekar zu Erlangen.

I. Deutſche Briefe.

Dritter Band.

Frankfurt a. M. und Erlangen,

Verlag von Heyder & Zimmer.

1853.

Dr. Martin Luther's

sämmtliche Werke.

Fünf und fünfzigster Band.

―――――

Vierte Abtheilung.

Vermischte deutsche Schriften.

Dritter Band.

―――――

Frankfurt a. M. und Erlangen,

Verlag von Heyder & Zimmer.

1853.

Druck von Junge und Sohn in Erlangen.

Inhaltsverzeichniß

zum III. Bande

der deutschen Briefe Dr. Martin Luthers.

———

Jahr 1533.

Jahr 1534.

An die aus Oschaz verjagten Christen, v. 20. Januar 1533.

Wittenb. XII. 161. Jen. VI. 1. Altenb. VI. 121. Leipz. XXI. 2. Walch X. 2224. De W. IV. 433.

Den ehrsamen und weisen Bürgern und Bürgerin aus Oschaz, umb Christi willen vertrieben, meinen lieben Herrn und Freunden in Christo.

Gnade, Trost und Friede in Christo. Ehrsame, Weise, liebe Freunde! Es hat mir die Frau von Daum angezeigt euer Elend, darein euch Herzog George getrieben, und wie ihr fliehen habt müssen. Wohlan, ihr habt ein Großes gewaget und gethan; Christus unser lieber Herr, umb deß willen ihr leidet, tröste, stärke und erhalte euer Herz, daß ihrs hinaus leidet, und nicht müde noch laß werdet.

Denn der Teufel wird damit nicht aufhören, sondern weil ihr euch wider ihn gesetzt habt, wird er sich auch weiter gegen euch sträuben, und sollt er gleich nichts mehr können, denn auch die Unsern in diesem Fürstenthumb wider euch hetzen zu Leid und Ungunst. Denn er ist der Wirth in der Welt, und die Welt ist sein Haus: darumb, wo man hinkömmet, da findet man den scheußlichen Wirth daheime.

Derhalben seid fest und getrost in der Kraft Jesu Christi, und sehet ja zu, daß ihr gewiß seid und nicht zweifelt, solch euere Flucht oder Elend gefalle Gott im Himmel sehr wohl. Und obs die Leute vorachten, und vielleicht eur Herz auch gering ansiehet; so sollt ihr doch denken gewißlich, daß es für Gott und seinen Engeln ein groß Ding ist. Denn ihr habts auch nicht darumb gethan, daß die Leute euch loben und wundern, sondern Gotte zu Lob und Ehren. Es lobe nu oder schelte der Mensch, da liegt nichts an; ist gnug, daß Gott mit seinen Engeln lobt und liebt.

Darumb sollt ihr mit dem König David (da er auch ins Elend war verstoßen) singen, im 56. Psalm: Herr, zähle meine Flucht, fasse meine Thränen in deinen Sack, ohn Zweifel, du zählest sie rc.: als sollt er sagen: Wenn schon kein Mensch mein Elend bedenken will, schauest du doch, Herr, so genau darauf, daß du alle meine Schritt zählest in meiner Flucht, wie weit, wie ferne ich verjagt werde und laufen muß, und vergissest kein Thränen, die ich weine; sondern ich weiß, daß du sie alle in deinem Register anschreibest, und nicht vergessen wirst.

Sehet, wie sich dieser König damit tröstet, daß er es gewiß ist, daß seine Flucht, seine Thränen, sein für Gott alle gezählet und gerechnet, alle Fußtäpfen und Schritte angeschrieben, die ihm saur worden, und alle Thräne in Gottes Sack gefasset, daß nicht eine sollt beifallen oder vergessen seyn; wie auch Christus spricht Matth. 10, (30.): Euer Haar auf ewerm Häupt sind alle gezählet, und nicht eins soll umkommen.

Christus gebe solchem seinem Wort Saft und Kraft in eure Herzen, daß ihr solches gewiß seid, und nicht daran zweifelt; wie es denn gewiß an ihm selbs und kein Zweifel ist, Amen.

Lasset Herzog Georgen mit den Seinen machen, er hat sein Urtheil und Richter. Das fühlet er itzt nicht; er soll es aber und muß es fühlen in Kürze, und wird den Spruch erfüllen, Sir. am 35, (18. 19.): Die Thränen der Elenden fließen wohl die Backen herab, sie schreien aber uber sich, wider den, der sie heraus dringet. Amen, und aber Amen.

Solch mein kurz eilend Schreiben wöllet dießmal für gut haben, und lasset uns mit einander und für einander bitten; denn wir sind gewißlich erhöret. Und ob sichs verzeucht, so wird es doch kommen, und nicht außen bleiben. Denn Gott kann nicht liegen noch trügen. Dem sei Lob und Dank in Ewigkeit, durch

unsern lieben Herrn Jesum Christum, Amen. Den
20. Januarii, 1533.

434.

An den Bürgermeister und Rath zu Rothenburg an der Tauber, v. 26. Januar 1533.

Wittenb. XII. 201. Jen. VI. 2. Altenb. VI. 122.
Leipz. XXII. 563., nochmals Suppl. No. 124. S. 72.
Welch XXI. 358. und nochmals XXI. 364. De W. IV. 435.

Den Ehrsamen und Weisen, Herrn Bürger-
meister und Rath zu Rothenburg an der
Tauber, meinen günstigen Herren und
Freunden.

Gnad und Fried in Christo. Ehrsamen, Weisen,
lieben Herrn und gute Freunde! Wiewohl ich E. W.
fremde und (ohn dem Namen) unbekannt, bin ich
doch verursacht, euch zu schreiben umb euers Stadt-
Kinds willen, Georgen Schnell, dazu auch gebeten,
nicht von ihm selbs, sondern von andern guten Leuten, die ihm Guts gönnen. Derhalben ich bitte, E.
W. wollen mir diese Schrift zu gut halten, und das
ist die Meinung.

Es ist euer Stadt-Kind, deß ihr keine Schande
habt, gelehrt und fromm, mein täglicher Haus- und
Tischgenoß, deß ich ihm muß gute Kundschaft und
Zeugniß geben. Weil er nu arm und nichts hat, ist
mein fleißig Bitte, E. W. wollen bedenken, wie itzt
allenthalben groß kläglich Mangel an gelehrten Leuten
ist (ohn was noch werden will), daß viel Schulen
und Pfarren leider wüste liegen, und die Leute ohn
Gottes Wort gleich wild und viehisch werden, und
doch umb Gottes willen helfen fördern das junge
Volk, angesehen, daß ein gerathen Mann kann viel
tausend helfen.

Demnach, weil ihr dazu auch als euerm Stadt-
Kind schuldig zu helfen, hoffe ich, meine Bitte sei
deste glimpflicher, daß E. W. wollte ihm zu seinem

1 *

Stubio hülflich sein, etwa mit einem Sehen oder sonst, was Gott bescheret hat. Fürwahr, es ist nicht übel angelegt, als ich ihn kenne, und wird euer Stadt Nutz und Ehre sein. Und wo es anders Niemand sollt vergelten, so ist der da, dem solche Wohlthat gefället, und heißt Jesus Christus, der es doch ja wohl umb uns verdienet hat, daß wir ihm sein Reich und Ehre helfen fördern.

Ich hoffe aber, E. W. dürfe nicht so große, viel weniger noch größere Vermahnung, ihr werdet euch selbs wohl wissen christlich zu erzeigen. Hiemit Gott befohlen, Amen. 1533. 26. Januarii.

D. Martin Luther.

435.

An Hans von Löser, v. 29. Januar 1533.

Christian Juncker güldenes und silbernes Ehren-Gedächtniß Lutheri S. 252. Unsch. Nachr. 1711. S. 572. 1717. S 723. Leipz. XXII. 564. Walch XXI. 362. De W. IV. 436.

Dem Gestrengen, Ehrenfesten Hans Löserer, Erbmarschallen zu Sachsen, meinem gst. Herrn und freundlichen, lieben Gevatter ꝛc.

Gnad und Fried in Christo. Gestrenger, Ehren-fester, lieber Herr und Gevatter! Wie ich nächst ge-beten, so bitte ich abermals umb unsers Herrn Christi willen, E. Gestrengen wolle sich demüthigen, Gott zu Ehren, und meinem jungen Sohn, den mir diese Nacht Gott bescheret hat von meiner lieben Käthen, förderlich und hülflich erscheinen, damit er aus der alten Art Adams zur neuen Geburt Christi durch das heilige Sacrament der Taufe kommen, und ein Glied der Christenheit werden möchte; ob vielleicht Gott der Herr einen neuen Feind des Papsts oder Türken an ihm erziehen wolle. Ich wollte ihn gerne umb Vesper-zeit taufen lassen, auf daß er nicht länger ein Heide bleibe, und ich desto sicherer würde. Ew. Gestrengen wolle sich unbeschweret hereinfinden, und solch Opfer,

Gott zu Lob, helfen vollbringen. Womit ichs wüßte zu verschulden, bin ich willig und bereit. Hiermit Gott sampt den Eurigen befohlen, Amen. In der Nacht umb 1 Uhr, Mittwochs nach St. Pauli, 1533.

Ew. Gestrengen

williger Diener

Martin Luther.

436.

An den Kurfürsten Johann Friedrich, v. 9. März 1533.

Aus dem Weim. Archiv im Leipz. Suppl. S. 120. No. 71.; Walch XXI. 360. De W. IV. 437.

Dem Durchleuchtigsten, Hochgebornen Fursten und Herrn, Herrn Johanns Friedrichen, des h. R. Reichs Erzmarschalk und Kurfursten, Herzogen zu Sachsen, Landgrafen in Thüringen, Markgrafen zu Meissen zc., meinem gnädigsten Herrn zu Handen.

Gnad und Friede in Christo. Gnädigster Kurfurst und Herr! Nachdem E. K. F. G. auf mein unterthänig Flehen und Bitten für M. Paceum, Diaconum, itzund zu Leißneck, gnädiglich mich nächst in Wittenberg vertröstet, daß ein Weg vorhanden, dadurch der arme Mann versehen muge werden: hat er mir neulich geschrieben, und klaget ganz jämmerlich, wie er Leibs schwach, und mit seinem Weib und kleinen sechs Kindern große Armuth und Noth leide: derhalben flehen und bitten Mann und Weib ohne Unterlaß umb Gottes willen umb Hülfe. So dann in der Leibs-Schwachheit das Diaconat-Ampt und die Kirche gar nichts mit ihme versorget, und dieß gnädige christliche Almus die lautere große Noth ist: bitt ich unterthäniglich, dieweil dieser Bot wieder in Korz anher kommet, E. K. F. G. wollen gnädiglich mir in Schriften zu erkennen geben, was gemeldtem Paceo

vor gnädige Antwort und endlicher Bescheid soll geben
werden, damit dem armen kranken Mann geholfen,
und die Kirche in Leißneck durch E. K. F. G. Visi-
tators mit einem andern Diacon bequemer muge versorget werden. Bitte E. K. F. G. gnädige Antwort.
E. K. F. G. wolle Gott der Herr allezeit gnädiglich
bewahren und stärken. Gegeben Sonntags Reminiscere, Anno Dni. 1533.

E. K. F. G.

unterthäniger

Martin Luther.

437.

An Joachim, Fürsten von Anhalt, v. 28. März 1533.

Aus Beckmanns Anhältscher Geschichte B. V. S. 171.
bei De W. IV. 441.

Gnade und Friede in Christo. Durchleuchtiger,
Hochgeborner Fürst! Es hat mir M. Nikolaus Hausmann, E. F. G. Prediger, angezeigt, wie E. F. G.
von Herzen dem Evangelio geneigt, und doch schwer
wird, nicht allein aus voriger Gewohnheit, sondern
auch etlicher großer Fürsten Schreiben und Abführen.
Nun ist es je die Wahrheit, daß solche zwei Stücke
(alte Gewohnheit und gegenwärtiger großer Leute
Anfechtung) wohl stärkere Christen, weder E. F. G.
vielleicht sind, und heftiglich bewegen; aber gleichwohl
müssen wir ja lernen mit der Zeit (ob wirs geschwinde und plötzlich nicht thun können), daß Christus mehr ist, und Gott der Vater will ihn über
alles geehrt haben. Es mag ein Concilium oder
Papst den H. Geist haben und durch sein Eingeben
etwas ordnen, aber Christus hat ja auch keinen Teufel. Joh. 8. 1. Korinth. 12. Wann nun alle Propheten, Apostel, Kirchen, Concilia etwas setzen, und
Christus darüber oder wider setzte: so sollte ja Christus, als der den Geist ohne Maße hat, ja selbst aus-

theilet, mehr gelten, dann seine Heiligen, die ihme
so tief ungleich, den H. Geist nicht geben, sondern
zum Theil empfangen müssen. Darum bitte ich den
Vater aller Barmherzigkeit, er wolle E. F. G. allein
das Stücke lernen lassen, und wohl bedenken, daß
Christus und sein Wort höher, größer, mehr, gewisser
ist, dann hundert tausend Väter, Concilia, Kirchen,
Päpste ꝛc.; dann sie heißen in der h. Schrift Alle
Sünder und irrige Schafe, Psalm 119. Darumb
sei E. F. G. keck und fürchte sich nicht vor der Welt
Regenten, Christus ist größer dann alle Teufel, vielmehr dann alle Fürsten; demselben befehle ich E. F.
G. in seine Gnade und Barmherzigkeit, Amen. Freitags nach Laetare, Anno 1533.

E. F. G.

williger

Martinus Lutherus.

438.

An die evangelischen Christen zu Leipzig, v. 11. April 1533.

Wittenb. XII. 289. Jen. VI. 4. Altenb. V. 2. Leipz.
XXI. 3. - Walch XIX. 2274.; auch in Webers evang. Leipz.
S. 61., Dr. Hofmanns Reform. Hist. d. Stadt u. Univers.
Leipzig S. 213. De W. IV. 443.

Den Ehrbaren und Fürsichtigen, meinen
guten Freunden zu Leipzig, die H. G.,
des Evangelii Feind, itzt vertreibt.

Gnad und Fried in Christo, der bei euch leiden
und sterben soll, und gewißlich auferstehen wird, und
euch regieren.

Ich habe vernommen, lieben Freunde, wie Etliche unter euch fragen lassen: ob sie mügen mit gutem Gewissen ein Gestalt des Sacraments empfahen,
unter dem Schein, als hätten sie beide Gestalt empfangen, damit euer Oberkeit möchte zufrieden gestel-

let werden. Weil ich aber euer keinen kenne, noch weiß, wie euer Herz und Gewissen stehet, ist das mein bestes Bedenken: Wer deß bericht ist, und in seinem Gewissen fur Gottes Wort und Ordnung hält, daß beider Gestalt recht sei, der soll ja bei Leib und Seel nicht wider solch sein Gewissen, das ist, wider Gott selbst, handeln. Nun aber Herzog Georg auch sich unterstehet die Heimlichkeit des Gewissens zu erforschen, wäre er wohl werth, daß man ihn betröge, als einen Teufelsapostel, wie man immer mehr thun künnte; denn er hat solchs Foderns nicht Recht noch Fuge, und sündiget wider Gott und den Heiligen Geist. Aber weil wir müssen denken, nicht was ander böse Leute thun, es seien Mörder oder Räuber, sondern was uns zu leiden und zu thun gebühret: so will in diesem Fall das Beste sein, daß man trötzlich dem Mörder und Räuber unter Augen sag: Das will ich nicht thun; nimpst du mir darumb mein Gut oder Leib, so hast du es einem Andern genommen, denn mir, dem du es dürre bezahlen mußt, wie Petrus sagt 1. Petr. 4.: Jesus Christus paratus est judicare vivos et mortuos.

Darumb fahr hin, lieber Räuber; was du willt, das will ich nicht; was ich aber will, das wird Gott auch einmal wöllen, das sollt ihr erfahren. Denn man muß dem Teufel das Kreuz ins Angesicht schlagen, und nicht viel pfeifen noch hofiren, so weiß er, mit wem er umbgehet. Christus, unser Herr, der stärke euch, und sei mit euch, Amen. Datum Wittenberg am Charfreitag, Anno 1533.

Doctor Martinus Luther,
M. propria.

439.

An den Rath zu Nürnberg, gemeinschaftlich mit Melanchthon, v. 18. April 1533.

Aus dem Original bei De W. IV. 444.

Den Ehrbarn und Weisen, Burgermeistern

und Rath der Stadt Nurmberg, unsern
günstigen Herrn.

Gottes Gnad durch unsern Herrn Jesum Chri=
stum. Ehrbare, weise, gunstige Herrn! Uff E. W.
Fragen haben wir uns unter einander unterredt, und
wiefern die offentlich gemein absolutio nit zu strafen
und zu verwerfen, auß dieser Ursach, denn auch die
Predig des H. Evangelii selb ist im Grund und ei=
gentlich ein absolutio, darinnen Vergebung der Sun=
den verkundigt wird, vielen Personen in gemein und
offentlich, oder einer Person allein, offentlich oder
heimlich: derhalben mag die absolutio offentlich in
gemein, und auch besonders heimlich gebraucht wer=
den, wie die Predig in gemein oder heimlich geschehen
mocht, und man sonst mocht Viel in gemein, oder
Jemand besonders allein trösten; denn obwohl nit
alle daran gläuben, darumb ist die absolutio nit zu
verwerfen, denn alle absolutio, sie geschehe in gemein
oder besonders, muß doch also verstanden werden,
daß sie Glauben forder und denen hilft, so daran
glauben, wie auch das Evangelium selb allen Men=
schen in aller Welt Vergebung verkundigt, und Niemand
von dieser universali ausnimpt; aber es fodert gleich=
wohl unsern Glauben und hift dieienige nit, so nit
daran gläuben, und muß dennoch die universalis
bleiben. Daß aber hie mag bedacht werden, daß
Niemand der privat absolution begehren werde, so
man die gemein hat und bleiben laßt, dazu sagen
wir, daß es die Gestalt hat in rechtem Anliegen, daß
die Gewissen gleichwohl dieses besondern Trosts be=
durfen; denn man muß die Gewissen unterrichten, daß
der Trost des Evangelii eim Jeden insonderheit gelte,
und muß derhalben das Evangelium durch Wort und
Sacrament insonderheit Jedem applicirn, wie ihr als
die Verständigen wißt, daß insonderheit ein jedes Ge=
wissen darob streitet, ob ihm auch diese große Gnad,
die Christus anbeut, gehöre. Da ist leichtlich zu ver=
stehen, daß man die privat absolutio daneben nit soll
fallen lassen, und diese applicatio erhält auch deutli=
cher den Verstand des Evangelii und der Gewalt

der Schlüssel; denn der gemeinen absolution würden sehr wenig Leut wissen zu gebrauchen oder sich ihrer annehmen, so sie daneben dieser applicatio nit erinnert, daß sie sich auch der gemeinen absolutio annehmen sollen, als sei sie jedes besonder, und daß eben dieses das eigen Ampt und Werk des Evangelii sei, gewißlich Sund vergeben aus Gnaden. Aus diesen Ursachen halten wir, daß die gemein absolutio nit zu verwerfen, auch nit abzuthun sei, und daß man dennoch daneben die privat applicatio s. (?) absolutio erhalten soll. Gott bewahr E. W. allzeit gnädiglich. E. W. zu dienen sein wir allzeit bereit williglich. Datum Wittenberg Freitags nach dem Ostertag, Anno 1533.

D. Martinus Luther.
Philippus Melanchthon.

440.

An Wolf Wiedemann, v. 27. April 1533.

Wittenb. XII. 240. Jen. VI. 5. Altenb. VI. 3. Leipz. XXI. 4. Walch XIX. 2276. De W. IV. 446.

Dem Ehrsamen und Weisen, Herrn Wolf Wiedemann, Bürgermeister zu Leipzig, meinem guten Freunde.

Mein willigen Dienst zuvor, Ehrsamer, Weiser, lieber Herr und Freund! Ich hab euer Schrift empfangen, und derselbigen Meinung fast wohl vernommen, und auf euer Bitt und Begehr ist wiederumb mein Bitt und Begehr, wollet mich verständigen: wer euch geheißen und beweget hat, solchen Brief an mich zu schreiben? Ob es der Pfarrherr zu Cöllen, oder der Meuchler zu Dreßen, oder euer Junker, Herzog Jorg, gethan habe? Alsdann sollt ihr Antwort kriegen, ein voll eingedruckt gerüttelt überhauft Maß, ob Gott will. Dann euch zu dienen bin ich willig. Datum zu Wittenberg, Sonntags nach S. Georgii, 1533.

Martinus Luther, Doctor.

441.

An Egidius Freund, Schösser zu Torgau, v. 28. April 1533.

Köstlin Luthers Geschäfte in Torgau S. 90. De W. IV. 446.

Dem Ehrbarn und Weisen, Herrn Egidien Freund, Schösser zu Torgau.

G. u. F. durch Christum unsern Heiland und Mittler, Amen. Ehrbarer und Weiser, günstiger Herr und Freund! Euch ist nicht verborgen, daß man die Uebelthäter, die man gefangen nimpt, nicht gleich an den Galgen bringet, sondern daß man erstlich sie höret, ob sie gethan, was man ihnen zur Schuld nachsaget. Ich habe keinen Zweifel, ihr werdet mit dem gefangenen Hans Zeilen nicht zufahren und ihn verdammen, bis daß ihr seinen Handel genau durchsehen und seine Zeugen verhöret. Hält die Sache so, wie mir sein Bruder meldet, würdet ihr Richter und Part sein. Darumb ziemet es sich, säuberlich in der Sachen zu fahren und in Bedenken zu nehmen. Die Richter haben über sich einen Richter, der umb sie gerecht Gericht hält, und das Gute lohnet, und das Böse strafet. Ich hoffe, ihr fürchtet diesen euren Richter auch, und werdet thun, was recht und gut ist, da ich euch lange als einen guten und löblichen Mann kenne. Hiemit Gott befohlen. Datum Montag nach Mis. Dom., 1533.

Martinus Luther, D.

442.

An Frau Jörgerin, v. 6. Mai 1533.

Raupach Evang. Desterreich 1. Fort. S. 64. Moseder Glaubensbekennt. S. 88. De W. IV. 447.

Gnad und Fried. Ehrbare, tugendhaftige Frau! Euere Schrift der fünfhundert Gülden halb, so man sollt zu Linz auf nächst vergangenen Ostern empfan-

gen haben, ist mir zu spat kommen. Nichts besto
weniger habe ich eure Bitte nach Martin Seldener
zu Nürnberg durch Herrn Lazarum Spengler lassen
bitten und vermahnen, daß ers noch wollte fordern
und empfahen mit Verschreibung, wie sichs gebührt,
uns gen Nürnberg schaffen. Wiewohl ichs gern gesehen, als ich auch vorhin geschrieben, ihr hätt es
selber hereingeschafft, aufs Allergewissest ihr könnt
hätt; weil ich auch vermerkt aus euer Schrift, daß
es euch baß gefällt, solch Almosen von Hand aus zu
geben armen Studenten, denn auf Zins anlegen; wo
ihr auf der Meinung bleibt, gefällt mir nicht übel.

Daß euch auch ein Prediger bekümmert hat euers
Sohns halben und eines Richters, wie mir Er Michel angezeiget hat, sollt ihr euch nicht bekümmern
noch irren lassen. Lasset sie mit einander ins Recht
treten, die Sache gehet euere Person nicht an; das
Recht wird sie wohl scheiden, und darf sich euer Gewissen nichts damit beschweren. Hiemit Gott befohlen
sampt euren lieben Kindern und allen den Euren,
Amen. Datum Wittenberg den 6. Maji, 1533.

Euer williger

D. Martinus Luther,
noch halb krank.

443.

An einen Ungenannten, v. 13. Mai 1533.

Witteub. XII. 161. Jen. VI. 32. Altenb. VI. 123. (?)
Leipz. XXII. 521. Walch X. 2056. De W. IV. 449.

Gnade und Friede in Christo. Ehrsamer, lieber,
guter Freund! Mir ist angezeigt durch etliche gute
Freunde, wie euer Gewissen beschweret sei des Falls
halben, daß ihr bisher beider Gestalt des Sacraments
gebraucht, und darnach umbgefallen, und aus Furcht
eine Gestalt wieder empfangen, euer Weib aber auf
beider Gestalt blieben. Derhalben es fürhanden sein
soll, sie von euch zu scheiden, und vertreiben. Welchs
euch nu beschweret und gereuet, und viel lieber nu

mit euerm Weibe vertrieben sein wöllet, allein, daß euch euer Gewissen beißet, des Umbfallens halben.

Wo nu dem so ist, so lasset euch leid sein, daß ihr umbgefallen seid; stehet wieder auf. Und wie ihr bereit seid zu wogen, ob man euch mit Weib und Kind vertriebe, so wagets im Namen Gottes: so habt ihr damit thätlich und öffentlich wiederumb bekennet die Wahrheit, und euern Fall gebüßet.

Christus hats euch schon vergeben, so ihr nur wiederkehret, und hinfüro alles umb seinenwillen wogen wöllet. Hiemit Gott befohlen. Datum Dienstag nach Cantate, 1533.

D. Martinus Luther.

444.

An Wolfgang, Fürsten zu Anhalt, v. 15. Mai 1533.

Altenb. VIII. 980. Leipz. XXII. 564. Walch XXI. 361. De W. IV. 449.

Gnad und Fried in Christo. Durchleuchtiger Fürst, Gnädiger Herr! Es ist (wie ich höre) die Pfarre zu Roßwig verledigt durch tödtlichen Abgang des vorigen Pfarrers. Wo nun E. F. G. dieselbige noch nicht verliehen oder versprochen hätten, ist mein unterthänige Bitte, E. F. G. wollten diesem Er Simon Haferitz, Briefes Zeiger, gönnen und verleihen. Denn er ist ein fast geschickter Mann, und überaus wohl beredt, itzt neulich von Großen-Salze versagt, und im Elend umbgetrieben. Und ob er wohl etwas geirret zu Münzers Zeit, so ist er doch wohl gepanzerfeget, daß ich meine, er solle gnug gebüßet haben. So wollt ich auch gerne ihn wissen in der Nähe ümb uns: wer weiß, wo man sein einmal brauchen müßte, als er denn wohl zu brauchen ist. E. F. G. wollten sich gnädiglich erzeigen, das wird Gott gefallen; und was ich E. F. G. dienen kann, bin ich willig und bereit. Hiemit Gott befohlen, Amen. Donnerstag nach Cantate, 1533.

Martin Luther, D.

445.

Vier Bedenken, zum Theil gemeinschaftlich mit den andern Theologen, Mitte Juni 1533.

Eisl. II. 324. Altenb. V. 130. Leipz. XXI. 120. Walch XVI. 2272. De W. IV. 454.

I.

Wo der erste Artikel klar und gewiß stunde, was der Papst damit meinte, so hätte ich keinen Mangel an den andern allen (fur mein Person). Denn wo er sich klärlich erzeigte, daß er ein Concilium nach Gottes Wort, und nicht nach seiner Gewohnheit halten wollt, und sich deß verpflichtet: so durft es keiner Frage, ob wir erscheinen, gehorsam sein, und helfen exequiren wollten. Denn wir solltens nicht allein thun, sondern wärens auch schuldig zu thun, als Gott selber zu gehorchen.

Aber nu ist derselb Artikel bäbisch und verrätherisch gestellet, und scheuet das Licht, mucket im Dunkeln als ein halber Engel und halber Teufel; spricht, es soll ein frei Concilium sein, sicut ab initio, das ist, wie von Anbeginn. Meinet er hiemit die ersten Concilia, und sonderlich die Aposteln zu Hierusalem, wie in Geschichten der Aposteln am 15. stehet und am 16.: so muß es nach Gottes Wort gerichtet werden. Denn die Aposteln schlossen aus Gottes Worten und Werken 2c. Wer wollt den nicht folgen? 2c. Wiederumb spricht er: Nach Gewohnheit der Kirchen von Alters her bis auf diese Zeit; hiemit begreift er auch die letzten Concilia, als das zu Costniß, zu Basel, zu Pise und das allerschändlichst zum Lateran zu Rom, das letzte unter dem Papst Leo dem Zehenten gehalten, welchs aller Welt ein Spott und Schimpf war:

Demnach muß seine Meinung sein, er wolle ein solch
Concilium machen, darin man uns fürlese die Acta
und Handlungen solcher Concilien, als wüßten wir
sie zuvor nicht. Und weil das die Meinung ist, darf
man keines Concilien; denn es ist längst gehalten,
und nicht allein beschlossen, sondern nu länger denn
zwölf Jahr wider uns exequirt mit Bannen, Feuer,
Wasser, Schwert und aller Macht und List, daß
mans uns nicht aufs Neue darf allererst in einem
Concilio fürlesen; wir wissens und habens allzuwohl
erfahren.

Summa, ein Concilium sieut ab initio, als die
ersten gewesen sind, das verstehen wir nicht anders,
könnens auch nicht anders verstehen, denn ein Concilium nach Gottes Wort und Werken. Aber ein
Concilium nach bisher gebrauchter Gewohnheit, wie
das zu Costnitz und seines gleichen gewest, heißt ein
Concilium wider Gottes Wort, nach menschlichem
Dünkel und Muthwillen.

Weil nu die zwei, nämlich nach Gottes Wort,
und wider Gottes Wort, in einerlei Maul des Papsts
sich selbs Lügen strafen: so muß man greifen, daß
der Papst im ersten Artikel den Kaiser sampt unser
Bitt spottet und narret. Denn ein solch Concilium
ist von uns nicht begehrt, auch auf den Reichstagen
nicht zugesagt, noch beschlossen; dennoch nennet ers,
der Lügener, ein frei Concilium; verstehet frei, fur
sich allein, daß er darin will thun, wie bisher gewohnet und gethan ist, frei und ungehindert.

Uber das ist auch das seiner Lügen ein Zeichen,
daß er der Concilien Gewohnheit (wiewohl sie nicht
zu leiden ist) rühmet, und hält sie doch selber nicht
in diesen Artikeln: denn das ist ein neue Grifflin,
und zuvor nicht gewohnet noch jemals erhöret, daß
er uns und Jedermann zuvor, ehe das Concilium
ausgeschrieben wird, in Verpflicht nimmet, zu halten,
was er uns sagen wird, und wir nicht wissen, was
er sagen will. Hie ist ihm jach, und eilet auf die
Execution; hie kann er klar und deutlich reden, und
mucket nicht im Dunkeln; gibt aber wohl zu verstehen,

was fur ein Concilium er halten wolle, liberum ꝛc.,
das ist, was ihm gefället.

Die Sache aber, darumb ein Concilium begehrt
und noth ist, gehet den Papst und seiner Concilien
Gewohnheit selbes an, und sie müssen Part, und
nicht Richter sein; sondern das Wort Gottes soll
zwischen Papst sampt seinen Concilien und uns rich=
ten: darumb es auch ein christlich, und nicht ein
päpstisch Concilium heißt. Es sind nicht Controver=
sien in Germania (wie ers nennet); es sind Contro=
versien der ganzen Christenheit des Wort Gottes
halben, wider den Papst und seine Lehre, und die
Christenheit begehrt ein Concilium und Urtheil oder
Zeugniß vom Wort Gottes und dem Papstthumb;
da steckts.

II.

Mein Rath und gute Meinung ist, daß man sich
gegen die sechzehen Artikel nicht sperre, sondern ge=
trost annehme, auf daß damit dem Papst das Maul
gestopft werde; denn sie sind nicht aus Nothdurft
der Sachen, sondern auf Schalkheit dargestellet, daß
sie Ursach haben mögen, auf uns allen Unglimpf zu
schieben und zu streuen: Siehe da, die Lutherischen
wollen nichts thun, nichts weichen, nichts leiden, sie
wollen nicht bewilligen in Gehorsam des Concilii, sie
wollen die Malstadt nicht haben, sie wollen nicht
helfen exequirn, sie wollen alles haben nach ihrem
Gefallen, sie wollen selbs das Concilium sein. Weß
ist nu die Schuld, daß kein Concilium wird? Der
Papst thäts gerne ꝛc. Solch Geschrei zu verhüten,
wäre es fein, daß wir den Glimpf behalten, und lie=
ßen solche Artikel uns gefallen, und darnach trachte=
ten, daß wir den Unglimpf auf den Papst selbs schö=
ben, nämlich also:

Es ist auf allen Reichstagen gebeten umb ein
frei christlich Concilium, und auch endlich zugesagt
worden, daß Kais. Majest. bei dem Papst darumb
arbeiten solle. Nu fähret der Papst zu in dem er=
sten Artikel, und schlägt solche Bitt abe, und wills

nicht thun, und spricht dürre heraus, er wolle ein
Concilium machen nach voriger Weise und Gewohn=
heit; so doch ihm und uns und Jedermann wohl be=
wußt ist, daß umb solch Concilium Niemand hat ge=
beten. Und thut, gleichwie im Evangelio stehet:
Wenn ein Kind umb Brod bäte, und der Vater
ihm einen Stein gäbe, oder eine Schlange fur einen
Fisch, oder einen Scorpion fur ein Ei: also hie auch,
da man bittet umb ein frei christlich Concilium, hat
der Papst Schultheißen=Ohren, und gibt uns ein
Concilium nach voriger Weise, das ist, nicht ein frei
christlich Concilium. Weil er denn solche Bitte umb
ein christlich frei Concilium abschläget und wegert,
weiset uns dazu mit Spott in den Hintern: müssen
wirs geschehen lassen und leiden, und Christo die Sa=
chen befehlen.

Denn wir dürfen keins Concilii nach voriger
Weise, wollens auch nicht haben; so darfs der Papst
viel weniger. Denn wir wissen zuvor wohl, was man
in einem Concilio, nach voriger Weise gehalten, schlie=
ßen muß und soll, nämlich, daß man erstlich aufs
Neue bestätige die vorigen Concilien; so hat mans
schon gar, und ist des neuen Concilii ein Ende be=
schlossen. So ist das Costnitzer Concilium so ein
köstlich, trefflich Concilium, nach voriger Weise gehal=
ten, daß, wenn der Papst hundert Concilia machte
nach voriger Weise, würde doch keines so köstlich.
Was will man denn solche große Unkost und Mühe
umbsonst haben, wenn wir eins Conciliums nach vori=
ger Weise nicht wollen noch bedürfen, und der Papst
sein auch nicht, ja viel weniger bedarf? Denn es ist
im Costnitzer Concilio nichts vergessen, sondern mehr
denn zu allem Uberfluß gesetzt und geordent, was die
vorige Weise und Gewohnheit sei und sein soll, im
Papstthumb zu lehren, leben, meiden, thun, lassen rc.
Und ist dazu in solche starke Execution kommen, daß
darüber zwischen Deutschen und Behemen unzählig
Blut vergossen, und viel tausend Christen darüber
gemartert, verbrennet, verfolget sind; und ist noch
bisher solcher Execution und Verfolgens kein Maß
noch Ende. Was will man denn mehr haben nach

2

voriger Weise Concilia? Vielleicht sucht der Papst
auch solche Execution seines neuen Concilii zwischen den Deutschen unter nander selbes, wie er sie zuvor zwischen Deutschen und Behemen hat angericht,
der leidige Bluthund und Mörder.

Wo wir nu in solchen ersten Artikel werden willigen, so haben wir schon unser Confession und Apologia widerrufen und verläugnet, und alle unser Lehre
und Thun, bisher getrieben, geschändet und vernich-
tet, dazu den Papst in allen seinen Gräueln bestätigt
und angenommen, und müßte unser Ding eitel Irrthum, und das Papsts eitel Wahrheit heißen und
bleiben. Da sei aber Gott für.

Nu ist das gewiß und ohn allen Zweifel, daß
der Papst kein christlich, frei Concilium leiden kann,
(denn er siehet wohl, wie er mußte herunter fallen,)
und auch kein anders, denn nach voriger Weise geben
kann. Darumb behalten wir den Glimpf, wo wir
die sechzehen Artikel fröhlich und ungewegert annehmen, und schreien über seinen Hals in seinem ersten
Artikel, daß er darin die Bitte des Kaisers, des Reichs
und unser aller, so muthwillig abschläget, und weiset
uns mit unserer Bitte in den Hundswinkel; und will
Niemand hören, weder Gott, Kaiser, Reich noch uns,
sondern will selber Gott sein und bleiben, zu Troß
allen Christen und der ganzen Welt, und machen,
schaffen, thun und lassen, was ihm gefället, wie er
zu Costniß gethan hat; das will er ein Concilium
heißen. Aber umb ein solch Concilium bitte der Teufel, und ich nicht.

III.

Concilia in der gestalten Schrift an die Botschaft namhaft zu machen, ist sehr fährlich, und an
diesem Ort ganz unnöthig. Denn hie wird nichts
anders gemeldt, denn daß die alten und neuen Concilien ungleich sind. Das bedarf keiner Erzählung
der Concilien, und wird nicht gesagt, daß wir der
alten Concilien Proceß haben wollen, oder daß man
darnach urtheilen solle. Allein es ist zum Glimpf
hineingesetzt, daß die alten Concilien in der Lehr nicht

wider uns sind. Und stehet nämlich von der Lehr, als de Trinitate, und damit ihre ordinationes von den Ceremonien nicht verstanden werden, wiewohl uns dieselbigen auch nicht entgegen sind.

Von Gegenartikeln.

Wir bedenken, daß in allwege zu verhüten sei, daß man uns nicht auflege, wir gehen damit umb, das Concilium zu verhindern. Denn dieweil andere Nationes gerne ein Concilium hätten, und hoffen, es sollt etwas Fruchtbarlichs darin gehandelt werden: so wird der Papst allen Unglimpf der Verhinderung halben auf uns schieben wollen, sie wider uns noch härter zu verbittern. Wenn wir aber auf diesem Artikel berugen, darnach selbs alle Nationes auch schreien, daß man die Sachen nach Gottes Wort urtheiln wolle, und nicht nach päpstlichen Gesetzen 2c.: damit behalten wir Glimpf, und kann es Niemand mit gutem Schein und Billigkeit strafen. So sind andere Nationes des päpstlichen Gewalts und Münchlahr wohl so müde, als deutsche Nation.

Auch ist nu ein Artikel, daran furnehmlich gelegen, nämlich der erste, daß ein frei christlich Concilium gehalten werde, das ist, wie der Proceß soll fürgenommen werden. Dieser Artikel ist bereit gemeldet und opponirt in der gestalten Antwort, und wird Kais. Majest. klar gnug darin gebeten und erinnert, das Einsehen zu haben, daß unser Sachen ordentlich und gnugsam verhort, und aus klarem Gottes Wort geurtheilt werden.

Daß man aber weiter und in specie stellen sollt, wie der Proceß soll gehalten werden, wo unparteiische Richter zu suchen und zu nehmen, davon ist fährlich Artikel zu stellen.

Und ist sicherer, man schiebe es dem Kaiser heim in genere, daß er das Einsehen haben wolle, daß recht und christlich procedirt werde. Denn so es nicht, so haben wir allezeit diese Entschuldigung für Gott und der Welt fürzuwenden.

Vom Gegenconcilio.

Das ist noch zur Zeit ein unnöthig Ding, und

2*

wurde fur einen großen Trutz angesehen, und bei andern Königen und Potentaten billig allerlei Bedenken gebären, als suchet man dadurch Ursach, die Leute zu erregen ꝛc.

Item, es wird doch solch Ausschreiben fur nichtig gehalten, dieweil man siehet, daß wir selbs nicht eins sind; sondern wir müssen darauf zuvor gedenken, wie Einigkeit unter uns anzurichten sein sollt.

In Summa, wenn schon ein Gegenconcilium gut und nützlich sein sollte, so ist doch davon zu reden noch zur Zeit von unnöthen.

D. Martinus Luther.
D. Justus Jonas, Praepositus.
D. Pomeranus.
M. Philippus Melanchthon.

IV.

Ich halts auch fur das Beste, daß man itzt nicht weiter handel, denn was nothig und glimflich ist, und keine Ursache dem Papst oder Kaiser gebe, Unglimpf auf uns zu schieben. Machen sie denn, oder machen sie nicht ein Concilium, so kömmet Tag und kömmet auch Rath.

Martinus Luther.
Justus Jonas, D.
J. Bugenhagen, Pomer.

446.

An Joachim, Fürsten zu Anhalt, v. 19. Junius 1533.

Walch XXL 1407. De W. IV. 460.

Dem Durchlauchtigen Fürsten und Herrn, Herrn Joachim, Fürsten zu Anhalt, Grafen zu Ascanien und Herrn zu Bernburg, meinem gnädigen Herrn.

Gnade und Friede in Christo. Durchlauchtigster Fürst, gnädigster Herr! Wiewohl ich nichts Besonders an E. F. G. zu schreiben habe, weil aber darumb der gute Mann, E. F. G. Prediger, Magister Nicolaus Hausmann, immer anhält, will mirs gebühren, nicht zu unterlassen; denn er begierig ist E. F. G. zu stärken in vorgenommenem Werke. Denn es ist auch Noth, obs wohl groß ist, so ist aber der noch unzählig größer, der uns hiezu berufen hat durch sein heiliges Wort und darzu immer anhält und treibet mit innerlichem Trost. Derhalben wir uns ja rühmen und brüsten mögen, daß wir ja nicht unser Ding noch unser Wort handeln und treiben, wie St. Paul. auch sich rühmet zu den Römern, daß er Gottes Sachen treibe. Denn solcher Beruf und Fodern von Gott ist unser höchster Trost. Christus war auch zuerst ein Senfkorn, kleiner denn kein Pollsamen, aber ward zuletzt ein Busch, daß auch die Vögel auf seinen Zweigen sitzen konnten. Das ist alles geistlich, daß der geringe Christus so groß ist worden, daß auch große Kaiser, Könige und Fürsten in seinen Versammlungen und Gliedern sich setzen und bleiben. Derselbige Christus bleibet und regieret auch noch, und heißet sein Titel: Schefilmini, hoc est, sede a dextris meis, und führet in seinen Stegreif gegraben: ponam inimicos et scabellum pedum tuorum; und oben auf seinem diadema: Tu es sacerdos in aeternum. Demselbigen Herrn, der in Schwachheit allmächtig und in Thorheit allein weise ist, befehl ich E. F. G., sampt E. F. G. Brüdern, allen meinen gnädigen Fürsten und Herrn, Amen. Feria 5. nach Viti im 1533. Jahr zu Wittenberg.

E. F. G.

williger

D. Martinus Luther.

447.

An den Rath zu Augsburg, v. 8. August 1533.

Aus dem Weimar. Archiv im Leipz. Suppl. S. 71. No. 121.; bei Walch XVII. 2467. De W. IV. 472.

Den ehrbarn und fursichtigen Herren, Bur-
germeister und Rath der Kaiserlichen Stadt
Augsburg, meinen gonstigen Herrn und
Freunden.

Gnad und Fried in Christo. Ehrsamen, Ehrbarn,
Fursichtigen, lieben Herren und Freunde! Es kompt
so stattlich und gläublich fur mich, wie daß eure Prediger sich stellen und furgeben, als sein sie mit uns
zu Wittenberg einträchtig in der Lehr von dem heiligen hochwürdigen Sacrament des Leibs und Bluts
unsers Herrn Jesu Christi; sollen auch auf der Kanzel und auch sonst ihr Wort also drehen und leise
setzen, daß man beiderlei Meinung daraus nehmen
muge, und nicht dürre heraus sagen einerlei Meinung:
daß ichs nicht hab konnen unterlassen, Eur Fürsichtigkeit mit dieser Schrift zu ersuchen und zu warnen.
Es ist doch ja furwahr ein beschwerliche Sach, daß
sie den gemeinen Mann also lassen gehn im falschen
Wahn, daß einer dieß, der ander das glaubt, und
doch beider Theil im ungleichen widerwärtigen Glauben einerlei Wort horet und gleich zum Sacrament
gehet, so sie doch im Grund nicht anders halten,
noch den Leuten darreichen, dann eitel Brod und
Wein; und ist uns auch eine harte Last, daß sie solchs
treiben unter unserm Namen und Schein, als konnten
sie die Leute ohn uns nicht verfuhren. Ist derhalben
an E. Fursichtigkeit mein fleißige freundliche Bitt, ihr
wollet umb Christus willen eur Prediger dahin halten, daß sie sich solcher Beschwerung enthalten, und
nicht sich ruhmen bei dem Volk, daß sie mit uns gleich
lehren und halten; denn wir sagen stracks nein dazu,
und wissen allzuwohl, daß sie Zwinglisch lehren; haben uns auch noch nie keinmal ein Wortlin zugeschrieben noch entboten, wie sie unser Lehr und Meinung
worden sind, so man doch wohl weiß, und auch aus
ihrem gedruckten Katechismo wohl vernimpt, daß sie
wider uns gewest, und noch sein. Wollen sie lehren,
und die Leute fuhren, sollen sie unsern Namen mit
Frieden lassen, und ihrer Agen oder ihres Meisters
Namen brauchen; denn wir wollen unschuldig sein an

Herr Lehre und aller Seelen, die von ihnen betrogen werden: das bezeug ich mich hiemit gegen Gott und E. Fursichtigkeit; und wo es nicht genugsam sein wird, muß ich solchs auch durch öffentliche Schrift fur Gott und aller Welt bezeugen, denn es ist (wie E. Fursichtigkeit selbs wohl erkennen) uns ein unleidlicher Handel, daß wir sollten wissen, wie die Leut unter unserm Namen betrogen werden, und stille dazu schweigen, und also ihren Betrug bestätigen; und ich halt wohl, daß E. Furs. sich selbs verwundern mussen, wie sie mugen so kuhne sein, und sich unsers Namens und Lehre ruhmen, so sie es doch wohl anders wissen, dazu auch unser Lehre und Namen feind sein. Christus, unser Herr, verleihe E. Furs. sein Gnad, daß ihr eur Stadt muget bringen und erhalten in rechter reiner Lehre des christlichen Glaubens, Amen. Des achten Tages Augusti, 1533.

Martin Luther, D.

448.

An den Kurfürsten Johann Friedrich, v. 27. August 1533.

Nach dem Original in dem Großherz. Weim. Archiv bei De W. IV. 475.

Dem Durchleuchtigsten, Hochgebornen Fursten und Herrn, Herrn Johanns Friedrich, Herzog zu Sachsen und Kurfursten ꝛc., Landgrafen in Thuringen und Markgrafen in Meissen, meinem gnädigsten Herrn.

G. u. Friede. Durchleuchtigster Hochgeborner Furst, gnädigster Herr! Ich fuge E. K. F. G. unterthäniglich zu wissen, daß die gute zwei Leutlin, die von der Darne (?), dafur ich gegen E. K. F. G. zu Wittenberg bat, und auch E. K. F. G. gnädiglich hinschreiben lassen den Sequestratoren, daß sie in Zwickau sollten bekommen ein Amptlin; aber sie sind von ihnen wohl vertröstet, und ward doch nichts draus.

Was doch immer mehr hindert, kann ich nicht wissen, und die arme Leute doch hart bekummert sind; zu dem nu der Winter herfället und sie nicht wissen, wohin noch wo unter. Bitte derhalben, E. K. F. G. wollten doch den verjagten, armen Leuten mit Ernst helfen lassen der Vertröstung nach, darauf sie bisher sich verlassen. E. K. F. G. werden sich ihres Elendes und Hoffens wohl wissen gnädiglich anzunehmen. Hiemit Gott befohlen, Amen. Mittwoch nach S. Bartholomäi, 1533.

E. K. F. G.

unterthäniger

Martinus Luther D.

449.

An den Rath zu Bremen, v. 7. September 1533.

Eisl. II. 318. Altenb. VI. 2. Leipz. XXII. 564. Walch XXI. 363. De W. IV. 475.

Gnad und Fried. Ehrbarn, Ehrsamen, Weisen, liebe Herren! Ich hab euer Ordnung durch euern gesandten Prediger sampt den Unsern empfangen und vernommen, welche uns fast wohlgefället. Christus unser Herr gebe Gnad dazu, daß sie Frucht bringe aufs Allervollkommlichste, Amen. Sie haben mich auch gefraget umb die Strafe, so man bisher gewohnet uber die Ubelthäter zu brauchen: darauf ich geantwortet, als ich hiemit schreibe, daß ihr euers herkommenden Rechts und Gewohnheit sollet brauchen, es sei Diebe henken oder Mörder köpfen rc. Denn solche Weise und Gerichte wollen wir nicht wenden, ohn daß wir rathen, wo die Sachen zu gering sind, dem gestrengen Rechte und Schärfe nicht zu viel folgen; denn es auch zu hart ist umb einen Ort vom Gülden zu henken, wie oft geschehen, so man wohl anders strafen mag.

Zum letzten bitte ich euch, dieweil euch Gott so treue Prediger bescheret, ihr wollet trachten und denten, daß sie bei euch bleiben können; das kann aber nicht sein, wo sie nicht ziemliche Unterhaltung haben. Ihr sehet, wie die Rottengeister sich eindringen, welchen man gnug gibt und geben muß: ihr habt feine Männer, Gott helfe, daß sie bei euch bleiben. Hiemit Gott befohlen, Amen. Geben zu Wittenberg am Sonntage Nativitatis Mariae, Anno 1533.

Martinus Luther, D.

450.

An die Prediger zu Erfurt, gemeinschaftlich mit den andern Theologen, v. 30. September 1533.

Aus der Schlegelischen Sammlung zu Gotha bei Schütze
L. 389. De W. IV. 478.

Doctissimis et fidelissimis Christi Prae-
conibus, Dn. Jo. Lango, Doctori, et Dn.
M. Petro et reliquis Evangelii ministris
Erfurdiae, amicis et fratribus in Christo
charissimis.

Gnad und Fried Gottes in Christo. Ehrwürdige, Hochgelehrte, Würdige, besondere, günstige Herren und Freunde! Auf euer Schreiben, welches ihr neulich vertraulich ganz guter Meinung an uns gethan, auch auf mündlich Anzeigen, so uns der Aegidius nach Inhalt eurer Schrift und Instruction weiter darneben vermeldet, haben wir uns, so viel Gott in der Eil Gnade verliehen, unterredet und dieser Sachen Gelegenheit erwogen, und geben euch zu erkennen, daß wir, nachdem ihr unsern Rath und Bedenken vertraulich bittet und begehret, in keinen Weg für gut ansehen oder zu rathen wissen, daß ihr euch des Orts zum Theil oder alle hinweg begeben solltet. Denn was Er Aegidius de vocatione anzeigt, welches euch bekümmern möcht, soll euch nichts irren. Denn eure Vocation ist geschehen eidlich mit Wissen des Magistrats, Räthe und Vormunden, welche solches ratificirt und zugesagt zu handhaben,

wie das, wo es noth, zu beweisen ist, oder ihr,
wenn es gleich jetzund von Widerwärtigen aus Haß
geläugnet worden, gewiß vor Gott wahr ist, daß
euer Gewissen frei und sicher seind. Und wenn
gleich der papstische Theil des Raths oder hostes
Evangelii eure Vocation nun läugnen oder anfechten,
so ist es doch nit der ganze Rath oder Gemeine, sondern allein etliche, welche dem Evangelio entgegen
sein. Nichts desto weniger bestehet euer Beruf,
welcher öffentlich unverholens, nicht meuchelnsweise
geschehen. Nichts desto weniger seid ihr rechte Hirten der Schafe Christi, welche eure Lehre und Predigt lieben, die Stimme des wahren Hirten Christi
in euch kennen und derselbigen folgen. Wir wollen
setzen, daß ein gottloser Vater 30 oder 40 Kinder
hätte, welche alle electi und Christen, Gottes Läm-
mer und Schafe wären; wann der Vater, welcher
doch jure divino quarti praecepti im Magistrat wäre,
ihnen das Evangelium verböte: möchten sie ihnen
wider des Vaters Willen einen Prediger und Hirten
erwählen; wiewohl das Gleichniß nit gar Statt hat.
Es hat bis anher der ordentliche Magistrat euch
Predigern nicht verboten, auch keine Gewalt an euch
gelegt, ob sie nun zum Theil, als die Papisten unter ihnen, euch verfolgen, durch allerlei Zuschube und
böse Tücke euch gerne wollten Arges thun; ob sie
auch wohl eure Besoldung sparlich und schmal genug
reichen, auch gar noch den lieben Herrn Christum in
euch ganz verachten, Hunger, Elend und Noth leiden
lassen. Sehet ihr, lieben Herren und Brüder, was
jetzund für eine böse Welt ist, und daß solche Verachtung auch der frommen, treuen Pfarrherren und
Prediger so gemein ist, daß es wie ein häßlicher,
gräulicher Gubbick der letzten Zeit und des letzten
Grimms und Zorns des Satans gleich schrecklich ist
anzusehen und zu hören. Aber, lieben Herren, es
ist wahrlich zu der Apostel Zeit und bald hernach
sehr übel gegangen allen bösen Ottern und Feinden:
sie sind endlich untergangen; Christus aber und das
Evangelium ist blieben.

Deßhalben, lieben Herren und Brüder, wir haben eures Anliegens und gegenwärtiger Betrübniß ein herzliches Mitleiden, und womit wir euch tröstlich oder hülflich sein können mögen, sollt ihr und eure Kirche zu Erfurth uns willig finden. Habet ihr so weit durch Gottes Gnad und Stärkung Geduld gehabt, und auch mit dem Evangelio gelitten: habt noch ein Jahr oder die kleine Zeit Geduld. Gott der Herr wird gegen das alles, das ihr umb des Evangelii willen, und wir mit euch und mit vielen andern leiden, euch stärken mit reichem göttlichen Trost. Gott wird den Undankbaren, desgleichen den Verfolgern ihren gewissen, unverschumten rechten Lohn geben. Ihr wißt, womit sich die Apostel haben trösten müssen. Deus est Deus non solum tristitiae, tentationis, afflictionis, sed etiam Deus consolationis, gloriae, pacis etc. Haec est victoria, inquit Johannes, quae vicit mundum, h. e. haec omnia tot et tanta mala satanica et pericula et scandala infinita, (fides nostra). Christum, quem non videmus, diligimus et exspectamus: adversarii oderunt Christum et nos.

Was belanget die Zweispaltung der Lehre, wollen wir mit treuen Fleiß zu gelegener Zeit unsern gnädigen Herrn den Kurf. zu Sachsen erinnern, daß S. K. F. G. sich der Sache anzunehmen nit unterlassen, damit es nit ein Ansehn habe oder den argen Schein, wie ihr etwas meldet. Denn S. K. F. G. ohn allen Zweifel des heillosen Barfüßer Münchs Lehre und der Papisten Gottesdienst wenig Gefallen tragen. Interim valeto in Domino. Witenbergae, 3 post Michaëlis, MDXXXIII.

Mart. Luther.
Philipp. Melanchthon.
Justus Jonas, D.

451.

An den Rath zu Nürnberg, v. 8. October 1533.

Wittenb. XII. 206. Jen. VII. 349. Altenb. VII. 398. Leipz. XXI. 338. Walch XXI. 421. De W. IV. 480.

Gottes Gnade durch unsern Herrn Christum
Jesum. Ehrbare, Ehrsame, Gunstige Herrn! Nachdem uns die Uneinigkeit, so sich zwischen den Herrn
Prädicanten bei euch hat zugetragen, von Herzen
leid ist, und selbs zum höchsten geneigt sind, allen
Fleiß furzuwenden, so viel uns immer müglich sein
mag, diese Uneinigkeit zu stillen und Aergerniß zu
verhuten: habe ich D. Martinus nicht unterlassen,
vor dieser Zeit, ingemein und insonderheit, die Herrn
Prädicanten (wiewohl mir des Herrn Osiandri Meinung dazumal noch nicht eigentlich bewußt) zu Einigkeit und Friede treulich zu vermahnen. Und dieweil
E. W. uns beider Schriften zu besehen, zugeschickt,
haben wir dieselben mit Fleiß gelesen und bewogen,
und hab ich D. Martinus abermal an den Herrn
Osiandrum geschrieben, und ihm meine Meinung von
dieser Sache angezeigt. Gott geb Gnad, daß es
diene zu Fried und Einigkeit, wie zu verhoffen.
Denn wir zweifeln nicht, beide Theile meinen es treulich und mit gutem christlichen Herzen, und suchen in
dieser Sachen nichts anders, denn gemeine Besserung.

Und ist auf E. W. Frage diese unser Antwort
und Meinung: Wiewohl wir die Privat-Absolution
fur sehr christlich und tröstlich halten, und daß sie
soll in der Kirchen erhalten werden, aus Ursach, die
wir E. W. zuvor und sonst geschrieben haben; so
können und wollen wir doch die Gewissen nicht so
hart beschweren, als sollt keine Vergebung der Sünden sein, ohn allein durch Privat-Absolution. Denn
auch die Heiligen von Anfang der Welt, bis zu der
Zeit Christi, nicht privatam absolutionem gehabt
haben, sondern sie haben sich müssen trösten der gemeinen Promission, und ihren Glauben darauf bauen.
Und ob schon David von einem Fall ein Privat-Absolution gehabt, so hat er doch von andern Sünden,
vor und nach, sich müssen halten an die gemeine
Absolution und Predigt, wie auch Esaias und Andere. Nu aber das Evangelium geoffenbaret, ver-
kündigt es Vergebung der Sünden ingemein und insonderheit.

Wahr ists, das Osiander sagt: Das Gewissen

streitet nicht ingemein drob, ob Gott barmherzig sei; sondern von der Person, ob mir Gott gnädig sein wölle. Aber wiewohl die Predigt und Promissiones gemeine Reden sind; so soll doch ein Jeder merken, daß sie Universales sind, und soll sich selbs davon nicht ausschließen, sondern sich der annehmen, als eines eigen und besondern Worts, dieweil Gott allein geboten hat seine Verheißung zu gläuben. Und ob gleich daran Wenig gläuben, so will er sie doch allen andern halten, so sich darauf verlassen, wie St. Paul. spricht Röm. 3.: Numquid incredulitas eorum fidem Dei evacuavit? Was wollt auch folgen, so keine Vergebung wäre, ohne durch die Privat=Absolution? Wie könnte man den blöden Gewissen rathen, so die Privat=Absolution nicht so oft hören können, als sie mit Schrecken und Angst angefochten werden, nicht allein in läßlichen Sünden, sondern auch in schweren hohen Sachen? Wie sollten sie auch diejenigen trösten, so mit dem Tod übereilet würden, auf dem Lande, oder sonst, da sie in der Eile nicht möchten Priester haben? Wie sich auch solchs viel zutragen mag an Oertern, da das Evangelium verfolget wird, daß einem rechten Christen auch wohl kein Pfarrherr die Absolution will mittheilen. So ist christlich Leben und Wesen ein solch ewiger Streit, darin man für und für wider der Sünden Schrecken Vergebung suchet.

Zum andern, so wissen wir für Gott nichts anders zu richten, denn daß gemeine Predigte des Evangelii auch das Werk habe, daß sie Vergebung der Sünden im Herzen wirket in denen, so ihr erschrocken Gewissen dadurch mit Glauben trösten und aufrichten; wie St. Paul. spricht: Das Evangelium ist eine Kraft Gottes, dadurch selig werden alle, so daran glauben; item 2. Korinth. 3. nennet er das Evangelium ein Ampt des Heiligen Geists, das Leben und Gerechtigkeit bringe; item, Fides ex audita est, auditus per verbum Dei; welches alles furnehmlich vom Ministerio verbi, beide ingemein und insonderheit, geredt ist. Und in Summa, dieweil das gemein Evangelium Gottes Wort ist, dem wir zu gläu=

ben aus Gottes Befehl und Gebot schuldig sind: wo
derselbig Glaube ist, da muß je Vergebung und Seligkeit sein. Also ist das Evangelium selbst eine gemeine Absolution; denn es ist eine Verheißung, deren sich Alle und ein Jeder insonderheit annehmen
sollen, aus Gottes Befehl und Gebot. Darumb
können wir die gemeine Absolution nicht als unchristlich verbieten und condemniren, dieweil sie doch dazu
dienet, daß sie die Zuhörer erinnert, daß sich ein Jeder des Evangelii annehmen soll, daß es ein Absolution sei, und ihm auch gehöre; wie denn eine
Form zu solcher Erinnerung gestalt ist.

Daß aber dagegen gesagt wird, man könne den
Haufen nicht absolviren, darin viel sind, die man
billiger binden sollt; man soll auch keinen absolviren,
der es nicht begehrt ꝛc.: darauf ist zu wissen, daß
zweierlei ist, Predigen und Jurisdiction. Die Jurisdiction gehöret zu öffentlichen Sünden; darnehen sind
vielmehr heimlicher Sünde, welche man nicht anders
binden und strafen kann, denn ingemein durchs Pre-
dig-Ampt. Also bindet die Predigt alle Ungläubigen,
und gibt dagegen zugleich allen Gläubigen Vergebung, ja auch demjenigen, so durch die Jurisdictio
gebunden: wenn er durch die Predigt wieder zum
Gehorsam und Glauben käme, so wäre ihm für Gott
vergeben; wiewohl er sich hernach wiederumb mit
der Kirchen auch versühnen soll, als die er auch be-
leidiget hat. Daß auch gedachte Absolution conditio-
nalis ist, ist sie, wie sonst eine gemeine Predig, und
ein jede Absolutio, beide gemein und privat, hat die
Conditio des Glaubens; denn ohn Glauben entbin-
det sie nicht, und ist darumb nicht ein Fehl-Schlüssel.
Denn der Glaube bauet nicht auf unsere Würdigkeit,
sondern ist nur so viel, daß einer die Absolution annimmet, und Ja dazu spricht.

Dieses ist aufs Kürzt unser einfältige Meinung,
die wir E. W. nicht derhalben zuschreiben, Jemand zu
beschweren, oder größer Uneinigkeit anzurichten, sondern
dieweil ihr begehrt unser Meinung zu wissen. Denn
wir von Herzen wünschen und begehrn, daß Gott
Gnade verleihe, daß euer Kirche in Friede und Einig-

keit bleibe, und in Erkenntniß Christi und allen gu=
ten Fruchten zunehmen müge. Derhalben bitten wir
ganz freundlich, E. W. wollen auf freundliche Wege
gedenken, hierinne zu handeln, wie wir nicht zwei=
feln, daß E. W. dazu selbs geneigt sein. Und ist
dieß unser Bedenken, dieweil man deß einig auf bei=
den Seiten, daß die Privat=Absolution christlich und
zu erhalten sei, daß beide Theile die Leut zu gedach=
ter Privat=Absolution einhelliglich ermahnen; und
weil Herrn Osiandro beschwerlich, die gemein Abso=
lution zu treiben und zu halten, daß er dazu nicht
gedrungen würde, aber doch dem Frieden zu gut
den andern Theil, welcher die gemein Absolution hält,
unangefochten ließe, und dagegen er auch vom an=
dern Theil unangefochten bliebe; sondern daß beide
Theil zur Privat=Absolutio die Leute zugleich ver=
mahneten.

Dieses, achten wir, sollte ein Weg sein, der Nie=
mands Gewissen beschwerlich, und zum Frieden dienst=
lich wäre. So hoffen wir auch, beide Theil sein zum
Frieden geneigt, als die in solchen Sachen nicht an=
ders denn Besserung, und nicht Spaltung und Aerger=
niß suchen. So hat Herr Osiander ein christlich gut
Bedenken vom Binden, welchs doch allein zu öffent=
lichen Sünden gehöret; und was wir von solcher
Excommunication bedacht, und E. W. vor dieser
Zeit zugeschrieben, das weiß sich E. W. ohn Zweifel
wohl zu erinnern. Gott verleihe E. W. Gnad und
Fried, Amen. Geben zu Wittemberg, Mittwoch nach
Francisci, Anno 1539.

Martinus Luther.

Johann Bugenhagen.

Justus Jonas.

Philippus Melanchthon.

Caspar Cruciger.

452.

An Frau Jörgerin, v. 24. October 1533.

Bei Raupach Evang. Oesterreich 1. Fortf. S. 65. Moseher Glaubensbekenntniß S. 81 ff. De W. IV. 489.

Gnad und Friede in Christo. Edle, tugendsame Frau! Ich füge euch zu wissen, daß von euren wegen sind die fünfhundert Gülden in guter grober Münze zukommen durch Wolfgang Seldener gen Leipzig, und von dannen durch George Kirmeyer anher gen Wittenberg verschafft, und will sie euer Bitten und Begehr nach austheilen und des Er Andres nicht vergessen; und hundert hab ich mit Rath guter Herren und Freunde schon davon auszutheilen verordnet. Nun haben dieselbigen guten Herrn und Freunde wohl fürgeschlagen, daß man die andern vierhundert hätte an Zins angelegt und damit zwei Stipendia gestift, so hätt man alle drei Jahr zween Studenten können helfen; aber ich habe ihnen geantwortet, daß euer Wille sei, wie der Brief lautet, von der Hand aus zu theilen. Haben sie mich gebeten, euch abermal zu schreiben, ob euer beschlossener Wille sei, solch Geld stracks von der Hand unter solche arme Gesellen, so in der heiligen Schrift studiren, zu theilen, oder ob man zween ewige Studenten zu fördern damit stiften sollte, welches sie für das Beste ansehen. Solch ihrer Bitte nach hab ich euch zuvor wollen schreiben und bitten, mir noch einmal zu schreiben, was euer Wille am besten sei; so will ich treulich ausrichten. Indessen sollen die vierhundert Gülden ruhen liegen, bis ich eure Antwort kriege, auf daß ich der guten Herren Bitte nicht verachte. Hiemit behüt euch Gott mit allen den Euern, und lasse ihm solches euer treues Werk wohlgefallen zu seinem Lob und Ehren, Amen. Er Michel hat ein kleines Anfechtlein bekommen, aber es soll ihm nicht schaden, sondern Gottlob nütze sein. Am 24. Octobris, 1533.

D. Martinus Luther.

Quittung.

Ich Martinus Luther, D. und Prediger zu Wittenberg, bekenne mit dieser meiner Handschrift, daß mir allhier zu Wittenberg in meinem Stüblein überantwortet sind wegen der edlen und tugendreichen Frauen Dorotheen Jörgerin Wittwen ꝛc. 500 fl. an guter grober Münz, unter arme Gesellen zu theilen, die in der heiligen Schrift studiren, wie sie mich denn das schriftlich gebeten hat. Solch Geld ist mir durch Georg Fonwibler, Bürger zu Leipzig, Andreas Kirꝛmeyers von Nürnberg Diener, überantwortet. Geschehen den 24. Octobris, 1533. Mit meinem gewöhnlichen Petschaft hie unten aufgedruckt bezeuget.

453.

An den Rath zu Augsburg, v. 29. October 1533.

Leipz. Suppl. No. 122. S. 72.; Walch XVII. 2483. De W. IV. 490

Den Fursichtigen Herren Rathgebern der Stadt Augsburg, meinen gonstigen Herren.

G. u. F. Fursichtigen Herren! Ich habe euren Brief sampt eur Prädicanten Antwurt empfangen. Nun hätt ich nicht gebeten, daß E. F. mir anzeigen sollten eur Prädicanten Lehre, welche ich zuvor wohl gewußt hab, sondern daß sie das Ruhmen meines Namens und meiner Lehre mussig gingen. Ich bei entschuldiget, und habe das Meine gethan; weiter soll die offentliche Bekenntniß, ob Gott will, kurz antworten, was ihr schlüpfrigen Wort in sich halten. Hiemit Gott befohlen. Wittenberg, altera Simonis et Judae, 1533.

Martin Luther, D.

454.

An Lazarus Spengler, v. 1. November 1533.

Hausdorf Lebensbeschreibung Spenglers 1741. 8. S. 172. De W. IV. 491.

Dem Ehrbarn, Fürsichtigen Herrn Lasaro Spengler, der Stadt Nürnberg Syndico, meinem gonstigen Herrn und Bruder.

G. et pacem in Christo. Ehrbar, Fürsichtiger, lieber Herr und Freund! Ich bin gebeten von guten Leuten, an euch zu schreiben, daß ihr wollet euch lassen befohlen sein D. Curio Medicum, welcher von euch tröstliche Schrift vernommen, daß er muge zu Nürnberg unterkommen, wiewohl er (als ein sittiger, züchtiger Mann) solches von mir nicht begehrt zu schreiben. Dennoch befehle ich den guten, frommen Mann E. E., die werden sich wohl wissen gegen ihm christlich und freundlich zu erzeigen. Womit ich E. F. wiederumb konnte dienen, bin ich ja willig. Hiemit Gott befohlen, Amen.

Uns sind anher von eurn Herrn hundert Thaler zur Verehrung durch Marx Buchner zugefertigt, da wollen wir allesampt schriftlich fur danken. Eilend. 1533. Sabbatho post Simon. et Judae.

Mart. Luther.

455.

An Joh. Schlaginhausen, v. 12. December 1533.

Aus der Rampachischen Sammlung zu Hamburg bei Schütz I. 392. De W. IV. 494.

Venerab. in Christo Viro, D. Jo. Schlaginhausen, Pastori Cöthensi, fideli Verbi ministro, suo fratri.

Gnad und Friede in Christo. Mein lieber Herr Pfarrherr! Ich danke euch für euer Geschenke die

Mespeln, und wiewohl dieß Land solche Feigen trägt, esse ich sie doch lieber, dann alle welsche Feigen, wenn sie nur ein wenig jünger sind, doch reif müssen sie sein. Ungern höre ich aber, daß ihr zuweilen noch betrübt seid, so doch Christus euch so nahe ist, als ihr euch selbst, und will euch ja nicht fressen, weil er sein Blut für euch vergossen hat. Lieber, thut dem from=men, treuen Mann die Ehre, und glaubt, daß er euch lieber habe und günstiger sei, dann D. Luther und alle Christen. Was ihr euch zu uns versehet, das versehet euch vielmehr zu ihm. Dann was wir thun, das thun wir von ihm geheißen; aber er, der es uns heißt thun, der thuts von natürlicher Güte und ungeheißen. Hiemit eilend, und Gott befohlen sampt den Euren, Amen. 1533, Vigilia Luciae.

Martinus Luther.

456.
An Christoph Jörger in Pestrich, ohne Datum 1533.
Fragment.
Aus Cölri fortgesetzten nützlichen Anmerkungen S. 113. bei De W. IV. 496.

Wo euer Gewissen unruhig und ungewiß ist, da suchet, wo ihr könnt, daß ihr aus solcher Unruhe (welche strebt wider den Glauben, der ein sicher fest Gewissen machen soll) je länger je mehr euch wenden möget, und darinnen, wie bisher in dem eurigen, bei dem Worte bleiben, denn daß ihr sollt mit den andern öffentlichen in processionem opfern, und der=gleichen euch begeben. So euer Gewissen murret, nachdem ihr die Wahrheit erkennet, so wird solches eben so viel als die Wahrheit verläugnet heißen, wie Paulus zum Römern am 14. sagt: Wer wider sein Gewissen thut, der ist verdammet, oder wie seine Worte lauten: Was nicht aus dem Glauben gehet, ist Sünde.

457.

An den Kurfürsten Johann Friedrich, v. 10. Januar 1534.

Leipz. Suppl. No. 125. S. 73.; Walch XXI. 364. De W. IV. 500.

Dem Durchleuchtigsten, Hochgebornen Fürsten und Herrn, Herrn Johanns Friedrich, Herzogen zu Sachsen, des römischen Reichs Erzmarschalk und Kurfürsten, Landgrafen in Thüringen und Markgrafen zu Meissen, meinem gnädigsten Herrn.

Gnade und Friede in Christo. Durchleuchtigster, Hochgeborner Fürst, gnädigster Herr! Es hat mich Nickel Sack mit kläglicher Schrift (darin er Raths begehrt) bewogen, an E. K. F. G. zu schreiben; und wiewohl ich in solche Sache mich nicht gern menge, als da ich nicht weiß, was Recht oder Unrecht sei, dazu auch nicht zu wissen begehre: so hab ichs doch ihm nicht wissen abzuschlahen, weil ihm so hoch daran gelegen, und ers so tief zu Herzen nimpt. Die Meisten sagen, er habe Recht. Aber E. K. F. G. halten mir gnädiglich mein Schreiben zu gut, denn ich bitte auch nicht weiter; denn so ferne es E. K. F. G. zu thun sein will, an welcher ich nicht zweifel, daß sie aus göttlicher Gnade selbs, ohn alles Treiben, das Recht lieben und handhaben, ohn daß ich dem guten Mann sein Anliegen gerne sehen wollt gestillet und hingenommen. Befiehl hiemit dieselbe Sache in E. K. F. G. gnädigen Bedenken. Christus, unser Herr, stärke und führe E. K. F. G. Herz und Sinn zu Ehren seines Namens ewiglich, Amen. Sonnabends nach Epiphan., 1534.

E. K. F. G.

unterthäniger

Mart. Luther.

458.

An die Aebtissin zu Hervord, gemeinschaftlich mit Melanchthon, v. 15. Januar 1534.

Leipz. Suppl. S. 73. No. 126.; Walch XXI. 366. De W. IV. 501.

———

Der Ehrwürdigen, Wohlgebornen Domina, Anna Fräulein von Limpurg, Abbatissin des freien eblen Stifts zu Hervord, unser gnädigen Domina.

Gnad und Friede durch unsern Herrn Jesum Christum. Ehrwürdige, Wohlgeborne Domina! Nachdem Ew. Gnaden klaget, daß sich Etliche zu Hervord unterstehen, in E. G. Jurisdiction zu greifen, Geld und andere Gerechtigkeit mit Gewalt zu sich ziehen: wissen E. G., daß ich, Doctor Martinus, allezeit mit höchstem Fleiß geschrieben und gelehret habe, daß man Unterscheid der Obrigkeit halten soll, und daß Niemand in frembder Herrschaft zu gebieten habe, auch Niemand den Andern Zins oder dergleichen nehmen und entziehen soll. Derhalben wir gedachte Handlung, davon E. G. schreiben, nicht billigen; wollten auch von Herzen gerne, daß diejenige, so Gewalt üben, bedächten, daß das heilige Evangelium durch solche Handlung beunehret und verhaßt wird, welches jedem frommen Christen billig leid ist. Wir haben auch derhalben an den Doctor, Johann Breger, geschrieben, und ihn vermahnet und gebeten, daß er sich nicht wolle an Gewalt und Unrecht theilhaftig machen, sondern diejenige, so Gewalt üben, davon weisen, und zu christlicher Liebe vermahnen, wie er, als der Prädicant, zu thun schuldig ist. Daß aber E. G. begehret an den Rath zu schreiben, haben wir bedacht, daß solches nicht fruchtbar sein möchte, wiewohl wir auch nicht eigentlich wissen, wie es mit der Kirchenordnung zu Hervord gelegen. Dannoch bitten wir E. G., was nothdürftige Bestellung der Kirchen-Aempter belanget, E. G. wolle nach Gelegenheit dieser Zeit Geduld tragen, und ihr Recht nicht in allen Sachen gleich scharf suchen, dieweil doch E. G. wissen, daß an vielen Orten bis anher die Kirchen zum Theil mit Personen, zum Theil mit Unterhaltung der Personen übel versorgt gewesen. Wo nun in solchem etliche leidliche Veränderung zu Nothdurft der Kirchen geschehen wäre, bitten wir E. G., wollte dennoch, gemeinem Frieden zu gut, Geduld haben; daß aber Etliche sollen fürhaben mit dem Kirchen=Gut, dazu wider ihre Obrigkeit Bewilligung, die Stadt=Mauren zu bauen, sehen wir nicht für billig an. Gott bewahre E. G. allezeit. Die 11. Fl., so E. G. anher sandt, schicken wir E. G. wiederumb, und E. G. zu dienen sind wir willig. Datum Wittenberg, Donnerstag den 15. Jan., Anno 1534.

Martinus Luther.
Philippus Melanchthon.

459.

An den Rath zu Kißingen, v. 20. Januar 1534.

Aus einer alten Abschrift, bei De W. IV. 502.

Den Ehrsamen, Fürsichtigen Herrn Bürgermeister und Rath zu Kißingen, meinen günstigen Herrn und guten Freunden.

G. u. Fried in Christo. Ehrsame, fürsichtige Herrn und Freund! Wie euer Bitt gewest ist, also habt ihr ihne, euern Pfarrer Herrn G. Schmalzung. Aber weil der Weg fern und die Zehrung ihm schwer, bitt ich, wollet ihm förderlich sein, weil er doch in euren Dienst zeucht, und Niemand auf sein eigen Kosten dienen kann noch soll, wie St. Paulus lehret. Mit Kaplänen und sonst, wie es zustehet, wird er euch wohl berichten; denn die Personen dünn und seltsam werden. Hiermit Gott befohlen, Amen. 1534. die Fabiani.

Martin Luther, D.

460.

An Joh. Rühel, v. 25. Januar 1534.

Wittenb. XII. 301. Jen. VI. 171. Eisl. II. 328. Altenb. VI. 161. Leipz. XXI. 79. Walch XXI. 368. De W. IV. 503.

Dem Achtbaren, Hochgelahrten Herrn Johann Rühel, beider Rechten Doctor, meinem günstigen Herrn und lieben Gevatter.

Gnad und Fried in Christo. Achtbar, Hochgelahrter, lieber Herr und Gevatter! Magister Philippus will nichts schriftlich dem Herzheimer anzeigen, und hat seine Ursachen. Ich achte aber, euer Früchtlin und Kräutlin zu Halle hat nu ausgeheuchelt, und lange gnug den Baum auf beiden Achseln getragen, wird nu seiner Nesselart sich fleißigen, das Frömichen. Darumb ist Herzheimer zu rathen, daß er bei Zeit und mit Ehren ausreiße: der Teufel gläube dem Schörlinge und Pfaffen mehr, wie ihr mich doch oft mit ihm betrogen habt. Gott helf mir, ich will der Winkelmesse mehr Volks und Rüstunge nachschicken, und den Teufel vollend wohl erzörnen. Es wäre wohl der erste Zorn der beste gewest; aber ihr seid einer gewest, der es hat helfen hindern. Nicht mehr, denn hiemit Gott befohlen, Amen. Meine Käthe grüßet euch freundlich. Grüßet mir euer Fleisch und Blut. Alles was ich Herzheimer dienen kann und weiß, habt ihr mich willig und bereit. 1534. den 25. Januar.

Martinus Luther, D.

461.

An Heinrich von Einsiedel, gemeinschaftlich mit den andern Theologen, v. 3. März 1534.

Aus N. J. C. Kappens Reformations-Urkunden Thl. I. S. 263. bei De W. IV. 520.

Dem Ehrenfeſten und Geſtrengen Heinrich
von Einſiedel zu Gnanſtein, unſerm be=
ſondern günſtigen Herrn und Freund, zu
eigen Handen, Gnanſtein 1534.

Gottes Gnad durch unſern Herrn Jeſum Chri=
ſtum. Ehrnfeſter, Geſtrenger, günſtiger Herr und
Freund! Wir haben euren Handel mit Fleiß geleſen
und bewogen, und fugen euch darauf zu wiſſen, daß
wir es alle dafür halten, daß euer Bedenken, das
wir mit dem Buchſtaben F. vorzeichnet haben, chriſt=
lich und am leidlichſten ſei, und laſſen uns derhalben
die Antwort an unſern gnädigen Herrn Herzog Ge=
orgen, wie ihr ſie geſtellt habt, wohlgefallen; denn
ſo es alſo iſt, daß in den kur= und fürſtlichen Ver=
tragen die Veränderung der Filialn alſo gewilligt iſt,
gebührt ſich nit, daß Jemand von der Landſchaft ſich
dawider ſetzen wollt. So könnt ihr auch wider den
Lehenherrn und Landsfürſten hierin nichts thuen.
Nu iſt, wie ihr bedacht habt, dieſes der nähiſt Wege,
daß ihr ſelb den Leuten des Landsfürſten Willen für=
halten laſſet, daß ſie ſich zu einer Pfarr thuen, da
ſie am wenigſten Verhinderung gewärtig ſeien. So
ſie etwa das Evangelium zu hören, oder das Sacra=
ment zu gebrauchen, an andere Ort gingen: ſo wißt
ihr, daß das wir euch vormals auch gerathen: dieweil
Chriſten ſchuldig ſind, uf ihre eigne Fahr zu bekennen,
daß ihr den Leuten ſolltet Herzog Georgen Mandat
verkündigen laſſen, damit die Leut nit unverwarnet
in Fahr kommen mochten, und wiſſen, daß ob gleich
ihr ſie nit vom Evangelio bringet, daß ihr ſie dennoch
wider Herzog Georgen nit ſchützen könnt. Solchs
wollet ihn uf dießmal auch anzeigen, daß ihr ſie nit
vom Evangelio abziehet, ſondern ihr müßt ihn des
Landsfürſten Willen verkündigen, und wollet ſie gleich=
wohl erinnert haben, daß ſie ſich alſo an andere Ort
begeben, daß ſie dannoch das Evangelium nit verlaſ=
ſen, welchs ein jeder uf eigne Fahr zu bekennen ſchul=
dig ſei, und daß ſich ein jeder Raths erhol bei ver=
ſtändigen Predigern, was er ſich in allen dieſen chriſt=
lich halten mag. Das wollt wir aus guter freundli=

licher Meinung nit bergen, und sind euch zu dienen
geflissen. Geben Dienstag nach Reminiscere, Anno
1534.

D. Martinus Luther.
Justus Jonas, Doctor.
Philippus Mel.
Johannes Bugenhagen, Pomer ꝛc.
Ich Jonas habe sie uf ihr Befehlen unterschrieben.

462.

An den Kurfürsten Johann Friedrich, v. 11. März
1534.

Aus dem Original im Großherzogl. Archiv zu Weimar bei
De W. IV. 521.

Dem Durchleuchtigsten, Hochgebornen Fur=
sten und Herrn, Herrn Johanns Fried=
rich, Herzog zu Sachsen, des h. romischen
Reichs Erzmarschalk und Kurfurst, Land=
grafen in Thuringen und Markgrafen
zu Meissen, meinem gnädigsten Herrn.

Gnad und Friede in Christo. Durchleuchtigster
Hochgeborner Furst, gnädigster Herr! Es ist bei mir
ist gewest der Pfarrherr zu Zwickau, Magister Len=
hard, und mich gebeten, weil etliche gute Herrn zu
Hofe, als der Herr von Wildenfels und Doctor
Christianus Kanzler ꝛc., ihnen vertrostet, sie wollten
treulich helfen bei E. K. F. G. bitten, daß ihm der
Häuser eines in Zwickau der Priester, so verledigt
oder verledigt werden, fur sein Weib und Kindlin
mocht von E. K. F. G. gegeben werden, weil er doch
nichts mehr kann hinter sich lassen, als der in dieser
Zeit nicht kann Schätze sammlen, denn von der Hand
in den Mund; weil er denn so gute Freunde hat zu
Hofe, die sich erboten, wo ich an E. K. F. G. fur
ihnen schreiben werde, sie wollten auch gut Zeugniß
geben und ihn fordern; so bin ich zuvor wohl an ihm,

als der unter mir aufgewachsen und mir bekannt, daß es werth ist, und solche Häuser doch müssen ausgethan werden: so bitte ich unterthäniglich für ihnen, wo es E. K. F. G. nicht beschwerlich, ihm gnädiglich der Häuser eines zuwenden. Er ist doch ja der besten und frommesten Pfarrherr einer, das weiß ich, so viel müglich ist zu wissen. E. K. F. G. werden sich wohl wissen gnädiglich zu erzeigen. Christus unser Herr stärke und weise E. K. F. G. seliglich, Amen. Mittwochens nach Oculi, 1534.

E. K. F. G.

unterthäniger

Mart. Luther, D.

463.

An einen von Adel, v. 14. März 1534.

Eisl. II. 335. Altenb. VI. 180. Leipz. XXII. 564. Walch XXI. 369. De W. IV. 522.

Gnad und Fried in Christo. Gestrenger, Fester, lieber Herr und Gevatter! Mit D. B. habe ich, euerm Begehrn nach, ganz fleißig geredt euer Sachen halben. Darauf er mir gar treulich gerathen, daß ich neben euch doch eine Weile noch stille hielte mit Anregen; denn er besorgte fürwahr, wir möchtens ärger machen. Denn zu Hofe sei es noch zu frühe, und euer falsche Freunde (wie ich sie nenne) sind noch zu neu im Regiment, als mich dünkt, und haben noch zu viel überiger Weisheit und Gerechtigkeit, wie die jungen Regenten alle haben. Der Schwär ist noch nicht reif, und ist noch zu hart und roth. Mit Herr H. hätte ich auch gern geredt, aber für seinen Geschäften kunnt ich ihn nicht zu reden kriegen. Meinen gnädigen Herrn dorft ich (wie gesagt) aus D. B. Rath nicht anstechen, damit ich euer verschonet. Darumb bitt ich auch, dem Rath D. B. nach, ihr wollet doch ein wenig verziehen; wenn mein Gnädiger

Herr wieder herkommet, will ichs versuchen mit Herr
H. zu reden, und darnach weiter besehen, wie ich an
den Mann selbs komme.

Dem L. anzuzeigen, wie es da gestellet ist, ließ
ich mir gefallen, ohn daß ich die Stück, so ich unter-
strichen habe, lieber wollt außen lassen, und meines
Dünkens also lassen anzeigen, daß der L. nicht als
durch euch ersucht und geboten, sondern als ohngefähr
von andern erfahren, wie es euch ginge, seinem alten
Diener, damit er nicht schriftlich, sondern mündlich
mit dem C. drumb redet, und die Ursach solcher Ungnade erforschet 2c. Oder so es schriftlich geschehen
sollt, daß ja kein Schein hätte, als durch euch ange-
schafft, sondern daß er durch Landgerücht erfahren
hätte, wie man euch keine Erstattung thät für das,
da ihr Siegel und Briefe gehabt. Denn ich besorge,
wo es schriftlich, als aus der Kanzelei, ohne Fürbitt,
sollt geschehen vom L., es möcht die Bremen und
Bienen erzörnen, dem frommen Fürsten deste mehr
einzureden wider euch.

Die ander Sache, der ihr euch besorget, nämlich
von der Person in Zoppen seliger 2c., dünkt mich, so
viel ich aus D. B. merke, dürft ihr kein Argwohn
haben. Es heißt, als ichs ansehe, man will den
grauen Rock verdienen, und Kunst beweisen, wie alle
vorigen Regiment nichts und fast schädlich gewesen sind.
Wir sinds, die den Fürsten können rathen und helfen,
wo es andere verderbt haben 2c. Novus rex, nova
lex etc. Gott gebe, daß wohl gerathe, Amen. Und
daß ich wieder auf D. B. Rath komme, so acht ichs
euch, ihr laßt eine Weile rauschen, was da rauscht,
bis es ausgerauscht habe.

Euer Sohn hält sich fein, hat itzt die Masern
gehabt; wir haben sein mit Fleiß gewart nach D.
Augustins Rath; ist nu wieder gesund. Meine gnädige Fraue, die Markgräfin, ist itzt hie, zuweilen
krank, zuweilen stark. Ihr K. F. G. reden von euch
fast ehrlich und löblich, welchs ich fürwahr gerne
höre; denn euch und den Euern zu willfahren bin ich
bereit. Hiemit Gott befohlen. Mein Herr Kätha
läßt euch sampt euer Liebe und Früchten sehr grüßen,

und Doctor Martinus auch 2c. Sonnabends nach Oculi, 1534.

Martinus Luther, D.

464.

An den Rath zu Leisnig, gemeinschaftlich mit Jonas, v. 26. März 1534.

Walch XXI. 1416. De W. IV. 527.

Den Ehrsamen und Weisen Bürgermeister und Rath zu Leisnig, unsern besondern guten Freunden.

Unsern freundlichen Dienst zuvor. Ehrsame und Weise, besonders gute Freunde! Eure Schreiben, belangende M. W. euren Pfarrherr, haben wir empfangen, und welche solche Unrichtigkeit mit beschwertem Gemüthe vernehmen: deßwegen wir ihm hierinnen scharf und harte geschrieben, der Zuversicht, er werde sich erkennen, und unsre Vermahnung zu Herzen nehmen, und sich hinfort recht in die Sache schicken. Wo nicht, so werden wir auf Förderklage vielleicht die Sache an unsern gnädigen Herrn, den Kurfürsten, gelangen lassen. Bitten aber freundlich, ihr wollet fügliche Mittel vorwenden, damit zwischen demselben eurem Pfarrherrn und Magistro Antonio Prediger freundlicher und einträchtiger Wille erhalten werde, und ihr den gedachten Prediger von euch nicht kommen lasset. Daran erzeigt ihr sonder Zweifel unserm gnädigen Herrn ein sonderes Gefallen. So wollen wir für unsre Person umb euch freundlich verdienen. Datum Wittenberg Donnerstag nach Judica, 1534.

Justus Jonas, Probst, und Martin Luther,

Ecclesiasten zu Wittenberg, beide D.

465.

An Frau Jörgerin, v. 27. April 1534.

Bei Raupach Evang. Oesterreich 1. Fort. S. 66. Roseder
Glaubensbekennt. S. 85. De W. IV. 532.

Gnad und Fried in Christo. Ehrbare, tugend=
reiche Frau! Ich füge euch zu wissen, daß Gott Lob
euer Almosen sehr wohl angeleget ist, und viel Armen
geholfen hat, und noch hilft: daß ich nicht kann zwei=
feln, Gott, der es euch zu thun hat eingegeben, der
zeige auch an öffentlich, daß ers ihm lasse wohlge=
fallen als ein liebes Dankopfer, damit ihr bekennet
und preiset die Gnade, so er euch durch seinen lieben
Sohn Jesum Christum erzeiget hat. Gott stärke euch
im festen Glauben, und verbring in euch sein ange=
fangen Werk seliglich, Amen. Ich habs selbst nicht
gewußt, hätte es auch nicht geglaubt, daß in dieser
geringen Stadt und armen Schule so viel frommer,
geschickter Gesellen gewest wären, die durchs Jahr
Wasser und Brod gezehret, Frost und Kälte gelitten,
auf daß sie in der heil. Schrift und Gottes Wort
möchten studiren, welchen euer Almosen ein großer
Labsal und Erquickung ist worden. Ich habs schon
über die Hälft ausgespendet, und Schrift und Hand=
zeichen empfangen, daß es redlichen Gesellen und kei=
nen losen Buben worden ist. Solches hab ich euch
nicht wollen verhalten, damit ihr wissen möget, wie
es mit euerm Gelde gehe und stehe. Dem Andresen
habe ichs meisten vor andern gegeben, zumal 10 Fl.,
und denn wieder 10 Fl.; unter die andern mit 2. 3.
und 4 Fl., darnach sichs hat mit Rath guter Freunde
leiden wollen, und sind alle fröhlich und dankbar.
Zum Wahrzeichen schickt man euch durch Michel Stie=
fel bestellet dieses Büchlein eingebunden, welchem ich,
weil er itzt ohne Pfarr hat müssen sein, 10 Fl. ge=
geben, und er euch sehr läßt grüßen. Christus mit
euch und allen den Euern, Amen. Montag nach
Jubilate, 1534.

Martinus Luther, D.

460.

An Gabriel Zwilling, Pfarrer zu Torgau, v. 29. April 1534.

Eisl. II. 328. Altenb. VI. 215. Leipz. Suppl. S. 73. No. 127. Walch X. 274. De W. IV. 533.

Gnad und Friede. Mein lieber Herr Pfarrherr! Dieser Gesell, Briefs Zeiger, hat mir eine Ehesachen erzählet, seiner Schwester und L. V. halben, und einen Kundschaftbrief im Namen Carlewitz bei Dresden ꝛc. gezeiget. Wo dem nu so wäre, als der Brief lautet, und sie mich berichten, so ist gewiß keine Ehe geweset zwischen des Gesellen Schwester und dem genannten Buben L. V. Demnach möget Ihr, als der Pfarrherr, dem solchs gebührt zu forschen, und wo sichs also findet, wie der Brief lautet und sie sagen, alsdenn die Dirne frei sprechen, als die betrogen N. und nicht einen Mann (wiewohl unwissend und ohn ihr Schuld nach dem Gewissen), sondern einen Buben an L. V. gehabt hat, und daneben eure Torgauer warnen, daß sie in solchen Sachen lernen das Gewisse spielen und aufsehen, wem sie ihre Kinder und Schwestern geben. Ihr dürft sie nicht schelden, denn es ist kein Ehe gewest, sondern nur frei sprechen, das ist, anzeigen, daß sie itzt eben so frei ist, als sie vor gewest ist, ehr sie L. V. betrogen. Findet sich aber die Sache anders, denn sie mich berichten, und der Brief (weil er kein Siegel noch ander Wahrzeichen hat) lautet: so ist dieß mein Schreiben nichts, und soll nichts. Wer recht bekennet oder beweiset, dem hilft das Recht; wer anders, der betreuget sich selbs. Hiemit Gott befohlen, Amen. Mittwochs nach Jubilate, An. 1534.

Martinus Luther, D.

467.

An Balth. Zöppel, v. 10. Mai 1534.

Wittenb. XII. 162. Jen. VI. 177. Altenb. VI. 216.
Leipz. XXII. 522. Walch X. 2028. De W. IV. 535.

Gnad und Friede in Christo. Fürsichtiger, lieber, guter Freund! Es ist euer lieber Sohn Johannes ißt bei uns zu Wittenberg gewest, ein fröhlicher, angenehmet Gast, und viel lustiger Freundschaft durch seine Musica erzeigt. Darunter ist gefallen ein Wort oder zwei von euch, wie ihr sollt fast schwach sein: bin derhalb darauf bewogen, weil beide Weller, seine gute Freunde, mich darumb angeredt, euch dieß kleine Brieflin zu schreiben (als sie es achten) zur Tröstung.

Denn sie mir auch daneben angezeiget, wie euch Gott, unser Vater, dennoch solche Gnade und Liebe erzeigt hat, daß eur Herz mit Ernst Lust habe zu dem lieben Mann, der da heißt sein ewiger Sohn, Jesus Christus, und sein Wort euch gefalle, welchs (meines Verstands) billig soll und wird euch ein großer Trost und Freude sein, welche leichtlich allerlei Schmerzen und Unfall lindern und träglich machen kann. Denn wie groß kann auch ein Unglück hie auf Erden sein, weil wir nicht zweifeln, Gott der Vater habe uns lieb, und sei uns durch und umb seines Sohns willen gnädig; es muß je alles Unglück solcher gläubigen Herzen ein zeitlich und vergänglich Ende haben.

Aber der Trost in Christo ist und bleibt ewig, wie Esaia 54, 7. geschrieben stehet: Ich hab dich ein klein Augenblick verlassen, aber mit großer Barmherzigkeit will ich dich sammlen; und Paulus 2. Kor. 4, (17.) spricht: Unsere Trübsal, die zeitlich und leicht ist, schaffet eine ewige und uber alle Maß wichtige Herrlichkeit ꝛc.; item Christus Joh. 16, (33.): In der Welt habt ihr Angst, aber in mir habt ihr Frieden; und nach mehr: Seid getrost, ich habe die Welt ubermunden. Solche Sprüche der Wahrheit und gewisse Verheißungen werden uns je nicht fehlen.

Darumb sollen wir uns auch mit allem Erwägen fröh=
lich darauf verlassen.

Christus, unser lieber Herr und Heiland, bestä=
tige in euch sein angefangen Werk in festem Glauben,
Amen. Bittet fur mich auch. Am Sonntag Vocém
Jucunditatis, Anno 1534.

468.

An Joachim, Fürsten von Anhalt, v. 23. Mai 1534.

Wittenb. XII. 162. b. Jen. VI. 167. Eisl. II. 499.
Altenb. VI. 217. Leipz. XXII. 522. Walch X. 2122.
De W. IV. 536.

Dem Durchleuchtigen Fürsten und Herrn,
Herrn Joachim, Fürsten zu Anhalt, Gra=
fen zu Askanien und Herrn zu Bernburg,
meinem gnädigen Herrn.

Gnad und Friede in Christo. Durchleuchtiger
Hochgeborner Fürst, gnädiger Herr! Wiewohl ich
nichts Besonders an E. F. G. zu schreiben habe, weil
aber doch der gute Mann, E. F. G. Prediger, Ma=
gister Nic. Hausmann immer anhält, will mirs ge=
bühren nicht zu unterlassen; denn er begierig E. F.
G. zu stärken im fürgenommenen Werk, denn es ist
auch noth. Obs wohl groß ist, so ist aber doch der
noch unzählig größer, der uns hiezu berufen hat durch
sein heiliges Wort, dazu immer anhält und treibet
mit innerlichem Trost. Derhalben wir uns ja rüh=
men und brüsten mügen, daß wir nicht unser Ding
noch unser Wort handlen treiben, wie St. Pauls
auch sich rühmet zu den Römern (15, 17.), daß er
Gottes Sachen treibe. Denn solcher Beruf und Fo=
dern von Gott ist unser allerhöchster Trost. Christus
war auch zuerst ein Senfkorn, kleiner denn kein Kohl=
samen, aber ward zuletzt ein Busch, daß auch die
Vogel auf seinen Zweigen sitzen konnten. Das ist

alles geschehen, daß der gering Christus so groß ist worden, daß auch große Kaiser, Könige und Fürsten in seinen Versammlungen und Gliedern sich setzen und bleiben. Derselbige Christus lebet und regieret auch noch, und heißt sein Titel: Scheblimini, hoc est, Sede a dextris meis, Ps. 110, 1., und führet in seinem Stegreif gegraben: Ponam inimicos tuos scabellum pedum tuorum, und oben auf seinem Diadema: Tu es Sacerdos in aeternum. Demselben Herrn, der in Schwachheit allmächtig und in Thorheit allein weise ist, befehle ich E. F. G. sampt E. F. G. Brüdern allen, meinen gnädigen Fürsten und Herrn, Amen. Am Pfingstabend, Anno 1534.

469.

An Otto von Pack, Amtmann in Torgau, v. 2. Junius 1534.

Aus Lingke Luthers Gesch. in Torgau S. 90. bei De W. IV. 538.

Dem Edlen und Gestrengen, Herrn Otto von Pack, Amptmann zu Torgau.

Gnade und Friede durch Christum. Edler, Gestrenger, lieber Herr und Freund! Euch sind meine willig Dienst bereit. Dieses meines Briefes Zeiger Michel Reiner, der her zu mir gen Wittenberg kommen, hat mir seine Noth, welche ihm schwer auf dem Halse ist, geklaget, und umb Fürspruch bei euch angehalten, das ich ihm aus christlichem Mitleid nicht zu versagen gewußt, weil der arme Mann sein schwaches Weib und kleinen Kinderlein nicht versorgen kann, wenn ihm nicht zu seinem rechten Eigenthum geholfen wird. Glaube wohl, Briefe und Siegel wären genung ihn zu schützen; er verlanget ja nichts Unrechtes, und ist ein guter christlicher Mann, dem die Obrigkeit Hülfe thun kann und soll. Bitte also für mich und zugleich für den armen Menschen, ihr wollet euch

deſſen erbarmen, wie ich mich über ihn erbarmet, und
Fleiß anwenden, daß ſein Recht ihm werde, und ſein
Herzeleid euch nicht aufs Gewiſſen falle. Denn die
Juriſten treiben das Ding zu weit, und ſehen den
elenden Stand nicht an, worinnen die armen Leute
ſtecken, die ihr Recht ſuchen müſſen. Solchs habe ich
euch anzeigen wollen, daß es nicht nöthig ſein wird,
an U. G. H. deßwegen Klage gelangen zu laſſen.
Hiemit dem lieben Gott befohlen. Datum Witten=
berg, Dienſtag nach Trinitatis, 1534.

Martin Luther, D.

470.
An Joachim, Fürſten von Anhalt, v. 9. Junius 1534.

Zuerſt in den von Aurifaber Magdeburg 1550. herausgeg.
Troſtſchriften, dann Altenb. VI. 180. Leipz. XXII. 521.
Walch X. 2121. De W. IV. 539.

Gnade und Friede. Gnädiger Fürſt und Herr!
Ich ſchicke hiemit alles wieder, was mit mir gezogen
iſt, und danke aufs Allerfleißigſte. Ich habe unter
Weges mit Fleiß und ohn Unterlaß faſt E. F. G.
gedacht, auch etliche Mal mein Vater Unſer gebet.
Indem zeigt mir an M. Philippus, wie E. F. G
bis daher noch nicht ſonderlich krank geweſen. Da
ſprach ich: So iſts nicht Wunder, daß ſich E. F. G.
leichtlich beſorget, weil es E. F. G. ungewohnet ſein.
Aber Gott thut recht, daß er E. F. G. auch will
gewöhnen tzund zu leiden. Darumb ſei E. F. G.
fröhlich, weil ſie Gott auch einmal in die Schule ge=
führet, und lernen wird, einen guten Schilling leiden.
Er wird die Ruthe eine Ruthen ſein laſſen, und kein
Henkerſchwert draus machen, damit E. F. G. hinfort
noch mehr Ruthen leiden mögen. Wohlan, M. G.
Herr und Fürſt, ſeid fröhlich, und gedenkt, daß an=
dere Brüder, wie St. Petrus ſagt, auch leiden, und
vielleicht noch mehr, denn wir. Chriſtus aber ſpricht:

Ego vivo et vos vivetis. Wenn ich meinen Drucker
ein wenig gespeiset habe, will ich wieder kommen, und
den D. Pomeranum mitbringen, der hat mirs heute
zugesagt. Und hiemit fröhlich Gott befohlen. Diens=
tag nach Corporis Christi, 1534.

471.

An Joachim, Fürsten von Anhalt, v. 18. Junius 1534.

Wittenb. XII. 162. b. Jen. VI. 167. b. Altenb. VI. 217. Leipz. XXII. 522. Walch X. 2123. De W. IV. 540.

Gnade und Friede im Herzen, dazu auch Trost
und Stärke am Leibe von Christo Jesu, unserm lie=
ben Herrn und tröstlichem Heilande. Gnädiger Fürst
und Herr! Weil itzt Magister N. wieder zu E. F.
G. zeucht, sich ergötzlich zu erzeigen, habe ich nicht
wollen ihn lassen ohn meine Schrift kommen, ob ich
gleich nichts hätte zu schreiben, denn Bonum mane
oder guten Abend. Denn ich habe ja gute Hoffnung,
ob sichs gleich verzeucht, es müsse besser werden.

Ich bete mein armes Pater noster noch immer
fest, denke aber, wie ich selbs auch gar schwach gewest
bin, und das oftmal zuweilen länger, zuweilen kür=
zer, dennoch ist mir geholfen, und mehr denn ich ge=
beten habe.

Wohlan, das sei von geistlichem Trost geredt,
ohn welchen der äußerliche Trost wenig ist, es sei denn,
daß es geschehe zu erwecken den geistlichen Trost, wie
Elisäus sich ließ durch seinen Psalter erwecken,
2. Kön. 3, (15.), und David im Psalter selbst sagt
Ps. 57, (9.), seine Harfe sei seine Ehre und Freude:
Exurge gloria mea, exurge Psalterium et Cithara,
und alle Heiligen machen sich fröhlich mit Psalmen
und Saitenspielen.

Deste lieber ist mir nu, daß Magister N. zu E.
F. G. kommet, der mit Reden, Sangspiel und aller
Weise (als ein sittiger, züchtiger Mensch) E. F. G.

wohl kann christlich und ehrlich erfreuen. Dazu wünsch und bitte ich E. F. G. Glück und Heil, daß es zur Gesundheit diene und zur Verjagung des Anfechters, Amen.

So will ich ja auch kommen selbs (hoc est certum), ich sterbe denn oder liege darnieder, so erst ich mich aus dem Kommet, Zaum, Sattel und Sporn der Drücker losreißen kann. Hiemit E. F. G. Gott befohlen, Amen. Am Donnerstag nach Vitt, 1534.

<hr/>

472.

An Joachim, Fürsten von Anhalt, v. 23. Junius 1534.

Wittenb. XII. 163. Jen. VI. 168. Altenb. VI. 218. Leipz. XXII. 523. Walch X. 2124. De W. IV. 541.

<hr/>

Zu Handen meinem gnädigen Fürsten und Herrn, Herrn N., Fürsten zu N. 2c., eilend geschrieben, wie eine Supplication von einem armen Tröster und Parakleto gedichtet, bis Gott besser gibt, Amen.

Gnade und Friede, welchs ist die rechte Freude und Trost in Christo. Gnädiger Fürst und Herr! Das muß freilich nicht ein kleines noch geringes Guts bedeuten, daß E. F. G. Fieber und solch Anfechtung noch nicht hat abgelassen, sintemal wir doch gewiß sein müssen, daß unser Gebet angenehm und erhöret ist bei Gott, so wahrhaftig, als er ist in seiner Verheißung, auf welche wir trauen und bitten.

Aber ich denke, er thue mit E. F. G. ein Solches, wie er mit den Kindern Israel thät in Aegypten, (will von Andern und von mir selbs itzt schweigen,) nämlich, da er sich gegen Mose im Busch rühmet, 2. Mos. (3, 7.), er hätte der Kinder Israel Geschrei erhöret und wollte sie erlösen: daß Moses und die Kinder Israel wohl hätten mögen denken, er würde flugs morgen solchs thun. Aber da er anfing zu helfen, werd es ärger denn vorhin, und wurden also geplagt, daß sie es gereuet, was sie zuvor gebe-

ten und geglaubet hatten, und fingen an zu verzagen
an der Erlösunge. Judem gingen viel Plage uber
den Pharao, noch halfs nicht, und mußten immer
gefangen und geplagt bleiben, bis die Zeit kam, daß
die Erlösung herrlicher ward, denn sie gewünschet
hatten, und ihre Feinde im rothen Meer sahen er=
soffen. Denn auch St. Paul sagt Ephes. 3, (20.):
Wenn unser Gebet angenehm ist, so gedenkt Gott
mehr und höher zu thun, denn wir begreifen und
wünschen können.

Darumb greift ers also an, daß uns dünkt, er
wolle es gar böse machen, auf daß wir lernen, wie
der Apostel sagt Röm. 8, (26.): Daß wir furwahr
nicht wissen, wie wir bitten sollen; aber er als ein
treuer Vater weiß und siehet wohl, wie wir bitten
sollen, und thut, wie ers weiß, und nicht, wie wir
bitten.

Muß doch ein Vater gegen seinem Kinde auch
also thun, und nicht geben, wie das Kind bittet,
sondern wie er weiß, daß sein Kind bitten sollt; ob=
gleich das Kind drüber weinet, das schadet nicht, es
ist seine Bitte darumb nicht deste ungenehmer bei dem
Vater, ob der Vater nicht thut auf das Mal, oder auf
die Weise, wie das Kind will oder bittet. Also muß
oft ein Arzt nicht thun, wie, was, wenn, wo der
Kranke will, und hat doch den Kranken lieb, und ge=
denkt ihm treulich zu helfen, lässet ihm auch des Kran=
ken Begier und Bitte nicht ubel gefallen, ist ihm auch
darumb nichts deste ungünstiger.

Also halt ich, wird unser Herr E. F. G. itzt
auch tractirn, daß ers besser mit E. F. G. im Sinn
hat, und herrlicher helfen will, denn wirs itzt bitten,
und läßt ihm unser Bitten wohlgefallen, daran ich
keinen Zweifel habe. Denn es ist ja solch Beten sein
Gebot, ja auch sein eigen Werk in uns, daß ihm ge=
fallen muß.

Aber er will (hoffe ich) Mehr und etwas Größers
vom Fieber gesund machen, denn E. F. G. einzele
Person: darumb seien E. F. G. getrost, Christus ist
unser, ja auf alle Weise unser, wie wir ihn begehren;
ob er sich gegen der Vernunft anders stellet, das

schadet nichts. Ich will (ob Gott will) bald bei
E. F. G. sein, so ich meine Plager ein wenig gespei=
set, eine acht Tage bei ihr bleiben: kanns länger sein,
will ichs auch thun. Christus unser Herr ist selbst
bei E. F. G., das ist wahr, welche ich hiemit in
sein Gnad und Schutz befehle. Am St. Johanns
Abend, Anno 1534.

473.

An Joachim, Fürsten von Anhalt, v. 26. Ju=nius 1534.

Witteub. XII. 163. b. Jen. VI. 168. b. Alteub. VI.
219. Leipz. XXII. 524. Walch X. 2127. De W. IV. 543.

Gnade und Friede in Christo. Durchleuchtiger
Fürst, G. Herr! Mir hat Magister N. angezeigt,
wie E. F. G. etwas schwach gewest, aber doch nu,
Gott Lob, wiederumb zu Passen worden.

Mir fället aber oftmals ein, wie E. F. G. gan=
zer Stamm fast ein eingezogen, still, löblich Wesen
geführet, daß ich zuweilen denke, es möcht auch wohl
die Melancholia und schwere Gemüthe oft Ursach
sein zu solchen Schwachheiten: darumb wollt ich E.
F. G., als einen jungen Mann, lieber vermahnen
immer fröhlich zu sein, zu reiten, jagen und ander
guter Gesellschaft sich fleißigen, die sich göttlich und
ehrlich mit E. F. G. freuen können. Denn es ist
doch ja die Einsamkeit oder Schwermuth allen Men=
schen eitel Gift und Tod, sonderlich einem jungen
Menschen.

So hat auch Gott geboten, daß man solle fröh=
lich für ihm sein, und will kein trauriges Opfer ha=
ben, wie das im Mose oft geschrieben stehet und Pred.
K. 12, (V. 9.): Freu dich, Jüngling, in deiner Ju=
gend, und laß dein Herz guter Ding sein. Es gläubt
Niemand, was Schaden es thut einem jungen Men=
schen Freude wehren, und zur Einsamkeit und Schwer=
muth weisen.

E. F. G. haben Magister N. und Andere mehr, mit denen seien sie fröhlich; denn Freude und guter Muth (in Ehren und Züchten) ist die beste Aerzenei eins jungen Menschen, ja aller Menschen. Ich, der ich mein Leben mit Trauren und Saursehen habe zubracht, suche itzt und nehme Freude an, wo ich kann. Ist doch itzt, Gott Lob, so viel Erkenntniß, daß wir mit gutem Gewissen können fröhlich sein, und mit Danksagung seiner Gaben brauchen, dazu er sie geschaffen, und Wohlgefallen dran hat.

Habe ichs nicht troffen, und hiemit E. F. G. Unrecht gethan, wollen E. F. G. mir den Feihl verzeihen gnädiglich. Denn ich furwahr denke, E. F. G. möchte zu blöde sein, fröhlich sich (zu) halten, als wäre es Sünde; wie mir oft geschehen, und noch wohl zuweilen geschießt. Wahr ists, Freude in Sünden ist der Teufel, aber Freude mit guten, frommen Leuten in Gottesfurcht, Zucht und Ehren, obgleich ein Wort oder Zötlin zu viel ist, gefället Gott wohl.

E. F. G. sein nur immer fröhlich, beide inwendig in Christo selbs, und auswendig in seinen Gaben und Gütern; er wills so haben, ist drumb da, und gibt darumb uns seine Güter sie zu gebrauchen, daß wir sollen fröhlich sein, und ihn loben, lieben und danken immer und ewiglich.

Schwermuth und Melancholia wird das Alter und andere Sache selbs wohl uberflüssig bringen. Christus sorget fur uns, und will uns nicht lassen. Dem befehl ich E. F. G. ewiglich, Amen. Am Freitage nach Johannis Baptistä, Anno 1534.

D. Martin Luther.

474.

An Joh. Rühel, v. 29. Junius 1534.

Wittenb. XII. 164. Jen. VI. 205. Altenb. VI. 334. Leipz. XXII. 526. Walch X. 2116. De W. IV. 545.

Gnade und Friede in Christo, so ist Leben und
Trost auch da. Mein lieber Herr Doctor, freundlicher, lieber Gevatter und Schwager! Mir ist wahrlich euer Schwachheit von Herzen leid, und viel leider,
daß ich aus euers Justs Schrift vermerkt, daß ihr
euch solcher Schwachheit so hart annehmet.

Seid ihr doch des Manns, sampt uns, Freund,
Glied, Bekenner, welcher zu uns allen durch St.
Paulum spricht (2. Kor. 12, 9.): Meine Kraft ist in
den Schwachen stark. Es soll euch ja viel fröhlicher
machen, daß ihr von solchem Mann berufen seid, dazu
begnadet mit Erkenntniß, Lust und Liebe zu seinem
Wort, darauf mit seiner Tauf und Sacrament versiegelt. Was soll er mehr thun, der euch inwendig
solch Herz gegen ihm, und auswendig solch Siegel,
darnach seiner Gnaden Confession und Testimonium
gegeben hat. O lieber Doctor, sehet an, was ihr habt
für Güter von ihm, und nicht, was ihr leidet; ist
doch die Woge unmäßig gegen ander.

Dazu kann er euch, laßt ihm die Zeit, wohl gesund
machen; wiewohl wir alle Stunden sein sind, wie
St. Paulus spricht (Röm. 14, 8.): Sive vivimus,
sive morimur, Domini sumus, ja, vere Domini in
genitivo et nominativo: Domini in genitivo, quia
ipsius domus, imo membra sumus; Domini in nominativo, quia regnamus super omnia per fidem,
quae est victoria nostra, Deo gratia, et conculcamus
Leonem et Draconem. Summa: Confidite (ait), ego
vici mundum. Joh. 16, 33.

Darumb seid getrost, mein Herr Doctor, et ad-
mittite fratrum voces in cor, per quos Deus ipse
loquitur vobis, etiam praeter et supra quotidiana
sua opera: Ubi ego sum, et vos eritis.

Filii vestri apud me erunt, sicut mei. Ihr
seid ja nicht mein falscher Freund, das weiß ich, und
habs gnug erfahren; so will ich ja auch nicht falsch
gegen euch und den Euern allen werden, so lang mir
Gott den Odem läßt, Amen.

M. Philippus wird gegenwärtig mehr sagen in

kurz, wills Gott. Grüßet mir alle die Euern. Datum am Tag Petri und Pauli, Anno 1534.

D. Mart. Luther.

475.

An den Stadtrath von Regensburg, v. 30. Junius 1534.

Aus Gemeiner's Kirch. Reform. Gesch. v. Regensburg
S. 82. bei De W. IV. 547.

Gnad und Friede in Christo. Ehrbare, Fürsichtige, liebe Herrn! Es dünkt mich wohl selbs fremd genug, daß ich an E. F. zu schreiben mich unterwinde. Es haben aber so viel guter Leute mich vermocht, daß ichs nicht hab können lassen. Bitte gar fleißig, wollets mir zu gut halten und gonstiglich vernehmen.

E. F. sehen und erfahren täglich (wie wir auch leider), wie der böse Feind allenthalben seine Rotten, Wiedertäufer, oder (wie Christus sagt) falsche Propheten und falsche Lehrer erweckt, und viel Land und Leuts in Jammer und Noth führet (Gott wollte eure Stadt dafür behüten). Ich kann und will auch nicht bitten, daß E. F. sollen unser Lehre und Weise annehmen. Aber da bitte ich umb, daß E. F. ein ernst Auge darauf haben wollten, daß nicht Rottengeister in euer Stadt wurzeln. Denn es darf Aufsehens, wahrlich und abermal wahrlich, der Teufel ist zornig und listig über alle Maße, daß keins Aufsehens zu viel ist. Er hat in zwei Jahren oder dreien Städte erschlichen mit Rottengeister, der ich sicherer bin gewest, denn ich eurer Stadt bin. E. F. fleißige, der Prediger zu bekommen, so das Evangelium oder h. Schrift mit Stille und Ruge lehren: so werden sie nicht irren, und Gott wird Gnade dazu geben. Unser Confession zu Augsburg ist gut dazu und so rein, daß auch unser Feinde sie müssen loben und Kaiserl. Majestät unverdampt aufs Concilium geschoben hat, welches ja ein Zeichen ist, daß sie recht sei. Aber

solches schreibe ich, daß E. F. das Evangelion för=
dern bei euch wohl können, ob unser und unser Con=
feffion und Lehre als Lutherifchen Namens geschwie=
gen wurde, sondern aus dem Text der Schrift den
Leuten fürgeprediget, daß fie lernen, es sei Christus
und feiner Apostel felbs Lehre und unter derselben
Namen (ohn aller Menschen Namen) gerühmet würde,
wie fie fich denn also finden läßt in den Evangeliis
und Epifteln St. Pauli. Aber ich kann nicht mehr,
denn daß ich bitte den Vater aller Gnade und Barm=
herzigkeit, wollte euch den Geift feiner Gnaden geben,
ernftlich zu trachten nach dem Wort feiner Wahrheit
und auch dazu helfen. Zu folchem Gebet bewegt mich
die Sorge, fo mir machen (wie obgesagt) folche fähr=
liche Zeit und der große Zorn des Teufels, dagegen
wir alle zu ficher schlafen und Etliche bereit verschla=
fen haben. Gott helf ihnen wieder zurecht, Amen.
Hiemit Gott befohlen, der euch ein felig, friedlich Re=
giment gebe und erhalte, Amen. Dienstags nach Pe=
tri und Pauli, 1534.

E. F.
williger
Martinus Luther, D.

476.

An Herzog Heinrich V. von Mecklenburg, v. 7. Julius 1534.

In Schröders evangelifchem Mecklenburg, und daraus in
Krey's Beiträgen zur Mecklenburgischen Kirchen= und Ge=
lehrtengeschichte, Bd. II. St. 2. S. 111. (Roftock 1822.)
Bei De W. IV. 349.

Dem Durchleuchtigen, Hochgebornen Für=
ften und Herren, Herrn Hinrich, Herzo=
gen zu Mecklenburg ꝛc., meinem gnädigen
Herren.

Gnade und Friede in Chrifto, fampt meinem
armen Pater nofter. Durchleuchtiger, Hochgeborner

Fürst, gnädiger Herr! E. Fürstl. Gnade haben wir geschrieben und daneben zugeschicket eines Predigers Bekenntniß, darauf auch mein Bedenken begehret, und ich habe solches nicht mögen meinem gnädigsten Herren verhalten, ob sein Kurf. G. wollten auch an E. F. G. eine Vermahnung schreiben, mit Ernst dazu thun. Denn es sind nun so viele Exempel der Rottengeister für uns kommen, daß wir billig hierin sollten schier aufwachen und munter werden. Der Teufel kann und will nicht aufhören, wie uns die Erfahrung über und neben der Schrift beredet. Darumb mögen E. F. G. wohl mit Ernst hinzuthun, und schaffen, daß dieser Prediger ablasse oder seinen Stab anders wohin setze; denn er ist kein nütze, und hat Grillen im Kopf, die zuvor nie gehöret noch gelesen, und ist eitel toll Ding, ohne allen Grund der h. Schrift. Etliche allhier achten, es sei Henr. Neverus, der zur Wißmar ein Barfüßer gewest, welcher etwa allhie zu Wittenberg die fünf Wunden S. Francisci in einer Disputation verloren, da sie hie ein Kapitel der Zeit hatten. E. F. G. wollen Christo seine Ehre helfen fördern, wie wir alle schuldig, wider solche Teufelsboten. Hiemit Gott befohlen, Amen. Zu Wittemberg 1530, Dienstag nach Visitationis Mariae.

E. F. G.
willig er
Martinus Luther, D.

477.

An den Kurfürsten Johann Friedrich, v. 27. Julius 1534.

Leipz. Suppl. Nr. 128. S. 74.; Walch XXI. 371. De W. IV. 551.

Dem Durchleuchtigsten, Hochgebornen Fürsten und Herrn, Herrn Johanns Friedrich, Herzogen zu Sachsen, des heil. Rö. Reichs Erzmarschalk und Kurfurst, Landgrafen in Thuringen, Markgrafen zu Meissen, meinem gnädigsten Herrn.

Gnade und Friede in Christo. Durchleuchtigster, Hochgeborner Fürst, gnädigster Herr! Ich komme itzt mit einer unlustigen Schrift an E. K. F. G. Martin Sangers halben, und beschwere E. K. F. G. nicht gern damit; aber weil ich sehe, daß ihm Wehe und Leide geschicht, daß er E. K. F. G. Ungnad soll haben, und nicht Wunder ist, ob ihm die Sorge für sein Weib und Kindlin auch kränkt: hab ich nicht mugen ihm solche Schrift versagen, damit er nicht von mir weiter betrübt und ungetröstet gehen mußte. Ists nicht zu heben, so will ich doch ihm zu Dienst die Schrift gethan haben, und ist das sein unterthänige Bitt, daß E. K. F. G. nicht wollten auf ihn ungnädig werden, sondern weil es ihm große Beschwerung ist, sein Weib und Kindlin so plötzlich zu beschicken, und sein Behausung zu verkaufen, E. K. F. G. wollten ihm die Gnade erzeigen, und ihm Frist und Raum lassen, sein Haus aufs Beste zu gelosen, und sein Weib und Kindlin ziemlich beschicken. So ist daneben mein fleißig unterthänig Bitte, E. K. F. G. wollten zu Herzen nehmen (als ich nicht zweifel, E. K. F. G. wohl zu thun wissen), daß ihm E. K. F. G. Ungnad ohn alles Ander dennoch Schade und Wehe genug ist, beide bei sich selbs und seiner Freundschaft, welche soll ehrlich sein, und er etwa auch für ein geschickten Mann gehalten ist. E. K. F. G. werden sich hierin wohl wissen gnädiglich und christlich zu erzeigen. Christus, unser Herr, regiere und behüte E. K. F. G. ewiglich, Amen. Montags nach St. Jacobi, 1534.

E. K. F. G.

unterthäniger

Mart. Luther.

478.

An seine Hausfrau, v. 29. Julius 1534.

Das Original befindet sich in der Wallenrodischen Bibliothek in Königsberg. Borowski-Faber S. 98. De W. IV. 553.

Meinem freundlichen lieben Herrn, Frau Catherin von Bora D. Lutherin zu Wittenberg.

G. u. Fried in Christo. Lieber Herr Käthe! Ich weiß dir nichts zu schreiben, weil M. Philipps sampt den Andern selbs heim kommen. Ich muß länger hie bleiben umb des frommen Fursten willen. Du magst denken, wie lange ich hie bleiben werde, oder wie du mich los machst. Ich halt, M. Franciscus wird mich wieder los machen, wie ich ihn losgemacht habe, doch nicht so balde. Gestern hatt ich einen bösen Trunk gefasset: da mußt ich singen. Trink ich nicht wohl, das ist mir leid, und thäts so rechte gerne, und gedacht, wie gut Wein und Bier hab ich daheime, dazu eine schöne Frauen oder (sollt ich sagen) Herren. Und du thätest wohl, daß du mir herüberschicktest den ganzen Keller voll meins Weins und ein Pfloschen deines Biers, so oft du kannst. Sunst komme ich fur dem neuen Bier nicht wieder. Hiemit Gott befohlen sampt unsern Jungern und allem Gesinde, Amen. Mittwochens nach Jacobi, 1534.

Dein Liebchen
Mart. LutheR, D.

479.

An Autor Brotzer, v. 25. August 1534.

Wittenb. XII. 164. Jen. VI. 205. Altenb. VI. 259. Leipz. XXII. 525. Walch X. 2358. De W. IV. 553.

Gnade und Friede in Christo. Mein lieber

Autor! Es hat unser lieber Herr Jesus Christus itzt euch heimgesucht und mit euch getheilet, wiewohl es nach dem Fleisch auch eine harte Theilung ist, sonderlich so gar unversehens und abwesens, welchs euch deste mehr betrübt; wie es denn recht und billig ist, daß euch solcher Fall soll wehe thun, weil sie euer nähestes und bestes Glied ist, dazu euer eigen Leib gewest ist. Aber gleichwohl soll und muß Christus mehr bei uns gelten, denn alles, was wir haben, auch selbs sind. Denn er auch sich selbs umb unserwillen gering geachtet hat, auf daß wir groß und herrlich würden ewiglich, sich williglich ergeben in den schmählichsten Tod, damit viel geringer worden, denn alle Menschen, wie im 22. Psalm (B. 7.) geschrieben stehet: Ich bin ein Wurm und kein Mensch, ein Spott der Leute und Verachtung des Volks.

Demnach weil wir alle Stunden schuldig sind wiederumb zu leiden nach seinem Willen, ist mein freundlich christlich Vermahnen, wollt solche Wehe und Unfall in den lieben Christum senken, und mit rechtem Glauben bedenken, wie gar nichts unser Leiden ist, so wir umb seinenwillen tragen, gegen dem, das er umb unsernwillen getragen hat; es muß doch alles in seinem Leiden überwunden sein.

So habt ihr doch uber das alles Gott zu danken, daß die gute Fraue ein fein christlich, selig, vernünftig Ende genommen hat; welchs, wie ihr wisset, ein unaussprechliche Gnade und Wenigen bescheret ist, so vielen Andern gar erbärmliche Fälle begegnen. Christus, unser lieber Herr und Trost, tröste und stärke euch, daß ihr seinen Willen tragen, loben und danken möget, Amen. Dienstag nach Bartholomäi, Anno 1534.

D. Martinus Luther.

480.

An einen Ungenannten, v. 6. October 1534.

Wittenb. XII. 165. Jen. VI. 206. Altenb. VI. 259. Leipz. XXII. 525. Walch X. 2020. De W. IV. 556.

Gnade und Friede in Christo. Ehrbar, günstiger, lieber Freund! Es hat mir euer lieber Bruder angezeigt, wie ihr sollet fast bekümmert sein, und Anfechtung der Traurigkeit leiden. Was ich nu mit ihm geredt habe, wird er euch wohl anzeigen. Aber, lieber Matthia, folget hierin nicht euren Gedanken, sondern höret, was euch ander Leute sagen. Denn Gott hats befohlen, daß ein Mensch das ander trösten soll, und will auch, daß der Betrübte solle gläuben solchem Trost, als seiner eigen Stimm. Denn also spricht er durch St. Paulum: Tröstet die Kleinmüthigen; und Esaia 40, (8.): Tröstet, tröstet mein Bolk, und sprecht ihm freundlich zu; und anderswo: Es ist mein Wille nicht, daß ein Mensch traurig sei, sondern fröhlich sollt ihr mir dienen, und kein Opfer in Traurigkeit opfern; wie das alles Moses und die Propheten oft und viel predigen. Darumb er auch geboten hat, daß wir nicht sollen sorgen, sondern die Sorge ihm befehlen, weil er für uns sorgen will, als St. Petrus (1. Epist. 5, 7.) lehret aus dem 55. Psalm (B. 23.).

Weil denn Gott will, daß Einer den Andern trösten, und ein Jeder den Trost gläuben soll: so laßt euer Gedanken fahren, und wisset, daß euch der Teufel damit plaget, und sind nicht euer Gedanken, sondern des leidigen Teufels Eingeben, der nicht leiden kann, daß wir einen fröhlichen Gedanken haben.

So höret nu, was wir in Gottes Namen zu euch sagen, nämlich, daß ihr sollet fröhlich sein in Christo, als der euer gnädiger Herr und Erlöser ist, den laßt fur euch sorgen; wie er denn gewißlich fur euch sorget, ob ihr noch nicht habt, was ihr gern hättet. Er lebet noch; und versehet euch des besten zu ihm, das gefället ihm (wie die Schrift sagt) als das beste Opfer. Denn kein lieblicher, angenehmer Opfer ist, als ein fröhlich Herz, das sich im Herrn freuet.

Darumb wenn ihr traurig seid, und will uberhand nehmen, so sprecht: Auf! ich muß unserm Herrn Christo ein Lied schlagen auf dem Regal (es sei, Te Deum laudamus oder Benedictus etc.); denn die

Schrift lehret mich, er höre gern fröhlichen Gesang und Saitenspiel. Und greift frisch in die Claves, und singet drein, bis die Gedanken vergehen, wie David und Elisäus thaten. Kommet der Teufel wieder und gibt euch ein Sorge oder traurige Gedanken ein, so wehret euch frisch, und sprecht: Aus, Teufel, ich muß itzt meinem Herrn Christo singen und spielen.

Also müßt ihr euch wahrlich wider ihn setzen lernen, und nicht gestatten, wie er euch Gedanken mache. Denn wo ihr einen einlasset und zuhöret, so treibet er wohl zehen Gedanken hinnach, bis er euch ubermanne. Darumb nicht besser, denn flugs im ersten auf die Schnauzen geschlagen. Und wie jener Ehemann thät, wenn seine Ehefrau anfing zu nagen und beißen, nahm er die Pfeifen unter dem Gürtel herfür, und pfiff getrost, da ward sie zuletzt so müde, daß sie ihn zufrieden ließe: also greift ihr auch ins Regal, oder nehmet gute Gesellen, und singet dafur, bis ihr lernet ihn spotten.

Denn wo ihr künntet gläuben, daß solche Gedanken des Teufels wären, so hättet ihr schon gewonnen. Aber weil ihr noch schwach im Glauben seid, so horchet uns, die wirs durch Gottes Gnade wissen, und halt euch an unserm Stab, bis ihr selbs lernet gehen. Und wenn euch gute Leute trösten, mein lieber Matthia, so lernet ja gläuben, daß Gott solchs zu euch saget; folget und zweifelt nicht, es sei Gottes Wort gewißlich, der euch, seinem Gebot nach, durch Menschen tröstet.

Und derselbige Herr, so michs hat geheißen, und ich aus Gehorsam Gottes thun muß, gebe euch das alles zu glauben, und spreche das alles in euer Herz, Amen. Wittenberg Mittwoch nach Francisci, An. 1534.

D. M. Luther, manu propria.

481.

An den Landgrafen Philipp, v. 17. October 1534.

Aus der Sammlung des Casp. Sagittarius zu Jena bei
Schütze I. 393. De W. IV. 559.

Dem Durchleuchtigen, Hochgebornen Für=
sten und Herrn, Philipsen, Landgrafen in
Hessen, Grafen zu Katzenelnbogen, mei=
nem gnädigen Herrn.

Gnade und Friede Gottes in Christo. Durch=
leuchtiger, Hochgeborner Fürst! Ich habe E. F. G.
Schrift empfangen, darin E. F. G. begehren, ich
solle die Sachen des Sacraments halben in christlichs
und tiefes Bedenken nehmen, damit eine beständige
Einigkeit möcht werden zwischen uns und den über=
ländischen Predigern. Nun wissen E. F. G. ja wohl,
daß ich freilich auch allzeit aufs Höchste begehret Einig=
keit zu haben, weil mir verdrießlich (und dem Reich
Christi schädlich) gnug ist der ubermachte Trotz der
Papisten, so durch solch Uneinigkeit also gestärket,
daß er ohn das längst wohl wäre demüthiger worden,
wenn nur E. F. G. bei M. Bucero und den Seinen
erlangen, weß Sie doch hierinne gesinnet wären zu
thun und zu geben oder nicht; wollt ich doch ja auch,
was ich immer für mein Gewissen räumen möcht,
gerne mich finden lassen. Lieber Gott, ich komme
schwerlich zu den Sachen, die nicht ich, sondern an=
dere angefangen, und mich dünket, daß unter ihnen
selbst den uberländischen Predigern wenig sind, die
auch dem Bucero folgen, und hernach vielleicht wider
beide sollten schreien. Meinem Herz ist nichts liebers
denn eine beständige Einigkeit; wenn es aber sollt im
Grund gebrechlich und ungewiß sein, so ist doch die
Treu verloren. Was E. F. G. hierin helfen und
rathen kann, bitt ich umb Gottes Willen, wollen
fortfahren. Kann ich etwas thun wider die Mörder
und Bluthunde die Papisten, die doch nicht können
noch wollen aufhören, sie haben den Christen verstöret
oder selbst bonieder liegen: so fehlets ja nicht und soll

5

nicht fehlen an meinem armen Gebet, Thun, Leiden,
Reden und Schreiben. Christus, unser Herr, stärke
E. F. G. zu thun seinen Willen im Gnaden seiner
Kirche zum Zorn über die Papisten, Amen, Amen.
Wittenberg Sonnabend nach Galli, MDXXXIV.

E. F. G.

williger

D. Martinus Lutherus.

482.

An den Rath zu Herword, v. 24. October 1534.

Nasch. Nachr. 1726. S. 895. Leipz. Suppl. No. 122.
S. 74. Walch XXI. 375. De W. IV. 560.

Den Ehrsamen und Weisen, Herrn Bürgermeister und Rath zu Herword in Westphalen, meinen günstigen Herren und Freunden.

Gratiam et pacem etc. Ehrsame, Weise, liebe
Herren! Ich habe oftmals und von vielen erfahren,
wie durch etliche hitzige und eilende Menschen bei euch
angehalten wird, die Fratres und Schwestern bei euch
zu betrüben, als könnten sie des Standes, darin sie
sind, nicht selig werden; so sie doch alle des Papsts
Gräuel abgethan, und christlicher Freiheit, wiewohl
im alten Kleid und Gestalt, sich halten, und ein ordentlich, züchtlich Leben führen, nach der Apostel Lehre
mit ihren Händen arbeiten: daß ich wohl wünsche,
daß solcher Leute, wie Gott die Gnade gäbe, viel
wären, denn sie ja nicht schädlich, sondern nützlich
sind, weil sie dem Evangelio anhängig sind. Dazu
höre ich, daß sie sollen beschweret werden mit der
öffentlichen Schulen Ampt und Sorge, dazu sie doch
von Niemand gestiftet, noch von Niemand Zinse dazu
haben, wie die Gestifte und Klöster haben, und solches billig thun sollten; auch nicht recht ist, daß sie
sollen dienen von dem, das sie erworben, und nicht
gegeben ist, denn das hieße arbeiten und Geld zu-

geben. Demnach ist mein treulich Vermahnen, E.
Edelheit wollten daran sein, daß die frommen Leute
nicht so betrübt werden, damit nicht, wie bereit an-
füret, euer Stadt das Geschrei bekomme, als suchete
sie fremder Leute Arbeit und Gut, so ihr wohl die
rechte Söhne könnet zu solcher Schule brauchen. Ich
habe vorhin geschrieben, daß die Zeit selbst wird
Rath schaffen, welches, ich höre, dahin gedeutet wird,
als sollte man sie hinfort zwingen; so doch die Worte
geben, daß mit der Zeit sich wohl finden wird, nämlich ob sie also bleiben, oder williglich sich ändern
wollten. Bitte um Christus willen, E. W. wolle
helfen, daß man nicht Ursache gebe, vom Evangelio
übel zu reden. Es sind bereit leider allzu viel Aergerniß allenthalben, die unserm Evangelio viel böser
Nachrede machen, daß wir wohl möchten mit Fleiß
trachten, wie es bei Ehren bleibe. Wenn alle Dinge
bei euch wohl stehen, so ists dennoch nicht vollkommen.
Befehlt euch hiemit Gott. Sonnabends nach Lucä, 1534.

Martinus Luther, D.

483.

An Casp. Müller, Mansfeldischen Kanzler,
v. 24. November 1534.

Wittenb. XII. 165. Jen. VI. 274. Altenb. VI. 334.
Leipz. XXII. 526. Walch X. 2119. De W. IV. 563.

Dem Ehrbarn und Fürsichtigen Caspar
Müller, zu Mansfeld Kanzler, meinem
günstigen Herrn und Gevattern.

Gnad und Friede in Christo. Mein lieber Herr
und Gevatter, Herr Kanzler, daß ich euch nenne,
als billig, obs gleich etliche neben euch ungerne haben.
Ich hab euer Schrift und die Krausen empfangen,
die mir wohl gefallen; und danke euch freundlich.
Sonderlich der eine ist schöne, und ist bereit die Sorge,
wer, wo, wenn und wie er zubrochen werde rc.

Es ist mir leid, daß ihr von Gott mit mehr

Krankheit uberladen werdet; denn ich ja furwahr weiß, weil ihr von Gottes Gnaden der seltsamen Vogel einer seid, denen das Wort Gottes und Reich Christi mit Treuen zu meinen von Herzen Ernst ist, daß euer Gesundheit und Vermügen nützlich und tröstlich sein kann uns allen, sonderlich bei den wunderlichen Dächern, die uber dem Hirn liegen. Aber will euch denn Gott ja also krank haben, so wird sein Wille gewißlich besser sein, denn unser aller, nachdem auch seins lieben Sohns allerbester und unschüldiger Wille gleich müßte unterworfen dem höhern und uber alle Güte gutem Willen seines lieben Vaters; deß Wille geschehe auch in uns mit Freuden, oder je mit Geduld, Amen. Summa, es heißt: Confidite, ego vici mundum. Wie sollen wir thun anders, denn victorem mundi, Diaboli, peccati, mortis, carnis, morborum, malorum omnium, in corpore nostro glorificare et portare. Es ist doch ja sein Joch sanfte und seine Last süße. Aber unser Joch und Last, die er trug fur uns, das war der Teufel, ja Gottes Zorn; da behüte uns Gott fur; ja, er hat uns schon davon erlöst, und tragen dafur seine liebe Last und süße Bürde. O das ist noch zu thun, und der Wechsel mit Freuden anzunehmen. Es ist ein guter Kaufmann und gnädiger Händler, der uns Leben umb Tod, Gerechtigkeit umb Sünde verkauft, und dafur eine Krankheit oder zwo, eins Augenblicks lange, zur Zinse aufleget, zum Zeugniß, daß er wohlfeiler gibt und freundlicher borget, denn die Fugger und Händler auf Erden thun. Wohlan, Dominus Jesus Christus heißt der Mann, und der rechte Mann, qui militat in nobis, vincit in nobis, triumphat in nobis. Er soll und muß doch sein, und wir mit ihm, und in ihm. Da wird nicht anders aus, laß zürnen portas inferni.

Darumb, weil ihr ja Trostschrift von mir begehret, so ist dieß mein Trost in Christo, daß ihr wollet fröhlich dankbar sein dem Vater aller Gnaden, der euch zu seinem Licht und seines Sohns Bekenntniß berufen hat, und zum wenigsten die Gnade ja reichlich gegeben, daß ihr doch den Feinden seines Sohns

nicht hold seid, das ist, ihrem Fürnehmen, es wäre
denn, daß euch Cochleus, Vicelius, Albert zu Halle
baß oder gleich so wohl gefiele, als St. Paulus oder
Isaak, das ich ja nicht hoffe. Was ist denn, daß
euch Gott aufs Bette legt und krank sein heißt, der
euch so reichlich begnadet, und euch aus solcher Teu=
fels=Finsterniß und Höllenrotten ausgesondert und
auserwählet hat? Denket und gebt die Zinse redlich,
und bezahlet euer Gelübde, wie der 116. Psalm
(V. 10.) sagt: Ich gläube, darumb gehet mirs auch
so übel; aber wie kann ich bezahlen, was mir Gott
gethan hat? Wohlan, ich will den fröhlichen Kelch
trinken, und meines Herrn Namen loben und danken,
das ist, ich will das Unglück und Leiden in Freuden
tragen, und Alleluja drein singen. Hoc fac. et vives.
Christus, unser Herr, der in euch angefangen hat
sein Werk, der wirds hinaus führen seliglich, und
mit uns allen, ob wir wohl arme Sünder sind: tamen infirmitatem nostram etiam ipse novit, et Spiritus ejus interpellat pro nobis. Demselbigen befehl
ich euch hiemit ernstlich. Sehet da, hab ich nicht den
Kranken vorbaß gnug heimgesucht? Mein Herr Käthe
grüßet euch, und wünscht euch bald gesund, und bei
uns. Wittemberg, Dienstag Vigiliae Catharinae, anno
MDXXXIV.

Martinus Luther, D.

484.

**An den Kurfürsten Johann Friedrich, v. 7.
December 1534.**

Leipz. Suppl. No. 130. S. 74. Walch XXI. 376. De
W. IV. 566.

Dem Durchleuchtigsten, Hochgebornen Fur=
sten und Herrn, Herrn Johanns Friedrich,
des H. Reichs Erzmarschalk und Kurfurst,
Herzogen zu Sachsen, Landgrafen in Thu=

ringen und Markgrafen zu Meissen, meinem gnädigsten Herrn.

Gnad und Fried in Christo und mein armes Gebet rc. Durchleuchtigster, Hochgeborner Fürst, gnädigster Herr! Ich hab vormals auch an E. K. F. G. geschrieben fur Martin Sengern von Schneeberg; nu sind abermal von seinewegen gute Leute an mich gefallen, die mir angezeigt, wie E. K. F. G. eine gnädige Antwort von sich gegeben dem Pfarrer auf dem Schneeberg, daß er seins Leibs und Guts sicher sein sollte, und anders mehr seiner Sachen und Widertheils rc., darauf gebeten, ich wollte E. K. F. G. noch eins unterthäniglich fur ihnen anrufen, weil er sich verburget, und seines Leibs und Guts gnädiglich versichert ist, E. K. F. G. wollten doch sein Elend, seines Weibs und seiner acht kleinen Kinder Jammer barmherziglich ansehen, und wieder zu Gnaden lassen kommen, damit er nicht in der Irre also zum Bettler werde, und von Weib und Kind sein musse. Die Sache ist ihm furwahr schwer, und seinem Weib und Kindlein ganz hoch schädlich, wie E. K. F. G. selbs das bedenken konnen. Weil er denn so fern begnadet, daß er des Fürstenthumbs dazu nicht verweiset sein soll, ohn auf dem Schneeberg; ich aber nicht weiß, noch zu wissen begehr, was seine Schuld und Vergreifung sei, ohn daß ich hore, daß ihm der Zehndner, Paulus Schmidt, fast übel wollen soll: so bitte ich abermal unterthäniglich, E. K. F. G. wollten gnädiglich bedenken seines Weibs und Kindlin Nothdurft, die ihm daher wachsen, der Zucht und Versorgung hoch dürftig, damit sie nicht verderben und versäumet werden rc., und doch ihn wieder einkommen lassen zu den Seinen, wo es muglich ist, ohn E. K. F. G. Beschwerung oder Unwillen. Denn sie machen mit der Frauen und Kindlin Jammer und Noth, dazu seine Sache so herzlich, und auch selbs wissen muß, wie es thun mag, von Weib und Kindlin, auch von der Nahrung zu sein, und in der Irre zu schweben, und das Seine verzehren, daß ich ihnen solche Bitte nicht habe mugen abschlahen. E. K. F. G.

werden aus fürstl. und christl. Gemüthe sich hierin,
ob Gott will, wohl gnädiglich erzeigen. Christus
unser Herr stärke und regiere E. R. F. G. Herz und
Sinn gnädiglich, Amen. Montag nach Nicolai, 1534.
E. K. F. G.
unterthäniger
Martinus Luther, D.

485.

An einen Ungenannten *), v. 8. December 1534.

Wittenb. XII. 166. Jen. VI. 293. Altenb. VI. 334.
Leipz. XXII. 376. Walch XXI. 373. De W. IV. 567.

Gnad und Fried in Christo. Mein guter Freund!
Es ist mir fürwahr euer Unfall leid gewesen, und
noch, das weiß Gott; und wäre wohl zuerst besser
gewesen, die Rache nicht fürzunehmen, dieweil dieselbe ohne Beschwerung des Gewissens nicht fürgenommen werden mag, weil sie ein selbs eigen Rache
ist, welche von Gott verboten ist, Deut. 32. Röm. 12.:
Die Rach ist mein, spricht der Herr, ich will vergelten rc., und nicht anders sein kann; denn wer sich
darein begibt, der muß sich in die Schanz geben, viel
wider Gott und Menschen zu thun, welchs ein christlich Gewissen nicht kann billigen.

Und ist ja wahr, daß euch euer Schaden und
infamia billig wehe thun soll, und schuldig seid, dieselbige zu retten und erhalten, aber nicht mit Sunden oder Unrecht. Quod justum est, juste perseque-
ris, sagt Moses; Unrecht wird durch ander Unrecht
nicht zurecht bracht. Nu ist Selbsrichter sein und Selbs-
richten gewißlich unrecht, und Gottes Zorn läßt es
nicht ungestraft. Was ihr mit Recht ausführen moget,
da thut ihr wohl; könnt ihr das Recht nicht erlangen,
so ist kein ander Rath da, denn Unrecht leiden.

---

*) Hans Kohlhase, Bürger u. Pferdehändler in Köln a. d.
Spree, der wegen angeblicher Rechtsverweigerung gegen
Günther von Zeschwitz Chursachsen befehdete.

Und Gott, der euch also läßt Unrecht leiden, hat wohl Ursach zu euch. Er meinet es auch nicht übel noch böse mit euch, kann auch solchs wohl redlich wieder erstatten in einem andern, und seid drumb unverlassen.

Und was wolltet ihr thun, wenn er wohl anders wollt strafen, an Weib, Kind, Leib und Leben? Hie musset ihr dennoch, so ihr ein Christ sein wollt, sagen: mein lieber Herr Gott, ich habs wohl verdienet, du bist gerecht, und thust nur allzuwenig nach meinen Sünden. Und was ist unser aller Leiden gegen seins Sohns unsers Herrn Christi Leiden?

Demnach, so ihr meines Raths begehret (wie ihr schreibet), so rathe ich, nehmet Friede an, wo er euch werden kann, und leidet lieber an Gut und Ehre Schaden, denn daß ihr euch weiter sollt begeben in solch Fürnehmen, darin ihr müsset aller der Sünden und Büberei auf euch nehmen, so euch dienen würden zur Fehde: die sind doch nicht fromm, und meinen euch mit keinen Treuen, suchen ihren Nutz. Zuletzt werden sie euch selbs verrathen, so habt ihr denn wohl gefischet. Malet ihr ja nicht den Teufel über die Thür, und bittet ihn nicht zu Gevattern, er kömmet dennoch wohl, denn solche Gesellen sind des Teufels Gesindlin, nehmen auch gemeiniglich ihr Ende nach ihren Werken.

Aber euch ist zu bedenken, wie schwerlich euer Gewissen ertragen will, so ihr wissentlich sollet so viel Leute verderben, da ihr kein Recht zu habet. Setzt ihr euch zufrieden, Gott zu Ehren, und lasset euch euern Schaden von Gott zugefüget sein, und verbeißets umb seinetwillen: so werdet ihr sehen, er wird wiederumb euch segnen, und euer Aerbeit reichlich belohnen, daß euch lieb sei euer Geduld, so ihr getragen habt. Dazu helfe euch Christus unser Herr, Lehrer und Exempel aller Geduld und Helfer in Noth, Amen. Dienstag nach Nicolai, Anno 1534.

486.

Bedenken, v. 17. December 1534.

Hist. d. Sacramentstreits S. 213. Eisl. II. 529. Altenb. VI. 355. Leipz. XXI. 92. Walch XVII. 2486. De W. IV. 570. Lateinisch bei Seckendorf L. III. p. 79. Cod. Helmst. 107. Bibl. Guelph.

Mein Bedenken, ob eine Einigkeit zwischen uns und den Zwinglianern des Sacraments halben zu machen sei oder nicht, ist das:

Zum ersten können wir in keinem Wege zulaffen, daß man von uns sollte sagen, wir hätten von beiden Theilen einander nicht verstanden; denn dieser Behelf wird in solcher großen Sachen wenig dienstlich sein, weil wir selbs zu beiden Theilen solchs nicht für wahr achten. So würden auch andere gedenken, es wäre nur zu einem Schein erdicht, und wird also unsere Sache nur ärger und zweifelhaftiger. Weil es aber ein Handel ist, der Jedermanns Gewiffen belanget, wäre es nicht gut, daß man eine solche Aergerniß sollte anrichten.

Zum andern, weil bisher dieß der Zwiespalt gewesen ist, daß sie das Sacrament allein für ein Zeichen, wir aber für den wahren Leib unsers Herrn Jesu Christi gehalten haben, und also gar der Sachen uneins gewesen sind: dünkt es mich in keinem Wege thunlich sein, wenn man der Einigkeit zu gut eine neue und Mittel-Meinung wollt stellen, als, daß sie sollten zulaffen, es wäre der wahre Leichnam Christi dabei, und wir nachgeben sollten, es würde nichts gegeffen, denn das Brod, ich will itzund des Gewiffen schweigen, wie sich das darein schicken würde.

So muß man dennoch dieß auch bedenken, daß die Mittel-Meinung in einem solchen Handel, der Jedermann betrifft, mancherlei Gedanken den Leuten machen, und viel tausend Fragen und Opinionen daraus entstehen würden, daß es also viel sicherer ist, daß sie bei ihrem Zeichen bleiben, wie vor; denn es würden weder sie ihre, noch wir unsere Part, viel weniger wir beide zusammen die ganze Welt auf

diese Meinung bringen könnten, sondern würden die
Leute nur reizen auf mancherlei seltsame Gedanken.
Darumb ist mir viel lieber, daß die Uneinigkeit in
diesen zwoen Meinungen stecken bleibe, denn daß
man Ursache gebe zu mancherlei unzähligen Fragen,
dadurch die Leute dahin zuletzt kämen, daß sie gar
nichts gläubten.

Zum dritten, so haben wir auf unser Seiten
erstlich den klaren, hellen Text des Evangelii für
uns, welcher nicht allein die Frommen, sondern auch
andere nicht ohn Ursach beweget. Darnach haben
wir auch für uns viel Sprüche der Väter, welche
man nicht so leichtlich kann ablehnen noch mit gutem
Gewissen anders deuten, denn sie lauten, dieweil die
Art der Sprache so stark mit dem Text klinget. Zum
dritten ist auch das für uns, daß es sehr fährlich ist
zu schließen, daß die Kirche so viel hundert Jahr
durch die ganze Christenheit den wahren Verstand
von dem Sacrament nicht gehabt habe, weil wir
doch alle das bekennen, daß die Sacrament und das
Wort, wiewohl sie mit mancherlei Gräuel bedeckt,
dennoch blieben sind.

Zum vierten, die Sprüche S. Augustini von
dem Zeichen sind nicht stark genug, diese drei Stücke,
so itzt erzählt, umbzustoßen, sonderlich weil aus S.
Augustini Büchern klar angezeigt und bewiesen kann
werden, daß er rede entweder von den Zeichen des
gegenwärtigen Leibes (als da er saget wider den
Adamantium, der Herr hat es dürfen seinen Leib
heißen, da er ihnen gab das Zeichen als Zeichen seines Leibes), oder von dem Zeichen des geistlichen
Leibes (corporis mystici), wie er oft pfleget, sonderlich im Joanne, da er mit vielen Worten anzeuhet,
das Fleisch Christi essen heiße den geistlichen Leib
essen, das ist (wie er pfleget zu reden) in der Gemeinschaft, Einigkeit und Liebe der Kirchen sein; denn
das sind seine Wort.

Zum fünften, der stärkste Spruch Augustini wider uns ist dieser, da er spricht: Ihr werdet nicht
den Leib essen, den ihr sehet, und gleichwohl denket
das Herz an die klaren Wort: das ist mein Leib rc.

Diesen Spruch kann man leichtlich also deuten, daß
Augustinus rede von dem sichtbaren Leibe Christi,
wie die Wort lauten (den ihr sehet): auf diese Meinung streit Augustinus nichts wider die klaren Wort
Christi. Uber das alles ist Augustinus viel zu schwach
dazu, daß er mit diesem einigen ungewissen Spruch,
ja der sich genugsam reimet mit den Worten Christi,
uns von unser Meinung sollt abwenden.

Zum sechsten, ich kann Augustinum nicht anders
verstehen, wie auch achte, daß er die Patres fur ihm
verstanden habe, denn daß er wider die Juden und
Heiden hat also müssen lehren, daß bei den Christen
der Leib Christi nicht sichtlich oder leiblich gessen werde,
und damit hat er den Glauben des Sacraments vertheidigen müssen. Wiederumb gegen den falschen
Christen hat er auch müssen lehren, daß das Sacrament essen vergeblich sei, wenn mans nicht geistlich
esse, das ist, wenn sie nicht der Kirchen eingeleibt
und mit ihr einig sind; und damit hat er die Liebe
im Sacrament getrieben und erfodert: wie man klar
aus Augustino sehen mag, und ist kein Zweifel, er
wird solchs aus den Patribus fur ihme und aus dem
gewöhnlichen Brauch seiner Zeit genommen haben.

Zum siebenten, wenn man mir diese Stück, so
itzt erzählt, alle bleiben läßt, will ich mich nicht viel
bitten lassen; denn Gott sei mein Zeuge, ich wollt,
wenn es möglich wäre, diese Uneinigkeit mit meinem
Leib und Blut (wenn ich auch mehr denn einen Leib
hätte) gerne abkäufen; aber wie soll ich ihm thun?
Sie sind vielleicht aus gutem Gewissen mit dem andern Verstand gefangen: darumb wollen wir sie gern
dulden; sind sie rein, so wird sie Christus der Herr
wohl erretten. Dagegen bin ich auch wahrlich mit
gutem Gewissen mit dem andern Verstand gefangen,
es wäre denn, daß ich mich selber nicht kennete: darumb dulden sie mich wieder nu, wo sie es nicht mit
mir können halten.

Und ist Summa das unser Meinung, daß wahrhaftig in und mit dem Brod der Leib Christi gessen
wird, also daß alles, was das Brod wirkt und leidet, der Leib Christi wirke und leide, daß er ausge-

theilt, geffen, und mit den Zähnen zubiffen werde.
Anno 1534, den 17. Tag Decembris.

487.
Bedenken, im December 1534.
Eisl. II. 330. Altenb. VI. 336. Leipz. XXI. 93. Walch XVII. 2490. De W. IV. 573.

Wir halten, daß Christus nicht allein also gegenwärtig sei mit dem Brod im Sacrament, durch seine Wirkung, oder wie etliche reden, virtualiter et effective.

Wir halten auch, daß Christus gegenwärtig mit dem Brod ist, nicht allein nach der Gottheit.

Wir halten, daß auch Leib und Blut Christi substantialiter und wesentlich gegenwärtig ist, mit Brod und Wein im Sacrament.

Des Gegentheils Fundament und gründliche Meinung ist diese: daß Christi Leib müsse an einem Ort sein localiter, räumlich, das ist, nach Breite und Länge, und könne nicht anders etwo sein, denn localiter, nach Breite und Länge, und darumb könne der Leib nicht an viel Orten zugleich sein. Auch könne das nicht sein, daß dem Leibe gegenwärtig sind viel andere Leibe, so nicht am selbigen Ort sind, die auch selber nicht bei einander sind.

Forma nostrae sententiae.

Dagegen halten wir, daß Christi Leib nicht müßt allein localiter, räumlich, nach Breite und Länge an eim Ort sein; sondern halten, daß der Leib Christi auch auf andere Weise zugleich an mehr Orten sein möge; und halten, daß der Leib und Blut Christi wahrhaftiglich und substantialiter gegenwärtig sei den andern Orten und Leiben, wo er sich verpflichtet hat zu sein, als mit Brod und Wein im Sacrament. Und ist das nicht wahr, daß der Leib Christi nicht könne anderswo sein, denn localiter, räumlich, nach Breite und Länge.

Wir halten auch, daß, kraft dieses Pacti, der
Leib Christi gegenwärtig sei mit dem Brod und Wein
im Sacrament, ob schon die Unwürdigen das Sacra=
ment brauchen und nießen.

Martinus Luther.

488.

An Fürst Joachim von Anhalt, v. 17. Decem=
ber 1534.

Altenb. VIII. 992. Leipz. XXII. 565. Walch XXI. 377.
De W. IV. 574.

Gnad und Fried in Christo. Durchleuchtiger,
Hochgeborner Fürst, gnädiger Herr! Es hat mir der
allmächtige Gott von meiner lieben Käthen diese Stunde
eine junge Tochter bescheret. Nun ich dann zuvor
E. F. G. verheißen, zu bitten umb das christliche
Ampt geistlicher Vaterschaft: demnach bitte ich umb
Christus willen, E. F. G. wollten die Demuth nicht
beschweren, und dem armen Heiden von seiner sünd=
lichen tödtlichen Geburt zur neuen heiligen und seli=
gen Wiedergeburt helfen, und geistlicher Vater sein,
durch das heilige Bad der Taufe. Und weil es itzt
kalt und für E. F. G. Leib ungeschicktes Wetter:
will ich E. F. G. eigne Person gerne verschonet se=
hen, und E. F. G. heimgeben, ob sie einen an ihre
Statt von Dessau oder von hinnen verordnen. M.
Philippus und M. Franciscus ist nicht inheimisch.
Was E. F. G. gefällt, werden sie sich wohl wissen
zu halten. Das wird Gott vergelten, und womit
ichs wüßte unterthäniglich zu verdienen, bin ich schul=
dig und pflichtig. Morgens wollt ichs gern lassen
taufen. Christus sei mit E. F. G. seliglich, Amen.
Donnerstag nach Lucia, 1534.

E. F. G.
williger
Martinus Luther, D.

489.

An den Kurfürsten Johann Friedrich, v. 23. December 1534.

Aus dem im Weim. Ges. Archiv befindlichen Original bei De W. IV. 576.

Dem Durchleuchtigsten, Hochgebornen Fursten und Herrn, Herrn Johanns Friedrich, Herzog zu Sachsen und Kurfursten, Landgrafen in Thüringen und Markgrafen zu Meissen, meinem gnädigsten Herrn.

Gnad und Friede in Christo ꝛc. Durchleuchtigster, Hochgeborner Furst, gnädigster Herr! Ich hab E. K. F. G. Schrift sampt den Schriften H. Hansen zu Sachsen ꝛc. empfangen und unterthäniglich gelesen, darauf ich E. K. F. G. eingelegten Zettel, mein Antwort, uberschicke. Bedanke daneben E. K. F. G. gnädigs Verschaffen meiner Partelen ꝛc. Ich hoffe auch, Jesus Christus werde E. K. F. G. eingeben, sich nicht zu weit begeben mit Verheißungen gegen H. Georgen; denn er ist, wie H. Friedrich sagt: Mein Vetter ist ein grober Mann, der ihm an keiner Antwort gnugen läßt, und mit solchen Kopfen allzeit der erste Zorn der beste ist; sie lassen doch nicht ab. Hiemit Gott befohlen, Amen. Mittwochens nach S. Thomas, 1534.

E. K. F. G.

unterthänigster

Martinus Luther, D.

Eingelegte offentliche Antwort.

Durchleuchtiger, hochgeborner Furst, gnädigster Herr! E. K. F. G. sind nach Gottes Gnad und Fried mein arm Gebet und schuldiger Dienst unterthäniglich zuvor. Ich hab E. K. F. G. Schrift mit eingeschlossener Copei einer Schrift Herzog Hansen zu Sachsen ꝛc. empfangen und darin fast wohl vernommen, wie hochgenannter Furst mich gegen E. K.

F. G. verklagt, als sollt ich seiner F. G. Vater H. George und den Bischoff zu Mänz mit erzählieten in der Schrift Worten zuwider geredt haben, wie das denn die Copei in die Länge ermeldet. Darauf E. K. F. G. von mir begehren deß alles Bericht und aus was Ursachen ich solchs gethan rc.

Wo soll ich hin, gnädigster Herr? Lieb wäre mirs gewesen, daß hochgenannter Fürst mich selbs hätte umb solche Rede lassen einen geringern, denn den Kurfürsten, ansprechen oder anschreiben. Ich sehe E. K. F. G. nicht gern in solchen Sachen dienen; denn es mich auch nicht ein wenig beschweren muß, daß solche hohe Fürsten mich armen Mann gegen meinen Landsfürsten, dem ich geschworen und diene, aus solchen fliegenden Reden ohn Siegel und Briefe, dazu ohn Zeugen, so grob und ungeschickt sollen angeben, dazu noch verklagen. Aber es soll vielleicht so sein, daß H. Georg und die Seinen müssen fünf Zippel am Sack haben.

Demnach ist mein unterthänig Bitte, E. K. F. G. wollten mein gnädiglich verschonen und keinen Bericht von mir begehren in solcher Sachen, nicht meinet halben, sondern H. Georgen halben; denn ich möcht solch grobe, ungeschickt Schrift H. Hans zu grob verantworten. Soll ichs aber thun und E. K. F. G. haben wollen, so will ichs weidlich und redlich thun und auf solche Schrift rechte Antwort geben. E. K. F. G. wissen, was ungewaschen, grobe Stücke wir alle zumal vor dem Grymischen Tage haben müssen verdauen, so unter H. Georgen Namen und Wappen ausgangen. Ich hab sie vergeben, doch nicht vergessen, wollt auch wahrlich, daß H. George die alten Wunden nicht aufrisse.

Ich halt, E. K. F. G. könnte nichts Bessers thun, denn ließe einen Befehl ausgehen, daß man in H. Georgen Landen sollte predigen, schreien und zu Leipzig getrost Bücher drucken zur Schmach dem Kurfürsten zu Sachsen, und darüber verbieten; daß man im Kurfürstenthum nicht müsse mucken: daran hätten E. K. F. G. Wohlgefallen nicht allein den

Feinden, sondern auch vielleicht Amptleuten und Eb=
len, die von E. R. F. G. Gut leben.

Aber, gnädigster Herr und Furst, das ist die
Summa, H. Hans, H. Georg, Bischoff zu Mänz
kann ich nicht zu Doctorn leiden, daß sie mich sollten
lehren, wie ich reden solle; denn ich weiß, daß sie
es nicht konnen. Sind sie aber so trefflich und gar
uber uns gelehrt, so sitze ich hie zu Wittenberg und
will ihrer Kunst gewarten, und E. R. F. G. sei ja
strenge und hart wider mich. Mein Recht will ich
leiden, wo ich mich nicht verantworte. So viel will
ich dießmal E. R. F. G. zu unterthänigem Bericht
geben. Dem Bischoff zu Hall will ich selber mit of=
fentlicher Schrift (so mich Gott leben läßt) auch recht
berichten, wenn ich schon keine Absolution sollte ver=
dienen. Denn Christus wird sich nicht so leicht schrecken
lassen, als die heilige Creatur Sanctiss. Leonis sich
dunken läßt.

E. R. F. G.

unterthäniger

Mart. Luther, D.

490.

An den Kanzler Brück, v. 23. December 1534.

Aus dem Original im Weim. Archiv bei De W. IV. 579.

Dem achtbarn, hochgelahrten Herrn Gre=
gorio Bruck, der Rechten Doctor und Kur=
fürstlichen zu Sachsen Kanzler, meinem
gonstigen Herrn und lieben Gevatter.

G. u. Fried. Achtbar, hochgelahrter, lieber Herr
und Gevatter! Ich hab meinem Gn. Herrn geschrie=
ben, was S. R. F. G. mogen lassen gehen und le=
sen. Wahr ists, ich wäre wohl gern an H. Geor=
gen und den Bischoff, und dieser Brief Herzog Hans
wäre mir wunder gut. Und umb Gottes willen,
daß er wohl behalten werde, ob ich oder die Meinen
deß einmal bedurften. Ich wollt dem Esel die Ohren

krauen. Aber ich muß alles itzt lassen geschehen. Noster hyparchon est, sicut est contra Archonta.

Ob aber m. Gn. Herr ernstlich wollt wissen, wie diese Sache stehe, so mügt ihr S. K. F. G. anzeigen mein Gewissen in diesem Fall. Das ist:

Gewißlich hab ich wider den Bischoff offentlich ge= pretigt und gebeten, wird auch itzt derselb Sermon auf den Markt ausgehen. Ob ich H. Georgen ge= nennet habe, das weiß ich wahrlich nicht; denn seit dem Grymischen Tage hab ich ihn aus dem Sinn geschlagen und mich sein nichts angenommen. Aber das wirds sein, daß ich nach der Predigt fur der Herzogin von Braunswig uber Tische bei der Mark= grafen vom Bischoffe solcher Wort viel geredt habe, daß er des Teufels sei und ich wolle wider ihn beten, vielleicht wider H. Georgen auch. Hab ich aber von H. Georgen nicht gesagt, so sag ichs noch itzt, und wills nu mehr thun und sagen, denn zuvor. Laß doch sehen, ob ichs vertheidige mit meinem Halse. Aber gleichwohl ist viel Zusatzes in der Copei, die mir nicht bekannt und ein Furst sollt solchs nicht von sich schreiben, das ich mit gutem Gewissen läugen kann. Aber lieber, laßt sie kommen umb Gottes willen.

Mart. Luther, D.

491.

An Leonh. Beier, gemeinschaftlich mit Melanch= thon und Justus Jonas, v. 18. Januar 1535.

CisL II. 348. Altenb. VI. 467. Leipz. XXII. 466. Walch X. 834. Besonders herausgeg. mit Anmerk. von D. Hof= mann Leipz. 1752. 4. De W. IV. 584.

Gottes Gnade und Friede durch unsern Herrn Je= sum Christum. Würdiger, lieber Herr Pastor, beson= derer guter Freund! Wir haben euer Schreiben em= pfangen, in dem ihr anzeiget, daß einer seines ver= storbenen Weibs Schwester beschlafen habe, und die=

6

selbe ehelich begehre, so es mit Gott geschehen möchte,
und ihnen zugelassen würde. Darauf fügen wir euch
zu wissen: Daß wir mit einander zugleich halten und
schließen, daß im gedachten Fall die Ehe ganz nicht
zugelassen sei. Denn erstlich ists wahr, wie ihr wis=
set, daß Gottes Gebot ist, daß man in den nahen
Gradibus nicht zusammen heirathen soll; und daß Gott
solche unnatürliche Vermischunge strafen wollt in aller
Welt, zeiget klar der Text 3. Mos. 18.

Nu ist dieser Fall in primo gradu affinitatis.
Denn so Mann und Weib ein Fleisch sind, wird des
Weibes Schwester gleich gehalten als des Mannes
Schwester; derhalben auch Kaiserl. Recht in diesem
Fall verboten, Codice de incestuosis et inutilibus
nuptiis. Wir achten auch, so diese Personen zusam=
men kommen, daß sie doch ihr Leben lang unfriedliche
Gewissen haben würden, des Falls halben an ihme
selbs, dazu wegen des Aergerniß; und werden ohne
Zweifel viel besser zu friedlichem Gewissen kommen,
so sie sich von einander thun.

So darf man hie nicht Jacobs Exempel allegi=
ren. Denn Gott hat selber hernach in Mose solche
Ehe verboten, und ist auch nicht klar in Mose ausge=
druckt, daß einer des verstorbenen Weibes Schwester
möge freien. Auch hat man kein Exempel. Und ob=
gleich Behelf dazu aus Mose gesucht würden, so sind
solche Heirath dennoch von Natur und durch die
Oberkeit verboten. Darumb sind sie dem Spruch
(Matth. 19, 6.) zuwider: Quos Deus conjunxit etc.

Ueber das alles wisset ihr, daß solche Exempel
sehr ärgerlich sind und rochlose Leute Ursach davon
nehmen zu Blutschanden, wie man denn, leider, in
etlichen Fällen befunden, daß solche Leut sich haben
wollen mit vorigen ärgerlichem Exempel entschuldigen.

Aus diesen Ursachen schließen wir, daß im ge=
meldten Fall kein Ehe zuzulassen sei; und wo die
Leute an diesem unserm Bedenken nicht zufrieden sind,
möget ihr sie gen Hof weisen. Daß aber die Leut
große Schmerzen haben von wegen der Sünde und
Schand, auch Fahr von der Freundschaft, so wollet
sie mit dem Evangelio trösten und insonderheit das

anzeigen, daß sie doch unfriedlicher Gewissen in der
Ehe haben würden, aus Ursachen, droben gemeldet;
und werden leichter zu trösten sein, so sie sich von
einander thun; so ist auch die Oberkeit schuldig, Friede
zwischen der Freundschaft zu schaffen.

Das wollen wir euch auf euer Schrift freundli=
cher Meinung nicht bergen; denn euch freundlichen
Willen zu erzeigen, sind wir ganz geneigt. Datum
Wittemberg, Montags nach Antonii, Anno 1535.

Justus Jonas, Probst.
Martinus Luther, beide Doctorn.
Philippus Melanchthon.

492.

An einen Componisten, v. 18. Januar 1535.

Aus dem Original in den Unsch. Nachr. 1738. S. 255.;
Walch XXI. 1262. De W. IV. 586.

Gnad und Fried in Christo. Ich komme freilich
langsam gnug mit meiner Dankbarkeit, mein lieber
guter Freund, für euer gutwilliges Herz, so ihr ge=
gen mir erzeigt habt mit dem Cantico und den Pors=
dorfern. Aber Hieronymus Weller ist mein Zeuge,
wie oft ich wohl Willens gewest bin zu schreiben,
und mir allezeit an Botschaft gemangelt. Bitte der=
halben ganz freundlich, wollet mirs ja zu gut halten;
denn ich in Wahrheit glaube, daß ihrs von Herzen
gut meinet gegen mir, und ich wiederumb auch ja
nicht gern wollt anders gegen euch sein, wo mir im=
mer vermocht. Wir singen, so gut wir hie können,
über Tische, und gebens darnach weiter. Machen
wir etliche Säue darunter, so ists freilich eure Schuld
nicht, sondern unsere Kunst, die noch sehr gering ist,
wenn wirs schon zwei=, dreimal übersingen. Aber
Birgilius singt, wir seind nicht alle gleich. Und wenn
es schon alle Componisten gut machen, so ist unser
Ernst wohl noch weit drüber, und könnens böse ge=
nung singen. Und folgen uns alle Regiment der

6*

ganzen Welt: sie lassen auch Gott und alle Vernunft
sehr gut Ding componiren und stellen: aber sie singen
auch, daß sie werth wären einem Markt eitel Würste
aus den Säuen, oder Klöppel in die Feldglocken.
Darumb müßt ihr Componisten uns auch zu gut halten, ob wir Säue machen in euren Gesängen. Denn
wir wollens wohl lieber treffen, denn fehlen.

Solchen Scherz, bittet meine liebe Kätha, wollet
für gut annehmen, und läßt euch sehr freundlich grüßen. Hiermit Gott befohlen. 1535, die Priscae.

Mart. Luther, D.

493.

An den Landgrafen Philipp, v. 30. Januar 1535.

Aus dem Züricher Archiv in den Unsch. Nachr. 1756. S.
447. De W. IV. 587.

Gnad und Fried in Christo, darzu mein armes
Paternoster. Ich hab, gnädiger Fürst und Herr,
E. F. G. Schrift empfangen sampt der fürgestellten
Martini Buccrs Meinung, auch gern vernommen
E. F. G. großen Fleiß zur Vereinigung unser aller
in dem Artikel des Nachtmahls ꝛc. Christus unser
lieber Herr behalt E. F. G. bis uf jenen seligen Tag
in sölichen Flyß und allen andern Gaben zu
seinem Lob und Ehren, Amen. Was nu hieruf meine
Meinung sei, werden E. F. G. in meines gnädigen
Herrn des Kurfürsten Schreiben klar vernehmen;
dann Gottlob ich so weit bei mir kommen bin, daß
ich trostlich verhoffe, es seind viel unter ihnen, die
es herzlich und ernstlich meinen: deßhalben ich auch
dester geneigter bin zur Vereinigung, die gründlich
und beständig sein möcht. Aber weil uf beiden Theilen noch nicht alle sind erforscht oder umb ihr Herzen
gefraget, ists uf dießmal gnug (meines Achtens) so
nahe zusammengeruckt, bis Gott mehr helfe, und ein

gewiſſe Einigkeit gebe zu beſchließen. Es kann ein
ſölich große Sach ſo lang und tief gewachſen auf
einmal plötzlich nit mögen vollbracht werden. Dann
was ich immer thun und leiden kann zu Vollbringung
ſöliches Anfangs, ſoll E. F. G. gewiß ſein (ſo viel
mir Gott gibt), daß an mir nit fehlen ſoll. E. F.
G. zu dienen bin ich willig und ſchuldig. Hiemit
Gott befohlen, Amen. Sonnabends nach Converſio-
nis Pauli, Ao. 1535.

E. F. G.

williger

. D. Martin Luther.

494.

Bedenken, Ende Januars 1535.

Hſt. b. Sacramentsſtreits 216. Altenb. VI. 434. Leipz.
XXI. 94. Walch XVII. 2496. De W. IV. 588.

Auf des Bucers Meinung, ſo Magiſter Philipps
von Kaſſel hat bracht, iſt das mein Gutdunken.
Erſtlich, weil darin vermeldet, daß die Prädicanten
wollen und ſollen der Apologia oder Confeſſion gemäß lehren, kann und weiß ich ſolche Concordia nicht
ausſchlahen fur meine Perſon.

Zum andern, weil ſie deutlich bekennen, daß
Chriſtus Leib wahrhaftig und weſentlich im Abendmahl im Brod gereicht, empfangen und geeſſen
werde ꝛc.; wo ihr Herz ſtehet, wie die Wort lauten:
weiß ich auf dießmal die Wort nicht zu ſtrafen.

Zum dritten, nu aber dieſe Sache vom Anfang
daher weit und tief geriſſen iſt, daß bei den Unſern
noch zur Zeit ſchwerlich gegläubt wird, daß es jene
ſo lauter meinen, als die Wort da ſtehen, und die
Beiſorge noch gar ſtark iſt, daß ihrer etliche unſerm
Namen und Glauben faſt feind ſein: ſehe ich fur nutz
und gut an, daß man die Concordia nicht ſo plötzlich
ſchließe, damit jene nicht übereilet, und bei den Unſern nicht eine Zwietracht ſich errege. Denn ſie ge-

horen auch zur Sachen, die nicht meine oder Jemands alleine ist; sondern, wo man aus den vorgesetzten Worten begonst freundlicher gegen ander zu handeln, wurde sichs mit der Zeit wohl ereigen, ob ihre Meinung rein und recht wäre, oder etwas dahinten hätten, damit solche Concordia hernach ärger Discordia mocht werden.

So kunnten indeß die Unsern den Argwohn oder Grollen sänften, darnach endlich fallen lassen; und wenn sich alsdenn das trube Wasser auf beiden Theilen gesetzt, kunnte man eine rechte beständige Einigkeit beschließen, die mit Aller Bewilligung ohn Argwohn aus rechtem Grunde von Allen wurde williglich und ungenothigt angenommen, welchs ohn weiter Unterredung und Erkenntniß nicht wohl oder leichtlich geschehen kann.

495.

An Nic. Amsdorf, Anfang des Jahres 1535.

Diese Schrift erschien unter dem Titel: Eine wahrhaftige Historia, geschehen zu Staßfort am Abend der Geburt Christi im 1533. Jahre. Mit einer schönen Vorrede D. Mart. Luther. Gedruckt zu Wittemberg, Nickel Schirlentz 1535. 4. Sonst Wittenb. XII. 360. Jen. VI. 331. Altenb. VI. 500. Leipz. XXII. Anh. 117. Walch XIV. 333.
De W. IV. 590.

Dem Achtbarn, Hochgelahrten Herrn, Herrn Nicolao von Amsdorf, zu Magdeburg Prediger, meinem lieben Herrn und Gevattern, D. Martinus Luther.

Gottes Gnade und Friede in Christo. Es ist ein Druck ausgegangen, als von einem Gespenste, dem Pfurrherr zu Staßfort in dieser nähesten Wiegennacht erschienen in eines Beichtkindes Gestalt, darüber ich sehr gerne wollt eur richtig und dörres Urtheil (wie ihr in solchen Sachen zu thun pflegt und geneigt seid) haben. Denn, wo es also ergangen

wäre, machte mir es dennoch Gedanken; wiewohl es
nicht darf viel Fragens, wer er sei, der Geselle, son=
dern was er damit meine, daß er so körre will wer=
den, und kömpt so sicher, als hätte man ihm ge=
körnet.

Und ohn Zweifel, weil Christus selbest bekennet,
daß Beelzebub ein Königreich habe auf Erden, wird
solcher sein demüthiger Legat nicht ohn seines Köni=
ges Befehl kommen sein, und so herzlich gerne beich=
ten wollen. Denn ihr wisset (sampt uns) fast wohl,
wie solcher arme Sünder so große Reue und Leid
für seine Sünde allzeit gehabt habe von Anbeginn
der Welt her, und wundergerne auch gnug thun
wollt für seine Sünde, wo ihm Gott dasselbe gestat=
ten wollt. Aber Gottes Barmherzigkeit ist zu groß,
und sorget für den armen demüthigen Sünder: er
möchte sich sonst zu Tode fasten und casteien, oder
größer Werk thun, damit er sich selbs, als ein schwach,
fromm, alber Geistlin, verderbete. Darumb will er
solchen armen Sünder nicht beschweren mit solchem
Gnugthun, sondern selbest eitmal dazu thun, daß er
seine rechte Absolutio kriege, und nicht mehr dürfe
gnug thun für seine Sünde, Amen.

Nu es heißt, Stück umb Stück, und gilt, wer
des andern zuletzt am besten spotten wird. Und wenn
schon solch Gespenst nicht erschienen wäre, so wissen
wir Christen doch ohn das, was er für Gedanken
hat, wie St. Paulus sagt. Er wird ja mein Sche=
blimini lassen bleiben, und denselbigen weder mit Zorn
noch Spott herunter reißen. Denn ist mein Ketzer=
büchlin (die heilige Schrift) recht, so mag er mein
Scheblimini in die Fersen beißen. Wird ihm darüber
der Kopf zutreten von demselben Scheblimini, so darf
er zu seinem Schaden wiederumb für Spott nicht sor=
gen. Alsdenn wollen wir ihm nicht beichten (wie er
thut), sondern vom Richtstuhel herab anders sagen,
also: Das thue, und stirb ewiglich im höllischen Feuer.

Siehe da! Ich wollt euch bitten umb ein Ur=
theil und Deutung dieses Gespenstes, so hätte ich es
selbs schier gethan; das wollet mir gonstiglich ver=
zeihen. Ich habe nicht bedacht, daß ihr der christli=

chen Kirchen zu Magdeburg der oberste und recht
Bischoff seid. Der Psalter war nicht vorhanden, der
mit seiner Musica mich hätte solche große Majestät
eurs Standes zu bedenken erwecket; sonst wäre ich
nicht so kühne gewest. Darumb bitte ich noch unter=
thäniglich, wollet mir eure Meinung schriftlich anzei=
gen in diesen hohen Sachen, und das fromme Beicht=
kind malen und anstreichen, wie, er es verdienet hat.
Wo ihr aber die Sachen mir wolltet wieder heim
schieben, und mich fur einen Papst (wie ich euch fur
einen Bischoff) halten (Gott sei es von unser beiden
wegen unverwußt der großen Ehre): so habt ihr doch
zu bedenken, daß gar ofte die Bischoffe gelehrter und
frömmer gewest sind, weder die Päpste, als St. Au=
gustinus zu Hippon, ach ein elender Bischoff, gleich=
wohl uber alle Päpste und Bischoffe der gelehrteste
und beste (ob er gleich nicht der allerheiligiste) ge=
west. Nicht, daß ich hiemit den frommen Legaten
spotte, und wie kunnt ich auch solchen hohen Geist
spotten, wenn ich es gleich gerne thäte?

Dazu, so ich eben mit Ernst, als ein Papst, sol=
chem Legaten wollt gerne antworten: so wisset ihr,
ehe ich meine Cardinal und Prälaten zusammen bringe,
sind sie erhungert, verbrennt, ertränkt, ermordet, ver=
jagt, zerstreuet 2c., daß mein Concilium viel weniger
kann gehalten werden, weder des römischen=Papsts,
der es wohl halten könnte, wenn er wollte, und sich
nicht besorgen müßte, daß ihm nicht so wohl gehen
würde, als im Costnitzer Concilio den drei Päpsten
auf einmal ging. Darumb wills fast bei euch, als
dem Erzbischoff und Ordinario Loci oder Diöcesan,
bleiben, was hierinne zu thun sein will.

Ich zwar, der sich nennen läßt einen Papst (und
bins auch), will euch (damit eur Gewissen sicher hand=
len müge) hiemit committirt haben Plenitudinem potestatis, auch das Scrinium pectoris, daß ihr müget
solchen Sünder, als der in articulo mortis, oder wie
St. Petrus sagt, in rudentibus inferni ist, absolvi=
ren, und ihme seine rechte Genugthuung auflegen,
forma, stylo, modo, figura, loco, tempore, quibus
potest fieri, melioribus, vel istis: Irascatur tibi omni-

potens Deus, et retentis peccatis tuis, detrudat te in ignem aeternum. Et ego autoritate Domini nostri Jesu Christi et sanctissimi Domini Lutheri Papae primi, mihi in hac parte concessa, absolvo te ab omni misericordia Dei et vita aeterna, mittens te his verbis in infernum, qui tibi et Regi tuo praeparatus est ab initio mundi, Amen. Auf Deutſch alſo: Gott der Allmächtige ſei dir feind, und vergebe dir deine Sünde nimmermehr, und ſtoße dich in Abgrund des ewigen Feuers; und ich, aus Befehl unſers Herrn Jeſu Chriſti und des allerheiligſten Vater Päpſts Lutheri des erſten, verſage dir alle Gnade Gottes und das ewige Leben, und werfe dich hiemit in die Hölle hinein, die dir und deinem Könige bereit iſt von Anbeginn der Welt, Amen. Denn auf ſolche Beichte gehöret ſolche Abſolutio, und ihr wiſſet, wie die Beicht iſt, ſo ſoll die Abſolution auch ſein. Wie jener Pfarrherr thät, der auch ein Beichtkind für ſich hatte, daſſelbige beichtet alſo: Wiß, wiß, wiß, wiß; wiſpelt immer hin, und machet kein Wort. Und der Pfarrherr, der war auch des Jahres nicht jung worden, balde über ſein Häupt mit der Hand, und pfiff leiſe mit dem Maul: Huih, huih, huih, huih! wie die Jäger den Hunden pfeifen; und ließ das Beichtkind gehen, und ſprach: Wie die Beichte iſt, ſo iſt auch die Abſolutio. Wie das Gebete, ſo iſt auch das Räuchwerk, ſprach der Teufel ſelbs, da ein Pfaff im Bette Complet betet, und ſich bethöret.

Aber das ſei Scherzens eine Maße. Wir wiſſen faſt wohl, daß des Teufels Scherz uns Chriſten einen Ernſt gilt; wie man ſpricht: Der Katzen Spiel iſt der Mäuſe Tod. Gott warnet uns zum Gebet und zum fleißigen Anhalten bei dem Evangelio täglich. Denn ob er gleich aus großem Muthwillen ſich darf ſo kecklich ſtellen wider unſern lieben Herrn, und ein Geſpötte aus ihm machen, kann es dennoch wohl geſchehen, daß er ſelbs nicht wiſſe, warumb Gott ihm ſolches zu thun verhänget; und möchte ſich noch eben ſowohl in ſeiner Klugheit beſchmeißen, als er ſich im Paradies beſchmeiß, da er meinet, er hätte nu gewonnen, aber ſich gar nicht verſahe, daß des Weibes Frucht ſollt

so kurz hinter ihm her sein, und ihm das Haupt zu=
treten. Es hat ihm auch wohl mehr hernach die
Kunst gefeihlet.

Wills Gott, daß wir ernstlich beten und fleißig
Gottes Wort handeln, soll es ihm auch noch wohl
feihlen, wenn er gleich noch so viel Aergerniß und
Schaden thun würde; wo wir aber laß und faul
sein werden, wahrlich ists sein ernstlich Dräuen, er
wolle uns den lieben Christum nehmen und zu Schan=
den machen. Denn er läßt sich merken, wie gar einen
großen Haufen Könige, Fürsten, Bischoffe und Geist=
lichen er fur sich habe, und wie ein geringes Häuflin
unser Christus habe. Es heißt auf Deutsch: Schade
wacht; und das Evangelion sagt: Die Leute schlafen.
Esaias sagt: Es gläubets Niemand. Was ihr nu
weiter hierin verstehet und merkt (dieweil wir ja nicht
mit Fleisch und Blut zu kämpfen haben,) wollet mirs
anzeigen.

Neue Zeitung weiß ich nicht, denn daß eur kleine
Chröniklin je länger je wahrhaftiger wird, nämlich
daß alle Päpste (das gibt ihr Gestirn in der Hölle)
den Kaisern allezeit feind und zuwider sind, sampt
ihrem Anhange, und thun damit solch groß Wunder=
werk, daß ich schier selbs möcht ein Papist werden.
Denn wenn sie gleich die frömmisten Kaiser verrathen,
verkäufen, und sich auf das Allermuthwilligst wider
sie setzen; noch sind sie nicht aufrührisch, sondern die
allerheiligsten Väter. Solch Wunderzeichen hat Chri=
stus selber nicht konnen thun, (schweige denn seine
Propheten und Aposteln); denn er mußte aufrührisch
heißen, und als ein Aufrührer sterben, so er doch
hatte geheißen, dem Kaiser gehorsam sein. Aber der
Papst und die Seinen verrathen und morden die
Kaiser, und sind dennoch nicht aufrührisch. Furwahr,
er heißet billig der Allerheiligste, gegen welchem Chri=
stus ein armer Sünder ist. Und möcht wahrlich solch
groß Wunderzeichen nicht allein aus den Lutherischen,
sondern auch aus Türken, eitel Papisten machen.
Wohlan, das Bad ist heiß genug gehetzt, wem es
gilt, der wird schwitzen mussen. Das weiß ich furwahr.

Unser Trost ist unser Herz, und wie es St. Pau=

lrs nennet, unsers Gewissen Zeugniß, daß wir solch
Wüthen den Teufel und die Papisten nicht geheißen,
noch darzu gerathen haben; wie sie reichlich selbs auch
zeugen mit der That, und zeugen mussen. ohn ihren
Dank. Sie haben auch Seelen, dafur sie werden
mussen antworten, die wir auf unserm Gewissen nicht
tragen dürfen; sondern ruhmen konnen an jenem Tage,
daß uns ihr Thun nicht gefallen, und wir aufs Höchste
dawider gelehret haben. Das ist Freuden, Trosts,
Trotzes gnug, bis mein Scheblimini komme; es gehe
indeß darüber wie Gott will, es sei Spott oder Tod.
Lang ist nicht ewig. Ohn Zweifel, ewig wird auch
nicht kurz sein. Haben sie auch solch Zeugniß ihres
Herzens, das werden sie wohl fühlen, und hernach
erfahren, wie wirs auch zu erfahren hoffen, und bit=
ten, daß balde geschehe, Amen.

496.

An eine Ungenannte, v. 7. März 1535.

Wittenb. XII. 270. Jen. VI. 306. Altenb. VI. 468.
Leipz. XXI. 84. Walch X. 2738. De W. IV. 596.

Gottes Gnade und Friede in Christo. Ehrbare,
tugendsame Frau! Es hat mir euer lieber Bruder
N. angezeigt, wie ihr begierig des hochwürdigen Sa=
craments beider Gestalt, und bedenkt, obs möge in=
geheim zu Hause empfangen werden.

Und wiewohl auch im Papstthum solcher Brauch
gewesen, daß man Partikel in Häusern gehabt fur
eigen Messe 2c.; aber doch umb Exempels und ander
Ursachen willen, will und kann ichs nicht rathen.
Denn mit der Weil möcht es Jedermann so wollen
brauchen, daß damit die gemeine Kirche und Ver=
sammlung verlassen und wüste würde; so es doch ein
öffentlich und gemein Bekenntniß soll sein. Könnt
ihrs sonst (wo es zu thun sein will) etwa haben und
wollets wagen, weil euer Gewissen das gerne haben
wollt und gewiß ist: so mügt ihrs thun im Namen

Gottes, dem ich euch befehl mit meinem armen Ge=
bet. Datum Dominica Lätare.

D. Mart. Luther.

497.

An Frau Jörgerin, v. 8. April 1535.

Bei **Raupach** Evang. Oesterreich 1. Fortf. S. 67. Vorher in
Roseber's Glaubensbekenntniß S. 87. f. De W. IV. 597.

Gnad und Friede in Christo. Tugendreiche, ehr=
bare, liebe Fraue! Es hat mich Er Andres gebeten,
daß er nicht ohn mein Schrift zu euch kommen mocht,
weil die Luft allhie seinen Leib nicht leiden will und
wegtreibt; er wird euch wohl alle Gelegenheit anzei=
gen. Es gehet, wie die Schrift saget: etliche hun=
gern, etliche sind trunken; bei euch ist Hunger und
Durst zum Wort Gottes, bei uns ist mans so satt
und überdrüssig (unter vielen), daß es Gott verdrießen
muß. Wohlan, die Welt ist Welt, Gott helf uns
allen. Eur Almosen hat (Gottlob) viel guten Leuten
geholfen, so der heiligen Schrift sich fleißigen; denn
gar viel aus andern Landen vertrieben umbs Worts
willen, die bei uns Wasser und Brod gebraucht, froh
worden sind, daß sie doch haben Bücher, auch zu=
weilen ein Kleidlin mugen kaufen, dazu euer Almo=
sen gedienet hat. Christus unser Herr wirds ihm
gefallen lassen, ders auch in eur Herz zu thun gege=
ben hat. Mit mir stehets, wie Er Andres euch sagen
wird, itzt stark, itzt krank, itzt frohlich, itzt unlustig.
Aber Christus ist dennoch allezeit der Herr; will, soll,
kann, muß auch bleiben, Amen. Er Michel Stiefel
hat wieder eine Pfarre, stehet nu besser, denn zuvor.
Christus unser lieber Herr behüte, stärke und breite
euch und alle die Euern auf seinen seligen zukünftigen
Tag sampt uns allen. Wir wünschen und wollten
zu gar gerne, daß er bald käme; denn es will die
Welt gar überaus böse werden. Das helft uns wi=

der dieselbe Welt auch bitten.   Donnerstag nach Am-
brosii, 1535.

Martinus Luther, D.

498.

An den Rath zu Freyberg, v. 13. Junius 1535.

Aus Lemmel Histor. Welleriana Leipz. 1700. 4. p. 55.
bei De W. IV. 607.

Gnad und Friede in Christo.   Ehrbare, Fürsichtige, liebe Herren und gute Freunde!   Es hat
mir Er Hieronymus Weller angezeiget, was Freundschaft und Ehre ihm bei euch widerfahren ist, welches
ich dem guten frommen Mann von Herzen gegönnet,
und gern gehöret habe, sonderlich weil er euer Stadt-
kind ist, und seine Ehre euer aller Ehre.   Hoffe auch,
als ich gewißlich berichtet, ihr werdet euere Gunst
und Liebe förder bei und an ihm beweisen; denn er
ja ein treu, fromm, still und gelehrter Mann ist, und
wir auch an ihm treiben, und es so weit bracht haben, daß er nun soll fortfahren und Doctor theolo-
giae werden, da wir frisch und treulich darzu thun
und helfen wollen; denn es stehet da für Augen, daß
es will hinförder an Leuten gebrechen, und die Sachen doch also gethan sind, daß man Leute haben
muß, sonderlich die an der Spitze stehen und wider
die Rottengeister streiten sollen, und wenig erfunden
werden bei allen Ständen, die solche Sache und Gebrechen bedenken oder helfen Leute erziehen oder halten.   Und ist ja itzund eine güldene Zeit, darin man
wohl und reichlich auch leichtlich gelehrte und feine
Leute erziehen kann; wer weiß wie es hernach gehn
wird.   Es heißet: tempore placito exaudivi te, et in
die salutis adjuvi te.   Drumb thut ihr wohl, daß ihr
euch solchen Leuten zu helfen annehmet, umb das
elende arme Evangelium zu erhalten.   Christus unser
lieber Herr stärke und erhalte euch seinen allerbesten

Willen, zu Lob und Ehre Gott dem Vater, Amen.
Sonntags nach Barnabae, 1535.

Martinus Luther, D.

499.

An Anton Lauterbach, v. 27. Junius 1535.

Aurifaber III. 226. Wittenb. XII. 167. Jen. VI. 325.
Altenb. IV. 487. Leipz. XXI. 90. De W. IV. 609.

Dem würdigen Herrn Antonio Lauterbach,
zu Leisnig Prediger, meinem gunstigen
guten Freunde und lieben Gevattern.

Gratiam et pacem in Christo. Ach, mein lieber
Antoni, was soll ich den guten Leuten von Mitweyde
schreiben zu Trost, weil mein Schreiben denen von
Leipzig verjagt mehr Schaden gethan hat, denn ge=
frommet. Es mocht denen von Mitweyde auch so
gehen, wo meine Schrift auskäme, wie es leichtlich
geschehen ist umb solche gemeine Schrift.

Tröstet ihr sie mundlich, auch aus meiner Begier,
das Beste so ihr konnet. Es ist mir leid der unschul=
digen Leute Elende und Marter. Mein lieber Herr
Jesus Christus, umb deß willen sie leiden, der troste
und stärke sie zu seinen Ehren und ihrer Seligkeit.
Denn sie ja Christum bekennen, und ihr Leiden ein
gewiß Zeugnuß ist ihrer Seligkeit und der Tyrannen
Verdämmnuß, wie St. Paulus sagt. Obs wohl wehe
thut Fleisch und Blut, so ists doch so viel leichter, so
viel gewisser wir glauben und hoffen, daß wir zu
jenem Leben berufen seind, daruber wir solche Mar=
ter leiden und mitleiden.

Ihr sehet, was der Pfaff zu Halle thut. Gott
hat ihm den rechten Geist, den er und seines Gleichen
haben sollen, gegeben: darauf fröhlich zu hoffen ist,
Gott wolle mit ihnen eilen und des Spiels ein Ende
machen, Amen.

Saget den guten Leuten mein armes Pater no=
ster, und treulichs herzlichs Mitleiden. Aber doch,

daß ihr diese Schrift nicht lasset gemein werden, damit die guten Herzen nicht zu großer, und ander-
mehr mit ihnen in Beschwerung kommen.

Meinethalben läge mir nichts daran, wann ich
gleich noch ärger von H. G. schriebe; denn er sollt
ja schier wissen, daß ich nach seinem tollen Kopfe nichts
frage, und ihm zu Recht allzeit gesessen und gewärtig
bin. Hiemit Gott befohlen, Amen. Sonntags nach
Joannis Baptistae, 1535.

500.

An den Kurfürsten Johann Friedrich, v. 9. Julius 1535.

Leipz. Suppl. No. 133. S. 76. Walch XXI. 380. De
W. IV. 610.

Dem Durchleuchtigsten, Hochgebornen Fürsten und Herrn, Herrn Johanns Friedrich, Herzogen zu Sachsen und Kurfürsten,
des H. R. Reichs Erzmarschalk, Landgrafen in Thüringen und Markgrafen zu
Meissen, meinem gnädigsten Herrn.

G. u. Fried in Christo, sampt meinem armen
Vater Unser. Durchleuchtigster, Hochgeborner Fürst,
gnädigster Herr! Es hat mir E. K. F. G. Kanzler
D. Brück angezeigt E. K. F. G. gnädiges Erbieten
gegen mir, so Sterbensläuft sich allhie wurden anlassen; und ich danke ganz unterthäniglich E. K. F.
G. für solchs gnädiges Sorgen und Erbieten, will
mich auch mit unterthäniger Antwort erzeigen, wo
solcher Fall käme. Aber mein gewisser Wetterhahn
ist der Landvoigt Hans Metzsch, welcher bisher eine
ganz nüchterne Geiers-Nase gehabt auf die Pestilenz,
und wo sie funf Ellen unter der Erden wäre, wurde
er sie wohl riechen. Weil derselb hie bleibt, kann ich
nicht glauben, daß eine Pestilenz allhie sei. Wohl
ists wahr, daß ein Haus oder zwei ein Geschmeiß
gehabt, aber die Luft ist noch nicht vergift. Denn

sint Dienstags kein Leiche noch Kranker erfunden ist; doch weil die Hundstage vorhanden, und die jungen Knaben erschreckt: hab ich mirs gefallen lassen, daß sie umbher spazieren, damit ihre Gedanken gestillet wurden, bis man sehe, was werden will. Ich merke aber, daß derselben Jugend viel solch Geschrei der Pestilenz gern gehöret, denn etliche den Schwären auf dem Schubsack, etliche die Colica in den Büchern, etliche den Grind an den Federn, etliche die Gicht am Papiere kriegen. Vielen ist die Dinten schimmlicht worden; so haben auch sonst etliche die Mutterbrief gefressen, davon sie das Herzeweh und Sehnsucht zum Vaterland gewonnen, und mugen vielleicht dergleichen Schwachlichkeit mehr sein, denn ich erzählen kann. Und ist wohl die Fahr dabei, wo die Aeltern und Oberherren solchen Krankheiten nicht mit Ernst und allerlei Aerznei helfen und steuren werden: sollt wohl ein Land=Sterben draus werden, bis man weder Prediger noch Pfarrherr oder Schulmeister haben kunnte, zuletzt eitel Säu und Hunde das beste Vieh mußten sein lassen, dahin doch gar fleißig die Papisten arbeiten. Aber Christus, unser Herr, gebe E. K. F. G., wie bis daher, forder Gnade und Barmherzigkeit sampt aller frommen christl. Oberkeit, eine starke Aerzenei und Apotheken gegen solche Krankheit zu erhalten, Gott zu Lob und Ehren, dem Satan, aller Kunst und Zucht Feind, zu Verdrieß, Amen. Hiemit Gott befohlen, Amen. Freitags nach Visit. Mariae, 1535.

E. K. F. G.

unterthäniger

Mart. Luther.

Ich bitt unterthäniglich, E. K. F. G. wollten meines armen Hieronymus Weller nicht vergessen.

501.

An den Rath zu Augsburg, v. 20. Julius 1535.

Wittenb. XII. 201. Jen. VI. 508. Altenb. VI. 487. Leipz. XXI. 95. Walch XVII. 2509. De W. IV. 612. Lateinisch in Hospinian. hist. sacram. II. 141. Budd p. 246.

Den ehrbarn, fürsichtigen Herrn, Bürgermeister und Rath der Kaiserlichen Stadt
Augsburg, meinen günstigen Herren und
lieben Freunden.

Gnade und Friede in Christo. Ehrbarn, fürsichtigen, lieben Herrn! Ich hab euer F. Credenz-
brief, und darauf Doctor Gereons und Caspar Hu-
bers Werbung empfangen, bin auch solcher guter
Botschaft herzlich erfreuet. Gott, der Vater alles
Trosts, Freuden und Einigkeit, sei gelobt in Ewigkeit, und vollbringe solch sein feines Werk zum selb-
gen Ende, bis auf jenen Tag, Amen.

Und E. F. sollen sich tröstlich zu uns allen versehen in Christo, daß wir hinfurt an uns keinen
Mangel wollen sein lassen; sondern mit allem Willen
und Vermügen solche liebe Einigkeit zu stärken und
zu erhalten, weil wir (Gott Lob) merken, daß es
bei den Euren rechter Ernst, und uns damit ein
schwerer Stein vom Herzen, nämlich der Argwohn
und Mißtreu, genommen, der auch nicht soll (ob
Gott will) wieder darauf kommen. Weiter wird E.
F. Doct. Gereon wohl anzeigen, als dem wir unser
ganzes Herz offenbart haben.

Wir haben auch fleißig umb D. Urbanum Re-
gium geschrieben, und hätten ihn gern euch wieder
heimgestellet; aber er ist nicht zu erheben gewest bei
dem frommen Fürsten. Wollen aber nicht unterlassen, uns umbzuthun nach einem geschickten Mann,
E. F. zuzufertigen. Denn E. F. und ganzer christlichen Gemeine und Stadt zu dienen, wollen wir
willig erfunden werden, in Christo unserm Herrn
und lieben Heiland, dem ich hiemit E. F. und ganze
Stadt befehle, Amen. Dienstags nach Margarethä,
Anno 1535.

D. Martin Luther.

502.

An Albrecht, Erzbischoff von Mainz, v. 31. Julius 1535.

Wittenb. XII. 268. Jen. VI. 326. Altenb. VI. 161.
Leipz. XXI. 79. Walch XIX. 2340. De W. IV. 614.

Buße und Vergebung der Sünden zuvorn, hochgeborner Fürst, gnädigster Herr! Mich bewegt diese Schrift an euer cardinalische Heiligkeit zu thun, nicht der Hoffnung, daß ich etwas Nutzes damit schaffen werde, sondern meinem Gewissen gnug zu thun, für Gott und der Welt, und nicht mit Stillschweigen, in böse Sachen bewilligen, geriet werde rc. Es hat mich Ludewig Rabe lassen lesen ein Brieflin, darin von ihm E. C. H. drawen, mit ihm davon zu reden lassen, daß er viel solle hin und wieder von dem gerechtfertigten Hansen Schanzen reden rc. Weil er aber mein Tischgenoß und Hausgast ist, und E. C. H. ohn Zweifel wohl wissen, daß solchs nicht wahr ist, und ihm Unrecht geschieht: kann ich nicht anders denken, denn daß E. C. H. mich damit durch einen Zaun stechen und stochern, als haben sie Verdrieß daran, was ich und gute Leute davon hören und reden. Denn das kann ich mit gutem Gewissen zeugen, daß Ludewig Rabe sitzt, wie eine Jungfrau, über Tisch, und oft mehr Guts von seinem höllischen Cardinal redet, weder ich gläuben kann; und nicht in der Stadt herumbher läuft, sondern in seiner Kammer bleibt aufs Allerstilleft. Auch war diese ganze Stadt voll von Schanzen Unfall, wohl zweene Tage, ehe ichs und Ludwig erfuhr, und solche schöne That E. C. H. wir nicht gläuben konnten, daß Hans Schanz, so hoch zuvorgeliebter Diener, sollt so plötzlich und solcher Weise gehenkt sein von seinem liebsten Herrn. Solchs hatte weder Ludewig noch ich ausbracht noch erdichtet, und des Cardinals Name ward ohn unser Zuthun verspeiet und verdampt.

Ists nu die Meinung, daß ich damit gestochert werde, so bitte ich gar andächtiglichen, E. C. H.

wollten mir meinen Tisch- und Hausgenossen ungemeistert und ungeheiet lassen. Denn ich will hören
und gläuben, was ehrliche Leute (den ich mehr
gläube weder allen Päpsten und Cardinälen) von
Schanzen reden; auch mir gnädiglichen und ungnä-
diglichen erläuben (ist gleich viel), was ich also höre
und gläube, bei guten Freunden nachzusagen. Denn
ich nicht hie sitze umb E. C. H. willen, daß ich alle
die sollt aufs Maul schlagen und Lügen strafen, die
von Hans Schanzen Guts und von seinem Cardinal Böses reden. Hoffe auch E. C. H. werden nicht
so fast mit mir, als mit Hans Schanzen, zum Galgen eilen. So will ich meine Gedanken und Glauben, dazu mein Geschwätze und Zuhören guten Freunden, von E. C. H. frei und unverboten haben;
gleichwie ich leiden muß, was E. C. H. in gleichem
Fall gegen mir sein wollen. Denn ich acht, ob ich
schwachgläubig sei, in allem, das man wider Hans
Schanzen für seinem Cardinal reden möchte (wiewohl ich derselben noch keinen gehört), auch wohl
ohn E. C. H. Ablaß solcher Sünden los werden mag.

Und sollten E. C. H. alle die henken, so nicht
allein in diesem, sondern andern mehr Stücken, von
dem höllischen Cardinal ubel und schändlich reden, so
würden in Deutschland nicht Strick gnug erfunden
werden; ohne daß viel sind, die sich nicht so leichtlich
werden lassen henken wollen, als Hans Schanz, auch
etliche wollen von dem höllischen Cardinal ungehenkt
sein; und wenn er lange henkt, und viel henken
künnte, würde er damit solchem Geschrei wenig steuren. Ich will auch gar gerne gläuben (das soll mir
kein cardinalischer Henker verbieten, weil Gedanken
Zoll frei sein), daß, wo Hans Schanz ungefangen
und frei außer Halle hätte sollen rechten oder Recht
leiden, so wäre er freilich ungehenkt blieben, welchs
auch die öffentliche Sage saget. Vielleicht wird man
es noch wohl singen, sonderlich an den Orten, da
E. C. H. nicht Macht haben die Leute zu henken.

Ich gläube auch weiter, wo sie Ludewigen Raben zu Halle hätten, wie E. C. H. zu Leipzig haben nach ihm grappen lassen, er wäre vielleicht auch

7*

längeſt gehenkt; denn er hätte denn wohl müſſen
ſchweigen von Hans Schanzen. Gelüſtet aber E.
C. H. zu erfahren, wie gar ein ſchön Geſchrei ſie
haben in deutſchen Landen: ſo thar ich wohl öffent=
lich an den Tag geben, von Anfang, vor 15 Jahren,
ſonderlich von dem Ablaß her, erzählen, und gegen
ſolchem ſchrecklichen heiligen Manne deß alles zu
Recht ſtehen; wiewohl es E. C. H. nicht zu rathen
iſt, den Dreck weiter zu rütteln, und den unſöten
Mann Vox et Fama erregen: quod communis Fama
famat, non de toto perit.

Wenn aber E. C. H. ſolchs böſen Geſchreies
gern los wäre, ſo müßten ſie es außer Halle verbie=
ten, ſonderlich bei des Papſts Bann, da die Händ=
ler uber die Maß ungläubig ſind, und Schanzen
Sache gar ſeltſam deuten, etliche es auch wohl ver=
ſtehen wollen. Denn daß man zu Halle mit Gewalt
verbeut zu reden, ſchadet Hans Schanzen nicht, ſei=
ner Sach auch nicht, und macht des Cardinals Ge=
ſchrei deſte ärger; gleichwie Magiſter Georgen Blut,
da ich mit öffentlicher Schrift gern vom Biſchoff zu
Mainz (die Zeit) gewendet hätte und zuſcharret, je
länger je heftiger ſchrei und noch ſchreiet; und be=
ſorge, es werde ſich nicht ſtillen laſſen, bis es erhö=
ret und gerochen werde, wie es denn weidelichen an=
gehet. Und zu Wahrzeichen bin ich noch ſchuldig ſol=
cher Schrift Widerruf zu thun, E. C. H. zu Ehren:
Gott verleihe mir Zeit und Kraft darzu. Das ſei
von meinetwegen geſagt.

Iſt aber mit genanntem Briefe Ludewig ernſtlich
gemeint, ſo hat ſich E. C. H. trefflichen beweiſet, und
allzuviel ſelbs vermeldet, wie Chriſtus ſpricht: Ex
verbis tuis judico te, serve nequam. Denn weil
E. E. H. wohl wiſſen und auch wiſſen müſſen, daß
Ludewig ſolchs nicht gethan, und auch deß kein Grund
noch Urſachen angezeigt werden; gleichwohl ſich mit
ſolchem Drauen zu dem unſchuldigen Manne muth=
williglich nöthigen: ſo müſſen wir Schwachgläubigen
greifen, daß da muß ein bös Gewiſſen ſein, das ſich
fürcht, da keine Furcht iſt, und ihm ſelber erdichtet
das Krachen und Geſperr, wie der Prophet ſagt:

fugit impius, nemine persequente, und David: ti-
muerunt, ubi non erat timor. So zeugen auch die
Heiden, daß böse Gewissen sich selbs verrathen, und
in ihren eigen Worten sich fahen, wie Cato spricht:
Conscius ipse sibi de se putat omnia dici. Daß
es Hans Schanzen viel fährlicher wäre gewesen, wo
E. C. H. sich solchs Verbots zu Halle und dieser
Schrift hätte enthalten. Denn ein gut Gewissen darf
solchs Sorgens, Argwohns, Verbietens nicht, sondern
kann getrost aller Mäuler Rede verachten, und endlich mit Ehren ohn alle Gewalt stopfen. Aber Gottes Werk sinds, wenn sich Cain mit seiner Entschuldigung selbs verrathen muß: davon vielleicht ein ander Mal besser.

Diesen Brief will ich E. C. H. zuletzt geschrieben haben, wie der Prophet Elias dem Könige Joram zuletzt schrieb (2. Chron. 20.), und damit gegen
Gott entschuldiget sein will, weil ich doch keiner
Besserung hoffen soll, so wenig als Elias von seinem
Joram. Und muß mich trösten, daß ihr zornigen
Heiligen nicht alle henken werdet, die euch feind sind
(ob ihr gleich alle die henken künntet, die euch auch
alles Guts gönnen, und zum besten deuten); sondern
werdet unserm Herrn Gott an seiner Kirchen den
Ring an der Thür lassen, und etliche leben lassen,
bis der rechte Henker auch einst uber euch komme,
Amen. Zu Wittenberg, ultimo Julii, 1535.

D. Martinus Luther,
Prediger zu Wittenberg.

503.

An Gabriel Zwilling, Pfarrer in Torgau, v.
8. August 1535.

Eisl. II. 349. Altenb. VI. 468. Leipz. XXII. 565. Walch
XXI. 378. De W. IV. 618.

Gnad und Friede. Mein lieber Herr Pfarrherr!
Ich wollt, daß zum wenigsten unsere Briefe ja möch-

ten gen Torgau kommen; weil euer Stadt sich so
hart fur uns Wittenbergern fürchtet. Und ist furwahr euer Furcht billig; denn gestern ist hie ein ganz
Kind gestorben, daß nicht ein Haar dran lebendig
blieb, dagegen vier Kinder geboren. Ich halt, der
Teufel habe itzt Fastnacht mit solchen vergeblichen
Schrecken, oder wird etwa Armes in der Hölle sein,
daß der Teufel so lüstern ist mit Larven.

Ich bitte, ihr wöllet gegen euren Kastenherrn
meinetwegen bitten fur diesen Mann Briefszeiger, daß
sie ihm 12 silbern Schock wollen leihen; denn er deß
vertröstet ist, und redliche Leute ihn gegen mir ver-
beten haben, als Hieronymus Krappe, und der
Pfarrherr zu Dessau, deß Bruder er ist. Fac quod
poteris, nam ego istis hominibus libenter obseque-
ror. Bene in Christo vale. Und laß mich wissen,
ob ich auch einkommen, wo ich spazieren zu euch
wolle; denn man sagt hie wunder wie strenge ihr
Herrn zu Torgau seid, und Gott wolle nicht, daß
vielleicht mehr bei euch sterben, denn bei uns. Wohlan
laß Närren; hiemit Gott befohlen, Amen. 1535, Ciria.

Martinus Luther, D.

504.

An den Kurfürsten Johann Friedrich, v. 17. August 1535.

Das Original befindet sich in der Gräflich Ortenburg'schen
Bibliothek zu Tambach in Oberfranken. Wir geben den Text,
welcher von dem bei De W. hie u. da abweicht u. vollständiger
ist, nach einer uns von Herrn Stubenlehrer Schmidt in
Memmingen gütigst mitgetheilten Abschrift.

Eisl. II. 350. Altenb. VI. 491. Leipz. XXI. 89. Walch
XVII. 386. Camerar. vita Melanchth. Hal. 1777. p. 431.
De W. IV. 619.

Dem Durchleuchtigsten, Hochgebornen Fürsten und Herrn, Herrn Johanns Friederich, Herzogen zu Sachsen und Kurfürst,
des heil. Römischen Reichs Erzmarschalk,

Landgrafen in Thüringen und Markgrafen zu Meissen, meinem gnädigsten Herrn.

Gnad und Friede mit meinem Paternoster.
Durchleuchtigster, Hochgeborner Fürst, gnädigster
Herr! Ich bitte ganz unterthänigst und aufs höhest, E. K. F. G. wollten M. Philippo im Namen
Gottes erläuben in Frankreich zu ziehen. Zu solcher
Bitte bewegen mich der ehrlichen frommen Leute kläg-
liche Schrift, so dem Feur kaum entgangen sind, und
auf M. Philipps Zukunft den König mit allem Fleiß dahin bracht, daß des Mordens und Brennens ein Ende
worden ist. Sollt nu den guten Leuten ihr Trost feihlen,
mochten die Bluthunde Ursachen gewinnen, die Sachen
mehr zu verbittern, und mit Brennen und Würgen
weiter fahren: daß ichs acht, M. Philipps kann fast
nicht wohl mit gutem Gewissen sie in solchen Nothen lassen, und sie ihres herzlichen nothigen Trosts
berauben, ohn was Argwohns der König selbs und
die Seinen schöpfen würden, vielleicht auch von uns
allen, weil er auf M. Philipps Zusage so gnädiglich
selbs schreibt und Botschaft schickt.

E. K. F. G. wollten es auf Gottes Gnade die
drei Monat M. Philipps wagen lassen. Wer weiß,
was Gott thun will, welches Gedanken sind ja allzeit
hoher und besser, denn die unsern. So wäre mir
auch für meine Person leid, daß so viel frommer
Herzen, die M. Philipps kläglich rufen und gewißlich sein warten, sollten betrübt werden, auch vielleicht
viel andere bose Gedanken von uns fassen. Bitt derhalben noch einmal, E. K. F. G. wollten solche Bitte
M. Philipps gnädiglich erhoren und nicht abschlahen.
Unser Gebet ist ohn das E. K. F. G. für Gott täglich
erboten, dazu auch im fleißigen Werk: derselbige stärke
und leite E. K. F. G. mit seinem Heiligen Geist zu
seinem gnädigen guten Willen, Amen. Dienstags nach
Assumptionis 1535.

E. K. F. G.

unterthäniger

Martinus Luther, D.

505.

An den Kurfürsten Johann Friedrich, v. 20. August 1535.

Eisl. II. 350. Altenb. VI. 491. Leipz. XXI 129. Walch XVI. 2290. De W. IV. 622.

Gnad und Friede und mein arm Paternoster. Durchleuchtigster, Hochgeborner Fürst, gnädigster Herr! Ich hab E. K. F. G. Schrift sampt den Copeien vom Concilio empfangen und mit Fleiß gelesen, und weil E. K. F. G. begehren gnädiglich mein Bedenken, ob E. K. F. G. sich solle weiter vernehmen lassen uber die vorige Antwort, vor zweien Jahren kaiserlicher Majestät und Papsts Clemens Legaten gegeben: ist darauf meine unterthänige Meinung, daß in derselbigen Antwort der Sachen gnug und christlich wohl alles erboten. Wiewohl meiner Person halben mir nichts gelegen ist an der Malstatt, wo die sein würde in der ganzen Welt, weil ichs noch nicht fur Ernst ansehen kann, und ob es ihnen Ernst wäre, längest verdienet hätte, daß mich die zornigen Heiligen erkriegten und verbrenneten; so werden sich E. K. F. G., wo sie die Malstatt weiter würden dringen, wohl wissen zu vernehmen lassen. Ich bitte und wünsche, daß sie Gott doch einmal lasse so zurecht werden, daß sie mit Ernst ein Concilium müßten fürnehmen, das da frei und christlich heißen müßte. Aber ich bin hie, wie der ungläubige Thomas, ich muß die Hände und Finger in die Seiten und Narben legen, sonst gläub ich es nicht; doch Gott kann wohl mehr denn das, in deß Hand aller Menschen Herzen stehen. Ich befehle hiemit E. K. F. G. in des lieben Vaters, unsers Gottes, Gnade und Friede, Amen. Freitags zu Abend nach Assumtionis Mariae, Anno 1535.

E. K. F. G.

unterthäniger

Martinus Luther, D.

566.

An Frau Jörgerin, v. 12. September 1535.

Bei Raupach Evang. Desterreich 1. Fortf. S. 76. Roseder Glaubensbekenntniß S. 90 f. De W. IV. 631.

———

Gnade und Friede in Christo mit meinem armen Paternoster u. s. w. Ehrenreiche, liebe Frau! Ich hab Er Andres gehört, und eure Schrift empfangen, und ich danke euch für das Geschenke, sonderlich des Gröschlins halben, wiewohl ich gern gewiß wäre, obs der rechten eins wäre, weil es so neu siehet; aber es mag conterfeit sein oder abgegossen 2c. Es hat mir auch Er Andres gezeugt, wie ihr gerne wissen wollt, ob ihr mit gutem Gewissen (weil es der Pfarrherr leiden will) mögt zu Haus allein für euer Gesind das Evangelium predigen zu lassen, doch ausgeschlossen die andern Pfarrkinder. Denn weil es euch der Pfarrherr im Hause will nachlassen, mögt ihr deß so lang brauchen, bis es mit Gewalt gewehret wird; denn ihr seid nicht schuldig umb der andern willen, so durch höhere Gewalt gezwungen werden, euch dawider zu setzen. Ein Jeglicher muß hierin sich selber wagen, und sein eigen Abenteuer stehen. Zum andern, laßt euch nicht irren, ob die Prediger nicht beschmiert oder beschoren sind vom Weihbischoff; denn dieselben sind nicht zum Predigtampt, sondern zur Winkelmesse geweihet, und sind die Priester Baal und Hieroboam 2c. Wer gerufen ist, der ist geweihet, und soll predigen denen, die ihn berufen; das ist unsers Herrn Gottes Weihe und rechter Chresem 2c. Meine Hausfrau läßt euch und die Eurigen freundlich grüßen. Hiemit Gott befohlen, Amen. Zu Wittemberg, Sonntags nach unser lieben Frauen Geburt, 1535.

Martinus Luther, D.

557.

An den Kurfürsten Johann Friedrich, gemeinschaftlich mit den andern Theologen, v. 12. September 1535.

Leipz. Suppl. No. 134. S. 76.; Walch XVII. 367.
De W. IV. 632.

Dem Durchleuchtigsten, Hochgebornen Fürsten und Herrn, Herrn Johanns Friedrich, Herzogen zu Sachsen und Kurfürst, des heil. Röm. Reichs Erzmarschall ꝛc., Landgrafen in Thüringen und Markgrafen zu Meissen, meinem gnädigsten Herrn.

G. u. Friede in Christo, sampt unserm armen Vater Unser. Durchleuchtigster, Hochgeborner Fürst, gnädigster Herr! Es hat uns Briefs Zeiger, Doctor Antonius, K. M. zu Engelland Botschaft, gebeten, ihnen an E. K. F. G. zu verbitten, daß er möcht eine heimliche oder enge Verhöre bei E. K. F. G. haben, daß er Ursachen hat, daß seine Sache nicht weitläuftig wurde, ehe man wußte, wie oder was. Weil denn E. K. F. G. den Mann zuvor wohl kennen, und unsers Achtens gute Botschaft bringet, so viel seins Befehls ist: so ist unser unterthänige Bitte, E. K. F. G. wollten ihm solche Verhöre gnädiglich gonnen.

Zum andern, hat er zuvor auf M. Philippus Zusage bei dem Könige trefflich gehandelt, und viel ausgericht, daß der König M. Philipps hochlich begehrt, und selbs auch widerrathen die Reise in Frankreich (wie D. Antonius weiter berichten kann), daneben sein stattlich Geleit geschickt, und auch Geißel dafür anbeut ꝛc. Ist unser unterthänige Bitte, wo es E. K. F. G. nicht für der Reise in Osterreich thun kannte, doch nach der Wiederheimfahrt (die Gott mit Gnaden seliglich gebe) nicht wollten abschlagen. Wer weiß, was Gott wirken wille. Seine Weisheit ist höher, denn unser, und sein Wille besser, denn unser. So wollt auch M. Philippo, so nu so

stattlich gerufen wird, auf seine Zusage sein Ausblei=
ben viel schwerer Gedanken machen, so er ohn das
sonst mit Aerbeit, Traurigkeit und Anfechtungen uber=
laden ist, und fast allezeit gewesen. E. K. F. G.
werden solchs wohl wissen gnädiglich zu bedenken, und
sich darnach gütiglich erzeigen. Christus, unser Herr,
sei mit E. K. F. G. ewiglich, Amen. 12. Septembris
1535.

 E. K. F. G.

   unterthänige

    Martin Luther, D.

    Justus Jonas, D.

    Caspar Cruciger, D.

    Joh. Bugenhagen Pomer, D.

508.

An einen Ungenannten, v. 19. September 1535.

Wittenb. XII. 270. Altenb. VI. 480. Leipz. XXI. 85.
Walch X. 239. De W. IV. 633.

Gnad und Friede. Gestrenger, lieber Herr und
Freund! Euer Schrift an mich gethan, der Krönung
halben zu Merßburg, weise ich euch in euer eigen
Gewissen, welchs am besten fuhlet, was recht oder
unrecht ist, und kein Mensch (sagt St. Paul.) weiß,
was im Menschen ist, ohn der Geist, der in ihm ist.
 Darumb so ich nicht wissen kann, wie euer Geist
stehet, kann ich nichts dazu rathen; ihr müsset euch
selbs rathen. Denn so viel man äußerlich eins dem
andern rathen soll, hab ich gnugsam von allen Sa=
chen geschrieben, und öffentlich an Tag geben; damit
hab ich das Meine gethan. Uber das kann ich mich
mit fremden Sünden, sonderlich so da heimlich sind,
nicht beladen. Hiemit Gott befohlen. Sonntags nach
Crucis, im 1535. Jahr.

509.

An Gabriel Zwilling, Pfarrer zu Torgau, v. 30. September 1535.

Leipz. Suppl. S. 77. No. 135.; Walch XXI. 382. De W. IV. 634.

Gnad und Fried in Christo. Mein lieber Magister Gabriel! Es ist mir leid, daß euer Torgauer sich so undankbar gegen das Evangelium stellen, und sich unterstehen, aus eigener Thurst euch Pfarrherr und Capellan zu Knechten zu machen, aufs Rathhaus zu fodern ihres Gefallens. Wer hat sie gelehrt solchen Gewalt, der ihn nicht gebuhrt, zu sich zu rauben? Sind dieß die Fruchte ihres Glaubens? Wohlan, weil sie so vergessen sind worden, und vom Glauben gefallen, sollt ihr wiederumb nichts thun, was sie haben wollen. Denn wir haben sie mit großer Muhe und Arbeit von des Papsts unträglicher Tyrannei erlöset, und streiten noch ohn Unterlaß fur ihre Freiheit, und sie fahren zu, und wollen uns mit Fußen treten, und den Papst stärken, und uns schmähen: so sei ihr Vornehmen verflucht, Amen. Thuts doch kein ander Stadt ohn Etliche von Adel. Wollen sie aber einen Pfarrherrn zum Knecht haben, den mussen sie bestellen, ihme Nahrung, Behausung und alle Nothdurft schaffen. Ihr habt nichts von ihnen, so lassen sie euch auch keine burgerliche Nahrung und seid ihn nichts vereidet noch verpflicht; und ihr sollt gleichwohl, wie ein ander Burger, und wohl mehr gefangen sein. Ich will darzu thun, daß sie die Wahl eines Pfarrherrs sollen wieder verlieren. Denn es gebuhrt alles dem Fursten, der soll einen Storch geben, der den groben Fröschen auf den Kopf hacke. Können sie nicht leiden, die unvernunftigen Gesellen, daß sie alle Kirchendienst umbsonst haben, und ohn einiges Zuthun vom Papst frei worden sind? Und Halle, Leipzig, Dresden ꝛc. gäben wohl groß Geld darumb, und trügen solche Prediger gerne auf den Händen. Ich muß kommen, und der Furchmutter auf der Kanzel die Borsten krauen. So blei-

bet ihr nu vom Rathhause, und menget nicht beide
Regiment in einander, und lasset sie es auch nicht
mengen; denn es mochte dem gemeinen Mann ärgerlich, und dem Fürsten unleidlich sein, wo ers erfuhre,
daß man seine Diener so lehen, und alles von ihm
haben, frembden Herren zu Knechten machen. (?)
Sind sie grob, stolz und unvernunftig worden, und
sie Gott umb ihres Unglaubens willen blind macht:
so müssen wir nicht ihn folgen, noch bewilligen.
Hiermit Gott befohlen, Amen.

Martinus Luther.

Diese Schrift ist gegeben zu Wittenberg, den
nächsten Tag nach Michaelis, zwischen 6 und 7 Uhr
Vormittag Anno 1535., und hat Doctor Luther gesagt, diese Schrift mag man Fürsten und Herren
weisen.

510.

An Johann Riedtesel, v. 4. October 1535.

Aus dem Original bei De W. IV. 635.

Dem Gestrengen, Ehrnfesten Johann Riedtesel zum Neumarkt, meinem gunstigen
Herrn und lieben Gevattern.

Gnad und Fried in Christo. Gestrenger, Ehren-
fester, lieber Herr und Gevatter! Ich hatte zwar
nichts zu schreiben auf dieß Mal, ohne daß ich Magister Jacobum nicht wollt lebig kommen lassen, der
wird euch wohl alles sagen, wie es hier zugehet und
stehet. Das Sterben soll sehr groß hier sein, als
man sagt. Denn außer Wittemberg weiß man alles
besser, weder wir selbst in der Stadt. Und je weiter von Wittemberg, je gewisser sie es wissen, wie
es pflegt: je weiter die Lugen wandert, je fetter und
dicker, größer und stärker, schoner und . . . . . sie
wird. Das muß man ihr gonnen. Sonst alle . . . .
wird geringer, mager, wenns weit in Länge läuft.

Grüßt mir eure liebe . . . . . sampt allen den Euren, auch unserm Studenten Johann Riedtesel, der
unser wohl vergessen hat, und schreibt uns nichts.
Mein Herr Käthe und euer . . . . Pathe grüßen
euch freundlich. Hiemit Gott befohlen, der gebe seine
Gnade, daß der Mann euer . . . . gedenke, wie
ihr begehrt, Amen. 1535. am Sankt Franciscus
Tage.

Martinus Luther, D.

511.

An den Stadtrath in Eßlingen, v. 5. Oktober 1535.

Kellers Gesch. d. Stadt Eßlingen S. 109. De W. IV. 610.

Gnade und Friede in Christo. Ehrbarn, Fürsichtigen, lieben Herren und Freunde! Ich bin von
Herzen eur Schrift erfreuet, daß ich merk, wie eur
Herz und Muth von Gottes Gnaden geneigt ist zu
der Vergleichung unter uns, damit das Aergerniß
des Zwiespaltes ein Ende kriege. Unser lieber Herr
Gott bestätige in euch solche Gnade, und sollts dafür
halten, daß ich mit Gottes Hülfe mich in allen Dingen, so möglich sind, ungespart finden lassen will;
denn ich in solche Hoffnung kommen bin, daß Gott
solchen Spalt und Riß hat lassen unter uns kommen,
daß wir versucht und gedemüthiget würden. Er kann
aber aus dem Bösen Alles gut machen, wie er aus
Nichts alle Dinge schaffet. Bitte derohalben, wollet
so fortfahren, helfen beten und trachten, damit solche
Einigkeit fest und beständig werde, und dem Teufel
sein Rachen gestopfet werde, der sich solcher Uneinigkeit hoch gerühmet und gleich Hui gewonnen! ge-
schrieen hat.

Ich hab den andern Städten und Predigern geschrieben, daß sie berathschlagen wollten, obs nicht
nöthig sein sollt, daß wir Prediger zum Theil zu-
sammenkämen an einen Ort, mündlich hievon und
andern Sachen zu reden. Solches stelle ich euch in

eur Bedenken, und werdet mit den Andern wohl davon wissen zu handeln, und es uns herein wissen lassen. Befehle euch hiemit dem lieben, treuen Gott ewiglich, Amen. Wittemberg, quinta Octobris, 1535.

Eur williger

Martinus Luther.

512.

An Caspar Huberinus, v. 5. Oktober 1535.

Aus einer alten Schrift: Wie die kath. Stadt Augsburg erstlich von den Rottengeistern belagert, endlich aber durch die Schwärmer erobert ist worden, im Cod. chart. Bl. L. Bibl. Goth. f. 95. De W. IV. 642.

Dem getreuen Junger und Diener Christi, Casparn Huberino, seinem lieben Bruder in Christo dem Herrn.

Gnad und Fried in Christo. Vielleicht ist die Sach, darumb ihr mich gefragt habt, selber dieweil verrichtet, sonderlich so der Bot so lang unterwegen ist blieben. Dann der Bot ist unter die Räuber gefallen, welche dem Boten alles genommen und ihn also an einen Baum gebunden lassen haben. Ich hab mancherlei Gedanken gehabt, dieweil er so lang aus und nit bald wieder kommen ist. Aber nun zur Sachen. Es dunkt mich, daß der Rath zu Augsburg ein sonder Bedenken darauf habe, daß sie wollen, ihr sollet beim Mäuslin Helfer sein, nämlich daß sie damit wollen öffentlich bezeugt haben, daß sie mit uns einhellig in der Lehre seien. Dann das Widerspiel kann ich nit, wills auch nit argwöhnen, sonderlich so bald im Anfang der wiederbrachten Concordie. Derhalben ist mein redliche Meinung, daß ihr ihnen in diesem Fall willfahret. Jetzunder zumal weiß ich nichts Sonders mehr zu schreiben zu euch, dann daß man nach Ausgang des Winters, wie ich hoff, zusammen in ein Convent kommen wird, da man in Gegenwurt von allerlei handlen wird. Dieweil lei-

bet und duldet, was ihr immer könnt und mögt, da=
mit wir nit ein Ursach seien, daß die angefangne
Freundschaft verhindert werde. Gott bewahre euch
und bittet Gott für mich. Der Herr sei mit seinem
Geist der reichlichen Benedetung allezeit mit euch,
Amen. 5. Oct. 1535.

Martinus Luther.

513.

An einen Ungenannten, v. 25. October 1535.

Wittenb. XII. 167. Jen. VI. 327. Altenb. VI. 496.
Leipz. XXII. 531. Walch X. 2369. De W. IV. 644.

Gnade und Friede im Herrn. Mein lieber Ge=
vatter! Herr N. hat mir angezeigt, daß ihr euch
fast bekümmert umb euren Sohn, den euch Gott ge=
geben und so bald wieder genommen hat. Aber
was wollen wir draus machen? Wir müssen also
lernen Gottes Willen erkennen, daß er allein gut
und heilig sei; obs gleich unserm Willen viel anders
deucht.

So habt ihr nu je oft gelesen und gehöret, daß
Gottes Werk verborgen sind, und unter dem Kreuz
alle Gnade verdeckt liegt, bis auf die Zeit der Offen=
barung, da wir es sehen werden, und mit Freuden
ernten, das wir itzt mit Weinen säen, wie David
sagt Psalm 126, (6.): Euntes ibant et flebant, mit-
tentes semina pretiosa.

Darumb so machet euers Traurens ein Maße.
Gott lebt noch, und hat mehr, denn er je vergab;
der tröste euch in Christo, seinem lieben Sohn, Amen.
Die Crispini, 1535.

514.

In den Rath der Stadt Frankfurt, v. 23. November 1535.

In Ritters Evang. Denkmal der Stadt Frankfurt nach dem Original im dortigen Archiv S. 224.; bei Walch XXI. 1268., bei De W. IV. 650.

Den Ehrbaren, Fürsichtigen, Herrn Bürgermeister und Rath der Stadt Frankfort, meinen günstigen Herrn und guten Freunden.

Gn. und F. Fürsichtigen, lieben Herrn! Ich hab nach eurer empfangenen Schrift an M. Johann Cellarium mit Fleiß geschrieben, und möcht wohl gern aus vielen Ursachen sehen, daß er wieder bei euch zu Frankfort wäre. Was aber ihm zu thun sein will, weiß ich nicht, und wo es fehlen sollt, wollt ich auch wohl gern einen tüchtigen und geschickten Mann an seiner Statt wissen, und treulich dazu helfen, so viel mir immer müglich. Aber es stehet also, daß bei uns selbs schier mangeln will, und was daher wächst, ist noch zu unreif (wie St. Paulus sagt) und eitel Neuling, denen solch groß Ding, als wenigs Erfahrnen, nicht so leicht zu vertrauen ist. Denn ihr selbs wohl erfahren, was es für eine Fahr sei, solchen Leuten solche große Kirchen in die Wegen setzen, die viel rühmen, sind auch gelehrt genug, und doch das Geel am Schnabel nicht abgestoßen, Niemand hören können, wenn sie den Anhang gewinnen, welchs billig inner solchen großen Gemeine bei euch bedacht werden muß, wie uns die Noth zuletzt selbs lehret. Euch zu dienen bin ich meines Vermögens willig und bereit. Hiemit Gott befohlen, Amen. Die Clementia, 1535.

515.

An Stenzel Guldschmidt, v. 20. December 1535.

Aus dem Original im Ansbach. Archiv im Leipz. Suppl. S. 75. No. 132.; bei Walch X. 822. De W. IV. 657.

Gnade und Friede in Christo. Ehrsamer, guter Freund! Ihr werdet ohn Zweifel gut Wissen tragen, wie euer Sohn, M. Andreas, allhier zu Wittenberg sich in ein Geschrei gebracht mit Bürger Bernhards von Barlitz Tochter, und dieß mit solcher Gestalt und mit solchen Worten und Schriften, die mich gleichwohl bewegen, dieweil auch eure Schrift (so ich gelesen) nicht fast dawider gestrebet, daß solche Verlobung zur Ehe einen Schein gewonnen. Nun ist es ja wahr, daß wir hie also lehren und auch halten, daß hinter der Aeltern Wissen und Willen sich kein Kind soll verloben; über das könnet ihr selbst wohl achten, es sei unfreundlich (wo nicht ärger), daß ein Geselle, so fleißig seines Vaters Willen anzeiget, und darzu Schrift mitbringet, einem guten Mann sein Kind also versucht, und auf das Narrenseil führet. Es gibet nicht gute Gedanken. Denn das sollte ja sein, wo er nicht wüßte noch könnte seiner Aeltern Willen haben, auch eine fromme arme Jungfrau ungenärret lassen, und nicht so in einen Schimpf setzen, dadurch den Weibesbildern die Ehre, die ihr einiger Schatz ist, in Gefahr kompt. Wollen sie sich hernach mit der Aeltern Gewalt schützen zur Ausflucht, so werden sie zuletzt auch der Aeltern Gewalt nicht rühmen noch vortragen, wenn sie Verlöbniß begehren. Darumb ist meine Bitte, wollet solche eures Sohnes, es sei Thorheit oder ein anders, euch nicht lassen gefallen, und denken, daß dennoch der guten Jungfrau durch euern Sohn und Schrift nicht gering Unrecht geschieht, weil solche Schmach mag bei der Welt zu ihrem Nachtheil gedeutet werden. So ists mirs auch schwer zu hören, wenn man meine Lehre will rühmen, daß hinter des Vaters Willen keines Kindes Gelübde

gilt; und doch die andere Lehre verachten, daß auch
kein Kind soll eines andern Mannes Kind betrügen,
und in der Ehren Gefahr setzen. Denn mit der
Weise wollte es zu grob werden, und der Mißbrauch
zu weit einreißen, daß ich wiederumb müßte des Papsts
Recht lassen gehen, und euren Sohn und seines Gleichen im Gefängniß ihrer Schrift und Wort stecken
lassen. Wollen sie meiner Lehre genießen und vom
Papstsgesetze frei sein, so müssen sie solches ohne Schaden und Gefahr der Andern thun, oder unter dem
Papste bleiben. Denn mein Evangelium erlaubt
Niemand solche Freiheit vom Papste noch vom Teufel, die einem Andern schädlich und gefährlich sein
will. Frei sollen sie sein, aber nicht wider die Ge-
bote Gottes und der Liebe Recht. Solches schreibe
ich darumb, daß ihr wollet darzu thun, und diese böse
Sache zum Ende oder gütlichen Abtrage fördern, damit solcher Unwille und Unlust nicht ärger werde.
Denn was ich des Dinges halben schreibe, thue ich
euch beiden Theilen zum Besten und zum Friede,
weil ich sonst (Gott Lob!) ohne das zu schaffen genug habe, und meinethalben solcher Schrift und Gedanken wohl könnte überhoben sein. Ich hoffe aber,
weil ich in eurer Schrift gemerket, daß ihr (von Gottes Gnaden) kein harter Mann, sondern gütiger Art
seid, werdet ihr wohl hiezu thun, und gedenken, daß
solche Unlust hingeleget und gütlich geschweiget werde.
Hiermit Gott befohlen, Amen. Montag nach Vale-
nani, 1535.

D. Martin Luther.

516.

An einen Ungenannten, v. 27. December 1535.

Wittenb. XII. 269.   Jen. VI. 277.   Altenb. VI. 135.
Leipz. XXI. 83.   Walch X. 236.   De W. IV. 659.

Gnad und Friede im Herrn. Gestrenger, Ehren-
fester, lieber Herr und Freund! Aus euer Schrift
an N. N. und mich gethan, hab ich vernommen, wie

euch fast beschweret, daß ihr, als im Regiment zu
R., sollet mit zum Opfer und allerlei päpstlichen Ce=
rimonien gehen, und euch aller Ding als ein rechter
Papist stellen in äußerlichen Geberden, und doch im
Herzen viel anders, ja dawider gesinnet sich fühlen;
sonderlich weil durch solch Exempel jenes Theil ge=
stärkt, und dieß geärgert oder geschwächt wird: darauf
ihr von mir Bericht und Trost begehret ꝛc.

Erstlich, weil euer Gewissen sich hierinnen be=
schwert findet, so könnet ihr keinen bessern Rath,
Meister noch Doctor finden, denn eben euer eigen
Gewissen. Warumb wolltet ihr so leben, da euch
ohne Unterlaß euer Gewissen sollt beißen und strafen
und kein Ruge lassen? Wäre doch das die rechte
(wie mans vorzeiten hieß) Vorburg der Hölle. Da=
rumb wo euer Gewissen hierin unrugig oder unge=
wiß ist, da suchet ihr, wie ihr könnet, daß ihr aus
solcher Unruge (welche strebt wider den Glauben,
der ein fest, sicher Gewissen machen soll,) je eher je
besser euch wirken müget, und daheimen, wie bisher,
in dem Euren bei dem Wort bleiben. Denn so ihr
solltet mit den Andern öffentlich in der Procession zum
Opfer in der Messe und dergleichen gehen, so euer
Gewissen dawider murret, nachdem ihr die Wahrheit
erkannt: so wäre solchs eben soviel, als die Wahrheit
verläugnen, wie St. Paulus sagt Röm. 14.: Wer
wider sein Gewissen thut, der ist verdampt; oder, wie
weiter seine Wort lauten: Was nicht aus dem Glau=
ben gehet, das ist Sünde. Solchs und deß mehr,
acht ich, werdet ihr aus der Schrift und andern Bü=
chern, welche das Gewissen recht unterrichten, wohl
gelernet und gnugsam verstanden haben.

Euer Herr R. ist des Teufels Diener in solchen
Sachen: darumb, ob ihm gleich Jedermann schuldig ist
in Zeitlichem zu gehorchen, so kann man doch in geistlichen
Sachen (die ewiges Leben belangen) ihm nicht ge=
horchen, als der nicht kann ewiges Leben geben, und
keinen Befehl hat, das, so geistlich ist und ewige Se=
ligkeit belanget, in seinem zeitlichen Regiment zu mei=
stern. Darumb soll er sich desselben allerding äußern,
und selbs Schüler und Unterthan sein Gottes Worts,

wie alle Creatur, engelisch und menschlich. Hiemit
dem lieben Gott befohlen, Amen. Montags nach dem
Christtag.

Mart. Luther, D.

517.

An den Kurfürsten Johann Friedrich, v. 11. Januar 1536.

Aus dem Original im Weim. Archiv bei De W. IV. 662.

Dem Durchleuchtigsten, Hochgebornen Fursten und Herrn, Herrn Johanns Friedrich,
Herzog zu Sachsen, des heil. Rom. Reichs
Erzmarschalk und Kurfürst, Landgrafen
in Thüringen und Markgrafen zu Meissen, meinem gnädigsten Herrn.

G. und Friede in Christo Jesu und mein arm
Pater Noster. Durchleuchtigster, Hochgeborner Furst,
gnädigster Herr! E. K. F. G. Schrift hab ich unterthäniglich verstanden. Erstlich Magister Philipps
halben, ob der sollt von E. K. F. G. anher zu fodern sein, mit der englischen Botschaft neben uns andern von des Konigs Sachen zu unterreden: darauf
ist mein unterthänigs Bedenken, daß Magister Philipps (wo er nicht fur sich selbs der Sachen sich
äußern will) auch dabei sein sollt, weil E. K. F. G.
vor dem Zug in Osterreich dem Doctor Antonis zugeschrieben, daß er uns Theologen sollt zusammen
fordern, sobald die andere Botschaft käme, es wäre
allhie oder (so der ander Legat die Pestilenz scheuen
wurde) gen Torgau. Und daß E. K. F. G. anzeigt,
daß sie zu Schmalkalden wohl vernommen haben M.
Philipps Meinung, so weiß ich doch nicht, wie das
zugangen, oder ob sie daran benüget. Stelle dasselbe wiederumb E. K. F. G. zu bedenken, denn ich
wollt nicht gern, daß sie den Glimpf und Geschrei
wider uns sollten davon bringen, als wären sie veracht, weil ohn das allhie sich das Gestirne so läppisch

gegen sie stellet, daß ich mich schier hoch muß verwundern; und ist doch des hohen Ruhmes und Preisens kein Maße, wie herrlich sie von E. K. F. G. bis daher gehalten sind rc.

Zwar meinethalben kann ich M. Philippus wohl gonnen, so er solcher Sachen verschonet wird. Weil ich in der Verdacht bin, ich werde dieß Bad muffen ausgießen, und sei derbei Niemand oder Jedermann: so wirds doch fast (acht ich) ein groß Theil an mir liegen. Aber Magister Philipps Glimpf wollt ich nicht gern hierin versehen haben.

Zum andern, daß mich E. K. F. G. so treulich vermahnen, gut Acht auf die Sache zu haben rc., danke ich E. K. F. G. aus ganzem Herzen. Aber weil sie auf E. K. F. G. Zuschreiben uber unser selbs vorigem Erbieten fußen, muß ich sehen und hören, was sie bringen; denn E. K. F. G. (in Vertrauen und geheim anzuzeigen) sollten wohl erfahren, daß ich mich nicht werde lassen stärken in solch Gewissen, daß die Konigin und junge Konigin sampt dem ganzen Konigreich juresti und juresten (?) offentlich geurtheilt werden sollten, wie sie rühmen, daß solchs zuvor der Papst und eilf Universitäten gethan. Ich will mich in ihr Juristerei nicht vertiefen, und kunnt ich auch nichts mehr denn wie eine Gans gag dazu sagen. Aber ich halt, mein voriger Sentenz soll auch bleiben, ohn daß ich sonst nicht will mich unfreundlich gegen sie in dem oder andern Stucken erzeigen, auf daß sie nicht dächten, wir Deutschen wären Stein und Holz rc. Solchs rede ich nicht uber Tische, wie sie denn auch inne halten bis auf den Stich rc. Sonst muffen alle Stallbuben diese Sache zuvor auf der Gaffen und allenthalben rechtfertigen. Solchs wollten E. K. F. G. zur unterthänigen Antwort gnädiglich vernehmen. Hiemit Gott befohlen, und dank auch E. K. F. G. unterthäniglich fur das geschenkt Wildpret rc. Dienstags nach Epiphaniä, 1536.

E. K. F. G.
unterthäniger
Martinus Luther, D.

518.

An Casp. Müller, v. 19. Januar 1536.

Aus dem Cod. Palat. 689. p. 20. b. bei De W. IV. 667.

Dem ehrbarn und vorsichtigen Caspar Müller, zu Mansfeld Kanzler, meinem gunstigen Herrn und lieben Gevattern.

Gnad und Friede. Mein lieber Herr Kanzler
und Gevatter! Ich wollt euch wohl viel schreiben
euer Begierd nach; so bin ich auch krank am Husten
und Schnupfen; aber die großest Krankheit hebt sich
an mit mir, daß mir die Sonne so lange geschienen
hat, welche Plage ihr wohl wisset, daß sie gemein
ist, und fast viel dran sterben. Denn die Leute werden zuletzt blind vor solchem langen Schein; etzliche
werden grau, schwarz und runzelicht davon. Wer
weiß auch, ob vielleicht auch euer Schenkel auf einen
Stein getreten hätte, der von der Sonnen Glanz
erhitzet, euch solche Wehtagen zugeschickt? Wiewohl
es der lieben Sonnen Schuld nicht ist, daß der Koth
von ihrem Schein hart, und das Wachs weich wird.
Die Art reget und eiget sich in einem jeglichen Dinge;
wie es geschickt sei, es findet sich zum letzten alles.

Den Kegel hätt ich wohl gern mügen haben
aus allerlei Ursachen zum Kostgänger, aber weil die
Porse wieder kompt von Jena, so ist der Tisch voll,
und kann die alten Kompan nicht also verstoßen; wo
aber eine Stätt los wurde, als nach Ostern geschehen mag, will ich meinen Willen euch gern darthun,
wo anders Herr Käthe alsdenn mir gnädig sein wird.

Von der englischen Botschaft (wie sein ihr Manns-
feldischen Herren so nigern) weiß ich nichts Sonderlichs zu schreiben. Denn die Königin ist todt; so
sagt man, das Fräulein, die Tochter, sei auch todt-
krank. Aber die Sache hat sie bei aller Welt verloren, ohne bei uns armen Bettlern, Theologen zu
Wittemberg. Die wollten sie gerne bei königlichen
Ehren erhalten, wo sie hätt sollen leben. Das ist
das Ende und der Beschluß gewesen.

Der Papst hat in dieser Sachen gehandelt als ein Papst, contrarias bullas gegeben, und also gespielet, daß ihm recht geschehen ist, daß er aus England gestoßen ist, etiam non Evangelii causa. Er hat den König wohl gewürfelt, daß ich des Königs Person fast entschuldigen muß, und doch die Sache nicht billigen kann.

Lieber, fluchet doch auch einmal das Pater noster wider das Papstthumb, daß es Sanct Velten kriege. Des Papsts Orator ist hie gewesen, wie ihr wisset; aber die Antwort, so ihm zu Schmalkalden gegeben, kann ich itzt in der Eil nicht schicken. Denn ich mußte husten, und kunnte sie für Husten nicht suchen; und wo der Husten mußte ablassen, wollt ich sie suchen. Doch meine ich, der Husten sollte aufhören, wo ihr für mich betet.

Weil euch die Theilung der Hutten geschehen, so wünsch ich euch Glück darzu. Aber aus der Massen böse Hoffnung habe ich; denn meine Theologia sagt mir, daß Menschen Fürnehmen und Gottes Segen sind wider einander. Ist es meinem lieben Vaterland bescheret, so sei es meinthalben ungewehret.

Aber daß weder ihr, noch Joraff (?) Luther, noch die Kaufleut schreiben, wie es ihnen hierinnen gehet, da seid ihr fast gute Gesellen, und mit eurem Schweigen macht ihr uns armen Kindern (die wir hie sind) Gedanken, daß ihr und sie allzumal Bettler worden seid. Noch soll uns gleichwohl Gott ernähren, Amen.

Saget meinem Bruder, daß mein Huste und sein Schweigen mir verboten haben zu antworten. Und grüßet mir seine schwarze Henne sampt den Küchlein. Ich muß husten und gen Torgau auf die Faßnacht denken; weiß nicht, was ich daselbst husten soll. Vielleicht werde ich mussen Hans von Jenen Gesellschaft leisten. Mein Herr Käthe läßt euch freundlich grüßen und bitten, ob mich die Sonne zu sehr bescheinen wollt, daß ihr nicht eher euch überscheinen lasset, denn mich, wo es in euer Gewalt stehet.

Euer Pathe Dominus Ioannes grüßet euch;

will schier (böse nicht) groß werden, das Gott walte! Hiemit Gott befohlen.

Lasset euch meine Weise gefallen (wie ihr sie wisset); denn ich bin doch sogar hart und grob, groß, grau, grün, überladen, übermengt, überfallen mit Sachen, daß ich muß zur Rettung des armen cadaveris zuweilen solch Lustfreudlein von einem Zaun brechen. Es ist ja auch ein Mensch nicht mehr, denn ein Mensch, ohne daß Gott kann aus einem machen, was er will; doch nicht ohn unser Salben. Grüßet alle gute Herrn und Freunde. 1536, Mittwochen nach S. Petri Cathedrali.

D. Martinus Luther.

519.

An den Kurfürsten Johann Friedrich, v. 25. Januar 1536.

Leipz. Suppl. S. 77. No. 137. Walch XVII. 368. De W. IV. 670.

Dem Durchleuchtigsten, Hochgebornen Fürsten und Herrn, Herrn Johanns Friedrich, Herzogen zu Sachsen und Kurfürsten, des heil. Röm. Reichs Erzmarschalk, Landgrafen in Thüringen und Markgrafen zu Meißen, meinem gnädigsten Herrn.

G. u. Friede in Christo unserm Herrn, und mein arm Pater noster. Durchleuchtigster, Hochgeborner Furst, gnädigster Herr! Es hat mir der Schosser zur Schweinitz von E. K. F. G. wegen ein Faß von sechs Eimer Weins geschickt: deß bedanke ich mich gegen E. K. F. G. ganz unterthäniglich, desgleichen auch für das wilde Schwein, wiewohl ich ungern E. K. F. G. beschwerlich bin; denn es ist sonst des Gebens, Schaffens und Tragens so viel, daß ich billig E. K. F. G. verschonen wollt und sollt.

Ich hatte Hoffnung, wir wollten der englischen Botschaften in 3 Tagen los worden sein, aber sie ge=

denken noch lange nicht hinweg. Ich hab wohl größre Sachen und viel in 4 Wochen ausgericht, und sie wohl zwölf Jahr in dieser einigen Sache zanken; und als sie sich dazu stellen, werden sie, ob Gott will, nimmermehr daraus noch drein kommen. Und ist auch solcher Unkost E. K. F. G. nicht leidlich, wiewohl sie selber sagen, es sei zu viel, und begehren nichts mehr, denn daß sie ihr eigen Geld verzehren mugen, und daß sie mochten darumb bekommen, was sie gern hätten; darin werden E. K. F. G. wohl wissen Rath zu treffen.

Auch fuge ich E. K. F. G. unterthäniglich zu wissen, daß die zu Straßburg und Augsburg heftig bei mir angehalten haben, daß ich ihnen sollte eine Malstatt und Zeit stimmen, darin wir zusammen kämen, und wäre wohl vonnöthen solche Unterrede. Ich hab aber solchs ihr Begehren zuvor wollen an E. K. F. G. gelangen lassen, und umb Rath ersuchen, wie ich denn ihnen zur Antwort geben habe; denn diese Concordia ist nicht endlich zu schließen, wir haben uns denn unter nander mundlich und grundlich unterredet, und ist nicht nutz noch noth (wie sie auch schreiben auf mein solch Anzeigen), daß unser ein großer Haufe zusammen komme, darunter etliche unrugige, störrige Kopfe sein mochten, und die Sachen verderben: bitte deß hiemit E. K. F. G. gnädiges Bedenken unterthäniglich, welcher Ort oder Stadt E. K. F. G. am leidlichsten sein wollt; denn sie schlahen keinen aus, ohn Koburg und dieselben Gegend, daß sie nicht durch frembde Herrschaft der Bischoffe ziehen mußten, sonst sollt ihn kein Ort noch in Hessen, noch in E. K. F. G. Lande zu fern sein ꝛc. Hiemit sei E. K. F. G. dem lieben Gott befohlen, Amen. Am St. Paulustage, 1536.

E. K. F. G.

unterthäniger

Martin Luther.

520.

An Lorenz Castner und seine Genossen zu Freiberg, v. 11. Februar 1536.

Wittenb. XII. 202. Jen. VI. 349. Altenb. VI. 907.
Leipz. XXI. 87. Walch XX. 2190. De W. IV. 673.

Gnade und Friede in Christo. Ehrsame, weise,
liebe Freunde! Auf euer Schrift muß ich dießmal
kurz antworten, dann ich überschütt mit Geschäften,
dazu auch schwach rc.

Und ist mein treulich Warnen, wolltet euch hüten
fur dem hohen Geist, der sich bei euch will eindringen, und habt das zum Wahrzeichen, daß er von
ihm selber kömmet, und sich selber aufwirft; so doch
Gott spricht im Propheten Jeremia Kap. 23, (21.):
Ich sandte sie nicht, und sie liefen; ich befahl ihnen
nichts, noch predigten und lehreten sie. Darumb
laßt euch Siegel und Briefe zeigen, wer ihn gesandt
habe; oder gebe Zeichen von Gott, daß er durch
Gott oder Menschen berufen sei. Wo nicht, so heißt
ihn schweigen, und meidet ihn. Denn was Gott
beruft oder sendet, das thut er durch ordentliche
Weise, entweder mit Zeichen oder durch Menschen=
zeugniß.

Zum andern, so merket den Teufel dabei, daß
er verbeut zur Predigt zu gehen, auch da Christus
rein gepredigt wird, so doch St. Paulus sich freuet,
daß sein Evangelium auch durch Haß und Neid im
Richthause zu Rom gepredigt ward, und läßt die
Christen in Götzenhäusern zu Gast gehen, und sind
doch damit der Götzen nicht theilhaftig, wie ihr
1. Kor. 8, 9. lesen mügt. Denn solch Theil haben
ist geistlich, und nicht leiblich. Sonst müßte ein
Christ auch nicht essen noch trinken mit den Gottlosen, noch mit denselben reden oder handeln.

2. Kön. 5, (18. 19.) läßt der Prophet Elisäus
dem Fürsten Naeman zu, daß er im Tempel Rimmon
seines Königs den rechten Gott anbete. Und Jeremia schreibet den Gefangenen zu Babel, daß sie unter

den Götzendienern sollen Gott anbeten, und nicht mit den andern Abgöttern anbeten. Und wie klug solcher Geist sei, zeiget er auch hiemit an, daß er den Spruch führet, Christus sei nicht hie oder dort. Ist Christus nicht hie und da (zu Leisnig), wie ist er denn zu Freiberg, nicht auch hie und da, alle Ort, da ihr hingehet oder bleibet? Warumb will er denn in seinem Hause das Sacrament geben, so sein Haus muß ja hie heißen?

Und wie eine hoffärtige Lügen ist das, so er das Wallfahrt heißt, wenn Jemand zu Leisnig das Sacrament empfähet oder Predigt höret, daß uns der Geist mit neuer Sprach muß deuten. Es wäre gut, daß die Oberkeit hiezu thät, und hieße den Geist schweigen. Denn er wollt euch zu Freiberg gern in ein Bad bringen. Sehet euch wohl für! Bei Leib laßt euch nicht bereden, daß ein iglicher Hauswirth müge das Sacrament in seinem Hause geben. Denn lehren mag ich daheimen, aber öffentlicher Prediger bin ich damit nicht, ich wäre denn öffentlich berufen. So spricht auch St. Paulus vom Sacrament 1. Kor. 11, (22.): wir sollen zusammen kommen, und nicht ein Iglicher ein eigen Abendmahl machen.

Darumb ists nichts geredt: Das Sacrament wird durchs Wort gemacht, darumb mag ichs im Hause machen. Denn es ist Gottes Ordnung und Befehl nicht; sondern er will, daß das Sacrament durch öffentlich Ampt gereicht werde. Denn das Sacrament ist eingesetzt zu öffentlicher Bekenntniß, wie Christus spricht: Solches thut zu meinem Gedächtniß, das ist, wie St. Paul. sagt: Verkündiget und bekennet den Tod Christi.

Aber wie kann ich abwesens und so kurz alles schreiben? Ich rathe, daß ihr euch hütet für diesem Geiste, denn er mir nu oftmals fürkommen, und allewege zu Schanden worden ist mit seinem Rühmen.

Gehet ihr hin mit der Kirchen, und laßt die Pfaffen machen, was sie machen. Wo sie das Evangelium predigen, das höret, fraget nichts nach ihrem Thun, wenn sie das Wort nur reden, wie Christus saget Matth. 23, (2. 3.): Auf Mosis Stuhl sitzen se. Was sie nu sagen, das höret und thut; aber nach ihrem Thun sollt ihr nicht thun.

Was darf der böse Geist sagen, wenn alle das nicht Gottes Wort ist, was die Papisten haben? Woher haben wir denn die Taufe und ganze Bibel? oder sollen wir denn eine neue Bibel machen durch diesen Geist? Die Jüden haben die Bibel, und wir alle habens von den Jüden kriegen. So höre ich wohl, wenn ich einen Jüden höret die Propheten lesen, so müßtens nicht die Propheten heißen. Warumb höret sie denn St. Paulus Apostelgesch. 13. in der Jüdenschule zu Antiochia? Aber ich kann itzt nicht mehr Zeit haben. Hiemit Gott befohlen, Amen. Freitag nach Dorothea, 1536.

Martinus Luther.

521.

An den Erzbischoff Albrecht zu Mainz, vielleicht im März 1536.

Wittenb. XII. 276. Jen. VI. 360. Altenb. VI. 918. Leipz. XXI. 82. Walch XIX. 2346. De W. IV. 676.

Gnad und Friede in Christo unserm Herrn, und mein arm Pater noster, so etwas helfen wollt oder künnte. Gnädigster Herr! Ich habs nu so oft und vielmal vernommen, wie sich E. K. F. G. fast bemühen, des armen Hans Schanzen seliger Blut zu verscharren und zu decken durch mancherlei Weise und Personen, auch durch etliche des Adels und Jurisperditos: wie sie zuvor das unschuldige Blut Magister Georgens auch auf die Weise wollten verscharren, und ich selbs auch dazumal meinen närrischen Dienst dazu thät, als der ich vom Cardinal zu Mainz gute Gedanken hatte, durch den lieben frommen Mann, Doctor Johann Rühel, in mich gebräuet, und solch Blut auf die Dumherrn zu Mainz vom Bischoff schob; denn so war es zu der Zeit gläublicher. Weil ich denn merke, daß sich E. K. F. G. darauf ver-

laffen, und meinen, ſie ſein nu ſicher (wiewohl Frau
Conſcientia wohl anders E. K. F. G. reden, das
hat keinen Zweifel) und E. K. F. G. wöllen alſo
mit Ehren ſich aus der beider Blut wirken, und die
Schande auf den Todten laſſen bleiben, wie ein weib=
licher Epicurus, der nicht gläubt, daß Abel in Gott
lebet, und ſein Blut ſchreiet ehe und mehr, denn
Cain der Brudermörder meinet: ſo will nu anfahen,
als der ich doch von Gott erweckt bin, ein gemeiner
Teufel, Mörder und Bluthunde zu ſein (wie mich Et=
liche nennen), Elias uber Achab und Iſabel. Und
ſchicke E. K. F. G. hiermit eingeſchloſſene neue Zei=
tung, daraus E. K. F. G. zu merken, daß Hans
Schanzen Blut in deutſchen Landen nicht ſo ſtille
ſchweigt, als in E. K. F. G. Kammer unter den
Ohrenbläſern. Und hoff, E. K. F. G. Gewiſſen
werde einen feinen Diſcant in ſolchen Tenor ſingen,
und ohn E. K. F. G. Willen Amen dazu ſagen.

Uber ſolche neue Zeitung, ſo mir oft zukommen,
weit hin und her gelaufen, weiß ich fur mich ſelbs,
daß E. K. F. G. Hans Schanzen, ſo ſein Sache
im kaiſerlichen Kammergerichte gehangen, und die
Freundſchaft ſich ehrbarlich und höher erboten, denn
ſie ſchuldig war, gleichwohl gehenkt, hinter Wiſſen
nicht allein der Freundſchaft, ſondern auch der gan=
zen Stadt Halle, welchs zu ſeiner Zeit ſoll ausge=
ſtrichen werden: darzu dem armen Mann keinen Ad=
vocat noch Verantwortung geſtattet, welchs doch einem
ſolchen großen Herrn löblich, auch billig geweſen wäre
zu thun. So ſagt man auch gewiß und furwahr,
weil E. K. F. G. nicht haben wiſſen die Schuld zu
bezahlen, ſo habe es Hans Schanz müſſen mit dem
Tod auf ſich nehmen; wiewohl die Schuldener dennoch
damit nicht bezahlet wöllen ſein, und will dem Cain
ſein Behelf nicht gelingen. Zu dem ſoll Hans Schanz
auf der Moritzburg, darin kein Biſchoff Recht noch
Macht hat zu Leib und Leben, ſo wenig als in der
ganzen Stadt Halle, gefänglich angenommen, und
alſo mit allem Frevel und Muthwillen von E. K.
F. G. erwürget und gehenkt ſein.

So habe ich auch geleſen in E. K. F. G. Briefe,

euer Hausfrau mit solchen Gnaden, und so säuber=
lich und christlich aus diesem Jammerthal geschieden
ist: daran euch Gott ja greiflich anzeigt, daß er nicht
aus Zorn, sondern aus eitel Güte mit euch handelt.
Es ist der höchste Schatz auf Erden, eine liebe Haus=
frau; aber ein seligs Ende ist ein Schatz uber Schatz,
und ein ewiger Trost.

Gott helfe uns allen gleicher Weise aus diesem
sündlichen Madensack zu fahren, als aus dem Elend
in unser rechte Heimath und Vaterland. Die Gnade
Christi sei mit euch ewiglich, Amen, Amen. Dienstag
nach Ostern, Anno 1536.
Euer williger
Martinus Luther.

525.

An den Vicekanzler Burkhard, v. 20. April 1536.

Leipz. Suppl. S. 75. No. 131. Walch XVII. 366. De
W. IV. 688.

Meins Bedunkens ist, lieber Herr Vicekanzler,
nachdem mein gnädigster Herr begehret, wie weit
man dem Könige in Engelland in Artikeln sollt nach=
lassen, daß hierin nicht näher kann nachgelassen wer=
den, denn wir schon gethan haben. Will mans mit
andern Worten reden oder stellen (damit wir andern
Leuten ihren Verstand nicht verachten), bin ich wohl
zufrieden; aber die andern Artikel und Häuptsache
will sich nicht lassen anders gläuben, noch lehren,
sonst hätten wir wohl zu Augsburg leichter mit Papst
und Kaiser können eins werden, und vielleicht auch
noch; und wäre schimpflich, daß wir sollten Kaiser
und Papst nicht wollen einräumen, das wir nun dem
Könige einräumeten. Wohl ists wahr, daß man soll
Geduld haben, obs in Engelland nicht so plötzlich
kann alles nach der Lehre ins Werk bracht werden
(wie bei uns auch nicht geschehen ist). Aber doch
müssen die Häuptartikel nicht geändert, noch verlassen

daß E. K. F. G. die Bürger zu Halle versagt, deß
sie kein Recht haben, und noch unausgeführte Sache
ist; und Summa, thun, was sie wöllen, Niemand
angesehen.

Darauf will ich E. K. F. G. anzeigen, was
ich, als den solch Blutgeschrei drückt, und meine thör-
liche Schrift von Magister Georgen, Blut reuet, thun
will; sonderlich weil die Dumherren zu Mainz fast
auf mich murren, als hab ich ihnen unrecht gethan.
Ich will Hans Schanzen letzte Worte, da er Zeter
uber Gewalt geschrien, und darauf gestorben, daß
er solchen Tod nicht verdienet, unangesehen, daß
E. K. F. G. ihm die Zähn haben lassen ausbrechen,
und ein erzwungen Bekenntniß (welchs E. K. F. G.
hätte billig gelassen) von ihm bracht, mitnehmen, und
E. K. F. G. ein Fastnacht bringen, so ich lebe und
gesund bin, die soll lustig und gut sein mit Gottes
Hülfe. E. K. F. G. lasse die Füße zum Tanze wohl
jucken, ich will der Pfeifer sein. Kann Junker Cain
sagen: Nescio, numquid custos sum fratris mei ego?
so kann Gott sprechen: Maledictus tu de terra.

Wohlan, ich werde Ursachen gnug anzeigen, warumb ich schreiben werde. Diese Schrift thue ich
allein darumb, nicht daß ich Antwort oder Gnade
begehre (hoff auch nicht, daß E. K. F. G. uber mir
ein Zahnbrecher oder Henker werden sollen), sondern
daß E. K. F. G. und Jurisperditi nicht haben hernach zu zürnen, ich hätte nichts zuvor vermahnet noch
angezeigt. Christus wirds fein schicken. Hiemit Gott
befohlen, wo E. K. F. G. für dem rothen Bluthüt-
tin sich wollte ihm befehlen lassen. 1536.

Doctor Martinus Luther.

522.

An den Kurfürsten Johann Friedrich, v. 28.
März 1536.

Aus dem Original, im Weim. Gef. Archiv, bei De W. IV. 663.

Dem Durchleuchtigsten, Hochgebornen Fürsten und Herrn, Herrn Johanns Friedrich, Herzogen zu Sachsen und Kurfürsten ꝛc., Landgrafen in Thüringen und Markgrafen zu Meissen, meinem gnädigsten Herrn.

Gnad und Friede in Christo unserm Herrn sampt meinem armen Gebet. Durchleuchtigster, Hochgeborner Fürst, gnädigster Herr! Wir haben E. K. F. G. Befehl von Magister Francisco Vicelaus unterthäniglich vernommen der Engelländer halben ꝛc.; und wird genannter M. Franciscus die Artikel alle verdeutscht überantworten, darin E. K. F. G. sehen werden, wiefern wirs mit ihnen allhie bracht haben. Weil sie aber nicht wissen, wie dieselben ihr Herr König wird annehmen, sonderlich die letzten vier, haben sie derhalben einen Hintergang genommen, solchs S. K. M. anzuzeigen. Wo nu S. K. M. dieselben würde annehmen, möchte das Bundniß seinen Fortgang haben; denn solche Artikel sich mit unser Lehre wohl reimen: darauf denn mit der Zeit, so sie es begehren, eine Botschaft hierin gefertigt mag werden, den König klärlicher zu berichten. Wo aber S. K. M. diese Artikel nicht wollt annehmen oder viel Grobelns oder Aenderung drinnen suchen: so können wir fürwahr umb ihrer willen unser Kirchen nicht aufs Neu verwirren und irre machen, die noch kaum zu Ruge und Stille bracht sind.

Des Koniges Sachen mit der Ehe kann E. K. F. G. aus dieser Religion=Sachen schließen, oder wo es für gut angesehen wird, so fern zu verantworten sich erbieten, als wir sie gebilligt haben.

Mit Herzog Georgen Sachen haben die Unsern fast unvorsichtiglich gehandelt, daß michs hoch bewogen hat. Aber E. K. F. G. haben ein gut Gewissen und sich ehrlich und christlich erboten, allen Unwillen zu fallen lassen: daran ist Gotte gnug geschehen, der wirds auch nicht vergessen zu seiner Zeit. Aber jener rachgieriger, unfriedlicher Mensch bleibt, wie er allezeit gewest ist, blutdurstig und mordgierig, bis daß ihm

einmal geschehe nach dem VIII. Psalm: Daß du hin=
richtest den Feind und Rachgierigen. Das Beste ist,
daß er fur solcher verstockter Bosheit nicht beten kann
mit allen, die ihm anhangen; denn er bedarfs auch
nicht, so stolz ist er. Wir aber konnen Gott Lob be=
ten, die wir Fried und Vergebung suchen und anbe=
ten: darumb wird uns Gott auch erhoren, so wir
unser Sunde demuthiglich bekennen und seine Ehre
suchen. Jesus Christus unser lieber Herr, stärke und
troste E. K. F. G. Herz wider des Teufels Dräuen
und Saursehen. Er hats wohl mehr Mal bose im
Sinn gehabt, Amen. Dienstags nach Lätare, 1536.

E. K. F. G.

unterthäniger

Martinus Luther, D.
und die Andern 2c.

Beilage.

Auch hat mich Doctor Caspar Creuziger gebeten,
an E. K. F. G. zu schreiben und bitten, daß E. K.
F. G. ihm gnädiglich wollten vergonnen zu seiner
Hochzeit das Schloß Eulenburg; denn er sonst nir=
gend wohl hin weiß, weil es zu Leipzig oder Wit=
temberg nicht geschehen kann. E. K. F. G. werden
sich wohl wissen gnädiglich zu halten. Denn solche
Sachen muß man helfen heben. Hiemit Gott befoh=
len, Amen.

523.

An Joh. v. Riedtesel, v. 16. April 1536.

Aus der Schöttgenschen Sammlung zu Dresden bei
Schütze I. 396. De W. IV. 685.

Dem Gestrengen und Ehrenfesten Johann
Riedtesel, Kurfürstlichen zu Sachsen Kam=
merer und zum neuen Markt, meinem
gönstigen Herrn und lieben Gevatter.

G. u. F. Gestrenger und Ehrenfester, lieber

Herr, freundlicher lieber Gevatter! Es haben mich die zween Sohn Michael von der Stroße, weiland Gleitsmann zu Borna, demüthiglich gebeten, nachdem sie ihres Vaters Leben ein Steuer zu Studiis von einer Präbenden bei M. G. H. erlanget und einer 3 Jahr gebraucht, damit ihr Studiren zum guten Anfang gebracht, und weil ihr Vater sie in großen Schulden gelassen, daß sie solch Studirn von dem Ihren nicht wohl führen mochten, und doch Schade wär, solchen guten Anfang fallen zu lassen. Ich wollte sie vorbitten, daß solche Steuer noch ein drei Jahr mocht erstreckt werden. Weil ich dann weiß und gnugsam erfahren hab, daß E. G. gereizt ist zu solcher guter Sach, daß die liebe Jugend löblich und christlich erzogen werde: so bitt ich freundlich, E. G. wollt bei M. G. H. das Beste thun, und den armen Kindern forderlich erscheinen, das ich mich zu E. G. tröstlich vorsehen will. Hiemit Gott befohlen, und grüßt mir eure Liebste: ihr wißt wohl welche, wenn sie es auch, so ist mirs desto lieber. Dat. Wittenberg 16. Aprilis, anno MDXXXVI.

Martinus Luther, D.

524.
An Hans Reineck, Hüttenmeister zu Mansfeld, v. 18. April 1536.

Wittenb. XII. 168. Jen. VI. 350. Altenb. VI. 908. Leipz. XXII. 532. Walch X. 2360. De W. IV. 686.

Gnade und Friede in Christo, unserm Herrn und Heiland. Ehrbar, Fürsichtiger, guter Freund! Ich hab vernommen, wie der liebe Gott Vater euch hat heimgesucht, und euer liebe Hausfrauen von euch zu sich genommen, welchs denn billig nach der Liebe recht wehe thun muß, und mir auch umb euch herzlich leid ist, als dem ich aus vielen Ursachen günstig und geneigt bin zu allem guten, freundlichen Willen.

Aber wie sollen wir thun? Gott hat dieß Leben also geordnet und gemäßiget, daß wir darinnen sollen lernen und üben die Erkenntniß seines göttlichen allerbesten Willens, damit wir uns auch prüfen und erfahren müssen, ob wir seinen Willen auch höher achten und lieben, denn uns selbs, und alles, was er uns zu lieben und zu haben auf Erden gegeben hat.

Und wiewohl die unmäßige Güte seines göttlichen Willens dem alten Adam zu hoch und tief verborgen ist, (wie Gott selbs,) daß er kein Lust noch Freude, sondern eitel Trauren und Klagen davon schöpft; so haben wir doch sein heiliges, gewisses Wort, das uns solchen verborgenen Willen anzeigt, und in das gläubige Herz fünkelt, da er allenthalben in der Schrift uns sagen läßt, es sei nicht Zorn, sondern eitel Gnade, wenn er die Kinder strafet, daß auch Jacobus saget: Wir sollens fur allerlei Freude achten, wenn wir in mancherlei Anfechtung fallen. Quia tribulatio patientiam operatur, patientia probationem.

Darumb, weil ihr nu Gottes Wort reichlich erkannt habt, hoff ich, ihr werdet euch wohl wissen zu üben, daß ihr an Gottes Gnade und väterlichem Willen mehr Freud habt, denn der Schmerz sein kann an eurem Schaden.

Es stehet ja noch wohl, wenn wir Gottes Gnaden gewiß sind, wenn uns gleich, wie Hiob, alles verlässet. Obwohl der alte Adam hie zu schwer ist, und nicht hernach will; so ist doch der angefangene Geist willig, und lobet Gottes Willen und Thun in unserm Leiden und Jammer. Wir müssen uns also mit dem alten Balge schleppen und martern, bis wir an jenem Tage gar geistlich Fleisch werden, und das fleischliche faule Fleisch ausgezogen haben.

Solchs habe ich mit euch in der Eile, als mit meiner besten Freunde einem, wöllen reden, und hoffe, unser lieber Herr Christus werde mit seinem Heiligen Geist euer Herz gegenwärtig selbs wohl besser trösten. Denn er hat angefangen, und euch zu seinem Wort berufen; er wird die Hand nicht abziehen, noch ablassen.

So ist das auch zumal ein hoher Trost, daß

euer Hausfrau mit solchen Gnaden, und so säuber=
lich und christlich aus diesem Jammerthal geschieden
ist: daran euch Gott ja greiflich anzeigt, daß er nicht
aus Zorn, sondern aus eitel Güte mit euch handelt.
Es ist der höchste Schatz auf Erden, eine liebe Haus=
frau; aber ein seligs Ende ist ein Schatz uber Schatz,
und ein ewiger Trost.

Gott helfe uns allen gleicher Weise aus diesem
sündlichen Madensack zu fahren, als aus dem Elend
in unser rechte Heimath und Vaterland. Die Gnade
Christi sei mit euch ewiglich, Amen, Amen. Dienstag
nach Ostern, Anno 1536.

Euer williger

Martinus Luther.

525.

An den Vicekanzler Burkhard, v. 20. April 1536.

Leipz. Suppl. S. 75. No. 131. Walch XVII. 366. De
W. IV. 688.

Meins Bedunkens ist, lieber Herr Vicekanzler,
nachdem mein gnädigster Herr begehret, wie weit
man dem Könige in Engelland in Artikeln sollt nach=
lassen, daß hierin nicht näher kann nachgelassen wer=
den, denn wir schon gethan haben. Will mans mit
andern Worten reden oder stellen (damit wir andern
Leuten ihren Verstand nicht verachten), bin ich wohl
zufrieden; aber die andern Artikel und Häuptsache
will ich nicht lassen anders gläuben, noch lehren,
sonst hätten wir wohl zu Augsburg leichter mit Papst
und Kaiser können eins werden, und vielleicht auch
noch; und wäre schimpflich, daß wir sollten Kaiser
und Papst nicht wollen einräumen, das wir nun dem
Könige einräumeten. Wohl ists wahr, daß man soll
Geduld haben, obs in Engelland nicht so plötzlich
kann alles nach der Lehre ins Werk bracht werden
(wie bei uns auch nicht geschehen ist). Aber doch
müssen die Häuptartikel nicht geändert, noch verlassen

sein. Die Ceremonien sind zeitliche Sachen, mögen mit der Zeit sich wohl schicken durch vernünftige Regenten, daß man darumb nicht viel darf dieß Mal streiten noch sorgen, bis daß der rechte Grund geleget werde. Ob aber das Verbündniß mit dem Könige anzunehmen sei, im Fall daß er nicht in allen Artikeln mit uns stimmen würde, laß ich die lieben Herrn nebst meinem gnädigsten Herrn bedenken, weil es ein weltlich Ding ist; doch dunkt michs fährlich sein, wo die Herzen nicht eines Sinnes sind, äußerlich sich vereinigen. Aber ich will mein Urtheil nichts lassen sein, Gott weiß wohl Frommer und Feinde und aller Menschen Gedanken zu brauchen zum besten, wenn er gnädig sein will. Actum Wittenberg, Dornstag nach Ostern, 1536.

Martin Luther.

526.

An Anton Rudolph, Weinmeister zu Weimar, v. 12. Mai 1536.

Eisl. II. 363. Altenb. VI. 1045. Leipz. XXII. 407. Walch X. 854. De W. IV. 690.

Gottes Gnad und Fried. Ehrbar, Fürsichtiger, guter Freund! Es hat sich allhie euer Sohn Niclaus an ein fromm Kind durch ehrliche Liebe gehänget, damit er möchte aus der fährlichen Brunst der Jugend kommen, und sich nach göttlicher Ordnung halten. Nun klagt er, daß ihr euch in diesem Fall sollet hart und steif gegen ihm erzeigen; so ihr doch billiger, als der Vater, solltet ihm zu solchen Ehren förderlich sein, sonderlich weil er als ein gehorsam Kind hierin euren väterlichen Willen so demüthiglich suchet und bittet, wie ihrs ohn Zweifel zu der Zeit von euerm Vater auch begehrt hättet. So stehet es nun, Gott Lob! in der Welt also, daß der ehliche Stand in Ehren gehalten, und wer sonst studiren will und fürter zu kommen gedenkt, darumb ungehindert ist.

Bitte derhalben für euern Sohn (wiewohl ich billiger sollt gebeten werden), ihr wollet euch väterlicher erzeigen, wie ihr schuldig seid, und nicht Ursach geben euerm Sohn, fährlicher Weise zu leben wider sein Gewissen. Gott wirds und kanns alles anders schaffen, denn wir sorgen und denken; wie er allezeit gethan, noch immer thut, und thun wird. Hiermit Gott befohlen, Amen. Freitags nach Jubilate, Anno 1536.

Martinus Luther, D.

527.

An den Kurfürsten Johann Friedrich, v. 21. Mai. 1536.

Leipz. Suppl. No. 136. S. 77. Walch XXI. S. 384. De W. IV. 691.

Dem Durchleuchtigsten, Hochgebornen Fursten und Herrn, Herrn Johanns Friedrich, Herzogen zu Sachsen, des heil. Rom. Reichs Erzmarschalk und Kurfurst 2c., Landgrafen in Thuringen und Markgrafen zu Meissen, meinem gnädigsten Herrn.

G. u. Friede. Durchleuchtigster, Hochgeborner Furst, gnädigster Herr! Der Rath zu Minden in Westphalen haben ihren Superattendenten, Briefs Zeigern, an E. K. F. G. mit Schriften gefertiget, daneben auch mich schriftlich gebeten, ihre anliegende Noth E. K. F. G. treulich befehlen und umb gnädigen Rath zu bitten. Die Pfaffen konnen nicht rugen, und stärken sich durch den jämmerlichen Fall zu Münster mit Trotz, auch an allen andern Ortern das Evangelion auszurotten. Gott wollt ihnen wehren, Amen. Was nu hierin E. K. F. G. zu rathen weiß oder kann, das werden sie gewißlich den guten Leuten zum Besten wohl wissen gnädiglich zu thun; wiewohl wider Gewalt wenig Rath ist, so Gott nicht

mit hoher Gewalt steuret. Hiemit Gott befohlen.
Sonntags Vocem Jucunditatis, 1536.

E. K. F. G.
unterthäniger
Martin Luther.

528.

An den Rath zu Straßburg, v. 29. Mai 1536.

Eisl. II. 367. Altenb. VI. 1054. Leipz. XXI. 106. Walch
XVII. 2566. De W. IV. 692. Lateinisch bei Buddeus p. 251.

Den Ehrbarn, Fursichtigen Herren, Bürgermeister und Rath der Stadt Straßburg,
meinen günstigen Herrn und Freunden.

Gnad und Fried in Christo. Ehrbare, Fursichtige, lieben Herrn! Was wir hier mit Gottes Gnaden angericht haben, werden Er Capito, Doctor,
und M. Bucer E. F. wohl anzeigen. Weil denn
Gott der Vater euch furnehmlich gegeben, solche Einigkeit zu fördern, bitt ich denselbigen unsern lieben Vater, durch Christum unsern Heiland, er wolle seine
angefangen Gnad in euch barmherziglich vollbringen,
zu seinem Lob und unser aller Seligkeit, Amen.
Und wenn solch unser angefangen Einigkeit den Euern
und allen Predigern gefällig sein wird, wolltet ihr
dasselbe schriftlich mit der Zeit zu erkennen geben;
wie wir wieder der Unseren Gefallen euch auch wollen zu wissen thun, damit wirs im Druck mögen
offentlich lassen ausgehen. Denn es soll (ob Gott
will) an mir nichts mangeln, so viel mir möglich ist,
was ich thun und leiden soll, zu einer rechten, gründlichen, beständigen Einigkeit. So hat uns die Erfahrung fast wohl gelehret, was Uneinigkeit der Kirchen fromme, leider! Christus unser Fried und Trost
sei mit euch allen bis ans Ende, Amen. Montags
nach Exaudi, Anno rc. 36.

Martinus Luther, D.

529.

An den Rath zu Augsburg, v. 29. Mai 1536.

Aus Cod. chart. 91. f. Bibl. Goth. f. 109. bei De W. IV. 693.

Den Ehrbarn, Fursichtigen Herrn, Bur=
germeister und Rath der Stadt Augsburg,
meinen gunstigen Herrn und Freunden.

Gnad und Fried in Christo. Ehrbarn, Fursich=
tigen, lieben Herrn und Freunde! Ich habe euer
Prediger beid neben anderen gehört, und so viel ich
vermocht, freundlich gehandelt, wie sie selbs euch alles
wohl anzeigen werden. Und dieweil es so fern, Gott
Lob! kommen ist, daß wir der Sachen eins worden
seind, so viel menschlich zu erkennen ist, so ist wie=
derumb mein demuthig freundlich Bitt, wollet förder
also helfen und darzu thun, daß solche Einigkeit möge
gestärkt und beständig bleiben, wie ich dann euer
Prädicanten beide aufs Höchst gebeten und treulichst
vermahnet habe, auf daß wir nicht allein einträchtig
lehren mit Worten, sondern auch mit Herzen Grund
(alle Argwohn ausgerottet) einander in Christo ver=
trauen kunnten, wie die rechte Liebe thun soll und
thut. Und wo solche unsere Vereinigung euch und
euren Predigern gefallen wird, so wir allhie angericht,
werdt ihr dasselb wohl wissen mit der Zeit uns kund
zu thun, wie wir hinwieder euch auch kund thun
wöllen, wie es unsers Theils Herren und Predigern
gefalle. Darauf man es durch den Druck öffentlich
aus laß gehn Gott zu Lob, dem Teufel und seinen
Gliedern zu Schanden, Amen. Der Vater alles
Trosts und Frieds stärke und leite all eure Herzen
mit uns in rechtem Erkenntniß seines lieben Sohns,
unsers Herrn Jesu Christi, in welchem aller Reich=
thumb der Weisheit und der Kenntniß verborgen ist,
Amen. Montag nach Exaudi, 1536.

E. E.

williger

M. L.

536.

An Markgraf Georg von Brandenburg, v. 28. Mai 1536.

Aus dem Ansbachischen Archiv in Reinhards Beitr. I. 143. bei De W. IV. 604.

Dem Durchleuchtigen, Hochgebornen Fursten und Herrn, Herrn Georgen, Markgrafen zu Brandenburg, Herzogen zu Stettin, Pommern 2c. Oppeln 2c. und Fursten zu Rugen 2c. 2c., meinem gnädigen Herrn.

Gnad und Friede in Christo. Durchleuchtiger, Hochgeborner Furst, gnädiger Herr! Ich hab nu zwo Schrift von E. F. G. empfangen, alle beede aufs Gnädigst geschrieben. Die erste, wie E. F. G. Herr Vater Markgraf Friedrich von dieser Welt von Gott erfordert 2c., und mir herzlich wohlgefallen, daß E. F. G. solch treu kindlich Ehre gegen ihren Herrn Vatern erzeigt, daß sie auch mit geringen Personen solchs hat so gnädiglich und dazu freundlich wollen zuschreiben, wiewohl auch zuvor E. F. G. den Ruhm haben (durchs Gottes Gnaden), daß sie hochgenannten E. F. G. Herrn Vater in allen Ehren bei seiner F. G. Leben gehalten.

Die andere, was hie die Studenten (deren E. F. G. viel hie unterhalten) studirn, weiß ich nicht anders, denn es gehe recht zu; denn des Gassengehens und Nachtsgeschreis ist ja, Gott Lob! nicht Sonderlichs, wie es vor Zeiten gar gräulich gewest. Aber zu mir soll sich E. F. G. versehen, wo ich einen erfuhre, der sich also zieret, ich wollt ihn gewißlich E. F. G. gar kurz und bald malen, und heim heißen gehen, wie ich etlichen gethan. Aber was heimlich geschicht, kann ich nicht richten, und ist wohl muglich, daß ich nicht alles erfahre; es ist ja alles offentlich bestellet mit allem Fleiß.

Was hie gehandelt wird durch uns, so zusam=

nen kommen sind in Sachen des Sacraments hal=
ben rc., werden E. F. G. nach endlicher Handlung
alles schriftlich erfahren, wie alle ander Fursten,
Herrn und Prediger, so dieser Sachen verwandt;
denn ohn derselbigen Wissen und Zufällen werden
und wollen wir, konnen auch nichts Endlichs schlie=
ßen, weil mehr dran gelegen ist, denn etliche viel=
leicht denken. Aber so weit haben sie sich schon be=
geben, daß sie wollen unser Confessio und Apologia
treulich halten und lehren. Doch haben wir dar=
uber mit ihnen gehandelt und noch in etlichen Arti=
keln, damit ja alle Gefähr und List hintangesezt
würde und eine rechte Concordia wurde: das wollen
wir alles E. F. G. zuschicken. Denn weil E. F. G.
einer mit ist in der Confession, werden sie gewißlich
(wie ander alle) auch dabei sein oder drumb wissen
müssen, wie solch Concordia beschlossen und gemacht
werde.

E. F. G. wollen das Beste dazu helfen bei den
Predigern, damit die alten Sachen nicht zu scharf
gerechent, und die Blöden nicht abgeschreckt werden.
Ich acht, es sei ihr rechter Ernst; wo nicht, sind sie
leichtlich mit der angenommen Apologia zu strafen.
Und liegt nichts dran, ob sie der Papisten Proces=
sion und Ciboria verdammen, davon wir bisher auch
nichts gehalten. Hiemit Gott befohlen; in Kurz will
ich weiter schreiben. Montags nach Exandi, 1536.

E. F. G.

williger
Martin Luther, D.

531.

An Herzog Heinrich zu Sachsen, v. 4. Ju=
nius 1536.

Aus einer gleichzeitigen Abschrift im Weimarschen Archiv, bei
De W. V. 1.

Gnade und Friede in Christo. Durchleuchtiger, Hochgeborner Fürst, gnädiger Herr! Es hat sich ein Burger zu Freiberg, genannt Matthes Lotther, vergriffen mit Worten wider unsere Lehre und auch des Papsts u. s. w. Darauf ich die Burger, so mir solchs schriftlich angezeigt, hart vermahnet, daß sie sollten zusehen und helfen, daß es ihn verboten würde. Darauf (hare ich) habe E. F. G. einen großen Ernst gegen ihme furgenommen, also daß er sich seines Lebens besorget, hat müssen fliehen, welchs ich nicht ungerne von E. F. G. vernommen. Nu kömpt er zu mir, und bittet, durch viel guter Leute Furbitte, ich solle ihn gegen E. F. G. verschreiben und werben: daß E. F. G. ihme doch die Strafe so mäßigen wollten, daß er mochte das Seine verkäufen, mit Weib und Kind sich lebendig aus dem Lande machen. Nu dunket mich, es sollte wohl besser sein, wenn E. F. G. ihn eine Zeit lang mit dem Kerker ließe strafen, und bei Weibe und Kinde bleiben, mit Pflicht verbinden, wo er des Dinges mehr würde furnehmen, stracks den Kopf sollte verwahrlost haben. Dann solche Knaben, wenn sie zu ihres Gleichen kommen, helfen sie das Schwer größer machen, und ihn nicht baß geschehen kann, dann daß sie im Lande behalten und bepflichtet werden, wie mein gnädigster Herr der Kurfürst Karlstadten zu thun befahl und etlichen mehr. Doch E. F. G. werden das alles wohl wissen zu bedenken, denn ich selbst schier nicht weiß, wie man diese Leute halten soll. Bleiben sie, so lassen sie ihr Schmeißen nicht; verjagt man sie, so machen sie es zehen Mal ärger. Wann es aber dieses Matthes Ernst wäre, daß er sich so demüthiglich zur Buße ergibt, wäre es besser im Lande mit Pflicht behalten, dann daß er verzweifelt außer dem Lande größer Unglück aurichtet. Hiemit Gott befohlen, Amen. Mittwoch in Pfingsten, 1536.

E. F. G.

williger

Martinus Luther.

532.

An Herzog Heinrich zu Sachsen, v. 4. Julius 1536.

Aus einer gleichzeitigen Abschrift im Weim. Archiv bei De.
W. V. 6.

Gnad und Friede in Christo. Durchleuchtiger,
Hochgeborner Furst, gnädiger Herr! Ich hab vormals an E. F. G. geschrieben vor den Matthes
Luther, Burgern zu Freiberg. Nu klagt er mir,
daß solch mein Schreiben sei ihme mehr schädlich dann
förderlich gewest umb etlicher Wort willen, die man
weit deuten könnte, und er sich doch erbeutet zu Verhör und Recht: wo er überweiset werde, daß er etwas wider die Taufe oder Sacrament geredt oder
gethan, oder Jemand an sich gezogen, so wölle er
darüber leiden, was er soll. Ist dennoch an E. F.
G. mein arme Bitte, daß E. F. G. wollten diese
Sachen erkunden lassen, und wo er unschuldig befunden, wieder gnädiglich einkommen lassen, damitte
nicht ein Geschrei werde, als wollte man Riemand
hören noch sehen; sonderlich weil etlicher viel seind,
die ihm unschuldig achten, deren zum Theil auch in
E. F. G. Landen sitzen. E. F. G. werden sich wohl
gnädiglich hierin wissen zu halten. Hiemitte Gott
befohlen, Amen. Zu Wittemberg Dienstags nach
Visitationis Mariä, 1536.

E. F. G.

williger

Martinus Luther, D.

533.

An Leonhard Beier, gemeinschaftlich mit den
andern Theologen, v. 24. Julius 1536.

Walch XXI. 1449. Schütze II. 375. De W. V. 8.

Nachdem unser Evangelium und Lehre aufs
Höheste dahin dringet, daß man die zwei Regiment,

weltlich und geistlich, wohl unterscheide, und ja
nicht unter einander menge, wo nicht die hohe Noth
oder Mangel der Personen solches erzwinget, das
ist, wo Personen da sein, die das Rathhaus und
Stadtregiment, und wiederumb wo Personen da sein,
die das Pfarrampt und Kirchen versorgen: soll keines
dem andern in sein Ampt greifen oder fallen, sondern
einem Jeglichen das Seine auf Gewissen lassen befohlen
sein, wie S. Petrus lehret, wir sollen nicht alieno-
rum curatores vel inspectores sein; wie denn im
Anfang solche zwei Aempter von Christo gesondert
sein, auch die Erfahrung allzuviel zeuget, daß kein
Friede sein kann, wo der Rath oder Stadt in der
Kirche regieren will, und uns des Papstthums Exem=
pel wohl lehret: demnach bitten und vermahnen wir
euch, Er Pfarrherr und Magister Leonhard, guter
Freund, daß ihr bei euch zu Zwickau fest darüber
haltet, wie es denn die Visitation=Artikel und her=
nach der kurfürstliche Receß beschlossen. Denn der
Teufel feiret nicht, so ist Fleisch und Blut nicht gut,
und die Leute in dieser fährlichen Zeit sein wunder=
lich und fürwitzig, deren viele nicht was Fried und
Einigkeit, sondern was Lust und Gedanken fordert,
suchen. Demnach weil da kein Fried noch Einigkeit
bleiben kann, wo der Caplan, Schulmeister, Kirchen=
diener wissen, daß sie ohne Wissen und Willen des
Pfarrherrs mögen im Kirchenampte sein, und damit
auf den Rath trotzen und pochen können; sintemal
man allenthalben Ruckenhalter wider die Pfarrherrn
findet: so sollet ihr das Exempel nicht einräumen
und gestatten, daß sie, ohne euer Wissen (wo sie es
fürnehmen wollen) noch Willen, einigen Caplan,
Schulmeister oder Kirchendiener annehmen oder dul=
den; wie wir denn allhie zu Wittenberg, nach laut
der Visitation, auch den Pfarrherr nicht lassen, ohne
Wissen und Rath des weltlichen Regiments, annehs
men und enturlauben, welches auch so viel wir
wissen, alle andere Städte thun, ohne, wo die Vi=
sitatores (da man sonst keinen bekommen kann) dar=
umb ersuchet werden. Weltlich Regiment hat für
sich zu thun genug, darf sich nicht nöthigen mit un=

nöthigem Regiment zu beladen. Es hat auch ein herrliches Ansehen, und darf sich weder Zwickau noch ein anderer Rath dem Exempel zu Wittenberg und anderer Städte zu folgen nicht schämen, weil es der Visitationordnung gemäß, von welchen gemeinen Ordnungen zu weichen machet nicht gute Gedanken, sondern endlich Trennung und Verwüstung der Kirchen. Wir sollten Gott danken, daß unsere Kirchen ein wenig in gleiche Ordnung gebracht und gefasset sein; und Gott wird denen kein Glück geben, die solche Ordnung und Einigkeit zertrennen, und umb ihres eignen Ehrgeizes und Dünkels willen ohn alle Noth. Gott helfe und stärke uns alle im rechten Glauben und ungefärbter Liebe, Amen. Montags nach S. Magdalenä, Anno Domini 1536.

Martinus Lutherus, D.
Johannes Bugenhagen, D.
Georgius Spalatinus.

* * *

534.

An Frau Jörgerin, v. 31. Julius 1536.

Bei Raupach Evang. Oesterreich 1. Fortf. S. 81. Moser der Glaubensbekenntniß S. 93.; in der Quartal-Schrift für ältere Litt. u. neuere Lectüre herausgegeben von Canzler u. Meißner III. 2. S. 32. aus der in der Dresdner Bibliothek befindlichen Urschrift. De W. V. 9.

* * *

Der Ehrentreichen, Edlen Frauen, Dorothea Jörgerin, Wittwe zu Keppach, meiner gonstigen Frauen und guten Freundin.

Gnad und Friede in Christo. Ehrentreiche, liebe Frau! Es hat Er Andres Hechel mit mir geredt, wie ihr Willens ein Testament aufzurichten, euren Tochtern zu gute; aber die Söhne wollen das nicht gestatten, weil sich die Tochter zuvor haben versehen beide väterliches und mütterlichs Theils 2c., und borauf guten Rath begehrt. So acht ich, wo ihrs bei den Sohnen erheben kunntet mit Güte, daß sie drein verwilligten, so hätte es seinen Fürgang; wo aber das nicht sein kann, und die Tochter zuvor solches übergeben haben, so kanns eur Gewissen nicht beschweren, wo ihr das nicht mügt wiederbringen, was sie vergeben haben. Darumb wollet euch hierin nicht bekommren

Daneben hat mich Er Andres gebeten, an euch zu schreiben und zu bitten, daß ihr die Wohlthat an ihm begangen vollend bis zu Ostern vollführen wollet, und solche kleine Zeit noch erhalten im Studio. Hierin werdet ihr euch wohl wissen gütig und christlich zu halten. Hiemit Gott befohlen sampt allen den Euern. Mein Hausehre Frau Käthe läßt euch freundlich grüßen. Zu Wittenberg Montags nach S. Jacobi, 1536.

Martinus Luther, D.

535.

An den Kurfürsten Johann Friedrich, v. 16. August 1536.

Leipz. Suppl. No. 138. S. 78.; Walch XXI. 485. De W. V. 16.

Dem Durchlauchtigsten, Hochgebornen Fürsten und Herrn, Herrn Johanns Friedrich, Herzog zu Sachsen, des H. R. Reichs Erzmarschalk und Kurfürsten, Landgrafen in Thüringen und Markgrafen zu Meissen, meinem gnädigsten Herrn.

Gnade und Friede in Christo. Durchlauchtigster, Hochgeborner Fürst, gnädigster Herr! Es ist hie der Pfarrherr von Hildburghausen M. Johannes Beibringer rc. neulich von der Pfarre entsetzt mit großer Schmach und Unehre, wie E. K. F. G. aus seinem Bericht verstehen mögen, und schreiben mir der Superintendent und etliche mehr, daß alles aus Neid und Haß zugerichtet und gestift sei, wie mich denn selbst schier dafür ansiehet, und die von Hildburghausen auch in dem Geschrei sind, daß sie nicht lange einen Pfarrherrn haben noch leiden mögen zc. So ist meine unterthänigliche Bitte, E. K. F. G. wollten einen fleißigen Bericht und Zeugniß fordern lassen von dem ganzen Rath und Bürgern, was sie doch von ihrem Pfarrherrn halten oder wissen, oder wo mans fodern soll oder kann; und was sich vor Recht findet, das läßt E. K. F. G. getrost gehen. Denn wahr ists, daß wir Prediger etwa auch nicht fromm sind; aber weil uns dagegen Jedermann feind ist, so lehret St. Paulus (vielleicht auch gewitziget), daß man wider die Prediger nicht Jedermanns Klage solle zulassen. Es ist ja bisher ein ehrlich, fromm Mann gewest, das wissen wir hier alle; sollte er nun so plötzlich anders worden sein? Das hoffe ich nicht. So ist auch je keine Beweisung da, ohn allein etliche Zeichen der Verdacht, die weitläuftig, und wohl mir selbst begegnen könnten. Es wollte denn noch etwas Mehrers dahinten sein. E. K. F. G. wollten bedenken, daß ohne das wenig Personen vorhanden zu Kirchendienst; sollten nun dieselbigen auch mit Unrecht und Schmach verstoßen werden, würde es viel abschrecken. Haben sie aber Unrecht, so sollen sie es viel mehr leiden, denn alle andere. E. K. F. G. werden sich wohl wissen gnädiglich hierin zu halten. Hiemit Gott befohlen, Amen. Mittwoch nach Assumtionis Mariae, 1536.

E. K. F. G.

unterthäniger

Martinus Luther, D.

536.

An den Rath zu Leisnig, v. 31. August 1536.

Leipz. Suppl. S. 78. No. 139.; bei Walch XXI. 386.
De W. V. 21.

faſt fromm, geſchickt, und langſam zum Studio kom=
men iſt, und noch wohl zum wenigſten ein Jahr
Hülf bedürft: ſo bitte ich nu auch, ſo ihr habt M.
Philippo zu Ehren die drei noch ein Jahr wollen
ſtipendiren, wollet mir dieſe Bitte auch gonſtiglich
gewähren, und dem Gerard noch ein Jahr das Sti=
pendium laſſen, und ſollt es gleich des Pfrüners
Stipendium ſein, der nun ein Juriſt worden iſt. Es
bitten ſo viel guter Leute für den Gerard, daß ichs
nicht habe konnen abſchlahen. Hoffe, ihr werdet euch
auch wohl wiſſen gonſtiglich zu erzeigen. Hiemit Gott
befohlen, Amen. Am Tage Dionyſti, 1536.

Martin Luther, D.

540.

An Kaſpar Huberinus, v. 23. October 1536.

Aus Cod. ohart. 91. f. Bibl. Goth. f. 112. bei De W. V. 28.

Dem würdigen Herrn in Chriſto Kaſpar
Hubern, dem getreuen Diener des Worts
der Kirchen zu Augsburg, meinem gelieb=
ten Bruder im Herrn.

Gnad und Fried in Chriſto. Ich ſchreib, und
bin doch ſehr mit Geſchäften beladen, mein geliebter
Kaſpar in dem Herrn: dazu ſo bin ich auch alt und
ſchier abgeſtorben und allweg kaum den halben Tag
tauglich. Derhalben ſo etlich begehren zu wiſſen meine
Gedanken und Meinung, mügt ihr ſolches ihnen mit=
theilen. Ich ſtehe zwar wohl, wie hart die Concor=
dien von Statten geht; dieweil aber ſie getreulich
handlen, ſo iſt noch gute Hoffnung, Gott, der ſein
Werk hat angefangen, werde es auch vollenden.
Dann er weiß ſeiner Kirchen verordneten Lauf, näm=
lich daß derſelbigen Wage und auch die Pferde im
Schlamm großer Waſſer gehen und doch behält der
Wag den Sieg, wie denn Habakuk der Prophet an=
zeigt. Derhalben laßt uns hoffen und bitten, daß
Gott der Herr der Schlangen Kopf unter unſere

Füße zertrete, Amen. Weiter der Donaherren halben ist meine Meinung schlechts nit, daß man weder ihrer noch ihres Gräuels verschone, sondern sintemal ein Oberkeit solche mit der That und Gewalt nit angreift, so sollen doch die Prediger in keines Wegs dieweil still schweigen, sondern sollen mit freudigem Geist und gewaltiger Predigt ihren Gottesdienst und Wesen strafen, und dasselbige den Herzen der Gläubigen gehässig und abscheulig machen. Dann Gotts Wort soll nit gebunden sein, sondern der Geist soll die Welt strafen von wegen der Sünde. Daß man sich aber besorgen möchte, mit der Weise so würden die Dumstifte dem Kaiser vorbehalten werden, kann man solchem mittler Zeit leichtlich Rath finden. Denn dieß darf man sich nit besorgen, daß die Fürsten solche geistliche Güter alle den Kaiser werden lassen an sich ziehen. Sie werden auch in der Ausburt sagen wöllen, und nit unbillig, wenn es je dazu kommen sollt. Dazu so werden auch die Städte einen Zuspruch finden werden. Doch lasse man solche abgöttische Häuser dieweil umb mehrer Friedes willen sich ihrer tollen Weis gebrauchen. Indeß aber wende man Fleiß für mit Gottes Wort, daß man zugleich die Herzen der Frommen und auch Bösen von ihrem Gräuel abwendig mache. Dieß mein kurz Bedenken. Wo es euch für gut ansiehet, mögt ihrs curen und der Straßburger Prädicanten mittheilen. Denn ich kann nit vielen zugleich, viel weniger allen insonderheit schreiben. Grüßet mir den frommen Magister Forster mit allen den Seinen und alle die Euren. Damit seid dem Herrn befohlen. Datum Wittenberg am 23. Oct., 1536.

M. Luther.

541.

An den Kurfürsten Johann Friedrich, v.
1. November 1536.

Leipz. Suppl. No. 142. S. 79.; Walch XXI. 390. De W. V. 29.

denn fleischliche Freiheit suchen, darnach die Juristen,
so allwege unsern Sententien das Gegentheil sprechen, so müde gemacht, daß ich die Ehesachen von
mir geworfen, und etlichen geschrieben, daß sie es
machen in aller Teufel Namen, wie sie wollen. Lasset
die Todten ihre Todten begraben. Denn wenn ich
schon viel rathe, so kann ich darnach nicht helfen den
Leuten, wenn sie darüber beraubet und geplagt werden. Die Welt will den Papst haben; so habe sie
ihn guth, wenn es nicht anders sein kann. Wiewohl
nu es wahr ist, daß Gott solchen Fall der Ehe nicht
verboten; weil aber der Pöbel solch Exempel miß-
brauchet, wollt ichs nicht gern gemein lassen werden.
Zudeme ich auch die Fuhr oder Fährlichkeit nicht auf
mich laden kann, ob hernach eine größer Unlust der
Erbtheilung entstehen würde; sintemal ich noch bis
daher nicht einen Juristen habe, der wider den Papst
in solchen oder dergleichen Fällen mit mir und bei
mir halten wolle, also daß sie auch meine Ehre und
Bettelstücke nicht gedenken meinen Kindern zuzuspre-
chen, noch keines Priesters. Das ist auch euer und
anderer Herren Schutz, die sie stärken, und uns
Theologen drucken. Aber das sage ich noch: kann
man es bei dem Papst mit Gelde erlangen, daß es
recht heißen möge, so wollt ich lieber, daß man den
Antichrist ließe den R. Donner haben, und ließ es
anstehen, und ein Jeglicher wagts auf sein Gewissen
mit Gott, ohne wo es die rohen Leute mißbrauchen.
Darumb stehets darauf, was ihr Herrn hierin zulassen wollet, die ihrs darnach (wo der Muthwill zu
groß wird) ändern könnet. Wir Theologen können
nichts, und gelten auch nichts; deß bin ich froh und
wohl zufrieden, und sage: Sinite mortuos sepelire
mortuos. Hiemit Gott befohlen, Amen. Donnerstags
nach Michaelis, An. 1536.

E. G.

williger

Martinus Luther, D.

539.

An den Rath zu Salfeld, v. 9. October 1536.

Leipz. Suppl. No. 143. S. 80. Walch XXI. 388. De W. V. 26.

Den Ehrbarn, Fürsichtigen Burgermeister und Rath zu Salfeld, meinen gonstigen, guten Herrn und Freund.

Gnad und Friede in Christo. Ehrbarn, Für= sichtigen, gonstigen Herrn und Freunde! Abwesens M. Phlippi hab ich eur Schrift müssen brechen und lesen, und nu will ich euch nicht bergen, daß unlangst zuvor mich des Pfrüners Freund, Schosser zu Torgau, gebeten schriftlich, daß ich ihm wollte gegen euch ver= bitten, das Stipendium noch ein Jahr zu lassen; doch mit dem Anhang, wo er bei der Theologie wollt bleiben, darauf sollte ich ihn für mich nehmen und tragen, welches also geschehen. Da er mir nu ant= wortet, er wollte bei der Juristerei bleiben: ist meine Fürbitt an euch verblieben, wie ich denn seinem Freunde, dem Schosser, geantwortet. Dann ich nicht will, und stehet mir auch nicht an, daß ich, als ein Theologus, sollt helfen der Theologen Stipendia auf die Juristen wenden; wo sie es aber ohn mein Für= bitt erlangen können, laß ich gehen. So hab ich den Pfrüner von mir geweist. Weil er aber dennoch (als ich höre) geschickt in der Juristerei, dazu ihm auch M. Philipps soll gerathen haben: so könntet ihr der Rath auf ein Jahr wohl so viel Kost an ihn wagen, als der nicht allein eur Stadt=Kind ist, sondern euch wohl zu brauchen sein wird, sonderlich weil die Zeiten so schwinde werden, daß man geschickter Leute bedürfen wird. Deßhalben ich auch solchs für ihn will gebeten haben ganz freundlich.

Aber weil ich aus eur Schrift merke, daß ihr den dreien das Stipendium auf M. Philipps Bitten noch ein Jahr folgen lassen wollet; aber anstatt des Gerards einen andern Knaben verordent habet, wel= ches ich nicht kann unbilligen; doch weil derselb Gerard

faſt fromm, geſchickt, und langſam zum Studio kom=
men iſt, und noch wohl zum wenigſten ein Jahr
Hülf bedürft: ſo bitte ich nu auch, ſo ihr habt M.
Philippo zu Ehren die drei noch ein Jahr wollen
ſtipendiren, wollet mir dieſe Bitte auch gonſtiglich
gewähren, und dem Gerard noch ein Jahr das Sti=
pendium laſſen, und ſollt es gleich des Pfrüners
Stipendium ſein, der nun ein Juriſt worden iſt. Es
bitten ſo viel guter Leute für den Gerard, daß ichs
nicht habe konnen abſchlahen. Hoffe, ihr werdet euch
auch wohl wiſſen gonſtiglich zu erzeigen. Hiemit Gott
befohlen, Amen. Am Tage Dionyſii, 1536.

Martin Luther, D.

540.

An Kaſpar Huberinus, p. 23. October 1536.

Aus Cod. chart. 91. f. Bibl. Goth. f. 112. Bei De W. V. 28.

Dem würdigen Herrn in Chriſto Kaſpar
  Hubern, dem getreuen Diener des Worts
  der Kirchen zu Augsburg, meinem gelieb=
  ten Bruder im Herrn.

Gnad und Fried in Chriſto. Ich ſchreib, und
bin doch ſehr mit Geſchäften beladen, mein geliebter
Kaſpar in dem Herrn: dazu ſo bin ich auch alt und
ſchier abgeſtorben und allweg kaum den halben Tag
tauglich. Deshalben ſo etlich begehren zu wiſſen meine
Gedanken und Meinung, mügt ihr ſolches ihnen mit=
theilen. Ich ſtehe zwar wohl, wie hart die Concor=
dien von Statten geht; dieweil aber ſie getreulich
handlen, ſo iſt noch gute Hoffnung, Gott, der ſein
Werk hat angefangen, werde es auch vollenden.
Dann er weiß ſeiner Kirchen verordneten Lauf, näm=
lich daß derſelbigen Wage und auch die Pferde im
Schlamm großer Waſſer gehen und doch behält der
Wag den Sieg, wie denn Habakuk der Prophet an=
zeigt. Derhalben laßt uns hoffen und bitten, daß
Gott der Herr der Schlangen Kopf unter unſere

Füße zertrete, Amen. Weiter der Domherrn halben ist meine Meinung schlechts nit, daß man weder ihrer noch ihres Gräuels verschone, sondern sintemal ein Oberkeit solche mit der That und Gewalt nit angreift, so sollen doch die Prediger in keines Wegs dieweil still schweigen, sondern sollen mit freudigem Geist und gewaltiger Predigt ihren Gottesdienst und Wesen strafen, und dasselbige den Herzen der Gläubigen gehässig und abscheuig machen. Dann Gotts Wort soll nit gebunden sein, sondern der Geist soll die Welt strafen von wegen der Sünde. Daß man sich aber besorgen möchte, mit der Weise so würden die Domstifte dem Kaiser vorbehalten werden, kann man solchem mittler Zeit leichtlich Rath finden. Denn dieß darf man sich nit besorgen, daß die Fürsten solche geistliche Güter alle den Kaiser werden lassen an sich ziehen. Sie werden auch in der Ausburt sagen wöllen, und nit unbillig, wenn es je dazu kommen sollt. Dazu so werden auch die Städte einen Zuspruch finden werden. Doch lasse man solche abgöttische Häuser dieweil umb mehrer Friedes willen sich ihrer töllen Weis gebrauchen. Indeß aber wende man Fleiß für mit Gottes Wort, daß man zugleich die Herzen der Frommen und auch Bösen von ihrem Gräuel abwendig mache. Dieß mein kurz Bedenken. Wo es euch für gut anstehet, mögt ihrs curen und der Straßburger Prädicanten mittheilen. Denn ich kann nit vielen zugleich, viel weniger allen insonderheit schreiben. Grüßet mir den frommen Magister Forster mit allen den Seinen und alle die Euren. Damit seid dem Herrn befohlen. Datum Wittenberg am 23. Oct., 1536.

M. Luther.

541.

An den Kurfürsten Johann Friedrich, v. 1. November 1536.

Leipz. Suppl. No. 142. S. 79.; Walch XXI. 390. De W. V. 29.

Dem Durchleuchtigsten, Hochgebornen Fürsten und Herrn, Herrn Johanns Friedrich, Herzogen zu Sachsen, des heil. Rom. Reichs Erzmarschalk und Kurfürst, Landgrafen in Thüringen und Markgrafen zu Meissen, meinem gnädigsten Herrn.

G. u. Friede in Christo. Durchleuchtigster, Hochgeborner Fürst, gnädigster Herr! Ich komme wieder zu Hofe mit der Sachen des Pfarrers zu Hilpurghausen; denn er schreiet, so schreien die Juristen auch, wie ihm Unrecht geschehe, als E. K. F. G. aus dieser seiner Supplication vernehmen mugen. Ist demnach meine unterthänige Bitte, wo es anders muglich sein will, E. K. F. G. wollten ihn lassen..... kommen, und aufs Schärfest an einander verklagen..... Denn er sich so hoch beruft auf Gott, sein.... und Recht, daß ich nicht gern höre, und wo.... uberwiesen wurde der That, so wollte ich.... daß man ihm umb des hohen Berufens...... thut, (wo es falsch erfunden wurde) also den.... schöre, daß ihm der Kopf für den Füßen läge. E. K. F. G. wollten mir solch hart Schreiben gnädiglich zu gut halten; denn mich hoch bewegt, wenn ich höre Gottes Namen mit solchen hohen Schwüren und Klagen in den Mund nehmen, und fallen mir seltsam Gedanken zu wider beide Theil ꝛc. E. K. F. G. werden sich wohl wissen fürstlich und christlich hierin zu halten. Hiemit Gott befohlen, Amen. Am Allerheiligen-Tage, 1536.

E. K. F. G.

unterthäniger

Martinus Luther.

542.

An Herzog Heinrich zu Sachsen, v. 2. November 1536.

Aus einer gleichzeitigen Abschrift im Weim. Archiv bei De W. V. 30.

Gnad und Fried in Christo. Durchleuchtiger, hochgeborner Fürste, gnädiger Herr! E. F. G. wollten mir gnädiglich zu gut halten, daß ich muß so gar deutlich schreiben. Ich habe nun ofte gebeten vor den Matthes Kartenmaler, und nach vielem Fleiß habe ich zuletzt alles erkundt, auch endlich E. F. G. Schrift an meinen G. H. den Kurfürsten, die mit E. L. F. G. zugeschickt, gelesen, und befinde allenthalben, so viel mir müglich zu verstehen, daß dem armen Manne Unrecht geschicht; es habs zugericht wer er sei, so vergeb es ihm Gott; ich will solchs auf meinem Gewissen nicht lassen. E. F. G. wollen auch dafür sein, daß auf E. F. G. Gewissen nicht bleibe. Dann da sind sieben Kinder mit Vater und Mutter verstoßen (das acht ist indeß gestorben), und müssen dazu anrüchtig und untüchtig vor Jedermann sein, dazu gar zu Bettlern werden, so doch noch nichts wider ihn beweist noch verhört ist, auch er der Mann nicht ist, der solchs gethan hätte, davon ich am ersten schreib.

Daß aber E. F. G. zuletzt im Briefe an meinen gnädigen Herrn dringet, daß er aus dem Gelübd und Zusage gewichen ist: sollt E. F. G. wohl gnädiglich bedenken, daß man ihm neulich ingeheim angezeigt (haben sie es bößlich gemeint, so sind sie deste ärger Bösewicht), wie der Henker, von Dresden gefordert, hinter ihm her hätte sollen sein. Ja, gnädiger Herre, außer dem Stock ist besser handeln! So stehen da die drei Zeugen, durch welche vielleicht (weiß nicht) solche Klage an E. F. G. gelanget, wie ich hiemit E. F. G. überschicke, daraus E. F. G. merken mögen, daß diesem Matthes Unrecht geschicht. Derhalben noch meine unterthänige Bitte ist: dieweil E. F. G. nun durch Gottes Gnaden das heilige Evangelion hören, wollten zu Ehren demselbigen heiligen Worte Gottes solch Geschrei wider E. F. G. helfen dämpfen, und doch den Mann lassen verhören, es sei außer oder inner E. F. G. Herrschaft. Dann solch Geschrei ist E. F. G. nicht rühmlich, und wird E. F. G. nichts helfen, daß er aus seinem Angelübd geschritten ist, weil da gewest ist metus in constan-

tem virum cadens (?). Dieß sei mein letzte Bitte
in dieser Sachen. Wo ich die nicht erlange, so muß
ich durchaus nach meines Gewissens ihme ein offentlich schriftlich Zeugniß geben, daß er solcher Sachen
unschuldig sei, und ihme seine Ehre helfen retten, daß
er bleiben könne; welchs ich E. F. G. zu Dienst lieber wollte übergehen.

Dann ich kann uf mir ja nicht lassen solch Jammer der Elenden (so nicht verhöret noch überweiset),
sondern werde es uf E. F. G. Gewissen schieben und
legen. Bitte deß gnädige Antwort. Hiemit Gotte
befohlen, Amen. Donnstags nach Allerheiligen-Tage,
1536.

E. F. G.

williger

Martinus Luther.

543.

An den Rath zu Ulm, v. 14. November 1536.

Aus dem Ulmischen Archiv in Frick's Ueberf. v. Seckendorf Hist. Luth. S. 1540. Leipz. XXI. 106. Walch XVII.
2585. De W. V. 31.

Gnade und Friede in Christo. Ehrbare, Fürsichtige Herren, gute Freunde! Ich habe euer Schrift
empfangen, und euer aller Gemüth zur Concordien
vernommen, will auch solches an meinen gnädigsten
Herrn lassen gelangen, und S. K. F. G. werdens
wohl weiter lassen kommen, da es hin solle. Unser
lieber Herr Jesus Christus verleihe seine reiche Gnade,
daß die Concordia treulich und gründlich bei allen
möge bestätiget werden, Amen. Bitte derohalben umb
Gottes willen, E. E. wollten bei den Euern, beide
Prädicanten und andern Unterthanen, anhalten und
schaffen, daß sie mit allem Fleiß und Gebet helfen
heben, und dem Satan widerstehen; welcher gern
wollte, daß neuer Most in alte Häute gefaßt, zuletzt
alles ärger würde, und beide Most und Häute zurissen und verschüttet wären. Gott walt ihm weh-

ru, und sein angefangen Werk vollbringen, Amen.
Dienstags nach St. Martini, 1536.

D. Mart. Luther.

544.

An den Rath zu Salfeld, v. 15. November 1536.

Leipz. Suppl. No. 141. S. 79., Walch XXI. 391. De W. V. 32.

**Den Ehrbarn, Fürsichtigen Herrn Burger=
meister und Rath zu Salfeld, meinen gon=
stigen Herrn und besondern guten Freun=
den.**

Gnad und Friede in Christo. Ehrbarn, Fur=
sichtigen, lieben Herrn und Freunde! Daß ich auf
eur vorige Schrift nicht geantwortet habe, wollet
mir zu gut halten. Denn ohn daß ich nu alt und
faul bin zu schreiben (wie ich selbs alles muß schrei=
ben), hielt ichs vor unnoth zu antworten, weil E. F.
meine Bitte so gar gonstiglich angenommen und voll=
bracht hatte des Gerards halben, wie ich mich deß
hiemit freundlich bedanke, und gerne wiederumb ver=
diene meines Vermugens. Des Pfreunders halben,
für welchen Magister Philippus auch geschrieben, und
ein Jahr erlangt, hätte ich wohl gern gesehen, daß
ihm das Jahr noch hätte mügen das Stipendium
bleiben, und dem Knaben, so an Gerards Statt
zuvor ernennet war, sonsten vom Rathhaus oder ge=
meinem Kasten dieß Jahr eine Steur geschehen wäre,
als ich achte, daß wohl bei euch zu thun sei: ange=
sehen, daß der Pfreunder gelobt wird, als ein wohl
geschickter Gesell zur Juristerei. Hats aber E. F.
heimgestellet, was sie hierin thun wollten oder fur
gut ansehen, was ich auch noch thu; denn mir, als
einem Theologen (wie ich zuvor auch angezeigt) nicht
geziemet, der Theologen Stipendia zu bitten fur die
Juristen. Hierin werden sich E. F. wohl wissen

chriſtlich und gütlich zu halten; damit Gott befohlen,
Amen. Mittewoches nach Martini, 1536.

Martinus Luther, D.

545.

An den König von Dänemark, v. 2. December 1536.

In Schumachers gelehrter Männer Briefe an die Könige
in Dänemark 2. Th. S. 260., bei De W. V. 33.

Gnad und Friede in Chriſto unſerm Herrn und
Heiland, auch mein arm Pater noster. Großmäch=
tiger, Durchleuchtigiſter, hochgeborner Fürſt, gnä=
bigſter Herr König! Ich hab E. K. M. Schrift faſt
gerne vernommen, und mir wohl gefallen, daß E. K.
M. die Biſchoffe (ſo doch nicht konnen aufhoren,
Gotts Wort zu verfolgen und weltliche Regiment zu
verwirren) ausgerottet haben; will auch ſolches, wo
ich kann, zum Beſten helfen deuten und verantworten.
Bitte aber auch demüthiglich, E. K. M. wollten von
den geiſtlichen Gütern, ſo unter die Kronen gelegt,
ſoviel abſondern, damit die Kirchen dennoch auch
wohl und ziemlich verſorgt werden mügen. Denn,
wo ſie getrennet und zerriſſen werden, womit wollt
man die Prediger erhalten? Solchs vermahne ich
(vielleicht unnothiglich) E. K. M., welche werden
ohn das ſich wohl und chriſtlich hierin wiſſen zu hal=
ten, deß ich keinen Zweifel trage, ohn daß mich un=
ſer Leute Exempel ſolchs zu melden bewegt, unter
welchen viel ſind, die gar gern alles zu ſich riſſen;
und wo uns Gott nicht ſolchen frommen Landsfürſten
hätte gegeben, der es ſo gar mit allem Ernſt und
Treuen meinet, und drüber hielte, ſo wurden viel
Pfarren wüſte liegen. Ob nu der Satan auch etliche
in E. K. M. Landen wurde trügen, ſo helfe Gott
E. K. M. zu bedenken der Kirchen Noth, dieß iſt
des göttlichen Worts und aller, die beide itzt und
künftig dadurch ſollen lernen ſelig werden und dem

ewigen Tode entrinnen; denn an Gottes Wort liegt
es alles. Christus, unser lieber Herr, sei mit E. K.
W. hie und ewiglich, Amen. Sonnabends nach St.
Andreas Tag, 1536.

E. K. W.

williger

Martinus Luther, D.

546.

An den Kanzler Brück, v. 9. December 1536.

Wittenb. XII. 275. Jen. VI. 358. Altenb. VI. 917.
Leipz. XXI. 81. Walch XIX. 2344. De W. V. 34.

Dem Achtbaren, Hochgelahrten Herren
Gregor Brück, der Rechten Doctor, kurfürstlichen zu Sachsen Kanzlern, meinem
günstigen Herren und lieben Gevattern.

G. u. Friede in Christo. Achtbar, Hochgelahrter, lieber Herr und Gevatter! Nachdem ihr mir angezeigt, wie mein gnädigster Herr, durch eine Schrift
des Kurfürsten zu Brandenburg und seiner Vettern
bewegt, euch befohlen habe, von mir Bericht zu
empfahen, wie sichs halte mit meinem vorgekommen
Schreiben wider den Cardinal zu Mänz rc.: gebe ich
euch darauf zu erkennen, daß ich wohl dafür halte,
daß die guten Fürsten fast wohl meinen, welchen ich
auch von Herzen alles Gutes wünsche; aber wie ich
zu Torgau und auch allhier mündlich ihren K. und
F. G. zu verstehen gegeben, sähe ich wohl lieber, sie
hielten an bei ihrem Herrn Vettern dem Cardinal,
daß er sich besserte, und auch einmal aufhorchte rc.
(welches ich meine also: er hätte bis daher gnug unsers lieben Herrn Jesu Christi gespottet, und arme
Leute geplagt), welchs mehr Frucht schaffte, denn
für mein Schreiben sorgen. Denn mein Schreiben
wird wenig Neues bringen, ohn daß ich ihm gedenke
die Nasen aufzuspunden, die er so fest zugespundet
hat, und nicht riechen will, wie er stinkt, auf daß

ers riechen müsse. Bin auch wiederumb der demüthi=
gen Zuversicht gegen hochgenannte K. und F., sie
werden bedenken, daß ichs nicht kann einen Stamm
geschmäht heißen lassen, wenn ich einem Buben die
Wahrheit sagen mußte; und wollt sich das Haus zu
Brandenburg annehmen, als wäre der Stamm da=
mit geschmäht, wo ich vom Cardinal viel Böses schriebe:
werden sie sich billiger annehmen der Schmach, so der
Cardinal mit der That dem Stamm anlegt, und ihn
selbs mehr drumb strafen, denn ich thu. Sonst wäre
es ein neus Annehmen, wo man den lobet oder ver=
theidingt, der Böses thut, und verspricht oder ver=
folget denen, der es straft.

Die Könige Juda waren des höhesten und edel=
sten Stammes im ganzen menschlichen Geschlecht;
noch hieß das nicht den Stamm geschmächt, da Esaias
bey König Ahas, wie auch andere Propheten viel
Könige straften. So ist noch kein Stamm so gut, es
trägt zuweilen einer ein ungerathen Kind. Und müssen
den kristlichen Reim unvertilget lassen 2c. Wo woll=
ten Richter, ja Fürsten und Herren bestehen, wenn
sie sollten Schmäher heißen, wo sie einen vom guten
Geschlechte, umb seiner Untugend willen, mit allem
Recht köpfen oder richten ließen? Damit würde jener
Dieb noch recht gesagt haben, es geschehe ihm eine
große Schmach, daß er hängen sollte. Ja, es heißt,
lieber Geselle, du solltest auch nicht stehlen. O lieber
Gevatter, kompt ihr selbs mit allen Juristen nicht
gegen mich also. Summa, Könige und Fürsten sind
unter Gott, der will sie erstlich mit Gnaden gestraft
haben, wenn sie böse Schälke sind: solche gnädige
Strafe müssen die Propheten mit Worten thun, aber
gar weidlich drüber leiden; zum andern mit Zorn, da
straft Gott selbst, und heißt dann: Er stößet die
Gewaltigen vom Stuhel. Aber die erste Strafe ver=
lachen sie, darumb müssen sie der andern ewiglich
weinen. Werde ich dem Cardinal Unrecht thun, so
sitze ich hie unter einem Churfürsten zu Sachsen zu
Recht. Solchs wollet ihr annehmen auf diesmal zu
Eil zum Gericht. Soll ichs besser machen, kann ich
(mit Gottes Gnaden) sollt ich Zeit haben, wohl thun.

Ich wollts aber dem Cardinal selber thun; denn er muß sehr gerne lachen, weil er sich selbs so kützelt. Hiemit Gott befohlen, Amen. Sonntags nach Nicolai, 1536.

E. williger

Martinus Luther.

547.

An den Fürsten Joachim von Anhalt, v. 25. December 1536.

Aus Beckmann's Anhaltischer Geschichte B. V. S. 175. bei De W. V. 36.

Christus unser lieber Herr tröste E. F. G. Herz mit seiner leiblichen Menschwerdung, welche er hat angezogen, zu Trost und Wohlgefallen allen Menschen, wie die lieben Engel heute singen: Ehre sei Gott in der Höhe, Friede auf Erden, und den Menschen ein Wohlgefallen. Es wird ja, hoffe ich, E. F. G. Herz des Glaubens oder des Evangelii haben keinen Zweifel oder Traurigkeit haben, als nun wohl bericht, was die Wahrheit gegen des Teufels und seines Papsts Lügen sei. Stehet aber die Lehre und der Glaube wohl an, so falle gleich die Hölle mit allen Teufeln auf uns, was ists dann mehr? Was kann uns betrüben, dann vielleicht unsere Sünde und bös Gewissen; aber das hat Christus für uns weggenommen, ob wir gleich täglich sündigen. Wer kann uns schrecken, dann der Teufel? Aber Er ist größer, der in uns wohnet, weder er ist, ob auch der Glaube schwach ist, der Teufel sei heilig und ohne Sünde, und bedürfen des lieben Heilandes, der Teufel sei eitel Stärke, und bedürfe Christus Hülfe und Stärke nichts. (?) Wir sollen und wollen in uns gerne schwach sein, auf daß Christus Stärke in uns wohne, wie S. Paulus spricht: Virtus Christi in infirmitate perficitur. E. F. G. haben den lieben Herrn noch nicht verläugnet noch geweigert, und ob auch gleich dasselbe geschehen wäre, dennoch bleibt er gnädig, und auch für die Kreuziger gebeten. Darumb sei S. F. G. getrost, und stärke sich in Christo wider den bösen Geist, der nichts kann als fälschlich betrüben und schrecken oder mörden. Der liebe Herr Jesus Christus, unser Freude und Trost, sei mit E. F. G. Herze, und lasse es nicht trostlos.

548.

An Wolfgang Brauer, Pfarrherr zu Jessen, v. 30. December 1536.

Leipz. Suppl. S. 80. No. 144.; Walch X. 2737. De W. V. 38. (Derselbe Brief Wittenberg XII. 270. Jen. VI. 277. vom 27. Dec. 1535. ohne den Namen des Empfängers.)

Gnad und Fried in Christo. Würdiger, lieber Herr Pfarrherr! Auf die Frag, so euer guter Freund zu Anz, Sigmund Hangreuter, euch fürgelegt schriftlich, und an mich zu gelangen lassen begehrt, ist dieß mein Antwort, daß ihr dem guten Herrn und Freund wollet anzeigen, daß er nicht schuldig sei, solche Weise fürzunehmen, sich und sein Hausvölklein zu communiciren, auch darzu unnöthig, weil er darzu nicht berufen noch Befehl hat, und ohn das, wo es die tyrannischen Kirchendiener, so es zu thun wohl schuldig sein, ihm noch den Seinen nicht reichen wollen, dennoch wohl kann in seinem Glauben selig werden durchs Wort. Es würd auch ein groß Aergerniß machen, also in den Häusern das Sacrament hin und wieder reichen, und doch die Länge kein gut Ende nehmen, und eitel Spaltung und Secten sich erheben, wie denn die Leut itzt seltsam, und der Teufel unsinnig ist. Dann die ersten Christen in Actis haben nicht das Sacrament also insonderheit in Häusern gebraucht, sondern seind zusammen kommen; und ob sie es gethan hätten, so ist doch solch Exempel itzt nicht mehr leidlich, wie itzt nicht leidlich ist, daß wir alle Güter gemeinschaftlich lassen sein, wie sie dazumal

haben; dann es ist nur das Evangelion offentlich aus=
gebreit mit den Sacramenten. Daß aber ein Haus=
vater die Seinen das Wort Gottes lehret, ist recht
und soll so sein; denn Gott hat befohlen, daß wir
unser Kinder und Hausgesinde sollen lehren und zie=
hen, und ist das Wort einem Jeglichen befohlen. Aber
das Sacrament ist ein offenbarlich Bekenntniß und
soll offenbarliche Diener haben, weil dabei stehet, als
Christus sagt, man soll es thun zu seinem Gedächt=
niß, das ist, wie St. Paulus sagt, zu verkundigen und
predigen des Herren Tod, bis er komme, und da=
selbst auch spricht, man soll zusammen kommen, und
hart straft die, so sonderlich ein Iglicher fur sich selbs
wollt des Herrn Abendmahl gebrauchen; so doch nicht
verboten, sondern geboten ist einem Iglichen inson=
derheit sein Haus zu lehren mit Gottes Wort, sich
selbs darzu auch, und kann sich doch Niemand selbs
taufen rc. Denn es ein gar Anders umb ein offent=
lich Ampt in der Kirchen, und umb ein Hausvater
uber sein Gesinde, darumb sie nicht zu mengen sind
noch zu trennen. Dieweil nun hie kein Noth noch
Beruf ist, soll man ohn Gottes gewissen Befelch
hie nichts aus eigener Andacht furnehmen, denn es
wird nichts Guts daraus. Solches möcht ihr, mein
lieber Herr Pfarrherr, als von meinetwegen zur Ant=
wort geben. Hiemit Gott befohlen, Amen. An St.
Davidstage, Anno 1536.

Mart. Lutherus.

549.

Bedenken, gemeinschaftlich mit Melanchthon und Bugenhagen, ohne Datum 1536.

Eisl. II. 360. Altenb. VI. 1041. Leipz. XXII. 386. Walch X. 1996. De W. V. 40.

Wenn man von Unterscheid der Sünden redet,
die in Heiligen in diesem Leben bleiben, soll man

die Augen nicht auf die verborgene Auserwählung
oder Vorsehung oder Prädestination, wie man sie
nennet, weisen; — denn solche Reden machen eitel
Zweifel, Sicherheit oder Verzagung: bist du erwählet, so kann dir kein Fall schaden, und bleibest
allzeit in Gnaden, und kannst nicht verderben; bist
du nicht erwählet, so hilft alles nicht. Das sind
schreckliche Reden, und ist Unrecht, das Herz auf
solche Gedanken zu leiten; sondern das Evangelion
weiset uns zu ausgedrucktem Gotteswort, darin Gott
seinen Willen offenbaret hat, und dadurch er will
erkannt werden und wirken. Nu ist offentlich, daß
Gottes Wort die Sünden sträft und gibt Unterscheid der Sünden, und weiset uns zu dem Heiland
Christo. Dieses ausgedruckt Wort sollen wir ansehen, und darnach richten, ob wir in Gnaden sind.
Denn so ein Mensch in Sünden ist wider sein Gewissen, das ist, so er wissentlich und williglich thut
wider Gott als ein Ehebrecher oder Frevler, der
Jemand wissentlich Unrecht thut ꝛc.: derselbig, so
lang er solchen Willen wissentlich behält, ist er ohne
Reu und ohne Glauben, und ist Gott nicht gefällig.
Als so lang Einer eins Andern Eheweib bei sich hält,
ist keine Reu, kein Glaube, kein Heiligkeit da, das
ist ja offentlich. Denn wo Glaub ist, dadurch wir
gerecht werden, da muß auch gut Gewissen sein, und
ist ganz unmüglich, daß diese zwei Ding beisammen
stehen sollten: Glaube, der auf Gott vertrauet, und
böser Fürsatz, wie mans nennet, bös Gewissen.
Glaub und Anrufen Gottes sind zarte Ding, und
mag leichtlich sehr ein kleine Wunden des Gewissen
sein, die stößt Glauben und Anrufung weg, wie
ein jeder geübter Christ sehr oft erfahren muß.

   Darumb setzt Paulus diese Stück zusammen
1. Timoth. 1.: Dieses ist die Summa der Lehre:
Liebe von reinem Herzen und gutem Gewissen und
ungefärbtem Glauben; item 1. Timoth. 2.: Behalt
den Glauben und gut Gewissen; item 1. Timoth. 3.:
Die des Glaubens Geheimniß halten mit reinem Gewissen ꝛc. Diese und dergleichen mehr Sprüche, die
hernach sollen angezogen werden, zeigen an, daß

wo nicht gut Gewiſſen iſt, da iſt kein Glaube und
kein Heiligkeit.

Darumb ſo Einer gerecht wird, obgleich allein
der Glaube an den Heiland Chriſtum Gnad erlanget, daß die Sünde vergeben werden, und dieſe
Perſon wird angenommen: ſo muß dennoch böſer
Fürſatz weg ſein, daß alſo ein gut Gewiſſen anfahe.
Wo nu Glaub und gut Gewiſſen iſt, da iſt gewißlich der Heilige Geiſt; und ſtehet dennoch das Vertrauen nicht auf eigener Würdigkeit oder gutem Gewiſſen, ſondern auf Chriſto. Daher ſchließen wir, daß
wir in Gnaden ſind umb Chriſti willen aus ſeiner Verheißung, und alſo kann rechte Anrufung geſchehen, wie
Johannes ſpricht 1. Joh. 3.; So uns unſer Herz
nicht verdammet, ſo können wir Gott getroſt an-
ſprechen, und was wir bitten, das empfahen wir
von ihm.

Und obgleich Sünde in den Heiligen bleiben,
angeborn Elend und böſe Neigung, und daß das
Herz nicht alſo ernſtlich Gott fürchtet, vertrauet ꝛc.,
welchs alles nicht für geringe Schaden zu achten,
ſondern ſind große Sünde; gleichwohl iſt dieſe Schwachheit weit zu unterſcheiden von wiſſentlicher Bewilligung und böſem Fürſatz, das das Gewiſſen unrein
macht.

Solche Sünde und Heiligkeit ſtehen nicht bei-
ſammen, und ſollen wir hie nicht diſputiren von der
Vorſehung, ſondern von Gottes Zorn in ſeinem
Wort offenbart, und darnach wiederumb Gnad
ſuchen.

Und daß ſolcher Fall in den Auserwählten die
Heiligkeit wegnehme und den Heiligen Geiſt wegtreibe,
das iſt erſtlich ganz offenbar an Adam und Eva,
welche auserwählt geweſen, haben aber gleichwohl
ihre Heiligkeit und Heiligen Geiſt alſo jämmerlich
verloren, daß durch dieſe Verwundung der erſten
Menſchen hernach aller Menſchen Natur ſchwach und
ſündig iſt. Und ſo ſie nicht wiederumb aufgerichtet
wären, wären ſie in ewiger Verdammniß blieben.
Denn ſo viel dieſe Mittelzeit belanget, ſind ſie in
Gottes Zorn wahrhaftiglich geweſen; denn dieſe

Sachen sind nicht Spiegelfechten. Paulus spricht mit klaren Worten (Röm. 5.): Durch einen Menschen ist die Sünde eingetreten in all Menschen zur Verdammniß, und was Verdammniß heißt, ist offenbar.

Item, da David des Uria Weib beschlafen hatte, und hätt den frommen Mann ermorden lassen, ist David unterm Zorn Gottes, und hat seine Heiligkeit und Heiligen Geist verloren, so lang bis er wiederumb bekehrt wird. Dergleichen ist von andern in solchen Fällen zu reden.

Und daß dieses alles, wie gesagt ist, wahr sei, wird klar bewiesen aus folgenden Sprüchen 1. Joh. 3.: Lasset euch nicht verführen. Wer Gerechtigkeit thut, der ist gerecht; wer Sünde thut, ist aus dem Teufel. Als da David die unordentlichen Flammen hat lassen anbrennen, und das Herz gewanket hat, da hat der Teufel ihn getrieben, und hernach den uberwundenen David zu größern Sünden, zu Mord ꝛc. getrieben.

Und daß der Heilig Geist da weg gewesen, das beweisen weiter diese Wort Pauli Eph. 5.: Kein Ehebrecher ist ein Miterbe im Reich Christi ꝛc. Das ist klar geredt von gegenwärtigem Ehebruch: so lang der Ehebrecher in diesem Vorsatz ist, ist er kein Erbe im Reich Christi. Daraus folgt, daß er nicht gerecht und heilig ist, auch den Heiligen Geist nicht hat; item, also balde folget: Von wegen dieser Werk kömmet der Zorn Gottes uber die Ungehorsamen. Röm. 8. macht Paulus diesen nöthigen Unterscheid der Sünden und spricht: So ihr nach dem Fleisch lebet, so werdet ihr sterben; so ihr aber mit dem Geist des Leibes Anreizungen tödtet, werdet ihr leben. Nu ist offentlich, daß Paulus den Heiligen an diesem Ort prediget, und lehret sie, wie sie heilig bleiben sollen, nämlich also, so sie der bösen Reigung widerstreben. Dagegen aber spricht er: So ihr nach dem Fleisch lebet, werdet ihr sterben, das ist, so ihr der bösen Reigung folget, seid ihr wieder im Zorn Gottes; denn dieses nennet er sterben. Ezech. 33.: Welchen Tag der Gerechte Böses thut,

will ich aller seiner Gerechtigkeit vergessen 2c., und
welches Tages sich der Gottlose bekehret, und thut
Gutes, will ich seiner Sünde vergessen. Dieses ist
ja ein klarer Text, daß der Gerechte, so er wissent=
lich und williglich in Sünde fället, nicht mehr ge=
recht ist. Apokal. 3. strafet der Heilig Geist die Kir=
chen zu Pergamo, sie hab bei sich unrechte Lehrer
und Unzucht, und saget mit klaren Worten da:
welchs ich hasse. Wo nu Gott uber Jemand zörnet,
der ist nicht heilig, angenehm 2c. Und sind ohn
Zweifel Auserwählte und nicht Auserwählte unter
diesen gewest.

Aus diesen und viel mehr Zeugnissen haben wir
allzeit in allen Kirchen einhelliglich gelehrt also: So
ein Heiliger wissentlich und williglich wider Gottes
Gebot thut, daß er nicht mehr heilig sei, sondern
hab den rechten Glauben und Heiligen Geist ausge=
schüttet; so er sich aber wiederumb bekehret, so hält
Gott seinen gnädigen Eid, darin er spricht: So wahr
ich lebe, will ich nicht, daß der Sünder sterbe, son=
dern daß er bekehret werde und lebendig bleibe.
Darumb nimmet Gott umb Christi willen diesen Be=
kehrten wiederumb an, zündet an in seinem Herzen
rechten Glauben durch das Evangelion und Heiligen
Geist. Und ist uns nicht befohlen vorhin zu fragen,
ob wir auserwählt sind, sondern es ist genug, daß
wir wissen: wer endlich verharret in seiner Buß und
Glauben, der ist gewißlich auserwählet und selig,
wie Christus spricht: Selig sind die, so beharren
bis an das Ende.

Dieser Unterricht ist klar, und macht nicht ein
furchtlos, böses Wesen in denen, so gefallen sind,
sonder lehret sie Gottes Zorn groß zu achten und zu
fürchten. Wie auch gewißlich wahr ist, daß Gott
wahrhaftiglich zürnet uber alle Sünde, es fallen
Auserwählte oder Nichtauserwählte. Menschlich
Vernunft dichtet einen ungleichen Willen Gottes, als
wäre Gott wie ein Tyrann, der etlich Gesellen hat,
der Wesen er ihm gefallen läßt, es sei gut oder
nicht gut, und dagegen hasset er die Andern, sie
thun was sie wollen. Also soll man nicht von Got=

tes Willen gedenken. Dieser Spruch ist ewiglich wahr, Psalm 5.: Du bist nicht ein Gott, dem gottlos Wesen oder Sünde gefällig ist. Denn ob er gleich die Heiligen annimmet, die doch noch Sünd an ihnen haben, so nimmet er sie doch nicht ohn ein große Bezahlung an. Christus hat müssen ein Opfer werden, umb welchs willen uns Gott annimmet und schonet, so lang wir im Glauben bleiben, und wann wir im Glauben sind.

Und daß dagegen Etliche anziehen, David bitte: Nimm deinen Heiligen Geist nicht von mir, darumb sei der Heilig Geist auch in ihm gewesen, da er den Ehebruch und Todtschlag rc. beschlossen hat: ach! dieses sind sehr ungeschickte Reden, dagegen noth ist rechten Unterricht zu thun. Und kann ein Jeder diese Folge leichtlich richten, daß aus den Worten des Psalms nicht folget, daß er nicht zuvor verlassen gewesen sei. Ja darumb schreiet David also, daß er gefühlet, daß er zuvor verlassen gewesen, und erfahren hat, wie schwach der Mensch ist, so er allein ist ohne Gottes Hülf. Er hat Gottes Zorn und eigene Schwachheit erfahren, darumb bitt er itzund von vielen Stücken, daß er forthin in Gnaden, Trost stark lebe rc.: Laß mich hören Freud und Wonne, daß die Gebeine fröhlich werden, die du zurschlagen hast. Eben darumb bitt er Trost, daß er Gottes Zorn erfahren hat, und nennet seine Schuld eine solche Sünd, die Gottes Zorn und den Tod verdienet habe, wie er spricht: Errette mich von den Blutschulden, das ist, von Sünden, die den Tod verdienet haben.

Diese Erinnerung ist zusammengezogen anzuzeigen, warumb wir Bedenken gehabt, die Auslegung über Johannem in Druck zu geben, darin der Pfarrherr zu Kahla ein ander Meinung setzt von den Auserwählten: nämlich, daß sie gerecht bleiben, und den Heiligen Geist behalten, ob sie gleich in öffentliche Sünde fallen. Er ist auch mit züchtigen Worten davon verwarnet worden, und hoffen, er werde sich besser bedenken.

Dieß ist, wie gesagt, die rechte Meinung.

Denn so man sollt unser Leben richten nach dem heimlichen Rath Gottes, welchen er uns nicht offenbaret: so dürften wir seiner Gebot, Evangelion, Sacrament, auch Christus selber nirgend zu, sondern möchten Hände und Füße gehen lassen, plumps hinein leben, wie die Säue. Nun aber will Gott durch sein äußerlich Wort, Sacrament, seinen Sohn ziehen dorthin, da wir seinen Rath sehen werden, welchen wir hie nicht sehen können, viel weniger darnach leben. Altiora te ne quaesieris, spricht Sirach, sed quae praecipit tibi Deus, in his persevera.

Martinus Luther.
Johannes Bugenhagen Pomer, D.
Philippus Melanthon.

550.

An den Kurfürsten Johann Friedrich, v. 3. Januar 1537.

Aus dem Original im Großherzogl. Archiv zu Weimar bei De W. V. 45.

Dem Durchleuchtigsten, Hochgebornen Fürsten und Herrn, Herrn Johanns Friedrich, Herzog zu Sachsen, des heil. Ro. Reichs Erzmarschalk und Kurfursten, Landgrafen in Thüringen und Markgrafen in Meissen, meinem gnädigsten Herrn.

Gnad und Friede in Christo, und mein arm Pater Noster rc. Durchleuchtigster, Hochgeborner Furst, gnädigster Herr! Auf E. K. F. G. Schrift und Befehle hab ich auf den Tag Innocentium oder die nähesten darnach anher erfordert, Er Niclas Amsdorf, M. Eisleben, und M. Spalatin, welche darauf anherkommen (denn Er Just und Friedrich sind uns zu weit gelegen). Diesen hab ich furgelegt die Artikel, so ich selbst gestellet, (nach E. K. F. G. Befehl), und mit ihnen druber gehandelt etliche Tage

So brächte auch das groß Aergerniß, vielleicht auch Abfall bei vielen guten Leuten, daß wir so eben dieser Zeit, so der Türk vorhanden, und der Kaiser in Arbeit, sollten das Concilium wegern. Wiewohl ichs dafur halte, die römischen Buben (weil sie wohl gewußten, daß mit dem Türken und Franzosen so stehen würde) haben sie das Concilium eben in dieß Jahr geleget, auf daß, ob es die Lutherischen nicht würden hindern, daß doch durch den Türken und Franzosen gehindert würde; wiewohl sie am liebsten hätten, daß es möchte heißen von den Lutherischen gehindert. Denn das müßte darnach Muthwillen heißen; jenes hätte Noth gezwungen, daß mans fur dem Türken nicht hätte mögen halten. Summa: Sie können kein Concilium leiden, auch ihres eigen Theils nicht, wo sie es nicht sollen machen, wie sie wollen.

552.

An Jacob Meyer, Bürgermeister von Basel, v. 17. Februar 1537.

Aus dem Original in Bibl. Brem. Class. IV. p. 907. Walch XXI. 1282. De W. V. 54.

Dem Ehrbaren, Fürsichtigen, Herren Jakob Meyer, Bürgermeister der Stadt Basel, meinem lieben Herren und großgünstigen Freund.

Gnad und Fried in Christo. Ehrbar, Fürsichtiger, lieber Herr und Freund! Ich habe euere Schrift sampt anderen, auch der Eidgenossen beigesandte Schrift, alles empfangen und vernommen, habe auch fast fröhlich und gern euern Fleiß und Ernst, das Evangelium Christi zu fordern, vermerkt. Gott der Allmächtige gebe hinfort mehr und weiter Gnade, damit wir allesampt in rechter lauter Einigkeit und gewisser einträchtiger Lehre und Meinung zusammen stimmen, wie S. Paulus sagt, daß wir

alle sollen mit einerlei Herzen und einerlei Mund
preisen Gott den Vater unsers Herrn Jesu Christi,
dazu einander vergeben und N. B. vertragen, wie
Gott der Vater uns vergibt und vertragt in Christo
Jesu. Nun ist es nicht Wunder, nachdem wir im
Fleische noch leben, daß vielleicht beides bei den
Unsern sowohl als bei den Euern welche Argwohn
möchten haften, sintemal wir über dieser Sachen
nicht Scherz oder Schimpfs-weise, sondern mit Ernst
an einander gesetzt und getroffen haben, als die über
keinem Spiel noch leichtfertiger Sachen zu thun und
uneins gewest sind: daß hierinnen Noth sein wird
neben christlicher Liebe Pflicht, der Streiche und
Schmerzen zu vergessen, und so viel desto ernstlicher
wiederumb zur Einigkeit zu trachten, es sei mit Geduld, Sänfte, gutem Gespräch, und womit es sein
kann und geschehen mag, sonderlichen aber mit herz-
lichem Gebet zu Gott, dem lieben Vater, der aller
Einigkeit Trosts und Liebe Vater ist. Derhalben
ich wiederumb aufs Herzlichste bitte, wollet bei den
Eurigen treulich anhalten, und helfen, daß sie allesampt wollten helfen die Sachen stillen, glimpfen
und zum Besten fodern. Es soll an uns auch nicht
mangeln, und wir thun auch redlich dazu, lassen uns
nicht bewegen allerlei Schrift und Rede, und ist auf
unser N. B. Kanzel und unter dem Volk alles gar still;
allein, daß die Euren nicht die ruhende Vögel scheu-
chen, sondern auch zum Friede mit uns treulich helfen. Die Sache wird sich nicht in uns schicken, sondern wir müssen uns in der Sache schicken: so wird
Gott, der solches anfähet, auch dabei sein, und
gnädiglich vollführen. Hiemit Gott befohlen, Amen.
Grüßet mir Eur Joachim Vadian und D. Wolf Capito. Ich habe jetzt nicht können allen schreiben, dann
ich heute den ganzen Tag an dem leidigen Calculo
ein unnützer Mensch. Sonnabends nach Valentini, 1537.

Martinus Luther.

also uberredet, und gewiß dafur hielte, daß bei uns Lutherischen kein Ehe, kein Obrigkeit, kein Kirche noch nichts seie. Woher das habe der König, Papst und andere Nation, ist gut zu rechnen. Der Böse= wicht zu Halle und seines Gleichen haben die Bü= cher, vielleicht auch Schriften, so lassen hinein brin= gen, damit unsern Büchern zu wehren. Aber Gott ist ungefangen.

Daß der Papst und die Seinen in etlichen Stücken weit übereilet sind zu gläuben solchen schänd= lichen unverschameten Lügen, derhalben schüldig sind uns zu verhören. Ohn was sonst ihr Theil wider sie aufbringen wird, als, daß der Papst und Car= dinal die Klöster=Stift zureißen und verwüsten, der Bischoff zu Halle drei Bisthümer, und seines gleichen Dumherren viel Pfründen haben, und der Sachen unzählig viel, die auch ohn des Luthers Sachen wohl eins Concilions dürften: aber das schweiget die Bulla alles fein, fürchten sich, es möcht im Concilio gerühret werden.

Darumb wollen sie gerne uns abschrecken, daß wirs wegerten: so wären sie denn sicher, und sprä= chen, wir hätten es gehindert. Und bliebe also nicht allein der Unglimpf uber uns, und müßten hören, daß wir mit unserm Wegern alle solche Gräuel des Papsts hätten helfen stärken, die sonst vielleicht ge= bessert wären worden.

Denn da stehe doch den Teufel in seinen bösen Buben, daß sie nicht wollen verdammen, sondern ausrotten; welches ist so viel: Sie haben bisher den Canonem: Si Papa etc. fleißig getrieben, und zu unser Zeit viel unschuldiges Bluts vergossen, viel frommen, redlichen Leuten alle Plage angeleget, verjaget, betrübt und elendiglich mit ihnen umbge= gangen, alleine derhalben, daß sie das Sacrament genommen rc., da sie wohl gewußt, daß es recht sei: nu wollen sie solch Blutvergießen und Verfol= gung im Concilio rechtsprechen, und nicht allein das, sondern auch allererst anfahen und bestätigen solch teuflisch Wüthen; dazu uns zwingen, daß wirs sol= len auch fur recht halten, und ihre Schergen sein,

damit also ihr Blutvergießen, Verfolgung, Gotts-
läfterung und der Christenheit Verderben, so sie zuvor begangen, noch begehen, und ewiglich zu begehen halsstarriglich gedenken, auf unser Gewiffen
laden, und mit sich wiffentlich in die Hölle reif-
fen. Solchs thue der Teufel, wie er denn durch
sie thut.

Solchs alles wäre wohl gnugsam Ursache, daß
man sie längst hätte angegriffen und zuriffen. Aber
weil wir das Vortheil haben, daß es (wie dieser
Zeit Gelegenheit ist) ein lausig veracht Concilium
werden wird, darinnen wenig Potentaten sein werden; zudem, daß der Bann (wo sie es fürnehmen
wollten) längst todt ist, auch nu Concilium in solch
Geschrei kommen, daß es irren möge, und oft geirret hat, damit es seine Macht und Ansehen verloren hat, daß sie gar eine hohe scheinbarliche Gerechtigkeit müffen erzeigen, damit es wieder zu Ehren
komme; denn wo diese Bulla sollte auskommen und
ausgestrichen werden, welch ein spöttisch lächerlich
Concilium sollt es gehalten werden bei allen frommen,
etlichen Leuten, und ein köstlichs Exempel geben
der andern, als Coftniter Concilium rc., welcher
Thorheit nu auch offenbar worden ist durch Gottes
Wort: so wollte ich mich fur solchen Hanspußen nicht
fürchten, sondern sie laffen fortfahren, und ihre Narren und Schellen volland herausschütten, und dem
Legaten (so seine Hoffart begehren würde) kein ab-
schlägliche Antwort geben, doch auch nicht mich ver-
stricken; denn sie werden (ob Gott will,) den großen
Narren nach dem kleinen auch herausschütten. So
ist auch hie nicht Noth Eilens, und sollen Gottes
Weise lernen, der nicht eilet, sondern mit Geduld
herausstocket, bis er ein Plöcklin fur die Zunge
steckt, daß sie die nicht können wieder ins Maul
ziehen.

Denn sollten wir ohn Noth so eilen, und Gott
fur dem Hamen fischen, möchten wir umbsonst arbeiten. Denn wir müffen seine Hülfe bei uns haben, als die dem Teufel mit Vernunft viel zu
schwach sind.

So brächte auch das groß Aergerniß, vielleicht auch Abfall bei vielen guten Leuten, daß wir so eben dieser Zeit, so der Türk vorhanden, und der Kaiser in Arbeit, sollten das Concilium wegern. Wiewohl ichs dafur halte, die römischen Buben (weil sie wohl gewußten, daß mit dem Türken und Franzosen so stehen würde) haben sie das Concilium eben in dieß Jahr geleget, auf daß, ob es die Lutherischen nicht würden hindern, daß doch durch den Türken und Franzosen gehindert würde; wiewohl sie am liebsten hätten, daß es möchte heißen von den Lutherischen gehindert. Denn das müßte darnach Muthwillen heißen; jenes hätte Noth gezwungen, daß mans fur dem Türken nicht hätte mögen halten. Summa: Sie können kein Concilium leiden, auch ihres eigen Theils nicht, wo sie es nicht sollen machen, wie sie wollen.

552.

An Jacob Meyer, Bürgermeister von Basel, v. 17. Februar 1537.

Aus dem Original in Bibl. Brem. Class. IV. p. 907. Walch XXI. 1282. De W. V. 54.

Dem Ehrbaren, Fürsichtigen, Herren Jakob Meyer, Bürgermeister der Stadt Basel, meinem lieben Herren und großgünstigen Freund.

Gnad und Fried in Christo. Ehrbar, Fürsichtiger, lieber Herr und Freund! Ich habe euere Schrift sampt anderen, auch der Eidgenossen beigesandte Schrift, alles empfangen und vernommen, habe auch fast fröhlich und gern euern Fleiß und Ernst, das Evangelium Christi zu forbern, vermerkt. Gott der Allmächtige gebe hinfort mehr und weiter Gnade, damit wir allesampt in rechter lauter Einigkeit und gewisser einträchtiger Lehre und Meinung zusammen stimmen, wie S. Paulus sagt, daß wir

alle sollen mit einerlei Herzen und einerlei Mund
preisen Gott den Vater unsers Herrn Jesu Christi,
dazu einander vergeben und N. B. vertragen, wie
Gott der Vater uns vergibt und verträgt in Christo
Jesu. Nun ist es nicht Wunder, nachdem wir im
Fleische noch leben, daß vielleicht beides bei den
Unsern sowohl als bei den Euern welche Argwohn
möchten haften, sintemal wir über dieser Sachen
nicht Scherz oder Schimpfs-weise, sondern mit Ernst
an einander gesetzt und getroffen haben, als die über
keinem Spiel noch leichtfertiger Sachen zu thun und
meins gewest sind: daß hierinnen Noth sein wird
neben christlicher Liebe Pflicht, der Streiche und
Schmerzen zu vergessen, und so viel desto ernstlicher
wiederumb zur Einigkeit zu trachten, es sei mit Geduld, Sanfte, gutem Gespräch, und womit es sein
kann und geschehen mag, sonderlichen aber mit herz-
lichem Gebet zu Gott, dem lieben Vater, der aller
Einigkeit Trost und Liebe Vater ist. Derhalben
ich wiederumb aufs Herzlichste bitte, wollet bei den
Eurigen treulich anhalten, und helfen, daß sie allesampt wollten helfen die Sachen stillen, glimpfen
und zum Besten fodern. Es soll an uns auch nicht
mangeln, und wir thun auch weidlich dazu, lassen uns
nicht bewegen allerlei Schrift und Rede, und ist auf
unser N. B. Kanzel und unter dem Volk alles gar still;
allein, daß die Euren nicht die ruhende Vögel scheu-
chen, sondern auch zum Friede mit uns treulich helfen. Die Sache wird sich nicht in uns schicken, sondern wir müssen uns in der Sache schicken: so wird
Gott, der solches anfähet, auch dabei sein, und
gnädiglich vollführen. Hiemit Gott befohlen, Amen.
Grüßet mir Eur Joachim Vadian und D. Wolf Capito. Ich habe jetzt nicht können allen schreiben, darin
ich heute den ganzen Tag an dem leidigen Calculo
ein unnützer Mensch. Sonnabends nach Valentini, 1537.

Martinus Luther.

553.

An seine Hausfrau, v. 27. Februar 1537.

Eisl. II. 373. Altenb. VI. 1073. Leipz. XXII 140. Walch XXI. 392. De W. V. 58.

Gnad und Friede in Christo. Du magst dieweile sondere Pferde miethen zu deiner Nothdurft, liebe Käthe, denn mein gnädiger Herr wird deine Pferde behalten, und mit dem M. Philipp heimschicken. Denn ich selber gestern von Schmalkalden aufgebrochen auf M. G. H. eigenen Wagen daher fuhr. Ist die Ursach, ich bin nicht uber drei Tage hie gesund, und ist bis auf diese Nacht vom ersten Sonntag an kein Tröpflin Wasser von mir gelassen, hab nie geruget noch geschlafen, kein Trinken noch Essen behalten mögen. Summa, ich bin todt gewest, und hab Dich mit dem Kindlein Gott befohlen und meinem guten Herrn, als würde ich euch nimmermehr sehen; hat mich euer sehr erbarmet, aber ich hatte mich dem Grabe beschieden. Nu hat man so hart gebeten für mich zu Gott, daß vieler Leute Thränen vermocht haben, daß mir Gott diese Nacht der Blasen Gang hat geöffnet, und in zwo Stunden wohl ein Stübigen von mir gangen ist, und mich dünket, ich sei wieder von Neuen geboren.

Darumb danke Gott, und laß die lieben Kindlin mit Muhmen Lenen dem rechten Vater danken; denn ihr hättet diesen Vater gewißlich verloren. Der fromme Fürst hat lassen laufen, reiten, holen, und mit allem Vermögen sein Höhestes versucht, ob mir möcht geholfen werden; aber es hat nicht wollt sein. Deine Kunst hilft mich auch nicht mit dem Mist. Gott hat Wunder an mir gethan diese Nacht, und thuts noch durch frommer Leute Furbitt.

Solches schreib ich dir darumb, denn ich halte, daß mein gnädigster Herr habe dem Landvogt befohlen, dich mir entgegen zu schicken, da ich ja unterwegen stürbe, daß du zuvor mit mir reden oder mich sehen möchtest; welchs nu nicht noth ist, und magst wohl daheim bleiben, weil mir Gott so reichlich ge-

hoffen hat, daß ich mich versehe fröhlich zu dir zu
kommen. Heut liegen wir zu Gotha. Ich habe sonst
viermal geschrieben, wundert mich, daß nichts zu euch
kommen ist. Dienstags nach Reminiscere, 1537.

Martinus Luther.

554.

An den Herzog Barnim zu Pommern, gemeinschaftlich mit Bugenhagen, v. 6. April 1537.

Leipz. Suppl. No. 145. S. 81.; Consil. Viteb. P. II.
p. 50.; Walch XXI. 394. Dan. Cramers Pommerscher
Kirchenhist. L. III. cap. 36. De W. V. 60.

Gnade und Friede von Gott durch Christum unsern Herrn. Durchleuchtigster, Hochgeborner Fürst,
Gnädiger Herr! Auf E. F. G. Schreiben an uns,
wie an sie gelanget, daß M. Paulus von Rhoda sich
vor uns versprochen, aus E. G. Landen an einen
andern Ort mit Dienst zu begeben, welches E. F. G.
aus fürgewendeten Ursachen zu gestatten nicht Willens,
und gnädiglich an uns begehren, daß wir gedachten
M. Paulum solcher Bewilligung erlassen wollen, mit
gnädigem Erbieten, die Ursachung und Beschwerung
von ihm zu nehmen: wissen wir E. F. G. zu wahr-
haftigem Bericht nicht zu verhalten, daß wir obge-
dachtem M. Paulum weder gerathen, noch sonst dazu
gehalten haben, daß er sich aus E. F. G. Landen
sollt wenden, sondern ihn für dieser Zeit etliche Jahr
vergangen mit ernsten Vermahnungen dahin gewiesen,
daß er zu Stettin bleiben sollt, damit die Lehre des
heiligen Evangelii daselbst nicht unterginge, auch
Aufruhr und ander Beschwerung, so sonst hätten erfolgen mügen, verhütet würden, daß er sich auch bisher dem Evangelio zu Ehren, und der Stadt Stettin
zu gut, als gutwillig gehalten. Wiewohl er uns oftmal seinen Mangel und Noth geklaget, daß ihm schwer
würde, dermassen bei ihnen zu bleiben beide in Armuth und Fahr, dieweil das Evangelium noch ver-

folget ward, und sonderlich weil er oft begehret, daß
doch gute Ordnung die Kirchen zu bestellen gemacht
würden, und nachdem sie nun gemacht würden, auch
Executio und Folge, damit sie ins Werk gebracht
würden, geschehen möchte, welches doch so lang verblieben, daneben ihm auch oft zugesagt, nachdem er
mit Schulden verhaftet, seinen Mangel zu bessern; er
habe aber vergeblich darauf gehoffet, und sei zuletzt
dahin gedrungen, daß er sich oftmal hat hören lassen,
er wolle und müsse sich an einen andern Ort begeben, welches wir ihm nicht wissen zu verdenken, dieweil unser keiner ist, dem es nicht zu schwer würde,
also zu bleiben, beide in Armuth, Fahr und Verachtung: Weil nun solches alles, so M. Paulus für-
bracht, ungeachtet ist blieben: hat er zuletzte, davon
wir doch gar nichts gewußt, ehe er von E. F. G.
gen Schmalkalden gesandt, öffentlich Urlaub begehrt
und genommen, und der Stadt Stettin aufgesagt
weiter zu dienen, daß er auch nach Christus Befehl
in solcher Verachtung gut Fug gehabt. Darnach als
eine ehrliche Legation von der Stadt Lüneburg gesandt, die uns unsers Abwesens von Wittenberg bis
gen Schmalkalden nachgereiset, und von itzt genannter Stadt wegen uns gebeten, sie mit einem Superattendenten zu versorgen, welches sie auch wohl für 4
Jahren gethan, wir aber solche Person ihnen zu geben bisher nicht gehabt; und nachdem M. Paulus zu
Schmalkalden seine Noth alle uns fürgehalten, und
wir wissen, wie auch E. F. G. in ihrem Schreiben
ihm das Zeugnuß geben, daß er der Sache in seinem
Ampt göttlich und christlich gnug gethan, daß die
Schuld, daß er von Stettin kompt, nicht bei ihm gewest, wir auch denen von Lüneburg kein ander Person anzuzeigen gehabt, wiewohl wir nicht gerne sehen,
daß er die Stadt Stettin übergeben muß: haben wirs
doch lassen geschehen, nachdem er nun frei gewest,
daß er der Stadt Lüneburg zugesagt, wie wir ihnen
solches auch zugeschrieben haben. Daß aber E. F. G.
schreiben, daß sie nicht gesinnet sein, vielgedachten M.
Paulum von ihnen zu lassen: wollen wir E. F. G.
unterthäniglich erinnert haben, wie E. F. G. aus

hohem Verstand wohl bedenken kann, wie man das entschuldigen könnte, nachdem der arme Mann M. Paulus so lang treulich gedienet, auch in der Verfolgung des Evangelii in großer Fahr, Armuth und Elend, und großen Fleiß, Rath und Hülfe wider Aufruhr und andern Unrath zu Frieden und Einigkeit, und E. F. G. und der Obrigkeit zu Gehorsam fürgewandt, wie E. F. G. selbst besser wissen. Daß er für solchen treuen Dienst und Fleiß nu sollt von E. F. G. so bestrickt sein, daß er sich nicht dörfte aus E. F. G. Landen werden, und schuldig sein sollt, solch Elend nicht allein seiner Nahrung, sondern auch Beschwerung des Gewissens, daß er keins Besserung bei den Seinen spüret, ewig zu leiden: E. F. G. kann wohl denken, daß dergestalt nicht der geringste Handwerksmann in E. F. G. Land ziehen würde, schweige, daß ein fremder Prediger mehr ins Land zu Pommern wollte kommen.

Nu hats der gute Mann M. Paulus ja nicht verbrochen, daß er also sollt aufgehalten werden wider seinen Willen. E. F. G. soll uns solches gnädiglich zu gut halten, denn wir wissen, daß E. F. G. hierin keine böse Meinung hat; können auch E. F. G. nicht verdenken, daß sie solche Prediger gerne in ihrem Lande behielten, wenn es nur auch mit ihnen also gehalten würde, daß sie bleiben könnten. Ueber das hat E. F. G. auch hierinnen zu bedenken, daß oftgedachter M. Paulus E. F. G. nie mit Dienst noch Sold verpflicht gewesen, ohn allein E. F. G. Stadt Stettin. Nu wäre es ja gar ein ungleichs, daß sie ihm möchten Urlaub geben, wenn sie wollten, und er also immerdar mußte unstät und auf dem Sprung sitzen, und nicht wiederumb auch sollt Macht haben, von ihnen Urlaub zu nehmen, wo es seine Nothdurft erfodert. Daß aber E. F. G. an uns begehren, den angenommenen Dienst zu verlassen, ist unser Handel nicht; stehet uns auch nicht an, solche Zusage zu ändern, die er für uns einer ehrlichen Legation gethan: welches wir ihm doch weder gerathen noch geheißen haben; sondern da wir gehört, daß er von der Stadt Stettin Urlaub genommen, und nu

frei wäre, und gesehen, daß er geneigt, sich zu tun
von Lüneburg zu begeben, haben wirs müssen zulassen und ihm gönnen, daß er sich verbessert, und solches also von seinetwegen dem Rath zu Lüneburg
zugeschrieben. Wo aber M. Paulus auf Besserung,
wie E. F. G. und die Stadt Stettin sich deß erbieten, Willens wäre bei ihnen zu bleiben, und E. F.
G. oder die Stadt Stettin von der Stadt Lüneburg
zu erlangen wüßten, daß sie M. Paulum seiner Zusage erließen: wäre es uns gar nicht entgegen, sondern wären deß auch erfreuet, und wollens von Herzen gern, daß die gute Stadt und E. F. G. ganzes
Land mit solchen und mehr guten Predigern versehen
wäre. Und sind in diesem Fall willig und bereit zu
dem, daß wir uns auch schuldig erkennen, E. F. G.
und andern zu Fordrung des heil. Evangelii unsers
Vermögens zu dienen. Das soll E. F. G. gänzlich
zu uns versehen, also daß unser endliche Meinung ist
E. F. G. und der Stadt Stettin zu Dienst, daß
wir gerne sähen, daß M. Paulus allda bliebe, in-
maßen, wie gesagt, daß es ihm zu leiden wäre, wollten, auch alsdann, wo er von der Stadt Lüneburg
seiner Zusage erlassen, unsern Fleiß fürwenden, daß
sie mit einem andern Superintendenten versehen möchten werden; wiewohl solches bisher in vergangnen
vier Jahren nicht hat können geschehen. Was
aber M. Paulus für seine Person hierinnen gesinnet sei, können wir nicht wissen, denn er hat uns
nichts geschrieben, darumb schieben wirs ihm selbst
heim, was er thun wolle. Summa, wir stellen dieß
alles auf E. F. G. hohen Verstand, so M. Paulus
williglich wollt bleiben, wie es durch E. F. G. oder
die Stadt Stettin, oder auch durch unsern gnädigen
Herrn, den Fürsten zu Lüneburg, welchen E. F. G.,
wa es für Noth angesehen würde, in dieser Sache zu
einem Mittler brauchen künnte, bei der Stadt Lüneburg möcht erhalten werden, daß wir der Zusag, so
wir denen von Lüneburg auf ihr Ansuchen und M.
Pauli Bewilligung gethan, nicht brüchig werden: damit dieselbige Stadt nicht über uns zu klagen, als
hätten wir zugesagt, das wir nicht hielten. Hiermit

befehlen wir E. F. G. in Gottes Gnaden, und E.
F. G. zu dienen sind wir allezeit willig und bereit.
Datum Wittenberg Freitags nach Pascha, Anno 1537.

E. F. G.

williger

Martinus Luther, D.

und unterthäniger

Johannes Bugenhagen Pommer, D.

555.

An eine Ungenannte, v. 21. Mai 1537.

Wittenb. XII. 168. Jen. VI. 496. Altenb. VI. 1099.
Leipz. XXII. 332. Walch X. 2100. De W. V. 64.

Gnade und Fried. Mein liebe Frau N.! Ich
hatte am nähesten Willens, dir zu schreiben, aber
Er N. war weg, ehe ich michs versahe. So acht
ich, dein Herr sei indeß auch wieder heim kommen,
daß es (ob Gott will) besser mit dir sein wird. Du
mußt aber nicht so kleinmüthig und zag sein, sondern
denken, daß Christus nahe ist, und hilft dir dein
Uebel tragen; denn er hat dich nicht so verlassen, als
dir dein Fleisch und Blut eingibt. Allein ruf du
nur mit Ernst von Herzen, so bist du gewiß, daß
er dich erhöret, weil du weißt, daß es seine Art ist,
helfen, stärken und trösten alle die, so sein begehren. So sei nu getrost, und denke, daß er selbs
viel mehr gelitten für dich, denn du immer leiden
kannst, umb sein und deinetwillen. So wollen wir
auch bitten, und ernstlich bitten, daß Gott dich in
und durch seinen Sohn Christum wollt annehmen,
und in solcher Schwachheit Leibs und Seele stärken.
Hiemit Gott befohlen, Amen. Am Pfingstmontag,
An. 1537.

Martinus Luther.

556.

An den Kurfürsten Johann Friedrich, v. 29 Mai
1537.

Leipz. Suppl. No. 146. S. 82; Walch XXI. 398. De
W. V. 66.

Dem Durchleuchtigsten, Hochgebornen Fursten und Herrn, Herrn Johanns Friedrich,
Herzog zu Sachsen, des h. Ro. Reichs
Erzmarschalk und Kurfurst, Landgrafen
in Thuringen und Markgrafen zu Meissen,
meinem gnädigsten Herrn.

G. u. Fried rc. und mein arm Pater Noster
etc. Durchleuchtigster, Hochgeborner Furst, gnädigster Herr! Es bitten die guten Leute, des Wolf
Schalreuters gefangenen Freundschaft, daß ich an
E. K. F. G. für ihn schreiben solle umb Gnade;
wie sie denn auch an M. G. H. Herzog Johanns
Ernsten gethan, ob ihm das ewige Gefängniß aufgelegt, umb solcher Fahr, so sie in ihrer Schrift melden, mocht geändert werden. Versehe mich aber, E.
K. F. G. werden solche Ursachen wohl wissen gnädiglich zu bedenken, und darnach sich erzeigen; denn wo
es solche wahrhaftige Noth hätte, wie sie schreiben:
so hats seine Meinung. Weil ich aber, mit bosen
Sachen oft gewitzigt, blode worden zu bitten: so
wollt ich dennoch gar gern armen Leuten, wo es
muglich ist, meinen Dienst nicht versagen; befehl
solchs in E. K. F. G. gnädiges Bedenken, deß
Gnade und Geist E. K. F. G. seliglich regiere und
erhalte, Amen. Dienstags nach Trinitatis, 1537.

E. K. F. G.

unterthäniger

M. Luther.

557.

An den Kurfürsten Johann Friedrich, v. 29.
Junius 1537.

Leipz. Suppl. No. 147. S. 82; Walch XXI. 399. De
W. V. 67.

Dem Durchleuchtigsten, Hochgebornen Fur=
sten und Herrn, Herrn Johanns Friedrich,
Herzogen zu Sachsen, des heil. Rö. Reichs
Erzmarschalk und Kurfurst2c., Landgrafen
in Thuringen und Markgrafen zu Meis=
sen, meinem gnädigsten Herrn.

G. u. Friede in Christo und mein arm Pr. nr.
2c. Durchleuchtigster, Hochgeborner Furst, gnädig=
ster Herr! Ich gebe E. K. F. G. unterthäniglich
zu erkennen, was mich der Pfarrherr zu Brettin ge=
beten hat, an E. K. F. G. zu schreiben und zu bit=
ten, wie E. K. F. G. aus beigelegter Schrift (so
E. K. F. G. die wollen lesen lassen) vernehmen
mugen. Nu ists ja wahr, daß ich zu Lichtenberg ge=
west, und auch allhie heftig Klage gehoret habe wi=
der den guten Mann, D. Reißebusch, und doch keine
Weise gewußt, hierin zu rathen; denn ich von Et=
lichen vernommen, es sei vergebens, daß ich sollt an
ihn mich mit Furbitt machen, so er doch reichlich so
viel sollt haben vom Lichtenbergschen Kloster kriegen,
daß ihm kein Schaden wäre, ein hundert oder sechs
unter die Brüder in die Rappuse zu werfen, und
damit zu stillen. Nu ists auch wahr, daß dieser
Pfarrherr so viel Kindlin hat, und wohl benothigt,
setzt zu wenig hat kriegt. Weil aber hier nicht ander
Rath ist, denn ob E. K. F. G. etwas kunnt helfen
bei genannten D. Reißenbusch: will ich E. K. F. G.
unterthäniglich gebeten haben, wie E. K. F. G.
ohn Beschwerung zu thun sein will, wollen sich gnä=
diglich erzeigen. Hiemit Gott befohlen, Amen.
[Auch bitte ich umb Gottes willen, Gnädigster Herr,
denn ich kann der Leute vom Halse nicht los wer=
den, wiewohl ich sonst mit Schriften beladen bin;

ich muß E. K. F. G. auch beschweren, der alte
Schösser zu Peltitz (Beltig) für den ich auch etwa
schreibe, ist da, und bittet umb Gottes willen, E. K.
F. G. wollt es bei den 200 fl. lassen bleiben, hat er
sich doch mit Leib und Gut ergeben, so ist je E.
K. F. G. mit seinem Verderben nichts geholfen.
Auch höre ich, er sei bei E. K. F. G. angeben, als
sollte sein Gut bei 1600 fl. werth sein, welches
nun ein Theil selbst bekennen, daß wohl um 1000
fehle, so hat doch E. K. F. G. im vergangenen
Jahre so manch 1000 fl. an dem verdampten gottlosen Dienste verloren, und noch täglich verlieret, auch
wohl in andern geringen Sachen, E. K. F. G.
wollte auch ein solch Hühnlein an diesem armen
Manne verlieren, umb christlicher Liebe willen. Ists
doch nicht ein seltsam Ding, daß Fürsten Reichthum
übel gewonnen, und nach übler umbgebracht werden.
Es ist ihre Art und Fall von Gott verordnet, E. K.
F. G. sehe sein Weib und Kindlein an: mich dünkt,
daß es keine Hinterlist damit sei, E. K. F. G. allzu
hart antragen.]*) Freitags nach S. Joh. Bapti. 1537.

E. K. F. G.

unterthäniger

Mart. Luther.

558.

An Joh. Schreiner, Pfarrer zu Grimma vom 9. Julius 1537.

Wittenb. XII. 209. Jen. VIII. 415. Altenb. II. 377. Altenb.
VI. 1110. Leipz. XXII. 560. Walch XXI. 401. Ausf.
Nachr. 1738. S. 595. Schütz II. 377. De W. V. ...

Dem würdigen Herrn Magister Johann
Schreiner, Pfarrherrn zu Grimma und
Superattendenten, meinem günstigen
Christo Freund.

Gratiam et pacem in Christo. Mein lieber
Magister und Pfarrherr! Saget doch, wo es der

---

*) Das eingeklammerte steht nicht im Original.

Schuster nicht thun will, den Edelleuten, und
wer sie sind, daß man nicht kann Pfarrherrn malen,
wie sie gerne wollten; und sollten Gott danken, daß
sie das reine Wort aus einem Buch möchten buchstaben hören; weil vor Zeiten unter dem Papst sie eitel Teufels-Fürze und Dreck haben müssen hören,
und bezahlen theuer gnug. Wer kann den Edelleuten rechtt Doctor Martinus und M. Philippus auf
solchen Betteldienst schaffen? Wollen sie eitel Sanct
Augustinus und Ambrosius haben, die mügen sie
ihnen selbs schaffen. Wenn ein Pfarrherr seinem
Herrn Christo gnugsam und treu ist, sollt billig ein
Edelmann, der etwas Merklichs geringer ist, denn
Christus, auch zufrieden sein. Muß doch ein Fürst
in seinem weltlichen Regiment zufrieden sein, daß
er im ganzen seinen Adel drei Werkstück findet und
mit den andern Füllsteinen Geduld haben muß. Sie
wollens alles erlesen haben, aber selbs nicht erlesen
sein, noch sein mügen.

Solche Sachen sollt ihr in eurem Kreis selbs
ausrichten, denn wir ohne das uberschütt, keine
Ruge noch Friede haben für den Sachen aus allen
Landen. Laßt diesen Brief kommen für Fürsten
und Herrn, oder wo man will, mir liegt nicht dran.
Feria 2. post Kiliani, Anno 1537.

Martinus Luther.

559.

An den Kurfürsten Johann Friedrich, v. 26.
Julius 1537.

Leipz. Suppl. No. 145. S. 83. Walch XXI. 402: De
W. V. 72.

Dem Durchleuchtigsten, Hochgebornen Fürsten und Herrn, Herrn Johanns Friedrich, Herzogen zu Sachsen, des heil. Rö.
Reichs Erzmarschall und Kurfurst, Landgrafen zu Thuringen und Markgrafen zu
Meissen, meinem gnädigsten Herrn.

G. u. F. in Christo, auch mein arm Pater

Naster. Durchleuchtigster H. F. Gt. Ich hatte
wohl Willen E. K. F. G. mit dieser Schrift zu
verschonen, und gehen lassen, was da gehet, des
gefangen M. Paulus halben, der uns aber mit
seiner teuflischen Mißhandlung eine ewige unauslös-
drückliche Nachrede gestiftet hat, daß wir allenthalben Hundbegräber (wiewohl es kein Hund gewest)
müssen geschmäht werden. Nu sind die Juristen etliche in des Papsts (Teufels) Namen einmal auch
barmherzig worden, doch nicht über uns, die wir
solchs leiden müssen, und wollen den Stifter solcher
Schmach heilig machen, darüber uns arme Theologen blutgierig verdrucken, so ich doch auch (als ich
hoffe) meine Barmherzigkeit über manche Ubelthäter
mehr erzeigt habe, denn E. K. F. G. oft leiden
haben können. Nu ist das Geschrei so groß und
wächst, daß ich mich gegen die Universität verwahret
mit Schrift und Worten; wo ihre Barmherzigkeit
würde fehlen, und meine Besorg allzuwahr werden,
so wäre ich entschuldigt, und hernach auf der Kanzel
mich werde wohl wissen zu halten wider solche Juristen.

Weil nu E. K. F. G. als dem Landsfürsten
hieran auch will gelegen sein, denn es muß eine
wichtige Sache werden: so muß ich mich gegen E.
K. F. G. auch unterthäniglich erzeigen, damit ich
nicht hernach mocht bei E. K. F. G. angeben werden, warumb ich in solcher Zeit geschwiegen hätte;
denn der Bube soll (wie die ganze Stadt sagt) trotzig sein; oder zum Fenster heraus rufen, und Briefe
fallen lassen, der mit einem auf der Kanzel zukommen, darin er begehrt (wiewohl ich nicht weiß, wer
die Person wäre), daß man für einen elenden Menschen bitten sollt, der von allen Menschen verlassen
wäre, und sich sein kein Mensch annähme; das seu-
gest du (sprach ich), denn hie bin ich und die Kaps-
lan, ꝛc. Und treiben die Frau und ihr Freundschaft
großen Trotz, als haben sie nichts Übels gethan.

Darumb mein Gewissen, dazu meine unterthänige geschworne Treu gegen E. K. F. G. zu verwahren, bitte ich unterthäniglich, ob die Sache ge-

Denn mein Herz ja gewesen ist, und noch, daß
man die Jüden sollt freundlich halten, der Meinung,
ob sie Gott dermaleins wollt gnädiglich ansehen,
und zu ihrem Messia bringen; und nicht der Meinung, daß sie sollten durch meine Gunst und Forderung in ihrem Irrthum gestärkt und ärger werden.
Davon ich, so mir Gott Raum und Zeit gibt, will
ein Büchlin schreiben, ob ich etliche künnte aus euren väterlichen Stammen der heiligen Patriarchen
und Propheten gewinnen, und zu eurem verheißenen
Messia bringen. Wiewohl es ganz frembde ist, daß
wir euch sollen reizen und locken zu eurem natürlichen Herrn und Könige, wie denn vorhin euer Vorfahren, da Jerusalem noch stunde, die Heiden gereizt
und gelockt haben zu dem rechten Gott.

Sollt ihr nicht billig denken, daß wir Heiden
wohl so hoffärtig und ekel wären, weil ohn das
Heiden und Jüden allzeit tödtlich feind einander gewesen sind, daß wir freilich auch euren besten König
nicht würden anbeten, geschweig denn einen solchen
verdampten gekreuzigten Jüden, wo nicht hierinne
wäre die Gewalt und Macht des rechten Gottes, der
solches uns hoffärtigen Heiden, euren Feinden, gar
mächtiglich ins Herz brächte. Denn ihr Jüden würdet ja nimmermehr einen gehenkten oder gerabbrechten
Heiden nach seinem Tod für einen Herrn anbeten,
das wisset ihr.

Darumb wolltet ja uns Christen nicht für Narren oder Gänse halten, und euch doch einmal besinnen, daß euch Gott wollte dermaleins aus dem
Elende, nu über funfzehen hundert Jähr lang gewähret, helfen, welchs nicht geschehen wird, ihr nehmet denn euern Vettern und Herrn, den lieben gekreuzigten Jesum, mit uns Heiden an.

Denn ich habe eure Rabbinos auch gelesen, und
wäre es darinnen, so wäre ich so hörnern und steinern nicht, es hätte mich auch bewogen. Aber sie
können nichts mehr, denn schreien: es sei ein gekreuzigter, verdampter Jüde, so doch alle eure Vorfahren keinen Heiligen noch Propheten unverdampt,
ungesteinzet und ungemartert haben gelassen, welche

billig. Zu haben sie mir einen Raum gezeigt (weil
kein Haus mehr vorhanden), darauf meinten sie
eines zu setzen, nämlich bei des Kusters Hause, wie
er euch wohl zeigen mag. Zu wollte ich wohl mit
dieser Bitte an m. günstige Herrn gefallen sein; so
denke ich, daß es euch ehrlicher und löblicher sei (so
es eurs Gewalts ist), daß ihr eurem treuen Pfarrer,
der nu vierzehn Jahr bei euch im Wort gedienet,
euch freundlich erzeigt, und eur Dankbarkeit scheinen
ließt, sonderlich weil es doch unter Bürger recht
kommen oder bleiben soll. Demnach ist mein freundliche Bitte, ihr wollet ihm solchen Raum schenken
oder helfen kriegen, weil er doch allda liegt verges-
lich und ungeachtet. Damit werdet ihr ein gut Ge-
zeugniß zur Gunst und Liebe zum Wort und desselben Diener, die doch sonst selten viel Gunst erwerben, beweisen. Versehe mich, ihr werdet euch wohl
christlich und gütlich hierin erzeigen. Hiemit Gott
befohlen, Amen. Dienstags nach Assumptionis
Mariä, 1537.

Martinus Luther, D.

561.

An den Juden Jesel, v. 5. November 1537.

Wittenb. XII. 203. Jen. VI. 508. Altenb. VI. 1114.
Leipz. XXII. 509. Walch XX. 269. De W. V. 79.

Dem Fürsichtigen Jesel, Jüden zu Rosheim,
meinem guten Freunde.

Mein lieber Jesel! Ich wollt wohl gern gegen
meinen gnädigsten Herren für euch handeln, beide
mit Worten und Schriften, wie denn auch meine
Schrift der ganzen Jüdischheit gar viel gedienet hat;
aber dieweil die Euren solchs meines Dienstes so
schändlich mißbrauchen, und solche Ding fürnehmen,
die uns Christen von ihnen nicht zu leiden sind, haben sie selbst damit mir genommen alle Förderung,
die ich sonst hätte bei Fürsten und Herren können
thun.

Denn mein Herz ja gewesen ist, und noch, daß man die Jüden sollt freundlich halten, der Meinung, ob sie Gott dermaleins wollt gnädiglich ansehen, und zu ihrem Messia bringen; und nicht der Meinung, daß sie sollten durch meine Gunst und Forderung in ihrem Irrthum gestärkt und ärger werden. Davon ich, so mir Gott Raum und Zeit gibt, will ein Büchlin schreiben, ob ich etliche künnte aus euren väterlichen Stammen der heiligen Patriarchen und Propheten gewinnen, und zu eurem verheißenen Messia bringen. Wiewohl es ganz frembde ist, daß wir euch sollen reizen und locken zu eurem natürlichen Herrn und Könige, wie denn vorhin euer Vorfahren, da Jerusalem noch stunde, die Heiden gereizt und gelockt haben zu dem rechten Gott.

Sollt ihr nicht billig denken, daß wir Heiden wohl so hoffärtig und ekel wären, weil ohn das Heiden und Jüden allzeit tödtlich feind einander gewesen sind, daß wir freilich auch euren besten König mit würden anbeten, geschweig denn einen solchen verdampten gekreuzigten Jüden, wo nicht hierinne wäre die Gewalt und Macht des rechten Gottes, der solches uns hoffärtigen Heiden, euren Feinden, gar mächtiglich ins Herz brächte. Denn ihr Jüden würdet ja nimmermehr einen gehenkten oder geradbrechten Heiden nach seinem Tod für einen Herrn anbeten, das wisset ihr.

Darumb wolltet ja uns Christen nicht für Narren oder Gänse halten, und euch doch einmal besinnen, daß euch Gott wollte dermaleins aus dem Elende, nu über funfzehen hundert Jähr lang gewähret, helfen, welchs nicht geschehen wird, ihr nehmet denn euern Vettern und Herrn, den lieben gekreuzigten Jesum, mit uns Heiden an.

Denn ich habe eure Rabbinos auch gelesen, und wäre es darinnen, so wäre ich so hörnern und steinern nicht, es hätte mich auch bewogen. Aber sie können nichts mehr, denn schreien: es sei ein gekreuzigter, verdampter Jüde, so doch alle eure Vorfahren keinen Heiligen noch Propheten unverdampt, ungesteiniget und ungemartert haben gelassen, welche

allgumal auch mußten verdampt sein, wenn euer
Meinung darumb sollt recht sein, daß Jesus von
Nazareth von euch Jüden gekreuziget und verdampt
sei; denn ihrs zuvor mehr gethan und allwege gethan.

Leset, wie ihr mit eurem Könige David umb
selb gangen, und mit allen frommen Königen, ja,
mit allen heiligen Propheten und Leuten; und haltet uns Heiden nicht so gar fur Hunde. Denn ihr
sehet, daß euer Gefängniß zu lang will währen,
und findet doch uns Heiden, welche ihr fur eure
höchsten Feinde haltet, günstig und willig zu rathen
und helfen, ohn daß wirs nicht leiden können, daß
ihr euer Blut und Fleisch, der euch kein Leid gethan
hat, Jesus von Nazareth, verflucht und lästert, und
(wenn ihr könntet) alle die Seinen umb alles bräch-
tet, was sie sind, und was sie haben.

Ich will auch ein Prophet sein, wiewohl ein
Heide, wie Bileam gewesen ist: es soll nicht gehen,
das ihr hoffet, denn die Zeit, von Daniel bestimmet,
ist lang aus; und wenn ihrs gleich noch so wunderlich drehet, und aus dem Text machet, was ihr wöllet, so ist das Werk furhanden.

Solchs wöllet von mir freundlich annehmen,
euch zu euer Vermahnung. Denn ich umb des gekreuzigten Jüdens willen, den mir Niemand nehmen
soll, euch Jüden allen gerne das Beste thun wollte,
ausgenommen, daß ihr meiner Gunst nicht zu euer
Verstockung gebrauchen sollt. Das wisset gar eben.
Darumb müget ihr eure Briefe an mein gnädigsten
Herrn durch andere furbringen. Hiemit Gott befohlen. Datum aus Wittenberg, Montags nach Bar-
bara, im 1537. Jahr.

Mart. Luther.

562.

An Wolfgang Reißenbusch, Präceptor zu Lichtenberg, v. 25. November 1537.

Witterb. XII. 204. Jen. VI. 505. Altenb. VI. 1110.
Leipz. XXII. 568. Walch XXI. 404. De W. V. 81.

Gnad und Fried in Christo. Achtbar, Ehrwürdiger Herr, besonder guter Freund! Es hat mir der Pfarrherr zu N. seine Noth angezeigt, so hab ichs selbs gesehen. Da sind Weib und Kind in Unfall, Armuth, und wird ihm das Haushalten saur, das weiß Gott. Weil er aber von N. mit 20 Floren abgefertiget, so Andere 100 Floren kriegen, wiewohl er dazumal solchs bewilliget: so ist doch nu die Durst und Noth da, daß solchs Bewilligen billig fur nichts zu achten bei allen Vernünstigen. Und wenn mans gleich Christo von den Füßen nehmen, und ihm geben sollt, wäre es mehr Ablaß denn Sünde.

Nu E. A. von N. das Meiste und Beste bekommen, und ihm von Uberfluß leichtlich helfen kann: so ist nicht allein mein fleißig Bitte, sondern auch treuer Rath, E. A. wollte sich angreifen, und ihm vollend auch 100 Floren reichen; angesehen, daß E. A. solch geringe Geld in dem Fall nichts schadet, und dem armen Mann groß hilft.

Denn ich will E. A. nicht bergen, daß nicht allein die Conventual von N., sondern fast Jedermann ärgerlich und ubel davon reden, daß E. A. alles soll zu sich nehmen und die Andern so bloß und nacket davon weisen; und thun das mit solchen gewaltigen Schein, daß auch E. A. gute Freunde, und ich selbs auch, nicht finden noch haben ihnen das Maul zu stopfen, und doch ungern hören, daß E. A. soll umb Gelds willen ein böse Geschrei haben, sonderlich weil E. A. sonst genug, und dieses Armuths (deß sich billig der gut Mann trösten sollt mit Weib und Kind) nicht bedürfen. Und, wie viel herausfahren, achten sie: es sollte wohl zuletzt (wo E. A. sich so hart stellen wollte) der Armen Geschrei gen Himmel rufen uber E. A.

Wenn ich an E. A. Statt wäre, so wollte ich ein paar hundert Floren oder zwei unter sie in die Rappuse werfen, und solchen Leumund stillen, und mein Gewissen fur Gott deste reichlicher sichern und fröhlich machen, als daß ich da gnug gethan hätte; denn Gott E. A. geben, und kann wohl mehr geben. Es heißt: Facito vobis amicos de Mammona iniquitatis.

Solche Schrift, bitte ich, woll'E. A. auss Beste
von mir verstehen, als von einem guten treuen Herzen, der E. A. alle Ehre und Gut gönnet, hie und
dort. Denn es zwinget mich des armen Pfarrherrns
sampt seines Weibs und Kindlin Noth.

Und wo ich nicht der Hoffnung wäre, E. A.
würde sich nicht hart dazu stellen, hätte ich vielleicht
nicht fürgenommen, solchs zu bitten. Hoffe auch noch,
E. A. werde mir diese Bitte nicht ausschlagen, wenn
ich denke, daß E. A. allhie einem gemeinen Kasten
so viel gegeben hat, so es hie, weil es größer Noth,
viel baß angeleget ist. Hiemit Gott befohlen, Amen.
Geben aus Wittemberg am Tage Catharinä, Anno 1537.

563.

An die reformirten Schweizer-Orte, v. 1. De-cember 1537.

Wittenb. XII. 204. Jen. VI. 506. Altenb. VI. 1111.
Leipz. XXI. 107. Walch XVII. 2594. De W. V. 83. Par-
teinsch in Hospinian. hist. sacr. P. II. p. 275.; bei Buddeus p. 258.; Schütz III. 189.

Den Ehrbarn, Fursichtigen Herrn, Burgermeistern, Schultessen, Meyern, Rath und
Burgern der Eidgenossen Städten sämptlich, Zürch, Bern, Basel, Schaffhausen,
St. Gallen, Muhlhausen und Biel, mein
besondern, gonstigen Herrn und guten
Freunden.

Gnad und Friede in Christo unserm Herrn und
Heiland. Ehrbare, fursichtige, lieben Herrn und
Freunde! Ich hab nu mehr denn zu lang verzogen,
auf euer Schrift, gen Schmalkald an mich gethan, zu
antworten. Solchs Verzugs wollt ich mich wohl gern
entschuldigen, hoffe aber, es sei nicht noth, dieweil
ich nicht E. E. selbs wohl wissen, wie viel mir täglich auf dem Hals liegt, der ich itzt nu schwach und
alt bin, also, daß ich itzt mit Gewalt hab müssen

mich abziehen von den Leuten und Geschäften, damit ich diese Schrift einmal fertigen möchte.

Ich hab nu zwar wiederum E. E. Schrift gelesen, und bin etlich deß hochlich erfreuet, daß ich vernommen, wie hintan gesetzt aller vorigen Schärf und Verdacht, so wir mit euern Predigern gehabt, euer ganzer großer Ernst sei, die Concordia anzunehmen, und zu fördern beschlossen seid. Der Gott und Vater aller Einigkeit und Lieb wollt selbs solch gut angefangen Werk gnädiglich vollführen, wie geschrieben stehet Sprüchw. 16, 7.: Wenn Gott gefället eines Manns Weg, so bekehret er auch seinen Feind zum Frieden. Nu ist wohl wahr, und kann auch nicht anders sein, daß solche große Zwietracht nicht kann so leicht und bald ohne Riß und Narben gestillet werden. Denn es werden beide bei euch und uns Etliche sein, welchen solche Concordia nicht gefällig, sondern verdächtig sein wird. Aber so wir zu beiden Theilen, die wir es mit Ernst meinen, werden fleißig anhalten, wird der liebe Vater und Gott wohl sein Gnade geben, daß es bei den Andern mit der Zeit auch zu Tod blut, und das trübe Wasser sich wiederum setzt.

Ist derhalben mein freundlich Bitte, E. E. wollten dazu thun und mit Ernst verschaffen, daß bei euch und den Euern die Schreier, so wider uns und die Concordia plaudern, sich ihres Schreiens enthalten, und das Volk einfältiglich lehren, darüber diese Sachen der Concordien lassen befohlen sein denen, die dazu berufen und tüchtig sein, dieselbig nicht hindern. Gleichwie auch wir allhier, beide in Schriften und Predigten, uns gar still halten und mäßigen wider die Euren zu schreien, damit wir auch nicht Ursach sein, die Concordia zu hindern; welche wir ja von Herzen gern sehen, und Gott gelobet, des Fechtens und Schreiens bisher gnug gewest, wo es hätte sollen etwas ausrichten.

Und zuvor will ich ja ganz demüthiglich gebeten haben: wollet euch zu mir versehen, als einem, der es ja auch mit Herzen meinet, und was zur Forderung der Concordia dienet, so viel mir immer müglich, an mir nicht mangeln soll: das weiß Gott, den ich zum Zeugen auf meine Seel nehme. Denn die Zwietracht weder mir noch Jemands geholfen, sondern Vielen Schaden gethan hat, daß freilich nichts Nützlichs noch Guts darinnen zu hoffen gewest, auch noch ist.

Und damit ich auf euer Artikel komm, so weiß ich keinen Mangel an dem ersten, von dem mündlichen Wort; denn wir auch nicht anders lehren. Denn der Heilig Geist muß wirken inwendig in den Herzen der Zuhörer, und das äußerliche Wort allein nichts ausrichtet. Sonst, wo es das äußerliche Wort allein sollt thun, würden alle gläubig, die es hören; welchs doch nicht geschicht, wie die Erfahrung überzeuget. Und St. Paulus spricht zum Römern am 10. (B. 16.): Haben sie es nicht gehöret? aber sie glauben nicht alle dem Evangelio; doch, daß wohl das mündlich Evangelion Gottes Wort und Gottes Kraft heiße zur Seligkeit allen, die dran gläuben, Röm. 1, (16.), als durch welchs Gott ruft und zeucht, welche er will, durch seinen Heiligen Geist. Und was hierin in Schriften von euch oder von mir gegen einander mocht nicht deutlich ganz verstanden werden (denn wir nicht können einerlei Weise nach unser Sprach brauchen), so wird D. Capito und M. Bucerus wohl deutlich und klärlich hierin zu mitteln und alles aufs Best zu verklären wissen; wie ich mich deß darin gänzlich zu ihnen versehe, daß sie es mit allem Fleiß und Treuen thun werden, als ich bis daher nicht anders gespüret habe.

Deßgleichen der Tauf halben, im andern Artikel, spüre ich auch kein Ungleichheit. Denn gleichwie itzt vom mündlichen Wort geredt ist: so halten wir auch, daß Wasser und Wort (welchs das furnehmest in der Tauf), ohn den Heiligen Geist inwendig, nichts schaffe äußerlich; doch solche Tauf Gottes äußerlich Zeichen, ja Gezeug und Werk sei, dadurch Gott in uns wirke 2c., damit es nicht ein lauter Menschenzeichen oder Losung sei.

Der dritte Artikel, vom Sacrament des Leibs und Bluts Christi: haben wir auch noch nie gelehret,

lehren auch noch nicht, daß Christus vom Himmel
oder von der rechten Hand Gottes hienieder und
auffahre, noch sichtbarlich, noch unsichtbarlich; bleiben
selbst bei dem Artikel des Glaubens: Aufgefahren gen
Himmel, sitzend zur Rechten Gottes, zukünftig ꝛc.,
und lassen's göttlicher Allmächtigkeit befohlen sein, wie
sein Leib und Blut im Abendmahl uns gegeben werde,
wo man aus seinem Befehl zusammen kömmet, und
seine Einsetzung gehalten wird. Wir denken da keiner
Aufsahrt noch Niederfahrt, die da soll geschehen, sondern wir bleiben schlechts und einfältiglich bei seinen
Worten: Das ist mein Leib; das ist mein Blut.
Doch, wie droben gesaget, wo wir hierin einander
nicht gänzlich verstünden, so sei das itzt das Beste,
daß wir gegen ander freundlich sein, und immer das
Beste zu einander versehen, bis das Glüm und trübe
Wasser sich setze.

So kann auch D. Capito und M. Bucerus
hierinnen allen wohl zurathen; wo wir nur die Herzen zusammen setzen, und allen Unwillen fahren
lassen, damit dem Heiligen Geiste Raum gegeben,
weiter die Liebe und freundliche Concordia vollkommen zu machen. Wie wir denn unsers Theils, sonderlich mein Person halben, allen Unwillen von Herzen fahren lassen, und euch mit Treu und Lieb meinen.
Denn wenn wir schon, so es mit Ernst treiben, das
höhest thun, dürfen wir dennoch große Gottes Hülf
und Rath, weil der Satan, uns und der Concordia
feind, wohl wird die Seinen zu finden wissen, die
Bäume und Felsen in den Weg werfen werden, daß
nicht noth ist, daß auch wir Hader anrichten, und
verdächtig auf einander sein; sondern nur die Herzen
und Hand einander reichen, gleich und fest halten,
damit es nicht hernach ärger werde, denn zuvor.

Von dem Bann oder Schlüssel weiß ich mich
nicht zu erinnern, ob jemals zwischen uns Streit oder
Zwietracht gewest ist. Vielleicht ist es in diesem Stück
bei euch baß gefasset, denn bei uns, und wird sich,
wo es sonst vollkommen alles wird sein, zur Concordia hierin nicht stoßen noch säumen, ob Gott will,
Amen.

Solchs will ich dieß Mal auf E. E. Schrift aufs
Kürzste geantwort haben. Bitt, wolltens ja fur gut annehmen. Denn in meinem Kopf stecken täglich viel Händel, schweige Gedanken, daß ich nicht kann ein Ig-
lichs so handeln und reden, als ob ich nichts, denn
eins oder zwei, zu thun hätte. Hiemit befehl ich E.
E. alle sampt allen den Euern dem Vater aller Barmherzigkeit und Trost. Der verleihe uns zu beiden
Theilen sein Heiligen Geist, der unser Herz zusammen
schmelze in christlicher Lieb und Anschlägen, allen
Schaum und Rost menschlicher und teuflischer Bosheit und Verdacht ausfege, zu Lob und Ehr seinem
heiligen Namen, und zur Seligkeit vieler Seelen, zuwider dem Teufel und Papst, sampt allen seinen An-
hängen, Amen. Prima Decembris, Anno 1537.

Martinus Luther, D.

504.

An Burgermeister und Rath der Stadt Isny, v. 26. December 1537.

Eisl. II. 369. Altenb. VI. 1115. Leipz. XXI. 110 Walch
XVII. 2588. De W. V. 88.

Gnad und Fried in Christo. Erbarn, Fürsichtigen, lieben Herrn und Freunde! Die abgeschrieben
Zettel, Latinisch und Deutsch, so ihr habt mir itzt
zugeschrieben, euch von andern Städten zugeschickt,
des Handels halben, so zwischen uns hie zu Wittenberg vom Sacrament gestellet ist, muß ich bekennen,
daß alles sei also ergangen und geschehen. Aber daß
ihr in eurem Briefe unter andern Worten auch das
anzeiget, daß ihr bericht sollt sein, als hätte ich mich
mit ihnen, den oberländischen Predigern, verglichen,
so etwas noch widerspännig: solches verstehe ich nicht,
was die damit gemeinet haben, die euch solchs angeben. Zudem auch ist eines seltsam, daß ihr schreibet, wie ihr keinem Theil zugethan gewest sind ꝛc.

Wie dem allen, so füge ich euer Begierde nach

zu wissen, ob etliche würden bei euch oder umb euch rühmen oder fürgeben, daß ich von meiner vorigen, über der Zwingel Meinung gewichen sei, den bittet, daß er solches Rühmens wolle schweigen, damit die angefangen Concordi nicht verhindert, und vielleicht ein ärger Discordi draus werde. Denn ich wohl leiden kann, daß sich rühme hoher Kunst, Geists und Heiligkeit, wer da will, nicht allein über mich, sondern auch über St. Paulum, ohn daß er mich nicht mit sich soll in seinen Ruhm ziehen, oder von mir sagen: Er stehe noch, ich sei gewichen. Ich hoffe aber gleichwohl, daß etliche unter ihnen die Concordi von Herzen und mit Ernst meinen. Gott mag die andern auch herzu bringen nach seinem Willen, wenns Zeit sein wird. Solchs müßt ihr mir gläuben, und ich (mit Gottes Hülfe) nicht anders reden noch thun werde. Hiemit Gott befohlen, Amen. An St. Stephans Tage in Weihnachten, Anno 1537.

Martinus Luther, D.

565.

An den Kurfürsten Johann Friedrich, v. 4. Januar 1538.

Leipz. Suppl. No. 149. S. 83. Walch XXI. 410. De W. V. 94.

Dem Durchleuchtigsten, Hochgebornen Fürsten und Herrn, Herrn Johanns Friedrich, Herzogen zu Sachsen, des heil. Rö. Reichs Erzmarschalk und Kurfürsten, Landgrafen in Thüringen und Markgrafen zu Meissen, meinem gnädigsten Herrn.

G. u. F. in Christo. Durchleuchtigster, Hochgeborner Fürst, gnädigster Herr! Ich hab E. K. F. G. Befehl nach Augs Morgens Mag. George Karg in der Sacristien die Zettel mit Ernst fürgehalten, in Beiwesen D. Jonas, D. Kreuziger, M. Philipps,

und aufs Schärfste mit ihm geredt: darauf er sich erstlich, als hätt er solchs nicht geschrieben, entschuldigen
wollen, aber flugs drauf überweiset, gesagt, er hätte
sich allzeit wollen weisen lassen, und wir ihm beföh-
len, er sollt uns kurz seine Meinung schriftlich, worauf er bleiben wollt, zuschicken, das er sich bewilligt.
Eben in solchen Reden kompt der Schosser, und E.
K. F. G. Befehl nach, nimpt er die Hand von ihm
zur Bestrickung aufs Schloß; wir hätten aber gern
gesehen, er wäre in seine Herberge bestrickt, welchs
der Schosser auf unser Verantwortung geschehen ließ;
aber der Landvoigt bald hernach ihn aufs Schloß
holen ließ, welchs uns nu auch besser gefällt, auch
unser halben

Als sichs nu verzeucht, das Mag. George Karg
nichts schreibt, schickt ich hostern zu ihm in meinem
Namen die zween Caplan, daß sie von ihm foderten
die zugesagte Schrift; und wiewohl sie der Landvoigt
erstlich abweiset, und wollt Niemand zu ihm lassen
ohn E. K. F. G. Befehl: bedachte er sich doch, ließ
sie wieder holen; dieselben haben mir ausbracht diese
eingelegte Schrift, die er mir hernach zugesandt.

Heute bin ich selbs mit D. Jonas zu ihm gangen, und auf sein Begehr mit ihm geredt, und gefunden, daß der Pfaff, davon er meldet in seinen
Schriften, der rechten Häuptbuben einer gewest, und
ihm groß Unrecht geschehen ist. Daß sie ihn in Freiberg haben von sich lassen kommen, das verdreußt
mich hoch; denn er hat den armen jungen Menschen
in solche Articul zu disputiren bewogen, die ich zuvor
nie gelesen, noch gehöret; aber wir hoffen, weil er
sich heute fein weisen ließ, und bekennet, er sei ver-
fuhrt im solchen zweimal, er solle sich recht bekehren.
Denn es ist ein unerfahrner junger Mensch, und hat
vielleicht erstlich an unsern Personen sich geärgert,
und hernach an der Lehre deste liederlicher gehalten,
wie sie denn alle bisher gethan, die unter unser Lehre
Rotten angericht, zuerst unser Person veracht. Doch
damit wir keinen Scherz aus des Teufels Anfechten
und seltsam Gesuch machen: so begehr noch bitte ich
nicht, daß E. K. F. G. ihn los gebe, bis wir E. K.

F. G. mugen grundlich und gewiß anzeigen, was er
wolle halten oder lassen fahren; denn es fallen mir
seltsam Gedanken ein, auch auf die Leute, die doch
vielleicht, und ob Gott will, unschuldig sind. E. K.
F. G. werden sich wohl wissen fürstlich zu halten.
Der Teufel meinet uns mit Ernst, und schickt unter
uns seine Diener (als der Pfaffe von Freiberg einer
gewest), und schleicht herein uns ungegrüßet. Hiemit
Gott befohlen, Amen. Freitags nach Circumcis.,
1538.

E. K. F. G.

unterthäniger

Mart. Lutherus.

566.

An den Fürsten Wolfgang zu Anhalt, v. 9.
Januar 1538.

Altenb. VIII. 993. Leipz. XXII. 567. Walch XXI. 106.
De W. V. 97.

Gnad und Fried in Christo. Durchleuchtiger,
Hochgeborner Fürst, Gnädiger Herr! Ich hätte wohl
längst, auf E. F. G. Begehr, ein Trost = Brieflein
geschrieben an E. F. G. liebe Frau Mutter, aber
ich hab nit Boten gehabt. Denn mir gehets also,
daß mir die Briefe überantwortet werden; darnach
findet sich Niemand, oder sie vielleicht finden mich nicht,
die von mir sollten Antwort empfahen, daß ich gar
oft vergebliche Briefe schreibe, die mir allhier liegen
bleiben, so ich doch wohl mehr zu thun habe, denn
daß ich vergebliche Briefe schreibe. Darumb wollen
mich E. F. G. entschuldiget haben, und gewiß dafür
halten, daß an meinen willigen Vermögen nicht ge=
fehlet hat, es sei auch was die Schuld sein will oder
kann. Demnach schreibe ich an E. F. G. Frau Mutter,
so gut mirs Gott gibt, und will hiemit dieselbe M.
G. Frau sampt E. F. G. in die Gnad des lieben

Gottes befohlen haben, Amen. Mittwochs nach Epiphaniä, 1538.

E. F. G.

williger

Martinus Luther.

———

567.

An einen Ungenannten, v. 27. Januar 1538.

Wittenb. XII. 205. Jen. VI. 530. Altenb. VI. 1250.
Leipz. IXII. 203. Walch X. 973. De W. V. 96.

Gnade und Friede in Christo. Ehrbarer Fürsichtiger, lieber, guter Freund! Es hat mir euer lieber Bruder, mein besonder guter Freund, M. N.
Hausmann, angezeigt den schweren Unfall, so euch
begegnet ist, euer Hausfrauen halben; welchs mir
wahrlich ganz leid ist, und wollt gerne das Beste rathen, wie mich euer Bruder gebeten hat, wenn ich
euer Gelegenheit ganz wüßte nach der Welt.

Aber geistlich zu reden, so wisset ihr, wie euch
Gott bis daher hat erhaben, und mit viel reichen
Gaben erhöhet, das auch wohl nicht soll ein gut Zeichen sein, wo nicht auch ein sonderlich Unglück drein
schlüge, damit ihr gedemüthiget, und Gott müsset lernen erkennen, und ihn allein zum Trost haben.

Nach dem päpstischen Recht wisset ihr, daß ihr
sie nicht lassen müget; und ob ihrs thätet, so würdet
ihr doch keine Freiheit haben, eine andere zu nehmen.
Wenn ihr sie aber nach unser Lehre (wie man sagt)
solltet fahren lassen, so möchts nicht alles gerathen,
was ihr gedenket, weil sichs ansehet, daß euch Gott
hiermit versucht und euer Geduld prüfen will.

Darumb wäre das mein Rath, wo sie sich hinfurt rechtschaffen wollt halten, daß ihr sie nicht ver-
stießet. Denn sie doch nu fort sich muß ewiglich für
euch demüthigen, und ihr daran gar keine Sünde
thut; auch mit keiner Beschwerung des Gewissens be-

hältst, als der sich der Barmherzigkeit mehr denn des Rechts gehalten habe. Sonst wo ihr strenges Rechts wolltet fahren, möcht viel Unglücks daraus kommen, daß ihr zuletzt als schuldig ein Herzleid oder Seufzen fühlen würdet. Denn Gnade gehet ja uber Recht, und zu scharf Recht verleuret Gnade, beide bei Gott und bei den Menschen.

Unser lieber Herr Jesus Christus tröste und leite euch weiter zu eurem Besten, Amen. Sonntags nach Conversionis Pauli, An. 1538.

Martinus Luther.

568.

In einen Ungenannten, im März 1538.

Dieses Sendschreiben erschien zuerst im Druck unter dem Titel: Ein Brief D. Martin Luthers wider die Sabbather an einen guten Freund. Wittenberg 1538. 4. Wittenb. V. 443. Jen VII. 31. Altenb. VII. 32. Leipz. XXI. 531. Walch XX. 2272. De W. V. 104 Lateinisch übersetzt von Justus Jonas 1539. Viteb. VII. 215. Wir haben es Bd. 31. S. 416. bereits mitgetheilt.

569.

An den Herzog Albrecht von Preußen, v. 6. Mai 1538.

Aus Fabers Briefsammlung S. 11. bei De W. V. 106.

Gnad und Friede in Christo und mein arm Vater Unser. Durchleuchtiger, Hochgeborner Furst, Gnädiger Herr! Es hat mich vermocht an E. F. G. zu schreiben Hans von Bora, mein Schwager, so zuvor E. F. G. auf der Muemel (Memel) Diener gewest. Nachdem er sich heraußen lange hat lassen aufhalten, seins Gutleins halben, daß ers auch hat müssen selbs beziehen, und sich verehlichen, bis ers zu sich bracht, dennoch indeß noch nie sich begeben E. F. G. Dienst, sondern allzeit E. F. G. mit hohem Lob gedacht und

gewunscht, derselben immer willig und gern zu dienen: bittet derhalben, E. F. G. wollten solchen Verzug, den er hat aus Noth, sein und seiner Brüder
Gütlin zu bekräftigen, muffen thun, in keinem ungnädigen Willen verstehen, noch als einen undankbaren oder unwilligen, E. F. G. zu dienen, erkennen. Denn das kann ich mit Wahrheit zeugen, daß
er allzeit E. F. G. sehr und hoch geruhmet und fur
einen lieben Herren gehalten, fur andern allen.

Wo nu E. F. G. (nachdem er fur sein Kindlin
das Gütlin und armes Erbdächlin oder Häuslin be-
schickt, auch wohl bestellen kann) seines Diensts wollten weiter gebrauchen, erbeut er sich E. F. G. mit
allen Treuen und Fleiß zu dienen, und begehrt, E.
F. G. wollten sein gnädiger Furst und Herre sein.
Darauf ist auch mein demuthige Bitte, E. F. G.
wollten ihn gnädiglich befohlen haben und ihm forderlich erscheinen: das ist Gott, als ein gut Werk,
gefällig. So will ich, so viel ich armer Christ vermag gegen Gott, mit meinem armen Gebet E. F.
G., wie ich ohn das thu und zu thun schuldig bin,
gern helfen andern Christen befehlen.

Neue Zeitung vom Turken acht ich E. F. G.
sollen mehr wissen, denn wir. Der König hat kein
Gluck, der Kaiser ist zuruck in Hispanien; etliche meinen, er sei zornig, daß der Papst das Concilium so
schändlich aufzeucht, verzeucht, scheucht und fleucht.
Es sind doch ja nichts denn romische Schälke und
Buben; aber Gott hat angefangen, sie heim zusuchen, der will und wird nicht nachlassen, sondern druckt
fort, und macht sie je länger je mehr zu Narren in ihrer Klugheit.

Mit den Schweizern, so bisher mit uns des Sacraments halben uneins gewest, ists auf guter Bahn,
Gott helfe forder; denn Basel, Straßburg, Augsburg
und Bern, sampt andern mehr, sich sehr fein zu uns
stellen; so nehmen wirs auch freundlich an, daß ich
hoffe, Gott wolle des Aergerniß ein Ende machen,
nicht umb unser willen, die wirs nicht verdienen, sondern umb seines Namens willen, und dem Gräuel zu
Rom zu Verdrieß; denn dieselben sind solcher neuen

Zeitung hart erschrocken, und fürchten sich, darumb sie auch das Concilium so jämmerlich scheuen.

Hiemit dem lieben Gott befohlen, Amen. Montags nach Philippi et Jacobi, 1538.

E. F. G.

willigeR

Martinus LutheR.

570.

Empfehlungsschreiben, v. 24. Mai 1538.

Wittenb. XII. 206. Jen. VII. 21. Altenb. VII. 22. Leipz. XXII. 580. Walch XXI. 407. De W. V. 115.

Gnad und Fried im Herrn, allen frommen Christen und Freunden in Christo. Diesen guten Menschen, Er Franciscum, so aus fernen Landen in Deutschland kommen, bitte ich, wolle ein Iglicher, so er besuchen wird, befohlen haben, und ihm hulflich erscheinen.

Denn wir ohn das allhie zu Wittenberg fast wohl überladen sind, und mehr, denn unser Armuth vermag, von vielen beide verjagten und sonst guten Leuten, so gern studiren wollen, besucht werden umb Hülfe, und nicht so viel hie finden, als sie, dem großen Namen nach, sich versehen hätten, daß billig auch ander umbliegende Nachbar, so mit solcher täglicher Last verschonet werden, auch Hülfe und Steure thun sollten. Wer weiß, wie Gott uns bewähret, und uns grüßet, auch was er vielleicht aus solchen Leuten machen will?

Es sind bei dem Volk Israel auch etliche Frembdlinge unterkommen, die besser worden sind, denn viel andere aus Israel, als der zehent Aussätzige im Evangelio Luc. 17. und der Häuptmann zu Capernaum. Darumb wir denken müssen, daß wir umb Christus willen billig solchen Leuten forderlich sein sollen, unangesehen, daß zuweilen verloren ist an bösen Leuten, welcher die Frommen ja nicht sollen entgelten.

Ein Jeder thu, was er seinem Gewissen nach erkennet. Hiemit Gott befohlen, Amen. Freitags nach Cantate, Anno 1538.

D. Mart. Luther.

571.

An den Kurfürsten Johann Friedrich, v. 29. Mai 1538.

Leipz. Suppl. No. 150. S. 84. Walch XXI. 408. De W. V. 116.

Dem durchleuchtigsten Hochgebornen Fur=
sten und Herrn, Herrn Johanns Fried=
rich, Herzogen zu Sachsen, des heil. Rö.
Reichs Erzmarschalk und Kurfurst, Land=
grafen zu Thuringen und Markgrafen in
Meissen und Burggraf zu Magdeburg,
meinem gnädigsten Herrn.

G. u. F. in Christo, unserm Herrn und Heiland. Durchleuchtiger, Hochgeborner Furst, Gnädigster Herr! Auf E. K. F. G. Befehl, so mir D.
Bruck angezeigt, des Zugs halben wider den Turken 2c., da E. K. F. G. auch mein Bedenken begehrn, sind das meine Gedanken. Weil Deutschland
voller Blutschulden und Gotteslästerung ist, da sie
wider ihr Gewissen und erkannte Wahrheit wuthen
und toben, daß es unmuglich ist (wo anders Gott
lebet und regiert), ohn große Strafe also sollt abgehen, und Gott zum Anfang Konig Ferdinandus
solch lose und ungeschikte beide Regiment und Wesen
gehen läßt: ist seinethalben keine Hoffnung, sondern
eitel Sorge, ja gewißlich eitel Unglück vorhanden.
Wo es nu wahr ist, daß der Turke selbs mit aller
Macht auf ist, so halt ich, die Ruthe sei gebunden,
der man nicht wehren wird: darumb laß alles Gott
befehl, und mit Gebet die Sachen, was geschehen
oder gerathen will, handeln will. Denn mich dunkt,
wie sie sich dazu stellen, wolle Gott nicht viel Gluck

dazu geben, weil sie E. K. F. G. nicht auch zur
Hülfe besuchen, noch Friede in solchen Röthen geben
wollen. Wie nu dem allen, weil in dieser großen
Noth nicht Ferdinandus noch ander unser Feinde,
sondern auch unser Vaterland und viel frommer
treuer Leute mit werden müssen leiden: so achte ich
(so fern man E. K. F. G. darzu rufen und ersuchen wird), E. K. F. G. sollten zu Trost und Hülfe
des armen Häuflins (nicht der Tyrannen) billig und
mit gutem Gewissen helfen mugen, auch schuldig sein,
damit nicht hernach das Gewissen seufzen müsse, und
nach geschehenem Schaden sich selbs strafen und sagen: warumb hast du den Armen nicht helfen schutzen,
da du wohl kunntest, und hast dich die geringe
Sache der Zwietracht der Tyrannen lassen hindern?
Denn ob wir wollten besorgen, wo unsere Widersacher den Turken wurden schlahen (das bei mir nicht
gläublich ist), sie mochten den Spieß gegen uns
kehren; so wissen wir, daß sie es nicht thun konnen,
denn es wurde doch der Haufe nicht folgen, wie zuvor auch geschehen, da der Turk fur Wien mußte
abziehen, und doch nichts darauf furgenommen ward
wider uns. Und ob zu besorgen, daß sie solchs thun
mochten, als sie freilich gern thäten; so ist doch umb
solch ungewiß Spiel nichts zu thun noch zu lassen,
das ärgerlich und unserm Gewissen hernach fährlich
sein mocht. Denn es stehet in Gottes Hand, nicht
in ihrem Willen, was sie uns thun, oder wir leiden sollen, wie wir bisher erfahren; und ist und
wird uns darumb nicht geholfen, ob wir fest oder
stark wider sie wären (ja das sollt wohl am ersten
fehlen); so sind wir auch darumb nicht verlassen noch
verlorn, ob wir schwach oder veracht sind, wie es
noch heutiges Tages stehet. Auch wo man E. K.
F. G. nicht ersuchen wollt umb Hulfe (welchs ein
gräuliches Zeichen sein wollt der Hoffart und Vermessenheit, die dem Turken fast vortheilig sein wollt):
so acht ich, E. K. F. G. mochten gleichwohl lassen
geschehen, daß andere Fursten und Stände, E. K.
F. G. verwandt, mitzogen, das Vaterland und
arme Leute zu retten. Denn necessitas hat nicht

legem, und wo Noth ist, da horet alles auf, was
Gesez, Bündniß oder Vertrag heißt, dann Noth
gehet uber alles; wiewohl ich fast besorge, weil man
solch schändliche Tucke brauchet zur Trennung, daß
auch die Unsern werden auf die Fleischbank geopfert
werden (wo Gott nicht Wunder thub, und den König Josaphat erhalten wird im Heer Ahab). Doch
mussen wir mit unsern Brudern Guts und Boses
wogen, wie gute Gesellen, wie Mann und Weib,
wie Vater und Kinder mit einander wogen, und
Suß und Saur verdauen; Gott wird die Seinen
gleichwohl auch im Tod zu finden wissen. Solchs
sind meine theologischen Gedanken, der ich in solchen
hohen Sachen kein Rathmann sein kann, weil ich
Gelegenheit der Leute und Sachen nicht kenne, sondern auf Gottes Gnaden im Dunkel hinein fahr
und rathe, wie ich thun wollt, wo michs (nicht weiter berichtet) thun wollt*). Christus unser lieber Herr
wird E. K. F. G., als der in solchen hohen Sachen
weiter siehet, wohl weisen und fuhren, dafur wir
treulich bitten, wie wir schuldig sind: demselben ich
E. K. F. G. herzlichs Gebets befehle, Amen.
Mittwochens nach Vocem Jucunditatis, 1538.

      E. K. F. G.

           unterthäniger

                Mart. Luther.

    P. S. Auch wo die andern Stände, E. K. F. G.
Verwandte (so E. K. F. G. nicht ersucht), ziehen
wollten: mochten E. K. F. G. solchs lassen geschehen,
mit solcher Verpflichtung, daß sie damit von E. K.
F. G. unzertrennet und E. K. F. G. dennoch nicht
verlassen künnten, wiewohl meine Gedanken viel anders stehen, denn daß es gehen sollt, wie sie vielleicht
denken. Doch Gott wirds alles machen, daß er selbst
nicht zu Schanden, noch sie mit dem Teufel zu Ehren
werden, Amen.

---

*) sollte wohl heißen: angienge.

An Anton Unruhe, Richter zu Torgau, v.
12. Junius 1528.

Bei Flugk Luth. Gesch. zu Torgau S. 92. De W. V. 119.

Dem Ehrbärn und Weisen, Herrn Antonio
Unruhe, Richtern zu Torgau.

G. u. F. durch Christum unsern Herrn. Ehrbarer, Weiser, lieber gunstiger Herr und Freund!
Timete Dominum; erudimini, judices terrae. Dieses
ist das Wort, welches der Richter täglicher Spruch
sein soll, und ich glaube, er ist der eure; denn ein
solch fromm und christlichen Richter seid ihr, wie euch
deß alle Zeugniß geben, die euch anher gekannt haben. Danke euch, mein lieber Antoni judex, daß ihr
der Margaretha Dorsten hülflich gewesen, und die
adeligen Hansen nicht der armen Frau Gut und Blut
hinnehmen lasset. Ihr wisset, Doctor Martinus ist
nicht Theologus und Verfechter des Glaubens allein,
sondern auch Beistand des Rechts armer Leute, die
von allen Orten und Enden zu ihm fliehen, Hülfe
und Vorschrift an Obrigkeiten von ihm zu erlangen,
daß er genung damit zu thun hätte, wenn ihm sonst
keine Arbeit mehr auf der Schulter drückte. Aber
Doctor Martinus dienet den Armen gern, wie ihr
es auch gewohnt seid; denn ihr fürchtet Gott den
Herrn, liebet Jesum Christum, forschet in der Schrift
und Gottes Wort, und lernet noch täglich euren Ka-
techismum so wohl, wie die Kinder in eurer Schulen.
Deß wird der Herr Christus euch wieder eingedenk
sein. Aber, lieber Richter Antoni, war es denn nicht
genung, daß ihr mein Bitten und Vorsprach höretet,
und mir von eurer Liebe und Willfährigkeit tröstliche
Zeitung thatet? Mußtet ihr auch meiner Person noch
mit Geschenk eingedenk leben? und gar mit einer
ganzen Kufen Torgschen Biers eures Gebräues. Ich
bin der Gutthat nicht werth, und ob ich schon weiß,
daß ihr nicht arm seid, sondern daß euch Gott mit
Gütern und Fülle gesegnet hat; so hätte lieber gesehen,

ihr hättet das Bier euern Armen verschenket, die euch
mit ihrem Gebet mehr Segen gebracht zusammen, als
der arme Martinus allein. Dank sei euch aber doch
vor euern gunstigen Willen, und Gott vergelte es
euch, dem ihr hiemit befohlen seid. Dat. Wittenberg
Donnerstags nach Pfingsten, 1538.

Martinus Luther.

573.

An die Versammlung der Abgeordneten der re-
formirten Orts der Schweiz, v. 9. Junius 1538.

Alleß. VI. 1114. Leipz. XXI. 110. Walch XVII. 2617.
De W. V. 120. Lateinisch überf. bei Buddeus p. 292.
Hospinian. hist. sacr. II. p. 181.

Den Ehrbarn, Fürsichtigen Herrn Ge-
sandten, Rathsboten der Städte Zürich,
Bern, Basel, Schaffhausen, St. Gallen,
Mühlhausen und Biel, zu Zürich versamm-
let, meinen günstigen Herrn und guten
Freunden im Herrn.

Gnad u. Friede in Christo. Ehrbaren, Fürsichtigen, lieben Herren und Freunde! Ich hab euer
Schrift, am vierten Tag des Maiens gegeben, empfangen, darin ich fast gern vernommen, daß euer
aller Herzen zur Concordia bereit, und euch meine
Schrift gefallen hat, nämlich, daß wir allhie nicht
lehren, wie im Sacrament sollt gehalten werden ein
Auffahrt und Niederfahrt unsers Herrn, doch gleichwohl der wahrhaftige Leib und Blut unsers Herrn
daselbst empfangen werde unter Brod und Wein.
Was aber schriftlich nicht künnt so klar gegeben werden, versehe ich mich, D. Martin Bucer und D.
Capito werdens alles mündlich besser dargeben, welchen ich alles vertrauet, und auch darumb gebeten
habe, weil mir kein Zweifel ist, daß bei euch ein
sehr fromm Völklin ist, das mit Ernst gern wohl
thun und recht fahren wollt, darüber ich nicht eine

geringe Freude und Hoffnung habe zu Gott, ob etwann noch eine Herde sich sperret, daß mit der Zeit, so wir säuberlich thun mit dem guten schwachen Häuflein, Gott alles werde zur fröhlichen (aller Jrrung) Aufhebung helfen, Amen.

Denn ob ich etliche noch verdächtig hielte, aus ihren Schriften bewegt, so hab ichs dem D. Bucera alles angezeigt. Denn so viel ich immer vertragen kann, will ich sie für gut halten, bis sie auch herzu kommen. Bitte demnach, ihr wollet auch, wie angefangen, solchs göttlich Werk heißen vollführen, zum Friede und Einigkeit der christenlichen Kirchen, als ich denn nicht anders spüre, daß ihr mit allen Freuden und Lust zu thun bereit seid. Der Vater aller Barmherzigkeit bestätige euch und erhalte euch in seinem angefangen Werk durch seinen lieben Sohn unsern Herrn mit seinem Heiligen Geist reichlich, Amen. Datum Donnerstag nach Johannis Baptistä, 1538.

Martinus Luther, D.

574.

An Christian III., König von Dänemark, v. 26. Julius 1538.

Aus Schumachers Gelehrter Männer Briefe an die Könige in Dänemark 2. Th. S. 261. De W. V. 121.

Dem Durchleuchtigen, Hochgebornen Fürsten und Herrn, Herrn Christian, Erben zu Norwegen, Herzogen zu Schleswig, Holstein, Stormarn und der Ditmarschen, Grafen zu Oldenburg, Delmenhorst, meinem gnädigen Herrn.

Gnade und Friede in Christo. Durchleuchtiger, Hochgeborner Fürst, gnädiger Herr! Wiewohl ich nicht Besonders gehabt an E. F. G. zu schreiben, weil aber gegenwärtiger Magister Erhardt, des Landes Kind, sich ins Vaterland begeben, hab ichs nicht mögen unterlassen, E. F. G. meine unterthänige Dienste

anzuzeigen. Ich hoffe aber, es solle in E. F. G.
Landen noch recht und wohl stehen, sonderlich mit
dem heiligen Evangelio, obs wohl nicht ohne Anfechtung sein kann; sintemal Satan nicht schläft,
und insonderheit wünsche ich, daß der Melchior Hoff-
mann sich mäßiglich halte; denn ich wohl möchte leiden, er ließe sein Predigen anstehen, bis er der Sachen baß bericht. Sonst dasjenige, so ich von ihm
gehöret, und er auch durch Druck läßt ausgehen, gar
nichts zur Sachen dienet und vergebliche Dichterei ist,
ohne welche man doch wohl wissen und lehren kann,
was einem Christen gebühret, welches er zumal wenig
und gar selten rühret. Demnach ist meine unterthänige Vermahnung, E. F. G. wolle mit Ernst die
Einträchtigkeit der Lehre fodern, und solchen Steiger-
Geistern nicht zu viel Raum lassen, angesehen daß
wir zu lernen gnug haben, wie wir an Christum
glauben und unsern Nähesten dienen sollen unter dem
Kreuz, welche Stücke unser gar wenig (leider) verstehen oder achten, viel weniger mit dem Werk und
Leben beweisen, und doch dieweil ander unnöthige
Dinge speculiren, da kein Nutz, sondern vielmehr
Hinderniß der nöthigen Lehre von kumpt. Christus,
unser lieber Herr und Heiland, erleuchte, entzünde
und stärke E. F. G. zu thun seinen wohlgefälligen
Willen immer und ewiglich, Amen. Befehel mich hiemit E. F. G. Wittenberg Freitags nach Mariä Mag-
dalenae, 1538.

E. F. G.

unterthäniger

Martinus Luther.

575.

An den Herzog Albrecht von Preußen, v. 15. August 1538.

Aus Fabers Briefsammlung S. 18. De W. V. 123.

G. u. Friede in Christo. Daß sich E. F. G.
(gnädiger Herr) so hart annehmen des Zettels, wider

den Bischoff zu Mäntz ausgangen, und so herzlich
bitten ꝛc., kann ich E. F. G. als dem Blutsfreund
nicht verdenken, sondern thun billig und wohl dran.
Aber ich hoffe, wenn E. F. G. meine Ursachen lesen
werden, sollen sie selbs nicht viel Guts von dem Bischoff denken, noch sagen mugen; denn wie er sich
auch zu Zerbst hat finden lassen, in der Handlung
mit dem Kurfürsten zu Sachsen, konnen E. F. G.
von den andern Fursten des loblichen Hauses zu
Brandenburg erfahren, welche sehr ubel zufrieden uber
ihn gewest, und einer gesagt: Ah daß er nicht Furst
zu Brandenburg wäre ꝛc. Wie soll man aber thun?
er ubermachts mit Bosheit und Schalkheit, daß Jedermann auffallen muß. Es ist nie kein Geschlecht
so hoch und edel gewest, es ist zuweilen ein ungerathen Kind draus kommen, und je edler, je ehe. Was
sind Buben aus dem Stamm David kommen? Aus
den erwählten Aposteln kam Judas, aus den Engeln
der Teufel, aus den heiligen Bischöffen die Ketzer.
Und wo kommen Huren und Buben her, denn aus
frommen Aeltern ꝛc.? Es ist kein Schande, Buben
in einem Geschlecht haben, sondern ehrlich, daß man
sie nicht lobe noch vertheidinge. Darumb bitte ich demuthiglich, E. F. G. wollten den verzweifelten Pfaffen
lassen Gottes Gericht befohlen sein; er wills so haben, ich will ihm kein Unrecht thun, oder will ihm
hie zu Recht mich finden lassen ꝛc.

Mit dem Sacrament stehets Gott Lob auf guter
Bahn, hoffe in Kurz ein frohlich Concordia endlich
zu erlangen. Hiemit dem lieben Gott befohlen, Amen.
Die Assumtionis Mariae, 1538.

E. F. G.

williger

Martinus Luther, D.

<hr>

576.

An den Rath zu Augsburg, v. 29. August 1538.

Leipz. Suppl. No. 151. S. 85.; Walch XXI. 412., und
nochmals 1458. De W. V. 124.

<hr>

G. u. F. in Christo. Was Ew. Ehrbarkeit und
Fürst. mir geschrieben von M. Johann Forster, laß
ich dieß Mal in seiner Werde; dann ich der Sachen
nit Richter bin. So werdet ihr eure Gewissen wohl
wissen zu bewahren, ohne daß ich ihm nicht wehren
kann, noch will, wo er sich wurde entschuldigen; befehl also dieß alles seinem Richter. Doch habe ich
mit betrübtem Gemuth vernommen, daß sich der Unfall durch den Teufel also hat zwischen euch zugetragen. Uber euer Schrift bin ich hochlich beschweret;
und wo ihr selbs oder euer Prädicanten dermassen
von der Concordia viel wollten schreiben oder reden,
wie diese euer Schrift meldet, so wollt wohl kein gut
Spiel daraus werden; dann ich acht, daß Niemand
also von der Concordia mit Wahrheit reden künne,
und mirs auch nit zu leiden will sein. Ist derhalben
mein gütliche Bitte, ihr selbs und eure Prädicanten
wollten sich solcher Rede enthalten, und bedenken,
wie gar mit großer Muhe und Arbeit, Kost und Fleiß,
durch viel hohes Standes und gelehrter Leute, diese
nöthige arm Concordia angefangen sei. Söllt darüber
das Feuer wieder aufgeblasen, und das Letzt ärger,
dann das Erst, werden; so mußt ihr von Augsburg
verantwortet mussen (sic), deß ich euch hiemit will
ganz treulich gewarnet haben. Doch will ich aus ohn
billiger Geduld der Sachen zu gut solchs erst an D.
Capito und M. Bucer gelangen lassen, ob dieselben
hierin handeln kunnten oder wollten, ehe dann wir
den Papisten ein neue Narren-Freude anrichten.
Euers Michel Kellners Buchlin sind sampt andern
noch vorhanden, die lassen ihn nicht so rein und schön
sein, als euer Schrift und seine Rotte gern wollt,
sonderlich ohne vorgehende Buß. Solchs wollt von
mir wiederumb, als mein Nothdurft, vernehmen, bis
es Gott besser mit euch mache, weder eure Schrift
lautet. Hiemit Gott befohlen, Amen. Dornstags
nach Bartholomäi, 1538.

Martinus Luther,
eigne Hand.

577.

An die Herzogin Elisabeth zu Braunschweig, v. 4. September 1538.

Aus dem Original auf der Wolfenbüttelschen Bibliothek, bei De W. V. 127.

G. u. Friede in Christo. Durchleuchtigste, Hochgeborne Fürstin, Gnädige Frau! Ich und mein liebe Käthe danken E. F. G. für die Käse. Und ist mir das Geschenke deßhalben sehr lieb, wenns auch viel geringer wäre, daß E. F. G. von Gottes Gnaden so ernstlich erzeigen geneigt zu seinem heiligen Wort. Und bitten, daß der Vater aller Barmherzigkeit durch seinen lieben Sohn unsern Herrn E. F. G. mit seinem Heiligen Geist reichlich begabe und erhalte, bis auf jenen Tag unser endlichen Erlösung. Befehlen uns hiemit E. F. G. als willige Diener, Amen. Ich schicke hiemit E. F. G. Pflanzen von Maulbeerbäumen und Feigenbäumen, soviel ich der itzt gehabt. Sonst hab ich nichts Seltsames. Mittwochen nach Aegidii, 1538.

E. F. G.
williger
Martinus Luther.

578.

An den Stadtrath von Amberg, gemeinschaftlich mit Melanchthon, v. 30. October 1538.

Aus Schenkl's Chronik der Stadt Amberg, S. 204., bei De W. V. 130.

Den Ehrbarn, Fürnehmen und Weisen, Herrn Bürgermeistern und Rath der Stadt Amberg, unsern günstigen Herrn und Freunden.

Gottes Gnad durch unsern Herrn Jesum Chri-

14*

stum zuvor. Ehrbare, Weise, günstige Herren! Nach=
dem euer Weisheit bei uns umb ein christlichen Prä=
dicanten angesucht, fügen wir E. W. freundlich zu
wissen, daß wir den Anfang christlicher, heilsamer Lahr
zu eur Kirchen zum höhisten zu fördern geneigt seind,
und Gott danken, daß er euch zu seinem Lob und
rechter Erkanntnuß und zu der Seligkeit berufen, daß
ihr euch nit zu Stärkung falscher Gottesdienst und
Verfolgung der Wahrheit treiben lasset. Nachdem
aber so viel frommer Prädicanten an viel Orten ver=
jaget, und zum Theil mit Grausamkeit ermordet,
schickt Gott die Straf, daß nun wenig tüchtiger Per=
sonen zu finden. Nun können wir wohl achten, daß
E. W. gern ein ansehnliche, stattliche Person hätten:
solche Personen bei uns seind mit Aemptern be=
laden, daß sie nicht wohl an andere Ort zu senden;
wir haben aber gleichwohl auf einen gedacht, mit Na=
men Andreas Hugl von Salzburg, an welchem kein
Gebrech, dann daß die Person nicht ansehnlich und
die Stimm nicht so groß sein möcht, als in einer gro=
ßen Kirchen wohl geziemet. Sunst ist er verständig,
sehr wohl gelehrt, sittig, gottsforchtig und eins ehr=
lichen Wesens, der auch hie in unser Kirchen oft pre=
diget und ein gute Form und Weis hat zu lehren.
Mit diesem haben wir geredt, und ihne darzu ver=
mahnet, daß er dieses Ampt in eur Kirchen, so er
durch eur Schriften beruft wurde, annehmen wollte:
darzu er sich erboten. Wir haben ihn aber jetzund
mit diesem Boten nicht zu euch senden wollen, der=
halben daß er nicht ein große Person ist. Wo aber
E. W. dasselbig nicht achten, sunder sein gute Ge=
schicklichkeit mehr ansehen wollten, und werden an
ihn oder uns schreiben, daß er sich zu E. W. verfü=
gen wölle: hat er sich dazu erboten. Daruf möge
E. W. ihr Meinung anzeigen. E. W., als die Ver=
ständigen und Gottsforchtigen, wollen bedenken, daß
dieses der höhest Gottesdienst ist und den Gott zum
höhisten erfordert, recht heilsame Lahr pflanzen, unserm
Herrn Christo zu Lob und vielen Menschen zur Se=
ligkeit. Darumb wolle E. W. mit Ernst diese Sach
fürdern, und sich nicht lassen abwenden zu Stärkung

falscher Gottesdienst und Verfolgung göttlicher Wahr=
heit, welche Gotteslästerungen ohn Zweifel schrecklich
gestraft werden. Gott bewahr und leite E. W. all=
zeit, und E. W. freundlich zu dienen sind wir willig.
Dat. Wittenberg den 30. Octobris, ao. 1538.

Martinus Luther D.
Philippus Melanthon.

579.

An die Kriegsräthe der Stadt Straßburg, v. 20. November 1538.

Aus dem Original, das sich in dem Archiv der Dreizehner=
kammer in Straßburg befindet, in einem Fascikel, überschrie=
ben: Buceri Handlung mit Carlewitzen 1538., bei De W.
V. 133.

Den Gestrengen, Festen, Weisen Herrn, den
Kriegsräthen, genannt die Dreizehen,
der Stadt Straßburg, meinen besondern
gunstigen Herren.

Gnade und Friede in Christo. Gestrengen, Fe=
sten, Weisen, lieben Herren! Ich hab eur Schrift und
D. Bucers Werbung empfangen, darauf auch ihm
mein Antwort geben, wie er euch anzeigen wird.
Nämlich daß der Proposition, so ausgangen sind, un=
ser halben kein Mangel soll haben, so fern man die=
ser Sache, zuvor abgeredt, mit Stillschweigen zu bei=
der Seit friedlich sein wolle. Das ander Stück von
Kirchengütern hab ich ihm auch angezeigt, daß in
dieser Zeit (so kürzlich sich viel ereugen) de facto still
zu stehen sei. Aber indeß die Personen, so der Kir=
chengüter haben und der Seelsorge nicht achten, an=
zusprechen sind, damit sie re vera Personen werden.
Alsdann, wo sie nicht fort wollen, können sie mit
solchen Schriften und Rechten durch euch angezeigt,
erstlich durch öffentlich Schrift ersucht und endlich zu=
recht bracht werden, oder anders geschehen, daß ihn

doch ihr Muthwill nicht folgen nach. Sonst alles
wird euch D. Bucerus weiter berichten und meinen
ganz billigen Muth und Herz, die Kirchen zu fodern,
wohl anzeigen: daneben auch predigen, daß es auch
biblisch ist, daß wir, so das Evangelion umbsonst haben, uns nicht allein von den todten Güter ernähren,
sondern auch selbs uns angreifen, was S. Paulus
sagt Gal. 6. Communicet instructus instructori omnia bona. Deus non irridetur. Aber D. Bucer wirds
euch wohl wissen zu sagen. Hiemit dem lieben Gott
befohlen, Amen. Mittwochen post Elisabeth, 1538.

Martinus Luther.

580.

An den Stadtrath von Amberg, gemeinschaftlich mit Melanchthon und J. Jonas, v. 30. November 1538.

Aus Scheuff's Chronik von Amberg, S. 207., bei De W.
V. 136.

Den Ehrbarn, Weisen und Fürnehmen,
Burgermeistern und Rath zu Amburg,
unsern besundern guten Freunden.

Gottes Gnade durch unsern Herrn Jesum Christum zuvor. Ehrbare, Weise, Fürnehme, besondere
gute Freunde! Uf eur andre Schrift haben wir mit
Domino Andrea Hugel geredt, daß er sich zu euch
gen Amburg verfügen, und weiter da eur Gemüth
vernehmen wollt, welchs er seinem vorigen Erbieten
nach zu thun willig gewesen. Und wiewohl wir nit
zweifeln, er hab einen recht guten Verstand christlicher
Lahr, und sei an Leben und Sitten unsträflich, sei
auch in seinen Handlungen vernünftig und sittig,
und halten ihn für gottfürchtig, treu und tüchtig zu
lehren; so haben wir doch, als die wir eur Kirchen
Gelegenheit nicht wissen, seinen halben euch kein Maß
setzen wollen, und stellen euch, so ihr ihne sehen und
hören werdet, ob er zu dem heiligen Predhamt in

eur Kirchen anzunehmen oder nicht; solches stellet er auch selbst zu Gottes Willen und euerm Bedenken, als der in dieser Sach nicht das Seine suchet, sondern erbeut sich zu Gottes Ehre zu dienen, soferne man achtet, daß sein Dienst mag Nutz bringen. Wir wollen aber euch guter, treuer Wohlmeinung erinnert und vermahnet haben, wie ihr angefangen, Gott zu Lob und den Christen in eur Stadt zur Seligkeit, das heilige Evangelium zu fudern, daß ihr diesen wahrhaftigen, hohen Gottesdienst, nämlich rechte Lehr, die Gott für allen Dingen fordert, mit Ernst wollet pflanzen und fudern, und, wie St. Paulus spricht, euch des heiligen Evangelii nicht schämen, sondern bedenken, wie hoch allen Menschen, und besondern den Oberkeiten und Potentaten befohlen, solch Ampt zu erhalten, auch wie gräulich diejenigen das Blut und den Tod Christi verachten und lästern, die seine reine Lehre verdammen, und Hülf thun die Christen zu verfolgen und unschuldig Blut zu vergießen, wie große Gnad auch unser Herr Christus für die Bekenntnuß anbeut, und welche Straf er den Verächtern bräuet, da er spricht: Wer mich bekennet für der Welt, den will ich wiederumb bekennen für meinem Vater im Himmel; und wer mich verläugnet, den will ich zu Schanden machen. Dieses haben wir euch aus treuer Wohlmeinung zugeschrieben, und wollen euch hiemit diesen Dominum Andream freundlich befohlen haben. Gott wolle euch sein Gnad verleihen, und euch allzeit gnädiglich bewahren. Dat. Witteberg am Tage Andreä, Anno Christi 1538.

Martinus Luther, D.

Justus Jonas, D.

Philippus Melanthon.

581.

An den Kurfürsten Johann Friedrich, v. 1. Dezember 1538.

Aus Kelpens histor. Anmerkungen zu einem Ablaß-Brief. Hannover 1723. S. 151. III. Zugabe. De W. V. 138.

Dem Durchleuchtigsten, Hochgebornen Fürsten und Herrn, Herrn Johanns Friedrich, Herzogen zu Sachsen, des heil. Röm. Reichs Erzmarschalk und Kurfürsten, Landgrafen in Thüringen und Markgrafen in Meissen, meinem gnädigsten Herrn.

G. u. Friede in Christo und meinem armen Pr. Nr. Durchleuchtigster, Hochgeborner Fürst, Gnädigster Herr! Dieser Er Wolfgang . . . Caplan zum Jessen hat etwa von denen Sequestratoren Vertröstung empfangen, daß ihm sollte aus dem Kloster Mühlpfort seine Abfertigung werden, als darin er 14 Jahr zubracht in dem Larven-Wesen. Nun wissen wir nicht mehr, was, wo oder wer nunmehro Sequestrator sei. Ist demnach meine unterthänige Bitte, E. K. F. G. wollten gnädiglich befehlen, damit der gute Mann kriege, was er aus der Vertröstung hoffet, oder wie es E. K. F. G. aufs Beste bedenken werden; denn da ist nichts vorhanden, denn das bloße Armuth, bis er des Caplans Ampt seine Zeit erfüllet und den Sold verdienet. E. K. F. G. werden sich wohl wissen gnädiglich zu erzeigen. Hiermit Gott befohlen, Amen. Sonntag nach Andr., 1538.

E. K. F. G.

unterthäniger

Martinus Luther.

582.

An Hans von Taubenheim, v. 10. Januar, 1539.

Wittenb. XII. 168. Jen. VII. 217. Altenb. VII. 234.
Leipz. XXII. 533. Walch X. 2362. De W. V. 140.

Dem Gestrengen, Festen, Hansen von Tau=
benheim, meinem günstigen und freund=
lichen lieben Herrn und Gevatter.

Gnade und Friede in Christo. Gestrenger, Fe=
ster, lieber Herr, freundlicher Gevatter! Es ist mir
kund worden, wie unser lieber Herr Gott abermal
seine Ruthen uber euch hat gehen lassen, und euch
euer liebe Hausfrau zu sich selbs genommen. Solche
euer Traurigkeit und Schmerzen ist mir wahrlich von
Herzen leid. Denn ich weiß, daß euch viel anders
zu Sinn ist, weder den losen Leuten, so ihrer Wei=
ber Tod gerne sehen, und acht mich dafur, daß ich
euch wohl kenne, als der ja Christo nicht feind ist,
sondern sein Wort und Reich liebet, auch aller Un=
tugend und Unehre von Herzen gram ist, wie ich
wohl erfahren. In Summa, ich halt euch fur einen
frommen Mann, daran ich nicht feihle; wie ihr wie=
derumb auch mich für fromm haltet. Gott gebe, daß
ihr nicht feihlet. Denn mit mir ists ein Anders, als
der in großen Sachen stecket, und derhalb, wo Gott
die Hand abzüge, fährlicher (wie dieses Standes Un=
fall ist) sündigen müßte. Weil mir solchs von euch
bewußt, daß ihr nicht Gottes Feind seid, so kann
er wiederumb euer Feind nicht sein, als der euch zu=
vor gegeben, daß ihr nicht sein Feind seid, und euch
also viel ehe geliebet, denn ihr ihn geliebet habt,
wie es mit uns allen auch gehet.

Darumb lasset euch das Rüthlin des lieben Vaters
also schmerzen, daß ihr euch seines gnädigen väterlichen
Willens gegen euch viel höher tröstet, und im Kampf
des Schmerzens lasset den Friede Gottes, der uber alle
Vernunft und Sinne schwebt, den Triumph halten,

wenn gleich das Fleisch schluckt und mucket. Wie
ich mich versehe, daß ihr auch ohn meine Tröstungen,
durch Gottes Wort berichtet, selbs wisset, wie göttlicher Friede nicht in den fünf Sinnen oder Vernunft,
sondern weit darüber im Glauben schweben soll.
Unser lieber Herr Jesus Christus sei mit euch. Denn
ich bin euch ja, das weiß Gott, hoffe auch, daß ihr
daran nicht zweifelt, günstig, und hab euch mit Ernst
lieb. Ob ich wohl nichts bin, und auch nu schier
nirgend zu taug, so muß doch Christus ein solch arm
rustrig Werkzeug haben, und mich in seinem Reich dulden hinter der Thür; und helfe Gott, daß ichs werth sei.

Ich bitte auch, wöllet euch unsern Schösser,
meinen lieben Gevattern, lassen befohlen sein, und
ob er bedürft euer Gunst und Förderung, euch freundlich erzeigen. Denn ich hab ihn bis daher nicht anders gespürt, denn der ganz rechtschaffen sei. Aber
Neid und Haß thut auch wohl Gott unrecht, und
kreuziget ihm seinen Sohn. Die Welt ist nicht allein
des Teufels, sonder der Teufel selber. Hiemit Gott
befohlen. Freitag nach Trium Regum, Anno 1539.

Marttnus Luther.

583.

An Kaßpar Güttel, im Januar 1539.

Dieses Sendschreiben erschien unter dem Titel: Wider die
Antinomer. D. Mar. Luther. Wittenberg 1539. bei Joh.
Klug. Dann Wittenb. VI. 427. Jen. VII. 286. Altenb.
VII. 310. Leip. XXI. 344. Walch. XX. 2014. De W.
147. Wir haben es Bd. 32. S. 1. bereits mitgetheilt.

584.

An D. Rühel, v. 21. Februar 1539.

Cod. Palat. 689. p. 75. Cod. Jen. B. 24. f. 246. De W.
V. 164.

G. und F. in Christo. Achtbar, hochgelehrter,
lieber Herr Doctor und Schwager! Ich hab euern

Rath mir wohlgefallen lassen, daß mein lieber Schwa=
ger R. soll des Kurzen spielen, und (damit weiter
Unkost verkommen) zu Stolpen lassen das Urtheil spre=
chen. Denn auch wir (wo uns der völlige Bericht
wäre zukommen, wie die nächste Freundschaft darein
verwilligt) ohn Zweifel hätten fur diese Ehe und
nicht dawider gesprochen, und wo es Noth sein wurde,
noch thäten. Wahr ists, daß wirs (wo es fur uns
Theologen kompt) das Decret XXVII. Quaest. 2.
sufficiat, und dergleichen nichts achten. Denn wir
des Papsts Recht unter die kaiserliche Rechte gewor=
fen haben, als die gar viel besser sind, weder des
Papsts Narrendecret, der immerdar: Lambher, singet.

Auch ob wir könnten des Papsts Kanon wider
euch Juristen vertheidingen, als die ihr das Wort
solus deutet quasi exclusivam patriae potestatis,
welchs doch die circumstantiae nicht leiden, sondern
includirt patriam potestatem, allein coitum seu co=
pulam excludirt.

Aber nicht Noth ist, den Papst zu vertheidingen,
und ohn das nicht lustig sind zu thun. So ist in
diesem Fall der Canon Sufficiat recht und nicht wider
uns. Denn er redet de consensu legitimo, wie
hernach Gratianus (wiewohl unbillig) vom Glosator
verworfen; davon ist nicht zu reden.

Weil nu in diesem Fall die Jungfrau als Walse
die nächste Freundschaft fur sich hat, ist bei uns au=
ctoritas parentum genugsam bekommen, und heißt nicht
solus: solius puellae consensus, sed solus, sc. con=
sentiente patria potestate, sine copula tamen.

Ihr Juristen deutet solus pro solius puellae;
wir Theologen aber, wo wir den Papst wider euch
wollen vertheidingen, deutens solus, pro sola pactione
et desponsatione etiam ante copulam, wie es die
Text selbs geben. Und also den Papst Nicolaus fur
uns wider euch Juristen können brauchen, ohn daß
wirs nicht bedurfen, sondern civilibus juribus solchs
zu richten befohlen. Hiemit Gott befohlen, Amen.
Am S. Peters Abend papeficati, 1539.

Martinus Luther.

585.

An den Rath zu Salfeld, v. 23. Februar 1539.

Aus Schlegels Leben Caspar Aquila's. Leipz. u. Frankfurt 1737. 4. S. 275. bei De W. V. 166.

Den Ehrbaren, Fürsichtigen Herrn, Bür=
germeister und Rath zu Salfeld, meinen
günstigen Herrn und Freunden.

Gnade und Friede bei Christo 2c. Ehrbare Für=
sichtige, liebe Herren! Ich verstehe aus euer Schrift,
daß der Satan auch bei euch unter die Kinder Got=
tes kommen will, wie an mehr Orten geschicht, da=
ran man spüret, daß Gott dräuet mit dem Teufel
unserer großen Undankbarkeit, die wir sein selig
Wort so jämmerlich verachten. Weil aber die Kreise
dieses Fürstenthums getheilet sind, ist mein Rath, daß
ihr zu euch fodert und bittet Er Friedrich Mecum zu
Gotha: wollt ihr Er Just Menius zu Eisenach auch
dazu bitten, ist desto besser, als denen befohlen ist die
Visitatio gen Thüringer Lande. Das schreibe ich da=
rumb, daß weiter Unkost verhütet, vielmehr aber die
Ordnung der Kreise nicht vermenget noch zurissen
werde. Diese zween werden der Sachen wohl wissen
zu rathen (ob Gott will): mügt ihm dieß mein Brie=
felein neben mit zu schicken. Hiemit Gott befohlen.
Domin. Invocavit, 1539.

Martinus Luther.

586.

Umlaufschreiben an alle Pfarrherrn, im Februar
1539.

Wittenb. XII. 222. Jen. VII. 283. Altenb. VII. 307.
Leipz. XXI. 306. Walch XVII. 389. De W. V. 168.

Allen Pfarrherrn in Christo, so das Evangelium lieb haben D. Mart. Luther.

Gnad und Friede 2c. Es haben uns bis daher so mancherlei neue Zeitung und Geschrei von des Türken Anzug endlich irre gemacht, daß wir schier nicht wissen, was wir hinfurt gläuben sollen. Und möchte doch der Zorn Gottes uns näher sein, weder wir denken, und der Türk uns alsdenn übereilen, wenn wir am sichersten wären, und des Geschreies, wie der Wolf, gewohnet, ohn Sorge lebten; wie zur Zeit König Ludwigs geschah: daß ich wohl sehe, die beste Wehre will numehr sein, daß wir uns mit Beten wider ihn rüsten, auf daß Gott selbs wollt gnädiglich haushalten, und solcher Ruthen steuren, uns unser Sünden, die groß und viel sind, verzeihen, zu Ehren seinem heiligen Namen.

Zudem haben die Papisten nu längst im Sinn gehabt, ein Unglück anzurichten in deutschen Landen, können auch nicht aufhören, toben je länger je mehr, und hättens itzt im vergangen Sommer gern gethan, wo Gott nicht sonderlich dafür gewest wäre; und sind so staar-stockblind, daß sie nicht bedenken, daß der Anfang wohl bei ihnen stehen möcht, aber das Aufhören nicht bei ihnen, sondern müßten vielleicht auch mit untergehen. Denn deß habe ich keine Sorge (wo Gott nicht eine Wunderplage thun will), daß sie sollten ihr Furhaben hinaus führen; denn da ist zu fern hin: sondern das sorge ich, wo sie anfahen und unser Theil sich wehren müßte (wie sie denn zu thun schuldig, und ichs auch gar getrost rathen will, daß man sich fur solchen bösen Gewissen und verdampten Sachen nichts uberall fürchten soll, und unter sie schmeißen, wie unter die tollen Hunde): so möchte ein solcher Krieg draus werden, der nicht aufhören könnte, bis daß Deutschland im Grunde verderbet wäre.

Weil aber unser Sünde zu beiden Theilen sehr reif, groß und stark sind, dort mit Lügen, Gott lästern, Gewalt, Morden, unschuldig Blut verfolgen 2c., hier aber mit der Undankbarkeit, Verachtung göttlichs Worts, Geiz und viel Muthwillen: ist meine große

Sorge, Gott möchte durch seinen allzuhochversuchten Zorn dieser zwo Ruthen eine, oder vielleicht beide, einmal uber uns Deutschen gehen lassen. Ist derhalben an alle Pfarrherren (damit ich das Meine thue) gar gütliche Bitte, wollten ihr Volk treulich vermahnen, und ihnen mit Fleiß diese zwo Ruthen Gottes furbilden, damit sie sich furchten und frömmer werden. Denn es ist kein Scherz, und mir grauet fur unsern Sünden, bin auch nicht gern Prophet; denn es pfleget zu kommen gemeiniglich, was ich weissage.

Zum andern, daß sie auch mit Ernst Gott bitten und anrufen wollten, weil es doch nicht anders sein kann, denn daß Deutschland muß Gott einmal eine Thorheit bezahlen, weil des Sündigens kein Maß sein will, sondern immer mehr und ärger wird, daß sein göttliche Gnade uns mit einer andern Ruthen, es sei Pestilenz oder sonst eine, damit doch die Fürstenthümer, Stände und Regiment bleiben, heimsuche, und nicht die Türken uns so sicher und schlafend uberfallen; viel weniger aber durch der Papisten Wüthen uns unter einander selbs fressen und aufräumen lasse. Fürwahr, es ist Zeit und Noth zu bitten. Denn der Teufel schläft nicht, der Türke säumet nicht, die Papisten rugen nicht; es ist kein Hoffnung, daß sie ihren Blutdurst sollten wenden, es fehlet ihnen am Willen, Zorn, Gut und Geld nicht, sondern zum Anfang haben sie alles gnug, ohn daß Gott nicht Muth noch Fäuste gnug ihnen verhängt hat; sonst wäre Deutschland längst im Blut ersäuft, wie der Papst und die Seinen uns gedräuet haben.

Weil denn hierin kein menschlich-Rath noch Macht ist, solchen Bluthunden zu wehren, sondern Gott muß allein wehren, wie er bis daher gethan hat: so sei fromm und bitte, wer da kann, daß Gott die Hand nicht abthue, und uns bezähmen lasse, nach Verdienst unser beiderseits schweren Sünden. Die Papisten beten nicht, können auch fur Blutdurst nicht beten, sehen auch nicht ihren gründlichen Verderb, könnens auch nicht sehen fur Blindheit, Bosheit, Hoffart und Reichthumb: so laßt uns doch fromm und wacker sein und beten, die wir von Gottes Gnade sehen und beten; so wissen wir, daß wir gewißlich erhöret sind, wie wir erfahren haben bis daher, was groß Ding unser Gebet gethan hat, ohn daß kein Gottsläster Papist merken kann, wie geschrieben stehet: Tollatur impius, ne videat gloriam Dei.

587.

An die Visitatoren zu Sachsen, v. 25. März 1539.

Aus dem Original auf der Wolfenbüttelschen Bibliothek bei De W. V. 172.

Den würdigen, gestrengen, ehrbarn verordneten Visitatorn des Kurfürsten, unsers Gn. Herrn zu Sachsen, in Thüringen, meinen gestrengen Herrn und Freunden.

G. u. Fried in Christo. Würdigen, gestrengen und lieben Herrn! Ich hab euern Bericht zwischen dem Pfarrherrn M. Aquila und dem Diakon Er Jacob gelesen, daß ihr darauf auch mein judicium begehrt, weil Er Jacob sich nicht will lassen weisen rc. — Aber meins judicium ist hie gar keine Noth, darumb bitte ich, wollet eurem befohlen Ampt nach deim greifen, und Er Jacob als untüchtig zum Prediger, weil er so gröblich in Haß, Neid, Ehrsucht und Stolz erfunden, dazu auch eur Vermahnung und Befehl verachtet, absetzen. Denn sollt man mit solcher Unlust unsern gnädigsten Herrn, der ohn das als unser einiger Nothbischoff, weil sonst kein Bischoff uns helfen will, bemühen ohn Noth: mochts geachtet werden, als wolltet ihr, als denen es befohlen, nichts dazu thun, und alles auf E. K. F. G. Hals schieben, welcher ohn das, sonderlich itzt, allzu viel beschweret ist. Immer weg mit diesem Jäckel. Denn ich sorge, solcher hartgefaßter Groll wird sich nicht so bald mügen lindern, und werde Übel ärger werden, wo sie sollten itzt bei einander bleiben. Ich bin meins

Theils aus dem Bericht uber die Maße auf den Jöckel unlustig worden, daß er so mit faulen Zoten umbgehet, und noch steif dazu drauf pochet, und aller Welt Meister sein, alles nach seinem Kopf machen will. Hiemit Gott befohlen, Amen. Die incarnationis filii Dei, 1539.

588.

An den Kurfürsten Johann Friedrich, v. 9. April 1539.

Altenb. VII. 717. Leipz. XXII. 588. Walch. XXI. 414. De W. V. 175.

Gnade und Friede in Christo, und mein arm Vater Unser. Durchlauchtigster, Hochgeborner F., G. Herr! Es ist hier zu Lande eine plötzliche Theurung und unversehener Hunger eingefallen, daß es Wunder ist, daß wir gezwungen werden, E. K. F. G. als Herren und Vater des Landes anzurufen, umb Hülf und Rath. Was vor Votrath allhier zu Wittenberg sei, wissen E. K. F. G. ohne Zweifel zu rechnen. Jetzo muß Wittenberg die Städtlein Kemberg und Schmiedeberg mit gebacknem Brode speisen, daß der Rath nur saget, es gehe mehr Brods hinaus aufs Land, denn hier in der Stadt verspeiset wird. Noch halten etliche, daß solche Theurung nicht so gar aus Mangel, als aus Geiz und Bosheit der reichen Junkern komme, und ist des Redens mancherlei und seltsam, darein ich nichts sagen kann. Wohl sagt man, daß N. N. habe sich lassen hören, er wolle kein Körnlein verkaufen, bis ein Schäffel gelte 1 alt Schock oder 1 Gulden, dazu soll das Korn aus dem Lande geschafft und verführet sein. Doch thut die Elbe auch hierzu viel, daß man nicht mahlen noch backen kann, weil die Schloß=Mühle muß vor Wasser stille stehen. Es ist eine kleine Anfechtung, die doch groß wird werden, wo E. K. F. G. nicht hierinnen Hülfe und Rath schaffet. Darumb

bitten wir alle, E. R. F. G. wollten sich gnädiglich
erzeigen, nicht allein mit gegenwärtiger Hülfe zur
Noth, sondern auch mit Regiment, daß die vom Adel
nicht also das Korn hinfort alleine zu sich kaufen,
und wegführen, und damit so unverschämt wuchern,
zum Verderb E. R. F. G. Land und Leuten. Sind
sie doch ohn das reich gnug, daß nicht Noth ist,
armer Leute Leben durch Hunger zu nehmen, umb
ihres Geizes willen. E. R. F. G. werden wohl
weiter und fürstlich hierzu wissen zu rathen. Hier=
mit dem lieben Herrn Christo befohlen, Amen. Mitt=
wochs in Oftern, Anno 1539.

Martin Luther, D.

589.

An Gabriel Zwilling, Pfarrer in Torgau, v. 17. April 1539.

Gräters Jduna 1812. S. 168. De W. V. 176.

Gnade und Friede in Christo. Lieber Magister
Gabriel, Ew. Pfarrherr! Sagt den guten Freunden
von meinetwegen (der ich's gut meine), daß sie sich
nicht verbrennen in der Sachen mit der Pfarrherrin
von Rida, und lassen den Rath und die großen Leute,
die solchs treiben, wohl anlaufen. Denn über die
Großen ist noch ein Größer in diesen Landen, der
heißt Herzog Johanns Friedrich: was derselb wird
urtheilen, werden beide, Rath, Freundschaft und
große Leute müssen leiden. Denn so es allhie das
Hofgericht hat erkannt für ein recht Testament (wie
ihr schreibt), so hat's der Kurfürst gethan, der solch
Hofgericht ist, sie wolltens denn anderswo als im
Kammergericht anfechten: das mag sie wohl gelüsten,
und ob's nicht würde gerathen, so dürfen sie für
Spott und Schaden nicht sorgen. Summa, ist's Te=
stament hie zu Wittenberg für recht erkannt, so hat's

die Wittwe. Hiermit Gott befohlen, Amen. Donners=
tag nach Quasimodogeniti, 1539.

M. Luther.

590.

An Bernhard Besserer, v. 18. April 1539.

Veesenmeyer's Beiträge zur Gesch. der Litt. u. Reform.
S. 157. De W. V. 177.

Dem Ehrbarn, fürsichtigen Herrn Bern=
hard Besserer zu Ulm, meinem gonstigen
Herrn und guten Freund.

Gnad und Fried in Christo. Ehrbar, fürsich=
tiger, lieber Herr und Freund! Es hat ein Pfarr=
herr .... in eurem Gebiet Er Moriz Kern gegen=
wärtigen vertröstet, daß er wohl könnt eine Pfarr,
der etliche ledig sein sollen, bekommen, wo er Zeug=
niß mit sich bringen würde, daß er uns allhie be=
kannt sei. Demnach ist mein freundlich und gütlich
Bitte, wollet euch diesen Herr Moriz Kern lassen
treulich befohlen sein und ihn fordern, wo es sein
kann. Denn er ist gar sehr ein fromm, sittig, gelehrt
Mann, uns allen nicht allein bekannt, sondern auch
bei uns geübt: daß ihm in alle Wege wohl zu ver=
trauen ist. Womit ich müßte E. Ehrb. wiederumb
zu dienen, bin ich willig. Hiemit dem lieben Herrn
Christo befohlen, Amen. Zu Wittemberg Freitags
nach Quasimodogeniti, 1539.

Martinus Luther

manu propria ss.

591.

An den Kurfürsten Johann Friedrich, gemein=
schaftlich mit Melanchthon, v. 1. Junius 1539.

Leipz. Suppl. No. 152. S. 85. Walch XXI. 415. De
W. V. 183.

Gottes Gnade durch unsern Herrn Jesum Chri=
stum zuvor. Durchleuchtigster, Hochgeborner, Gnä=
digster Kurfürst und Herr! Wir fügen E. K. F. G.
unterthäniglich zu wissen, daß Joh. Cellarius, Pre=
diger zu Frankfurt, jetzund allhier; nachdem wir nun
mit ihm geredt, ob er sich in Meißen wollte gebrau=
chen lassen, hat er sich darzu erboten, so fern er Er=
laubniß vom Rathe zu Frankfurt erlangen möchte:
wie wir nicht zweifeln, der Rath zu Frankfurt wird
E. K. F. G. besonders in diesem Falle, daran ihnen
auch gelegen, gern dienen. Wir wollen auch E. K.
F. G. nicht bergen, daß er jetzund mit sich von Bau=
zen sein Weib und Gesinde geführet, die noch zu
Leipzig auf ihn warten. Nun kann er mit seinem
Gesinde nicht lange also liegen: darumb, so er sollte
gebrauchet werden, fordert seine Gelegenheit, daß
ihm ein gewisser Ort förderlich angezeiget werde, da
er auch Versorgung hätte; denn mit Weib und Kind
auf ungewiß warten, würde ihm schwer sein. Dero=
halben bitten wir in Unterthänigkeit, E. K. F. G.
wollen gnädiglich uns zuschreiben, so bemeldter Joh.
Cellarius bleiben sollte, wohin er sich verfügen
sollte, und wer ihm Unterhaltung schaffen würde;
und im Fall er bleiben soll, so ist vonnöthen, auch
alsobald an den Rath zu Frankfurt zu schreiben.
Gott bewahre E. K. F. G. allezeit. Datum Witten=
berg, Sonntag Trinitatis, 1539.

M. L.

Und E. K. F. G. mögen wohl auch das gnä=
diglich bedenken in dergleichen Fällen, daß die Her=
zog Georgischen (so noch rar) vielleicht E. K. F. G.
ein Register schicken, daß man bezahle, was sie in=
dessen verzehret haben, weil sie von keiner Berufung

15*

wiſſen wollteſt. Alſo müßte E. K. F. G. das Ge=
lag theuer genug bezahlen; es ſei denn, daß E. K.
F. G. andere Wege zuvor wiſſen. Meine Sorge
iſt, daß E. K. F. G. nicht mit Unkoſten beſchweret
werde.

Martin Lutherus.
Philippus Melanchthon.

592.

An den Kurfürſten Johann Friedrich, v. 3. Junius 1539.

Leipz. Suppl. No. 153. S. 85. Walch XXI. 416. De W. V. 185.

Dem Durchleuchtigſten, Hochgebornen Für=
ſten und Herrn, Herrn Johanns Fried=
rich, Herzogen zu Sachſen, des heil. Röm.
Reichs Erzmarſchall und Kurfurſten,
Landgrafen in Thuringen und Markgra=
fen zu Meiſſen und Burggrafen zu
Magdeburg, meinem gnädigſten Herrn.

G. u. Friede in Chriſto und mein arm Pr. nr.
Durchleuchtigſter, Hochgeborner Furſt, gnädigſter
Herr! Dieweil ich von wegen des Schoſſers zu Zeſda,
Hiltener, noch nicht Antwort bekommen, daß ich an
E. K. F. G. Wort denke zu Wittenberg, ich hätte
eine boſe Sache: muß ich zuletzt noch eins anhalten;
denn mich jammert des guten, armen Manns, der
vielleicht aus Zuverſicht, daß er ſo lange gedienet,
und von Herzog Friedrich ſeligen herein gebracht und
vertroſtet, einer gnädigen Antwort ſich verſehen. Nu
weil ich die Sache nicht weiß, thue ich dieſe blinde
unterthänige Bitte, E. K. F. G. wollten ihm doch
des Korns halben gnädige Friſt und Bezahlung ſtim=
men laſſen, damit er nicht mit Weib und Kindlin zu
gar verderben muſſe. Denn wo er zu Grunde gehet
(wie er klagt), ſo werden doch E. K. F. G. ihn

aus christlicher Liebe zum Theil helfen nähren. E. K. F. G. werden sich gnädiglich wissen zu erzeigen. Hiemit Gott befohlen, Amen. Dienstags nach Trinitatis, 1539.

E. K. F. G.

unterthäniger

Mart. Luther.

593.

An Hans von Taubenheim, v. 3. Junius 1539.

Leipz. Suppl. S. 86. No. 154.; Walch XXI. 417. De W. V. 186.

Dem Gestrengen und Festen Hans von Taubenheim, Land-Rentmeister zu Sachsen, meinem günstigen Herrn und guten Freunde.

Gnade und Friede in Christo. Gestrenger, Fester, lieber Herr und Gevatter! Wiewohl ich weiß, daß ihr doch diese Fürbitte werdet auf meinen gnädigen Herrn schieben; so kann ichs doch nicht umbgehen. Es ist der Schosser zu Zeida Hiltener in großer Noth, wie ihr wisset, und ich ja gern wollte ihm helfen mit Fürbitt, auch umb seiner Schwester willen zu Koburg, die mir zu der Zeit alles Guts erzeigt. So ists auch gleichwohl zu jammern, daß er so lange gedient, von Herzog Friedrich herein bracht, mit Vertröstung ihn zu versorgen, und zuletzt soll so zu Grund gehen. Darumb bitte ich freundlich, wollet doch auch helfen rathen das Beste, und ein gut Werk vollbringen. Die Sachen solcher großer Ungnade kann ich nicht wissen, weil er sich erbeut, das Korn zu bezahlen auf Tage-Zeit, und der Abgang ja ihm auch helfen wird. Bitte noch, was euch möglich ist zu

thun, damit der gute Mann nicht gar verderbe.
Hiemit Gott befohlen, Amen. Dienstags nach Trini=
tatis, 1539.

Martinus Luther.

594.

An Ursula Schneidewein, v. 4. Junius 1539.

Das Original dieses Briefes befindet sich auf der öffentlichen
Bibliothek zu Basel. De W. V. 186.

Der Ehrbaren, tugendsamen Frauen Ur=
sula Schneidewin, Wittwen, Burgerin
zu Stollberg, meiner gonstigen guten
Freundin.

G. u. Friede in Christo. Ehrbare, tugendsame,
liebe Frau! Ich hab euch geschrieben von euerem
Sohn Johannes, wie er allhie mit einer ehrlichen
Jungfrauen in großer Liebe verhaft, und wie ihr
mein Gutdunken wohl vernommen, hätte ich verhofft
ein gut Antwort; aber weil mir dieß Aufhalten euers
Sohns will auch zu lang werden, bin ich verursacht
weiter anzuregen. Denn ich ihm auch nicht ungonstig,
nicht gern wollt, daß er sollt in die Aschen greifen.
Weil aber die Metze ihn so fast gefället, und ihm
seines Standes nicht ungleich, dazu ein fein, fromm
Kind, ehrliches Herkommens: so dunkt mich noch,
ihr muget wohl zufrieden sein, weil er sich kindlich
gedemuthiget, und umb diese Metzen gebeten, wie
Samson thät: derhalben euch hinfort gebühren will,
als einer lieben Mutter, ihren Willen drein zu geben.
Denn wiewohl wir geschrieben haben, daß ohn der
Aeltern Willen die Kinder sich nicht sollen verloben;
so haben wir dabei auch geschrieben, daß die Aeltern
nicht sollen, noch mit Gott konnen die Kinder zwin=
gen oder hindern nach ihrem Gefallen. Es soll ja
der Sohn seinen Aeltern ohn ihren Willen keine Toch=
ter bringen, aber der Vater soll auch dem Sohn kein
Weib zuzwingen. Sie sollen beiderseits dazu thun.

Sonst wird das Weib des Sohns müssen des Vaters
Tochter werden ohn seinen Dank. Und wer weiß,
was ihm für Glück Gott mit dieser Metzen mocht zu-
fügen, das ihm sonst vielleicht fehlen kunnte? sonderlich, weil die gute Metze vertröstet, nicht ungleiches
Standes ist, und ihr Traurigkeit ein bose Gebet mocht
werden. Summa, ich bitte, wollet euer Ja-Wort
nicht länger verziehen, damit der gute Geselle aus
dem unruigigen Wesen komme. Denn ich kann nicht
länger halten, sondern werde müssen von Ampts wegen dazuthun. Bitte aber, wollet diese Schrift nicht
lassen auskommen für euren Sohn Johannes; denn
er soll es nicht wissen, bis es zu Ende komme, damit
er sich nicht verlasse und zu kühne werde. Denn ich
hab ihn lieb, wie er wohl werth ist, seiner Tugend
halben, daß ich ihm nicht gern wollt zum Aergesten
rathen. Darumb thut ihr auch als Mutter, und
helft ihm der Marter ab, auf daß ers nicht müsse
doch thun. Hiemit Gott befohlen, Amen. Mittwochens
nach Trinitatis, 1539.

Martinus Luther, Dr.

595.

An den Herzog Albrecht von Preußen, v. 23. Junius 1539.

Fabers Briefsammlung S. 21. De W. V. 190.

G. u. Fr. in Christo. Durchleuchtiger, Hochgeborner Fürst, gnädiger Herr! Wiewohl ich nichts
Sonderlichs E. F. G. zu schreiben wußte, weil aber
E. F. G. so gar gnädiglich durch ihren Gesandten
mich haben lassen grüßen und nach meiner Gesundheit fragen, auch begehrt zuvor mehrmals, wo ich
kunnte, E. F. G. zu schreiben: so hab ich hiemit
diesen Dankbrief wollen schreiben, damit ich nicht
so gar gröblich E. F. G. gnädiger Gunst Verächter
mocht geschölten werden, und bedanke mich gegen
E. F. G. aufs Allerdemüthigst solches gnädigen
Willens. Neue Zeitung wissen wir nichts, ohn daß

Gott ein sonderlich Werk gethan hat mit Herzog
Georgen Tod; denn er hats im Sinn gehabt, daß
Gott hat müssen wehren, oder Deutschland wäre in
allen Jammer kommen. Nu aber hat Gott Friede
gegeben und dem bosen Menschen sein teuflisch Furnehmen gelegt, wiewohl der zu Mänz und andere
Bischoffe mehr sich nicht dran kehren an solch gräulich,
schrecklich Exempel; fahren fort, und wollen zu Grunde
gehen, da hilft kein Flehen noch Leiden. Ferdinandus und die Bayern sahen erst recht an, das Evangelion zu verfolgen. Sonst stehets in Deutschland
frieblich, und ist theur gewest; aber alles Getraide
und Obs stehet wohl und reich, Gott Lob, der uns
auch helfe, und gebe fromm und dankbar zu werden.
Hiemit dem lieben Gott befohlen, Amen. An S.
Johanns Abend des Täufers, 1539.

E. F. G.

williger

Martinus Luther, D.

596.

Bedenken, Anfang Julius 1539.

Wittenb. XII. 290. **Jen.** VII. 353. **Altenb.** VII. 381.
Leipz. XXI. 309. **Walch** XIX. 1585. **De W.** V. 191.

Hie ist nicht viel Disputirens: will mein G.
H. Herzog Heinrich das Evangelium haben, so müssen
S. F. G. die Abgöttereien abschaffen, oder je den
Schutz nicht lassen. Nu ist alle Abgötterei gegen die
Messe ein Geringes, davon sonst gnug geschrieben und
gesagt. Darumb soll S. F. G. mit allem Fleiß befehlen, die Messe abzuthun in Klöstern; denn sonst
des Zorns im Himmel allzuviel ist, ob man doch mit
diesem Dienst des Abthuns solchs unaussprechlichen
Gräuels der Messen möchte den Zorn lindern. Wöllen
die Münche aber ihre horas lesen oder predigen unter
sich selbs, das lasse man gehen, bis man sehe, wo
es hinaus wölle.

Das ander Bedenken vom Stift Meissen.

Die hätten wohl ein Bessers verdienet mit ihrem frommen Büchlin, darin sie Christum zu einem Narren und uns alle zu Kartenmännlin zu machen sich unterstanden haben. Aber damit dasselbige gesparet zu seiner Zeit, und nicht der Unflath so scharf gerühret werde, ob sie sich noch wollten erkennen, achte ich, man möchte sie, wo sie wöllen, auch ihre horas lesen und unter sich predigen lassen, bis man sehe, wo es hinaus will. Aber weil S. F. G. dennoch Landsfürst, von Gott gesatzt, und Schutzherr ist, daher auch Gott schuldig ist, solche gräuliche, gottslästerliche Abgötterei zu dämpfen, womit es sein kann; gleichwie Herzog Georg den Teufel wissentlich geschützt hat, und Christum verdampt: also soll Herzog Heinrich dagegen den Christum schützen, und den Teufel verdammen. Ist derhalben S. F. G. keine Winkelmesse zu leiden weder zu Meissen noch Stolpen noch Wurzen; denn Baal und alle Abgötterei solln die Fürsten, so es vermögen, kurzumb abthun, wie die vorigen Könige Juda und Israel, und hernach Constantinus, Theodosius, Gratianus. Denn Fürsten und Herrn sind eben so wohl mit ihrem Vermögen Gott und Herrn Christo zu dienen schuldig, als die andern rc.

Das Dritte. Die Leutlin und Dörfer unter den Aebten und Bischoffen sollen visitirt werden, sonderlich weil sie schreien und solchs begehren; sonst wollt es lauten, als wöllte man sie verlassen. Das wäre nicht gut aus der Ursachen: die Aebte und Bischoffe sind fur Gott nicht Hirten uber solche Kirchen, weil sie Gotteslästerer wöllen bleiben, und alles unschuldig Blut auf sich laden, auch Herzog Georgen Tyrannei wöllen vertheidingen. So ist das auch, der Vernunft nach zu reden, je nicht zu verwerfen, weil zu der Zeit Herzog Friedrich sel. der Bischoff zu Meissen visitirt auch in der Kur zu Sachsen, daß wiederumb viel mehr der Bischoff zu Meissen leide, daß Christus durch seinen Landsfürsten Herzog Heinrich auch visitiren möge. Denn so Herzog Friederich den Wolf

ließ visitiren zu Lochau und Torgau, so muß auch
Herzog Heinrich den rechten Hirten Christum lassen
visitirn in allen Städten des Bischoffs; sonst lauts,
als wollten sie des Sacks immer fünf Zipfel haben,
und uns neerlich einen Faden davon lassen. Es sind
blinde Blindeleiter, Gottes Zorn ist uber sie kommen:
darumb müssen wir, soferne wir können, dazu thun;
es ist mit ihnen verloren und nichts ausgericht, sondern alles gehindert.

D. Martin Luther.

597.

An den Kurfürsten Johann Friedrich, v. 8.
Julius 1539.

Leipz. Suppl. No. 156. S. 86. Walch XXI. 418. De
W. V. 193.

Dem Durchleuchtigsten, Hochgebornen Fursten und Herrn, Herrn Johanns Friedrich,
Herzog zu Sachsen, des h. Ro. Reichs
Erzmarschalk und Kurfurst, Landgrafen
in Thüringen, Markgrafen zu Meissen
und Burggrafen zu Magdeburg, meinem
gnädigsten Herrn.

G. u. F. in Christo und mein arm Pater Noster.
Durchleuchtigster, Hochgeborner Furst, Gnädigster
Herr! Es hat der bose Bube Wolrad zu Leipzig, der bis daher all die Schmachbucher wider uns
gedruckt, und mit allem Fleiß vertrieben hat, furgenommen, unser deutsche Biblia nachzudrucken, und
den Unsern das Brod aus dem Maul zu nehmen.
Nu wissen E. K. F. G., wie unbillig das ist, daß
der Bube soll der Unsern Aerbeit und Unkost brauchen
zu seinem Nutz und der Unsern Schaden, damit geschähe, daß er mit seiner Bosheit verdienen wurde,
daß ihm unser Aerbeit fur seine ungebußte Buberei,
Schmach und Lästerung noch zum Besten dienen
mußte. Ist derhalben mein unterthänige Bitte, E.

K. F. G. wollten helfen, daß solch groß Übel des Dohraben nicht so hoch mußte seiner Bosheit genießen, und E. K. F. G. Unterthanen ihrer Kost und Fahr nicht so schwerlich entgelten. Ohn was noch mich verdreußt, daß der Lästerer und Schmachdrucker meiner sauren Aerbeit so mißbrauchen, vielleicht dazu auch spotten sollt; denn was er mit seinem Druck gegen Gott und uns verdienet habe, will ich Gotte befehlen. So wars auch nicht unbillig, ob die Drucker zu Leipzig, so bisher lange genug mit ihren Schmähbüchern sich gereichert, auch eine Zeit lang sich enthalten mußten, mit unsern Büchern sich noch mehr zu reichern und die Unsern zu verderben; denn es gut ist zu rechen, weil die Märkte alle zu Leipzig, daß sie ehe tausend Exemplar vertreiben konnen, denn die Unsern hundert. E. K. F. G. werden hierin wohl wissen fürstl. Rath zu finden. Hiemit dem lieben Gott befohlen. Am Tage Kiliani, 1539.

E. K. F. G.

unterthäniger

M. Luther.

598.

An Ursula Schneidewein, v. 10. Julius 1539.

Aus einer alten Abschrift auf der öffentlichen Bibliothek zu Basel. De W. V. 194.

G.-u. Friede rc. Ehrbare, tugendsame Fraue! Ich habe nu (ist mir recht) zweimal euch geschrieben eurs Sohns Johanns halben, der euch durch mich gebeten als ein fromm Kind, wollet euch mütterlich (wie ihr schuldig) erzeigen, und euren Willen drein geben, daß er das Mägdlin zur Ehe nehmen muge, damit er seiner kindlichen Pflicht genug gethan, wie Samson gegen seine Aeltern thät. Habe auch daneben angezeigt, wie ich nicht länger kunnte halten, sondern sehe es für gut an, weil ich ihn ja auch mit Treuen meine, daß er aus der Fahr komme; denn ich sehe, daß sein Studium gehindert wird, und

mocht nichts Guts draus folgen, wo ihr so hart woll=
tet sein. Denn ichs euch auch zu Ehren thue, was
ich thu; und ist ja hie seines gleichen, ein ehelich
Kind, von guten Leuten. Zudem wollet auch beden=
ken, daß nicht zu leiden ist, andrer Leute Kinder
mit Liebe zu bewegen, und darnach ohn Ursach zu
sitzen lassen, welches euch an eurn Kindern zu leiden
schwer sein würde: so ist andern auch, sonderlich wo
es ehelich zugehet. Hab auch weiter geschrieben und
gerathen, daß ihr euch hierin nicht wollet wegern,
damit wir nicht gezwungen werden, dennoch fortzu=
fahren. Denn ich hab wohl geschrieben, Kinder sol=
len ohn der Aeltern Willen nicht freien, aber wieder=
umb hab ich auch geschrieben, daß die Aeltern die
Kinder nicht sollen hindern. Und Summa, ich kann
itzt nicht alles wiederholen, was ich euch vorhin ge=
schrieben hab, und mich billig wundert, daß mir so
gar kein Antwort wird. Und ist mir schwer, daß
mein Tischgänger sollt unsre Burger=Tochter äffen,
daß ich noch bitte, wollet eilends gut Antwort geben,
oder wir mussen thun, so viel wir mugen, Aergerniß
zu verhuten. Ihr seid genugsam ersucht; wenn Ael=
tern nicht wollen, so muß der Pfarrherr wollen.
Ob ihr sorget vielleicht, wo er sich ernähre, sollt
ihr denken, daß man Gott vertrauen muß, der den
Ehestand allein ernähret; so will ich auch, so ich
lebe, Johannem nicht lassen, wiewohl er selbs, wills
Gott, auch ohn mein Thun wohl kann fortkommen.
Bitte derhalben, wollet euch finden lassen, denn ichs
auch mude werde so oft zu schreiben, darin ihr doch
keine Ursach habet zu wegern; sonst sollt ich wohl
denken, ihr hieltet mich so hin gegen euren Sohn:
das wäre mir nicht lieb, weil ichs ja herzlich mit den
Euren allzeit gemeinet. Hiemit Gott befohlen, Amen.
Und eur richtig kurz Antwort! Donnstag nach Kili=
ani, 1539.

Martinus Luther, D.

599.

An die Herzogin Katharina von Sachsen, v. 28. Julius 1539.

Leipz. Suppl. No. 156. S. 86. Walch XXI. 419. De W. V. 197.

Der Durchleuchtigen, Hochgebornen Fürstin und Frauen, Katherin, geborne Herzogin zu Mekelnburg ꝛc., Herzogin zu Sachsen, Landgräfin in Thüringen und Markgräfin zu Meissen, meiner gnädigen Frauen.

Gnad und Friede in Christo. Durchleuchtige, Hochgeborne Fürstin, Gnädige Frau! Weil mein gnädiger Herr Herzog Heinrich alt und schwach, dazu das Regiment so neu S. F. G. schwerer und übervielet ist, daß freilich Er Antonius allein und die neben ihm auch nicht alles vermügen; hoffe aber, E. F. G. weniger Mühe haben: so ist mein unterthänige Bitt, E. F. G. wollten zu Zeiten helfen anregen und bitten, daß die Visitatio ja stattlich fortgehe; denn zu Leipzig sind etliche böse Leute, der Hoffnung immer stehet, es solle sich verziehen, und zuletzt dadurch in die Aschen fallen. Es soll auch bereit ein Buchlin wider die Visitatores ausgangen; wo das so wäre, würden wir dawider müssen antworten. Hie wollten E. F. G. helfen, daß nicht ein Feurlin aufgehe: sie wissen vielleicht Ruckhalter, und dürfen eines Ernstes, daran sie lernten gehorsam sein; sonst stehets, als lassen sie gebieten, was man wolle, und sie thun, was sie gelüstet. E. F. G. wollten dem Wort Gottes zu Ehren, und dem Teufel zu wehren, gnädigen Fleiß ankehren, das wird Gott dem Vater das angenehmst Opfer und Gebet sein. In deß Gnad E. F. G. befohlen seien, Amen. Montags nach Jacobi, 1539.

E. F. G.

williger

Martinus Luther, D.

600.

An Ludwig, Grafen zu Oettingen, v. 12. August 1539.

De W. V. 200.

Dem Wohlgebornen, Edlen Herrn, Herrn Ludwig den Aeltern, Grafen zu Oetting ꝛc., meinem gnädigen Herrn.

Gnade und Friede in Christo. Wohlgeborner, Edler, Gnädiger Herr! Wie E. G. begehrt, haben wir Magister Georgen Karl nach christlicher, apostolischer Weis ordinirt, wie er E. G. berichten wird, auch Magister Philippus ohn Zweifel Alles geschrieben hat: befehl ganz demüthiglich denselben Mgr. Georgen E. G., denn er ein fein, gelehrt Mensch ist, und ob er wohl noch jung ist, hoffe ich doch, Gott solle durch ihn viel Früchte schaffen; denn er hat unser Lehr und Weise (welche Gott Lob je christlich ist) gesehen und wohl gehöret, mit Fleiß auch sich der gehalten. Unser lieber Herr Jesus Christus gebe E. G. sampt Landen und Leuten seine reiche Gnade, hie Gott zu dienen und dort ewiglich zu leben, Amen. Zu Wittenberg, Dienstag nach S. Laurentii, 1539.

E. G.

williger

Martinus Luther, D.

601.

An den Kurfürsten Johann Friedrich, v. 19. September 1539.

Cod. chart. 452. f. Bibl. Goth. De W. V. 204.

G. u. F. und mein arm Pater Noster. Durchl. Hochgeb. F., gn. Herr! Es hat D. Jonas je gewollt, daß ich sollte neben ihm an E. K. F. G. schreiben; denn es ist ihm an der Visitation zu Meissen gelegen,

weil er dazu berufen, seines Gewissens halben für
die Seelen Sorge tragen muß, und wohl lieber, wo
E. K. F. G. Befehl nicht triebe, deß alles los
wäre, wie wir alle, weil man sich so kalt dazu stellet,
und wüßte keinen Helfer noch Anhalter, denn E. K.
F. G. Nun ists ja wohl wahr, es ist viel zu faul
dazu gethan mit der ersten Visitation; und ob die
Städte mit ihrem eigenen Zuthun auch ziemlich be=
stellet, so sind doch noch über 500 Pfarrer giftige
Papisten (wie er berichtet), die allzumal sind unge=
examiniret fest blieben, und getrost die Hörner auf=
setzen und trotzen, weil sie so sind gelassen; und wo
man sie hätte auf Michaelis abgeschafft, wären sie
leichter abzufertigen gewesen mit der Pfarren Ein=
kommen, da man nun mehr denn 4000 muß Ueber=
maß haben, sie abzulegen, wie sie es auch vom Adel
sollen berechnet haben. Sollte nun die andere und
rechte Visitation verzogen und nachbleiben, darinnen
man die Kirche mit der Lehre versorgen muß: so ist
mit dieser Visitation nichts bei solchen giftigen Pfar=
rern angewandt, denn übel ärger gemacht. Darumb
bitten wir umb der armen Seelen willen, deren viel
tausend unversehen sind unter solchen Pfarrern, E.
K. F. G. wollten, soviel es sein will, helfen heben
und treiben. Wollen sie eigene Visitatores von den
Ihren nehmen, wohl; wo nicht, daß wir je ehe, je
besser los werden und der Unsern warten. Es sind
ja zu wenig in solchem großen Regiment, was sie
auch drauf haben, aber damit werden sie versäumet
und hindern uns auch; denn es schneiet mit Briefen
hieher zu uns, und ist kein Ort noch Person verord=
net, da man die Leute hinweisen kann in solcher
Kirchensachen. Es pampelt zumal sehr. E. K. F.
G. werden wohl wissen hierinnen zu rathen. So
hoffen wir auch, es solle zu Dresden nach der Hirsch=
brunst mehr Muße werden. Hiemit dem lieben Gott
befohlen, Amen. Freitags nach Crucis, 1539.

602.

An den Kanzler Brück, v. 19. September 1539.

Leipz. Suppl. No. 157. S. 87. Walch XXI. 420. De W. 205.

———

Gnade und Friede. Achtbar, Hochgelahrter, lieber Herr und Gevatter! D. Jonas bittet, so bitte ich auch, wollet helfen anregen, daß M. G. H. auf die secunda visitatio zu Meißen dringen wolle; denn wo es nicht Gottes Sache wäre, und so vieler tausend Seelen Rufen, würden wir gar viel lieber uns lassen gnügen an unsern Kirchen und Schulen, da wir sonst genug zu thun haben, denn daß wir auch in fremde Lande müßten dienen: werdets wohl machen. Auch muß ich euch das nicht verschweigen, daß nicht hernach mich gereuen möchte: ich werde so stattlich bericht, daß ichs glauben muß, wie D. Jacob wieder trachte in jenes Fürstenthum; wo das nun so würde an M. G. H. gelangen, so helft umb Gottes Willen wehren, daß er hier bleibe; denn solch Gesuche argwöhnet mir fast sehr, wo es so wäre, wie es mir schreiben die allerbesten der Unsern. Hiemit Gott befohlen, Amen. Freitags nach Lamberti, 1539.

M. Luther.

Hans Luft hat mir angezeigt, wie man die Bibel itzt würde auf groß Median-Papier allhier drucken, die wir wollen wieder überlaufen, nicht besser machen, sondern der Drucker Unfleiß corrigiren: das haben die Fürsten von Anhalt erfahren, und wollen drei Exemplar Pergament mit untergedruckt haben: wird ein Exemplar (denn es werden 340 Bogen und so viel Kalbsfelle sein) bei 60 fl. kosten. Ob nun M. G. H. auch wollten solches Exemplar Pergament eins oder etliche haben, so müßte mans zeitlich bestellen und befehlen; denn wenns Werk angefangen ist, kömpts zu spat: das werdet ihr S. K. F. G. wohl wiſſen anzuzeigen, auf daß wir nicht hernach ſträflich ſein müßten, daß wirs nicht hätten angezeigt. 1539.

603.

An Franz Herzenberger, v. 6. October 1539.

Unſch. Nachr. 1731. S. 867.; Walch XXI. 1297. De W. V. 208.

Dem Ehrbaren, Hochgelehrten Herrn, Francisco Herzenberger, der Arznei Doctor zum Sagan, meinem günſtigen Herrn und guten Freunde.

G. und Fr. in Chriſto. Achtbar, Hochgelahrter, lieber Herr Doctor! Daß ich euch nicht allezeit antworte, bitte ich, wollet nicht für übel haben, noch auch vermerken, weil ihr wiſſet, wie kurzweilig Leben ich führen muß, und ſo kurz, daß ich wohl drei Stunden (wohl möchte mehr ſagen) bedurfte, wo ich eine habe. Und rechne, wer es will, wenn ich muß drei Briefe ſchreiben — da ich zu einem jeglichen wohl dürft einer Stunde und müſſen doch alle drei in einer Stunde geſchrieben ſein — ob ich nicht müſſe kurze Stunden haben. Da ein Andrer eine Stunde hat oder zwo, muß ich aus einer Stunde drei oder zwei machen. Iſt das nicht ein kurzweilig Leben? Alſo thun mir viel andre Geſchäfte auch. Solches ſcherze ich mit euch, weil ich jetzt unter Eſſens müſſig bin. Ich befehl euch aber treulich dieſen Johann Halsbrot, von uns ordinirt; hoffe, er ſoll viel Frucht ſchaffen, als der unſre Weiſe geſehen und alles erfahren hat. Grüßet mir eure liebe Hausehre, auch den würdigen Herrn Er. Paulum. Hiermit Gott befohlen, Amen. Zu Wittenberg Montags nach S. Francisci, 1539.

Martinus Luther, D.

604.

An den Herzog Albrecht von Preußen, v. 13. October 1539.

Fabers Briefsammlung S. 25. De W. V. 209.

G. u. F. in Christo. Durchleuchtiger, Hochgeborner Fürst, Gnädiger Herr! Weil Briefs Zeiger Albrecht wieder zu E. F. G. zeucht, hab ich ihm nicht wollen (wie er auch begehrt) ohn Schrift ledig kommen lassen, und befahl hiemit denselben Albrecht E. F. G. demüthiglich, daß E. F. G. mit der Zeit ihm gnädiglich fürder helfen.

Neuer Zeitung schicke ich ein Theil, wie sie allhier gedruckt sind wider H. Heinrich von Braunschweig, deß unfürstliche Händel viel herfür kommen, und sonderlich der Mord Doctor Embeg oder Düligshausen, von dem hierin stehet. So ist auch das wahr, daß der Turk hat das Schloß Castell novo am Adriatischen Meer gewonnen und vier tausend Hispanier, so das beste Kriegsvolk des Kaisers gewest, erschlagen. Man sagt, es sei das festest Schloß der ganzen Christenheit gewest. So hat Papst und Kaiser Botschaft bei den Turken gehabt, ist aber beiden Fried abschlagen, und der Turk zu Wasser sich rüstet, Papst und Kaiser anzugreifen. Gehet es ihm fort, so sollt er wohl auf den Sommer Sicilien, Neapls und Rom dahin nehmen. Noch sind unser Kaiser, König und Fürsten je länger je unsinniger auf uns, wollen auf den Sommer (soll gewiß sein) mit der Macht an uns, lassen bereden, daß alle ihr Unglück vom Turken daher komme, daß sie uns leben lassen, und Gotte nicht längst solch Schlachtopfer und Dienst gethan haben. So stehet Frankreich mit dem Kaiser in böser Zuversicht, Engelland macht ein Eigens, nimpt dem Papst den Namen und Gut, stärkt aber seine Lehre und Gräuel; Summa, der Teufel läßt sich allenthalben in seiner großen Majestät sehen, daß er der Welt Gott und Herr ist. Darumb mügen wir wohl beten, und E. F. G. lasse auch für uns beten in den Kir-

ben, daß des Teufels Rathschlag zurückgehe, Amen.
Sonst stehet es wahrlich allenthalben scheußlich gnug,
ohn daß unser Christus lebet und regiert ewiglich,
wiewohl Sünde und Undankbarkeit, sehr groß und
reif, wohl verdienet alles, was über uns verhänget
wird. Wir haben auch diese 6 Wochen in diesen Landen solch ungewöhnliche Winde und Gewässer ohn Aufhören gehabt, daß viel Leute ersäuft, plötzlich viel
Dinge weggeführet, daß man sagen muß, es bedeute
etwas, und ohn Zweifel nicht viel Gutes. Denn man
veracht Gottes Wort zu sehr, und höret Niemand.
So mag uns wohl auch eine Ruthe gebunden sein
über unser Haupt, Gott Gott mit Gnaden. Amen.
E. F. G. verzeihe mir so lange Geschwätz, und sei
dem lieben Gotte befohlen, Amen. Montags nach
Dionysii, 1539.

E. F. G.

williger

Martinus Luther.

605.

An den Kurfürsten Johann Friedrich, gemeinschaftlich mit Melanchthon, Bugenhagen und
J. Jonas, v. 23. October 1539.

Leipz. Suppl. No. 159. S. 87.; Walch XVII. 345.
De W. V. 213.

Gottes Gnade durch unsern Herrn Jesum Christum zuvor. Durchlauchtigster, Hochgeborner, Gnädigster Kurfürst und Herr! Wir haben D. Buceri Schrift verlesen, und merken, daß sie heftig geschrieben, ohne Zweifel guter Meinung, und auf der
Flüchtigen Anzeigung, wie uns auch jämmerliche Klage
von etlichen, so zu Hamburg sind, zugeschrieben. Wiewohl sie aber hoffen, Hülfe durch uns zu erlangen,
wie alle Betrübte in der Noth an allen Orten Hülfe
suchen; so wissen wir doch keinen Weg, wie ihnen zu
helfen. Denn wiewohl wir für unsere Person keine

16 *

Gefahr und Arbeit fliehen; so ist doch auch wahr,
daß auf diesem Theil zu Unterricht und Vermahnung
des Königes genug geschehen, und solches aus diesen
Ursachen. St. Paulus spricht, den Schwachen soll
man annehmen, aber den Halsstarrigen fahren lassen,
welcher ist, wie er spricht, durch sein eigen Urtheil ver=
dammet, das ist, welcher öffentlich wider sein Gewis=
sen handelt. Dagegen heißt dieser schwach, so lernen
will, und dasjenige, so er verstehet, nicht verfolget,
sondern annimmt, hält und fördert. Daß aber der
König von Engelland wider sein Gewissen handele,
ist daraus abzunehmen. Er weiß, daß unsere Lehre
und Haltung vom Gebrauch des ganzen Sacraments,
von der Beichte und Priesterehe recht ist, oder weiß
ja aufs wenigste, daß unsere Lehre nicht wider Gottes
Wort ist. Nun spricht er in seinen Artikeln und in
seinem Edict, es sein etliche dieser Puncte wider Got=
tes Gesetze. Solches sagt er gewißlich wider sein selbst
Gewissen, denn ihm sind viel Schriften zukommen,
öffentlich und insonderheit an ihn geschrieben, die er
gelesen; so hat er Bericht genug gehöret von seinen
und dieses Theils Geschickten, auch hat er selbst ein
Büchlein Sarcerii in seine Sprache bringen lassen
und befohlen zu drucken, welches er für sein Gebet=
buch gebraucht, darinnen diese Händel kurz gefasset.
Wir vernehmen auch, daß er selbst viel anders von
dieser Lehre geredet hat, und unter andern Worten
gesagt von Frankreich, daß derselbe übel thue, daß
er diese Lehre verfolge; denn er verstehe sie, und
wisse, daß sie recht sei. Auch hat er viel fromme,
gelehrte Prädicanten, den entsetzten Bischoff Latimerum,
den Cromerum und andere, welche er gehöret und
eine Zeit lang gedulbet hat. Ueber dieses alles fähret
er zu, verdammet diese Lehre härter, denn der Papst,
der noch nie gesagt, daß Priesterehe wider göttlich
Gesetz sei, daß Gottes Gebot sei, in der Beichte die
Sünden zu erzählen, und sonst strafen, wie Nabug=
donosor von der Säule, daß er tödten wolle diejeni=
gen, so diese Artikel nicht halten; hat auch diese Ver=
folgung schrecklich angefangen, denn es liegen viel im
Kerker und warten der Strafe; hat also diese Lehre

eine Zeit lang zu seinem Vortheil gebraucht, wie Hero=
des, jetzund aber verfolgt er sie, und beginnet der
Teufel eine neue List zu gebrauchen. Dieweil die
päpstl. Gewalt fallen muß, so treibt er nun die gro=
ßen Könige, daß sie Religiones zu ihrer Gelegenheit,
zu ihrem Nutz und zu ihrem Vortheil machen wollen.
Daraus wird grausame Blindheit folgen; denn es ist
keine Ursache, darin die Könige in allen Landen, Hi=
spania, Frankreich, Engelland, Hungarn und Polen,
ob den Bischöffen und Pfaffenstand halten, daran die
Messe und andere Irrthümer hangen, denn allein,
daß sie sehen, daß sie Personen haben zur Canzelei=
zuschickungen und zu allerlei bösen Stücken, daß auch
dieselbigen Pfaffen, ohne der Könige Kosten, einen
Pracht erhalten. Darüber sehen die Könige, daß das
grobe Volk an der Messe und gewöhnlichen Ceremo=
nien hanget, läßt ihm seine Götzen nicht gerne neh=
men: darumb lassen sie es dabei bleiben, daß sie und
die Pfaffen desto größere Autorität behalten, sie aber
halten, was sie gelüstet, und machen Ordnungen zu
ihrem Vortheil. Also besorgen wir, sei dieser König
auch gesinnet, suche nicht Gottes Ehre, sondern wolle
thun und machen, was ihm gelüste, wie er zu dem
Herrn Vicecancellario gesprochen, er wolle seine Kö=
nigreiche selbst regieren; damit er angezeiget, er achte
dieser Lehre nicht groß, und wolle ihm eine eigene
Religion machen, wie Antiochus und andere thäten.

Zum andern, so nun öffentlich, daß der König
wider sein Gewissen handelt, so achten wir nicht, daß
wir schuldig sein, ihn noch von Neuem zu unterrichten,
sondern mögens bei der Regel Pauli verbleiben lassen,
welche lehret, man solle die Widersacher zweimal ver=
mahnen, und wo solches nicht hilft, soll man sie mei=
den, als die wider ihr Gewissen handeln. Solch Ver=
mahnen ist nun geschehen, darüber er wider sein Ge=
wissen wüthet; bei solchen hilft kein Lehren.

So hören wir, daß der König ein Sophist und
Glossator sei; der alle Dinge mit Glößlein färben und
mit einem Schein erhalten will. Wer nun nicht Lust
hat zur klaren, gewissen Wahrheit, kann sich leicht
verdrehen und auswirken, ob er gleich das Maul etwa

reißen muß, wie der Hecht, wenn er sich vom Angel reißt. Sirach 37. stehet geschrieben: Wer Sophisterei braucht, dem gibt Gott nicht Gnade, und erlangt die Weisheit nicht. Denn es ist des Grübelns und des Vesprechens kein Ende, darumb kann man nichts Beständiges mit solchen handeln, und sonderlich, wie schädlich solches an den Herrn ist, gibt die Erfahrung. Dieweil denn der König zu solchem Glossiren Lust hat, wie wir eigentlich vernehmen, so haben wir wenig Hoffnung, daß er sich bedeuten lasse und in Gottes Wort gefangen gebe. So ist auch anzusehen, welche Leute bei ihm jetzund gewaltig sind, dieselbigen haben auch kein Gewissen. Wintoniensis führet im Lande umbher zwei unzüchtige Weiber mit sich in Mannskleidern, darnach schleußt er, die Priesterehe sei wider Gottes Gesetz; und ist so stolz, daß er öffentlich gesprochen, er wolle es wider die ganze Welt erhalten, daß die Propositio unrecht sei: Ede justificamur. Ist auch der fürnehmste Tyrann, der vor diesem Jahre getrieben, zweene zu verbrennen, allein von wegen der Transsubstantiation, und ist also das Sprüchwort wahr, daß der Herr und Knecht gleich gesinnet sein. Aus diesem allen schließen wir, daß biß anhero genug geschehen; so wissen wir, daß es christlich und treulich geredet ist, und halten, daß wir nicht schuldig sind, weiter bei ihm anzusuchen; so sei auch wenig Hoffnung darzu zu haben, und will vielleicht Gott sein Evangelium nicht geunehret haben durch diesen König, der so ein böses Gerüchte hat. Doch stellen wir dieses alles zu Euer Kurfürstl. und Fürstl. Gn. weiterm Bedenken, ob es noch einmal zu versuchen. Es soll auch daran nicht mangeln, wir wollen sämptlich eine Expostulation an den König stellen, und ihn abermals durch eine Schrift verwahnen; mehr sind wir nicht schuldig. Denn das D. Bucerus anzeucht: Gehet in alle Welt, lehret rc. das thun wir mit Schriften. Weiter gegenwärtigen Beruf zu verlassen, ist uns nicht befohlen.

Und ich Philippus habe ihm, wiewohl in aller Demuth und Ehrerbietung, vom vorigen Edict geschrieben, und dasselbige gestraft, habe auch dergleich=

chen Meinung an Crommellum und Cantuariensem geschrieben. Man hat mir aber aus Engelland Schriften zugeschickt, daß der König dieselben meine Briefe ungnädiglich angenommen: daraus wohl zu achten, wenn ich gleich in Engelland wäre, würde der König mir wenig Audienz geben, oder mich zu seinen stolzen, ungelehrten Bischöffen weisen, mit denen zu zanken, wie er den vorigen Geschickten gethan hat. Wie scharf auch der König von diesen Sachen disputiret, ist aus diesen seinen zweien Argumenten abzunehmen. Von guten Werken arguirt er also: Dieweil die bösen Werke ewigen Zorn verdienen, so muß folgen, daß die guten Werke ewige Seligkeit verdienen; und dieses Argument, höre ich, wolle er ihm nicht nehmen lassen. Das andere, von der Priesterehe, ist dieses: So er Macht habe eine Ordnung zu machen, daß einer, so lange er wolle bei Hofe sein, nicht freie, habe er auch Macht zu gebieten, daß die Priester nicht ehelich werden. Dieses ist die hohe Scharfsinnigkeit, darumb er uns verspottet und verdammet. Ob nun fruchtbar sei, mit solchen zu disputiren, die sich mit diesen Argumenten behelfen, werden eure Kur- und Fürstl. Gnaden wohl bedenken. Das Buch, das Eure Kurfürstl. Gn. anherogesandt, ist bestellt, daß es förderlich gedruckt werde. Die Expostulation soll auch förderlich gefertiget werden. Gott bewahre E. K. F. G. allezeit. Datum Wittenberg den 23. Oct., 1539.

E. K. F. G.

unterthänige Diener

Martinus Luther, D.

Justus Jonas, D.

Joh. Bugenhagen Pommer, D.

Philippus Melanchthon.

606.

An den Kurfürsten Johann Friedrich, v. 23. October 1539.

Leipz. Suppl. No. 158. S. 87. Walch XVII. 350. De W. V. 217.

Gnade und Friede in Christo und mein arm Pater noster. Durchlauchtigster, Hochgeborner Fürst, Gnädigster Herr! Es hat mir hievor M. Bucerus auch geschrieben auf die Weise, wie er an meinen gnädigen Herrn den Landgrafen, und begehret, ich sollte helfen anregen umb eine Botschaft in Engelland sonderlich umb M. Philipps: darauf ich im das Mal geantwortet, er sollte solche gute Hoffnung lassen fallen; denn es sei mit dem Könige nichts. Und ist demnach an E. K. F. G. meine demüthige Bitte, daß sie sich nichts lassen bewegen von angefangener Meinung. Der König ist ein Versucher, und meinet nichts mit Ernst; das haben wir wohl erfahren von den Engelländern, so bei uns gewesen, da wir glauben mußten aus christlicher Liebe, es wäre Ernst, aber zuletzt, da wir uns müde mit großen Unkosten E. K. F. G. gedisputiret hatten, war es alles mit einer Bratwurst versiegelt, und stund alles bei des Königes Wohlgefallen; sagten selbst: Rex noster est inconstans. Und zu mehr Malen sagte D. Antonius: Unser König achtet der Religion und des Evangelii nichts überall. Seit der Zeit bin ich froh worden, daß der König mit öffentlicher That abgefallen ist, ja seinen erheuchelten Schein offenbaret hat; es würde uns doch mit ihm nicht wohl gegangen haben, weil wir uns mit seinen Sünden hätten müssen beladen, und doch einen falschen Freund an ihm haben. Ueber das sollte es heißen, wie die Engelländer hier sich merken ließen, daß wir müßten den König lassen sein und heißen Caput und Defensor Evangelii, wie er sich Caput der Engelländischen Kirchen selbst rühmet. Nur weg mit dem Haupte und Defensor! Gold und Geld macht ihn so keck, daß er denkt, man müßte

ihn anbeten, und Gott könne sein nicht entbehren:
Er trage seine unbußfertigen Sünden selbst, wir haben an den unsern genug. Es ist mehr denn zu vie,
genug geschehen; er that dem Kaiser Maximiliano.
und bald hernach König Ludwigen zu Frankreich auch
also. Er sollte Papst sein, wie er denn ist in
Engelland. Unser lieber Herre Gott behüte E. K.
F. G. und alle Mitverwandten* vor allem Uebel,
und sonderlich für solchen listigen, schalkhaftigen An-
läufen des Teufels, Amen. Donnerstags nach St.
Lucä, 1539.

Martin Luther.

607.

An den Kurfürsten Johann Friedrich, v. 4. November 1539.

Leipz. Suppl. No. 160. S. 89. Walch XXI. 426. De
W. V. 219.

Gnade und Friede in Christo. Durchleuchtigster,
Hochgeborner Fürst, Gnädigster Herr! Der Rath
zu Leipzig hat anhero geschrieben und begehret, daß
wir wollten willigen D. Caspar Creuzigern gänzlich
und ewig bei ihnen zu behalten, weil er sich auf unsere Bewilligung berufen, und sie darneben auch anzeigen, solches bei E. K. F. G. zu suchen, guter
Hoffnung, E. K. F. G. werdens lassen geschehen.
Darauf wir geantwortet, es stünde bei uns nicht,
weder zu hindern noch zu fördern; schieben es deto-
halben auch heim E. K. F. G. zu schaffen. Aber
weil sich D. Caspar nicht hat anders wissen zu wehren gegen der zu Leipzig heftiges Anhalten, denn
daß er sich glimpflich vernehmen ließe, und auf unsere
Bewilligung sich stohnet; darneben uns schreibet, daß
er gar viel lieber hier sein wöllte, und wir auch
wohl wissen, daß er allhier viel nützlicher sein kann,
da der Haufe ist, der zu Leipzig noch lange nicht
sein wird, und diese Schule nun von Gottes Gnaden
gethan, und Leute erzogen und noch erzeucht in alle

Lande, daß Leipzig nicht so balde kann nachthun:
so achten wir es dafür, daß D. Caspar zu Leipzig
nicht so großen Nußen schaffen könne, als hier zu
Wittenberg, und Schade wäre, daß er hier sollte
viel versäumen, und dort wenig ausrichten; es kann
wohl zu Leipzig ein geringer Hölzlein thun, denn
eine solche Stange, damit auch diese Schule nicht
gar entblößet werde, sonderlich weil D. Caspar in
der Theologie zu lesen ein Fürbund ist, auf den ich
es nach meinem Tode gesetzet habe: so ist meine
unterthänige Bitte, weil es allein an E. K. F. G.
Bewilligung liegt, E. K. F. G. wollten D. Caspern
nicht lassen von Wittenberg reisen; wer weiß, was
Gott in kurzer Zeit machen will. Solches mein Bedenken wollten E. K. F. G. von mir gnädiglich
vernehmen. Hiemit dem lieben Gott befohlen, Amen.
Dienstags nach Aller Heiligen, 1539.

Mart. Luther.

608.

An Johann Mantel, Kirchendiener zu Wittenberg, v. 10. November 1539.

Wittenb. XII. 160. Jen. VII. 371. Altenb. VII. 400.
Leipz. XII. 533. Walch X. 2318. De W. V. 222. lateinisch
bei Schütze III. 113.

Gnade und Friede in Christo. Ihr habt nu
etlich Mal, mein lieber Herr Johann, durch eure
Mittler bei mir ansuchen lassen und begehrt, ein
Brieflin euch zu senden, daraus ihr, wie sie mir
anzeigen, und ihr auch schreibet, möchtet Trost und
Erquickung in eurer langwierigen, fährlichen Krankheit empfahen. Aber ich denke und fühle auch, daß
mir viel nöthiger wäre ein Brieflin von euch an mich
geschrieben, dadurch mein Geist erquickt würde, der
ich nicht allein mit Lot (2. Petr. 2, 8.), euch und
andern frommen Christen gequälet, geplagt und gemartert werde in dieser gräulichen Sodoma durch
schändlichen Undank und schreckliche Berachtung des

seligen Worts unsers lieben Heilands, wenn ich sehe,
daß der Satan so gewaltiglich einnimpt und be-
sitzet derer Herzen, die sich dünken lassen, sie wollen
die ersten und furnehmsten sein im Reich Christi und
Gottes; sondern werde auch uber das mit inwendigen
Aengsten und Trübsalen angefochten und geplagt.
Derhalben ich bisher euch zu schreiben verzogen habe,
bin auch zum Theil durch mancherlei Geschäfte verhindert worden.

Bitte derhalben mit rechtem Ernst, ihr wollet
immer fortfahren und anhalten, meiner zu gedenken
in eurem brünstigem Gebet, das aus rechtem Glauben herfleußt; wie auch wir euer gedenken.

Daß ihr aber schreibet und klaget uber Anfechtung und Traurigkeit des Tods halben, wisset ihr aus
unserm Glauben, da wir sprechen und bekennen, daß
der Sohn Gottes gelitten habe unter Pontio Pilato,
sei gekreuziget und gestorben, auf daß er durch seinen
Tod dem Tod aller, so an ihn gläuben, die Macht
nähme, ja ganz und gar verschlünge. Lieber, was
Großes ists, daß wir sterben, so wir recht bedenken,
daß er, der liebe Herr, gestorben, und fur uns gestorben ist? Sein Tod ist der rechte einige Tod, der
unser Herz, Sinne und Gedanken so einnehmen und
erfüllen sollt, daß uns nicht anders zu Sinne wäre,
als lebte nu nichts mehr, auch die liebe Sonne nicht,
sondern wäre alles mit dem lieben Herrn gestorben;
doch also, daß sampt ihm alles wieder auferstehen
sollt an jenem seligen Tage. In diesen seinen Tod
und Leben sollen unser Tod und Leben sinken, als
derer, die mit ihm ewig leben sollen. Und zwar er
ist uns vorgangen mit seinem Tod von Anfang der
Welt; wartet auch auf uns bis an der Welt Ende,
auf daß er uns, wenn wir aus diesem kurzen, elenden Leben (davon die Gottlosen alleine wissen, und
doch sein keins Augenblicks sicher sind) scheiden, empfahe
und in sein ewig Reich aufnehme.

Aber ihr wisset euch das alles besser und stärker
zu erinnern (aus der Schrift), denn ich Betrübter
und Wohlgeplagter, nicht mit einerlei Tod umbgeben,
in dieser gräulichen, trübseligen Zeit, da lauter Un-

danf zu sehen, und allerlei Bosheit uberhand nimpt,
euch schreiben kann. Grüßet euer Weib und Kinder
in ungefärbter Liebe, und seid stark, getrost und
unverzagt im Herrn, und wartet auf ihn durch Ge=
duld, welcher nu nahe ist, und schier kommen wird,
Amen. Am St. Martinus Abend, Anno 1539.

609.

**An einen Ungenannten, vom 25. November
1539.**

Cod. Palat. No. 689. p. 26. b. De W. V. 226.

Gnade und Friede in Christo. Ich meinete,
mein lieber R., weil ihr so lange in unser Kirchen
allhie gedienet, da ihr nicht allein gesehen habet,
wie wirs mit den Kranken halten, sondern sie selbst
besucht und bericht, es wurde ohn Noth gewesen
sein, diese Frage an mich zu gelangen lassen. Doch
daß ich euch hierin meine Gedanken anzeige, wollte
ich, wenn es sein konnte, daß diese Privatcommunion
mit den Kranken in Häusern allerding abgethan
wurde.

Es mußte aber das Volk in der Kirchen vom
Predigtstuhl fleißig gelehrt und ermahnet werden, daß
ein Jeglicher zum wenigsten drei oder viermal im
Jahr das hochwürdige Sacrament empfinge. Wenn
sie den guten Bericht des Worts haben, und christ=
licher Lehre gewiß bericht sind, mögen sie, was fur
ein Ursach des Todes furfället, immerhin in dem
Herrn entschlafen.

Das riethe ich erstlich darumb, denn die Leut
in Häusern ein jeden einzelig zu berichten, sonderlich zur
Zeit der Pestilenz, wurde ein sehr schwer und schier
unmüglich Werk und Arbeit geben. Zudem ists nicht
fein, daß die Kirche zu solchem Dienst (wollt schier
sagen Knechtschaft) sollt verbunden sein, daß sie denen,
die etliche so viel Jahr das heilig Sacrament veracht,
etliche aber wohl ihr Leben lang nicht empfangen

(will schweigen, daß sie sollten wissen, was Sacrament sei, und warumb es Christus eingesetzt), so sollt bald zur Hand gehen; und sie doch keinen Gehorsam jemals der Kirchen erzeigt haben. Auch so bringts die Einsetzung Christi nicht mit, daß einzele Personen sollen bericht werden; denn so lauten die Wort: Nehmet hin, esset, thuts zu meinem Gedächtniß; redet nicht von einzelen Personen, sondern von vielen.

Weil aber solchs noch in keine Ordnung ist gebracht, möget ihr thun, wie ihr könnet, indeß die Kranken einzelig berichten, bis einmal anders beschlossen und angericht wird, mit Wissen und Bewilligung unser aller. Gehabt euch wohl. Geben am Tage Catharinä, Anno 1539.

Martinus Luther, D.

610.

An seine Schwester Dorothea, v. 2. December 1539.

Altenb. VIII. 994. Leipz. XXII. 568. Walch XXI. 428. De W. V. 231.

Frauen Dorotheen, Herrn Balthasar Mackenrotens, Fürstl. Bedienten zu Roßla, geliebten Eheweibe zu überantworten.

Liebe Schwester! Ich habe aus deinem an mich abgelassenen Schreiben gesehen, wie eure hoch bekümmerte Gewissen sich ganz inniglich sehnen nach denen evangelischen Trost-Predigten, und daß doch auch einmal dieselben in euren Kirchen zu Roßla ihr hören möchtet; darüber höchlichen ich erfreuet worden bin, auch mich nunmehr mit Gott resolviret, annahenden heil. Christ-Abend bei euch, verleihet Gott anders Gesundheit und Leben, gewiß zu sein, und die erste evangelische Predigt zu Roßla und Ober-Roßla selbst mit Gottes Hülfe anzutreten, und zum

Andenken zu vernichten. Grüße deinen Mann, und
das kleine Töchterlein Margarethigen, dem ich was
mitbringen will, und seid Gott befohlen. Geben
Eisleben den 2. Decembr. 1539.

Martinus Luther, D.

611.

Un den Kurfürsten Joachim II. von Brandenburg, v. 4. December 1539.

Altenb. VII. 717. Leipz. XXI. 342. Walch XIX. 1243.
De W. V. 232.

Gnad und Friede in Christo, und mein arm
Pater noster. Durchlauchtigster, Hochgeborner Fürst,
Gnädigster Herr! Ich habe E. K. F. G. gesandte
Werbung, an mich gethan, bekommen, und habe
sie wahrlich mit sondern Freuden empfangen. Danke
dem Vater aller Gnaden, und weiß nichts mehr zu
thun hierin, denn daß ich von Herzen bitte und beten will, daß der liebe Gott sein angefangen Werk
in E. K. F. G. gnädiglich und barmherziglich stärken wolle und vollführen, zu seinem Lobe und Ehren,
das ist, zu vieler Seelen Heil und Seligkeit. Denn
der Satan wird hieran ein groß Mißgefallen empfahen,
und sich darwider, wie er an uns auch bisher gethan, mit aller Macht und Kunst streben, auch allerlei versuchen. Mich aber tröstet, daß E. K. F. G.,
als ich aus gestellten Artikeln verstehe, der Sachen
fein und wohl bericht, daß ich nicht so fast sorge
vor der Schlangen Schlich, als vor des Löwen
Brüllen, das vielleicht von hohen Ständen her E.
K. F. G. möchte bewegen. Zwar ich habe mich zur
Zeit nicht versehen, daß E. K. F. G. hätten solches
können oder dürfen fürnehmen, sondern bin in diesem
Wahn bisher gestanden, E. K. F. G. möchtens
nicht erheben, ob sie es gleich gerne thäten. Derhalben ich still geschwiegen, und E. K. F. G. nicht
habe wollen noch mögen weder vermahnen noch

sehen zu diesem Fürnehmen. Aber Gott der Herr
ist's, der alles thut über unser Bitten und Begehren,
wie St. Paulus spricht zun Phillppern. Dem sei
Lob und Ehre in Ewigkeit, Amen. Denn wir sollen
nichts ohn ihm, aber er will alles ohn uns, und
doch in uns thun. So ist's auch recht, und gehet
von Statten. Sonst so wir etwas ohn ihm thun,
werden wir stolz, bleiben aber doch zuletzt stecken.

Es gefällt mir über die Maß wohl E. K. F.
G. Vorrede, so in Druck soll mit ausgehen; aber
der eine Punkt, welcher mich Wizelisch anreucht,
nämlich von der Procession, Oelung und Sacrament,
davon habe ich mündlich meine Meinung E. K. F.
G. Gesandten angezeigt. Denn daß man das Sacrament einerlei Gestalt sollt in der Procession umbher tragen, ist Gottes Spott, wie E. K. F. G.
selbst wissen, wie es ein halb, ja kein Sacrament
ist. Soll man aber beide Gestalt umbtragen, ist
noch ärger, und eine solche Reverenz-Neuerung, die
aller Welt Maul und Augen aufsperren würde, auch
den Papisten Ursach geben zur Spötterei. Darumb
ist meine unterthänige Bitte, haben E. K. F. G. so
viel gewagt in den rechten, hohen, ernsten Artikeln
wider den Teufel, wollten solchen geringen Artikel
auch lassen fahren, damit der Teufel nicht aus der
ganzen Reformation ein Geschwätz und Gelächter
anrichte. Mit der Oelung und Sacrament zun Kranken tragen möcht es leiden, so fern es nicht päpsti-
sches Weise gebraucht würde. Aber damit ich E. K.
F. G. mein Gutdünken sage, weil ich sehe, daß es
E. K. F. G. solcher Ernst ist, deucht mich, man
möchte solche zwei Stück sonst im Brauch halten, aber
nicht in die Reformation fassen, und durch den Druck
lassen ausgehen. Denn weil die Vorrede gibt, es
soll eine Reformation sein in der Schrift gegründet,
und der anhebenden Kirchen Brauch gemäß, und es viel
cavillationes und calumnias erregen würde derjenigen,
so das Widerspiel werden aufbringen. Denn der
Kirchen Bräuche seit von Anfang über alle Maß unzählig gewest: So hat Christus auch nicht die Oelung
eingesetzt zum Sacrament, auch so hält man St.

Jacobs Worte nicht in der Oelung, geschicht auch nicht mehr, was St. Jacobs Worte geben. Denn es ist zu der Zeit gewest ein solcher Ritus, daß sie die Kranken leiblich damit haben gesund gemacht durch Wunderzeichen, wo sie im Glauben gebetet haben, wie die Worte St. Jacobs lauten, und Marc. 6. auch zeuget. Das Sacrament zu den Kranken tragen, mag auch also im Brauch (so lang es zu thun) bleiben, und nicht noth in den Druck mit zu fassen, oder zu ordnen. Denn es ist menschlicher Andacht Ordnung, nicht Gottes Gebot; darumb mag mans halten, doch sine superstitione, bis mans kann besser machen. Auch daß man das Sacrament vom Altar in der Messe nehme, und nicht ins Ciborium setze. Doch weiter habe ich E. K. F. G. Gesandten mündlich gesagt, die werden E. K. F. G. wohl wissen zu vermelden. Befehle hiermit E. K. F. G. dem lieben treuen Vater unsers Herrn Jesu Christi, und E. K. F. G. wollt mein gnädiger Herr sein; auch laß ich als ein armes Zeug E. K. F. G. aus meinem armen Gebet nicht. Donnerstag nach Andreä, 1539.

E. K. F. G.

williger

Martinus Luther, D.

612.

An Georg Buchholzer, v. 4. December 1539.

Altenb. VII. 718. Leipz. XXI. 343. Walch XIX. 1250. De W. V. 234.

Dem würdigen Herrn Georgio Buchholzer, Propsten zu Berlin, meinem lieben Bruder in Christo.

Gnad und Friede durch Christum. Lieber Herr Propst! Ich muß kurz sein mit Schreiben umb meines Häupts Schwachheit halben. Unser aller Bedenken auf die Kirchenordnung euers Kurfürsten des Mark-

grafen, meines gnädigsten Herrn, werdet ihr in den
Briefen gnugsam vernehmen. Was aber betrifft,
daß ihr euch beschweret, die Chorkappe oder Chorrock
in der Procession, in der Bet= oder Kreuzwochen und
am Tage Marci zu tragen, und den Circuitum mit
einem reinen Responsorio umb den Kirchhof des
Sonntags und auf das Osterfest mit dem Salve festa
dies (ohn Umbtragen des Sacraments) zu halten,
darauf ist dieß mein Rath: Wenn euch euer Herr,
der Markgraf und Kurfürst ꝛc. will lassen das Evan=
gelium Christi lauter, klar und rein predigen, ohne
menschlichen Zusatz, und die beiden Sacramenta der
Taufe und des Bluts Jesu Christi nach seiner Ein=
setzung reichen und geben wollen, und fallen lassen
die Anrufung der Heiligen, daß sie nicht Nothhelfer,
Mittler und Fürbitter sein, und die Sacrament in
der Procession nicht umbtragen, und lassen fallen die
täglichen Messen der Todten, und nicht lassen weihen
Wasser, Salz und Kraut, und singen reine Respon=
soria und Gesänge, lateinisch und deutsch, im Circu=
itu oder Procession: so gehet in Gottes Namen mit
herumb, und traget ein silbern oder gülden Kreuz
und Chorkappe oder Chorrock von Sammet, Seiden
oder Leinwand. Und hat euer Herr, der Kurfürst,
an Einer Chorkappe oder Chorrock nicht gnug, die
ihr anziehet, so ziehet derer dreie an, wie Aaron
der Hohepriester drei Röcke über einander anzog, die
herrlich und schön waren, daher man die Kirchenklei=
der im Papstthumb Ornata genannt hat. Haben
auch Ihre Kurfürstliche Gnaden nicht gnug an einem
Circuitu oder Procession, daß ihr umbher gehet,
klingt und singt, so gehet siebenmal mit herumb, wie
Josua mit den Kindern von Israel umb Hiericho
gingen, machten ein Feldgeschrei, und bliesen mit
Posaunen. Und hat euer Herr, der Markgraf, ja
Lust darzu, mögen J. K. F. G. vorher springen
und tanzen, mit Harfen, Pauken, Cymbeln und
Schellen, wie David vor der Lade des Herrn that,
da sie in die Stadt Jerusalem gebracht ward, bin
damit sehr wohl zufrieden. Denn solche Stücke,
wenn nur Abusus davon bleibet, geben oder neh=

men dem Evangelio gar nichts: doch daß nur nicht
eine Noth zur Seligkeit, und das Gewissen damit zu
verbinden, daraus gemacht werde. Und könnt ichs
mit dem Papst und Papisten so weit bringen, wie
wollt ich Gott danken, und so fröhlich sein? Und
wenn mir der Papst diese Stücke frei ließe gehen, und
predigen, und hieße mich (mit Urlaub) eine Bruch *)
umbhängen: ich wollts ihm zu Gefallen tragen.

Was aber antrifft die Elevation des Sacraments
in der Messe, weil solche Ceremonia auch frei ist,
und dem christlichen Glauben hieraus keine Gefahr
entstehen kann, wo nicht ander Zusatz geschicht, möget ihrs in Gottes Namen aufheben, wie lange man
es haben will. Daß wir aber das Aufheben hier zu
Wittenberg abgethan, haben wir Ursach gnug gehabt,
die vielleicht ihr zu Berlin nicht habt. Wir wollens
auch nicht wieder aufrichten, wo nicht andere sonderliche Noth fürfället, daß wirs thun müssen; denn es
ist ein frei Ding, und menschlicher Andacht Ordnung,
und nicht Gottes Gebot. Denn Gottes Gebot ist
allein nöthig, das ander ist frei.

Weitern Bericht werden euch die Gesandten
euers Herrn wohl sagen. Gott und der Vater Jesu
Christi, seines Sohns, deß Ampt ihr treibet, der
wolle euch treulich durch seinen Geist beistehen, und
helfen, daß sein Name geheiliget werde, sein Reich
zukomme, und sein Wille geschehe, darumb bitte ich
täglich in meinem Pater noster, Amen. Vale, et
confortare in Domino, quia virtus in infirmitate perficitur. Datum Donnerstag nach Andreä, Anno 1539.

Martinus Luther, D.

613.

An den Landgrafen Philipp von Hessen, gemeinschaftlich mit den andern Theologen, v. 10.
December 1539.

Altenb. VIII. 977. Leipz. XXII. 469. Walch X. 868.
Bei De W. V. 236. lat. u. deutsch.

*) Hose.

Gottes Gnad durch unſern Herrn Jeſum Chri=
ſtum. Durchleuchtigſter Fürſt und Herr! Nachdem
Ew. Fürſtl. Gn. uns durch den Herrn Bucerum et=
liche langwierige Beſchwerungen Ihres Gewiſſens=
und darneben ein Bedenken angezeigt, mit Ueberrei=
chung einer Schrift oder Inſtruction, die ihme E. F.
G. gegeben; wiewohl uns in ſolcher Eil darauf zu
antworten zu ſchwer iſt: ſo haben wir doch den Bu=
cerum ohne Schriften nicht wollen reiten laſſen.

Und erſtlich ſeind wir von Herzen erfreuet, und
danken Gott, daß er E. F. G. wieder von der ge=
fährlichen Krankheit geholfen, und bitten, er wolle
E. F. G. an Leib und Seele zu ſeinem Lobe ſtärken
und erhalten. Dann, wie E. F. G. ſehen, die arme
elende chriſtl. Kirche iſt klein und verlaſſen, und be=
darf wahrlich fromme Herrn und Regenten; wie wir
nicht zweifeln, Gott werde etliche erhalten, obgleich
allerlei Anfechtung fürfallen.

Und iſt auf die Frag, davon D. Bucerus mit
uns geredet, erſtlich dieſes unſer Bedenken. E. F.
G. wiſſen und verſtehen dieſes ſelbſt, was für ein
großer Unterſcheid iſt, eine gemeine Satzung zu ma=
chen, oder in einem Fall, aus wichtigen Urſachen,
und doch nach göttlicher Zuſagung, einer Diſpenſation
zu gebrauchen; dann wider Gott gilt auch keine Diſ=
penſation. Nun wiſſen wir nicht zu rathen, daß man
eine öffentliche Einführung, und alſo ein Geſetz mache,
daß männiglichen zugelaſſen ſei, mehr denn ein Ehe=
weib zu haben. Sollte man nun etwas davon in
Druck geben, ſo könnte E. F. G. achten, daß ſolches
für ein gemein Geſetz verſtanden und angenommen
würde, daraus viel Aergernuß und Beſchwerung folgen
würden. Derhalben ſolches in keinen Weg fürzunehmen;
und bitten, E. F. G. wollen dieſes ſelbſten bedenken,
wie ſchwer es ſein würde, ſo Jemands aufgelegt würde,
er hätte dieſes Geſetz in deutſcher Nation aufgebracht,
daraus in allen Heirathen ewigeUnruh zu beſorgen.

Daß aber dagegen mag geſagt werden: Was
vor Gott recht iſt, ſoll durchaus zugelaſſen werden,
das hat eine Maß. So es Gott geboten, oder ein
nöthig Ding iſt, iſt wahr; aber ſo es nicht geboten

und nicht nöthig, soll man ander Umbständ auch be=
denken. Als von dieser Frage: Gott hat die Ehe
also eingesetzt, daß es allein zweier Personen Gesell=
schaft sein soll, dieweil sie beide leben, und nit mehr.
Das will der Spruch: Es sollen zwei Ein Fleisch
sein. Und dieses ist erstlich also gehalten, aber her=
nach Lamech das Exempel eingeführt, mehr Weiber
sämptlich zu halten, welches von ihm in der Schrift
gemeldt, als eine Einführung wider die erste Regel.
Darnach ist es bei den Ungläubigen gewöhnlich wor=
den, daß Abraham und seine Nachkommen mehr Wei=
ber genommen. Und ist wahr, daß hernach solches
im Gesetze Moses nachgelassen, wie der Text sagt
Deut. XXI.: Si homo habuerit duas uxores etc.
Dann Gott nun der schwachen Natur etwas nachge=
geben. Weil es aber dem ersten Anfange und der
Schöpfung gemäß ist, daß ein Mann nicht mehr dann
ein Weib habe, ist solch Gesetz löblich, und also in
der Kirchen angenommen; und ist nicht dagegen ein
ander Gesetz zu machen oder aufzurichten. Dann
Christus erholet diesen Spruch Matth. XIX.: Et
erunt duo in carnem unam etc., und erinnert uns,
wie die Ehe erstlich vor der menschlichen Schwachheit
gewesen, und noch sein soll. Daß aber etwa in einem
Fall eine Dispensation gemacht würde, als so etliche
in frembden Nationen gefangen, da gefreiet haben,
und wiederumb ledig worden, ihre Weiber mit sich
bracht; item, so langwierige Schwachheit Ursach ge=
ben, als wann eines Weib aussätzig wäre; so in sol=
chen Fällen der Mann noch ein Weib nähme mit Rath
seines Pastoris, nicht ein Gesetz einzuführen, sondern
seiner Nothdurft zu rathen: diesen wüßten wir nicht
zu verdammen.

Dieweil nun ein ander Ding ist, ein Gesetz ein=
zuführen, ein andres, eine Dispensation zu brauchen:
so bitten wir unterthäniglich, E. F. G. wollen be=
denken; erstlich, daß in alle Wege zu verhüten, daß
diese Sach nicht öffentlich in die Welt zu bringen sei,
als ein Gesetz, dem Männlichen zu folgen Macht habe;
zum andern, dieweil es kein Gesetz sein soll, sondern
allein eine Dispensation, so wollen E. F. G. auch

das Aergernuß bedenken, nämlich daß die Feinde des
Evangelii schreien würden, wir wären gleich den Wie=
dertäufern, die zugleich viel Weiber genommen; item,
die Evangelischen suchten und willigten auch solche
Freiheit, die Ehe zu reißen, Weiber, so viel sie woll=
ten, ihrs Gefallens zu nehmen, wie es in der Türkei
gehalten wird. Item, was die Fürsten thun, wird
viel weiter ausgebreitet, dann was von Privatperso=
nen geschicht. Item, so andere Privatpersonen das
Exempel des Herrn hören, wollen sie ihnen solches
auch zugelassen haben; wie man sieht, wie leicht ein
Ding einreißt. Item, E. F. G. haben einen wilden
Adel, deren viel, wie in allen Landen, von wegen
des großen Genieß, den sie aus den Dumbstiftern
gehabt, dem Evangelio entgegen seind; so wissen wir
selbsten, daß von etlichen Junkern sehr unfreundliche
Reden gehört werden: wie sich nun solche Junkern
und Landschaft gegen E. F. G. in dieser Sachen, so
eine öffentliche Einführung vorgenommen, erzeigen
würden, ist leichtlich zu erachten. Item, E. F. G.
haben durch Gottes Gnaden einen sehr löblichen Na=
men, auch bei frembden Königen und Potentaten,
und seind derhalben gefürchtet, bei welchen dieses auch
eine Verkleinerung machen würde.

Dieweil dann so viel Aergernuß zusammenfällt,
bitten wir unterthäniglich, E. F. G. wollen diese
Sach wohl und fleißig bedenken. Das ist aber auch
wahr, daß wir in allewege E. F. G. bitten und ver=
mahnen, Hurerei und Ehebruch zu vermeiden. Wir
haben auch in Wahrheit große Bekümmernuß derhal=
ben lange Zeit gehabt, daß wir vernommen, daß E.
F. G. also mit solchem Unlust beladen, daraus dann
Gottes Straf und große Fährlichkeit folgen möchte.
Und bitten, E. F. G. wollen solch Wesen außer der
Ehe nicht für eine geringe Sünde halten, wie solches
die Welt in Wind schlägt und verachtet. Aber Gott
hat die Unzucht oft gräulich gestraft; dann Ursach
der Sündfluth wurd angezogen, daß die Regenten
Ehbruch getrieben. Item, die Straf Davids ist ein
ernstlich Exempel, und Paulus spricht oft: Gott läs=
set sich nicht spotten, Ehebrecher werden nicht ins

Reich Gottes kommen. 1. Kor. 6, 9. 10. Dann dem
Glauben muß ein Gehorsam folgen, daß man nicht
wider das Gewissen handelt und wider Gottes Ge=
bot. 1. Joh. 3, 21.: So uns unser Gewissen nicht
verdammet, so mögen wir fröhlich Gott anrufen; und
Röm. 8, 13.: So wir fleischliche Begierde tödten
durch den Geist, so werden wir leben; so wir aber
nach dem Fleisch, das ist, wider das Gewissen, fort=
fahren, werden wir sterben.

Dieses erzählen wir derhalben, zu bedenken, daß
Gott mit solchen Sünden nicht scherzen will, wie viel=
leicht etliche solche heidnische Phantasei haben. Wir
haben auch gern vernommen, daß E. F. G. so ernst=
lich darüber klaget, und solcher Sünden halben Schmer=
zen und Reue haben.

So liegen auf E. F. G. solche große schwere
Sachen, die ganze Welt belangend; zudem, daß E.
F. G. einer subtilen und nicht starken Complexion
seind, und wenig schlafen, daß billig E. F. G. des
Leibes hierinnen schonen sollten, wie viel andere thun
müssen. Und man lieset von dem löbl. Fürsten Scan=
derberg, der viel löbl. Thaten wider beide türkische
Kaiser gethan, wider Amurathem und Mahometem,
und Griechenland, so lang er regiert, geschützt und
erhalten. Dieser, sagt man, habe insonderheit sein
Kriegsvolk zur Keuschheit vermahnet, und gesagt, daß
kein Ding freudigen Männern also den Muth nehme,
als Unkeuschheit. Item, wann schon E. F. G. noch
ein Eheweib hätten, und nicht mit Ernst der bösen
Gewohnheit und Neigung widerstehen wollten: so wäre
E. F. G. nicht geholfen.

Es muß der Mensch in solchem äußerlichen Wan=
del seine Gliedmaß auch selbst im Zaum halten, wie
Paulus sagt: Gebet eure Gliedmaß, daß sie Waffen
seind der Gerechtigkeit. Darumb wolle E. F. G. in
Betrachtung aller dieser Ursachen, des Aergernuß, der
andern Sorgen und Arbeit und Leibesschwachheit,
diese Sache wohl bedenken; wolle auch ansehen, daß
Gott E. F. G. schöne junge Herrlein und Fräulein
mit diesem Gemahl gegeben, und mit ihr vorgut ha=
ben, wie viel andere in ihrem Ehestand Geduld ha=

ben müssen, Aergernuß zu verhüten. Dann daß wir
E. F. G. zu einer beschwerlichen Einführung reizen
oder treiben sollen, ist unsere Meinung ganz nicht.
Dann die Landschaft und andere möchten uns derhalben etwann anfechten wollen, welches uns darumb
unerträglich wäre, daß wir aus Gottes Wort den
Befehl haben, die Ehe und alle menschliche Sachen
auf die erste und göttliche Einsatzung zu richten, und
so viel möglich darin zu halten, auch bei Männiglich
alle Aergernuß abzuwenden. So ist es sonsten jetz-
und die Weise der Welt, daß man gern alte Schuld
auf die Prädicanten leget, so etwas Beschwerliches
fürfällt, und menschliche Herzen in hohen und niedern
Personen sind unstät und ist allerlei zu befahren.

So aber E. F. G. von unzüchtigem Leben nicht
abläßt, weil Sie sagen, daß Ihnen dieß unmöglich
sei, so möchten wir wünschen, daß Sie in besserem
Stand wären für Gott, und mit gutem Gewissen le-
beten zu E. F. G. Seligkeit und Land und Leuten
zu gut. Wo aber E. F. G. endlich darauf beschließen, noch ein Eheweib zu haben: so bedenken wir,
daß solches heimlich zu halten sei, wie von der Dispensation droben gesagt, nämlich daß E. F. G. und
dieselbige Person mit etlichen vertrauten Personen,
so da wissen E. F. G. Gemüth und Gewissen Beichte-
Weis 2c. Darumb folget keine besondere Rede oder
Aergernuß; dann es ist nicht ungewöhnlich, daß Fürsten Concubinas hatten; und obgleich nicht alles Volk
wüßte, wie die Gelegenheit wäre, so werden doch vernünftige Leut sich selbsten wissen zu erinnern, und
mehr Gefallens an einem solchen eingezogenen Wesen
tragen, dann an Ehebruch und anderm unzüchtigen
wilden Wesen. So ist auch nicht alle Rede zu achten, wann das Gewissen recht steht; und dieses halten wir vor recht. Dann was vom Ehstand zugelassen im Gesetz Mosis, ist nicht im Evangelio verboten,
welches nicht die Regiment im äußerlichen Leben än-
dert, sondern bringet ewige Gerechtigkeit und ewiges
Leben, und fähet an einen rechten Gehorsam gegen
Gott, und will die verderbte Natur wieder zurecht
bringen. Also hat E. F. G. nicht allein unser Ge-

zeugnuß im Fall der Nothdurft, sondern auch unsre Erinnerung. Darin bitten wir, E. F. G. wollen sich als einen löblichen, christlichen, weisen Fürsten bewegen lassen, und bitten, Gott wolle E. F. G. leiten und regieren zu seinem Lob und zu E. F. G. Seligkeit.

Daß auch E. F. G. die Sach wollen an Kaiser gelangen lassen, achten wir; der Kaiser halte Ehbruch vor eine geringe Sünde; dann sehr zu besorgen, er habe den päpstischen, cardinalischen, hispanischen, saracenischen Glauben, würde solches E. F. G. Ansuchen nicht achten, und E. F. G. nicht weiter abhalten zu seinem Vortheil, wie wir vernehmen, daß er ein untreuer falscher Mann seie und deutscher Art vergessen habe. So sehen E. F. G., daß er zu keiner christlichen Nothdurft ernstlich thut, läßt auch den Türken unangefochten, practicirt allerlei Meutereien in Deutschland, die burgundische Macht zu erhöhen. Darumb zu wünschen, daß fromme deutsche Fürsten nicht mit seinem untreuen Practiciren zu thun haben. Gott bewahre E. F. G. allzeit und E. F. G. zu dienen seind wir willig. Datum Wittenberg Mittwoch nach Nicolai, anno 1539.

E. F. G.

willige und unterthänige Diener
Martinus Luther.
Philippus Melanchthon.
Martinus Bucer.

614.

An den Kanzler Brück, ohne Datum 1539.

Wittenb. XII. 217. Jen. VII. 384. Altenb. VII. 300. Leipz. XXI. 299. Walch X. 644. Eisl. I. 171. De W. V. 247.

Achtbar, hochgelahrter Herr Kanzler! Nach dem gesterigen Befehl meines gnädigsten Kurfürsten und Herrn uberschicke ich hie meiner Meinung Verzeichniß.

Erstlich, daß mein gnädigster K. und Herr ein

ficher, gut Gewiffen habe gegen der widerwärtigen
Fürften Frevel, wo es noth fein würde fich zu weh=
ren, ift das zu bedenken, wie Niemand läugnen kann,
daß S. K. F. G., als ein Kurfürft des Reichs, keinen
Oberherrn hat auf Erden, der S. K. F. G. zu ftra=
fen oder urtheilen Recht und Macht habe, ohn allein
Kaif. Majeftät felbs. Denn alle andern Fürften find
entweder S. K. F. G. gleichs oder geringers Stands,
die kein Recht noch Macht uber S. K. F. G. haben ꝛc.

Zum andern, ift S. K. F. G. fchuldig ihre
Unterthanen wider folche Fürften zu fchützen und
handhaben, wie Paulus lehret Röm. 13., daß welt=
liche Oberkeit Gottes Dienerin ift zu ftrafen die Bö=
fen und zu fchützen die Frommen u. f. w. Denn ift
fie fchuldig, wider einen oder geringen Mörder zu
fchützen, fo ift fie auch fchuldig wider viel oder große
Mörder zu fchützen, und ift kein Unterfchied unter den
Mördern, er fei Fürft oder Landläufer u. f. w.

Zum dritten, wo diefelbigen Mordfürften oder
Feinde aus Kaif. Maj. Befehl fürgeben S. K. F. G.
anzugreifen, haben S. K. F. G. das Gewiffen aber=
mal alfo zu richten. Aufs erft damit, daß S. K.
F. G. folchen Befehl nicht fchuldig ift zu gläuben
noch anzunehmen, fondern als einen falfchen, unrech=
ten und aufrührifchen Tück zu deuten, darumb daß
Kaif. Maj. hat verheißen, S. K. F. G. gnädiger
Herr zu fein, und nichts wider S. K. F. G. fürzu=
nehmen, ohn vorgehende Anrede (wie ich höre, daß
aus Hifpanien Antwort kommen fei). Auf folcher
Kaif. Maj. Verheißung foll und muß S. K. F. G.
ftehen fo feft, fo treulich fie Kaif. Maj. für wahrhaf=
tig und redlich zu halten fchuldig find, und durch kei=
nen Befehl davon fich kehren laffen, bis Kaif. Maj.
felbs folche Verheißung widerrufe. Denn S. K. F. G.
ift Kaif. Maj. felbs mehr fchuldig zu gläuben, denn
allen Fürften, fonderlich mehr denn folchen verdäch=
tigen Feinden, fie rühmen Befehl, wie viel fie wollen.

Aufs ander findet fichs in der That und keinen
Zweifel läßt, daß folcher Feindsfürften Anfchlag hin=
ter und ohn Wiffen und Willen und Befehl Kaif.
Maj. fürgenommen wird, weil fie felbs bezeugen,

daß sie wollen solchem Befehl allererst nach solchem gehabten Rath und Rotterei ausbringen, daran man wohl greifen muß, daß solch Fürnehmen weder aus göttlicher noch menschlicher Ordnung, sondern aus neidischem, aufrührischem, bösem Grund fleußt, dazu sie Kais. Maj. als zum Schanddeckel brauchen wollen, dawider billig alle treue und fromme Kais. Maj. Glieder handeln sollen; denn sie nicht thun, was sie Kais. Maj. schuldig, sonder Kais. M. soll Deckel sein, was sie böslich fürnehmen.

Auß dritte, ists offentlich im ganzen Reich bekannt, daß dieß Mandat, zu Wormbs ausgangen, nicht ist durch gemeine Reichsstände bewilligt, sondern auch von den höhesten und gewegensten dawider bedinget, daß kein Zweifel ist, es sei der Pfaffen Rotten und nicht des Kaisers oder Reichs Mandat, zu halten, wie es denn auch hernach zu Nürnberg aufgehaben, bitten ꝛc.

Darumb sich die Rottenfürsten aus lauter Bosheit als zum Schein, der doch aller Welt bekannt und nichtig ist, auf dasselbe gründen, derhalben mit gutem Gewissen für Gott und für der Welt aller Befehl, der auf solch nichtig Mandat mag ausbracht werden, soll für unrecht und als den Kais. Maj. nicht thue noch thun künnte oder wolle, ohn alles Zweifeln gehalten werden. Und was die Rottenfürsten darauf fürnehmen, als eine rechte Aufruhr und Rotterei wider das Reich und Kais. Maj. zu achten sei, dem für Gott und der Welt nicht allein kein Gehorsam, sondern auch allerlei Widerstand erzeigt werde.

Zum vierten, ist denn die Appellatio und Protestatio fürhanden, welche, wo es noth sein würde (das Gott verhüte), wohl sein zu stellen sein wird mit allem Glimpf M. G. Herren und mit allerlei Unglimpf wider die Rottenpfaffen und Fürsten, als die Betrüger Kais. Maj. und des ganzen Reichs Aufrührer, und was mehr dazu dienet ꝛc., wie es denn Noth und Recht geben werden. Indeß wird viel Wassers verlaufen, und wird aus Nachtsfrist Jahrfrist werden, ob Gott will. Wir hoffen aber und wollen bitten, weil uns Gott sein Wort gegeben, es solle nicht zu solcher Noth und Recht kommen ꝛc.

Angreifen aber und mit Krieg solchem Rath der
Fürsten zuvorkommen wollen, ist in keinen Weg zu
rathen, sondern aufs Allerhöhest zu meiden. Denn
da stehet Gottes Wort: Wer das Schwert nimmet,
der soll durchs Schwert umbkommen. Nu ist hie kein
Befehl das Schwert zu brauchen, weil der Widersacher Schuld und That noch nicht uberzeuget, noch am
Tage ist, und doch dieselbigen Feindsfürsten nicht unter unsers G. Herrn Gewalt sind. Denn damit
wurden öffentlich gestraft, ja frevelig angriffen, die
doch nichs Oeffentlichs gethan hätten, noch uberzeuget
wären, und gewönnen damit allererst nicht allein den
Schein, sondern auch allerdinge Recht, sich als aus
Noth zu wehren wider die, so ohn Kais. Maj. Befehl
aufrührischer Weise die Unschüldigen angriffen; denn
Gott kann ihren heimlichen Rath wohl hindern.

Aber wo sie also würden angegriffen, künnte
sichs nicht mehr hindern, und würde allererst recht
angehen; denn gleichwie itzt unser Troß und Trost
ist, daß die Feindsrotten als die Aufrührischen M. G.
Herrn wollen angreifen ohn alles vorgehendes Recht
und Verhöre, also hätten sie denn wiederumb denselbigen Troß und Trost, daß sie ohn alles vorgehendes Recht, dazu als die Unschuldigen, die noch nichts
verwirkt, angegriffen und zur Nothwehre gedrungen
würden.

O behüte Gott für dem Gräuel! Das hieße
freilich recht für dem Namen fischen, und Gewalt für
Recht gebraucht. Kein größer Schand könnt dem
Evangelio geschehen; denn hieraus würde nicht ein
Bauren-Aufruhr, sondern ein Fürsten-Aufruhr, der
Deutschland zu Boden verderben würde, welchs auch
der Satan gern sähe.

Wo aber M. G. Herr der Landgraf nicht wollt
folgen, sondern fortfahren, ist M. G. Herr nicht
schüldig zu halten das Verbündniß; denn man muß
Gott gehorsam sein mehr denn Menschen; so müssen
alle Verbündniß Gott und Recht uber sich leiden
und bleiben lassen, daß sie nichts dawider thun oder
fürnehmen.

So aber M. G. Herr der Landgraf oder die zu

Magdeburg würden angegriffen, ist M. G. Herr aus
Verpflicht der Verbündniß schuldig, wie für S. K.
F. G. selbs, ihn beizustehen, und obgesagter Weise
zu handeln; denn Gott will Treu und Glauben ge=
halten haben.

615.

An den Bürgermeister zu Wittenberg, ohne Datum 1539.

Wittenb. XII. 207. Jen. VII. 371. Altenb. VII. 400.
Leipz. XXI. 340. Walch XIV. 1362. De W. V. 250.

Lieber Er Bürgermeister! Nachdem des Miß=
brauchs auf dem Kirchhofe je länger je mehr wird,
daß Jedermann drauf legt, führet, stellet, und macht
seins Gefallens, damit gleichwohl der lieben Todten,
so in Christo getauft sind und leben und auf dem
Kirchhofe der Auferstehung gewarten, als in ihrem
Bettlin ruhend und schlafend (wie Isaia Kap. 26.
sagt), nicht viel mehr geachtet wird, denn als lägen
sie auf einem Schindeleich oder nicht weit vom Gal=
gen: ist mein Bitte, wollet schaffen, daß da solcher
ubriger Mißbrauch ausgeräumet werde, und den
Todten, deren ohn Zweifel viel in Christo entschla=
fen, ein wenig größer Ehre und Ruge vergönnet
werde. Denn wir können sie nicht alle ausgraben
und wegthun, damit wir könnten weichen solchem
Mißbrauch; wolltens auch thun, wenns müglich.
Sonst stehets, als halten wir nichts von den Tod=
ten, noch Auferstehung der Todten.

Die Bräupfannen, wie vor von Alters her,
mügen wir darauf wohl leiden umb Sicherheit willen.
Des andern aber wird gar zu viel, daß auch die
Zimmerleute keine Predigt achten, ja hauen und
poltern mit ihrem Zeug, daß kein Wort in der Pre=
digt soll gehört werden; denken, es sei nöthiger und
billiger, eins Zimmermanns Beil zu hören, weder
Gottes Wort. Anno 1539.

616.

Nachschrift zu einem Bedenken der Wittenbergischen Theologen, ohne Datum 1539.

Cod. Goth. 451. f. fol. 48. De W. V. 251.

Man möchte auch sagen den Herrn zu Meissen: Medice, cura te ipsum. Wenn sie nu büßen ihre Bündnüsse (die doch eitel teuflische blutdürstige Rotterei gewest und noch), so wollen wir unsere nöthige und gegenwehrliche Bündnuß wider ihre morderische Rottung wohl wissen zu beweisen, daß sie ganz billig und recht sei, unangesehen, daß sie sich selbs so klug dünken, daß sie alle Splitter wohl richten können, ihres Balken vergessen, gerade als könnte der Heil. Geist ihr kluges Haupt auch im Mörsel nicht treffen. Summa: wenn sie wider mich Luther sollten schreiben, müssen sie sich solcher hohen Weisheit weniger brauchen oder hören: Bruder, bist du gemalt? man kennet dich wohl.

617.

An den Kanzler Brück, v. 3. Januar 1540.

Leipz. Suppl. No. 161. S. 89.; Walch XXI. 425. Das Original befindet sich im Autogr. Vol. XXV. fol. 44. der Baseler Bibliothek. De W. V. 253.

Clarissimo Viro, Domino Gregorio Heins (?) de Bruck, jurium Doctori, Saxoniae Cancellario et Consuli, suo in Domino Majori et confratri charissimo.

G. u. F. Ich hatte gehofft, mein lieber Herr und Gevatter, ihr wurdet das Fest bei uns gewest sein; nu das nicht gewest, muß ich euch doch ein Memorial zuschreiben, ist das, daß ihr bei M. G. Herrn wolltet doch anhalten, daß S. K. F. G. das

Einreiten der Edelleute wollt verbieten in S. K. F.
G. Landen. Was soll doch solch schändlich Schinden,
Rauben und Placken in offentlichen Herbergen, und
im Landfrieden, unter furstlichem Schutz sein, da der
Adel sich unternander so unfreundlich verderbt, frißt
und verschlinget? Es haben itzt vier Edelleute auf
Martin List umb 20 Fl, wie man klaget, dreihun=
dert Gulden verpraßet, durchs Einreiten in der Her=
berge: wie viel besser wäre gewest, ein Jglicher hätte
5 Fl. gelegt, und den armen List geloset! Solchs
geschicht anderswo auch. Welcher Teufel hat dem
Adel solch Macht gegeben einander also zu bestricken,
fahen, plundern, ohn Wissen und Willen der Ober=
herren? Wenns Kolhase thät, als ein Mordbrenner,
wäre es gnug. Das thun unter furstlichem Geleit
und Schutz ein Adel dem andern. Werden die Fur=
sten hie nicht strafen, so wird Gott sie allesampt mit
uns strafen. Und wer weiß, warumb unser Sachen
so krumm gehen, vielleicht gehen unser Ampt fur
Gott (ja nicht vielleicht) auch krumm, und reizt eins
das ander wider nander. Furwahr die Fursten sind
schuldig, solchs zu wehren, und ihr schuldig, solchs
zu rathen und treiben oder werdet theilhaftig sein solcher
Schäden und Muthwillen. Ich gedenk eine offentliche
Schrift an die Fursten dieser Sachen halben zu thun.
Aber mein Schreiben ist nichts, und bald in Winkel
geworfen, wo ihr nicht mit lebendiger Hand in der
Hohe herunter wehret, wie euer Ampt und Befehl
fodert. Wie manche Weise kann der Teufel Verder=
ben anrichten! Will uns der Turke nicht fressen,
die Pestilenz nicht aufräumen, Kaiser nicht dämpfen,
mussen wir uns selbs fressen, aufreiben, verderben
durch Geiz und Wucher. Gott erbarm es, oder
wo das nicht helf, so schlahe der jungst Tag drein,
Amen. Hiemit Gott befohlen, Amen. Feria 6. post
Circumcisionis, 1540.

Martinus Luther.

618.

An den Kurfürsten Joachim II. zu Brandenburg, gemeinschaftlich mit den andern Theologen,
v. 7. Januar 1540.

Leipz. Suppl. No. 162. S. 90.; Walch XXI. 431. De
W. V. 254.

Dem Durchleuchtigsten, Hochgebornen Fürsten und Herrn, Herrn Joachim, Kurfürsten, Markgrafen zu Brandenburg, zu
Stettin, Pomern 2c. und in Schlesien, zu
Crossa, Herzogen, Burggrafen zu Nürnberg 2c., unserm gnädigsten Herrn.

Gottes Gnad durch unsern Herrn Jesum Christum zuvor. Durchleuchtigster, Hochgeborner, gnädigster Kurfürst und Herr! E. K. F. G. fügen wir
in Unterthänigkeit zu wissen, daß die Kirche allhie
großen Fleiß gehabt, die Zeit zur Nothdurft ihrer
Armen Korn zu kaufen, und sind die Personen, so
dazu verordnet, an vielen Orten derhalben gewesen.
Als aber endlich der Ehrenfest und Gestreng Diete-
rich von Rochau umb Korn zu verkaufen angesuchet,
hat er sich freundlich vernehmen lassen, unser Kirchen
und den Armen 21 Wispel zu lassen, so E. K. F.
G. gnädiglich willigten, dieselbigen aus E. K. F. G.
Fürstenthum auszuführen. Wiewohl wir nun wissen,
daß E. K. F. G zu ihrer Landen Nothdurft dieses
Verbot gemacht; so bitten wir doch unterthäniglich,
E. K. F. G. wollen gnädiglich bedenken, daß solche
Statuta gegen den nähisten Nachbarn, besonders in
solcher Nothdurft und für die Armen, beiweilen zu
lindern und zu dispensiren; wie auch Joseph in der
großen Landtheurung im Orient nicht allein den
Aegyptiern, sondern auch andern Landen und Leuten Hülf that. So spricht der Prophet: Frange
esurienti panem tuum etc.; und Salomon sagt:
Der das Korn verbirget, wird verflucht; wer aber
verkauft, der wird gesegnet; welche Spruch billig

Jedermann erinnern sollen, Glauben zu üben, und mit dieser Hoffnung andern mitzutheilen, daß Gott uns wiederumb segnen, ein gnädig Jahr geben, und seine Arme speisen werde, wie der Prophet uns solches fürmalet an den jungen Raben: Qui dat escam pullis corvorum. Denn man sagt, sie werden von den Alten verlassen; darumb wachsen Würmlin im Nest, damit mittler Zeit die Jungen ernähret werden. Darumb wir auch mit Fleiß bitten, Gott wölle sich der Armen erbarmen, und umb ihrenwillen gnädige Wachsung geben. Derhalben wolle sich E. K. F. G. hierin gnädiglich erzeigen gegen den Armen allhie, denn es wird da nichts, dann zu hoher Nothdurft gesucht, und wolle gnädiglich willigen, bemeldte Anzahl Korn bei Dietrich von Rochau erkauft auszuführen. Das wird ohne Zweifel Gott belohnen, wie er zugesagt. So wöllen wir darumb Gott mit Fleiß bitten, E. K. F. G. seinen Segen und Wohlfahrt geben. Datum Mittwoch nach Epiphaniä, des 1540. Jahrs.

E. K. F. G.

unterthänige willige

Martinus Luther, D.
Justus Jonas, D.
Joh. Bugenhagen Pomer, D.
Philippus Melanthon.

619.

An den Kurfürsten Johann Friedrich, gemeinschaftlich mit den andern Theologen, v. 7. Januar 1540.

Aus Cod. Palat. 689. p. 84. bei De W. V. 256.

Gottes Gnad und Fried durch unsern Herrn Jesum Christum zuvor. Durchlauchtigster, Hochgeborner, Gnädigster Kurfürst und Herr! E. K. F. G. Schriften, belangend die Unterredung, was im Fall, so man zu einer Vergleichung kommen mocht, von

äußerlichen und mitteln Ceremonien nachzulassen, haben
wir in Unterthänigkeit sampt des Cärlowitz-Reforma-
tion empfangen. Und wiewohl solch Flickwerk sehr
fährlich und sorglich ist, so wollen wir doch unser
unterthänig Bedenken zusammen bringen, und E. R.
F. G. zuschicken. Wir achten auch nicht Noth sein,
die andern Prädicanten dießmal zu erfodern, sondern
wollen an sie schreiben, und ihn schriftlich anzeigen,
worauf wir berügen. Und achten, es werde wenig
Ungleichheit bei denselbigen furfallen. Dann so viel
wir verstehen, stehet die Frag darauf, nicht was zu
thun sei von der Lehr und nöthigen Stucken, sondern
allein von den äußerlichen und mitteln Dingen. Dann
wir hoffen, daß dieses Theils Fursten und Stände
endlich bedacht sind, in der Lehre und nöthigen Stucken ganz kein Flickwerk, Glossiren, Aenderung oder
Sophisterei zuzulassen oder zu willigen.

Und obgleich etliche in solichem Teufelsgespenst
sich wollten bewegen lassen, wie nicht Zweifel die Ita-
lianer und Franzosen werden solche Glößlin bringen —
wie wir wissen, daß man itzund zu Röm und Paris
von solchen Glößlin disputirt —; so wollen doch wir
durch Gottes Gnaden mit der Sophisterei nichts zu
zu thun haben, und viel lieber unser elende Haut
dran setzen. Begehren auch nicht, daß Jemand sich
unser annehme, der nicht Lust darzu hat. Welche Zer-
rottung hat das Concordirn im Synodo zu Sirmio
angerichtet im Handel vom Sohn Gottes? Also versucht der Teufel itzund auch Sophisterei.

Es ist durch Gottes Gnad die Lehr auf unserm
Theil also licht und hell, und mit solchem Fleiß gefaßt, daß sie keiner Glossen bedarf, und daß alle Gott-
furchtigen in allen Landen bekennen mussen, es sei
die reine christliche Lehr. Dergleichen ists von nöthigen und äußerlichen Stucken, als von Abthuung
aller Privatmessen, aller Anrufung der Heiligen,
Möncherei, von Ehestand und Brauch des Sacraments. Dieweil dann von diesen zweien Stucken,
nämlich von der Lehr und nöthigen äußerlichen Sachen kein Unterrede von Nöthen, hoffen wir das dritte
Stuck von Mitteldingen durf nicht groß Streitens.

So kann man auch wenig davon reden, ehe man
hôret, ob die Bischoff von der Verfolgung abstehen,
die christlich Lehr und nôthige Stŭck annehmen wollen.
Alsdenn mŏg man Vergleichung suchen, oder flicken
in mitteln Dingen. Dann wie wollt sichs reimen,
so sie der Lehr Feind wären, wie sie im Grund sind,
und sollen dennoch ein Autoritât, Ordination, Jurisdiction, haben. Doch davon wollen wir weiter in
unserm Bedenken unser Meinung anzeigen. Wollen
auch eigentlich von den Glôßlein in nôthigen Stucken
unser Antwort und Confutation darauf zusammen
bringen. Dann ohne Zweifel dieselbige Glôßlein die
furnehmst Handlung sein wird. Wir kônnen nicht
achten, wie es mŭglich sei, daß die Bischoffe ihre Ab-
gôtterei fallen lassen, ohne des Papst Bewilligung.
Es wäre denn, daß es gehn wollte, wie man lieset
von Cyro. Denn als Cyrus den Krieg fŭrgenom-
men mit Crôso, und bei den Joniern in Gnaden und
Guten suchet, daß sie dem Crôso nicht Hilf thun
wollten: so wollte er sie bei alter Freiheit bleiben
lassen; und sie solchs abschlugen, kamen sie hernach
zu Cyro, da sich das Spiel gewandt hatte, und Crô-
sus gefangen war, und hielten an, Cyrus wollte sie
bei ihrer Freiheit lassen. Da gab ihnen Cyrus diese
Antwort. Es war auf ein Zeit (sprach er) ein Fischer, der pfiff mit einem Fleutlein den Fischen einen
Tanz, daß sie heraus springen sollten; aber sie wollten nicht. Da mußte er die Mŭhe drauf wenden, sie
mit einem Garn zu fahen. Da er sie nun im Garn
aus Ufer bracht, fingen sie an zu springen, wie ihr
Art ist. Da sprach der Fischer; nein, zu lange ge-
wesst. Da ich euch pfiff, da wollt ihr nicht tanzen;
izund wollt ihr, so wird nicht eben ist. Also da dieser Theil Mittel und Wege der Vergleichung fŭrschluge,
da wollten sie nicht: izund wird es ihnen dahin nicht
kommen. Aber, gnädigster Herr, wir wollen uns E.
K. F. G. gethanen gnädigsten Befehl nach, der schriftlichen Verzeichung gefaßt machen, und E. K. F. G.
unterthäniglich dieselben und fôrderlich zuschicken. Wir
wollen uns auch unterthäniglich darin erzeigen, uns
darnach zu achten, daß wir auf weiter gnädigen E.

E. F. G. Befehl gen Eisenach auf bestimpte Zeit kommen. Und wird Doctor Martinus seiner Person halben E. K. F. G. sein unterthänig Antwort zu schreiben. Dann E. K. F. G. unterthänige gehorsame Dienst zu erzeigen, sind wir allezeit geflissen und ganz willig. Datum Wittenberg den 7. Januarii, Anno 1540.

E. K. F. G.

unterthänige willige Diener

Martinus Luther D. eigne Handschrift.

Justus Jonas D. eigene Handschrift.

Johannes Bugenhagen Pommer D. eigen Handschrift.

Philippus Melanchthon eigen Handschrift.

620.

An den Kurfürsten Johann Friedrich, v. 18. Januar 1540.

Leipz. Suppl. No 163. S. 90.; Walch XVII. 429.
De W. V. 258.

Dem Durchleuchtigsten, Hochgebornen Fürsten und Herrn, Herrn Johanns Friedrich, Herzogen zu Sachsen, des heil. Rö. Reichs Erzmarschalk und Kurfürsten, Landgrafen in Thüringen und Markgrafen zu Meissen, Burggrafen zu Magdeburg.

G. und F. in Christo, und mein armes P. n. Wir schicken hiermit E. K. F. G. unser Bedenken unterthäniglich, darauf wie gedenken zu bleiben. Denn es ist doch ohn das mit den Papisten verzweifelt Ding, gleich als mit ihrem Gott, dem Teufel, auch. Sie sind verstockt, und sündigen wissentlich wider die erkannte Wahrheit, das ist, in den Heiligen Geist, daß da weder zu beten noch zu hoffen ist. Sie können sich nicht bekehren, noch Gott die Ehre geben, daß sie ihre Sünde bekenneten, sondern wollen Recht haben; darumb kann ihnen Gott nicht helfen.

18*

Ich will wohl gern mit gen Eisenach auf dem Schmalkaldischen Tag, aber ich sehe nicht, daß ich da nutze sei. Es wird vergebliche Kost und Mühe abermal werden; doch was E. K. F. G. gefället, will ich unterthäniglich bereit sein, liegt auch nicht viel daran, ob ich einmal die Augen zuthät, und die Welt nimmer sähe in ihrem verfluchten gottlästerlichen Wüthen. So sind nu, Gott Lob, M. Phil., D. Jonas rc. gewiß gnug und geschickt in dieser Sachen.

Eben so wäre mein Bedenken, daß nicht noth wäre, die Föderanten abermal zu sammlen, man kann sie wohl mit Schriften ersuchen; und zweifel nicht, wo sie horen, daß wirs gedenken zu lassen, werden sie auch bleiben. Welchs mein Bedenken wollt E. K. F. G. zu gnädigem Gefallen vermerken. Und hiemit dem lieben Gotte befohlen, Amen. Sonntags nach St. Antonii, 1540.

E. K. F. G.

unterthäniger

Martin Luther.

621.

An die Herzogin Elisabeth von Braunschweig, v. 29. Januar 1540.

Leipz Suppl. No. 164. S. 91. Walch XXI. 432. Theol. Nachrichten October 1814. S. 378. ff. De W. V. 254.

Der Durchlauchtigsten, Hochgebornen Fürstin und Frauen, Frauen Elisabeth, gebornen Markgräfin zu Brandenburg, und Herzogin zu Braunschweig und Lüneburg, meiner gnädigen Frauen.

Gnade und Friede in Christo. Durchlauchtige, Hochgeborne Fürstin, Gnädige Frau! Es ist dieser Magister Justus Waldhausen, Bürgers Kind zu Hameln, berufen zum Syndicus daselbst: hat mich derhalben gebeten, daß ich an Ew. F. G. wolle schreiben, weil er unsers Evangelii nun bei 12 Jahren

gewohnt, nun aber vielleicht zu Hameln noch nicht im
Brauch ist. Ew. F. G. wollen seine gnädige Fürstin
sein und ihn schützen, so viel möglich, auch bei Ew.
F. G. Gemahl anhalten, daß er bei Sr. F. G. solche
Leute wollte werth halten. Denn wie Ew. F. G.
sehen und erfahren werden, ist's gar ein fein gelehrt,
geschickt, fromm Mensch, dergleichen man nicht viel
findet. Ew. F. G. wollen sich gegen ihn gnädiglich
beweisen, auch den Leuten und Landen zu gut, da er
wohl zu dienen kann und wird. Daran thut Ew.
F. G. Gott einen sonderlichen Dienst. Hiermit denselben lieben Gott befohlen, Amen. Donnerstags
nach St. Pauli Bekehrung, 1540.
Ew. F. G.

williger
Martinus Luther.

622.

An den Kurfürsten Johann Friedrich, v. 25. Februar 1540.

Leipz. Suppl. No. 165. S. 91. Walch XVII. 430. De
W. V. 269.

Dem Durchleuchtigsten, Hochgebornen Fursten und Herrn, Herrn Johanns Friedrich,
Herzogen zu Sachsen, des heil. Ro. Reichs
Erzmarschalk und Kurfurst, Landgrafen
in Thüringen, Markgrafen zu Meissen,
meinem gnädigsten Herrn.

G. u. F. und mein arm Pr. nr. Durchleuchtigster, Hochgeborner Furst, gnädigster Herr! Ich
bedanke mich unterthäniglich E. K. F. G. gnädigs
Schreiben, daß sie mein wollen so gnädiglich verschonen. Und wo mich E. K. F. G. werden fordern,
will ich gar gerne kommen, wo mirs immer muglich
ist. Denn ich auch ohne das gerne dabei wäre. Derhalben auch meine lieben Herren, Freunde, Doct.
und M. gebeten, sie sollen mir ja alles fleißig schrei-

ben, und anzeigen, wann ich kommen solle; denn ich
ganz willens gewest und noch bin, hinnach zu fragen,
wo sichs so lange verzöge. Unser lieber Herr Gott
segne E. K. F. G. und die ganze Sache, die doch
sein eigen, und ja nicht unser ist, zu seinem Lob und
Ehr, Amen. Mittwochs nach Reminiscere, 1540.

E. K. F. G.

unterthäniger

Mart. Luther.

623.

An einen Ungenannten, v. 14. April 1540.

Dedekenni consil. T. I. Part. 2. p. 359. Altenb. X. 1.
Leipz. XXII. 390. Walch X. 2734. De W. V. 278.

Dem Ehrbarn, Fürsichtigen, Nicolao N.,
Bürgern zu N., meinem günstigen Freunde.

Es hat mir euer lieber Sohn, M. Johannes,
angezeiget, kläglich gar satt, lieber Freund, wie ihr
euch vom Sacrament so viel Jahr enthaltet, zu großem ärgerlichen der Andern Exempel, und mich gebeten, euch zu vermahnen, von solchem gefährlichen
Fürnehmen abzuwenden, weil wir keine Stunde des
Lebens sicher sind.

So hat mich seine kindliche treue Sorge für euch,
seinen Vater, beweget, diese Schrift an euch zu thun;
und ist meine christliche, brüderliche, wie wir in Christo
einander schuldig sind, Vermahnung, wollet von solchem Fürnehmen abstehen, und bedenken, daß Gottes
Sohn viel mehr gelitten, und seinen Kreuziger vergeben hat, und zuletzt, wenn die Stunde kömpt,
doch vergeben müssen, wie ein Dieb am Galgen vergeben muß. Ob aber die Sache im Rechte hänget,
das lasset also geschehen, und wartet des Rechtens
aus. Solches hindert gar nicht zum Sacrament zu
gehen. Sonst müßten wir und auch unsere Fürsten
auch nicht zum Sacrament gehen, weil die Sachen
zwischen den Papisten und uns hängen. Befehlet die

Sache den Rechten; aber dieweil machet ihr euer
Gewissen frei, und sprechet: Weme das Recht gefällt, der habe Recht; indeß will ich vergeben deme,
der Unrecht gethan hat, und zum Sacrament gehen.
So gehet ihr nicht unwürdig hinzu, weil ihr Recht
begehret und Unrecht leiden wollet, wo es der Richter für Recht oder Unrecht erkennet. Solche Vermahnung nehmet für gut, die mir euer Sohn mit großem
Fleiß abgesehet hat. Hiemit Gott befohlen, Amen.
Mittwochs nach Miseric. Domin., 1540.

624.

An den Rath zu Siegen, v. 3. Mai 1540.

Lossius Zeit u. Taschenbüchlein. (Hanamar 1801.) De W.
V. 279.

An Bürgermeister und Rath zu Siegen.

G. u. F. in Christo. Ehrsamen, weisen und
lieben Herrn und guten Freunde! Nachdem zu euch
gefordert ist Magister Georgius Aemilius, eure Jugend
zu ziehen, und vorzustehen in Künsten und Zuchten:
ist derhalben mein freundlich Bitt, wollet denselbigen
M. Görgen euch ja lassen treulich befohlen sein,
denn er ist ein gar sonderlich feiner, gelehrter Gesell,
dazu auch still und sittig bei uns sich erzeigt, daß,
wo ihr auch dazu thun werdet, die wilde Jugend zu
zähmen zu gutem Exempel der anderen, so kann er
große Frucht schaffen. So sehet ihr, wie großer
Mangel itzt an Leuten worden ist, und die Jugend
wohl dürf strenges Enthaltens. Hoff, ob Gott will,
ihr werdet euch wohl wissen hierin zu halten. Hiermit Gott befohlen, Amen. Montags nach Vocem Ju-
cund., Ao. 1540.

Martinus Luther DSS.

625.

An den Dechant und die Domherrn zu Zeiz v. 4. Mai 1540.

Altenb. VII. 422. Leipz. XXI. 365. Walch XXI. 441. De W. V. 280. (Aurifaber III. f. 296.)

Buße oder Verstockung, wie es Gott versehen hat, lieben Junkern! Mein Bitt und Vermögen ist, ihr wollet den armen Mann, Pancratius Fischern, los lassen, und wiederumb stellen in das Gericht, daraus ihr in habt mit Frevel und Gewalt genommen. Denn ihr sollt je wissen; daß Niemand soll dem Andern in sein Gericht greifen. Nu ist es (das ihr nicht läugnen kunnt) im Gericht Christi und seiner Kirchen gewest und erfunden, und ihr euch als die Sacrilegi und Kirchenräuber erzeigt, und Christo in sein Gericht gegriffen. Werdet ihr aber dieß nicht thun, so will ich ein Spiel mit euch Pfaffen fürnehmen, und aller Welt wohl sagen, was ihr seid, wo euer Gewalt sei. Kompt euch etwas draus, so hab ich euch treulich gewarnt, und das Meine gethan; hoff auch, mein gnädigster Herr soll euch Manns gnug sein, und wen ich mehr verregen lassen. Wenn ihr strafen wollt, so sollt ihr billig an euch selbs anheben und euer Hurhaus, Mordgrub und Kirchenraubstuhel zuvor bessern. Doch davon bald wetter. Thut und macht, wie ihr wollt, daß euer Unglück sich nicht säumen könne. Dienstags nach Vocem Jacunditatis, 1540.

Martinus Luther.

626.

An den Kurfürsten Johann Friedrich, im Mai 1540.

Wittenb. XII. 304. Jen. VII. 309. Altenb. VII. 422. Leipz. XXI. 366. Walch XVII. 463. De W. V. 282.

Gnade und Friede in Christo, und mein arm

Pater noster. Durchleuchtigster, Hochgeborner Fürst,
gnädiger Herr! Weil Magister Philippus itzt mit
gen Hagenau zeucht, zu hören der falschen Larven
Fürgeben, die uns mit Farben malen wollen, wie
sie sind; so sie doch, unsere Feinde, gewißlich all
unser Verderben suchen, wie E. K. F. G. wissen
und täglich erfahren: bitte ich unterthäniglich, wie
E. K. F. G. ohne das freilich selbs vielmehr gedenken
zu thun, daß die Gesandten alle sämptlich, und
ein jeder insonderheit, starken Befehl haben, und fur-
zutragen wissen, wie sie nicht können noch sollen weichen von dem, das itzt zuletzt zu Schmalkalden einträchtiglich beschlossen.

Es ist dem Teufel nun lange gnug gehoffiret,
und den Papisten so oft gepfiffen, so sie doch nicht
tanzen, so oft geklaget, so sie doch nicht trauren,
sondern die Weisheit Gottes meistern wollen; Gott,
der es angefangen, deß auch die Sache, und nicht
unser ist, wird es wohl wissen zu vollführen, ohn
unser Klugheit und Macht, wie bisher geschehen.
Schreibe aber solchs darumb, es sollten wohl der
Papisten etliche mit guten Worten schmücken wollen,
und die Unsern versuchen, darumb nu Magister Philippus solchen starken Befehl begehret. E. K. F. G.,
als der am meisten dran gelegen ist, werden sich hierin
ohn allen Zweifel wohl wissen zu halten. Wir wollen
dieweil das liebe Vater Unser in dieser Sache mengen,
welchs bisher sich redlich beweiset hat, Gott Lob und
Dank. Hiemit dem lieben Gott befohlen, Amen.
Donnerstags nach Reminiscere, 1540.
E. K. F. G.
unterthäniger
Martinus Luther.

627.

An die kurfürstlichen Räthe, gemeinschaftlich mit
den andern Theologen, v. 22. Mai 1540.

Altenb. IX. 1590. Leipz. Suppl. No. 166. S. 91. Walch
XXI. 434. De W.V. 286.

Den Ehrwürdigen, Achtbarn, Hochgelahrten,
Gestrengen und Ehrenfesten, unsern gün=
stigt und gnädigen Herrn Räthen, anitzo
zu Torgau, unsern lieben Herrn und
günstigen Freunden.

Unser ganz freundliche Dienste zuvor. Ehrwür=
dige, Achtbarn, Hochgelahrten, Gestrengen und Eh=
renfeste, besondere Herren und günstigen Freunde,
Euer Schreiben mit Uberschickung des Raths zu Zeit
Schrift, belangende sonderlich Magistrum Eberhar=
dum, haben wir seines Inhalts vernommen, und
uns mit einander unterredet. Befinden, daß die
Nothdurft erfordert, daß des Orts zu Zeit ein ge=
lehrt und fromm Mann zu ordnen sei, und so denn
der Rath so embsig umb gedachten Magistrum Eber=
hardum bitten thut, denselben ihnen zu lassen und zu
bestätigen; so ließens sonderlich wir, Martinus Luther
und Justus Jonas, beede Doctor, uns nicht mißfal=
len, daß gedachter Magister des Orts, so fern es
ihm gelegen sein wollt, bliebe. Wo er aber dazu
ganz nicht geneigt wäre, sondern umb vieler Ursachen
willen, zu Altenburg lieber sein wollt, wüßten wir ihn
darumb nicht zu verdenken. Und wie es derhalben
umb einen andern Prediger zu bestellen sein will,
davon wollen, will Gott, zum wenigsten wir, Justus
Jonas und Philippus Melanchthon, auf künftigen Mon=
tag, oder Dienstag mit euch uns mündlich zu Torgau
unterreden. Dann euch in alle Weg freundlich zu die=
nen, sind wir willig. Datum Wittenberg, Sonn=
abends nach Pfingsten, Anno 1540.

Martinus Luther.

Justus Jonas.

Johann Bugenhagen, alle Doctor, und

Philippus Melanchthon.

628.

An Graf Albrecht zu Mansfeld, v. 24. Mai
1540.

Leipz. Suppl. No. 167. S. 91. Walch XXI. 436.
De W. V. 287.

Dem Edlen und Wohlgebornen Herrn,
Herrn Albrechten, Grafen und Herrn zu
Mansfeld, meinem gnädigsten und herz-
lieben Landes-Herrn.

Gnad und Fried in Christo. Gnädiger Herr!
Ich habe lang nicht umb etwas gebeten, ich muß auch
einmal kommen, daß die Straß der Fürbitt nicht zu-
gar mit Gras verwächst; aber ich bitte ganz unterthänig, E. G. wolle mich auch erhören, damit ich
nicht abgeschreckt wieder kommen dürfe, und nicht zum
Argwohn falle, als sei mir E. G. ungnädig, so ich
mich nicht schuldig weiß, daß ichs verdienet habe, und
ist das. Ich war nun einmal zu Hofe, da ich nicht
gerne pflege zu sein, ward unter andern gesagt, wie
E. G. mit den Hütten-Meistern sehr scharf handelten,
und wären große Leute, die E. G. nichts Böses gönnen, und zu Wahrzeichen (wie ich denn zuvorn E.
G. auch einmal geschrieben) weissagen wollten, als
würde endlich die Grafschaft des Segens Hand beraubet werden, trieben darauf viel Reden und
Ursachen, daß ichs abermal nicht habe können unan-
gezeigt lassen. Da fragte ich, wie es denn mit meiner Freundschaft ging: ward mir geantwortet, meine
Schwäger Mackerode halten, daß sie gewißlich drüber
müßten zu Bettlern werden. Das wollt Gott nicht,
sprach ich, haben sie doch nichts anders, denn Erb-
feuer; ich will fürwahr meinen gnädigen Herrn darvon schreiben, denn meine Schwäger haben mir nichts
davon geschrieben, ohne daß ich sie einmal fröhliches
Scherzens Schlackentreiber, für Schlackenherren hieß:
darauf sie lachten und sprachen, mit der Zeit möchts
wohl vielleicht nicht ferne fehlen, und zogen hinweg;
solche Worte fielen mir zu Hofe ein.

Derhalben bitte ich nun, gnädiger Herr, E. G.
wollen mir auch einmal eine Bitte gestatten und den
guten Muckeroden oder ihren Erben ein gnädiger
Herr sein, und sie gnädiglich befohlen haben, angesehen, daß E. G., sonst ein großer, reicher Herr, mit
guter Leute Armuth nichts gewinnen kann, sondern
vielmehr möchten sie Gottes Ungnade auf sich laden,
bei welchem es gar gering ist, reich arm, und arm
reich zu machen. Ich bitte nicht umb Recht (davon
ich dieser Sache nichts weiß, noch wissen will), sondern umb Gnade und Gunst; denn E. G. werden
Gottes Gnade und Gunst auch bedürfen, wie sich dieß
E. G. wohl selbst wissen besser zu berichten. Denn
suchen wir unser Recht zu strenge an unserm Nächsten, und lassen nicht auch Gnade scheinen, so wird
Gott sein Recht wider uns auch suchen, und die Gnade
finster lassen werden. Ich hoffe, E. G. werden hieraus nichts anders verstehen, denn daß ich E. G. als
meinen lieben Landes-Herrn lieb habe, und mit herzlichen Treuen meine: darumb ich auch nicht leiden
kann, etwas von E. G. Unglimpflichs gesagt zu hören; viel weniger kanns mein Gewissen leiden, daß ich
in Sorgen sollte stehen, als möchte Gott mit E. G.
zürnen, und ich hätte es nicht bei Zeiten angezeigt.
Bitte hierauf eine gnädige Antwort. Hiemit Gott
befohlen, Amen. Montags nach Trinitatis, Anno
1540.

E. G.

williger

Martinus Luther.

629.

An den Rath zu Roßwein, v. 24. Mai 1540.

Altenb. VIII. 994. Leipz. XXII. 569. Walch XXI. 435.
De W. V. 289.

Denen Ehrsamen und Weisen, Bürgermeister und Rath zu Roßwein, meinen günstigen, guten Freunden.

Gnade und Friede. Ehrsame, Weise, liebe Herren! Daß ihr M. Johann Zacharias zum Pfarr annehmet, gefällt mir wohl; wäre auch ohne Noth gewest, mein Vergunst zu suchen, weil er sein selbst mächtig, unserm Cirkel nicht unterthan ist. Gott gebe, daß er viel Frucht schaffe, Amen. Montags nach Trinitatis, 1540.

Martinus Luther.

630.

An den Kurfürsten Johann Friedrich, v. 26. Mai 1540.

Aus dem Original im Großherzogl. Archiv zu Weimar bei De W. V. 289.

Dem Durchleuchtigsten, Hochgebornen Fürsten und Herrn, Herrn Johanns Friedrich, Herzogen zu Sachsen, des R. Reichs Erzmaschall und Kurfursten, Landgrafen in Thüringen, Markgrafen in Meissen und Burggrafen in Magdeburg, meinen gnädigsten Herrn.

G. u. F. in Christo und mein arm Pr. nr. Durchleuchtigster, Hochgeborner Furst, Gnädigster Herr! Es hat E. K. F. G. geschrieben der Herzog aus Preussen (welche Briefe ich E. K. F. G. unlängst zugeschickt) für die gute Frau Baßken Art rc., wie Ernst von Schönfeld ihr Bruder muthwilliglich ihr furhält ihr tochterliche oder fräuliche Gebuhr, daß E. K. F. G. wollten sie gnädiglich an Herzog Heinrich verschreiben, daß Ernst von Schönfeld nicht mußte mit des Papsts Recht (wie ich sehe, daß ihn die papistische Juristen meistern) der verfuhreten Seelen oder Nonnen ihr ehlich Gebuhr wegern. Nu weiß ich nichts, was E. K. F. G. hierin thun kann, weil das Regiment zu Dresen also stehet (als ob Gott wohl fallen wollt); doch wo E. K. F. G. etwa einen Rath wußten, ist mein unterthänige Bitte, wollten doch helfen, ob Herzog Heinrich zu vermugen wäre, dem Papst nicht aufs Neu wiederumb einzuräumen und unschuldige verführete Weibsbilder für Nonnen zu rechen, angesehen, daß solchs dem angenommen Evangelio eine große Schande und der verfluchten Klosterei eine ärgerliche Stärkung sein will. Was E. K. F. G. hierin thun kann, werden sich wohl wissen gnädiglich zu erzeigen. Es ist der ersten Nonnen eine und ein ehrlich Matron, daß ich achte, Ernst von Schönfeld sei nicht werth solcher Schwester Bruder zu sein für Gott, und sich auch ihr für der Welt nicht schämen kann mit Vernunft rc. Hiemit Gott befohlen, Amen. Fer. 4. post Trinitatis, 1540.

E. K. F. G.

unterthäniger
Martinus Luther.

631.

An die Herzogin Katharina von Sachsen, v. 25. Junius 1540.

Jen. VII. 392. Altenb. VII. 426. Leipz. XXI. 371. Walch XXI. 498. De W. V. 296.

Ich bitte wiederumb in aller Unterthänigkeit, E. F. G. wollten ja ernstlich und fleißig dazu helfen, wie Sie mir zu Leipzig große Hoffnung machten, daß der Kirchen und der Schulen, welches der höchste Gottesdienst ist, möcht nicht vergessen, noch geringe geachtet werden. Denn ich höre und sehe viel, deß ich mich nicht versehen hätte, das mir wahrlich übel gefällt; wiewohl an meinem Ubelgefallen wenig gelegen, wo es nicht Gott selbs wollt übel gefallen; und zuletzt nicht ein gut Ende nehmen. Gott gebe E. F. G. den Muth hierin zu sehen und thun (als nu Gott E. F. G. Raum und Macht gegeben reich-

lich zu thun), daß ja das liebe Evangelium möge
in dem Fürstenthum zunehmen, oder ja bleiben.

Denn es hat viel und große inwendige heimliche Feinde, die sich rühmen große Liebhaber des
Wort, und doch den Personen, die es führen müssen,
von Herzen feind sind: welchs ein sehr grober töl-
pischer, doch schädlicher Griff ist, das liebe Evangelium durch viel und hoch Rühmen zu Grund zu tilgen.
E. F. G. wollen solchs von mir zum besten gnädiglich annehmen. Denn wie kann ichs lassen, und
wie wollt mirs anstehen, nicht sorgen für das liebe
Evangelium, oder stillschweigend hören seinen Nachtheil? Hiemit dem lieben Gott befohlen, Amen.
Freitag nach Joannis Baptistae, anno 1540.

E. F. G.

williger

Martinus Luther.

632.

An seine Hausfrau, v. 16. Julius 1540.
Lilienthals rlcht. Preußen IV. B. Borowski-Faber
S. 68. De W. V. 298.

Meiner gnädigen Jungfer Katherin Lutherin von Bora und Zülsdorf gen Wittenberg, meinem Liebchen.

G. u. F. Meine liebe Jungfer und Frau Käthe!
Euer Gnade sollen wissen, daß wir hie, Gottlob,
frisch und gesund sind; fressen, wie die Behemen
(doch nicht sehr); saufen, wie die Deutschen (doch
nicht viel), und aber fröhlich. Denn unser gnädiger Herr von Magdeburg Bischoff Amsdorf ist unser
Tischgenosse. Mehr neue Zeitung wissen wir nicht,
denn daß D. Caspar Mecum und Menius sind von
Hagenow gen Straßburg spazieren gezogen, Hans
von Jehnen zu Dienst und Ehren. M. Philipps ist
wiederumb sein worden, Gottlob. Sage meinem

Neben D. Schiefer, daß sein König Ferdinand ein Geschrei will kriegen, als wolle er den Türken zu Gevatter bitten über die evangelischen Fürsten: hoffe nicht, daß wahr sei, sonst wäre es zu grob. Schreibe mir auch einmal, ob du alles krieget hast, das ich dir gesandt, als neulich 90 Fl. bei Wolfen Paermann ꝛc. Hiemit Gott befohlen, Amen. Und laß die Kinder beten. Es ist allhier solche Hitze und Dürre, daß unsäglich und unträglich ist Tag und Nacht. Komm, lieber jungster Tag, Amen. Freitags nach Margarethen, 1540. Der Bischoff von Magdeburg läßt dich freundlich grüßen.

Dein Liebchen,

Martin Luther.

633.

An seine Hausfrau, v. 26. Julius 1540.
Lilienthals erläut.—Preußen IV. B. Borowski-Faber S. 102. De W. V. 299.

Der reichen Frauen zu Zulsdorf, Frauen Doctorin Katherin Lutherin, zu Wittenberg leiblich wohnhaftig, und zu Zulsdorf geistlich wandlend, meinem Liebchen zu Handen. — Abwesend dem D. Pomeran, Pfarrherr, zu brechen und zu lesen.

— — — — — — *) wollen schaffen, daß wir einen guten Trunk Biers bei euch finden. Denn, ob Gott will, Morgen Dienstags wollen wir auf sein gegen Wittenberg zu. Es ist mit dem Reichstage zu Hagenow ein Dreck, ist Muhe und Arbeit verloren und Unkost vergeblich; doch, wo wir nichts mehr ausgericht, so haben wir doch M. Philipps wieder aus der Höllen geholet und wieder aus dem Grabe fröhlich heimbringen wollen, ob Gott will und mit seiner Gnaden, Amen. Es ist der Teufel

*) Der Anfang fehlt.

heraußen selber mit neuen bösen Teufeln besessen, brennet und thut Schaden, das schrecklich ist. Meinem gnädigsten Herrn ist im Thüringer Wald mehr denn tausend Acker Holz abgebrannt und brennet noch. Dazu sind heute Zeitung, daß der Wald bei Werda auch angangen sei, und viel Orten mehr; hilft kein Löschen. Das will theuer Holz machen. Betet und lasset beten wider den leidigen Satan, der uns sucht nicht allein an Seele und Leib, sondern auch an Gut und Ehre aufs Allerheftigst. Christus, unser Herr, wollte vom Himmel kommen und auch ein Feurlin dem Teufel und seinen Gesellen aufblasen, das er nicht löschen kunnte, Amen. Ich bin nicht gewiß gewest, ob dich diese Briefe zu Wittenberg oder zu Zülsdorf würden finden; sonst wollt ich geschrieben haben von mehr Dingen. Hiemit Gott befohlen, Amen. Grüße unser Kinder, Kostgänger und alle. Montags nach Jacobi, 1540.

Dein Liebchen

M. Luther, D.

634.

An den Kurfürsten Johann Friedrich, gemeinschaftlich mit Bugenhagen und Melanchthon, v. 22. August 1540.

Schütze I. 399. De W. V. 301.

Dem Durchlauchtigsten, Hochgebornen Fürsten und Herrn, Herrn Johann Friederichen, Herzogen zu Sachsen, des heiligen Römischen Reichs Erzmarschall und Kurfürsten, Landgrafen in Thüringen, Markgrafen zu Meißen und Burggrafen zu Magdeburg, unserm gnädigsten, lieben Herrn.

Durchlauchtigster, Hochgeborner Fürst und Herr!

E. K. F. G. sind zu Gott unser Gebet mit unterthänigen, gehorsamen Diensten allzeit mit Fleiß zuvoran bereit. Gnädigster Herr! Mit hier inliegender Schrift hat Er Calixtus, Pfarrer zu Bollerstorf im Ampt Wittenberg, uns angesucht, und sein Noth angezeigt, demuthiglich daneben bittend, daß wir solch sein Armuth und Noth zu Herzen nehmen und ihne bei E. K. F. G. vorbitten wollten, daß ihm ein gnädige Zulag von 15 fl. irgend jährlich möcht zugelegt werden. Zu wissen wir, wie dann in beeden Visitation befunden, daß solch Pfarr ein einig gering Dorf und kein Filial hat, die Leut des Orts unvermögend sein, und der Acker auch nicht so genießlich, daß ein Pfarrer den selber treiben und Gesinde und Pferd darauf halten möcht, wir auch auf die Leut derwegen nicht haben einig Zulag legen können. Weil wir dann jetzt über das die Registration selbs übersehen und das Einkommen überlegt, und befinden, daß alles zusammen gerechnet nicht viel über zwanzig Gulden jährlichen laufen thut: so bitten wir in Unterthänigkeit und Demuth, E. K. F. G. wolle dem armen Mann irgend aus der Sequestration jährlich ein Gulden oder funfzehen zu geben gnädiglich verschaffen, in Ansehung, daß solch Pfarr sunst in der Nähe zu keiner andern Pfarr in E. K. F. G. Kur zu Sachsen füglich mag geschlagen werden, und dieser Pfarrer nu ein betagt Mann ist, der billig unverruckt bleiben sollt. E. K. F. G. wolle sich derwegen hierin gnädiglich erzeigen. Das wollen umb dieselbe E. K. F. G. wir gen Gott umb ein selig Regiment und Wohlfahrt zu bitten und in unterthänigem Gehorsam zu verdienen allzeit geflissen sein. Dat. Wittemberg Sonntags nach Assumptionis Mariä, Anno 1540.

E. K. F. G.
unterthänige gehorsame
Visitatores Martinus Luther, Joannes Bugenhagen, Doctores, und Philippus Melanchthon.

635.

An den Rath zu Riga, v. 26. August 1540.

Nach dem Original in der Stadtbibliothek zu Riga bei De W.
V. 302.

Den Ehrbarn, Fürsichtigen Herrn Bur=
germeister und Rathmanne der Stadt
Riga in Liefland, meinen gunstigen guten
Freunden.

G. u. F. Ehrbarn, Fursichtigen, lieben Herrn!
Es hat mich Magister Engelbertus auf Anzeige eur
Schrift gebeten umb ein Zeugniß. Demnach soviel
ich seiner Schrift gesehen, ist er erstlich der christlichen
reinen Lehre wohl bericht, dazu allen Sekten feind,
daß ich ihn hierin unsträflich und heilsam halte. Zum
andern ist er sonst auch fromm und ehrlichs Wesens
bei uns erkannt. Zum dritten auch gelehrt genug
in den Sprachen. Aber wie er sich mündlich zu uben
mit Predigen und Lehren geschickt, weiß ich nicht;
denn ich ihn nicht gehöret. Acht auch, daß ihr bei
euch selbs besser solchs .... als der bei euch sich
eine Zeit lang geübt hat, wie er bericht. Befehl den=
selben Mag. Engelbertum in eure Gunst und freunt=
lichen Willen. Hiemit Gott befohlen, Amen. Donn=
stags nach Bartholomäi, 1540.

Martinus Luther, D.

636.

**An den Herzog Albrecht von Preußen, v. 10.
October 1540.**

Aus Fabers Briefsammlung S. 30. bei De W. V. 308.

G. u. F. Durchleuchtiger, Hochgeborner Fürst,
gnädiger Herr! Auf E. F. G. Gesandten, Antragen
des Bischofs halben zu Riga rc. ist leichtlich und
kurzlich mein Bedenken: Weil der Papst bis daher

19*

so viel hundert Jahr ein Seelmörder, und (wie
Apokalypsis zeiget) seine Kirche die rothe Hure ist
mit dem gulden Kelche voller Hurerei, und an ihr
Stirn eitel Namen aller Lästerung rc. rc.: so ist hie
kein ander Rath, denn der in selbigem Buch stehet:
Fliehet von ihr, auf daß euch nicht treffe ihre Plage rc.
Denn sie ist trunken vom Blut der Zeugen Jesu rc.
Derhalben sei E. F. G. muthig und helfe getrost
dazu, daß man den Teufel zu Rom ja nicht anbete
oder von ihm Bestätigung nehme, es gehe drüber,
wie es gehe, sintemal es zu hoffen ist, weil der
Gräuel von Gott gestoßen ist, er solle hinfurt zu
seiner Kraft nicht wieder kommen, wie Daniel sagt:
Venit ad summitatem ejus et nemo auxiliabitur etc.
Wir sehen gleichwohl, daß ihm Niemand hilft (das
er selbs auch fuhlet), ob gleich viel Könige sich stellen, als wollten sie, und thun doch nichts. So
wills Gott haben, denn es ist die Zeit seines Endes
da und will aus sein rc. Darumb fahren E. F. G.
fort und lassen entweder den Bischoff zu Rigen vom
Capitel erwählen und bestätigen, oder unter dem
Namen des Bischoffs ein ewiger Electus (wie vorhin oft geschehen) oder Adjutor sein, bis das Wasser
verfließt rc.

Neuer Zeitung werden E. F. G. wohl Andere
schreiben. Es ist itzt auf Simonis und Judä ein
Tag angesetzt vom Kaiser zu Wormbs, da die Theologen beider Seits sollen eine Unterrede halten, dieß
ist, sie sollen Zeit verlieren, Geld verzehren und zu
Hause alles versäumen oder Schaden nehmen. Das
mussen wir dem Teufel so lassen gehen; was aber
geschehen wird, ist leichtlich zu verstehen. Sonst ist
nichts, denn daß Herzog Heinrich von Brunschwig
ein Erz-Mordbrenner gescholten wird, der soll aus-
geschickt haben viel hundert Mordbrenner wider die
evangelischen Stände, sind bereit mehr denn drei-
hundert gerichtet, deren viel auf S. F. Ungnade bekennen, auch auf den Bischoff zu Mänz rc. Was
daraus werden will, weiß der liebe Gott. Unmuglich ists, daß solch Mordbrennen nicht sollt von hohen
Ständen herkommen; denn da ist Gelds gnug, soll

der Papst achtzig tausend Ducaten dazu gegeben haben. Solchs muffen wir horen und leiden, aber Gott wird sie uberaus reichlich bezahlen hie und dort, und sollen dennoch nicht gewinnen: wenn sie gleich uns alle zu Aschen brennten, sollen sie doch in der Hölle im Feuer unter unsern Fußen ewiglich brennen, Amen. Hiemit Gott befohlen, Amen. Sonntags nach S. Francisci, 1540.

E. F. G.

williger

Martinus LutheR.

637.

An den Kurfürsten Johann Friedrich, v. 29. October 1540.

Aus T. III. Aurifabri im Leipz. Suppl. No. 163. S. 92. Walch XXI. 440. De W. V. 312.

Gnad und Fried. Durchlauchtigster, Hochgeborner Furst, gnädigster Herr! Ich hatte wohl gehoffet, wir wollten den Doctor Creutz, Amptmann zu Colditz, das Lehen, dem armen Bernhard zu gut, abgeschwätzt haben; aber er hat lernen schweigen. Wo er nicht gern Antwort gibt, so muffen wir ablaffen, und wiederumb nach Gottes Recht ihm laffen widerfahren, daß ein erosio in domo impii geschehe, wie Solomo sagt, und wo er einen Gulden mit dem Lehen gewinnet, zehen dagegen verliere. Nu hat Doctor Bruck, wie ich berichtet, ihn vertrostet, er wolle fur ihn helfen bitten, daß er sonst möcht versorget werden, und mich gebeten, auch mit zu bitten. Wo nu E. K. F. G. wiffen zu helfen, wollten sie gnädiglich zu rathen; er muß doch von uns ernähret werden, so lang er bei uns ist. E. K. F. G. werden sich wohl wiffen gnädiglich hierin zu halten. Hiermit dem lieben Gotte befohlen, Amen. Sonnabends nach Simonis und Judä, 1540.

E. K. F. G.

unterthäniger

Martinus Luther.

688.

An den Kurfürsten Johann Friedrich, gemeinschaftlich mit J. Jonas, ohne Datum, 1540.

Aus dem Original im Archiv zu Weimar, bei De W. V. 371.

Dem Durchleuchtigsten, Hochgebornen Fursten und Herrn, Herrn Johanns Friedrichen, Herzogen zu Sachsen, des heil. Ro.
Reichs Erzmarschall und Kurfursten, Landgrafen in Thoringen, Markgrafen zu
Meissen und Burggrafen zu Magdeburg,
unserm gnädigsten Herren.

Durchleuchtigster, Hochgeborner Furst und Herr!
E. K. F. G. sind zu Gott unser Gebet mit unterthänigen, gehorsamen Dienst allzeit mit Fleiß zuvoran
bereit. Gnädigster Herr! E. K. F. G. ist sunder
Zweifel nuvorborgen die Fehde Heinrich Queissen
wider den Bischoff von Lebus, so etwa sich zugetragen. Dermegen durch Herrn Nikeln von Minkwitz
Ritter, ein Eingriff sampt etlichen Helfern dazumal
zu Furstenwald geschehen. Es hat uns aber itzt derselb Heinrich Queiß anzeigen lassen, wie solch Fehde
und Handlung zwischen den Bischoff von Lebus, dem
Sachswald, Herrn Niklassen von Minkwitz, allen Helfern und Helfershelfern ganz beigelegt und zu Grund
soll vortragen sein, also daß alle Helfer und der Sachen zugethanen zu Gnaden genommen und wiederumb zu ihren Gutern solten, gelassen und kommen
sein. Allein ihm dem gemeldten Heinrich Queißen
werden seine Guter noch vorenthalten. Weil er ein
alter, schwacher Mann, ungefährlich von neunzig
Jahrn, ist, kein eigne Wohnung hat und begierig
ist, unter E. K. F. G. als gein Herzberg sich zu
wenden: hat er uns ganz hochlich bitten lassen, ihne
bei E. K. F. G. zu vorbitten, daß dieselb E. K. F. G.
ihne des Orts zum Unterthan und in gnädigen Schutz
annehmen wolle. Als haben wir sein Alter angesehen, und ihm solch sein Bitt fuglich nicht abzuschla-

ben wissen. Bitten derwegen unterthäniglich, E. K.
F. G. wolle des armen, alten Manns Noth beher-
zigen, und sich gegen ihm, obs E. K. F. G. leidlich,
zum Unterthan und in Schutz gnädiglich annehmen
und in Gnaden erzeigen. Das wollen um E. K.
F. G. selig und löblich Regiment gegen Gott zu vorbitten und in unterthänigem Gehorsam zu verdienen,
wir in allweg geflissen sein. Datum Wittenberg
Sonnabends, Anno 1510.

Martinus Luther Ecclesiast und
Justus Jonas Probst zu Wittenberg, beede Doctor.

639.

**An den Kurfürsten Johann Friedrich, v. 24.
Januar 1541.**

Aus dem Original im Weim. Archiv bei De W. V. 330.

Dem Durchleuchtigsten, Hochgebornen Fursten, und Herrn, Herrn Johanns Friedrich, Herzogen zu Sachsen, des heil. Röm.
Reichs Erzmarschalk und Kurfursten,
Landgrafen in Thuringen, Markgrafen zu
Meissen und Burggrafen zu Magdeburg
meinem gnädigsten Herrn.

Gn. u. Fr. in Christo. Durchleuchtigster, Hochgeborner Furst, gnädigster Herr! Auf E. K. F. G.
Schrift, mir diese Stunde zukommen, gebe ich aufs
Unterthänigst zu erkennen, daß mir gestern und diese
Nacht mein Hals ärger worden ist, als zuvor, und
mich heint und zwei fast sehr (mit Urlaub) gebrochen,
daß ich, fürwahr, schwach, nicht kann, wie ich wohl
schuldig, auch unterthäniglich herzlich gern thät, kommen. Das wollten mir E. K. F. G. ja aufs Gnädigst zu gut halten. Ich merke und verdreußt mich,
wie die Pfaffen mit der Election geeilet und auch den
Tod des Bischoffes verholen, ohn Zweifel besorget,
E. K. F. G. mochten der Election ein Stuck beweisen. Es sind doch verzweifelt Leute, des Teufels

selbigen. Aber mich dunkt, D. Bruck werde E. K.
F. G. hierin wohl rathen, und E. K. F. G. selbst
durch Gottes Gnade Bessers treffen. Was man nicht
erlaufen kann, das kann man zuletzt erschleichen. Gott
wirds E. K. F. G. doch einmal recht in die Hände
schicken, und die Teufels-Klüglinge in ihrer Klugheit
fangen. Hiemit dem lieben Gott befohlen, Amen.
Montags um eilf Uhr nach Fabiani, 1541.

E. K. F. G.

unterthäniger
Martinus Luther.

N. S.

Wollen aber E. K. F. G., daß D. Jonas und
Pomer sollen kommen, so wollen sie auf E. K. F. G.
Rufen morgen zu Lochau sein.

640.

**An den Fürsten Wolfgang zu Anhalt, v. 12.
März 1541.**

Altenb VIII. 996. Leipz. XXI. 403. Walch XVII. 698.
De W. V. 331.

Dem Durchlauchtigsten, Hochgebornen Fürsten und Herrn, Herrn Wolfgangen, Fürsten zu Anhalt, Grafen zu Ascanien,
Herrn zu Bernburg, meinem gnädigen
Herrn.

Gnade und Friede in Christo unserm Herrn.
Gnädiger Fürst und Herr! Daß E. F. G. begehren
mein und der Unsern Gebet zu der Reise gen Regensburg, hab ich gern gehöret, und zweifele nicht, der
E. F. G. solch Begier eingegeben hat, der hats darum gethan, daß ers wolle erhören. Denn also
lesen wir auch vom Könige Salomo, daß sein Gebet
Gott wohlgefiel: da er umb Weisheit bat, und nicht
umb Reichthum, noch etwas anders, da gab er ihm
Weisheit und alles andere auch. Also hoffen wir,
E. F. G. sein schon erhöret. So wollen wir mit

unferm Geift, auch zu Regensburg fein. Chriftus wird auch dafelbft mitten unter feinen Feinden ergieren, wie ers bisher noch immer beweifet hat.

Denn ob wir der Sachen zu gering und unwürdig find, fo ift fie doch fo gut und gewiß, daß fie muß Gottes eigene Sach heißen, und nicht unfere: Wird er nun feiner eigen Sachen vergeffen? Das follen fie wohl erfahren, länger je mehr: darumb wollen wir getroft und unverzagt fein. Denn Gott kann nicht verlieren, ob wir gleich drüber geklemmet werden; fo werden wir zulezt auch mit gewinnen. Es heißt und bleibt dabei: Wer mich bekennet für den Menfchen, den will ich bekennen für meinem Vater und feinen heiligen Engeln. Da wollen wir uns drauf verlaffen, Amen.

Ich bedanke mich gegen E. F. G. des Bechers, fo mir gefchenkt. Befehl hiermit E. F. G. dem lieben Gott, in deß Sachen E. F. G. ein Legat worden ift: der gebe E. F. G. ein Herz, das da fühle und erfahre, daß fie Gottes Legat find, fo wirds fröhlich und getroft fein. Denn das ift auch allzeit mein Troz geweft bisher, daß ich gewiß bin gewest, die Sache, fo ich führe, nicht mein, fondern Gottes fei, der habe Engel genug, die mir beiftehen, oder wo fie mich hier laffen, doch dort und beffer empfahen, Amen. Sonnabends nach Invocavit, 1541.

E. F. G.

williger

Martinus Luther.

641.

An den Kurfürften Johann Friedrich, v. 31. März 1541.

Leipz. Suppl. No. 169. S. 92. Walch XVII. 699. D. B. V. 335.

Dem Durchleuchtigsten, Hochgebornen Fur=
sten und Herrn, Herrn Johanns Fried=
rich, Herzogen zu Sachsen, des heil. Rö.
Reichs Erzmarschall und Kurfurst, Land=
grafen in Thuringen, Markgrafen zu Meis=
sen und Burggrafen zu Magdeburg, mei=
nem gnädigsten Herrn.

E. u. F. borner Furst,
gnädiger Herr! müssen (wie
angeschickt ich zu Branden=
burg kommen. o den Reichs=
tag belangend, wie es gut
wäre und freund=
lichs an An=
halt, Furst herrlach insonderheit
mich bat, d wollte schreiben und
bitten, daß D. Melchiorn erläuben
wollten, mit gen Regensburg zu rei=
sen, angesehe seine Wort), daß E. K.
F. G. löblich von Wittemberg bei dem
Markgrafen wä er dazu, daß guter Wille
gefordert wurde zwischen E. K. F. G. beiden: Solches
hab' ich nicht wissen abzuschlahen. Ich hätte wohl
gern angeregt, was Ursachen auf jener Seiten gege=
ben wurden zu Unwillen; aber damit ichs nicht ärger
machte, hielt ich inne, als ein Theologus, der zum
Frieden rathen soll und lehren, auch alle Anstöße
und Verdruß zu vergeben. E. K. F. G. werden sich
hierin wohl wissen fürstlich und christlich zu erzeigen.
Hiermit Gott befohlen; Amen. Donnstags nach Lä=
tare, 1541.

E. K. F. G.

unterthäniger

Martin Luther.

642.

An den Kanzler Brück, Anfang Aprils 1541.

Leipz. Suppl. No. 180. S. 96.; Walch XVII. 834.
De W. V. 338.

Dn. Doct. Brücken Bedenken Martini Lu=
thers, D.

Erstlich bedenk ich, daß ich dem Landgrafen und
Bucero nichts mehr will vertrauen.

Zum andern laß ichs bleiben bei den Artikeln zu
Schmalkalden angenommen; besser wirds nicht wer=
den, weiß mich auch weiters nicht zu begeben.

Mein lieber Herr Doctor, mit euch rede ich, als
für M. G. Herren gegenwärtig, daß michs gnug ver=
dreußt auf den Landgrafen und die Seinen, daß sie
das Vater Unser so umbkehren, und erstlich Ruge und
Friede suchen, unangesehen, wo das erst, nämlich
Gottes Namen, Reich und Wille, bleibe. Was ists,
daß man die Mucken seiget, und die Kameele ver=
schlinget? Will man in der Religion Vergleichung
suchen, so hebe man erst an, da die gründlichen Stücke
sind, als Lehre und Sacrament; wenn dieselbigen ver=
glichen sind, wird das ander äußerlich, das sie Neu=
tralia heißen, selbs sich schicken, wie es in unsern Kir=
chen geschehen ist: so wäre Gott mit in der Concor=
dia, und würde die Ruge und Friede beständig. Wo
man aber die großen Stücke will lassen stehen, und
die Neutralia handeln, so ist Gottes vergessen; da
mag denn ein Friede ohn Gott werden, dafür man
lieber möcht allen Unfriede leiden. Es wird doch gehen,
wie Christus Matth. 9. spricht: Der neue Lappe auf
einen alten Rock macht den Riß ärger, und der neue
Most zusprengt die alten Fässer. Man machs entwe=
der gar neu, oder laß das Flicken anstehen, wie wir
gethan haben, sonst ists alles vergeblich Aerbeit.

Ich sorge, der Landgraf lasse sich ziehen; und
zöge uns gern mit sich. Aber er hat uns (meine ich)
gnug und wohl gezogen in seiner Sache, er soll mich

nicht mehr ziehen. Ehe wollte ich die Sache wiederumb zu mir nehmen, und alleine (wie im Anfang)
stehen: Wir wissen, daß es Gottes Sache ist, der hats
angefangen, bisher selbs geführet, und wird es hinaus führen. Wer nicht hernach will, der bleibe dahinten; der Kaiser, der Türk dazu, und alle Teufel
sollen hie nichts gewinnen, es gehe uns drüber, wie
Gott will.

Mich verdreußt, daß sie diese Sachen achten, als
seien es weltliche, kaiserliche, türkische, fürstliche Sachen, darin man mit Vernunft mitteln und meistern,
geben und nehmen könne. Es ist eine Sache, da
Gott und Teufel sampt beiderseits Engeln selbst innen
handeln; wer das nicht gläubt, der wird nichts Guts
hierin schaffen.

Solchs weiß ich wohl, daß ihr selbs auch denket
und wisset; muß es aber also reden, daß ihr sehet,
wie mein pr. nr. zürnet und klagt über falsos fratres,
die uns mehr, denn alle Feinde, Schaden thun und
Mühe machen, wie Judas rc.

Es sind, Gott Lob! unsere Kirchen in den Neu-
tralibus so zugericht, daß ein Laie oder Walh oder
Spanier, der unser Predigt nicht verstehen könnte,
wenn er sähe unser Messe, Chor, Orgeln, Glocken,
Caseln rc., würde er müssen sagen, es wäre ein rechte
päpstisch Kirche und kein Unterscheid oder gar wenig
gegen die, so sie selbs unter einander haben; was
sollen wir denn mehr thun, ohn daß wir des Landgrafen Dunken nach hie unser Kirchen zurütten und
irre machen, und dort bei den Papisten nichts ausrichten, denn daß wir uns selbs (unter gutem Schein)
zutrennen und selbs unter einander uneins werden.
Das wollte der Teufel gern haben, Gott wehr ihm!
Amen.

Der Kirchengüter halben ist auch nichts zu weichen. Es sei denn, daß die Papisten zuvor ihre Abgötterei und Gotteslästerung erkennen und büßen.
Wie sie wissen, daß Gott fordert und haben will, der
nicht will vergeben, noch so hin lassen gehen unbuß-
fertige Abgötterei und verstockte Gotteslästerung, und
freilich nicht solchen Friede will von uns, wiederumb

angenommen und gelitten haben; oder wird uns sampt
ihnen verdammen. Wenn sie gebüßet haben, und ihr
lästerliche Klosterei verdampt, und wollen uns helfen
predigen, Kirchen und Schulen treulich regieren, so
sollen sie Güter gnug finden; wo sie das nicht thun,
so geben sie zu verstehen gröblich, daß wir sollen als
die Abtrünnigen vom Wort ihre Abgötterei annehmen,
dulden und helfen schützen. Das thue der Teufel,
und es gehe uns drüber, wie Gott will. Ich wollt
wohl weiter mit euch reden, aber ich thar die Luft
noch den Kopf mit viel Reden nicht versuchen. Ich
thu wohl mit Schreiben schier zu viel.

643.

An den Herzog Albrecht von Preußen, v. 20. April 1541.

Aus Fabers Briefsammlung S. 35. bei De W. V. 344.

G. u. F. Durchleuchtiger, Hochgeborner Furst,
gnädiger Herr! Nachdem sich M. Johannes Dotschel
Eurn F. G. zu dienen verbunden zwei Jahr lang,
als hat er sich aufgemacht und kompt, seiner Zusage
Folge zu thun. Bitte aber demuthiglich, E. F. G.
wollten ihm gnädiglich befohlen haben; denn es auch
bei uns Mangel an Personen ist. Wie es hieraußen
stehet, werden E. F. G. von ihm wohl vernehmen.
Der Kaiser stellet sich zu Regensburg aufm Reichstage so gnädig, daß es den Papisten das Herz mocht
brechen. Es ist furhanden, daß der Kaiser etliche
Fürsten und Doctores nennen soll, die alle Artikel
der Religion freundlich unterhandeln sollen, darauf
die Papisten ihn furbehalten, zu verwerfen, welche
ihnen nicht gefällig, das soll der Kaiser verschmahen.
Was werden wird, weiß der liebe Gott, der mach es
alles gut, Amen.

Heinz von Braunschweig ist nu uberzeuget, daß
er Erz-Meuchelmordbrenner sei, und der größt Bose-
wicht, den die Sonnen beschienen hat. Gott gebe
dem Bluthunde und Bärwolf seinen Lohn, Amen.

Der Turke kompt mit Gewalt über Oesterreich,
dein Vortraben haben schon einen Flecken in Ungern
dem Ferdinando jämmerlich zuriffen, und alles erwürget.

Hiemit dem lieben Gotte befohlen, Amen. Mittwochen in Oftern, 1541.

E. F. G.

williger

Martinus Luther.

644.

An den Kurfürsten Johann Friedrich, v. 25.
April 1541.

pz. Suppl. No. 170. S. 93.; Walch XXI. 441.
De W. V. 348.

Dem Durchleuchtigsten, Hochgebornen Fur-
ften und Herrn, Herrn Johanns Friedrich, Herzogen zu Sachsen, des heil. Ro.
Reichs Erzmaschall und Kurfurft, Landgrafen in Thuringen, Markgrafen zu
Meissen und Burgrafen zu Magdeburg,
meinem gnädigsten Herrn.

G. und F. in Christo und mein arm Pater noster. Durchleuchtigster, Hochgeborner Furft, gnädigster
Herr! Daß ich E. K. F. G. meiner alten bosen
Haut so herzlich angenommen, und aus so gnädiger
Sorge Ihr K. F. G. eigen Leib- und Wundarzt zu
mir geschickt mit so treuem Befehl 2c., danf ich E.
K. F. G. aufs Allerunterthänigst, und ist mehr denn
zu viel. Ich hätte wohl gern gesehen, daß mich der
liebe Herr Jesus hätte mit Gnaden weggenommen,
der ich doch nunmehr wenig nutze bin auf Erden.
Aber der Pomer hat mit seinem Anhalten mit Fur-
bitten in der Kirchen solchs (meins Achtens) verhindert, und ist, Gott Lob, besser worden. So hat wahrlich D. Cubito und M. Andres allen Flaiß gethan,
das muß ich bekennen. Wohlan, was Gott will, das

geschehe, Amen. Hiemit dem lieben Gotte befohlen,
Amen. Montags nach Quasimodogeniti, 1541.

E. K. F. G.

unterthäniger

M. L.

Auch G. H. bitte ich unterthäniglich, E. K. F.
G. wollten D. Cubito einmal gnädiglich gedenken,
daß er der fundirten Stipendium eines kriegen mocht.
Er lieset fleißig und mit großem Nuz der Schule,
denn sie nu seiner Sprache gewohnet, denn er sehr
gelehrt, dazu auch die Anatomie fein ubet, welchs
nach D. Caspars Tod verblieben. So ists alles theuer,
die Praktika mit Kranken genugsam, aber arm und
mager, und zu Wahrzeichen habe ich ihm selber noch
nie nichts gegeben fur die viele Dienst, ohne ein Trunk
Bier. Befehle hiemit denselben in E. K. F. G. gnädigs Bedenken.

645.

An den Kurfürsten Johann Friedrich, vor dem
10. Mai 1541.

Witteub. XII. 307. Jen. VII. 445. Altenb. VII. 484.
Leipz. XXI. 408. Walch XVII. 837. De W. V. 353

Gnade und Friede in Christo rc. Durchleuchtigster, Hochgeborner Fürst, Gnädigster Herr! Wir
haben E. K. F. G. zugeschickte Schrift empfangen,
und alles mit Fleiß gelesen. Und erstlich haben E.
K. F. G. recht geurtheilt, daß die Rotel der Vergleichung ein weitläuftig und geflickt Ding ist. Denn
wir auch aus M. Philippus Schrift, die wir hiemit
uberschicken, wohl vermerken, wie es sei zugangen,
nämlich daß M. Philippus zuerst eine rechte Rotel
gestellet hat, wie wir (Röm. 3.) allein durch den
Glauben, ohn Werk, gerecht werden. Diese haben
jene nicht leiden können, und eine ander gestellt, der
Glaube (Galat. 5.) ist thätig durch die Liebe; diese
hat M. Philippus auch verworfen. Zulezt haben

ſie beide Rotel zuſammen gereimet und geleimet: daraus iſt dieſe weitläuftige geflickte Rotel kommen, darin ſie Recht, und wir auch Recht haben.

Wird nu D. Eck bekennen (als er nicht thun wird), daß ſie zuvor nicht ſo gelehret haben, ſo möchte ſolche Vergleichung obenhin ein Zeit lang ſtehen. Wird er aber rühmen (als er gewißlich thun wird), und auf den Spruch ſtehen Gal. 5.: Glaube iſt thätig, und daß ſie allwege alſo gelehret haben: ſo iſts eine Vergleichung, wie Chriſtus ſpricht Matth. 9.: Ein neu Tuch aufn alten Rock gelappt, da der Riß ärger wird. Denn mit ſolchen falſchen, ungleichen Leuten, weil ſie nicht ablaſſen, kann kein ander Vergleichung werden; da werden ſie ſchreien, daß ſie Recht behalten haben. Dagegen die Unſern ſagen, daß ſie ſich gegen ihnen wohl verwahret haben mit dem neuen Lappen und Verklärung, ſo in der Rotel iſt, und ſonderlich, daß ſie bedinget, ſie wollen nichts von der Confeſſion begeben haben.

Alſo ſind wir weiter uneins, denn zuvor, und ihre falſche ſchalkhaftige Liſt wird heraus an Tag kommen, die ſie in der Rotel meiſterlich verborgen haben, wie ſie meinen. Und das wird bald geſchehen, wenn ſie zu den andern Artikeln kommen, die aus dieſem Häuptartikel fließen, und ſich drin gründen; wie es denn die Unſern riechen, und ſchier ſelbs bereitan bekennen, da ſie bedingen: Wo in andern Artikeln kein Vergleichung geſchiehet, ſo ſoll dieſe Rotel auch nicht ſein, denn ſie merken den Falſch drinnen. Alſo werden wir doch wiederumb müſſen zu unſer erſten und rechten Rotel oder Form kommen, welche iſt dieſe Röm. 3, (24.): Sie werden gerecht ohn Verdienſt; und daſelbſt: Wir halten, daß der Menſch gerecht werde durch den Glauben, ohn Werk des Geſetzes. Das iſt unſer Rotel und Form: dabei bleiben wir, die iſt kurz und klar; dawider mag ſtürmen Teufel, Eck, Mainz und Heinz, und wers nicht laſſen will; wir wollen zuſehen, was ſie gewinnen.

Der Spruch Galat. 5, (6.) redet nicht vom Gerechtwerden, ſondern vom Leben der Gerechten; es iſt viel ein anders: Fieri et agere, esse et facere,

wie die Knaben in den Schulen lernen: Verbum
activum et passivum; da ist eigentlich und unterschied-
lich davon zu reden (welchs Eck und jenes Theil nicht
leiden kann, oder nicht verstehet). Wenn man fragt,
wodurch man für Gott gerecht wird? ist es gar viel
ein ander Frage, denn so man fragt, was der Gerechte thut oder läßt? Werden und thun ist zweierlei; Baum werden und Frucht tragen ist zweierlei.

Nu ist in diesem Artikel nicht die Frage vom
Thun oder Leben, sondern vom Werden, wie die
Wort St. Pauli da stehen, gerecht werden durch den
Glauben; ohn Zweifel, daß der, so gerecht worden ist,
ohn Werk nicht bleibet, wie der Baum nicht ohne
Früchte. Aber der Papisten Schalkheit ist diese (die
sich in folgenden Artikeln finden wird), daß man gerecht werde oder sei, nicht allein durch den Glauben,
sondern auch durch die Werk, oder durch die Liebe
und Gnade, so sie inhaerentem heißen (welchs alles
gleich viel ist). Das ist alles falsch, und wo sie das
haben, so haben sie es ganz und gar, wir nichts.
Denn für Gott gilt nichts, denn bloß und allein sein
lieber Sohn Jesus Christus, der ist ganz rein und
heilig für ihm. Wo der ist, da stehet er hin, und
hat seinen Wohlgefallen an ihm, Luc. 3, (22.). Nu
wird der Sohn nicht durch Werk, sondern allein durch
den Glauben, ohn alle Werk, ergriffen und im Herzen gefasset. Da spricht denn Gott: Das Herz ist
heilig umb meines Sohns willen, der drinnen wohnet durch den Glauben.

Die Liebe und Werk sind nicht, können auch
nicht sein der Sohn Gottes, oder solche Gerechtigkeit,
die fur Gott so rein und heilig seien, als der Sohn
ist: darumb können sie für sich selbs nicht bestehen
für Gott, als eine reine Gerechtigkeit, wie der Sohn
bestehet. Daß sie aber gerecht und heilig heißen, geschieht aus lauter Gnaden, nicht aus Recht; denn
Gott will sie nicht ansehen, gleich seinem Sohn, sondern umb seines Sohns willen, der im Herzen durch
den Glauben wohnet; sonst heißts: Non intres in
judicium cum servo tuo.

Auf das ander Stück, E. K. F. G. persönlich

Erscheinen zu Regensburg. Wir haben zwar zuvor
immerdar, ehe denn wir solch E. K. F. G. Beschwerung gewußt, herzlich gewünscht, auch Gott gebeten,
daß E. K. F. G. ja nicht persönlich auf den Reichstag zöge, in dieser schwinden, fährlichen Zeit; denn
E. K. F. G. Person ist der rechte Mann, den der
Teufel für andern Fürsten suchet und meinet. Und
ist in keinen Weg zu rathen, daß sich E. K. F. G.
aus dem Lande begeben, dafür wir auch noch herzlich
und umb Gottes willen E. K. F. G. wollen gebeten
haben; uns drücken auch Ursachen.

Weil auch Kaiserl. Majestät Entschuldigung angenommen, können E. K. F. G. wohl weiter darauf
berugen, und E. K. F. G. herzlich Beschwerung anzeigen, sonderlich weil so stattlich Botschaft von E.
K. F. G. dahin ist verordent. Denn E. K. F. G.
sehen, wie sie in der Religion mit den Unsern umgehen, wie der Teufel. Wo nu E. K. F. G. selbs
da sollten sein, und also gedrungen werden, würde
gewißlich E. K. F. G. zuletzt nicht Wehrwort gnug
finden. Denn da ist kein Ablassen mit Anhalten, bis
sie etwas erlangen; wie ich zu Worms selbs erfahren.

So stehet nu die Sache darauf: Man wird
dringen auf den Unglimpf, so E. K. F. G. nicht
erscheinen, als auf einen Ungehorsamen oder Eigen-
sinnigen im ganzen Reich; kommen aber E. K. F. G.,
und werden nicht alles williigen, oder vielleicht eines
nicht williigen, so ist doch derselbe Unglimpf da, und
dazu der Schimpf, vielleicht auch böse Gewissen ewiglich. Solls denn je gewagt sein, so ist der erste Unglimpf besser, denn der letzte, beide mit Schimpf und
Schaden des Gewissens. Denn es ist itzt nicht Zeit,
wie vorhin auf den Reichstagen. Der Kaiser ist nicht
Kaiser, sondern der Teufel zu Mainz, deß Listen
grundlos und bodenlos sind, sampt seinem Anhang;
die werden alle mit guten süßen Worten, oder mit
bösen E. K. F. G. Fahr und Mühe machen im Gewissen, und viel unsers Theils dazu helfen.

Weil nu E. K. F. G. sehen die gewisse Fahr,
und keine Frucht, so will zu bedenken sein, daß E.
K. F. G. Gott nicht versuche, und sich wissentlich

ohn Rath in Gefahr begebe. Kaiser gehorsam zu sein,
ist billig; ja, wenn es Kaiser, und der rechte Kaiser,
wäre. Für seine Person wollen wir hoffen, er sei
fromm und gütig; aber daß er sein selbs nicht mächtig sei, spüret man unter andern an dem, daß er
das Buch, mir vom Markgrafen zugeschickt, (wie
Fürst Wolf schreibt) den Theologen hat ubergeben,
und für nützlich angesehen; welchs doch etwa durch
Mainz oder seines gleichen ist durch einen rechten gestellet und geschmückt, daß man wohl siehet, wie der
Kaiser nichts verstehe, noch thue in dieser Sachen.
Summa, es ist das Mohrrennen, und alles, was
sie hoffen, auf E. K. F. G. gespielet. Darumb sollen und mögen E. K. F. G. wohl von dem Reichstag bleiben, und sich entschuldigen, womit sie immer
können. Mainz, Heinz sind nicht fromm, werden
auch nimmermehr fromm. Will sich E. K. F. G.
mit dem Teufel selbs vertragen, so dörfen sie nicht
gen Regensburg, wollens wohl zu Torgau bekommen.

Demnach ist unterthänigst Rath und Bitte, E.
K. F. G. wollten im Lande bleiben. Soll ein Fahr
draus entstehen, Kaiser ungnädig und zornig werden,
Land und Leute zu wagen sein: so müssens E. K.
F. G. Gott befehlen, der uns bisher nicht verlassen.
Es ist besser mit gutem Gewissen in Fahr und Ungnaden, denn mit bösem Gewissen in Frieden und
Gnade leben. Wir sind ja gewiß, daß wir hierin
kein Gut, Ehre, Gewalt, sondern allein Gottes Wort
treulich meinen. Der hats angefangen, wirds auch
vollenden.

Zuletzt bitten wir, E. K. F. G. wollten M.
Philippus und den Unsern ja nicht zu hart schreiben,
damit er nicht abermal sich zu Tod gräme. Denn sie
haben ja die liebe Confession ihnen fürgehalten, und
darin noch rein und fest blieben, wenn gleich alles
fehlet. Es wird die Disputation doch nicht ohn Frucht
abgehen, dem Papsthum zu Schaden, wie Christus
spricht zu Paulo, 2. Kor. 12, (9.): Meine Kraft
ist in Schwachen vollkommen. Wie denn bisher
Christus in uns immer schwach gewesen, und doch
die Gewaltigen geniedriget. Es ist seine Weise also

thut nicht anders, auf daß wir nicht stolz werden,
oder uns rühmen, als hätten wir etwas gethan in
solchen hohen göttlicher Majestät Sachen. Hiemit
dem lieben Gott befohlen, den wir herzlich für E.
K. F. G. bitten und flehen, wird uns auch erhören.
Amen.

E. K. F. G.

unterthäniger

Martinus Luther.

646.

**An den Hauptmann und Rath der Stadt Bres-
lau, v. 9. Mai 1541.**

Beilage der Schlesischen Provinzial-Blätter J. 1805. De W
V. 357.

Den Gestrengen, Ehrenfesten, Ehrbaren,
Fürsichtigen Herren Häuptmann und
Rath der Stadt Breslau, meinen gun-
stigen lieben Herrn und Freunden.

Gnad und Friede im Herrn. Gestrenger, Ehren-
fester, Ehrbare, Fürsichtige, lieben Herren und Freunde!
Es hat mich Magister Johannes Kraft zu dieser
Schrift vermocht an Ew. Gestrengen und Ehrenfesten. Nachdem er von euch 20 Fl. zur Steur in
seinem Studio nu bei sechs Jahren empfangen, mit
solcher Pflicht, daß er nicht ohn euer Urlaub sich
anderswohin begeben sollte, sondern euer Stadt
dienen sollte, deß er sich sehr bedankt, und billig
erkennet. Nu er aber mit solchem Stipendio sehr
wohl zugenommen, und ein feiner, gelehrter Mann
ist worden, der nu weiter greifen soll in die höhere
Facultät. Ich aber, wo seine Complexion nicht zu
schwach zum Predigen wäre, gar ungern wollt außer
der Theologie sehen; denn er ist der Schrift sehr
wohl verständig, sittig und züchtig, der mir ein trefflicher Mann in der Kirchen sein sollt. Derhalben

ich ihm zu der Medicina gerathen. Nu könnt ihr, lieben Herrn, selbst denken, daß mit 20 Fl. nichts kann fürgenommen werden in den hohen Facultäten. Ist demnach meine gütlich Bitte, E. Gestrengen und Ehrenfesten wollen ihm das Stipendium bessern; wo das zu schwer ist, doch die Pflicht ihm erlassen, daß er sich mit anderm Thun oder Schulen=Dienst derweil begreifen mag, bis er hoher kommen muge. Solch mein Bitten wollet mir zu gut halten, und denselben M. Kraft tröstlich genießen lassen, weil solche Wohlthat so sehr wohl angelegt ist; und doch sonst so groß Gut in aller Welt übel angelegt wird. E. Gestrengen und Ehrenfesten werden sich wohl christlich und gunstiglich erzeigen wissen. Hiemit dem lieben Gott befohlen, Amen. Montags nach Jubilate, 1541.

Martinus Lutherus, D.

647.

An Gottfried vom Ende, v. 20. Mai 1541.

Leipz. Suppl. No. 172. S. 93.; Walch XXI. 442. De W. V. 358.

An den Gestrengen und Ehrnfesten Ehrenfried vom Ende, zu Wolkenburg.

Gnad und Fried. Gestrenger, Ehrnfester, lieber Herr und Freund! Mein liebe Käthe läßt euch bitten, und ich bitte für sie, weil sie eine neue Haushalterin worden zu Zulsdorf, und von hinnen fern gelegen, ihr wollet ihr diese nachbarliche Freundschaft thun, und 12 Scheffel Korn und 24 Hafern leihen, das will sie euch redlich wiedergeben nach der Dresche, so nächstkunftig. Solche Bitte wollte ich nicht thun, noch euch damit beschweren, wo ich mich nicht vorsähe, daß euch wohl zu thun, darzu auch williglich thut, weil ihr zuvor euch selbs ungebeten so freundlich gegen mir erzeiget. Unser lieber Herr

Jesus Christus stärke und tröste euch in all euer Anfechtung, wie er verheißen hat. Es heißt, wie Christus spricht: Wären wir von der Welt, das ist von dem Teufel, so hätte uns die Welt, das ist der Teufel, lieb. Aber weil wir nicht von der Welt sind, so ist uns die Welt feind, so ist unser Fleisch schwach. Aber Christus ist desto stärker über alles, und wird uns endlich nicht lassen, so wir an ihm bleiben, und nicht uns zu denen begeben, die ihm fluchen und lästern. Derselbige liebe Herr sei mit euch in Ewigkeit, Amen. Freitag nach Cantate, 1541.

Martinus Luther, D.

618.

An einen Fürsten, v. 25. Mai 1541.

Wittenb. XII. 309. Jen. VII. 441. Altenb. VII. 482. Leipz. XXI. 405. Walch XIX. 1590. Bei diesem findet sich aus Beckmanns Anhalt. Gesch. VI. 89. und Leipz. Suppl. S. 94. noch ein ähnlicher Brief an Fürst Georg von Anhalt aus Cod. Jen. Bos. 24. 9. den wir nach De W. V. 361. unter B. folgen lassen.

A.

Gnade und Friede in Christo. Durchleuchtiger, Hochgeborner Fürst, Gnädiger Herr! Es hat mir E. F. G. Diener N. unter andern angezeigt, auch des Artikels halben, so zu Regensburg gehandelt, de transsubstantiatione, item vom Nachlassen, das Sacrament aufzuheben, meine Meinung E. F. G. mitzutheilen.

Ich achte wohl, daß des Teufels Spiel dahin gehe, wo wir dem Papst ein Stück einräumen, daß er darnach alles haben wolle. Nu ist die Transsubstantiatio sein Gedicht, wie in seinem Decretal zu sehen, ich aber bis daher, weil es Wiklef erstlich angefochten, nichts geachtet habe. Aber wenn sie darauf dringen wollten, einen Artikel des Glaubens daraus zu machen, ist in keinem Weg zu leiden. Denn was nicht in der Schrift klärlich stehet, dazu kann nicht

Noth zu halten, sondern lauter philosophia, ratio und Menschendünkel ist, das muß man nicht lassen als nöthig und der Schrift gleich für Artikel setzen; denn das hieße Gott versucht. Eadem dicenda sunt de circumgestatione et reservatione in cibario. Nam adoratio in sumendo per sese accidit, dum genibus flexis verum corpus et verus sanguis sumitur, etiam sine disputatione. Aber wie gesagt, mit diesem Artikel hoffen sie uns zu verunglimpfen oder unter den Papst zu zwingen. Gott aber, der dieß sehr, nicht unser Werk angefangen hat, der wirds auch vollführen, und ihren Rath zu Schanden machen.

Was aber belanget das Nachlassen, das Sacrament aufzuheben; mögen sich E. F. G. deß trösten, deß ich mich tröste, daß die Ceremonien nicht Artikel des Glaubens sind, und doch mehr und größer Wesen allzeit in der Kirche angericht, weder das Wort und die Sacrament, und der Pöbel leicht darauf geräth, ein ewig Ding daraus zu machen. Darumb ich nichts anders hierin thue, denn so die Ceremonien stehen, so stehe ich mit (wo sie nicht gottlos sind); wo sie fallen, so falle ich mit. Denn die Ceremonien sind uns unterworfen, und nicht wir den Ceremonien, ohne wo es die Liebe fodert, der wir unterworfen sind. E. F. G. werden dieß und anders wohl besser bedenken, denn ich schreiben kann. Hiemit dem lieben Gott befohlen, Amen. Die Urbani, 1541.

E. F. G.

williger

Martinus Luther.

B.

An Fürst Georgen von Anhalt von der Transsubstantiation.

Gnade und Friede. Durchleuchtiger, Hochgeborner Fürst, gnädiger Herr! Es ist zu viel, daß mir E. F. G. die silbern Kanne geschenket haben, denn mir armen Bettler solche Pracht nicht anstehet; aber weil es E. F. G. so wohl gefället, bedanke ich

mich aufs Höchste E. F. G. gnädiges Willens gegen mir.

Auch hat mir E. F. G. Diener, Jacob, angezeigt des Artikels halben, so zu Regensburg gehandelt, de transsubstantiatione, meine Meinung E. F.
G. anzugeben. Ich achte wohl, daß des Teufels
Spiel dahin gehe, wo wir dem Papst ein Stück einräumen, daß er darnach alles haben wölle. Nu ist
die transsubstantiatio sein, wie in seinem Decretal
stehet, ich aber bis daher, weil es der Wiklef erstlich
angefochten, nichts geglaubet habe, es sei oder nicht.
Aber wenn sie darauf dringen wollten, einen Artikel
des Glaubens draus zu machen, ist in keinem Weg
zu leiden, denn was nicht in der Schrift klärlich stehet, dazu ist auch nicht Noth zu halten, sondern was
lauter philosophia, ratio und Menschendunkel sind,
das muß man nicht lassen als nöthig und der Schrift
gleich für Artikel setzen; dann das hieße Gott versucht. Eadem dicenda sunt de circumlatione et reservatione in cibario. Nam adoratio in sumendo per
sese accidit, genibus flexis verum corpus et verus
sanguis sumitur etc. sine disputatione. Aber, wie
gesagt, mit dem Artikel hoffen sie uns zu verunglimpfen oder unter den Papst zu zwingen. Deus autem,
qui coepit opus suum, perficiet et confundet consilia.
Hiemit dem lieben Gott befohlen, Amen. Die Urbani, 1541.

Martin Luther, D.

649.

An den Kurfürsten Johann Friedrich, gemeinschaftlich mit Bugenhagen, v. 1. Junius 1541.

Leipz. Suppl. No. 171. S. 93.; Walch XVII. 842.
De W. V. 363.

Dem Durchleuchtigsten, Hochgebornen Fürsten und Herrn, Herrn Johanns Friedrich, Herzog zu Sachsen, des heil. R. Reichs

Erzmarschalln und Kurfürsten, Landgrafen in Thüringen, Markgrafen zu Meissen, Burggrafen zu Magdeburg, un'serm
gnädigsten Herrn.

E. u. F. ꝛc. Durchleuchtigster, Hochgeborner
Fürst, gnädigster Herr! Wir haben E. K. F. G. zugeschickte Briefe und Schrift empfangen und gelesen;
und müssen wohl des Kaisers Gemüthe loben und
aufs Beste verstehen, als das, so es Gott (der des
Königs Herz in der Hand hat) würde also fort hinaus erhalten, viel Gutes schaffen wird. Doch weil
wir wissen, daß wir nicht mit Fleisch und Blut zu
fechten haben, müssen wir uns des Sprüchworts halten: Das Feld will Augen, der Wald will Ohren
haben. Denn weil der Heinz dennoch allda gelitten
wird, dazu unter andern Worten auch diese stehen:
wir haben beiderseits einerlei Buch, doch nicht einerlei Verstand, umb der dunkel Wort willen ꝛc.: haben
wir wohl zu besorgen, ob der Kaiser gleich wohl wollte,
daß doch die andern nicht werden gleichs Sinnes sein.
Doch weil der Kaiser sich so fern heraus gibt: daß
es solle ein unverbindlich Gespräch sein, und auf beiderseits Kur- und Fürsten Bewilligung gestellet sein:
so thun wir recht, daß wir uns freundlich und glimpflich erzeigen. Denn daß sie M. Philipps haben an-
gegeben, er sei hart, und dadurch hinderlich der Vergleichung, achten wir gewißlich dafür, weil sie an der
Hauptsache verzagt, suchen sie einen Unglimpf, ob der
Kaiser dadurch bewegt, das Gespräch (das er will
hinaus geführt haben) abreißen wollte; denn der Kaiser gleichwohl dem Papst mit diesem Gespräche eine
große Schalkheit thut, die er nicht gern hat (es wäre
denn also zuvor abgespielet), und sie, die Theologen,
nicht nachgeben, denn sie werden erhalten mügen in
Frankreich, Hispanien und bei andern, daß zu hoffen
ist, es werde der Tag etwas Guts wirken. Doch,
wie Gott will, so haben die Unsern fest und wohl
sich gehalten. Und unser Gebet (das fühlen wir) ist
erhöret und dringet fort; wird auch der Sachen ein
recht Ende machen, wie uns verheißen ist durch den

Mund, der nicht lügen kann. Hiemit dem lieben Gott
befohlen, Amen. Mittewochen nach Exaudi, 1541.

E. K. F. G.

unterthänige

Joh. Bugenhagen Pommer, D.
Martinus Luther, D.

650.

An den Kurfürsten Johann Friedrich, v. 6.
Junius 1541.

Leipz. Suppl. No. 174. S. 94.; Walch XVII. 845.
De W. V. 364.

Dem Durchleuchtigsten, Hochgebornen Fürsten und Herrn, Herrn Johanns Friedrich,
Herzogen zu Sachsen, des heil. R. Reichs
Erzmarschalln und Kurfürsten, Landgrafen in Thüringen, Markgrafen zu Meissen
und Burggrafen zu Magdeburg, meinem
gnädigsten Herrn.

G. u. F. Durchleuchtigster, Hochgeborner Fürst,
gnädigster Herr! Ich hab diese Stunde E. K. F.
G. Briefe und zugeschickte Schrift empfangen, darauf
ich mein unterthänige Antwort gebe: daß michs auch
wundert, daß zu mir sollt eine Botschaft geschickt werden. Und wiewohl ich aus den nähesten Schriften
ohn das seltsame Gedanken kriegt, so ists doch nu am
Tage, wo sie zu mir Botschaft schicken werden, daß
da nichts anders gesucht ist bisher und noch, denn
unser höchster und ärgester Unglimpf, vielleicht auch
zulezt die Mordbrenner zu entschuldigen. Gott der
Herr stürze auch Heinzen und Mänzen, die izt sind
die Weltregenten nähest dem Teufel.

Wohlan, im Namen Gottes! Laß sie kommen.
Dem Markgrafen hab ich auf das zugeschickte Buch
nichts Sonderlichs geschrieben, denn daß es wäre gleich
Herzog Georgens Reformation, die bei den Papisten

viel weniger zu leiden wäre, denn bei uns; aber auf seine eigen Reformation, die vorher sehre köstlich ist, hab ich (so viel ich denke) geantwortet, es gefiele mir wohl, aber das Hintertheil müßte mit der Zeit auch abe sein. Wie es denn auch seiner Prediger keiner hat wollen annehmen.

Summa, es ist nichts begeben, und gehet, wie es mit mir zu Wormbs ging, da sie mich auch in Worten fangen wollten. Aber Christus gehet hindurch. So will ich mich auch nach E. K. F. G. Rath halten, denn ich berät und fast unlustig bin, daß sie so freundlich angefangen, und doch feindlich alles im Sinn haben, und eitel Lügen, Falsch und Teufels List da ist ꝛc. Hiemit dem lieben Gott befohlen, Amen. Montags im Pfingsten, Hora XI. 1541.

E. K. F. G.

unterthäniger

Martinus Luther.

651.

An die Fürsten Johann und Georg von Anhalt, v. 12. Junius 1541.

Wittenb. XII. 305. Jen. VII. 443. Altenb. VII. 483. Leipz. XXI. 406. Walch XVII. 848. Spalatins Annal. S. 623. De W. V. 366.

Gnade und Friede. Durchleuchtigste, Hochgeborne Fürsten, gnädige Herrn! Wie ich vorgestern von E. F. G. gehört die Werbung an mich, von wegen meiner gnädigsten und gnädigen Herren, Herrn Joachim, Kurfürst ꝛc., und Herrn Georgen, Markgrafen zu Brandenburg, Gevettern ꝛc. und darauf mündlich mein schleunige Antwort in Eil gegeben: also hab ichs auf weiter Bedenken dieser Gestalt schriftlich gefasset, so viel ichs behalten; und überschicke E. F. G. ihrem Begehr nach dieselbe hiemit also schriftlich.

Erstlich daß ich gern und mit Freuden gehört,

daß Kais. Majest., unser allergnädigster Herr, so
herzlich meinet beide mit der Vergleichung in der Religion und Frieden im Reich. Gott der Herr regiere
seiner Majest. Herz zu seinem Lob und Ehre und zu
des Reichs Wohlfahrt, Amen. So weiß ich auch
zu rühmen für Gott und in meinem Gewissen, daß
ich ja auch zu solchen beiden Stücken aufs Höhest geneigt; und täglich dahin mein ernstes und armes Gebet richte; kann auch nicht zweifeln, daß dieses Theils
Fürsten und Stände deßgleichen gesinnet sind, wie
sie dasselbe nicht mit Worten, sondern mit der That
reichlich beweisen; denn sie darüber viel zusetzen, und
noch viel mehr dulden und leiden, zuletzt auch den
Mordbrand, und doch stille sitzen, und sich nicht rächen.

Zum andern daß die vier Artikel verglichen sollen
sein, höret ich auch gern; ich habe aber der Formu-
len keine gesehen, ohn die eine von der Justification,
ohn was ich deß also höre geschehen. Aber ich habe
E. F. G. vorgestern gesagt, daß unmöglich sei, jenes
Theil mit uns zu vertragen, und stehet auch nicht
in Kais. Majest. Vermögen. Denn ob es gleich Kais.
Majest. aufs Allerhöhest und Gnädigst ernst und gut
meinet, so ist doch jenem Theil nicht Ernst, mit Gott
und nach der Wahrheit vertragen zu werden; wollen
aber Kaiserl. Majestät vielleicht also ein Nasen drehen.
Denn wo es Ernst wäre, so würden sie die andern
zehen Artikel nicht lassen unverglichen sein, als die
wohl wissen und verstehen, daß sie alle zehen gewaltiglich und in bona consequentia aus den vier verglichenen, sonderlich aus dem Artikel der Justification,
verdampt sind. Sie aber haben aus allen diese zehen,
so am heftigsten wider die verglichene vier Artikel
streiten und verdammnen, behalten: daraus ich wohl
kann verstehen, daß es jenes Theils Ernst nicht ist,
daß sie denselbigen Artikeln ihren rechten Verstand
wollen lassen.

So habe ich für mich im Artikel von der Justification den Feihl, daß das liberum arbitrium darin
stehet, und der Spruch St. Pauli darin eingeführt
wird, Galat. 5.: Fides per dilectionem efficax est,
der sich doch daher gar nichts reimet; denn St. Pau-

lus spricht nicht: Fides per charitatem justificat,
das sie doch (als ich sorgen muß) meinen, weil ihr
Meinung falsch ist; sondern so spricht er: Fides per
charitatem operatur, vel efficax est.

Zum dritten, weil nu meine gnädigste und gnädige
Herrn von Brandenburg durch E. F. G. von mir begehren, daß ich einen Rath geben wollte, wie doch mit solchen
zehen Artikeln ein Maß möchte getroffen werden, damit der Reichstag nicht ohn Früchte abginge: solchs
wäre ich zu thun von Herzen willig, wenn die Sachen also gestalt wären, daß ich darin rathen könnte.
Ich habe aber die zehen Artikel auch nicht alle gesehen, wie sie die Niedergesatzten aus des andern Theils
Theologen sollen gestellt haben. Aber wie sie die
Unsern gestellt, die habe ich gesehen, die gefallen
mir, und sind die Wahrheit.

Darumb wo Kais. Majestät jenes Theil darin
nicht zu rechter ernster Vergleichung bringen kann,
so ists mit ihnen umbsonst gearbeitet; denn so gleich
die ersten vier Artikel also gestellt, daß wir sie von
beiden Theilen annehmen, so bleiben wir doch in den
zehen unverglichen. So sind unter den zehen solche
Artikel, die öffentlich und klärlich wider das erste
Gebot streben, daß man darin weder disputiren noch
etwas dulden kann.

Ich kann auch nicht bedenken, daß einige Ursach
fürhanden sei, die gegen Gott die Toleranz möchte
entschuldigen, dieweil kein Schwachheit der Oberkeiten,
noch derjenigen halben, die sich der Kirchen Ampt
und Ministerien auf dem andern Theil annehmen,
fürhanden ist: sondern lautere fürsätzliche Tyrannei.
Die würden auch nimmermehr stark werden, und in
ewiger Toleranz wöllen verharren, und solche Artikel
für recht vertheidingen. Die wöllen aber wir, wie
ich E. F. G. nähest gesagt, verdampt haben, dieweil
sie ihren Irrthum wissen, und dennoch für recht halten, und vertheidingen wöllen. Diese würden auch
solcher Toleranz also mißbrauchen, daß sie ihr Volk
(ob es gleich der rechten Lehre wohl bericht, und gemeldte Stücke für einen Irrthum mit rechtem Grund
der Schrift erkennete, und stark würde) in solche

Artikel wollen allweg gefangen und verbunden behalten.

Wiewohl wir sonst mit ihren Schwachen, die bisher Gottes Wort nicht gehört, des Sacraments halben in einer Gestalt, item, welche es dafür wollten achten aus Schwachheit, daß sie alle ihre Sünde in der Beicht müßten erzählen, eine Zeit lang wohl könnten Geduld tragen, bis sie auch stark würden. Und die würden nicht stark werden können, ihnen würden denn die ersten vier Artikel recht und klar auf dem andern Theil auch gepredigt, und sonderlich der Artikel von der Justification.

Wo aber Kaiserl. Majest. ausschriebe, und verschüffe, daß die ersten vier Artikel durchaus rein und klar gepredigt, und für christlich gehalten sollten werden: so nähmen sie den zehen die Gift, und würden Lehrer und Zuhörer durch die tägliche Übung in solcher Lehre bald, und von Tag zu Tag, stärker werden, und die zehen Artikel dadurch von ihnen selbs fallen müssen; wie bei uns auch geschehen ist. Denn in solchem Fall müßte man die Schwachen, als die unreinen Kinder, nicht wegwerfen, wie St. Paulus Röm. 14, (1.) sagt: Infirmum in fide suscipite. Denn Kinder können wohl unrein sein, aber das Bad muß rein sein und bleiben, und nicht durch zehen aussätzige Artikel verunreiniget werden: gleichwie Christus die Apostel duldet in vielen Stücken, die verdammlich wären gewesen, wo sie nicht an ihm fest blieben, und sich täglich hätten lassen reinigen und lehren.

Aber wenn die vier Artikel nicht sollten rein gehen und gelehret werden, auch nicht solche Prediger aufgestellt werden bei dem andern Theil, die solche vier Artikel rein in der Predigt trieben: so würde bei ihnen die Toleranz zu einer ewigen Hartigkeit gerathen, als ich vor berührt habe, und könnte ihr Volk, das noch schwach wäre, auch nimmermehr stark werden. Denn wie St. Paulus sagt: Quomodo audient sine praedicante, quomodo vero praedicabunt, nisi mittantur etc. Darumb würde auch keine christliche Vergleichung zwischen uns erfolgen können.

Aber wenn die vier Artikel rein zu predigen zugelassen würden, so könnte Kaiserl. Majest. in ihrem Ausschreiben, der zehen Artikel halben, wohl einen bequemen Anhang machen, nämlich: wiewohl ihr Majestät dieselben dieß Mal nicht hätten zu Vergleichung beugen können, so wäre doch zu verhoffen, wenn die ersten vier rein gepredigt und vom andern Theil zugelassen würden, daß die Vergleichung der zehen, aus dem klaren Bericht der vier und derselben Application, durch die Predigt sich selbs auch bald vergleichen würden. Wo aber die vier Artikel rein zu predigen auf dem andern Theil nicht wollten zugelassen werden, so wäre es denn öffentlich, daß sie zu keiner rechtschaffenen Vergleichung Lust hätten: da könnte kein Toleranz Statt haben.

Das will ich E. F. G. auf ihr Anbringen unterthäniglich, auch schriftlich angezeigt haben. Das ist mein Bedenken.

Nachdem aber das Gespräch also soll angefangen worden sein, daß, was durch die sechs verglichen wird, an alle Stände soll gebracht werden: so weiß ich mich von den Ständen dieses Theils hiedurch nicht zu sondern, will mich auch nicht gesondert haben. E. F. G. bin ich ganz willig und bereit. Datum am 12. Junii, 1541.

<hr>

652.

An den Kurfürsten Johann Friedrich, gemeinschaftlich mit Bugenhagen, v. 24. Junius 1541.

Wittenb. XII. 309. Jen. VII. 447. Altenb. VII. 484. Leipz. XXI. 409. Walch XVII. 853. De W. V. 372.

<hr>

Dem Durchleuchtigsten, Hochgebornen Fürsten und Herrn, Herrn Johanns Friedrich, Herzogen zu Sachsen, des heil. R. Reichs Erzmarschalln und Kurfürsten, Landgrafen in Thüringen, Markgrafen zu Meis=

sen, Burggrafen zu Magdeburg, unserm gnädigsten Herrn.

Gnade und Friede. Durchleuchtigster, Hochgeborner Fürst, Gnädigster Herr! Wir haben das Buch und der Unsern darauf gegeben Antwort gelesen, und ist eben dasselb Buch, das mir zuvor der Markgraf zugeschickt, und ich drauf antwortet, es wäre Herzog Georgens und dere zu Meissen Reformation, welche jenes Theil ja so wenig leiden können, als wir. Was der Meister aber damit gesucht, acht ich nichts: was auch der Kaiser und die großen Herren (wie sie der Markgrafe achtet) darin gemeinet, laß ich auch fahren; es ist alles dort eitel Falsch, und leicht englischer Schein. Gott wird ihnen zu klug sein, Amen.

Die Unsern haben fein drauf geantwortet, und sonderlich wohl gefället mir, daß die zween Teufel, Satisfaction und Missa, von M. Philippo so recht wohl bezahlet. Gott, ders angefangen hat ohn unser Kraft und Verstand, wirds hinaus führen, wie er weiß.

Das von den Patriarchen ist eine Rede vom Schnee (wie man sagt), der vorm Jahr fiel. Es ist noch nie recht in Schwang kommen. Denn die Saracener kamen frühe uber Alexandria, Jerusalem und Antiochia; so hats der Papst auch nicht leiden können, und ist also in den Büchern blieben, viel weniger wird nu mehr nichts draus. Christus unser lieber Herr behüte E. K. F. G. und helfe der Sachen zum seligen Ende, Amen. Am St. Johanns Tage, 1541.

E. K. F. G.

untertänige

Martinus Luther und

Johannes Bugenhagen, Pfarrherr.

653.

An den Kutfürsten Johann Friedrich, v. 29. Junius 1541.

Flacius deutsche Briefsammlung No. 6. Wittenb. XII. 308. Jen. VII. 447. Altenb. VII. 484. Leipz. XXI. 409. Walch XVII. 854. De W. V. 376.

Gnade und Friede in Christo. Durchleuchtigster, hochgeborner Fürst, Gnädigster Herr! Wie ich im Anfang gesagt, und noch sage, die Erfahrung auch gibt, daß die Vergleichung in der Religion fürgenommen, ein lautere mainzische und päpstische Täuscherei ist; denn es ist unmüglich, Christum zu vergleichen mit der Schlangen, und ist nichts drin gesucht, denn unser Unglimpf. Ohn daß ichs gern gesehen, daß unser Lehre nur wohl disputirt, geläutert und erkannt würde, wie zu Augsburg geschehen.

Daß E. K. F. G. nu begehren unser Meinung von den vier verglichenen Artikeln, bitten wir zuvor, E. K. F. G. wollten M. Philippus und D. Caspar Creuzigern wieder heimfodern, nachdem sie ausgearbeitet, und die Sache numehr an die Fürsten beiderseits gelanget. Denn mein Meinung, so sie sollt ankommen, ehe sie weg wären, möcht ihnen beschwerlich werden. Denn da ist Teufel, Mainz und Heinz daheim. E. K. F. G. werden sie auch wohl wissen die Wege abzureisen heißen, die ihnen sicher sind. Da helfe Gott zu! Ich bin sorgfältig für sie.

Gnädigster Herr! wenn es dem Kaiser, oder (ob ichs Kaisers Person ausnehme) die es von seinetwegen treiben, Ernst wäre, ein Concordia oder Vergleichung zu machen, so müßte es je geschehen mit Gott oder in Gottes Namen. Das ist so viel auf Deutsch geredt, sie müßten zuvor sich mit Gott versühnen, öffentlich bekennen, daß sie der Sachen bisher zu viel gethan: der Papst in 600 Jahren so viel 100000 Seelen verführet, und der Kaiser in diesen zwänzig Jahren so viel frommer Leute verbrannt, ersäuft, ermordet 2c. hat, oder je geschehen lassen nach seinem Edict.

Lieber Herr Gott! ob wir gleich gerne wollten

oder könnten hierin uns mit ihnen vergleichen, so
wirds der Richter droben nicht gestatten (das Blut
Habel wirds nicht lassen so hingehen), oder, wo wir
drein willigen, uns auch mit verdammnen; das wollten
sie gern. Ich will deß geschweigen, daß E. K. F.
G. als ein Kurfürst des Reichs, sampt den Verwandten,
verdampt, und noch nicht losgesprochen, sondern
durch Feuer, durch Meuchelmordbrenner gestraft, auch
noch nicht ist versühnet, oder doch zum wenigsten be-
friedet. Wiewohl sie schuldig wären, auch das zu thun
(wo es Ernst wäre), E. K. F. G. abzubitten. Die
Schmach, daß sie E. K. F. G. als eine illustrem
personam, das ist, des höhesten Standes, als einen
Ketzer verdampt und gebrennt haben; da sie doch keine
Probation mögen, wie sichs auch im weltlichen Recht
gehört aufbringen.

Demnach (wo es E. K. F. G. gefiele), wäre
unser Meinung wohl diese, daß E. K. F. G. hin-
schicket die Confessio und Apologia, und ließe die ver-
ordente Räthe (wie sie doch ohn das bisher gethan)
sie darlegen und anzeigen, daß daselbs von nicht mag
mit gutem Gewissen gewichen werden; sonst wollt man
in weltlichen Sachen mit Leib und Gut, wie bisher
geschehen, gern gehorsam sein. Solche Proposition
thut ihnen wehe, gleichwie dem Zwinglio zu Marburg
die Proposition: Hoc est corpus meum, wehe that,
daß ich nicht wollt davon lassen. Denn den Teufel
sucht uns abzureißen auf andere Gedanken.

Zum andern, wo es ihnen Ernst wäre, müßten
auch ihre Theologen Gott die Ehre thun, und bekennen, daß sie nicht so gelehret haben bisher, wie sie
itzt gern wollten gesehen sein. Denn da sind ihre
Bücher mit Haufen furhanden, dadurch sie überzeuget werden, daß ihre Theologia also gethan ist in
articulo justificationis, daß zweierlei gratiae sind:
gratia gratis data, und gratia gratum faciens. Gratiam gratis datam heißen sie alle andere Gaben, auch
fidem infusam, den wir itzt fidem justificantem nennen (und sie auch also zu reden lernen von uns); aber
gratiam gratum facientem, das ist, justificationem, heißen sie charitatem. Solchs können sie nicht läugnen.

Wo sie das Stück nicht widerrufen (das doch so gar offenbar ist), sondern hintenher schleichen, und per fidem efficacem, per charitatem und liberum arbitrium sich schmücken wollten: so ist es gewiß, daß sie mit eitel Lügen und närrischen Possen umgehen. Darums das Best ist, E. K. F. G. lasse die Confessio furthalten und dabei bleiben. Denn wider dieselbige ist solch Gespräch zu Hagenau angefangen, zu Worms ein wenig fortgeführt, und zu Regensburg vermeint hinaus zu führen.

Doch wollten wir auf E. K. F. G. Begehren die vier verglichen Artikel auch handeln; wiewohl wir nicht wissen, wie sie alle verglichen sind. Denn wir sehen aus M. Philippus Schriften, wie heftig es gestritten ist, und er sich fest gehalten; doch so mäßig, daß er den Unglimpf gern von sich geschoben hätte. Und wenns E. K. F. G. gefiele, achte ich, es sollte nicht schaden, daß des Pomeran und mein Name würde angezeigt, als die Herrn auch hätten Ursach zu reden, damit E. K. F. G. nicht beschweret würden, als wären sie allein halsstarrig für uns allen. Hiemit dem lieben Gott befohlen. Mittwochen Petri und Pauli, Anno 1541.

654.

An den Rath zu Görlitz, v. 5. Julius 1541.

Nach dem Original in der Kirchenbibliothek zu Landshut in Schlesien bei Dr. W. V. 380.

Den Ehrbaren, Fürsichtigen, Herrn Bürgermeister und Rath der Stadt Görlitz, meinen gunstigen Herrn und Freunden.

G. u. F. im Herrn ꝛc. Ehrbare, Fürsichtigen, lieben Herrn! Es hat mich Andreas Hinterthür, euer Stadtkind, gebeten, an euch zu schreiben und zu bitten, daß ihr wolltet ihm hülflich sein zu seinem Studio, denn ers für Armuth nicht vermag zu vollführen. Wie euch denn wohl bewußt, wie benöthigt es ist

allenthalben wird und Personen, die zu Kirchenampt
und andern Aemptern tüchtig und nützlich: so will ich
mich tröstlicher Hoffnung zu euch versehen, als die
Gottes Ehre und sonst weltlichs Stands Wohlfahrt
und Gedeihn gern helfen fördern, wie sich rechten Christen gebührt. Ihr werdet wohl ahn mein Bitten nicht allein diesem Andreä, sondern viel andern
mehr williglich euch mit Hülfe und Steuer erzeugen,
nachdem euch von Gott gegeben, solches leichtlich zu
vermögen. Doch weil dem guten Gesellen Zeugniß
vonnöthen: so gebe ich euch zu erkennen, daß er sehr
ein feiner geschickter undrießlicher Gesell ist, deß er
viel ehrlicher Leute beide der Universität und des ehrbaren Raths allhie Zeugen, daß ihr wohl sicher seid,
was ihr an ihn wendet, daß solches alles Gotte zum
gefälligen Opfer gegeben wird, welcher muß (was
sein lieber Sohn uns sagt) Arbeiter in seine Ernte
haben, die itzt fürwahr groß und der Arbeiter wenig.
So ihr nu solches wisset, so wird euch euer Herz
wohl lehren solches gute Werk mit Lust und Liebe zu
vollbringen. Hiermit dem lieben Gott befohlen,
Amen. Dienstags nach Ulrici, 1541.

Martinus Luther.

655.

**An den Kurfürsten Johann Friedrich, v. 10.
Julius 1541.**

Leipz. Suppl. No. 176. S. 95.; bei Walch XXI. 445.
De W. V. 381.

Dem Durchleuchtigsten, Hochgebornen Fursten und Herrn, Herrn Johanns Friedrich,
Herzogen zu Sachsen, des heil. Ro. Reichs
Erzmarschall und Kurfurst, Landgrafen
in Thüringen, Markgrafen zu Meissen und
Burggrafen zu Magdeburg, meinem gnädigsten Herrn.

   G. u. F. und mein arm Pater noster. Durchleuchtigster Hochgeborner Fürst, Gnädigster Herr! Es ist nu die Lection Magistri Fach ledig, welche ich wohl acht wird von etlichen gesucht werden; es ist aber ein feiner Magister, mein Kostgänger nu etliche Jahr her, ein Sachse, aus Holstein, heißt auch M. Johanns Sachse, der ist nu oft ubergangen, beide in Wählen und Lection zu verleihen, daß michs zwar selbes verwundert, wie es zugehe, so er doch der ältesten Magister einer, wohl bei siebenzehen Jahren hie studirt, und uber zehen Jahr Magister gewest, mit Knaben sich ernähret, und etliche viel junger ihm sind allzeit vorgezogen, daß es will schier ihm eine geringe Ehre werden, so er doch (das ich furwahr weiß) beide im Lateinischen und Griechischen, dazu Ebräischen keinem nichts unter denselben zuvor gibt, ist dazu eins ehrbarn frummes Gemuths und stilles Wesens, daß ich solch seine Hinderung muß dem Unglück zuschreiben, wo es nicht der Neidhard sein will. Bitte derhalben unterthäniglich, E. K. F. G. wollten ihm gnädiglich die Lection M. Fachs leihen und befehlen lassen, oder doch, wo etlich darumb suchen wurden, solches aufschieben bis auf M. Philipps Heimfahrt, bei dem ich mich erkunden mag, was doch fur ein Groll dahinten stecke, daß man solchen seinen fleißigen frommen Gesellen so äbenteurlich dahinten läßt. E. K. F. G. wollten sich hierin gnädiglich erzeigen. Hiemit dem lieben Gotte befohlen, Amen. Sonntags nach Kiliani, 1541.

E. K. F. G.

unterthäniger

Mart. Luther.

656.

An den Kurfürsten Johann Friedrich, Ende Julius 1541.

Leipz. Suppl. No. 177. S. 95.; Walch XXI. 446. De W. V. 385.

Dem Durchleuchtigsten, Hochgebornen Fürsten und Herrn, Herrn Johanns Friedrich, Herzogen zu Sachsen, des heil. R. Reichs Erzmarschall und Kurfürsten, Landgrafen in Thüringen, Markgrafen zu Meissen und Burggrafen zu Magdeburg, meinem gnädigsten Herrn.

G. u. F. Durchleuchtigster, Hochgeborner Fürst, Gnädigster Herr! Es haben E. K. F. G. auf mein unterthänige Fürbitte neulich geschrieben und befohlen, so erst eine Lection ledig sein würde, sollte man dieselbigen M. Johann Sachsen aus Holstein zuordnen, weil die Lection M. Fachs schon verliehen wäre. Hierauf gebe ich E. K. F. G. unterthäniglich zu erkennen, daß gewißlich eine Lection ledig ist, und wie man mich bericht, längest ledig geweft ist; auch also, daß ein Magister alle beide Lection versorget, nämlich die griechische und latinsche. Das soll dieser guter Meinung geschehen (als ich höre), daß derselbige Magister der beiden Lection Sold nicht nimmt, sondern der einen Lection Sold dem Fisco der Universität zu gut sammlet.

Aber dem sei, wie ihm wolle, so ist gewißlich der Lection eine ledig, es sei die latinische oder griechische. Was aber die Ursachen sind, daß sie diesem Magister Holstein noch nicht werden kann, weiß ich nicht. Ist derhalben mein unterthänige Bitte, E. K. F. G. wollten der Universität ernstlich befehlen, daß sie bei der Fundation bleiben, und E. K. F. G. nähestem Befehl nach die ledige Lection genanntem M. Holstein folgen lassen; denn er und ich auch uns auf E. K. F. G. nähest gnädigs Schreiben verlassen. Hiemit dem lieben Gotte befohlen, Amen.

657.

An den Kurfürsten Johann Friedrich, v. 3. August 1541.

Leipz. Suppl. No. 175. S. 94.; Walch XXI. 444.
De W. V. 386.

Dem Durchleuchtigsten, Hochgebornen Fürsten und Herrn, Herrn Johanns Friedrich, zu Sachsen Herzog, des heil. Rö. Reichs Erzmarschall und Kurfursten, Landgrafen in Thüringen, Markgrafen zu Meissen und Burggrafen zu Magdeburg, meinem gnädigsten Herrn.

G. u. Fried in Christo. Durchleuchtigster, Hochgeborner Fürst, Gnädigster Herr! Es will mit der ledigen Lection noch nicht fortgehen, und die Herren der Universität berichten mich, daß sie allesampt M. Veit Winsheim lieber die gräca Lection wollten lassen, nicht, daß M. Holstein zu geringe dazu sei, sondern daß M. Veit dieselbige Lection bis daher versehen, und auch älter und in der Universität neben M. Philipps fast der Schulen am meisten gedient. Welchs nu wahr ist, und M. Holstein nicht begehrt die gräkisch Lection, noch M. Veit, als den ältern, abzudringen, hätte wohl ihm lassen genugen an M. Fachs Lection, wie ich zum ersten Mal fur ihn schreib. Aber dieß ist ein schlecht Ding, darin es E. K. F. G. bald werden treffen. Sie sagen mir aber, daß M. Philipps die gräkische Lection nicht lassen wollte; denn er ist sehr meidsam, und will der Universität also dienen, daß der gräken Lection Sold sollte der Universität zu gut kommen, und will den Sold also ersparen, weil E. K. F. G. ihm haben hundert Fl. zugelegt in der Fundation N.; ist er so heilig und schamhaftig, daß er dieselbigen hundert Fl. nicht nehmen will, wo er nicht gräkischer Lector soll sein, daß also E. K. F. G. und die Universität seinethalben der hundert Fl. nicht beschweret werden.

So stehets nu darauf, daß sich E. K. F. G. verkläre und deutlich ausspreche, ob M. Philipps die zugelegten 100 Fl. muge mit gutem Gewissen nehmen, ob er gleich die gräcam Lection nicht mehr hätte, unverhindert, ob er ohn das aus eigener Andacht wollt sonst etwas lesen in gräkischen Autorn, wie er doch bisher gethan. Mich dunkt, er hätte bis daher genug gethan, nu wohl zwanzig Jahr und drüber

die großer Aerbeit in der Univerſität oder Schule ge=
than, daß er nu möchte wohl Ruge zum Theil an=
nehmen, ſo doch Gottlob junge Magiſter gräkiſch
kunnten, und ſeine Schuler wohl konnen die Lection
verſorgen. Denn E. K. F. G. wiſſen ſelbs wohl,
welch ein ſamulus communis er in dieſer Schule iſt,
daß er ohn Zweifel wohl werth iſt deß, das ihm E.
K. F. G. ſo gnädiglich gonnen, und die Chriſtenheit
ihm wohl zu danken weiß; die Papiſten auch numehr
Gottlob ihn mehr furchten und ſeine Junger, denn
ſonſt jemands unter den Gelehrten. E. K. F. G.
werdens wohl wiſſen gnädiglich zu bedenken und zu
ordenen: denn E. K. F. G. muſſen doch der oberſt
Rector, Pfarrherr und Schoſſer ſein in dieſen Landen.
Hiemit Gott befohlen, Amen. Julii 3., 1541.
E. K. F. G.

unterthäniger

. Mart. Luther.

658.

An den Kurfürſten Johann Friedrich, v. 4.
Auguſt 1541.

Leipz. Suppl. No. 178. S. 96. Walch XVII. 857. De
W. V. 388.

Dem Durchleuchtigſten, Hochgebornen Fur=
ſten und Herrn, Herrn Johanns Friedrich,
Herzogen zu Sachſen, des heil. Ro. Reichs
Erzmarſchall und Kurfurſten, Landgrafen
in Thuringen, Markgrafen zu Meiſſen,
und Burggrafen zu Magdeburg, meinem
gnädigſten Herrn.

Gnad und Fried. Durchleuchtigſter, Hochgebor=
ner Furſt, Gnädigſter Herr! Was E. K. F. G.
mir geſchrieben von dem Buch, ſo itzt im Druck iſt,
hab ich unterthäniglich wohl verſtanden; und iſt nicht
mein Meinung geweſt, daß es ohn eine gute, und
als ich bedacht, ohn eine ungewaſchene Vorrede ſollt
ausgehen, faſt auf den Schlag. Ob die Meiſter des

Doch ihrs Dunkels die Sache gut gemeinet hätten,
so ist doch der Teufel allda so giftig bose gewest, der
sie geritten, daß kein schädlicher Schrift sint des Anfangs unsers Evangelii, wider uns gestellet und furgenommen, und Gott sonderlich und wunderlich auf
dem Reichstage das verschafft, daß die Papisten nicht
haben angenommen. Doch weil M. Philipps auf
der Heimfahrt ist, soll so lange still gestanden werden; denn aus seinem und D. Caspars Rath ists furgenommen zu drucken, auch der Drucker auf Vertröstung meiner Vorrede solchs angenommen. Und
wiewohl ich bedacht bis daher gewest, kein Scholia
dabei zu machen, will ichs doch (so Gott mich leben
läßt) nu fort mit Scholien spicken, wie es der Teufel verdienet hat, so viel ich immer kann. Hiemit
dem lieben Gotte befohlen, Amen. Dornstags nach
Vincula Petri, 1541.

E. R. F. G.

unterthäniger

Mart. Lutherus.

659.

An Georg Weiß, Kammerdiener, v. 14. August 1541.

Altenb. VII. 721. Leipz. XXII. 570. Walch XXI. 447.
De W. V. 389.

Gnad und Friede. Mein lieber, guter Freund!
Wiewohl ich wenig Hoffnung habe zum Zuge wider
den Türken, und möchte lieber sehen, daß er nachbliebe. Denn als man sich stellt, solch einen mächtigen
Feind anzugreifen, will michs schier ansehen, als
wollte man Gott versuchen, wie das Evangelium
sagt. Daß 100000 gegen 20000, ja 50000 geschickt
werden, und wir doch, mit Sünden beladen, unbuß-
fertig, sonderlich der König und Papisten, die Hände
voll unschuldig Blut haben, nicht können die Leute
sein, durch welche Gott könnte oder möchte Wunder
oder große Dinge thun. Darumb sage ich abermal,

ich sehe nicht gerne, daß man gute Leute, wie bisher etliche Mal geschehen, also vergeblich auf die Fleischbank opfert. Und Summa, ich habe so gar kein Herz noch Hoffnung darzu, daß ich auch nicht bitten kann umb Sieg wider den Türken, sondern allein so viel, daß Gott wollte erretten, die zu erretten sind, und davon helfen. Wohl wollte ich wünschen, daß Ferdinand ein besser Glück und gnädiger Gott hätt. Doch wo ihr ja fort wollet armen Leuten zu helfen, thue ich hiermit meines Vermögens eurem Begehr nach, wie ihr hierinne befindet. Hiemit Gott befohlen, Amen. Sonntags nach Laurentii, Anno 1541.

660.

An den Kurfürsten Johann Friedrich und den Herzog Johann Ernst, gemeinschaftlich mit Bugenhagen, v. 26. August 1541.

Leipz. Suppl. No. 188. S. 101.; Walch X. 2614. De W. V. 392.

Dem Durchleuchtigsten und Durchleuchtigen, Hochgebornen Fürsten und Herrn, Herrn Johanns Friedrich, des heil. R. Reichs Erzmarschall und Kurfursten, Burggrafen zu Magdeburg, und Herrn Johanns Ernst, Herzogen zu Sachsen, Landgrafen in Thüringen und Markgrafen zu Meissen, unsern gnädigsten und gnädigen Herrn.

Gnad und Fried von Gott, unserm Vater, und von Jesu Christo, unserm Herrn, ewiglich. Durchleuchtigster und Durchleuchtiger, Hochgeborne Fürsten, Gnädigster und Gnädiger Herr! E. G. haben uns am nächsten Dienstage geschrieben, daß eine Hebamme bekannt habe, daß sie zu Kahla und anderswo etliche Kindlein in der Noth nothgetaufet habe, alleine mit Gottes Worte, ohn Wasser, welches E. G. halten für einen Mißgebrauch, und der heiligen Tauf zuwider, und daß wir E. G. sollen wieder schreiben, wie es mit denselbigen Kindlein, und sonst, wo solchs sich etwo mehr würde zutragen, zu halten sei. Darauf sagen wir unterthäniglich E. G. also: daß wirs dafür halten, wie E. G. aus hohem Verstande auch wohl gedenken können, daß die Hebamme oder Wehemutter solchs von ihr selbs nicht habe: darumb ists doch vonnöthen, daß eine fleißige Inquisition oder Erforschung geschehe, daß E. G. wissen, wo das herkompt, weil auch die Fraue auf den Pfarrherr zu Kahla und auf noch einen bekennet; solches kompt gewiß aus einer falschen Lehre. Vor 13 Jahren ward ich D. Pommer gefodert aus Hamburg auf die Grenzen zu Dänemarken, wider die Sacramentschänder: da die mit göttlicher Wahrheit überwunden waren, ward einer für dem Herzogen, der itzt König zu Dänemarken ist, heimlich angeben und darumb auch angesprochen, doch auch heimlich, daß er sich sollte haben hören lassen, man könnte wohl ohn Wasser taufen; da ers aber verläugnete, und solchs im Lande nicht öffentlich gelehrt war, riethe ich seiner G. solchs nicht zu bringen in die öffentliche Disputation, denn ich hielte es für ein Narrenwerk und erdichtet Ding. Nu aber sehe ich wohl aus dieses Weibs Thaten, daß trauen auf das Mal solche irrige Lehre vorhanden gewest; wiewohl ich in mittler Zeit nichts davon gehöret habe, denn itzt. Es wird heimlich getrieben, und die Schwärmer setzens auf Verläugnen, drumb ist einer guten Inquisition vonnöthen.

Aber von solcher Tauf ohn Wasser sagen wir mit E. G., daß es freilich ein Mißbrauch göttliches Namens, und dazu ein nichtig Ding, das ist, keine Taufe ist. Es ist gewiß eine neue Teufelslehre und Teufelslügen, die sich doch rühmet, es sei Gotts Wort; denn ein jeglichs Wort, so die Fraue sagt von ihrer nichtigen Taufe, ist gräuliche Lügen. Sie saget: Ich habe getauft ohn Wasser, alleine mit Gotts Worte im Namen des Vaters, und des Sohns, und des Heil. Geists. Fürs erste, ist das eine spottische Lügen: ich habe getauft; und sagt doch: ohn Wasser. Das Wörtlin taufen bringet mit sich Wasser, denn es heißet baden oder eintauchen oder naß machen mit Wasser. Christus hat uns zu taufen befohlen mit

Waſſer, Joh. 3, (5.) Eph. 5, (26.), wie auch die Apoſtel und andere getauft haben mit Waſſer, wie man ſiehet in Actis Apostolorum. Zum andern, iſt das des Teufels Lügen, daß ſie ſagt: alleine mit Gotts Worte. Gotts Wort in der Taufe iſt Chriſtus Befehl; Chriſtus aber hat befohlen, mit Waſſer zu taufen: darumb geſchiehet dieſe vermeinte Tauf nicht mit Gotts Worte, ſondern ohn Gotts Wort, und ſtracks wider Gotts Wort, das iſt, Chriſtus Befehl. Zum dritten, daß ſie zu ſolcher Läſterung und Lügen zuthut: Im Namen ꝛc. das iſt ein gräuliche Mißgebrauchung des Namens Gotts wider das ander Gebot. Darumb, G. H., ſoll man ſolche Kindlein, alſo nicht getauft, noch taufen zur Seligkeit, wie Chriſtus befohlen hat, und predigen laſſen wider ſolch frevel Taufen; denn ſolche Taufe iſt eben eine Taufe, als das ein Sacrament wäre, wenn ich ohn Brod und Wein in die Luft Gotts Wort alſo ſpräche: Nehmet hin und eſſet, das iſt mein Leib ꝛc. Viel Unluſt kompt auch daher, daß die Weiber die ungebornen Kindlein taufen wollen, welchen man wohl anders kann rathen zur Seligkeit. E. G. opfern wir unterthäniglich unſer Pater noster zu Gott. Chriſtus ſei mit E. G. ewiglich ꝛc. Wittenberg, Freitags nach Bartholomäi, 1541.

E. K. F. G.

unterthäniger

Martinus Luther.

Johannes Bugenhagen Pommer, D.

661.

An ſeine Hausfrau, v. 18. September 1541.

Aus dem Original bei De W. V. 400.

Meiner lieben Hausfrauen Käthe Ludern von Bora zu Handen.

G. u. F. Liebe Käthe! Ich laſſe hiemit Urban zu dir laufen, auf daß du nicht erſchrecken ſollt, ob ein Geſchrei vom Turken zu dir kommen würde. Und mich wundert, daß du so gar nichts her schreibest oder entbeutest, so du wohl weißt, daß wir hie nicht ohn Sorge sind für euch, weil Meinz, Heinz und viel vom Adel in Meissen uns sehr feind sind. Verkäufe und bestelle, was du kannst, und komme heim. Denn als michs ansiehet, so wills Dreck regen, und unsere Sünde will Gott heimsuchen durch seines Zorns Ruthen. Hiemit Gott befohlen, Amen. Sonntags nach Lamperti, 1541.

M. LutheR.

662.

An Hieron. Baumgärtner, v. 3. October 1541.

Schütze I. 401. De W. V. 402.

Clariss. Viro, D. Hieronymo Baumgartnero, Patritio et Senatori Norimbergensi suo in Domino amico charissimo.

Gnad und Fried und mein arm Pater noster. Ehrbar, fürsichtiger, lieber Herr und guter Freund! Auf gut Vertrauen, so ich zu euch habe, schicke ich hie einen Knaben, der mir aus Engelland ist schalklich aufgelogen, durch D. Osianders Zeugniß an mich bracht, denn Osiander auch betrogen ist. Nu ihr aber wisset, was für ein Bettelstadt unser Stadt ist, dazu der Bube noch wohl darf einer Magd, die sein warte mit Waschen und Lausen ic., mein Zins aber nicht vermügen: ist mein ganz freundliche Bitte, wollet bei den Herrn zu Nürnberg guter Fugge sein, daß er ins Fündli=Haus mocht versehen werden. Wir sind sonst ohn das, und ich sonderlich, hie fast hoch genug beschwert, und über Vermügen beladen. Gott behüt mich, daß ich nicht mehr so betrogen werde. Fac, oro, quantum potes, ut me leves hoc onere, quo perfidiose sum oneratus. Salutat te reverenter ignis olim tuus, *) jam te ob praeclaras virtutes tuas novo amore diligens et nomini tuo ex animo bene

---

*) Luthers Gattin. S. Walch XXIV. S. 137.

volens. Bene vale in Domino. Tertia Octobr., MDXLI.

T. Martinus Luther.

663.

An den Herzog Albrecht von Preußen, v. 4. October 1541.

Faber's Briefsammlung S. 38. De W. V. 402.

G. u. F. und mein arm pater noster. Durchleuchtiger, Hochgeborner Fürst, Gnädiger Herr! E. F. G. haben zween aus Preußen anher zum studio gesandt, mir befohlen aufzusehen, daß sie fruchtbarlich hie sein mugen und zunehmen, welchs ich, und wo sie sonst meins Raths begehren, gern thun will, so viel mir müglich.

Auch gnädiger Herr, wissen E. F. G., wie Doctor Basilius, Medicus, nu viel Jahr in Preußen gedienet, und mit Kindlin begabet, dazu itzt durch Absterben seins Weibs in Jammer und Elend steckt, daß er wohl Hulf und Trosts bedarf, doch noch nichts eigens hat, sondern wie ein Taglohner sich hat lassen an seinem Lohn benugen: ist derhalben mein unterthänige Bitte, E. F. G. wollen ihn auch bedenken mit etwas eigens fur seine arme Kindlin, so er in Preußen bleiben soll, wiewohl ich wollt, er wäre wieder heraus, umb der Kinder willen, wie ich ihm gerathen habe, allermeist umb der Kinder willen, welchen numehr Noth ist auch etwa ein Dächlin und Herdlin, wie E. F. G. wohl selbs können gnädiglich bedenken. So haben (hoffe ich) E. F. G. ja einen treuen fleißigen Diener an ihm gespuret und erfahren. E. F. G. wollten sich gnädiglich gegen ihm erzeigen. Hiemit Gott befohlen, Amen. Dienstags nach Michaelis, 1541.

Neue Zeitung ist hie viel und bose vom Turken, der E. F. G. mehr ich ohn Zweifel wissen. Es stehet, als sei eitel Verräterei in den hohen Häup-

tem, und mit dem Turken im Bund ꝛc. Gott wollt
den jungsten Tag kommen laſſen, als ich hoffe.

E. F. G.

williger

Martinus LutheR.

664.

An einen Hofprediger, v. 28. October 1541.

Wittenb. XII. 448 Jen. VII. 448. Altenb. VII. 487.
Leipz. XXII. 490. Walch XXI. 450. De W. V. 406.

Dem würdigen Herrn und treuen Diener
Chriſti, N. zu N., meinem liebſten im Herrn.

Gnade und Friede in Chriſto. Würdiger, lieber
Herr N.! Mir iſt angezeigt, wie etliche zu Hofe
von den armen Pfarrherrn und Kirchendienern die
Türkenſteure zwingen wöllen: bin derhalben gebeten,
fur ſie an euch zu ſchreiben. Weil euch nu das Predigampt zu Hofe befohlen, wäre mein Gutdünken,
daß ihr ſoviel dazu thätet, daß es aufgeſchoben würde,
bis auf die Zukunft euers Landsfürſten. Denn ich
hoffe, Sein Fürſtliche Gnaden werdens nicht geſtat-
ten, ſonderlich weil S. F. G. wohl wiſſen, oder
wohl wiſſen werden, daß mans in unſers gnädigſten
Herrn Landen, noch ſonſt in keinem Fürſtenthum
thut.

Denn wovon ſollens die Kirchendiener geben,
ſo ſie nichts eigens haben, und eben ſo viel iſt, als
nähme mans von der Kirchen eigen Gut, das iſt,
vom Almoſen, oder (wie man ſpricht) von unſers
Herrn Chriſti Füßen? Man ſpüret wohl, daß ſolche
Tyrannen des Evangelii aus dem Land gern los wären.
Aber es dürfte des Eilens nicht, ſie werdens wohl
ehr los, denn ſie meinen. Hiemit Gott befohlen,
Amen. Freitag nach Criſpini, 1541.

D. Martinus Luther.

665.

An Anton Lauterbach, gemeinschaftlich mit Bugenhagen, v. 11. November 1541.

Bei Walch XXI. 1479. De W. V. 409.

Dem ehrwürdigen Herrn Magister Antonio, würdigem Priester der Kirche in Pirnau, seinem geliebtesten Herrn und Bruder.

Gnade Gottes und Friede durch Christum in Ewigkeit. Liebster Antoni! Wir hoffen, daß bei euch noch alles in gutem Stande ist; wir leben hier durch Gottes Gnade gemächlich genug. Von dem Reichstage haben die Unsrigen uns noch nichts geschrieben. Man hat uns gemeldet, daß euer Rector sein Ampt niedergeleget habe, bitten euch derhalben, daß ihr diesen Johann Götz, der neulich hier, wie er verdienet, Magister der freien Künste geworden, und der uns von Magister Georg Rorario, dem Aeltesten unserer Kirche, angepriesen worden, als einer der gottesfürchtig, gelehrt, und euren Leuten daselbst nicht unbekannt, sintemal er vormals daselbst Rector gewesen, daß ihr, sage ich, denselben eurem eblen Rathe und den Kämmerern der Kirche empfehlet, damit er bei euch auf instehenden Ostern Rector werde. Wir hoffen, dieser Mann werde euch und euren Kindern zuträglich sein. Wir beten für euch, und zweifeln nicht, daß ihr auch für uns betet. Christus sei mit euch, eurer Frau und Kindern in Ewigkeit. Wittenberg 1541. auf Martin.

Martinus Lutherus.
Johannes Bugenhagius Pomeranus.

666.

An den Kurfürsten Johann Friedrich, v. 17. November 1541.

Leipz. Suppl. No. 179. S. 96.; Walch XXI. 451. De W. V. 411.

Gnade und Friede und mein arm Pater noster.
Durchleuchtigster, Hochgeborner Fürst, Gnädigster
Herr! Ich habe unlängst an E. K. F. G. geschrieben und gebeten für meinen lieben Schwager Hans
von Bora. Aber nachdem der Brief von ihm selbst
überantwortet, ist er Zufalls unter andere Briefe verschoben: muß ich aufs Neue. Und ob sich der Brief
würde wieder finden, und dieser nicht so eben mit-
stimmet in etlichen Worten, wollen mirs E. K. F.
G. ja gnädiglich deuten, denn ich es nicht alles behalten, und ich meiner Briefe keiner Abschrift behalte.
Die Sache aber ist diese, daß ich ganz unterthäniglich
E. K. F. G. gebeten, und noch bitte, wo E. K. F.
G. etwa ein Aemptlein, was es wäre, wollten ihn
damit gnädiglich versehen, wie er wohl wird selbst
mündlich Bericht thun. Treu und fromm ist er, das
weiß ich, dazu auch geschickt und fleißig. Aber sein
Vermögen ist nicht gnugsam, sich mit seinem Weiblein
und Kindlein zu erhalten ziemlicher Weise. Er ist zu
Leipzig im Nonnenkloster Vorsteher gewesen; und wiewohl ihm gerne wäre aufgeleget worden, so hat er
zuletzt mit der Rechnung ehrlich bestanden, und den
Kläffern das Maul gestopft. Zuletzt ist mir auf meine
Fürbitte diese Antwort worden, daß an ihm kein
Mangel wäre. Aber man wollte hinfüro die Güter
der Nonnen (wie zuvor) wieder einthun. Darauf
mußte ich meine Gedanken lassen fahren, da ich dachte,
er hätte vielleicht mein entgelten müssen, weil D. Pi-
stor wieder in das Regiment gesetzt, der des Buchs
von gestohlen Briefen gedenken mochte. Aber E. K.
F. G. wollen sich gnädiglich erzeigen gegen Hans von
Bora, und wo es christlich ist, tröstliche Antwort vernehmen lassen. Hiermit Gott befohlen, Amen. Donnerstags nach Martini, 1541.

E. K. F. G.

unterthäniger

Martin Luther.

667.
An die Gebrüder Fürsten zu Anhalt, v. 26. November 1541.

Altenb. VIII. 996. Leipz. XXII. 569. Walch XXI. 152. Unsch. Nachr. 1705. S. 763. De W. V. 412.

Dem Durchleuchtigen, Hochgebornen Fürsten und Herrn, Herrn Johanns Georgen, Dumprobsten zu Magdeburg, und Joachim, Gebrüdern, Fürsten zu Anhalt, Grafen zu Ascanien, und Herrn zu Bernburg, meinen Gnädigen Fürsten und Herrn.

Gnad und Fried in Christo. Durchleuchtige, Hochgeborne Fürsten, Gnädige Herrn! Es hat mich Christoph Kühne von Burau, E. F. G. Unterthan, gebeten, an E. F. G. zu schreiben, und zu bitten, daß er in der Sachen seiner Tochter, von Hieronymus Kunzel geschwächt, zum Ende kommen möcht. Ich habe gesehen den Abschied, darin E. F. G. ihn ins Recht geweiset. Aber meine gnädige, liebe Herren, E. F. G. wissen, daß er solch Recht weder ausstehen noch dulden kann, als ein armer Mann, und solch Recht, so itzt gewöhnlich worden, mit Advocaten, Repliciren, Tripliciren und wiederumb Läuterung nichts anders ist, denn ein ewiger Hader und ewiges Unrecht, daß Gott einmal wird beide, Juristen und Richter, zum Teufel jagen, die mit solcher Juristerei die Part aussaugen und sich selbst mästen. So ist der Mann unter E. F. G. sowohl als seine Part gesessen. Die können wohl de simplici et plano hierin procediren ohne allen strepitu juris, welchs mag gelten, wo die Parten reich oder gegen einander sind, und nicht einen gewissen eigen Herrn haben. Sonsten ist wahrlich solch weitläuftig Recht den Armen eine Tyrannei, und die Oberkeit, so solchs nicht wehret, selbst schuldig. Was wollt ihr Fürsten und Herren die Juristen zu Fürsten machen, und Richter setzen über euer Regiment, und ihr selbst nicht richten

noch helfen, da ihr wohl könnet? So wäre ein Fürst
nichts denn ein Rentmeister, der die Zinse einnehme,
und die Sache von sich auf die Juristen schiebe, mit
Schaden und Verderb der armen Unterthanen. Bitte
derhalben, es wollen diese und dergleichen Sachen
E. F. G. selber hören, richten und entscheiden, und
nicht von sich unter der Juristen Practica werfen, die
kein Ende der Sachen achten noch suchen, sondern
nehmen das Geld, und dreschen mit der Zung den
Armen beide, Sack und Beutel. E. F. G. werden
mein Meinung wohl wissen gnädiglich zu verstehen;
denn mich treugt dann mein Sinn, so kann solch ju-
ristische Plackerei nicht die Länge stehen, oder wir
werden uns wohl nicht recht unter einander verstehen.
Jura sind allwege recht; Juristen und Richter sind
selten recht. Geld ist gut, aber der Wucherer ward
nie gut. Hiermit Gott befohlen, Amen. Sonnabends
nach Katharinen, 1541.

E. F. G.

williger
Martinus Luther.

668.
An Herzog Moritz zu Sachsen, ohne Datum
1541.

Schütze I. 402. De W. V. 416.

Gnad und Fried in Christo. Hochgeborner
Fürst, Gnädiger Herr! Ich beschwere E. F. G.
ganz ungerne mit meinem Schreiben, sonderlich jetzt,
so sunst im Regiment Unlust genung vorfallen; aber
Noth ist Noth. E. F. G. wissen vielleichte wohl,
wie E. F. G. Vater seliger Herzog Heinrich mußte
sich als Landsfürst zwischen Graf Albrechten von
Mansfeld und Wilhelm einlegen und Schutzherr
sein; dann ich das mit großem Leid meines Herzens
muß schreiben, daß sich genannter Graf, den ich sonderlich lieb bisher gehabt, und einen gnädigen Herrn
gehalten, so geschwinde und hart gegen seinen Unter-

22*

thanen erzeigt, daß sie mußten klagen und schreien.
Der einer ist auch dieser guter Mann Barthel Drach=
stedt, Burger zu Eisleben, der bittet, und ich neben
ihme unterthäniglich, E. F. G. wollten ihn gnädig=
lich befohlen haben, und als der Landsfurst gegen
Graf Albrechten vorschreiben, daß er gnädiger und
sanfter mit solichen frommen getreuen Unterthanen
wollt handeln; denn es ist ja der Adel und weltlich
Herrschaft von Gott gesetzt, die Frommen zu schutzen
und Bosen zu strafen Röm. 13. Solls nu dahin
kommen, daß die Herrschaften Tyrannen wollten sein,
und mit den Leuten, als wären sie Hund und Säu
umbgehen, wie sich etzliche anlassen: so wärs ein
schrecklich Zeichen göttlichs Zornes uber den Adel, als
er bereit an beraubet hätte nicht allein des christlichen
Vorstands, der uns lehret alle fromme Christen ehren
unter einander, als die mit dem Blut Christi geadelt
sein zum ewigen Reich, dagegen dieser zeitlicher Adel
ein lauter Nichts ist, mit diesem weltlichen elenden
Reich, sondern auch des natürlichen Vorstands, daß
sie nicht gedenken, wie alle Menschen in gleichem Un=
adel, das ist, in Sunden=Stand und Thaten gebo=
ren, und hie kein Unterscheid ist, und sie doch, als
wären sie vor Gott besser, das nicht wahr ist, sich
zieren, als hätte sie Gott alleine Menschen geschaf=
fen, und mußten alleine sein: daß mir ofte diese
schwere Gedanken einfallen, wo der Adel so fort will
fahren, so ists geschehen umb Deutschland, und wären
dann bald ärger, weder die Spanier und Türken;
aber das Bad wird ausgehen uber sie. Bitte der=
halben abermal E. F. G. als der noch ein junger
Furst ist, und Gottes Wort und Werk bei Zeit ler=
nen kann, wollten sich da wohl vorsehen vor solchen
tyrannischen und geizigen Rathschlägen, und sonder=
lich diese meine Bitte mir gnädiglich zu gut halten.
Ich will M. G. H. Graf Albrechten auch schreiben,
es gerathe, wie Gott will. Ists Ungenade, so ist
Gott desto gnädiger, auf den ich baue und demselben
E. F. G. mit rechtem Gebete und Treue befehle, Amen.

M. L., D.

669.

An Joh. Bugenhagen, ohne Datum 1541.

Vorrede zu D. Caspar Güttels Sermon auf dem Gottes-
acker zu Eisleben gethan. Wittenb. 1541. 4. Wittenb. XII.
369. Jen. VII. 431. Altenb. VII. 471. Leipz. XXII.
Suh. S. 131. Walch XIV. 373. De W. V. 418.

Dem Ehrwürdigen Herrn Johann Bugenhagen, Doctor und Pfarrherr zu Wittenberg.

Gnade und Friede in Christo. Ich bitte freundlich, mein lieber Herr und Freund, weil ich die
Zeit nicht habe, das Büchlin meines lieben Herrn
und Freundes, Doctor Caspar Guttels, zu Eisleben
Pfarrherrs und Superattendenten, mit Mußen zu
lesen (denn ich plötzlich drein gefallen durch andere
Geschäft verhindert), ihr wollets fur euch nehmen,
und wo der gute Mann mich lobet, meinen Namen
austilgen. Ich weiß wohl, wie herzlich gut ers
meinet; aber ihr wisset, wie feindselig mein Name
dem Teufel und seinen Papisten ist, sonderlich wo
man mich lobet, daß dadurch das Lesen, oder ja die
Frucht des Lesens zunicht wird, weil auch wohl bei
vielen, die der Unsern sein wollen, mein Name stin-
ket; doch ihr werdets wohl machen ohn mein Sorge.

Er schreibet, als ich auch aus seinen Briefen
merke, wider die Expectanten, das ist, die aufs
Concilium harren. Es mügen weise vernünftige Leute
sein, die also harren und ihre Seligkeit setzen auf
menschliche Satzung; aber sie erfüllen das Sprüchwort: Ein weiser Mann thut keine kleine Thorheit;
oder müssen ganz und gar in christlichem Glauben
unwissend und unerfahren sein, als die nicht richten
können, wie gar weit Gottes Wort und Menschen
Worte unterscheiden sind. Wiewohl ich denselben
solchs möchte zu gute halten, weil bis daher die Welt,
durch den Papst bethöret, hat müssen gläuben, daß
der Concilien Satzunge eben so viel als Gottes, und
mehr denn Gottes Wort gelte, welches doch itzt bei

uns auch die Gänse und Enten, Mäuse und Läuse
(Gott Lob!) nicht gläuben würden, wo sie etwas
gläuben könnten. Aber wer nichts höret, der lernet
nichts; wers nicht hören kann, oder nicht will hören,
der kann oder will nichts lernen noch wissen. Solche
Expectanten befehlen wir Gott.

Aber daneben ist ein ander Haufen Expectanten,
die es hören und lesen, wollens auch hören und lesen, alles was das Evangelium lehret, wissen was
die Wahrheit ist, bekennen auch, es sei die Wahrheit
und stehe im Evangelio, und doch furgeben, sie wollen
des Concilii und der Kirchen Urtheil gewarten, und
indeß die erkannte Wahrheit des Evangelii verfolgen
und dämpfen; wie der einer und der furnehmsten einer, Herzog George zu Sachsen (daß ich ein gewiß Exempel gebe), unseliger Gedächtniß, gewest ist mit seinem Anhang. Wem wollen oder sollen wir solche
Expectanten befehlen? Gott will und mag ihr nicht,
denn er will sein Evangelium uber alle Engel, schweige
uber die Menschen oder Concilia, gehalten haben, und
gestehet darüber Niemand keines Harrens oder Expec-
tantien. Ich acht wohl, wir müssen sie dem Teufel in
Abgrund der Höllen befehlen, und sie lassen harren
und Expectanten bleiben, wie die Jüden auch harren
und Expectanten sind auf ihren Meßiam, den sie
zuvor aus Haß und Neid, wider öffentliche und erkannte Wahrheit, kreuzigen. Ja, laß sie harren, es
geschiehet ihnen recht, daß sie harren; was sind sie
bessers werth, denn daß sie umbsonst der Lügen ewiglich harren, die nicht wollten die Wahrheit, gegenwärtig offenbart, annehmen?

Also lassen wir diese Expectanten auch eins Con-
ciliens harren, welches numehr der Papst nicht geben
wird, oder auch nicht kann, wie er sich öffentlich vernehmen läßt, und sie gleichwohl indeß die gegenwärtige Wahrheit kreuzigen und verfolgen, damit zu erlangen den schönen Titel, christliche Kirche, christliche
Fürsten, christliche Leute, die aufs Concilium harren,
und Gotte sein Wort verfluchen. Solche Titel laß
sie führen; aber hüte du dich, daß du sie nicht auch
also lobest, damit du nicht ihrer Sünde theilhaftig,

und mit ihnen des höllischen Feuers Expectant wer=
dest. Denn da stehet das schreckliche, gräuliche Exem=
pel fur unsern Augen, wie Gott den christlichen Für=
sten, ja den elenden, verdampten Menschen, Herzog
Georgen, ausgerottet, vertilget, zunicht gemacht, in
Abgrund der Höllen verstoßen hat.

Solchen Expectanten soll solch Concilium werden,
denn so wöllen sie es haben. Es heißt, wie St. Pau=
lus sagt 2. Kor. 6, (1. 2.): Ich bitte euch, lieben
Brüder, daß ihr die Gnade Gottes nicht vergeblich
annehmet, denn er spricht: Ich habe dich zur ange=
nehmen Zeit erhöret. Und Christus Matth. 10, (14.
15.): Welche Stadt oder Haus euer Wort nicht auf=
nimpt, da gehet heraus, und schüttelt auch den Staub
von euern Schuhen uber sie. Ich sage euch, es wird
Sodoma und Gommora träglicher ergehen an jenem
Tage ꝛc. Diese waren keine Expectanten, als die es
nicht wußten, daß es die Wahrheit wäre, sondern hiel=
tens fur Irrthum und Ketzerei. Wo wöllen nu blei=
ben die Expectanten, die da wissen und bekennen, es
sei die Wahrheit, und doch zum Deckel und Schmuck
ihres verstockten Muthwillen und boshaftigen blutdür=
stigen Frevels furwenden, sie wöllen des Concilii oder
Kirchen Urtheil harren. O die laß immerhin harren
und Expectanten bleiben, wie sie verdienen und werth
sind, und zu mehrer Verdammniß und größer Häu=
fung des Zorns, laß sie sich christliche Fürsten unter
nander schelten, das ist, Gott im Himmel getrost lä=
stern, und zwingen, daß er müsse mit dem jüngsten
Tage eilen, Amen, Amen. Mein lieber Herr Jesu
Christ, komme doch, und komme balde, Amen.

D. Martinus Luther.

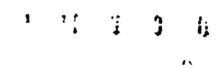

Druck von Junge und Sohn in Erlangen.

Dr. Martin Luther's

vermischte

deutsche Schriften.

—◆—

Nach den

älteſten Ausgaben kritiſch und hiſtoriſch bearbeitet

von

Dr. Johann Konrad Irmiſcher,

f. zweitem Pfarrer an der Neuſtadtkirche und zweitem
Univerſitäts-Bibliothekar zu Erlangen.

———

I. Deutſche Briefe.

Vierter Band.

Nebſt den geiſtlichen Liedern.

———

Frankfurt a. M. und Erlangen,

Verlag von Heyder & Zimmer.

1854.

Dr. Martin Luther's

sämmtliche Werke.

Sechs und fünfzigster Band.

Vierte Abtheilung.

Vermischte deutsche Schriften.

Vierter Band.

Frankfurt a. M. und Erlangen,

Verlag von Heyder & Zimmer.

1854.

Vorrede.

Das etwas verzögerte Erscheinen dieses
letzten Bandes der deutschen Briefe Luthers hat
seinen Grund einzig in dem Bestreben gehabt,
demselben die möglichste Vollständigkeit zu geben. Nachdem es uns nämlich im vorigen Jahre
nicht gelungen war, die vom sel. DeWette
nachgelassenen Copien der schon im J. 1828 für
den Supplementband seiner Ausgabe bestimmt
gewesenen, seitdem aber noch immer nicht erschienenen Briefe Luthers, deren Anzahl wir auf 362 be-
rechneten, zu erlangen: so ließen wir, um Copien
dieser Briefe auf anderm Wege zu bekommen, eine
öffentliche „dringende Bitte" an alle Freunde und

Verehrer Dr. Luthers ausgehen, uns so viel als
möglich sowohl ungedruckte als auch einzeln zer=
streut gedruckte Briefe desselben mittheilen, oder
wenigstens anzeigen zu wollen, wo dergleichen
zu haben seien. Zugleich erklärten wir, daß wir
den vierten Band, dessen Druck schon im Juli
1853 begonnen hatte, noch bis zum October
1854 offen lassen wollten, um alle bis dahin
etwa eingehenden Briefe Luthers als Nachtrag
noch mit aufnehmen zu können. Nachdem aber
dieser Termin verstrichen war und es den An=
schein hatte, daß weitere Mittheilungen als die
bis dahin eingegangenen nicht zu erwarten seien,
so wurde die Sammlung der deutschen Briefe
nebst Nachtrag und alphabetischem Register der
Briefempfänger abgeschlossen. Und weil der
Band noch nicht die gebührende Stärke hatte,
fügten wir ihm die geistlichen Lieder bei,
welche ausserdem einem spätern Bande einver=
leibt worden wären. "Kaum jedoch war dieß ge=

schehen, als neue Bekanntschaften mit Freunden und Gönnern unsers Unternehmens uns weitere 58. Briefe einbrachten, welche nun weder vor noch nach den geistlichen Liedern mehr einen schicklichen Platz fanden und daher nach der Vorrede eingeschoben werden mußten. Mögen diese Umstände die uns selbst unliebe Druckeinrichtung dieses Bandes entschuldigen.

Was nun die 131. Briefe unsers „Nachtrags" zur De Wette'schen Sammlung selbst betrifft, so sind dieselben theils unmittelbar von Originalen, theils von zuverlässigen Copien genommen, großentheils aber aus Druckschriften zusammengetragen, welche meist erst nach der De Wetteschen Ausgabe erschienen waren, wie Lindners „Mittheilungen aus der Anhaltischen Geschichte", Sintenis „Denkschrift zur frommen Feier des 18. Februar 1846", Seidemanns Thomas Münzer, Neubeckers Urkunden aus der Reformationszeit, Neubecker und Prellers

Sammlung Spalatinischer Briefe, v. Hormayrs Taschenbuch, die theol. Studien u. Kritiken, Niedners Zeitschrift für die historische Theologie, Rudelbach und Guericke's Zeitschrift, die Allgemeine Monatsschrift für Wissenschaft u. Literatur u. s. w., welche überall bei jedem einzelnen Briefe als Quellen von uns genannt worden sind. Daß wir bei dem wahrhaft mühseligen, nicht selten vergeblichen oder durch seinen Erfolg zuweilen bitter täuschenden Geschäfte des Aufspürens und Ausmittelns verstekter ungedruckter oder einzeln zerstreut gedruckter Briefe Luthers von fast allen Seiten her, wohin wir uns persönlich mit unserm Anliegen wandten, auf die freundlichste und wohlwollendste Weise unterstützt worden, können wir freudig rühmen, und fühlten uns eben deßhalb gedrungen, unsern so aufrichtigen als warmen Dank namentlich den verehrten Herren: Pastor Kohlmann zum Horn bei Bremen, Prof. Lindner zu Dessau, Dr. Menbecker zu Gotha, Oberbibliothekar Hofrath Preller in Weimar, Archivrath Dr. Beck in Gotha, Studienlehrer Greiff in Augsburg, Archivar Herberger daselbst, Freyherrn von Löffelholz zu Wallerstein, Pfarrer Dietzel zu Nürnberg, praktischen Zahnarzt Ed. Bock daselbst, Stadtvicar Lotzbeck in Amberg, und in Bezug auf lateinische Briefe und Texteskritik den verehrten Herren: Geh. Kirchenrath und Prof. D. Schwarz zu Jena, Prof. D. Hilgenfeld daselbst, Pfarrer Dr. Göringer in Augsburg, Pfarrer Geiger in Oettingen und Stud. Guden zu Göttingen hier öffentlich zu wiederholen. Aber als einen ganz außerordentlichen Beweis von Freund= lichkeit und Wohlwollen erkennen wir es, daß Herr Lic. Theol. Pastor Seidemann zu Eschdorf bei Dresden, welcher so eben im Begriffe steht, den Sup= plementband zur De Wette'schen Ausgabe der Briefe Luthers zum Drucke vorzubereiten, uns nicht nur seine eigene reichhaltige Sammlung noch unge=

druckter oder einzeln zerstreut gedruckter Briefe
Luthers, sondern, nach eingeholter gütiger Ge-
nehmigung des De Wette'schen Verlegers, Herrn
G. Reimer zu Berlin, auch sämmtliche deutsche
Briefe des De Wette'schen Nachlasses, welche
jedoch nur in acht Nummern bestehen, auf das
Bereitwilligste gegen die von uns gesammelten
Briefe ausgetauscht hat.

Schließlich bemerken wir noch, daß ein Brief
Luthers an Anton Corvinus in Lerssneri
chronico Dasselensi; ein anderer vom 3. März
1535. in der von Urban Regius verfaßten Kirchenordnung der Stadt Hannover vom J. 1588,
und 5 bis 6 Briefe in einem Programme
Wiebeburgs stehen sollen, welche wir aber
nirgends ermitteln konnten.

Erlangen, den 22. Dec. 1854.

Dr. Irmischer.

Inhaltsverzeichniß

zum 4. Bande

der deutschen Briefe Dr. Martin Luthers.

———

Jahr 1542.

Jahr 1544.

Jahr 1545.

Nachtrag

von deutschen Briefen Dr. Martin Luthers,
welche, erst nach der De Wette'schen Ausgabe, d. i. seit 1828 bekannt worden sind.

Zweiter Nachtrag

von deutschen Briefen Dr. Martin Luthers, welche erst nach dem Erscheinen der bisherigen 5 Bände der De Wette'schen Gesammtausgabe, d. i. seit 1828 bekannt geworden und uns erst nachbeendigtem Drucke dieses Bandes zugänglich geworden sind.

Dr. Martin Luthers geistliche Lieder.

Geistliche Lieder.

Alphabetisches Register

der Briefempfänger

zum

zweiten Nachtrag der deutschen Briefe Dr. Martin Luthers.

Berichtigung.

S. 127. Z. 11. v. unten lies Faberio st. Gaberio.
S. XXIII muß das Datum heißen: Vigil. Sancti Augustini.

Zweiter Nachtrag

von deutschen Briefen Dr. Martin Luthers, welche erst nach dem Erscheinen der bisherigen 5 Bände der De Wette'schen Gesammtausgabe, b. i. seit 1828 bekannt geworden und uns erst nach beendigtem Drucke dieses Bandes zugänglich geworden sind.

828.

An Herzog Georg den Bärtigen von Sachsen, vom 19. Februar 1519.

(Aus dem im Dresdener Hauptstaatsarchive befindlichen Originale in J. K. Seidemanns Thomas Münzer Dresden und Leipzig 1842. 8. S. 159.)

Dem Durchleuchtigen, Hochgebornen Fürsten und Herrn, Herrn Georgen, Herzogen zu Sachsen, Landgrafen zu Thüringen, Markgrafen zu Meissen 2c., meinem gnädigen Herrn und Patronen.

Jesus.

Mein unterthänigs arms Gebet und demüthigs Vormügen seind Eurn F. G. allzeit bevor. Durchleuchtiger, Hochgeborner Fürst, gnädiger Herr! Es schreibt der würdige Doctor Johannes Eckius, wie er an E. F. G. gesonnen, umb eine Disputation zu Leipzig in E. F. G. Universität zu halten wider den würdigen Doctorem Andream Carlstad zu erlauben und gnädiglich vorgonnen.

Dieweil aber Doctor Johannes Eckius ausruft

A

wider Doctor Carlstaden zu disputiren und doch desselben Artikel, wenig angefochten, mit ganzem Ernst in meine Positiones fällt, so will mir ziemen, den unvorwarnten Riesen zu empfahen und meine Position zu vortreten oder mich das Bessere lehren lassen. Ist derhalben an E. F. G. mein unterthänig Gebet, E. F. G. wollt der Wahrheit zu Liebe solche Disputation gnädiglich vorgonnen. Dann itzo mir die würdigen Herrn der Universität geschrieben, wie sie Doctor Joh. Eckio zugesagt, das ich doch vorhin gehöret von ihn vorsagt gewesen. Daß sie mir aber zurechnen, daß ich mein Disputation hab ausgehn lassen, ehe dann ich E. F. G. drumb ersucht, ist aus Zuversicht geschehn, E. F. G., und vorhofft, E. F. G. mir das nit vorsagen wurde, sünderlich so sie bereit Doctor Eckio, wie er sich rühmet, zugesagt hätt. Bitt, E. F. G. wollt mir dasselb gnädiglich vorgeben und vorzeihen. Gott wollt E. F. G. barmherziglich sparen und behalten, Amen. Geben zu Wittenberg am 19. Tag Februarii 1519.

E. F. G.
unterthäniger Capellan
Doctor Martinus Luther,
Augustiner.

829.

An Herzog Georg den Bärtigen von Sachsen, vom 28. April 1519.

(Aus dem im Dresdener Hauptstaatsarchive befindlichen Originale in J. K. Seidemann's Thomas Münzer S. 150. f.)

Dem Durchleuchtigen, Hochgebornen Fürsten und Herrn, Herrn Georgen, Herzogen zu Sachsen, Landgrafen zu Thüringen, Markgrafen zu Meissen 2c., meinem gnädigen Herrn und Patronen.

Jesus.

Mein arms Gebet und gut Vormügen seind

eurn furſtlichen Gnaden allzeit zu unterthänigen Dien-
ſten zuvor. Hochgeborner, Durchleuchtiger Furſt,
gnädiger Herr! E. F. G. nächſte Schrift und gnä-
digis Antwort hab ich empfangen und demſelben
nach Doctor Johanni Eck E. F. G. Meinung ver-
ſtändiget und bisher ſeiner Antwort gewartet. Dieweil dann derſelb genannt Doctor Joh. Eck itzt in
einer ausgangen Zettel uns alle beide, Doctor Carl-
ſtad und mich, nit allein beruft, ſondern auch mit
gräulichen Worten trozet und vielleicht ſchon ein
Liedlin von uns ſinget, wie dann ich mich vorſehe
an E. F. G. gelanget ſei, ſo iſt an E. F. G. wie
vorhin mein unterthänigs demuthigis Gebet, E. F. G.
wollt mich gnädiglich dieſelb Diſputation zu halten
begnaden. Auch dieweil mir die Materie Fähr-
likeit meins Lebens und viel Feindſchaft gemacht, bitt
ich umb Gottes willen, E. F. G. wollt uns mit
E. F. G. ſicherem Geleit zu und abe vorſorgen,
dann ich alſo mich wagen muß, daß ich dennoch
Gott nit vorſuche durch menſchlicher ordenlicher
Hulfe Vorachtungen, vorſchuld ich gegen E. F. G.
vor Gott mit meinem armen Gebet allzeit unterthäniglich. Geben zu Wittenberg am Donnerſtag in
Oſtern 1519.

E. F. G.
unterthäniger Capellan
D. Martinus Luther,
Auguſtiner zu Wittenberg.

830.

An Herzog Georg den Bärtigen von Sachſen,
vom 16. Mai 1519.

(Aus dem im Hauptſtaatsarchive zu Dresden, befindlichen Originale in J. K. Seidemanns Thomas Münzer S. 160.)

Dem Durchleuchtigen, Hochgebornen Für-
ſten und Herrn, Herrn Georgen, Herzog
zu Sachſen, Landgraf zu Thuringen und
Markgrafen zu Meiſſen, meinem gnädigen Herren und Patronen.

Jesus.

Mein unterthänigs armis Gebet ist E. F. G. allzeit bevor. Gnädiger, Hochgeborner Fürst und Herr! Ich bitt demuthiglich und umb Gottes willen, E. F. G. wollt mir nit vorungnaden, daß ich abirmals wiederumb schreib. Es vorursacht mich E. F. G. nähst schriftlich Antwort, die mich fast betrubt und entsetzt; dann ich besorge oder mich dunkt, ich habe mich etwa gegen E. F. G. vorwirkt und mir einen ungnädigen Herrn vordienet, das mir doch unbewußt und ganz leid ist.

Dann dieweil E. F. G. Doctor Ecken zugesagt und die Disputation zu halten vorgünnet an einige Ersuchung Doctoris Andreä Carlstadii oder seines Vorwilligens Anzeigung, und mir dasselb nit vorgnaden will an Doctor Eckes Schreibens, so doch derselb mich schriftlich zur Disputation beruft, darzu in einer offentlichen Zettel gedruckt sich klärlich bezeugt und nothiget wider mich auch zu disputiren zu Leipzig, als ich vormals E. F. G. geschrieben und ich E. F. G. ersten Schrift nach Doctor Ecken geschrieben. Solchs bei E. F. G. zu erlangen, weiß ich nit mehr zu thun, und mag nichts anders denken, dann daß ich in Ungnaden sei. Nu, mein gnädigster Herr, ich weiß wohl, daß vor mir und nach mir die Welt ahn mein Disputiren blieben ist und bleiben wird, ich mich auch nit dazu genothiget habe, sondern durch Doctor Ecke gedrungen, bitt ich doch umb Gottes willen, E. F. G. wollt mir gnädiglich oder vorkunden oder doch vorzeihen, womit ich mich vorschuldiget habe, dann ichs gar willig abzustehen bereit bin. Dann daß Doctor Eck solch an E. F. G. umb meinenwillen schreibe, kann ich nit auszwingen, will aber noch eins drümb schreiben und ihn drümb bitten. E. F. G. wollt mir gnädiglich alls vorzeihen, die Gott seliglich ihm lasse befohlen sein. Zu Wittenberg am Montag nach Jubilate 1519.

E. F. G.

unterthäniger Capellan
Doctor Martinus Luther,
Aug. zu Wittenberg.

Zettel, vom 15. Juli 1519.

Angabe der Ursachen, warum Luther darauf bestehe, daß sämmtliche Facultäten der zu wählenden Universtäten den Spruch fällen sollten über die Leipziger Disputation.
(Aus der im Dresdener Hauptstaatsarchive befindlichen eigenhändigen Niederschrift in J. K. Seidemanns Thomas Münzer S. 161. Zur Sache vgl. J. K. Seidemanns: Die Leipziger Disputation im Jahre 1519. Dresden und Leipzig, 1843. 8. S. 72 f. 148 ff)

Ursach, warumb ich die ganzen Universtäten und nit allein die Facultät Theologia erwählet hab.

Zum Ersten, daß von gottl. Gnaden durch Mehrunge viel guter Bucher, die jungen Leute etwa geschickt sein mehr dann die alten, allein in ihren Buchern gewandelt.

Zum Andern, daß diese Materie, neu geacht, entgegen ist denen, so bisher Theologen gewesen.

Zum Dritten, daß die Zeit also gibt, daß nach gottl. Ordenung alls, was do gleißet und scheinet, in allen Ständen vordächtig ist, und fast dahin kummen, daß die nit Theologen seind, die Theologen zu sein vormeinet, und die Gelehrten die Vorkehrten, die Geistlichen weltlich und dergleichen.

Zum Vierten, daß Doctor Eck in seiner Disputation allen Fleiß ankehret hat, mich und mein Materie hässig zu machen und vorunglimpfen, sich aber und seine Materie aufs Größt zu vorglimpfen, wilchs, so gelesen wird, ihm nit wenig zuträgt und mir ablegt, bei den alten Theologen besondern, dieweil die Materie wider sie zu sein geacht.

D. Martinus Luther.

An Herzog Friedrich zu Sachsen, Mittwoch nach Cathedra Petri 1519.

Das Original befindet sich im Weimarischen Gesamtarchiv, eine Abschrift in der Sammlung Spalatinischer Briefe

———————

Dem Durchleuchtigsten, Hochgebornen Fürsten und Herren, Herren Fridrichen, Herzogen zu Sachsen ꝛc., unserm gnädigsten Herrn.

Durchleuchtigster, Hochgeborner Kurfürst! Euren Kurf. G. seind unser Gebet zu Gott mit unterthänigen gehorsamen Diensten zuvor. Gnädigster Herr! Nachdem wir so mannigfaltiglich erfunden und täglich erfahren E. K. G. sunder groß Gunst und Neigung zu dieser löblichen E. K. G. Universität, und sich allzeit einen gütigen Patron und Vater erzeigt, seind wir tröstlich bewegt und mit ganzer Zuversicht verursacht, E. K. G. anzugeben, was benannter E. K. G. Universität zu mehr Nutz, Lob und Ehre unsers Vornehmens gereichen möge, verhoffend wir E. K. G. daran einen unterthänigen Gefallen, gehorsamen Dienst zu erzeigen. Es ist eine Thomistische Lection, nämlich in Physica, welche itzo Magister Johannes Gunckel liest, dieselben als ein unnöthige ganz abethun uns vor gut ansicht, also daß derselb Magister Johannes Gunckel textum Aristotelis für die abgethane Lection lese, bei ihrem Sold, wie bisher unser Rector Magister Bartholomäus Bernhardt dieselbe gelesen. Und daß der Sold abgethaner Lection zugegeben würd dem Magister Philippo umb seins getreuen übertrefflichen Fleißes. Dann wiewohl er das nit gesucht und er sich an E. K. G. Gunst und Gnaden berühmpt höchlich, so sollt doch uns ziemen solchen freien Fleiß, damit er uns über die Maaß gefrömmet und die Universität weit und breit preist, dankbarlichen E. K. G. antragen und fürbringen. Ueber das ist noch ein Lection Thomistica in Logica, die da liest Magister Jacobus Premßel für 20 Flor. Sold. Wäre unser Gutdünken, daß solich Sold und Stund fruchtbarlicher angelegt würd und dieselb Section gewandelt in Ovidium Metamorphoseos, und vorgeschlagen, daß an ihr

Geottschen und Textual Logica und Physica genug
wäre, und die Jugend mit soviel einerlei Lection
nit überladen und im Bessern verhindert würde,
sonderlich so doch wenig Auditores und Studenten
dazu gehen. Solichs alles stellen wir unterthäniglich in E. K. G. Bedenken und Wohlgefallen, denn
wir auch etlich der Universität nit ganz dazu geneigt
finden. Auch ists bei Vielen für gut angesehen, so
wir mochten einen redlichen Drucker hie zu Wittenberg haben, dann das sollt nit wenig der Universität Förderung und E. K. G. Ehr einlegen. Den
Text Aristotelis und ander Lection kümmt man damit fürdern, die sonst ohne Bücher gehört nit so
begreiflich und nützlich sein mögen. Gott wollt E.
Kurf. G. lang fristen und seliglich sparen, Amen.

Datum Wittenberg Mittwoch: nach Cathedra
Petri: Anno Dni 1519.

Unter meinem Martini Luther Doctoris Pitt-
schaft.

E. K. G.

unterthänige Caplan und Diener.
Mgr. Bartholomäus Bernhardt Rector.
M. Martinus Luther.
M. Andreas Carolstadt.
D. Petrus Burkhart.
M. Nicolaus Amsdorf.

833.

An den Kurfürsten Friedrich zu Sachsen, vom
Sonntag Cantate 1523.

Zuerst bekannt gemacht durch Herrn Oberbibliothekar L.
Preller zu Weimar in der Allgemeinen Monatschrift für
Wissenschaft und Literatur. Halle 1852. März Heft, pag. 238.

Gnad und Fried in Christo. Durchlauchtigster,
Hochgeborner Fürst, Gnädigster Herr! Ich hab
michs nu zum dritten Mal entschlagen, an E. K. G.
zu schreiben für den Leymbach, wiewohl ich hochlich
ersucht und gebeten. Dann ich wohl weiß, wie die
Schrift sagt, der Könige Geheimniß zu verbergen

ist ehrlich, und ich auch gar nicht Lust hab, diese Sach zu ergründen. Aber weil er sich so hart darumb ängstet und bekümmert und sonst Niemands denn E. K. G. anzurufen weiß; dazu ihm nicht gebühren will den Leuten die Ohren damit füllen, hat er, gleich meinem Gewissen solchen Dienst zu thun abgedrungen. Bitt derhalben demüthiglich und unterthäniglich, E. K. G. wollt doch sein Noth und Angst ansehen, die er in solcher Sachen nu langest trägt, und, so er Ungnad verdient hat, wieder Gnad erzeigen. Damit doch E. K. G. vor dem letzten Abschied von dieser Welt an diesem Stück nicht allein was recht ist (denn das ist ein schlechter Dienst für Gott), sonder etwas über das Recht und Christlichs erzeigen und sich ihm ein gnädigen Herrn finden lassen. Wahr ists, daß sein Sach, wie er sie fürgiebt, ein mächtigen Schein hat wider E. K. G. Aber weil Gott verboten hat zu urtheilen nach eins Theils Aufbringen, kann ich auch noch Niemand hierin richten, begehr auch und will auch wider Hörer noch Richter sein, sondern allein ob etwas zu erlangen wäre unterthäniglich für ihn gebeten, oder E. K. G. ob sie als ein Mensch feihlet, christlich ermahnet und gewarnet haben. E. K. G. wollt mir solchs zu gut halten, denn mirs nicht zu leiden ist, daß man sagen sollt, ich heuchlet dem Kurfürsten, Andern kunnt ichs allzu scharf sagen. Ich hoff, ich wölle E. K. G. Heuchler nicht werden, dann ich wüßte je nicht warumb. Gott erleuchte und stärke E. K. G. mit seinem gnädigen Wohlgefallen, Amen. Zu Wittemberg am Sonntag Cantate. 1523.

(Mart. Luther.)

834.
An den Kurfürsten Johannes von Sachsen, vom 6. Sept. 1525.

Bedenken Luthers und der übrigen Theologen zu Wittenberg über den zu Ansbach verfaßten „evangelischen Rathschlag".

Nachdem der Ansbacher „evangelische Rathschlag" zu Nürnberg mit einem Privilegio des Raths gedruckt worden war und großen Beifall gefunden hatte, sandte Markgraf Casimir demselben in seinem und seines Bruders, des Markgrafen Georg Namen an den Kurfürsten Johannes zu Sachsen, um damit Ehre einzulegen. Der Kurfürst aber schickte den „Rathschlag" an Luthern und forderte ihn und die übrigen Theologen zu einem Gutachten hierüber auf, welches sie in nachfolgendem Bedenken einreichten. Dasselbe steht in keiner der bisherigen Ausgaben von Luthers Werken, sondern allein in Joh. Wilh. von der Lith „Erläuterung der Reformations-Historie, vom 1524. bis 1528. Jahre Christi incl., aus dem Brandenburg-Onolzbachischen Archiv an das Licht gebracht". Schwabach (1733). 8°. pag. 109 — 111.

Durchleuchtigster, Hochgeborner Fürst, gnädigster Herr! Wir haben Euer churf. G. Schrift sampt dem uberschickten Büchlein entpfangen und mit Fleiß durchlesen, und geben Euern churf. G. unterthäniger Meinung darauf unser Antwort und Urthel, nämlich daß alles, was in dem Buchlein berathschlagen und gestellet ist, gefället uns fast wohl. Es ist auch unser Munz und des rechten Schlages, domit wir nun bei funf Jahren haben umbgangen und gelehrt, danken auch Gott mit Freuden, daß anderswo solche Leut seind, denen die rechte Wahrheit so ernstlich und treulich zu Herzen gehet, seind auch deß gewiß, wo der Rathschlag hinkompt, er soll mit allen Ehren bestehen, nicht allein wider die Papisten, sondern auch wider die höllischen Pforten. Wir wollen auch zu denen treten und bei ihnen stehen, die solche Artikel haben bewährt, wie wir bei unser Lehre bisher gethan und ze thun schuldig seind; dann es ist die rechte Wahrheit, darauf sich beede, Euer churf. G. und der Fürst, so sie hat Euern churf. G. zugeschickt, tröstlich verlassen, so ferne uns Gott Gnad gibt und Stärk.

Ohn der eine Artikel, da sie den Bilden widerstehen, darinne wirs gar nicht mit ihnen halten; wiewohl wir auch den Götzen nit viel gonnen, achten wir doch die nit zu verdammen, als wider Gott gethan sei, so Jemands Bildlein malen läßt oder hätte, seintemal auch Christus die Munz des Kaisers gehen ließ und auch selbst braucht, da doch Bilde aufstunden und noch stehen. Doch weil dieß Buchlein ein Rat wissen wir der frommen Leut Gutdunken und Fürschlag nit zu tadeln, zuvor weil sie sich so christlich erbieten, weisen und lehren zu lassen, und umb eins geringen Fehls willen ein solch theuer gut Buchlin nit zu verachten ist. Das haben wir auf Euer churf. G. Schrift und Befehl unterthänigs Fleiß wollen zu Antwort geben, stellen das in euer churf. G. Wohlgefallen und Gnaden zu verschicken oder urtheilen, wie Gott verlethen wird. Datum Mittwoch nach Egydi Anno ꝛc. 25.

Euer churf. G.

unterthänige
Martinus Luther.
Justus Jonas.
Joannes Bugenhagius Pomeranus.
Philippus Melanchthon.

835.

An Bürgermeister und Rath zu Nürnberg, vom 26. September 1525.

(Cirsa's Millenarius IV. in der Vorrede. Seidemann.)

Den Ehrbarn und fürsichtigen Herrn Burgermeister und Rath der löblichen Stadt Nürnberg, meinen günstigen lieben Herren.

Gnad und Fried in Christo. Ehrbare, fürsichtige, weise lieben Herren! Ich füge E. W. klagend zu wissen, wie daß unsern Druckern allhie etliche Sexteru der Postillen, so noch im Druck gelegen, heimlich entzogen und gestohlen sind, wohl über die Hälft des Buchs, und in Euer löbliche Stadt bracht, und mit Eile nachgedruckt, verkauft, ehe denn unsers vollendet, und also mit dem gestückten Buch die Unsern in merklichen Schaden geführt, und ist mir recht, das Hergetlein soll mit dran sein, daran ihn nichts bnügt, nu auch weiter drauf lauren, so sie das ander und übrige kriegen, auch bestellet haben in der Eile nachzudrucken, wie sie zuvor mehr gethan, und uns gar in Boden verderben. Andere Städte droben an

thun thuns nicht, und ob sie es thäten, uns ohn
Schaden wäre, weil ihr Druck nicht herein kommt
und getrieben wird, wie der euren, um der Nähe
willen. Nu haben wir lang genug zugesehen, bis
zuletzt unträglich worden ist, auch bisher der Ursachen
eine gewesen ist, daß ich die Propheten nicht habe
thuren angreifen, daß ich nicht Ursache ihres Verderbens
gebe, und damit also durch Geiz und Neid göttliche
Schrift verhindert und nachbleiben muß; und das
durch Schuld Euer löblichen Stadt Burger; welches
je eine unfreundliche Nachbarschaft ist, so nahe etw
Bier dem andern zu Troz und Schaden ausstecken;
so ist es auch erbärmlich genug, daß ich solche Arbeit,
so mir herzlich sauer wird, und doch gerne thu gemeiner
Christenheit zu Nutze, davon ohn Ruhm zu reden
nichts habe und noch zulegen muß, wiewohl mich je
ein Buch dreierlei oder viererlei Arbeit gesteht, und
soll nicht so viel auch verdienen bei den Leuten, daß
man doch die Drucker mir nicht niederlegte und ver=
derbete. Sie haben gut thun, dürfen nichts drauf
wagen noch arbeiten, habens durch Diebe erlangt, ist
doch das nicht anders, denn als würde es eim auf
der Straßen oder im Haus geraubt, wir Armen
müssens leiden, sind verbannet. Nu ich wäre sein wohl
zufrieden, daß ich durch solche Ursache gedrungen
werde, still zu halten, aber der andern halben rede
ich, und daß die heil. Schrift durch solche Tücke des
Teufels verhindert wird. Zudem, daß man meine
Büchlein gemeiniglich bessert und verderbt in andern
Drucken. Ist derhalben meine gar freundliche Bitte,
E. W. wollte doch hie einen christlichen Dienst thun
und Einsehen auf Eure Drucker haben, daß sie solche
wichtge Bücher den Unsern nicht so zu Schaden nach=
weiden und vorkommen, wollten sie nicht länger
harren, daß sie doch sieben oder acht Wochen harreten,
daß unsere auch das Brod neben ihnen hätten und
nicht so schändlich durch sie um das ihre bracht wer=
den. Wo das nicht helfen will, muß ich durch offent=
liche Schrift solche Räuber und Diebe vermahnen,
und doch gerne wollte, daß ich Eur löbliche Stadt
nicht müßte kennen. Ob sie aber sagen: sie müßten
sich nähren. Ja, ohne des Andern Schaden, und
dazu nicht also, daß man demselbigen stehle und raube,

wie so es von andern gewarten wollen. Ich weiß
auch wohl, daß den Koburgern viel Bücher verlegen,
wie andern Druckern mehr; aber was können wir
dazu? sollten sie, drum so an uns sich rächen, die wir
mit unsern Büchern ihren Schaden nie gesucht haben,
sondern Gott hats so geschickt, daß diese abgiengen
und eingerissen sind, wie es sonst mehr geht in andern Kaufhändeln. E. W. wolle solch mein nöthiges
Schreiben mir zu gut halten und hierinnen schaffen,
was christlicher Liebe und Treue gemäß, wie doch
vorhin, bis auf diese neidische Drucker, geschehen ist,
und solche neue Tücke und unchristl. Fürnehmen nicht
gestatten. Das verdiene ich, wie ich soll. Hiemit
Gott befohlen. Amen. Zu Wittenberg, Dienstags
nach Matthäi. 1525.

Martinus Luther.

836.

An Lange und die übrigen Erfurtischen Prediger.

Betrifft Luthers Gutachten über 28 Artikel wegen Empörung
der Viertel und Zünfte in der Stadt Erfurt Anno 1525.
Donnerst. nach Lamperti.

(Aus Hellus Eoban Hesse und seinen Zeitgenossen, von
Caspar Friedrich Kassius. Gotha, 1797. S. 396.
Dr. Reinhecker.)

Gnade und Friede in Christo. Ehrbare, vorsichtige, liebe Herren! Eure Schrift sammt den Artikeln
habe ich empfangen, und mir nun lieb ist, daß Gott
meine Zukunft zu euch nicht gestattet hat, denn es
das mehrentheils solche ungeschickte Artikel sind, daß
ich wenig Gutes hätte mögen schaffen, oder die Sache
vielleicht ganz ärger gemacht. Es scheint, als seind
sie von denen gemacht, denen zu wohl ist und sich ge-
daucht haben, es sei Niemand im Himmel und Erden, der sich nicht vor ihnen fürchte. Und wo ich
Erfurt Gewaltigen wäre, wollte ich der Artikel keinen lassen gut sein, obgleich etliche gut darinne
wären, sondern müßten wir zur Strafe solcher uner-
hörter Vermessenheit und Frevel aller solcher Artikel
Widerspiel leiden und tragen. Ist doch nichts darinnen gesucht, dann daß ein Jeglicher seinen Nutzen

habe, und seines Willens lebe, das Unterst zu Oberst und alles umbkehre, daß der Rath die Gemeine fürchte und Knecht sei: und Niemand frage (nach ihm), welches wider Gott und Vernunft ist, da sollte mir eine feine Stadt aus werden, daß morgen die Häuser auf einander lägen. Dethalben weiß ich E. W. E. auf die Artikul nichts zu antworten, denn daß man die Gemeine vermahne, sie wollen still sein und solches alles zu bessern E. Erbaren Rathe heimstellen und vertrauen. Helfe daneben bitten, daß er Gnade und Vernunft gebe, solches wohl auszurichten, auf daß die Fürsten nicht verursacht werden durch solch ungeschickt Fürnehmen, und der Stadt Erfurt zusetzen müssen und den Kützel vertreiben. Ist das evangelisch, also mit dem Kopfe hindurch wollen, ohne alle Demuth und Gebet vor Gottes Augen, gerade, als dürfte Erfurt Gottes nicht, oder Gott wäre nicht auch über Erfurt Herre? Ich sehe keinen Artikel, wie man zuvor Gott soll fürchten, suchen, bitten, anrufen und ihm befehlen die Sachen, und daß ich doch etliche rühre: Ist das nicht aufrührerisch, daß die Pfarrherrn wollen selbst Pfarrherrn wählen und entwählen, unangesehen den Rath, als läge dem Rath oder Obrigkeit nichts daran, was sie in der Stadt mächten. Item, daß sie keinen Zins mehr wollen geben, sondern an der Summa abrechnen. Lieber, wann ich jährlich von der Summa zehren wollte, so wollte ich sie wohl bei mir behalten. Was dürft ich sie einem Andern einthun? als wäre ich ein Kind, und ließe einen Andern damit handeln. Wer will seine Summa euch zu Erfurt so befehlen, daß ihr sie ihme jährlich und stücklich herausgebet. Ist doch das zu grob, das zu viel ist. Also auch, daß man den Fürsten Schutzgeld nicht will geben, so geringe achten sie den Frieden und Sicherheit, welches doch mit keinem Gelde mag bezahlet werden. Endlich, ich schicke dieselben Artikul E. W. wieder mit Anzeigung meiner Hand über etliche, der viel ganz weltliche Händel treffend, darinnen mir nicht gebühret zu rechten noch zu richten. Ich kanns auch nicht. E. W. zu Dienstags nach Lamperti Anno 1525.

Martinus Luther.

Verzeichniß der Artikel, so Ich alle Viertel der Stadt Erfurt sampt den Handwerken darin gehörende auf weitere Verbesserung unterredet haben.

Auf den ersten Artikul, der Pfarrer halben, wird vor gut angesehen, daß sie getheilet werden in etliche Pfarren, nach der Gelegniß in der Stadt, und daß eine Gemeine derselbigen ihrer Pfarrer zu ersetzen und zu entsetzen habe, und daß durch dieselbe verordnete Pfarrer das lauter Wort Gottes klärlich vorgetragen werde, ohne allem Zusatz, allerlei menschliche Gebot, Satzungen und Lehren, so die Gewissen betreffende.

Martinus Luther.

Der Rath soll aber die Uebermacht haben, zu wissen, was vor Personen in der Stadt Aempter haben.

Zum Andern, von den unträglichen Zinsen, durch welche wir vernehmen den Wiederkauf oder Wucherzinsen, durch welche wir die Hauptsumma wiederheimet, auch oft zum Ueberfluß gefallen ist, welche Zinse man hinfort an nicht gedenkt mehr zu geben.

Wo aber die Hauptsumma nicht gegeben, soll auf trägliche Zeit der Rest, so nicht bezahlet, vergnügt und entrichtet werden. Auch bitten wir, daß in die Münze und Wechsel gesehen werde.

Martinus Luther.

Awe ja nichts Bessers, man gebe Zinse zu der Summen, darumb, daß so bewahret ist zu Erfurt.

Zum Dritten von Güter-Zinsen da das Freie von gegeben wird, sollen ab sein, also daß der den Güterzins gehabt hat, dieselbigen Hauptpfennige einnehmen solle mit ziemlichen Lehnrecht dieselben zu empfahen, darinnen soll weiter gehandelt werden, nämlich in Freizinsen.

Martinus Luther.

Weiß nicht, was das ist, ists schädlich nach des Raths Erkenntniß, so bitte man demüthiglich, daß es werde abgestellet, wo nicht, daß man geduldig leide und danke Gott, daß man mit Frieden lebe und sich nähre.

Zum Vierten von abgezogenen Gütern einer Gemeine, als Holz, Wasser und dergleichen. Soll einer Gemeine zu gebrauchen wiederumb heimgestellet wer-

den, doch darob eine Uebethand zu ersehen, oder dieselben nichts zu thun.

Martinus Luther.

Das soll nicht sein, sondern die Obrigkeit soll
es anzuthun oder verkaufen zum Nutz gemeiner
Stadt.

Zum Fünften von Testamenten oder Stiftungen
der Altäre. Wie dieselbigen vorhanden seind, sollen
hinfort nicht mehr folgen, nämlich, denen ist geliehen,
sondern den Erben und Erbnehmern, davon sie geflossen seind, wo aber die Erben und Erbnehmer
nicht befunden werden, sollen alsdann solche Stiftungen in einen gemeinen Kasten gelegt werden.

Martinus Luther.

Den Personen, so sie jetzt haben, soll man zuvor
lassen genießen, bis sie absterben, so anders die Person und die Zinse in eines Raths Gewalt stehen,
sonst laß man sie Gott befohlen sein, so ferne die
Erben ganz arm und dürftig seien.

Zum Sechsten, vom Rathe. Daß man habe
einen ewigen Rath, welcher jährlich Rechenschaft gebe
bei den Vormunden von wegen den Vierteln und
Handwerken der Gemeine, welche nicht des Rathes
sein sollen, so ferne es nützlich erkannt wird.

Martinus Luther.

Wo man einem Rath nicht vertrauet, warumb
setzt man einen, und läßt nicht vielmehr keinen sein?

Zum Siebenten. Daß der jetzige Rath Rechenschaft gebe von aller Ausgabe und Einnahme.

Martinus Luther.

Und daß ja der Rath nicht Rath sei, sondern
der Pöbel Alles regieret.

Zum Achten. Item, daß allerlei Kaufmannschaft,
Handlung frei sei einem jeglichen Bürger, der es
vermag.

Martinus Luther.

Auf daß kein Armer vor den Reichen bleiben,
noch sich nähren möge.

Zum Neunten. Item, daß einem jeglichen Bürger frei sei zu brauen, der Haus und Hof hat und
nennbar sei.

Martinus Luther.

An   allein

Zum Zehenten. It. Ein voll Biertel zu geben um sein Geld.

Martinus Luther.

Ist das nicht sonst gewest?

Zum Elften. Item, daß einem Jeglichen frei zugelassen werde, sein Handwerk zu arbeiten, unverhindert durch die Zunft, wer da bürgerliche Pflicht thut, und der sich vor seine Person redlich und ehrbarlich gehalten hat.

Martinus Luther.

Das lasse ich dem Erkenntniß des Raths.

Zum Zwölften. Item, daß allerlei Sachen, so vor einen Ehrbaren Rath gelangt, welches Entscheidung in dem Stadtbuche begriffen ist, soll entricht werden ohn allen Verzug in vierzehn Tagen uff Antragen in eigener Person der Bürger, wo aber alsdann der Bürger zum Antrage seiner Sache nicht geschickt wäre, soll alsdann ein Ehrbarer Rath demselbigen seines Antragens einen aus dem Rathe zuordnen, seine Sache vorzutragen, also weitere Unkost der Bürger vermieden werde.

Martinus Luther.

Der ist auch weltlich, und gehet meinen Unterricht nichts an.

Zum Dreizehenten. Item in die Schreiberei zu sehen, eine Ordnung zu machen, auf daß Niemand übernommen werde, wie bishero geschehen.

Martinus Luther.

Der auch.

Zum vierzehenten. Item Handlung mit dem Hause zu Sachsen umb eine gnädige Nachlassung des Schutzgeldes halben zu haben.

Martinus Luther.

Ja, auf daß Niemand die Stadt Erfurt schätzte, oder daß die Fürsten noch Geld zugeben und dennoch schätzten. Ich möchte gerne wissen, ob Erfurt ein Geld besser anlegt, dann damit sie Schutz und Friede kauft.

Zum Funfzehenten. Item, nachdem die Bürger und Landsassen höchlich mit dem Geleit beschwert, daß hierinnen auch ein gnädiges Einsehen verlangt werde.

Martinus Luther.

Ja Gott gebe, es schade Fürsten und Rathe, daß wir nur unsern Willen haben.

Zum Sechzehenten und Siebzehenten. Item, daß fortan offenbarlich alle Buben und Bubinnen allerlei Standes nicht mehr geduldet werden, noch das gemeine Haus der gemeinen Frauen. Item, es sollen alle diejenigen, die dem Rath und der Gemeine schuldig sein, Retardata oder anders, getreulich eingemahnet werden, er sei wer er wolle.

Martinus Luther.

Die beide gehen wohl.

Zum Achtzehenten. Item, mit ganzem Fleiß bitten und begehren, mit gesampter Landschaft, daß man keinen verpflichteten Bürger noch Landsaffen gefänglich einsetzen soll, sondern einen jeglichen zu seiner Antwort kommen laffen, es sei dann, daß einer am Leib zu strafen sei.

Martinus Luther.

Wo der Rath das vor gut erkennet.

Zum Neunzehenten. Daß auch alle Bürger, so in Erfurt verstrickt, auf redliche Antwort losgezählet werden sollen.

Martinus Luther.

Nach Gefallen des Raths.

Zum Zwanzigsten. Ob auch etliche Bürger in und nach Empörung verweist und ihre Unschuld anzeigen könnten, sollen zu ihrer Antwort gelaffen werden.

Martinus Luther.

Das ist billig.

Zum Einundzwanzigsten. Auch sollen hinfort der Rath keinen Auffatz ohne Wiffen und Willen der ganzen Gemeinde und Landsaffen aufrichten.

Martinus Luther.

Es wäre denn Vonnöthen die Leute zu bezahlen.

Zum Zweiundzwanzigsten. Item, die vor den Thoren bitten ihren gewachsenen Wein in der Vorstadt zu schenken.

Martinus Luther.

Da sehe der Rath ein, welches das Beste ist.

Zum Dreiundzwanzigsten. Item, unsere Bitte ist forderlich darnach zu trachten, damit eine löbliche

Univerſität, wie hiebevor gehalten, aufgerichtet möchte werden.

Martinus Luther.

Der iſt der allerbeſte.

Zum Vierundzwanzigſten. Item, daß Niemand gefähret werde von dieſer Handlung.

Martinus Luther.

Das iſt auch gut, denn viele vielleicht meinens gut, den andern halte man es zu gute und vermahne ſie abzulaſſen von ihrem Vornehmen.

Zum Fünfundzwanzigſten. Item, dieweil alle Auſſätze und Beſchwerungen ſind abgethan, daß ein Ehrbarer Rath wollte Aufſehen haben, daß Fleiſch und Brob möchte ziemliches Kaufs werden.

Martinus Luther.

Das ſoll ſonſt ein Rath thun aus Pflicht und Ampt.

Zum Sechsundzwanzigſten. Item, die frembden Bäcker und Fleiſchhauer mögen 2 Tage feil haben.

Martinus Luther.

Da ſehe der Rath zu.

Zum Siebenundzwanzigſten. Item, alle Güter, die von gemeiner Stadt entzogen und Einen Ehrbar Rath Geſchoß, Zinſen, Frohn und was das iſt, auch mögen zu gemein Stadt kommen, als nämlich Melchendorf, die Hälfte Kiliani wie vor Alters.

Martinus Luther.

Da helfe Gott und der Rath zu.

Zum Achtundzwanzigſten. Item, daß Jedermann mag die Weide gebrauchen, der ein Burge iſt, ſeinem Nächſten ohne Schaden.

Martinus Luther.

Das bleibe bei des Rathes Erkenntnuß.

Martinus Luther beylich angezeigt.

Item, ein Artikul iſt ausgelaſſen, daß Ein Ehrbarer Rath nichts möchte thun, keine Macht habe, Ihme nichts vertrauet werde, ſondern ſitze da wie ein Götze und Zapfen, und laſſe Ihm vorkauen von der Gemeine wie einem Kinde, und regiere alſo mit gebundenen Händen und Füßen, und der Wagen die Pferde führe und die Pferde den Fuhrmann zäumen und treiben, ſo wirds dann fein gehen, nach dem löblichen Vorbilde dieſer Artikul.

837.

An Dorothea Jörger, vom 14. März 1528.

(In v. Hormayr's Taschenbuche 1845. S. 189 f. Seidemann.)

Der Edlen, Tugendreichen Frauen Dorothea Jörgerin zu Tollet, meiner gunstigen Frauen in Christo.

Gnad und Friede in Christo. Ehrbare, tugendsame Frau! Ich sollt euch wohl viel schreiben, darzu mich auch Mgr. Michael oft ermahnet, denn er euer gar oft und aufs Allerbeste gedenkt; so hoffe ich doch, es sei nicht noth, euer Gewissen viel mit mehrern Worten zu meistern, weil Er Michael solches besser und mit mehr Wissen, denn ich, thuet und thun kann. Aber Eines muß ich nicht lassen. Ich merk, er hab euch etwan umb Geld oder Steuer geschrieben, welches mich auf ihn verdreußt, so er doch bei mir wohl haben mag, was ihm noth ist, was ich ihm befohlen hab zu fodern. Noch ist er für mir scheuchsam, daß ichs ihm muß aufdringen, was er bedarf. Darumb ist nicht noth, liebe Frau, daß ihr ihm etwas schickt. Grüßt mir euer beede liebe Söhne sampt eurem ganzen Häuflein. Christus wolle euch alle stärken und behalten in reinem, rechten, beständigen Glauben, Amen. Sonnabends nach Reminiscere 1528.

Martinus Luther.

838.

An den Rath zu Nürnberg, vom 30. Januar 1529.

(In L. Bechstein's deutschem Museum Bd. I. S. 336 f. aus dem Originale. Seidemann.)

Gnad und Friede in Christo. Ehrbarn, fursichtigen, lieben Herren! Es hat mich Johannes Smalz, eur Verwandter, so alhie bei uns im Studio gehalten wird durch E. E., gebeten umb diese Schrift an E. E., nachdem Gott eur lobliche Stadt gnädiglich berathen hat mit seinem heiligen

Evangelio, E. E. zu vermahnen, daß sie treulich dabei halten, und sich fur den ungerechten Geistern fleißiglich behuten wollten. Wiewohl ich nu fast mich versehe, daß Gott, so bei euch solch sein Werk angefangen, auch wohl ohn mich und ohn mein Vermahnen E. E. drinnen behalten und bringen wird, so hab ich doch, genanntes Johanns Smalz Bitten nicht mügen verachten, dazu auch mich nicht enthalten, meinen Willen und sunst E. E. zu erzeigen. Denn ob es fürwahr, als izt in der Welt stehet, mein hohefte Freude ist, zu hören, wie eur Stadt das gottliche Wort rein und fleißig bei sich hat, derohalben auch meine herzliche Bitten ist zu Gott dem Vater aller Elenden, daß er euch sampt allen, so sein liebes Wort haben, wolle durch seinen Geist stärken und bewahren wider alle Rottengeister und, wie man sie billig nennt, tollen Heiligen, so der Teufel izt allenthalben aussendet, auf daß E. E. sampt euern Unterthanen in seinem Wort rein, sittig, fruchtbar und unsträflich erfunden würdet auf seinen Tag und Zukunft, Amen. Bitte auch, E. E. wollen uns helfen dazu thun mit fleißigem Gebet und stetigem Aufsehen, daß wir allesampt einträchtig im Glauben und stille im Friede bleiben mügen. Dazu gebe Christus, unser Herr und Heiland, seinen Segen und Gnade, Amen. Wollet mir solch Schrift günstiglich zu gut halten und E. E. gedachten Johnnn Smalz lassen befohlen sein, als der sich furwahr redlich stellt und durch Gotts Gnade ein theurer Mann werden soll zu Trost und Besserung vieler Leute, Amen. Gotts Gnade sei E. E. zum seligen Regiment, Amen. Zu Wittemberg Sonnabends nach S. Pauli Bekehrung 1529.

Martinus Luther.

839.

An den Kurfürsten Johannes, Sonnabend nach Epiphania 1529.

Die Unterbrechung der Kirchenvisitation betreffend.
(Das Original befindet sich im Weimar'schen Gesammtarchiv,

ein Abdruck in der Sammlung Spalatinischer Briefe von
Neudecker und Preller.)

Dem Durchlauchtigsten Hochgebornen Fur=
sten und Herrn Johannsen, Herzogen
zu Sachsen ꝛc.

Durchleuchtiglster Hochgeborner Furst! Euren
Churfürstlichen Gnaden sind unser schuldige Dienst
in unterthänigem Gehorsam mit Willen zuvorn.
Gnädigster Herr! Weil wir in Aberichtung Euer
Churf. G. befohlenen seligen Werks der Visitation
zu Schweynitz gewesen und gein Hertzberg ziehen
wollen, sind Euer Churf. Gnaden Befehl an uns
Hans Metsch und Hans von Taubenheim haltend
einkommen, daß wir Markgraf Georgen, unsern
gnädigen Herrn, an der Gränz annehmen und von
einer Herberg zur andern durch E. Chf. G. Lande,
wo sein Furstl. Gnade durchziehen würde, geleiten
sollen. Daran uns allen ein Vorhinderung an un=
serm Furhaben begegnet, daß wir abziehen und
denjenigen, welchen wir beschieden, abkundigen ha=
ben müssen. Dann uns hat kein Mittel fürstehn
wollen, dardurch wir getheilt beiderlei Befehl hät=
ten zugleich außrichten konnen. Und thut uns doch
die allerhöchste Rothdurft der Bestellung des Gotts=
diensts und der Seelsorg Armuths bis zu erbarm=
lichen Mitleiden aus Besindung fährlicher Unrichti=
keit vormahnen, mit der Forderung des Werks aufs
Fleißigist anzuhalten. Und mogen E. Chf. G. un=
terthäniger Meinung anzeigen, daß wir halten,
glauben und wissen, daß E. Chf. G. kein besser
Werk dann die Visitation haben befehlen konnen, so
ist auch nichts, das uns ob solcher Arbeit beschwe=
ren mag. Und nachdem wir sehen, daß es durch
alle Listen des Feinds zu vorhindern unterstanden
wirdet, so ist an E. Chf. G. unser gantz unterthä=
nige fleißige Suchung und Bitt, Euer Churf. G.
wollen uns, wo uns die in dem Werk sein vormerken,
und durch einigen Weg andere ihrs Geschäft sunst
durch andere Personen zu bestellen wissen, uns bei
einander unabgesondert bleiben lassen. Denn wo
ein Weg zugelassen, daß wir getrennt, besorgen

wir eine Ursach über die andere und so viel einzu=
fallen, daß wir in langer Zeit nicht wieder darzu
kommen mochten. Also würden viel Seelen vor=
säumpt, den wir hoffen vormittelst göttlicher Gnade
zu rathen. E. Churf. G. wollen dieß unser Schrei=
ben gnädiglich und zum Besten vormerken. Das
sind umb E. Chf. G. wir in aller Unterthänikeit
zu vordienen schuldig. Datum Schweynitz am Sonn=
abend nach Epiphania Dei, Anno eiusdem 1529.
E. Churf. G.
unterthänige gehorsame
Martinus Luther, Doctor.
Hans Metzsch.
Benedictus Pauli und
Hans von Taubenheym.

840.

An den Landgrafen Philipp von Hessen, v. 8. Juli 1529.

Luther und Melanchthon sagen zu, daß sie nach Marburg kommen wollen.

(Aus Johann Philipp Kuchenbecker Analecta Hassi-
aca. Collectio X. Marburg 1736. S. 406. Dr. Neubecker.)

Dem Durchleuchtigen Hochgebornen Für=
sten und Herrn, Herren Philipps,
Landgrafen zu Hessen, Grafen zu Ka=
tzenelnbogen, Ziegenhayn, Dietz und
Nidda, meinem gnädigen Herrn.

Gnad und Friede in Christo. Durchleuchti=
ger Hochgeborner Fürst, gnädiger Herr! Daß E.
F. G. unser beider Schrift empfangen und darauf
fürder bestehet, daß wir gen Marburg kommen sol=
len, guter Hoffnung, es solle Einträchtigkeit daraus
folgen, so wollen wir auch gerne und geneigtes
Willens das Unser dazu thun, und nach Gottes
Gnaden auf bedeute Zeit, so wir gesund und leben,
zu Marburg erscheinen. Der Vater aller Barm=
herzigkeit und Einigkeit gebe seinen Geist, daß wir

ja nicht umsonst, sondern zu Nutz und nicht zu Schaden zusammen kommen. Amen. Christus sei E.
F. G. Regierer und Leiter. Amen. VIII. Julii
1529.

E. F. G.
unterthänige
Martinus Luther.
Philippus Melanchthon.

841.

An den Kurfürsten Johann von Sachsen, Vigil. Sext. Aug. 1529.

Luther widerräth gegen den Kaiser zu Felde zu ziehen.
(Nach dem Original im Casseler Regierungs-Archiv abgedruckt in Dr. Nendeckers Urkunden aus der Reformationszeit, Cassel 1836. S. 114 ff.)

Dem durchleuchtigsten Herzog, hochgebor-
nen Fürsten und Herrn, Herrn Johanns,
Herzogen in Sachsen und Kurfürsten,
Landgrafen in Thüringen und Mark-
grafen zu Meissen, meinem gnädigsten
Herren.

Gnad und Fried in Christo. Durchleuchtigster
hochgeborner Furst, gnädigster Herr! Nachdem wir
E. K. F. G. haben zu erkennen geben, was E. G.
der Landgrafe an E. K. F. G. geschrieben hat und
S. F. G. leiden mocht, daß E. K. F. G. mein Gedenken drinnen hören. Daruff E. K. F. G. begehren, daß ich mein Bedenken schriftlich anzeige.
So ist zum Ersten das mein Rath, daß E. K.
F. G. sampt andern Fürsten und Städten, so eins
unzertrennten Glaubens sind, sollten dem Kaiser ein
unterthänigs Antwort geben und mit aller Demüth
umb Frieden bitten, seiner K. M. ansehen; wie ich
denn höre, daß die Räthe darumb zu Nürnberg
in Kurz zusammen kommen sollen; denn es sind
itzt die Mandat, darauf sich des Kaisers Antwort
referirt oder zieht (welche er der Botschaft gegeben), noch nicht ausgangen. Und derweil (wie die

Schrift sagt) des Königs Herze in Gottes Handen stehet; ists wohl muglich, daß sich des Kaisers Rath durch Gottes Gnade, seit der Zeit der Botschaft bei Ihrer Mjt. gewest, geändert habe und S. K. M. so schwinde nicht fahren werde. Und wer weiß, ob solches alles bisher und noch geschehen, Gott darumb also wunderlich hindere und kehre, daß er unsern Glauben versuche? Sollte nu dem Kaiser ein solch Antwort gegeben werden, die da herbe und für trotzig mocht angesehen werden, sollt wohl ein ärger Verlust dadurch erregt werden, der sonst wohl nachbliebe. So gebührt uns auch für Gott gegen den Kaiser als unser Oberkeit mit Demuth, so viel immer müglich, zu handeln und nicht sobalde zu trotzen, denn es steht in Gottes Willen und Gebot da, ihr sollt den Konig ehren. 1. Petr. 2.

Zum Anderen: Wenn gleich der Kaiser des Gemuthes wäre, daß er mit Gewalt wider das Evangelium fahren wollt, ohn Concilio und ohnverhört, so mag man dennoch nicht mit gutem Gewissen zu Felde ziehen. Gott gebe, der Kaiser gebe weder ungnädige, oder gar keine Antwort. Ursach ist erstlich, daß solchs unbillig und auch wider natürlich Recht ist. Denn zu Felde ziehen und sich zur Wehre stellen, soll nicht geschehen, es sei denn thätliche Gewalt oder unmeidliche Noth furhanden. Solchs aber Zufurausziehen und Sichwehrenwollen wird nicht für Nothwehre, sondern für Reizung und Trotzen angesehen, wider die, so noch still sitzen und nichts gethan haben. Nu ist ja offenbar, daß K. Mjt. noch keine mandata hat wider diese Fursten lassen ausgehen, und ob sie schon ausgangen wären, oder ausgehen werden, wäre darumb noch nicht die Acht gangen. Zwischen solchem aber allen kann viel Wassers verlaufen, und Gott wohl viel Mittel finden, vielleicht auch durch ihres Theil, nach Frieden lassen handeln. Darumb wenn gleich der Kaiser ein kleiner Fürst wäre, kunnt man aus obgenannter Ursache keinen Krieg anfahen, noch zu Felde ziehen. Und ob ihr wollt gedacht werden, man sollt wohl Gott vertrauen, aber doch, daß man die Mittel, so man bei Zeit haben kann, nicht veracht, auf daß man Gott auch nicht versuche; das ist alles wahr, aber man muß solche Mittel nicht selbs erdenken, sondern leiden und warten, daß so Gott darstelle und alsdann derselbigen nicht lassen fahren und unserm Dunkel folgen, und auch, daß es solche Mittel seien, die mit Gott und nicht wider Gott gebraucht mugen werden. Sonst wo man so ängstlich nach Mitteln tracht, ist gewißlich dem Vertrauen zu Gott zu nahe. Denn also mochten die Juden vor Zeiten auch gesagt haben, da sie Bündniß mit den fremden Königen machten und fürgaben, sie vertraueten Gott, aber sie suchten Mittel durch solch Bündniß, demnach wurden sie hart darumb gestraft. Nu wäre Zufeldziehen ein ersucht und noch zur Zeit unnöthig und fern Mittel. Item, der Kaiser ist ja dieser Fürsten Herr und Oberkeit. Nu wollt freilich keiner, daß seine Unterthanen sich dermassen, sofern ihme wäre untergeben, stelleten, wie hiermit gegen den Kaiser geschieht, und werde eigentlich ein aufrührisch und ungehorsam Stuck sein. Darumb ist zu rathen, daß man den Fleiß, so man hat zu suchen Mittel der Gegenwehre, anlegt, wie man Mittel finde, zuvor alle Demuth und Unterthänigkeit gegen K. Mt. So wird Gott Gnade geben (sonderlich, so die Fürsten und wir ihn darumb mit rechtem Ernst bitten werden) und unser Sorgen wohl Rath finden, wie er uns verheißet und nicht treugt Pf. 55.: Wirf dein Anliegen auf Gott. Er wird dich versorgen. 1. Petr. 5.: Er widersteht den Hoffärtigen und gibt den Demuthigen seine Gnade.

Zum Anderen, so wäre es auch ein vergeblich Mittel, ja auch fährlich und schädlich. Denn ich setz es, man wäre schon zu Felde in der Gegenwehre. Wie wenn also denn der Kaiser sitzt oder bleibe außen und ließt uns wohl auszehren in Felde und der Gegenwehre müde werden? Was hätten wir damit erworben, denn unüberwindlichen Schaden, dazu aller Welt billige Ungunst und Widerwillen? Und damit der Kaiser allererst recht erzürnt und gleich alle hohe Ursach gegeben, sich zur Nothrache zu begeben mit Anrufung des Reichs. Da werde man denn wohl Schreiber finden, die unser Sachen zum Unglimpf, zum Aergerniß, zum Schmach dem Evangelio, zur Abgunst sollen ausputzen, widerumb des Kaisers Sachen also schminken, daß er eitel Engel und wir eitel Teufel sein mussen.

Zum Dritten wäre es dem Gegentheil und Fürsten, so im Reich sind, zu nahe, so man als bald auf sie und ihre arme Unterthanen zugreifen sollt von des Kaisers wegen. Denn ich höre, daß dem Kaiser geschrieben worden sei, die Stände des Reichs eines Frieden zu vertrosten. Und so daruber auf sie angegriffen sollt werden, werde beide Gott und Welt abermal hochlich erzürnet und wir billig verdampt. Und solchs alles kunnten sie denn zu ihrer Unschuld billig und aufs Schonst darthun, uns in allen Unglimpf und Schande zu störzen.

Derhalben ist meine Gedenken, daß das Fürnehmen, ins Feld zu ziehen wegbleibe, es komm denn noch ander Roth und Sachen, und dieweil mit der besten Weise man immer kann K. M. bitten umb Friede mit aller Unterthänigkeit. Das ist mein getreu Wohlmeinung, bitte, E. K. F. G. wolls in Gnaden vernehmen. Hiemit Gott befohlen, Amen. Vigilia Sext. Aug. 1529.

E. K. F. G.

unterthäniger

Martinus Luther.

842.

An den Kurfürsten Johannes, Freitags nach Luciä 1529.

Bericht über den Fortgang der Kirchenvisitation.
(Das Original befindet sich im Weimar'schen Gesammtarchiv, doch ohne Aufschrift; ein Abdruck in der Spalatin'schen Briefsammlung von Neudecker und Preller.)

Durchleuchtigister Hochgeborner Fürst und Herr! Eueren Churf. Gnaden sind unser gehorsam vorpflicht Dienst allzeit mit Fleiß zuvor. Gnädigster Herr! Eueren Chf. G. geben wir unterthäniglich zu erkennen, daß die Kreis und Ampt zu Sachsen

und Ortlandes Meißen, als nämlich Wittemberg, Seyde, Sweynitz, Schlieben, Liebenwerda, Torgau, Leyßnik, Colditz und Grimma uff E. Ch. G. Befehl mit der Visitation durch göttlich Hulf ausgericht, also daß noch Eylemburg, Bitterfelt und Beltitz hinterstellig, die wir Willens waren, gleich den andern auch zu visitiren, sind aber zur selben Zeit durch zufällig Krankheit Bastian von Kolterisch, und weil Hans von Taubenheim, desgleichen Doctor Benedictus Pauli dazumal mit andern Geschäften beladen, zuvorfahrn daran verhindert worden. Weil aber von vielen gemeldter dreier Kreis und sunderlich Beltitz täglich bei uns Anregung durch Schrift und mündlich geschicht, die Visitation furzunehmen, bitten wir E. Ch. G. in hoher Demuth, wo . . .
. . legen wollte wiederumb .etlich Personen . . . . .
ehrlich Hans von Taubenheim dazu . . . . gedachte übrige Kreis uffs Forderlichste mochten visitirt und die Registration E. Ch. G. samptlich zugestellt werben, mit angesehen die große Noth, die solch Werk erfordern thut. Das wollen wir umb dieselb E. Ch. G. in unterthänigem Gehorsam allzeit geflissen sein zu verdienen. Datum Wittemberg Freitags nach Luciä Anno Dei 1529.
     E. Ch. G.
       unterthänige gehorsame
         Martinus Luther Eccleßast. und
         Justus Jonas, Probst zu Wittenberg, beide der h. Schrift
         Doctores.

843.

An den Landgrafen Philipp von Hessen, vom 11. Sept. 1530.

(Das Original befindet sich im Kasseler Regierungsarchiv, ein Abdruck in Neudeckers Urkunden aus der Reformationszeit. Kassel 1836. S. 158.)

Dem Durchleuchtigen, Hoch ebornen Fürsten und   Land=

grafen zu Hessen, Grafen zu Katzeneln=
bogen, zu Ziegenhain, Dietz und Nidda,
meinem gnädigen Herrn.

Gnad und Friede in Christo. Durchleuchtiger
Hochgeborner Fürst, gnädiger Herr! Ich hab E.
F. G. Schrift sampt der zugesandten Copey em=
pfangen, und auf E. F. G. Begehr gebe ich hie=
mit meine Meinung unterthänig E. F. G. zu ver=
stehen, daß ich nu bei dreimal gen Augsburg den
Unsern darumb geschrieben, denn sie meinen Rath
auch gefodert. Darauf sie mir endlich die Antwort
zugeschrieben, daß die Handlung ein Ende habe,
sei aber dieser angezeigten Stück also zugangen, daß
sie wohl furgeschlagen sind, aber nicht angenommen
von den Unsern und dazu ihres Theil nach mehr
hat wollen haben. Und da Gott für sei, wo sie
von den Unsern wären angenommen, so wäre da=
mit der Streit von neu wieder angefangen, denn
ich hatte es nicht leiden mügen, dem Teufel so weit
einzuräumen, daß wir jenes Theil sollten loben und
uns selbs verdammen. Darumb sei E. F. G. ohn
Sorge. Meinethalben (wills Gott) soll mir in
dieser Sach nichts vergeben werden. Also stehet
nun die Sach aufs Kaisers Vortheil, daß man war=
tet, wie ich mich versehe, daß je das E. F. G.
auch sei zugeschrieben. Ich dank aber Gott, daß er
E. F. G. so beständig erhalten hat und bitte, daß
er E. F. G. erhalte und stärke bis an seinen Tag.
Amen. Und danke auch herzlich E. F. G. gnädigen
und tröstlichen Erbieten, daß sie mich anzunehmen
so willig sind. Es erschreckt mich zuerst E. F. G.
Abschied von Augspurg, aber nu bin ichs gleich von
Herzen froh, daß E. F. G. davon ist kommen. Ich
hab auch das ausgericht, so mir E. F. G. in der
nächsten Schrift vor dieser angezeigt hat *). Der
Bote mußte eilen; und kunnt nicht für nach kommen,
sonst hätte ich dazumal E. F. G. auch geantwortet.
Der Vater aller Gnaden und Barmherzigkeit behüte

*) Luther meint das, was der Landgraf an ihn geschrieben
hatte. Dieser Brief des Landgrafen steht in Neudeckers
Urkunden aus der Reformationszeit. Cassel 1836. S. 153.

und bewahre E. F. G. in Christo unserm (Herrn) *),
Amen. Ex Eremo XI. Septembris 1530.

E. F. G.

williger

Martinus Luther.

844.

An Dorothea Jörger, vom 1. Januar 1533.

(v. Hormayr's Taschenbuch 1845. S. 190. f. Seidemann.)

Der Edlen, tugendreichen Frauen Dorothea Jörgerin, Wittwe zu Keppach, meiner günstigen guten Freundin.

Gnad und Fried in Christo. Edle tugendreiche
Frau! Wie Ihr mir nächstmals und dasselb zum
andernmal habt geschrieben der 500 FL halber, so
Ihr zu Gottes Ehren beigelegt, laß ich Euch wissen,
daß ichs auf Euer erste Schrift durch gewisse treue
Leut aus Nürnberg zu Linz hab lassen fodern und
zu mehrerm Glauben dazu Euer Handschrift mitge-
schickt. Was aber dazwischen kommen ist, weiß ich
nicht. Man hat ihnen zu Linz nichts von Geld noch
Gold zu sagen wissen. Haben wir also Euer Schrift
vergebens wieder hineingeschickt, [?] oder gen Nürnberg dem Stadtsyndico Mgr. Lazarus Spengler, von
dem habe ichs gewiß, entweder da zu Nürnberg, oder
anderswo anzulegen; denn mein Gutdünken ist, daß
mans nicht einzeln vertheile, sondern jährlich, und
etwa damit zwo Personen hülfe und in der Theologia studiren befelch. Aber das Alles nach Eurem
Wohlgefallen. Hiemit Gott befohlen, Amen. Am
neuen Jahrstag 1533.

Schick Euch hiebei ein Rotel oder Form, wie
Mgr. Michael Stiefel bericht, das Ihr begehren
sollet. Wollet dasselb für gut nehmen.

Euer williger

D. Martinus Luther.

---

*) Dieses Wort fehlt in der Handschrift, offenbar von Lu-
ther in der Eile des Schreibens vergessen.

845.

Teſtamentsformel.

(In v. Hormayr's Taſchenbuche 1845. S. 185—188.
Geldemann.)

Ein Rotel zur Form eines chriſtlichen Teſta=
ments für die edle Frau Dorothea Jör=
gerin Wittwe.

Im Namen unſers lieben Herren Jeſu Chriſti,
Amen. Ich Dorothea Jörgerin, Herren Wolfgangs
Jörger, Ritters ſeligen, nachgelaſſne Wittwe, ſetze
und ſtelle mein Teſtament oder letzten Willen, zum
Bekenntniß meines Glaubens und zum Zeugniß mei=
nes Lebens auf Maße und Weis, wie folget:
Erſtlich bekenne ich, darauf ich auch (mit Gottes
Hülfe und Gnaden) bleiben will, daß ich glaube an
Gott den Vater, Schöpfer Himmels und der Erden,
und an Jeſum ꝛc. usque in finem. Durch dieſen
Glauben hat mich mein lieber Herr Jeſus Chriſtus
gnädiglich gelehrt, daß ich weiß, wie ich allein durch
ſein Blut und Tod von Sünden, Tod und Höll er=
löſet bin, und nicht durch meine Werk oder Verdienſt
die geringſten Sünden hab (nicht) können bezahlen,
ſondern je mehr ich gethan habe, Sünde oder Ablaß
zu löſen, je höher ich Gott erzürnet und ſeinen Sohn
veracht habe. Und iſt mir leid, daß ich ſo lang und
tief in eigener Werk Gerechtigkeit und andern Sün=
den und Läſterungen meines Herren Jeſu Chriſti
gelegen bin verblendt und verführt, aber bin doch
froh und dank ihm von Herzengrund in Ewigkeit,
daß er mich aus ſo vielen großen Irrthum, darin
ich geſteckt bin, erlöſet und erleichtert hat, und noch
täglich behütet für den falſchen Rotten und Geiſtern.
Und auf ſolchen Glauben und Erkenntniß hab ich
von ihm empfangen zu Wahrzeichen und Verſicherung
ſolcher Vergebung der Sünden und Erlöſung von
dem Tod die zwei Siegel oder Gemahlſchatz der
Taufe in meiner Kindheit, und mehr das Heilige
Sacrament ſeines Leibs und Bluts, damit ich gewiß
worden bin und nicht zweifeln muß, er ſei mein
gnädiger Gott und ich vor ihm in Gnaden durch

seinen lieben Sohn, unsern Herren, und nicht durch
mein Verdienst noch gute Werk, dann ich der Wie=
dertäufer und Schwärmer Lästerung wider diese zwei
heilige Sacrament von Herzen und mit Ernst ver=
werfe und ihnen entsage, sammt allem Irrthume,
der wider diesen meinen Glauben strebet, je ge=
strebt oder noch streben mag, denn solcher Glaube
ist aller Heiligen und der ganzen Christenheit Glaube,
und also glaube ich mit ihnen, und sie (mit) mir,
und sind alle durch denselben Glauben heilig und selig
worden mit mir, und ich mit ihnen, und ist kein an=
der Namen noch Glaube, darin man kunnt heilig und
selig werden, sondern außer diesem Glauben ist Alles
Sünd und verdammt, es heißt und gleißt wie hei=
lig es wölle. In diesem Glauben befelch ich meine
Seele und Geist in die Hände meines Herren Jesu
Christi, und bitte mit Herzen, daß er mich darin
stärke und erhalte fest und unbefleckt bis auf seinen
Tag, denn solch Bekenntniß will ich hinter mir lassen
und darauf will ich von diesem Jammerthal scheiden
und mein Ende beschließen, deß helf mir mein Herr
und Heiland Jesus Christus mit dem Vater und
Heiligen Geist, gelobt und gebenedeiet ein einiger
Gott in Ewigkeit, Amen.

Zum Andern befelch, lasse und schaff ich, soviel
meinem mütterlichen Amt gebührt, meinen lieben Kin=
dern dasselbige Evangelium und Glauben, damit uns
Gott jetzt gnädiglich und reichlich begabet, und bitte
und ermahne sie aus aller mütterlichen Treue (damit
ich sie auch gern als meine geistliche Kinder meinem
Gott überantworten möcht), sie wöllten ihn für allen
Dingen, das Reich Gottes und seine Gerechtigkeit
suchen, fest bei dem Evangelio bleiben und halten,
dasselbig födern und mehren von ganzem Herzen,
beides unter sich selbst und bei ihren Leutlein und
wo sie können, und sich hüten, daß ihnen der Mam=
mon nicht lieber sei, denn das theure heilige Blut
Christi nicht theilhaftig sein und genießen, denn es
ist doch alles für Gott ewiglich verflucht und verma=
ledeiet, was des Segens beraubt ist, den das Blut
Christi über uns sprengt durch sein heiliges Evan=
gelium.

und befilch ihnen mütterlicher Pflicht nach, daß sie
fest halten wollen an der brüderlichen Liebe und Einigs
keit, und Eines sich gegen das Ander zu Unwillen,
Zwietracht oder Ungunst (nicht) bewegen lasse, son=
dern ob sich Ursach zur Unlust erhöbe mit Worten oder
Werken, dieselbe durch die Liebe und Geduld schwei=
gen und überwinden, denn Gott, der nicht leuget,
spricht selber, daß brüderliche Liebe und Einigkeit
der größte Schatz auf Erden sei und er wölle Glück
und Heil daselbst geben, wie er verheißt Psalm 133.
Denn so groß ist kein Gut noch Reichthum, daß
nicht endlich zerrinnen muß, wo die Brüder uneins
sind, wie Christus auch selbst sagt, daß ein Königs
reich zu Grund gehet, wenn es unter sich selbst un=
eins ist. Wiederum ist das Gütlein so gering nicht,
wo man einträchtig dabei lebt, es muß wachsen und
gemehret werden. Ist alles die Ursach, daß Gott
verheißt in obbenanntem Psalm Segen, Glück und
Heil, wo Brüder einig leben. Das thut und
hält er auch. Wiederum eitel Fluch, Unglück und
Verderben gibt er, wo man uneinig, hoffärtig und
stolz unter einander lebt.

Zum Vierten, wiewohl meine lieben Töchter sich
bewilligt haben gegen meine lieben Söhne mütterli=
cher Güter halben, aber weil ich beim Leben dersel=
ben mächtig bin zu ordiniren, so ist mein Will und
Meinung (künftiger Ursachen zur Ungeduld oder Un=
einigkeit zuvorkommen, so viel mir möglich), daß
dieselbigen mütterlichen Güter gleich getheilet werden.

Doctor Martinus Handschrift.

846.

An Ungenannte, vom Karfreitag 1533.

Luther beantwortet die Frage, ob man mit gutem Gewissen
Eine Gestalt des Sacraments empfangen könne, unter dem
Scheine, als habe man beide Gestalten empfangen.

(Nach einer Abschrift in der Kreis= und Stadtbibliothek zu
Augsburg. Grelff.)

Gnad und Fried in Christo, der bei euch leiden

und sterben soll und gewißlich auferstehen wird. Ich hab vernommen, liebe Freund, wie Etlich unter euch seind, die lassen fragen, ob sich auch mit gutem Gewissen gezieme, Ein Gestalt des Sacraments zu empfachen, unter dem Schein, als hätten sie es unter beeder Gestalt empfangen, damit ein Obrigkeit möcht zufrieden gestellt werden. Dieweil ich aber euer keinen nit kenn, noch weiß, wie euer Herz und Gewissen stahn, ist das mein best Gedunk: Wer das bericht ist und in seinem Gewissen von Gottes Wort und Ordnung hält, daß beeder Gestalt gut sei, auch recht, der soll ja bei Leib und Seel nichts wider solichs sein Gewissen, das ist, wider Gott selbst handeln. Nun aber Herzog Jörg sich untersteht, die Heimlichkeit der Gewissen zu erforschen, wäre es wohl ....., daß man ihn betrüge als ein Teufelsapostel, wie man immermehr thun künnt; dann er hat solicher Forderung weder Recht noch Fug, und sündigt wider Gott und den Heiligen Geist. Aber dieweil wir nit müssen gedenken, was ander bös Leut thun, es seien Mörder oder Rauber, sunder was uns zu leiden und zu thun gebühret, so will hie in diesem Fall das Best sein, daß man trutzlich dem Mörder oder Rauber unter die Augen sage: Das will ich nit thun; nimpst du mir aber darumb mein Gut und Leib, so hast du es auch Andern als mir genommen, denen du es theur bezahlen mußt, wie Petrus saget: Jesus Christus paratus est judicare vivos et mortuos. Darumb fahr hin, lieber Rauber, was du willt, das will ich nit; was ich aber will, das wird Gott auch einmal wöllen, das sollt du erfahren. Dann man muß also den Teufel das Kreuz ins Angesicht schlagen, und ihme nit viel pfeifen noch hofiren, so weiß er nit, mit wem er umbgaht. Christus, unser Herr, der stärke euch und isei mit euch, Amen. Datum Wittenberg am Karfreitag im 1533. Jahr.

Doctor Martinus Luther.

———————

847.

An Hans Honold in Augsburg, die S. Praxedis 1533.

Rath in Betreff der Erlangung des Sacraments nach evangelischer Weise.

(Nach einer Copie in der Kreis- und Stadtbibliothek zu Augsburg. Greiff.)

Dem Ehrbarn, Fürsichtigen Herrn Hans Hanold zu Augspurg, meinem günstigen Herrn und guten Freund.

Gnad und Fried in Christo. Ehrbar, fürsichtiger, lieber Herr und Freund! Ich danke euch fleißig für eure treue Sorge, so ihr meines Haupts halben und mir darfür Arznei bestellet habt, darzu auch das Recept mitgetheilt. Es ist je wahr, daß ich nit gemeint hätte, solche Stäupe zu überwinden, sondern des Lebens mich schon verziegen hätte; so gar hart war der Schwindel, daß ichs nicht allein der natürlichen Unkraft, sonder auch dem Teufel und seinen Pfeilen Schuld geb, und wollte mich gar davon gemacht haben. Aber Gotts Macht ist in mir uber mein Dünken stark gewest, und seiner Weis nach, aus Todten Lebendige zu machen, mich auch wiederumb erquickt durch euer und aller Brüder Gebet. Unser Aerzt meinen, wo ich den Fluß im linken Bein, so bisher gewest, offen behalten künnt (darin sie arbeiten), so solle dem Haupt Losung geben. Das glaub ich, doch muß ich mich des Erzmörders Pfeile dennoch daneben auch versehen. Davon gnug.

Es hat mir Caspar Huber geschrieben umb Rath, ob man nit möcht (weil die Begler, so lang verzogen, fast groß ist) das Sacrament geben und nehmen in Häusern, weil mans öffentlich nit kriegen kann, sonderlich so, daß die reichen, so da lehren oder im Ampt zuvor gewest seind. Wahrlich ich besorg hierin allein, daß, weil die Zwinglischen gar regieren bei euch, und die Papisten lauren, es möcht eine Unlust draus kommen, die wir jetzt nit sehen, und weil die Noth solchs anzufahen nicht fodert, noch je solche sonderliche Communion anzurichten gezwungen seid. Es möchte hernach euer Gewissen angefochten und betrübt werden, solchs Fürnehmens halben; denn es gehören starke, müthige Christen dazu, solchs anzufahen. Ich möcht aber, wo es sein kunnt, ob etwa ein Städtlin oder Dörflin in der Nahe wäre, da man unser Sacrament reichet, daß ihrs daselbst holet; wo das nicht, und ihrs wagen wollet, so wäre das mein Rath, ihr zeigts vor dem Rath und ihren Predigern an, daß ihrs fürhättet in Häusern zu geben und nehmen. Da würde sichs dann finden, was sie leiden und ihr thun künntet. Das wäre besser, denn daß ihrs unangesagt zuvor anfinget und hernach allererst müsset gewarten, was sie leiden oder ihr thun künntet. Denn wo ihrs erhalten künnet, daß sie es leiden wollen, so seid ihr deß sicherer und frei solchs zu thun; wöllen sie es aber nit leiden, so habt ihr schon bereits euren Glauben bekannt und ihre Ungunst am Hals, und wird der Kampf eben so groß sein, ehe ihrs thut, als er wäre, nachdem ihrs gethon hättet, und seid indeß sicher, weil ihrs begehrt offentlich und bekannt habt, welchs alles besser ist, dann daß ihrs, ohn zuvor angezeigt, hinter ihrem Wissen und wider ihren Willen furnehmet. Indeß, so ihr also thut, wird sich die Sache selbs schicken, und Gott etwas anders wirken, so wir fleißig bitten. Hiemit Gott befohlen. Amen. Die S. Praxedis 1533.

D. Martinus Luther.

848.

An die Kirchendiener zu Augsburg, v. 20. Jul. 1535.

Luther drückt seine Freude aus über die endlich erreichte Einigkeit in der Lehre.

(Nach einer Copie in der Kreis- und Stadtbibliothek zu Augsburg. Grelff.)

Den Ehrwürdigen Männern im Herrn und
geliebten Brüdern, den aufrichtigen und
getreuen Dienern der Kirchen zu Aug=
spurg.

Gnad und Fried in Christo. Mit was großer
Freud, allerliebste Brüder, ich euren Brief entpfan=
gen habe, ist mir lieber, ihr vernehmpts aus dem
lebendigen Brief, welcher ist euer D. Geryon und
Caspar Hueber, denn aus diesen schriftlichen und tob=
ten Buchstaben. Denn mir in diesem ganzen Lauf
unsers Evangelions nichts Fröhlichers begegnet ist;
denn doch zuletzt nach diesem leidigen Zank und
Spaltung ein lautere Einigkeit unter uns zu ver=
schaffen, ja auch sehen. Dann also zeuget uns D.
Geryon, also lautet und bringet euer Schreiben, daß
mir meine Wunde, das ist, der Argwohn dadurch
geheilet ist, auch also, daß mir gar kein Mase oder
Maalzeichen uberblieben ist. Deshalben bitt ich euch
umb Christi willen, welcher dieß sein Werk in uns
angefangen hat, wollet in dieser Frucht des Geistes
fortfahren und verharren, und umbfahet uns mit den
Armen und Herzen der lautern Liebe, wie wir euch
umbfahen und aufnehmen in den Schooß des lautern
Glaubens und Einigkeit. Beredt euch auch das festig=
lich, daß uns von euch nichts möge auferlegt werden,
das wir zu der Bestätigung dieser Einigkeit nit wer=
den auch mit Freuden thun, ja noch, wo es vonnö=
then, alles leiden; dann ich, so diese Einigkeit be=
stätiget wird, fröhlich und mit weinenden Augen
süßiglich singen will: Nun läßt du, Herr, deinen
Diener im Frieden abscheiden, denn ich nach mir
lassen will der Kirchen den Fried, das ist, die Ehre
Gottes, ein Pein und Leiden des Teufels und ein
Rach aller Feind und Widerwärtigen. Christus re=
giere und vollführ auch in diesem Sinn und Grund,
damit meine Freud vollenkommen werde, und ich
nach so viel Kreuzes und Aengsten doch ein sellge
Stund habe von hinnen zu scheiden, Amen. Bittet
für mich, wie ich für euch. 1535. 20. Julii.

Marthaus Luther, Doctor

849.

An Martin Bucer, an Unser Frauen Verkündigung 1536.

(Nach einer Copie in der Kreis- und Stadtbibliothek zu Augsburg. Greiff.)

Dem Ehrwürdigen in Christo Herrn Martin Bußer, dem getreuen Diener Christi, seinem allerliebsten Bruder.

Gnad und Fried in Christo. Ich muß kurz schreiben, mein Bußer; dann ich bin diese 14 Tag mit unleidenlichen Schmerzen krank gelegen an der linken Hüft, bin kaum ein wenig wieder zu mir selber kommen. Unser Meinung stehet also von unserm Zusammenkommen. Unser Furst hat uns ein Ort bestimpt zu Isnach an der heffischen Grenz 28 Meil von Wittenberg, da Justus Menius Bischoff ist. Die gelegene Zeit deucht mich sein vier Wochen nach Ostern; darumb unterrede dich derhalben mit den Deinen und antwort wieder drauf. Wo aber der dritt Sonntag oder ein ander euch gefälliger wär, mügens wir wohl leiden. Allein kehr Fleiß an, daß solchs durch euch der Brenz und der Schnepf innen werden, und die andern auch, die ihr vermeint, daß sie auch zugegen sein sollen. Ich wills dem Ostander und andern Nürnbergern zu Kund thun, weiter werd ichs Niemand wissen lassen im obern Deutschen Land. Darumb befilch ich dir dasselbig auszurichten. Gehab dich wohl in Christo und bitt Gott für mich. An unser Frauen Verkündigung 1536.

Dr. Martin Luther.

850.

An Fürst Wolfgang zu Anhalt. Palmsonntag 1536.

(Nach dem Cod. Dessav. B. ex chirographo Lutheri. Buff.

Lindner zu Dessau, in den theol. Studien u. Kritiken von
1835. S. 347.)

Dem durchleuchtigen, hochgebornen Fürsten
und Herren, Herrn Wolfgang, Fürsten
zu Anhalt, Grafen zu Ascanien und Herrn
zu Bernburg, m. g. Herrn.

Gnad und Fried in Christo. Durchleuchtiger,
hochgeborner Fürst, gnädiger Herr! Ich hab längest
an E. F. G. wollen schreiben und auch wohl mündlich
reden, E. F. G. Predigers halben Er Johann
Schlainhauffen zu Köthen; so hab ich immer vergessen, denn ich werde neben den vielen Geschäften
alt, faul und ganz vergessen. Und ist das die Sache.
Ich hab oft von ihm vernommen, wie ihm die Luft
und Element zu Köthen fast schwer sein, aber weil er
so einen gnädigen, gütigen Herren an E. F. G. habe,
ist er, auch durch mich, beredt bis daher zu bleiben,
ob er wohl gern in gesunder seinem Leibe .....*)
Luft wäre gewest; denn er in frischer Luft erzogen
und gewohnet. Nu zuletzt hab ich mit ihm geredt,
obs nicht zu thun sein wollt, wo er ja zu Köthen
nicht sein kunnte, daß er doch nicht aus der Herrschaft
Anhalt sich begebe, sondern weil itzt Wörlitz ledig
würde, sich daselbs hin ließe versetzen, als da vielleicht
im Holz frischer Luft wäre; denn ich ihn nicht gern
ganz aus der Herrschaft weg haben wollte. Also hat
er geantwortet, wo es zu thun wäre, wollt ers gern
versuchen, sonderlich weil er Wittemberg nahe käme.
Demnach ist an E. F. G. hierin mein demüthige
Bitte, Sie wollen hierin gnädiglichen helfen rathen,
damit der gute Mann auch seines Leibes Noth (der
nu zu den Jahren gehet) versorgen mocht, wie es
denn billig ist nach Gottes Befehl. Bitt deß E. F. G.
gnädige Antwort. Hiemit Gott befohlen, Amen. Am
Palmtag 1536.
E. F. G.
williger   Mart. Luther, D.

---

*) Hier scheint ein Wort ausgelassen zu sein, etwa „zu-
träglicher".

851.

An Philipp Melanchthon, v. 27. Febr. 1537.

(Nach einer Abschrift in der Kreis- u. Stadtbibliothek zu Augsburg. Greiff.)

Der Gott und Vater unsres Herrn Jesu Christi, der Vater der Barmherzigkeit und alles Trostes, sei gelobet, mein geliebtester Philippe, welcher sich eures Gebets und Weinens erbarmet und mir in dieser Nacht umb zwei Uhr meine Adern und Blater geöffnet, daß nachdem und ich aufgestanden, als ihr denn wisset, wie oft ich mich zu harnen befliffen, doch vergeblich, seine Viertheilstund den Harn von mir urplufflich achtmal nach einander gebrochen, je auf einmal eine halbe Maaß. Es bringet mich aber die Freud dazu, daß ich euch ohne Verzug solchs (wiewohl sonst unachtsam, doch mir jetzt köstlich Wasser) hab müssen erzählen und anzeigen. Wollet solchs alles meinem allerliebsten und gnädigsten Herrn anzeigen und den andern allen. Denn ich hab wohl erfahren, wie herzlich gern sie mir geholfen hätten; es gehe nu, wie Gott wölle, zum Tod oder Leben, so bin ich noch bereit, weil ich nicht allein aus diesem Schacht wieder in unser Land kommen bin, sonder auch die Gnad erlanget, daß ich wiederumb die silberne Quelle hab, dann es dringet getrost nach, daß ich auch unter dieß, so ich über diesem Brief gesessen, wiewohl eilend geschrieben, umb einander geharnet und geschrieben habe. Doch dieser fröhliche Bot, der Schlaginhauffen, wird euch solches alles anzeigen, dann er sich nicht hat enthalten können, er zeiget denn euchs aufs Fürderlichst an. Wollet sampt mir dem Vater aller Gnad und Güte Dank sagen und bitten, daß er sein Werk wölle vollenden, auf daß wir auch aus diesem Exempel lernen beten und keck werden der göttlichen Hülf zu hoffen.

Behüte euch alle Gott, der zertret auch unter eure Füße den Satan mit allen seinen römischen und ungeheuren Dracken. Amen.

Datum halbe Stund gegen drei Uhr in der Nacht aus Tambach, meiner Erlösung; dann diese Stadt ist mein Penuel; an welcher mir der Herr erschienen ist.

M. Luther.

Anmerk. Die Copie in Augsburg ist ohne Datum, aber aus der Vergleichung mit dem Briefe an seine Hausfrau vom 27. Februar 1537 (Bd. 3, S. 174 unserer Ausgabe, Bd. 5, S. 58 bei de Wette und Bd. 21, S. 392 bei Walch) ergibt sich, daß dieser Brief an dem nämlichen Tage geschrieben worden sei.

D. H.

852.

An die Fürstin Margaretha von Anhalt*), Mittwoch nach Epiphania 1538.

(Aus dem Cod. Dessav. B., mitgetheilt von Prof. Lindner zu Dessau, in den Theolog. Studien und Kritiken von 1835. S. 343.)

Gnad und Fried in Christo Jesu, unserm Herren und Heilande. Durchleuchtige Fürstin, gnädige Frau! Es ist mir angezeigt auch durch E. F. G. lieben Sohn, m. g. Herrn, Fürst Wolfgang rc., schriftlich, wie E. F. G. sollen fast schwach sein, daß ich wohl billig längst ein Trostbrieflein an E. F. G. sollt[1] geschrieben haben. Aber es ist bis daher verhindert, ohn mein Schuld und Willen, wohlan hin ist hin, nu aber E. F. G. von dem lieben Vater im Himmel, der uns Leib und Seele gemacht und gegeben, dazu hernach durch seinen lieben Sohn Jesum Christ wieder vom Fehl und Tod Adam erlöst, und durch seinen Heiligen Geist in unser Herz die Hoffnung des ewigen Lebens gegeben hat, väterlich heimgesucht wird und mit Krankheit beladen, sollen E. F. G. ja sich nicht bekümmern, sondern solchs gnädiges Heimsuchen mit Dankbarkeit annehmen. Weil E. F. G. nunmals bericht und wissen, daß alle, die an den lieben Sohn des Vaters gläuben, nit können sterben ewiglich, wie er selber spricht: Wer an mich gläubt, wird nit sterben, und ob er

---

*) Fürst Wolfgangs Mutter, † Juli 1530.
1) „sollt" fehlt im Msscr.

gleich fturbe, fo lebt er doch, Joa. 11., und S. Paul.
Roma. 15. fpricht: Wir leben oder fterben, fo find
wir des Herren. Riemand lebt ihm felber, Riemand
ftirbt ihm felber, fondern dem allein, der fur uns
alle geftorben. Darumb follen wir ja getroft fein,
die wir an ihn gläuben, daß wir wiffen, wir find
nicht unfer felbs eigen, fondern deß, der für uns
geftorben ift. Sind wir nu krank, fo find wir nicht
uns krank*); find wir gefund, fo find wir nicht uns
gefund; find wir in Nöthen, fo find wir nicht uns
in Nöthen; find wir fröhlich; fo find wir nicht uns fröhlich. Summa, es gehe uns, wie es wolle, fo geht es nicht
uns, fondern dem, der fur uns geftorben, und uns zu
eigen erworben. Gleichwie ein fromm Kinde, fo es krank
und Noth leidet, ifts den Aeltern mehr krank, dann ihm
felber; dann es trifft die Aeltern viel mehr, dann das
Kind, weil das Kind nicht fein felbs, fondern der Aeltern
ift. Alfo follen fich E. F. G. auch getroft ergeben,
es fei zum Leben, Kränken oder Sterben, und nicht
zweifeln, daß E. F. G. nicht ihr felbs folches wider-
fähret, fondern dem, der E. F. G. fampt uns durch
fein Blut und Tod erworben hat, an den wir auch
gläuben, und in folchem Glauben nicht fterben, ob
wir gleich fterben, fondern leben, auch nicht kränken,
ob wir gleich kränken, fondern gefund find in Chrifto,
in welchem es alles gefund, frifch, lebendig und felig
ift, das uns dunkt nach dem Fleifch krank, fiech, todt
und verloren fein. Er ift allmächtig, an den wir
gläuben. Solchen Troft und Erkenntnuß behalte der
liebe Gott in E. F. G. Herz bis auf jenen feligen
Tag. Dem ich hiemit E. F. G. will treulich befohlen
haben, Amen. Mittwoch nach Epiphaniä 1538.

E. F. G.

williger

M. Luther.

---

2) „fo find wir nicht uns krank" fehlt im Mfcr. am Ende
der Seite.

853.

**An M. Joh. Schlainhaufen, Pfarrherr zu Kö-
then, vom 8. Febr. 1538.**

(Aus Cod. Dessav. B. ex chirographo Lutheri, mitgetheilt
von Prof. Lindner zu Dessau, in den theol. Studien und
Kritiken von 1835. S. 346.)

Dem würdigen Herrn Magister Johann
Schlainhauffen, Pfarrherr zu Köthen,
meinem gunstigen, lieben Freunde.

Genad und Fried in Christo. Lieber Er Pfarrherr! Mein freundlich Begehr ist an euch, weil der
armen Wittwen Herr im Predigampt bei euch krank
worden und auch drin gestorben, wollet beide, bei
der Herrschaft und dem gemeinen Kasten, euern
müglichen Fleiß anwenden, und bitten von meinetwegen, man woll sie doch so gar elend und arm
nicht darvon lassen ziehen, sondern ihr umb Gottes
willen ein Steuer thun. Lieber Gott, will man
so mit der arm Wittwen gebaren, wo will man
mit der Zeit Prediger nehmen?

Ich befehl euch diese Sache treulich, nicht allein
daß ihr solch Dienst aus Lieb, sondern auch aus
Pflicht euers Ampts ihr leistet. Hiemit unserm
Herren befohlen, den bittet fleißig fur mich. D. am
8 Febr. des 38. Jahrs.

Mart. Luther, D.

854.

**An den Grafen Philipp von Nassau, vom
17. Aug. 1538.**

(Aus dem Originale in Eichhoffs Kirchenreformation in
Nassau-Weilburg im sechzehnten Jahrhundert. 1832. S. 66 f.
Seidemann.)

Gnad und Fried in Christo. Gnädiger Herr!
Ich hab E. G. Schrift und die zwanzig Thaler empfan-

gen, dieselben sobald En Johann Beyer überant=
wortet, der wird demnach, (soerst er kann, (verseh
mich umb crucis exaltat.) sich bei E. G. finden.
Denn eher ists ihm nicht muglich, weil er sein Ding=
lein muß verkaufen und gelösen. Gott der Allmäch=
tig gebe ihm seinen Heiligen Geist, daß er viel Frucht
schaffe in dem Evangelio zu vieler Leute Trost und
Heil, Amen. E. G. sein hiemit dem lieben Herrn
Christo befohlen. Und bin E. G. zu Dienst willig.
Zu Wittenberg Sonnabends nach Assumptionis
Mariä 1538.

E. G.

williger

Martinus Luther.

855.

An den Landvogt Johann von Metzsch zu Wit=
tenberg, vom 16. Nov. 1538.

(S. die Tischreden unserer Ausg. Bd. 3. S. 160.)

856.

An den Landgrafen Philipp von Hessen, Mitt=
wochen St. Elisabeth 1538.

Wie gegen die Wiedertäufer verfahren werden solle.

(Aus v. Rommels Geschichte von Hessen, Bd. 4. Cassel 1830.
Anmerkungen S. 140. Dr. Neudecker, zu Gotha.)

Gnade und Friede in Christo. Durchlauchti=
ger Hochgeborner Fürst, gnädiger Herr! Ich hab
E. F. G. Credenz und Schrift empfangen und D.
Butzers Wort vernommen. Und wie ich acht, daß
E. F. G. wohl bedacht, wie mit den Wiedertäufern
zu handeln sei, doch auch gern mehr Leuten Beden=
ken hätten, dem ist nicht allein mein Bedenken, son=
dern auch demuthiges Bitten, E. F. G. wollten
sie ernstlich des Landes verwesen, denn es gleich=

853.

An M. Joh. Schlainhaufen, Pfarrherr zu Köthen, vom 8. Febr. 1538.

(Aus Cod. Dessav. B. ex chirographo Lutheri, mitgetheilt von Prof. Lindner zu Dessau, in den theol. Studien und Kritiken von 1835. S. 346.)

————

Dem würdigen Herrn Magister Johann Schlainhauffen, Pfarrherr zu Köthen, meinem gunstigen, lieben Freunde.

Genad und Fried in Christo. Lieber Er Pfarrherr! Mein freundlich Begehr ist an euch, weil der armen Wittwen Herr im Predigampt bei euch krank worden und auch drin gestorben, wollet beide, bei der Herrschaft und dem gemeinen Kasten, euern muglichen Fleiß anwenden, und bitten von meinetwegen, man woll sie doch so gar elend und arm nicht darvon lassen ziehen, sondern ihr umb Gottes willen ein Steuer thun. Lieber Gott, will man so mit der arm Wittwen gebaren, wo will man mit der Zeit Prediger nehmen?

Ich befehl euch diese Sache treulich, nicht allein daß ihr solch Dienst aus Lieb, sondern auch aus Pflicht euers Ampts ihr leistet. Hiemit unserm Herren befohlen, den bittet fleißig fur mich. D. am 8 Febr. des 38. Jahrs.

Mart. Luther, D.

————

854.

An den Grafen Philipp von Nassau, vom 17. Aug. 1538.

(Aus dem Originale in Eichhoffs Kirchenreformation in Nassau-Weilburg im sechzehnten Jahrhundert. 1832. 8. S. 66 f. Seidemann.)

————

Gnad und Fried in Christo. Gnädiger Herr! Ich hab E. G. Schrift und die zwanzig Thaler empfan-

gen, dieselben sobald En Johann Beyer überantwortet, der wird demnach, soerst er kann, (verseh
mich unb crucis exaltat.) sich bei E. G. finden.
Denn eher ists ihm nicht muglich, weil er sein Ding-
lein muß verkaufen unb gelösen. Gott der Allmächtig gebe ihm seinen Heiligen Geist, daß er viel Frucht
schaffe in dem Evangelio zu vieler Leute Trost und
Heil, Amen. E. G. sein hiemit dem lieben Herrn
Christo befohlen. Und bin E. G. zu Dienst willig.
Zu Wittenberg Sonnabends nach Assumptionis
Mariä 1538.

E. G.

williger

Martinus Luther.

855.

**An den Landvogt Johann von Metzsch zu Wit-
tenberg, vom 16. Nov. 1538.**

(S. die Tischreden unserer Ausg. Bd. 3. S. 160.)

856.

**An den Landgrafen Philipp von Hessen, Mitt-
wochen St. Elisabeth 1538.**

Wie gegen die Wiedertäufer verfahren werden solle.

(Aus v. Rommels Geschichte von Hessen, Bd. 4. Cassel 1830.
Anmerkungen S. 140. Dr. Neudecker, zu Gotha.)

Gnade und Friede in Christo. Durchlauchtiger Hochgeborner Fürst, gnädiger Herr! Ich hab
E. F. G. Credenz und Schrift empfangen und D.
Butzers Wort vernommen. Und wie ich acht, daß
E. F. G. wohl bedacht, wie mit den Wiedertäufern
zu handeln sei, doch auch gern mehr Leuten Bedenken hätten, dem ist nicht allein mein Bedenken, sondern auch demuthiges Bitten, E. F. G. wollten
sie ernstlich des Landes verweisen, denn es gleich-

wahr des Teufels Samen, und haben wohl zum ersten etwas schön Scheins neben mit dem Bösen für,
doch weil es der lichte Teufel ist, wird zuletzt das
Ende zu Munster draus. E. F. G. haben sich auch
deß nicht zu beschweren, daß sie vertrieben anderswo
Schaden thun mögen, denn anderswo haben sie nicht
viel mehr Raum, und ob sie es hätten, sollen die
zusehen, so des Orts das Regiment und Kirchen
haben. Denn ob ich sorgen möcht, der Wolf, so in
meinem Stall wurget, möcht in andern Stallen mehr
wurgen, kann ich ihn darumb unverjagt nicht lassen.
Ein iglicher hute seines Stalles. Weiter werdens
E. F. G. baß wissen zu bedenken, denn ich schreiben
kann, so wird D. Butzer E. F. G. auch weiter, wo
es noth ist, mein Meinung anzeigen. Der Vater
unsers lieben Herrn Jesu Christi leite und behut E.
F. G. sampt allen unserm Häuflein, durch seinen
Heiligen Geist zu reichlichen Gaben. Amen. Mittwochen St. Elisabeth 1538.
E. F. G.

williger

Martinus Luther.

857.

An Dr. Benedict Pauli, Bürgermeister zu Wit-
tenberg. 1538.

(S. die Tischreden Bd. 4. S. 140 — 143.)

858.

An den Fürsten Georg von Anhalt. Secunda
Januarii 1539.

(Aus dem Cod. Servestan., mitgetheilt von Prof. Lindner
zu Dessau, in den theol. Studien und Kritiken von 1835. S. 352.)

Georgio principi ab Anhalt etc.

G. und Friede in Christo. Durlauchtiger (sic)
hochgeborner Furst, gnädiger Herr! Es hat mir D.
Augustinus E. F. G. Schrift sampt den Buchern

uberantwortet, und sobald ich sie uberlesen oder ubersehen (denn Collen ist eine große Stadt und groß
Ding) sollen sie E. F. G. ohn Verzug wieder haben.
Auch hab ich den Reinick von Vos von D. Jonas
genommen. Weil ich aber diesen Abend mußig und
vergebens hie sitze, ist mir eingefallen, daß E. F. G.
allhie mir angezeigt von Magister Forcheim, wie er
gebetet hatte, der Teufel wirds noch wohl alles gut
machen; sollt ich zur selbigen Stunde E. F. G. eine
Concordanz zur Ergötzlichkeit aufbracht haben, aber
weil ich von E. F. G. Worten in andern Gedanken
gerathen, hab ichs vergessen, wills hiemit E. F. G.
zum neuen Jahre hernach angezeigt haben. Es ist
geschehen, da er mein Gast am nähisten gewest (wie
ich denn von Herzen gern ihn zu Gast hätte, wenn
er michs würdig achte), da er von mir schied, Hand
gab und freundlich valete sprach, meinet ich, er sollt
zur Stubenthur hinaus gehen, so geremet er der
Thur in der Jungfer Kammer. Da ich mich deß
wundert, kompt er zu mir wieder eraus und entschuldigt sich fleißig, er hätte es vor auch mehr gethan
und wäre fruhe morgens zur Wirthin in die Kammer
kommen, getappet und schier nach den weichen Käsen
gegriffen, wie er E. F. G. wohl weiter kann beichten.
Solchs hab ich E. F. G., weil ich auch nu mal einen
guten Abend gehabt zur Concordanz, meine Ver-
gessenheit zu büßen, mussen schreiben.

Des Cardinals halben hab ich D. Augustin
allerlei angezeigt, welchs ich nicht kann so kurz schreiben, Summa, sie wollen dran, Gott hat sie geblendet
und verstockt, der helfe uns, wie er thun wird. Darumb wirds umb dieses meins Beschluß willen weder
kälter noch wärmer werden. Sie wollen doch thun,
was sie beschlossen haben, wenn wir sie gleich anbeten und auf den Händen trugen. So gehe eins
mit dem andern. Hiemit dem lieben Gott befohlen.
Et oremus in ecclesia pro ecclesia, et cum ecclesia.
Christus vivit et regnat. Das gläuben sie nicht, quia
volunt experiri. Secunda Januarii 1539.

E. F. G.

williger

M. L. D.

gleichheit der Lehr aus Mangel tüchtiger Personen
fürfallen, daraus bei dem armen Volk viel Verwirrung, und bei den Widersachern ein Frohlocken kommen würde, und daß Etliche meinen, es sei genug,
daß man im Anfang allein die Mißbräuch abschaffe,
und sei nicht noth, weiter zu erkunden, welche Personen da sind, und wie sie zu versorgen, das ist viel
anders, denn im Anfang ist zum höchsten vonnöthen,
soviel möglich, mit großem Ernst zu arbeiten, daß
man tüchtige Personen habe, guten Grund der Lehr
zu legen, und rechten Glauben und Einträchtigkeit zu
pflanzen,

So kann auch kein beständig Ordnung gemacht
werden, so die Personen nicht Versorgung haben.

Dieweil denn E. F. G. wissen, daß dieses der
höchste Gottesdienst ist, der sonderlich den Fürsten
und Potentaten befohlen, das Evangelium fördern
und die Kirchen bestellen, so wollen E. F. G. die
Visitatores der Instructio lassen nachkommen, und
gnädiglich drob halten, es kann sich auch mit Billigkeit Niemand beschweren, so von andern Stiftungen
den Pfarrherrn Hilf oder Zulag verordnet wird, denn
alle göttliche und menschliche Recht lehren und befehlen, daß man davon fürnehmlich den Pfarren und
Schulen Hilf thun soll, wie Paulus spricht: qui servit
altari, vivat de altari, und ist die arme Kirch nicht
schuldig, ihre Verfolger in Stiften und Klöstern zu
ernähren.

Unser Herr Christus verheißet reiche Belohnung
allen denjenigen, so den Dienern christlicher Lehr
Hülf und Förderung erzeigen, da er spricht: wer einen
Trunk Wasser gibt dem Geringsten um der Lehr
willen, der wird wahrlich drum Belohnung empfahen, so wissen E. F. G., wie Ezechias mit herrlichem
Sieg gezieret ist, der zu seinen Zeiten rechte Lehr
wiederum aufrichte, und den Leuten Unterhaltung
schaffet, daß sie der Lehr warten kunnten, wie der
Text spricht, 2. Paralip. 31.: Ut possent vacare legi
domini. Also ist nicht Zweifel, Gott wird E. F. G.
erhalten, schützen und gnädiglich segnen, und werden

ihn darum für E. F. G. alle fromme Christen bitten
und anrufen, und dieweil Gott solch Gebet befohlen,
so ist es ohne Zweifel kräftig und wird erhöret, darum
bitt ich auch, unser Herr Christus wolle E. F. G. an
Leib und Seel stärken und bewahren. Dat. Witten=
berg am Tag Jacobi 1539.

E. F. G.

unterthäniger

Martinus Luther.

861.

An Bürgermeister und Rath zu Oschatz, vom 21. August 1539.

Die Vocation des ersten Superintendenten Johann Buch=
ner's betreffend.

(Aus Ludwig Siegel's Einführung der Kirchenreformation
in Oschatz im J. 1539. Oschatz. O. J. (1839.) 8.
S. 47. 48.)

Den Ehrbaren und Weisen Herrn Burger=
meistern und Rathe zu Oschatz, unsern
guten Freunden.

Gottes Genad durch unsern Herrn Jesum Chri=
stum zuvor. Ehrbare, weise, gute Freunde! Auf
eur Schrift fugen wir euch zu wissen, daß wir freund=
licher guter Meinung bedenken, daß nicht nutzlich sei,
weiter bei dem würdigen Magister Antonio Musa an=
zusuchen, und ist solchs auch euch zu gut bedacht.
Haben derhalben für gut angesehen, daß zu eur Kirche
und der Superintendentia beruft würde Er Johann
Diaconus zu Torgau, der ein frummer, stiller, ver=
nunftiger, wohlgelehrter Mann ist; und haben nicht
Zweifel, ein Kirch sei mit ihm sehr wohl bestellt.
Derwegen er auch Schrift an euch hat, daß ihr ihn
hören möget und darnach davon schließen. Was nu
euer Gemuth seinethalben sein wird, das werdet ihr
den Herrn Visitatoribus zuschreiben. Und so wir
euch hierin weiter dienen konnen, sind wir zur Fur=

D

derung eur Kirchen. Gott zu Lob, willig. Wollen
euch auch vermahnet haben, dieweil wir wissen, daß
ihr auch vor dieser Zeit Gottes Ehr gern gefurdert,
ihr wöllet euch die Kirchen und das heilig Evangelion lassen befohlen sein, wie unser Herr Christus
geboten hat, und dafür so hohe Gnaden und Belohnung zugesagt, wie er spricht: Ihr habt mich ge-
speist ꝛc. Gott bewahr euch. Datum Wittenberg
21. Augusti 1539.

(eigenhändig) Mart. Luther.
(eigenhändig) Philippus Melanthon.

862.

An den Kanzler Brück, gemeinschaftlich mit J. Jonas und Bugenhagen. (1541.)

Aus L.'s eigenhändiger Urschrift in Cod. Seidel. der Dresdener Bibliothek Nr. 57. (So de W. im Nachlaß.
Seidemann.)

Lieber Herre Er Kanzler! Es haben uns die
Kastenherrn gebeten umb Fürbitte, daß sie die Ziegelsteine möchten haben, so an der Mauer sind umb des
heiligen Kreuzs Kirchlin, weil sie sonst nicht können
zum Spitel Ziegelsteine bekommen, weil denn solche
Ziegelsteine nicht besser mügen angelegt werden, bitten
wir, E. A. wöllen ihn dazu forderlich sein. Hiemit
Gott befohlen. Amen.

Martinus Luther.
J. Jonas. *)

Deßgleichen bitten sie umb die Fenster derselbigen
Kirchen, welche doch sonst umbkommen und ausge-
schlagen und gestohlen werden, und zum Spital .....
und nütz wären.

Joannes Bugenhagen. Pomer.

*) „Mithin ist der Brief vor dem April 1541 geschrieben,
wo J. Jonas nach Halle ging." (Eigenhändige Bemerkung
de W.)

863.

An Justus Jonas Frau. Sonntags Judica 1542.

(Aus dem Cod. Dessav. A. von Prof. Lindner zu Dessau mitgetheilt in den theol. Studien und Kritiken von 1835. S. 356.)

Der Ehrbaren, Tugendsamen Frauen Ka=
therin Docterschen, Jonischen, Propstin
zu Wittemberg, meiner gunstigen Freun=
din und lieben Gevatterin.

G. und F. Freundliche, liebe Frau Doctorin
und Gevatter! Ich bitte ganz demuthig, wollet euren
lieben Herrn Doctor Jonas vermahnen, daß er nur
nicht so oft Draubriefe schreiben wollte, denn ich
sie nicht gerne habe, sondern wollte das Drauen
einmal erzeigen. Denn so lauten seine Briefe: Ich
will bald schreiben, ich will bald mehr schreiben, ich
will euch seltsam Ding schreiben. Wenn er nichts
anders schreiben will, so lasse er das auch anstehen;
ohn das er mir itzt vom Coadjutor geschrieben, das
verstehe ich. Es stehet hie noch alles recht (Gott
Lob!), ohn daß uns die Munze und Schatzung irre
macht, sunst ists so wohlfeil, als lange nicht gewest,
ein Scheffel Korn umb drei Groschen. Hiemit Gott
befohlen sampt den Euren. Mein Käthe und Herr
zu Zulsdorf grüßet euch alle freundlich und wird
sich müssen schätzen lassen auf neuntausend Gulden
mit dem Klosterhause, so sie wohl nicht hundert fl.
Einkommen haben wird nach meinem Tode. Aber
mein gnädiger Herr hat sich gnädiglich erboten, mehr
dann ich begehrt. Hiemit Gott befohlen, Amen.
Sonntags Judica 1542.

Martinus Luther, D.

864.

An den Kanzler Brück, vom 8. April 1542.

(Ungedruckt. Aus dem im Dresdner Hauptstaatsarchive be=
findlichen Originale, mitgetheilt von Seidemann.)

Dem Achtbaren Hochgelahrten Herrn Gregor Brück, der Rechten Doctor, kurfl. zu Sachsen Kanzler, meinem günstigen Herrn und lieben Gevattern zu Handen.

G. u. F. Gelobt sei Gott der Vater aller Gnaden und Friedens, denn E. A. hat uns gute neue Zeitung geschrieben, und wiewohl ich in solchem plötzlichen Unglück Sorge hatte, es möcht Gott lassen einen Angriff geschehen, so hatte ich doch gute Hoffnung, Herzog Moritz (den itzt alle Welt, auch sein eigen Leute fur thoricht hält, so soll er sich zieren) sollte blutigen Kopf mit den Seinen und eine Schlappe davon bringen, damit ihm das Schwert hinfurter nicht so leise stiken wurde. Gott aber, wie seine Weise ist, erhöret weiter, dann wir verstehen oder bitten, darom, daß auch gar ohn Blut abgangen ist.

Ich schicke euch hiebei mein Gedicht, das bereit halb gesetzt, und hätte heute mussen ausgehen, mit Eile, denn solch eilend Unglück hab ich erst gestern fruhe erfahren; darauf ich auch eilet und wollts in beide Heer geschickt haben, weil H. Moritz Niemand hat wollen horen; denn die Eile wollts nicht leiden, Euch zuvor zu ubersehen laffen, drungen auch die Unsern und Verzagten so sehr, als wäre es alles verloren und die Jura wollten schier an meinem G. Herrn zweifeln oder disputirn. Nu aber solls nicht ausgehen. Werdets mir wohl wissen wieder zu schiken. Denn aus eur Rede in Euern Hause verstund ich nicht, daß so ein plötzlich eilend Ding sollt sein, sonderlich auf solche hohe Feiertage. Hiermit Gott befohlen, Amen. Hora sexta mane die Sabbatho sancto Domini 1542.

C. B.

Martinus Luther.

865.

An den Kurfürsten Johann Friedrich, vom 9. April 1542.

(Ungedruckt. Aus dem im Dresdner Hauptstaatsarchive befindlichen Originale, mitgetheilt von Seidemann.)

Dem Durchleuchtigsten, Hochgebornen Fürsten und Herrn Johanns Friedrich, Herzogen zu Sachsen, des H. R. R. Erz=Marschall und Kurfürsten, Landgrafen in Thüringen, Markgrafen zu Meissen und Burggrafen zu Magdeburg, meinem gnädigsten Herren.

G. u. F. Durchleuchtiger, Hochgeborner Fürst, gn. Herr! Es hat mein gn. Herr der Landgraf eilends Boten zu uns geschickt, der uns aus dem Schlaf umb eilfe geweckt und begehrt, daß wir E. K. F. G. aufs Höhest bitten wollen, daß sie nicht zu hart und steif sein wollten, und sonderlich den Durchzug oder Paß einräumen wollten; mit der Steur und Andern mochts ein Weg finden. Darauf wir geantwortet: wir wollten solchs aufs Fleißigst thun. Daneben S. F. G. wiederumb gebeten, beim g. Herzog Moritzen zu handeln, damit E. K. F. G. Schutz nicht geschwächt wurde. Und wiewohl wir der weltlichen Recht, sonderlich dieses Falls nichts wußten, so achten wirs dennoch dafur, daß H. Moritz unrecht thät, mit solchem vorderblichem blutrünstigem Furnehm, sein Recht selbst zu setzen, ehe denn solch dunkel und disputirlich Recht hell und klar wurde; dann weil es disputirt wird, so ists nicht hell, und wird weiter eine disputatio die andere fur und fur bringen. Demnach bitten wir, was E. K. F. G. je muglich zu thun ist, wollten Gott zu ehren und solchen Jammer zuverkommen, sich sanft und gutig finden lassen. Gott wird E. K. F. G. dafur wohl wieder zu ehren wissen. Man muß zuweilen einen tollen Hund den Fuß aus dem Wege rücken und dem Teufel zwo Kerzen anstecken oder dem Cer-

bero (wie die Poeten sagen) einen Brei ins Maul
werfen. Zwar den Paß hat zu Erfurt der zu Mainz,
aber mit Maßen, ohn Schaden dem Landsfursten
in seinem Schutz. Ich hab Doctor Brucken des
Landgrafen Brief zugestellt hierbei, so das E. K. F. G.
sehen wollten. Am Ostertag fruhe 1542.

   E. K. F. G.
     unterthäniger

       Mart. Luther.

866.

An den Kanzler Brück, von 12. April 1542.

(Ungedruckt. Aus dem Originale im Dresdner Hauptstaatsarchive, mitgetheilt von Heldrwann.)

Dem Achtparen Hochgelehrten Herrn Gregor Brück, der Rechten Doctor, kursl. zu
Sachsen Canzler ꝛc., meinem gonstigen
Herrn und lieben Gevattern.

 G. u. F. Ich hab eur Schrift und Bericht alle
empfangen, mein lieber Herr und Gevatter, und
danke Euch dafur ganz flißig. Gott sei gelobet, daß
sich die Sache auf m. g. H. Seiten dermaßen hält,
kann mi deste frohlicher beten; dann wie ihr wisset,
wie ich nicht furwizig bin zu forschen der Fursten
und hohen Stände Gelegenheit; derhalben zweifeln
muß, was Rechts oder Unrechts zwischen ihnen
schwebt, so hat man uns hie die Ohren wohl und
voll gebläuet, als hätte m. g. H. nicht guten Grund.
Derhalben ich meinen Trotz und Trost hab mussen
sezen auf die Nothwehre und erbotens Recht, aber
nu geschehe und gehe was Gott will, der wird unser Gebet nicht verachten, das weiß ich, und Gott
wird die Bösewichter in Meißen finden, wie er H.
Georgen funden hat. Wie gar tief steckt derselb verdampt Mensch in ihrem Blut und Fleisch; ich hab
dem Landgrafen gestern fruhe einen scharfen Brief
geschrieben; aber den thorichten Muthund H. Mo-

rtz, wiewohl ich acht, er wüßt selbs nicht, wozu sie seiner unwitzigen Jugend brauchen. Aber damit nicht entschuldigt ist, weil er viel ein großen Dank schuldig ist diesem Theil, denn er immer mehr vergnügen kann, als er wohl ungeborn schweig denn ein solcher Furst worden wäre, wo H. Friedrich und H. Hanns seliger nicht hätten seinem Vater beigestanden wider H. Georgens Cainsche brudermordische Bosheit. O wie soll im Himmel fur allen Engeln des H. Moritzen solche Undankbarkeit stinken und einen schreck=lichen Zorn uber seinen Kopf erregen. Gott sei Lob, daß wir würdig sind umb Guts willen Böses zu entpfahen und daß nicht wir, sondern andere uns undankbar erfinden werden. Denn das ist ein edler und theurer Schatz für Gott. Wohlan, Gott stärke, troste und erhalte m. gn. Herrn sampt euch allen in seiner Gnaden und gutem Gewissen und gebe den gleißnerschen Meißnischen Bluthunden auf ihren Kopf, was solche Cain und Absalom, Judas und Herodis verdienen, Amen, und bald Amen, zu Lob seinem Namen, welchen H. Moritz mit diesem scheuß=lichen Aergerniß aufs Hohest schändet und dem Teufel und allen Gottesfeinden ein solch lästerlich Freudenlied singet. Mittwochen in Ostern fruhe 1542.

E. A.

williger

Martin Luther.

887.

An Spalatin. Die S. Margaret. 1542.

(Die erste Hälfte dieses Briefes ist lateinisch geschrieben und steht bei De Wette V. 482, der folgende deutsche Theil desselben aber fehlt dort. Der Cod. Dessav. A. hat den Brief vollständig und aus demselben theilte Prof. Lindner zu Dessau die nachstehende Ergänzung mit in den theol. Studien und Kritiken von 1835. S. 354.)

— postulavero. — De tremulis, vel, ne errem

in vocabulis, die Espen, will mein Käthe selbs fahren, denn sie muß ein Scheunlin bauen.

Das ander von vier Bretbäumen verstehen wir nicht; denn sie hat gebeten, von den Bäumen, so sie zuvor hat fällen und häuen lassen, solche Bret zu schneiden. Wo dieselben verkauft, wie käme sie dazu, daß sie sollt andere lassen hauen und von Hofe ausbringen? Es mußten die thun, so sie erkauft, und mir solche Bäume ohn meinen Schaden wieder schaffen, sonst stehets einer Praktiken gleich; daß man mich will umb das Holz bringen, welchs ich werde lassen gelangen an meinen gnädigsten Herrn. Denn ich will, wie eur Brief auch zeuget, mein Holz, so mir der fromm Fürst geschenkt, und des Orts seltsam zu bekommen, ganz und völlig haben und mir wissentlich nichts lassen nehmen. Dem Herrn von Einsiedel sollt ihr ja seher freundlich danken und wills (wo ich kann) verdienen. Aber wie soll er Bret lassen schneiden, so er kein Holz hat, das mein ist? Denn das verkaufte ist mein gewest. Nu soll ichs aufs Neu kaufen und von Hofe ausbringen. Wenn will das geschehen? Also komm ich umb mein Holz, das mir der Fürst gegeben. Aber es soll nicht geschwiegen werden noch ihnen zu Gut kommen. Vale in Domino. Cursim et occupatiss. 1542. Die S. Margaret.

T. Martinus Luther, D.

868.

An den Altenburger Rath, vom 20. Nov. 1542.

(Aus dem Originale bei Bergner: Etwas von denen Superintendenten-Adjuncten u. s. w. S. 61. Seidemann.)

Den ehrsamen, weisen Herrn Bürgermeister und Rath zu Altenburg, meinen günstigen, guten Freunden.

Gnad und Fried im Herrn. Ehrsamen, weisen lieben Herren und gute Freunde! Sehr ungern hab

ich vernommen eure Beschwerung wider Magister
Spalatino, und daß er mit euch so in unfreundlichem
Wesen stehen soll. Aber ich bitte euch ganz freund=
lich: wollet um Christus willen Geduld haben, bis
ich mit ihm zu reden kommen kann, welchs ich acht
nicht lang soll verschoben werden. Wollet uns in=
deß helfen tragen das Kreuz, als der wir wahrlich
über alle Maaß viel tragen, kriegen und arbeiten
müssen in allerlei, schier aller Welt Sachen. So
habt ihr zu bedenken, daß solchen alten Diener der
Kurfürsten zu Sachsen und numehr einen verlebten
Mann nicht mit scharfen Schriften zu übereilen uns
gebühren will, zu verhüten weiter Unglimpf und
Unruh. So ist der Artikel in dem Zettel angezei=
get mit solchen Worten gestellet, daß ers leicht mag
dahin deuten, als wäre es nicht ein Zwangsal. Ich
will aber dazu thun, und, so es noth sein wird, zwi=
schen euch handeln, habt eine kleine Zeit Geduld.
Hiemit Gott befohlen, Amen. Montags nach Elisa=
beth 1542.

Martinus Luther, D.

869.

**An Sebastian Weller zu Mansfeld. Dornstags
nach Magdalenä 1543.**

(Aus einer Abschrift in der Wittemberger Bibliothek, auf
welcher steht: descriptum ex ipsius autographo beneficio
Clariss. viri D. D. Bosonis compatris mei carissimi, anno
1570, mitgetheilt von Prof. Lindner zu Dessau in den
theol. Studien und Kritiken von 1835. S. 357.)

Dem Ehrbarn, fursichtigen Bastian Wel=
ler, zu Mansfeld Burger, meinem gu=
ten Freund und lieben Schwager.

G. u. F. im Herrn. Ehrbar, fursichtiger, lie=
ber Schwager! Habt ihr Brentium Luca 6. gelesen,
so habet ihr ja guten gewissen Grund funden, der
sich mit der Disputation D. Hieronymi Schurff wohl
reimet, und ist mein Buchlein vom Wucher auch

mit dawider, wiewohl ich im selben Buchlein nichts schreibe vom Contract reemptionis, sondern vom Mutuo und Dato (welchs itzt alles auch Wucher worden ist oder gern wäre). Vor funfzehen Jahren schreib ich vom Wucher. Da handelt ich den Contract reemptionis. Daß ihr anzeiget, es sei euch seltsam, daß ein Ander mit euerem Gelde sein Gut soll bessern, und ihr nichts davon haben: ist wohl ein ubriges, unnöthiges gut Werk, wie ich einem mocht geben 100 fl., ders nicht durfte. Aber damit ist kein Wucher entschuldiget, warumb hab ichs nit behalten oder nothlicher gebraucht.

Zum Wiederkauf gehoret:

Primo hypotheca, ein Unterpfand, als Acker, Haus, Stadt, Land, auf welchem die Zins gekauft werden. Denn was nichts träget, das kann nichts zinsen. Und wo das Unterpfand verdirbet oder im Krieg von Feinden, als Turken, verloren wurde, da verlieren alle beide das Ihre, der Kaufer und Verkaufer.

Darumb auf blos schlecht Geld, als auf hundert (oder wie viel deß ist) Gulden, ohn Unterpfand ausgedruckt und genannt, funf oder mehr, ja auch einen fl., einen Heller nehmen, ist Wucher.

Secundo, daß der Kaufer (der die Zins kauft) schuldig bleibt, dem Verkaufer (der die Summa des Geldes auf sein Gut nimpt) wiederumb die Ablosung der Zinse mit gleicher Summa zu gestatten, wenn er kann oder will.

Darumb wann der Käufer ihm vorbehält, die Summa seines Geldes, damit er die Zins kauft, wieder zu fordern uber eins, zwei, drei ꝛc. Jahr, welches die Juristen heißen repetitio sortis, das ist auch Wucher, ein recht Hurkind, denn es will zugleich ein geliehen Geld (das man wieder fodern mag) und doch auch ein Kaufgeld sein (das ich nit mag wieder fodern nach der empfangen Waar).

Wiewohl man hie will disputirn, wenn der Verkaufer von ihm selber die Wiederforderung begehrt oder bewilliget, als ders nit länger will verkauft haben, welchs seltsam ist, und darf wohl gut aufsehen, daß nicht ein Schein sei an Licht. Doch ist hievon ist nicht zu schreiben. Hiemit Gott befohlen. Donnstags nach Magdalena 1543.

Martinus Luther.

870.

An den Landgrafen Philipp von Hessen, von 2. Aug. 1543.

(Aus Strieder's hessischer Gelehrtengeschichte Band 12 S. 2 f., mitgetheilt von Seidemann.)

G. u. F. und mein arm Pater noster. Durchleuchtiger, Hochgeborner Fürst, gnädiger Herr! Es haben E. F. G. Johanni Richio von Hannover zu Marburg eine Lectur daselbst bei der Universität zugesagt. Darauf er sich gen Wittenberg verfuget, allda das Magisterium zu empfahen, weil er allhie studirt und seine Zeit im Studio angelegt. Nu wollte sich gern ein Unlust regen, daß etliche der Facultät artium zur Marburg ihn gern wollten ausbeißen und einen andern setzen hinter seinem Willen und ehe denn er seinen Beruf E. F. G. wieder aufsaget. Wenden für sein Abwesen, welchs sie zu lange wollen verstanden haben, so er doch allein darumb außen ist, daß er das Magisterium erlange, welches nicht seine Schuld ist, daß so verzogen ist bis daher; denn die Leute nicht anheimisch gewest. Hat mich gebeten, an E. F. G. zu schreiben und zu bitten, derhalben E. F. G. wollten ihn bei zugesagter Lectur erhalten, denn er wird freilich noch für Michaelis sich einstellen, sobald er Magister worden ist. Solchs schreib ich nicht, daß E. F. G. Ungnade sollten schöpfen über die Facultät zu Marburg. Menschen sind Menschen, mügens guter Meinung auch anders wollen machen. So müssen Gottes Kinder allezeit den Satan unter sich leiden, wie Hiobs Buch uns lehret. Darumb werden sich E. F. G. auf beiden Theilen wohl wissen gnädiglich zu erzeigen, daß Richius der zugesagten Lectur nicht beraubt und jener Mei-

rung wohl gedeutet und geduldet werde. Unser
lieber Herr Jesus Christus stärke und erhalte E. F.
G. im seligen Regiment zu seinem Lob und Ehren
und vieler Seelen Seligkeit, Amen. Donnstags nach
Petri Vinculor. 1543.

E. F. G.

williger

Martinus Luther, D.

871.

An Christoph Jörger, vom 31. Dec. 1543.

(Bei de Wette dreimal (IV, 496. 659 f. u. V, 612, aber
immer unrichtig, und da dieß auch bei unserer Ausgabe der
Fall ist, so geben wir hier nachträglich den richtigen Text nach
v. Hormayr's Taschenbuche 1845. S. 167 f., mitgetheilt
von Seidemann.)

Dem gestrengen und Ehrenfesten Christoph
Jörger zu Tollet, meinem günstigen
Herrn und guten Freunde.

Gnad und Fried im Herrn. Gestrenger, Ehren-
fester, lieber Herr und Freund: Aus euer Schrift,
an mich und Mag. Gregor Maier gethan, hab ich
vernommen, wie euch fast sehr beschwert, daß ihr
als ein Regent zu Wien sollet mit zu Opfer und
allerlei päpstischen gehen und euch als ein rechter
Papist stellen in äußerlichen Geberden, und doch im
Herzen viel anders und widergesinnet sich fühlen,
sonderlich weil durch solch Exempel jenes Theil gestärkt und dieß Theil geärgert und geschwächt. Darauf ihr von mir Trost begehrt. Erstlich weil sich
euer Gewissen hierin beschweret findet, so künnt ihr
keinen bessern Rathmeister noch Doctor finden, denn
eben solch euer eigen Gewissen. Warumb wöllt ihr also
leben, da euch ohn Unterlaß euer Gewissen sollt
beißen und strafen, auch keine Ruhe lassen? Wäre
doch das die rechte (wie mans vor Zeiten hieß)
Vorburg der Hölle. Darumb wo euer Gewissen
hierin unruhig oder ungewiß ist, da sucht, wie ihr

kunt, daß ihr aus solcher Unruhe (welche strebt wider den Glauben, der ein sicher, fest Gewissen machen sollt je länger je mehr) euch wickeln müget, und daheimen, wie bisher, in dem euren, bei dem Wort bleibet; denn daß ihr sollt mit den andern in der Procession opfern und dergleichen begehen, so würde euer Gewissen darwider murren. Nachdem ihr die Wahrheit erkannt, so wird solches eben so viel sein, als die Wahrheit verläugnet heißen, wie Paulus Rom. 14. sagt: Wer wider sein Gewissen thuet, der ist verdammt; oder, wie seine Worte lauten: Was nicht aus dem Glauben gehet, das ist Sünde. Solches und deß mehr, acht ich, werdet ihr aus der Schrift und andern Büchern, welche das Gewissen wohl lehren und halten, genugsam verstanden haben. Euer König ist des Teufels Diener in solchen Sachen. Darum, ob ihm gleich Jedermann schuldig ist in zeitlichen zu gehorchen, so kann man doch in geistlichen Sachen (die das ewige Leben angehen — z. B. Opfer und allerlei päpstisch) nicht gehorsam sein, als der nicht kann ewiges Leben geben, und keinen Befehl, sondern eitel Verbot hat von Gott, sich des geistlichen ewigen Lebens zu meistern, in seinem Regiment zu äußern, sondern soll selber Schüler und Unterthan sein Gottes Worts. Hiemit dem lieben Gott befohlen, Amen. Montags nach dem Christtage 1543.
Martinus Luther, D.

872.

An den Kurfürsten Johann Friedrich, vom 20. März 1545.

(Aus dem Originale bei Berger S. 62., mitgetheilt von Seidemann.)

Den durchlauchtigsten, hochgebornen Fürsten und Herrn Johanns Friedrich, Herzog zu Sachsen, des H. R. Reichs Erzmarschall und Kurfürsten, Landgrafen in Thüringen, Markgrafen zu Meissen und Burggrafen zu Magdeburg, meinem gnädigsten Herrn.

G. und F. im Herrn und meine arme Dienste zuvor. Durchleuchtigster, hochgeborner Fürst, gnädigster Herr! Ich hab verzogen zu antworten in der von Altenburg Sachen, aus Ursachen. Aber die fürnehmest ist, daß M. Andres alle Tage wartet von Amberg Schrift und Antwort, daß er wüßte, woran er wäre, welchen ich gerne an M. Spalatin Statt hätte gesehen. Nu ist er schon seiner Zusage nach verbunden, und sind die von Amberg hier und holen ihn. Wir haben Gott Lob wohl Vorrath in jungen Theologen. Aber wir müssen so viel in fremde Länder haben, daß, wo einer reif ist, viel Hände nach ihm fragen, daß wir so plötzlich nicht können alle Stund geben, wer und was er haben will. Sind doch etliche schon in der Türkei, auch hin und wieder in Hungarn, unser Schüler, daselbst itzt Pfarrherr und Prediger. So ziehen auch die Städte sehr wenig Schüler, meinen, wir haben hier der Fülle und übrig, die man ihnen schicken solle. Demnach haben M. Philipp und ich uns umgesehen und bedacht, ob nicht M. Augustinus zu Coldiz zu rufen wäre. Aber man sagt uns, er solle schwach sein. So möchte man den zu Jessen auch dahin brauchen, denn er auch daselbst weg gedenkt. Zuletzt sind wir bedacht auf den Schulmeister zu Altenburg, der ist gelehrt und alt genug, auch fast geübt in Kirchensachen, dazu bekannt zu Altenburg, und ist allezeit so gewest, daß die Schulmeister die besten Pfarrherr geben haben, sonderlich, wenn sie so lange haben sich geübt im Schulenregiment. Denselben geben wir E. K. F. G. an, zu wählen und verschaffen, was E. K. F. G. gefället. Mehr und anders wissen wir dießmal nicht, bis die andern reif werden. Ich weiß nicht, was dort zu Leipzig oder Erfurt wächst. Wittenberg vermag doch ja nicht, aller Welt Pfarrherrn geben, und sie thut für eine Kirche, und mehr, denn itzt Rom und Pabstthum thun. Sollte anders thun heißen, was der

Teufel thut. Hiemit dem lieben Gotte befohlen,
Amen. XX. Martii 1545.

E. K. F. G.

williger und unterthäniger
Martinus Luther, D.

873.

An den Landgrafen Philipp von Hessen, vom 21. März 1545.

(Aus dem Casseler Originale bei v. Rommel, Urkundenband
S. 109. Nr. 29., mitgetheilt von Seidemann.)

G. u. F. im Herrn. Durchleuchtiger, hochge=
borner Fürst! Ich schicke hiemit E. F. G. wieder
die welsche Freude uber meinem Tode. Es ist ein
armer barmherziger Schetzpfaff, der da gerne wollte
gut thun, und hat doch nichts im Bauche. Mein
Büchlein wider das teufelische Papstthum wird bis
Donnstag ausgehen, daran wird man sehen, ob ich
todt oder lebendig sei. Gott, unser lieber Herr, sei
mit E. F. G. barmherziglich, Amen. Sonnabends
nach Lätare.

E. F. G.

williger
Martinus Luther.

Ich will das Welsch und Deutsch sämptlich lassen
drucken. Denn es sonst keiner Antwort werth. Will
allein zeugen, daß ichs gelesen habe.

874.

An den Kurfürsten Johann Friedrich von Sachsen, vom 11. Mai 1545.

(Aus dem sehr beschädigten, eigenhändig geschriebenen Originale Luthers in K. E. Förstemann's Neuem Urkunden-

buche zur Geschichte der evang. Kirchen-Reformation. Band 1.
Hamburg 1842. 4. S. 355., mitgetheilt von Seidemann.)

Meinem gnädigsten Herrn, Herzog Johanns
Friedrich, Kurfürsten zu Sachsen ꝛc., eilend
zu S. K. F. G. Handen.

G. u. F. und mein arm Paternoster. Durch=
leuchtigster, hochgeborner Fürst, gnädigster Herr! Ich
hab E. K. F. G. diese Schrift, mir aus Berlin zu=
kommen, nicht können verhalten. Es ist der Teufel
E. K. F. G. von Grund all seines Vermugens feind,
das sehen wir alle und mussens sehen. Aber Gott
ist allmächtig, an den wir glauben und ihn anrufen,
ohn Zweifl auch mächtig uber unser Feinde alle, und
sich bisher väterlich gegen uns beweiset und fortan
beweisen wir . ., wo wir bleiben im Glauben und ...
M. Eislen gethane . . . ihnen gege E. k. . . . Er
st . . . gewest, mit einem l . . . . welchen
ich hab angenommen, A . . . . sehen, noch
horen wollen . . . . mir Antwort gnug
gegeben. Ich a . . . . kether . . Raum und
Zaum und sich unternimpt . . . Groß ist der Stolz
des hohen Geschlechts Meister . . Ich hab mich gegen
dem Markgrafen entschuldigt . . . ich M. Grickel nicht
hab wollen horen, und d . . . zugeschickt dem Mann,
der mir diesen rothen Brief . . . welchen mir E. K.
F. G. wollten wieder lassen zu . . . und den Mann
nicht melden, wiewohl er . . . . . nachfraget . . . ohn
daß ichs nicht wollt verne . . . den . . . Gotte
befohlen. Amen. Montag nach Epi . . 1545.
E. K. F. G.
unterthäniger
Martinus Luther.

Gott richte einmal Menz auch.

875.

An Christoph Jörger, vom 14. Dec. 1545.
(Aus von Hormayr's Taschenbuche 1845. S. 200. Seidemann.)

Dem gestrengen ehrenfesten Christoph
Jörger, meinem günstigen guten Herren
und Freunde.

Gnad und Fried im Herren. Gestrenger, Ehren-
fester, lieber Herr und Freund, Es hat mich Doctor Gregor vermocht, diese kleine Schrift an euch zu
schreiben, nachdem euer Sohn nu fast ihm schuldig
ist und allhie solche Stadt und Wesen nicht ist, daß
man kunnt viel fürstrecken oder lang borgen. Arm
Ding ists mit uns, von der Hand in den Mund.
Darum wöllen Eur Gestreng denken, daß hie nicht
ist lange vorstrecken oder Vorrath, und gütlich ge-
nennten Doctor entrichten. Der Knabe studirt
wohl und ist sehr geschickt, daß der Kost nicht übel
angelegt ist. Solches werdet ihr wohl wissen aufs
Beste zu entnehmen. Denn E. Gestreng sollen dem
Knaben zuvor vorstrecken um allerlei künftig Fertig-
keit, denn hernach bezahlen bringt mit sich viel Unrichtigkeit, wie täglich für Augen ist; dieser stirbt,
jener verdirbt; daß alle Wege besser ist Fürsorge
denn Nachsorge. Hiemit Gott befohlen, Amen.
Montags nach Lucia, 1545.

Martinus Luther, D.

876.

An Heinrich Oldenburg zu Magdeburg. Ohne
Jahr, Montag post Vocem Jucunditatis.
(Aus e. Coder der Wolfenbütteler Bibliothek 221. 12. Extra-
vagant 40. in m. Hette's Nachlaß. Seidemann.)

E

Dem ehrsamen und weisen Heinrico Oldenburg zu Magdeburg auf dem Loscher Hofe, meinem besondern, gunstigen, guten Freunde.

Gnad und Fried in Christo. Daß ich euch nicht antwortet habe, mein lieber Heinrich, auf die vorige Briefe, ist die Ursach: Ich wußte nicht woher oder wohin, denn es war kein Datum darinnen; so kannte ich euch (sio). Aber nu ichs gelesen hab in diesem letzten Briefe, daß es zu Magdeburg geschehen, gebe ich mein Antwort. So der Geselle hat gewußt, das kaiserliche Mandat sei vorhanden gewest, kann er nicht schwören, er habe es nicht gewußt. Desselbigengleichen, so er meine Lehre und Bücher vor christlich und recht erkennet und hält, kann er in keinen Weg verschwören, zu haben oder zu lesen. Das kann er aber wohl verschwören, ja ist auch nit Noth zu verschwören, sondern soll es von ihm selber lassen, denen die Bücher zu bringen, die sie nicht haben wollen und verfolgen. Gleichwie Christus nicht ging in die Stadt Samaria, do sie sein nit wollten, und hieß die Jünger fliehen aus den Städten, die sie nit aufnahmen, auch den Staub von den Füßen auf sie abschutten; wie auch die Apostel die Juden ließen und gingen zu den Heiden. Daß er aber verschwören sollte, er wolle sie nicht in Christus Reich bringen, das ist zu den, die sie zu Magdeburg haben wollen und begehren, kann er auch nicht thun, dann christliche Liebe, Treue und Dienst verschwören. Verjagen sie aber ihn daruber und wehren ihm den Eingang, so soll ers leiden und heraußen ohn alles Verschwören: also daß er die Christen nit lasse, es werde ihm dann mit Gewalt gewehret und die Thuren vor ihm verschlossen, und die Macht also frei behalte, ihnen mit solchen Buchlin zu dienen, wie und wenn er kann. Und trosten ihn, daß er Gott danke, der ihn dazu hat würdig gemacht, daß er um das Evangelion verfolget wird, und sei fröhlich mit dem Apostel Actor. 5. Dann meine Sünde und Undankbarkeit macht leider, daß ich zu solcher Würdigkeit nit kommen kann. Christus stärke ihn und alle, die in gleicher Verfolgung sind. Datum zu Zerbst, am Montag post Vocem jucunditatis.

Martinus Luther.

877.

An den Kurfürsten. Ohne Jahr und Datum.

Nachschrift zu einem nicht bekannten Briefe.
Fürbitte für den Lic. Basilius Axt und eine arme Familie.
(Aus dem Original im Weim. Ges. Archiv in de Wette's
Nachlaß. Seidemann.)

Uber das, gnädigster Herr, wiewohl ich mich schäme, und des Bettelns ist viel, doch muß ichs thun. Der Licentiat Basilius, wilchen E. K. F. G. das Jahr hat lassen XXX geben von C. Blancken, nu aber zu Torgau zum Arzt angenommen fürwahr auf geringen Sold und eingespannen Dienst, wollt er gerne Doctor werden zum mehrer Ansehen, was solch Ampt bedarf. Wenn nu E. K. F. G. noch einmal zur Letze wollte lassen geben dieselbigen XXX Gulden, wäre wohl noth und gut, aber ich wills in E. K. F. G. gnädigen Willen gestellet haben.

Sonst ist allhie ein armer Burger, der mit seinem Weibe ein ganz Jahr krank gelegen und verdorben, welche sich nu nicht konnen wieder einrichten zur Nahrung, verderben je länger je mehr, die mich auch fast gebeten E. K. F. G. anzurufen. So erbarmet mich ihr, das weiß Gott, darumb bitte ich abermal, E. K. F. G. wollte auch gnädig und barmherzig über sie erscheinen. Das sind zwo Geldsachen, die ich ungern handele.

kann, ist mit erst*) das zu thun. Indeß sollen die Prediger heftig darwider predigen, damit dem Ehrbaren Rath dadurch Raum und Ursach bereitet werde, füglicher Maß solcher Heidenschaft zu steuern.

881.

An einen Ungenannten. Bruchstück.

(Unsch. Nachr. 1722. S. 189. ex Msto. in de Wette's Nachlaß. Seidemann.)

Meine Kätha läßt auch freundlich warnen, daß ihr ja bei Leib kein Bauern-Kloppel zur Ehe nehmet; denn sie sind grob und stolz, können die Männer nicht vor gut haben, können auch weder kochen noch keltern. Haec Ketha, 4. hora.

882.

Inschrift von Luthers Hand in einer Bibel. 1543.

(Diese Bibel befindet sich in der Bibliothek des Augustiner-Klosters zu Erfurt. Dr. Reubecker.)

Absorpta est mors in victoriam Isaia 25.

בִּלַּע הַמָּוֶת לָנֶצַח

praecipitavit mortem in aeternum.

Weil Adam lebt (das ist sündigt), verschlinget der Tod das Leben. Wenn aber Christus stirbt (das ist gerecht wird), verschlinget das Leben den Tod. Deß sei Gott gelobt, daß Christus stirbt und Recht behält.

Martinus Luther, D. 1543.

---

*) „Vielleicht ist zu lesen Ernst". (Eigenhändige Bemerkung de Wette's.)

883.

Sprüche von Luther in eine Bibel geschrieben.
1544.

(Dr. Neudecker.)

Diese Bibel, deren Druck die Fürsten von Anhalt, Wolfgang, Johann, Georg und Joachim, für die Kirchen ihrer fürstl. Gn. Landen mit zu verfertigen bestellen lassen (nach einer „handschriftlichen Chronik der Anhaltinischen Fürsten und Länder", s. Leipziger Literatur-Zeitung, Intelligenz-Blatt Oktober 1833, Nr. 44, S. 370) besteht aus drei Theilen. Ein Exemplar davon, welches in der fürstl. Bibliothek zu Dessau verwahrt sein soll, enthält folgende Inschriften.

***

Im I. Theil: Mose Lib. 5. cap. 32.

Meine Lehre triefe wie der Regen, und meine Rede fließe wie der Thau, wie der Regen auf das Gras, und wie die Tropfen auf das Kraut. Denn Ich will des Herrn Namen preisen.

Hie gibt Mose selbs die Glossa über seine Bücher, wovon er lehre und rede, nämlich von dem Namen Messia Jesu Christo weissagen, der gewißlich der Herr ist, mit Gott dem Vater und Heiligem Geist, denn es gehet alles auf den Sohn, auf das levitisch Priesthumb, welches er selbs im Bilde heißt des künftigen Christi Exod. 25. Und stehe zu, daß du es machest nach ihrem Bilde, das du auf dem Berge gesehen hast. Daher ist das Neue Testament aus Mose geflossen und getroffen wie der Regen aus den Wolken und der Thau aus dem Himmel; auch zuvor alle Propheten habens aus Mose. 1544.

Martinus Luther, D.

Im II. Theile: Pf. 119.

Großen Frieden haben, die dein Gesetz lieben, und werden nicht straucheln.

Wiederumb müssen die großen Unfrieden haben, welche Gottes Gesetze verachten oder hassen, und an Menschen oder am Teufel hangen, oder ihre Jünger sind, denn da kein friedlich Gewissen oder Herz gegen

Gott sein, sondern muß sie zeitenlich Unruhe und dort ewiglich Unfriede und höllische Pein leiden.

Er spricht aber: die dein Gesetz lieben, denn es nicht gnug ist, Gottes Wort im Buch allein oder im Mund haben, sondern im Herzen muß mans haben, da ist Lust und Liebe dazu haben; alsdann bist du wohl sicher für Straucheln und Aergerniß, denn Liebe zum Wort Gottes läßt keine Ketzerei noch Böses ein, darumb spricht S. Paulus 2. Thessal. 2., daß Ursach, warumb Gott Irrthumb schicke, sei, daß sie die Liebe zur Wahrheit nicht haben angenommen. 1544.

Martinus Luther, D.

Im III. Theile: Johann. 3.

Also lieb hat Gott die Welt, daß er seinen einigen Sohn gegeben hat, auf daß alle, die an ihn glauben, nicht verloren werden, sondern das ewige Leben haben.

Wer das glauben kann, dem muß die Bibel freilich ein theuer werthes Buch sein, sonderlich das Neue Testament. Denn solche unaussprechliche Liebe Gottes zeigt uns kein ander Buch. Aber wie unselig und wie ein schrecklich Ding ists, solches nicht glauben noch achten, wie daselbst folget, das ist das Gericht, daß das Licht ist in die Welt kommen, und die Welt liebt die Finsterniß mehr, denn das Licht. Denn alle Sünde, Tod und Unglück wären nichts, wenn dieß Licht würde angenommen. Da siehe, welch ein graulich Ding es ist umb die Welt für Gott; und wie ein selig Ding es ist umb einen Christen oder Gläubigen, der solchen theuren, ewigen Schatz hat, den die unsinnige Welt mit Lust und Freuden gerne entbehren will. 1544.

Martinus Luther, D.

884.

Kurze Auslegung der Worte Jesaiä 52, 10.
v. J. 1545.

Dieses Autographon Luthers steht auf der innern Seite des Ein-
bandes einer deutschen Ausgabe der Loci Phil. Melanchthons
von 1544., welche sich in der Klosterbibliothek zu Mayhingen
befindet. (Kanzleirath v. Löffelholz in Wallerstein.)

Jsaiä 52. V. 10.

Wie lieblich sind die Fuße dere, die den Friede
verkundigen, die das Gute verkundigen.

Friede und Gut

deutets Paulus selbs. Den ewigen Friede
und Trost, das ist, Vergebung der Sunden und
ewigs Leben in Christo. Aber also habens Kaiphas
und Hannas, Papst und ihre Schuppen nicht verstehen mugen.

Martinus Luther, D. 1545.

885.

Denkzettel Martin Luther. Ohne Datum.

(Aus dem Cod. Dessav. A. Prof. Lindner zu Dessau, in
den theol. Studien u. Kritiken von 1835. S. 358.

Denkzettel Martin Luther
zu Torgau,
zu Grimma.

Zu gedenken bei den Herrn Visitatorn zu Grimma
der Magdalenen Staupitzen, ein Häuslein des Klosters
auf ihr Leben lang einzugeben, zu Ehren und Dank
ihrem Bruder D. Johann Staupitz.

Im Kloster ist Er Clemen zu visitiren, der hal-
starriglich wider das Evangelium ist, und berufen, daß
er auf Herzog Georgen Theil, und der Widersacher
sich mit etlichen heimlichen Händelchen befleiße sampt
Magistro Rode, dem Burgermeister.

F

Zu Colditz dem Pfarrherr ein Haus erblich zu geben, desgleichen dem guten alten Mann Er N. Stogheim, wie ich dem H. Doctor Jonas fleißig angezeigt.

Hie zu Torgau mit dem gemeinen Kasten zu reden:

Zu erhalten die Cantorei und die göttliche löb= liche Kunst Musica wird begehrt ein kleines Soldlein aus dem gemeinen Kasten zu einem Organisten und etwa einen fl. für Papier und Schreiben, zu Sang= buchern, und den armen Caplan, so vorzeiten sich hie wohl verdienet in Pestilenz und allen Nöthen, ißt in Hans Feyls Hause auch mit einer Steur aus dem gemeinen Kasten zu lieben und fodern.

Ob auch ein Dorfpfarrer unsers Achtens an 30 oder 40 fl. genungsam Versorgung habe, dem Exempel Markgraf Georgen nach?

An den Kurfürsten Johann Friedrich, v. 1. Januar 1542.

Leipz. Suppl. No. 181. S. 97. Walch XXI. 459. De W. V. 421.

Dem Durchleuchtigsten, Hochgebornen Fursten und Herrn, Herrn Johanns Friedrich, Herzogen zu Sachsen, des heil. Ro. Reichs Erzmarschall und Kurfurst, Landgrafen in Thuringen, Markgrafen zu Meissen und Burggrafen zu Magdeburg, meinem gnädigsten Herrn.

E. u. F. in Ch. Durchleuchtigster, Hochgeborner Furst, Gnädigster Herr! Es hat mir der Burgermeister zu Zwickau M. Oßwald Losan angezeigt, welchergestalt sie zu Zwickau die Schule furhaben zu bessern, welchs er an E. K. F. G. wohl wird antragen wissen. Und wiewohl ichs fur unnothig angesehen, daß ich mit meiner Commendation an E. K. F. G. mich machen sollte, weil ich weiß, daß E. K. F. G. (Gott Lob) von ihr selbs geneigt sein, Kirchen und Schulen zu fordern; er hat aber nicht wollen ablassen: so bitte ich doch unterthänigklich, E. K. F. G. wollten sein Anfragen gnädiglich horen und verstehen; denn wahr ists, daß die zwo Knabenschulen, Zwickau und Torgau, fur andern zwei trefflche, kostliche und edle Kleinoder sind in E. K. F. G. Landen, da (wie wir sehen) Gott sonderlich Segen und Gnade reichlich zugibt, daß viel Knaben daselbst wohl gezogen, und sie Landen und Leuten nutzliche und trostliche Personen zeugen, will der

andern Nutzung schweigen. Und mir sehr herzlich
gefallen hat, daß die zu Zwickau von sich selbs solcher Sachen sich so ernstlich und tapferlich annehmen
und treiben, da sonst in andern Städten und Ober-
letten solche Lundtrosse und Schlungel oder gottlose
Geizhälse regieren, die wohl so viel weltlicher Andacht haben, daß sie wollten, Christus mit Kirchen
und Schulen wären, da der Leviathan regiert. So
dunkt michs auch nicht ein Großes sein, das sie von
E. R. F. G. begehren, sonderlich weil es nicht ewig,
sondern zeitlich, als nämlich sechs Jahre währen sollt,
damit etliche vermugende Burger, aus E. R. F. G.
Exempel bewegt, auch dazu thun würden. E. R.
F. G. werden sich wohl wissen hierin gnädiglich zu
erzeigen. Hiemit Gott befohlen, Amen. Am Neuenjahrstage, 1542.

Mart. Luther.

671.

Luthers Testament, v. 6. Januar 1542.

Altenb. VIII. 846. Leipz. XXI. 692, Walch XXI. Anh. 270.
Sam. Stryck adpend. ad libr. de cautelis testamentorum,
Num. XIII. p. 206. Henr. Warser Luther. reform. p.
1085. De W. V. 422.

Ich, M. L. D., bekenne mit dieser meinen eigenen
Handschrift, daß ich meiner lieben und treuen Hausfrauen Katherin gegeben habe zum Wipgeding (oder
wie man das nennen kann) auf ihr Lebenlang, damit sie ihres Gefallens, und zu ihrem Besten gebrauchen
muge, und gebe ihr das in Kraft dieses Briefes
gegenwärtiges und heutiges Tages:

Nämlich das Gutlein Zeilsdorf, wie ich dasselbe
gekauft und zugericht habe, allerding, wie ichs bis
daher gehabt habe.

Zum andern das Haus Bruno zur Wohnung,
so ich unter meines Wolfs Namen gekauft habe.

Zum dritten die Becher und Kleinod als Ringe,

Rotten, Schenkgefäßen, gulden und silbern, welche ungefährlich sollten bei 1000 Fl. werth sein.

Das thue ich darumb:

Erstlich, daß sie mich als ein frumm, treu, ehelich Gemahel allezeit lieb, werth und schon gehalten, und mir durch reichen Gottes-Segen fünf lebendige Kinder (die noch furhanden, Gott geb lange) geboren und erzogen hat.

Zum andern, daß sie der Schuld, so ich noch schuldig bin (wo ich sie mit bei Leben ablege) auf sich nehmen und bezahlen soll, welcher mag sein ungefähr und berührt, 450 Fl., mugen sich vielleicht wohl mehr finden.

Zum dritten, und allermeist darumb, daß ich will, sie müsse nicht den Kindern, sonder die Kinder ihr in die Hände sehen, sie in Ehren halten, und unterworfen sein, wie Gott geboten hat. Denn ich wohl gesehen und erfahren, wie der Teufel wider dies Gebot die Kinder hetzet und reizet, wenn sie gleich frumm sind, durch böse und neidische Mäuler, sonderlich wenn die Mütter Wittwen sind, und die Söhne Ehefrauen, und die Töchter Ehemänner kriegen, und wiederumb, socrus nurum, nurus socrum. Denn ich halte, daß die Mutter werde ihrer eigen Kinder der beste Vormund sein, und solch Gütlein und Wittgeding nicht zu der Kinder Schaden oder Nachtheil, sondern zu Nutz und Besserung brauchen, als die ihr Fleisch und Blut sind, und sie unter ihrem Herzen getragen hat.

Und ob sie nach meinem Tode genöthiget oder sonst verursachet würde (denn ich Gott in seinen Werken und Willen kein Ziel setzen kann) sich zu verändern: so traue ich doch, und will hiemit solches Vertrauen haben, sie werde sich mütterlich gegen unser beider Kinder halten, und alles treulich, es sei Wittgeding oder anders, wie recht ist, mit ihnen theilen.

Und bitt auch hiemit unterthäniglichen M. gstr. Herrn Herzog Johanns Friedrichen Kurfürsten rc., S. K. Fi G. wollten solche Begabung oder Wittgeding gnädiglich schützen und handhaben.

Auch bitt ich alle meine guten Freunde, wollten weiter lieber Käthen Zeugen sein, und sie entschuldigen helfen, wo etliche unnütze Mäuler sie beschweren oder verunglimpfen wollten, als sollt sie etwa eine Barschaft hinter sich haben, die sie den armen Kindern entwenden oder unterschlagen würde. Ich bin deß Zeuge, daß da keine Barschaft ist, ohn die Becher und Kleinod, droben im Wipgeding erzählet. Und zwar sollte bei Jedermann die Rechnung öffentlich geben, weil man weiß, wie viel ich Einkummens gehabt von M. gestr. Herr, und sonst nicht ein Heller noch Körnlein von Jemand einzukummen gehabt, ohn was Geschenk ist gewesen, welchs droben unter den Kleinodern, zum Theil auch noch in der Schuld steckt, und zu finden ist. Und ich doch von solchen Einkummen und Geschenk so viel gebaut, gekauft, große und schwere Haushaltung geführt, daß ichs muß neben andern selbst für ein sonderlichen, wunderlichen Segen erkennen, daß ichs hab können erschwingen, und nicht Wunder ist, daß keine Barschaft, sondern daß nicht mehr Schuld da ist. Dieß bitte ich darumb, denn der Teufel, so er mir nicht kunnt näher kummen, sollt er wohl meine Räthe allein der Ursachen allerlei Weise suchen, daß sie des Mannes D. M. eheliche Hausfrau gewesen, und (Gott Lob) noch ist.

Zuletzt bitt ich auch Jedermann, weil ich in dieser Begabung oder Wipgeding nicht brauche der juristischen Forme und Wörter (darzu ich Ursachen gehabt), man wolle mich lassen sein die Person, die ich doch in der Wahrheit bin, nämlich öffentlich, und die beide im Himmel, auf Erden, auch in der Höllen bekannt, Ansehens oder Autorität genug hat, der man trauen und glauben mag, mehr denn keinem Notario. Denn so mir verdampten, armen, unwürdigen, elenden Sünder Gott der Vater aller Barmherzigkeit das Evangelium seines lieben Sohnes vertrauet, darzu mich auch treu und wahrhaftig darinnen gemacht, bisher behalten und funden hat, also daß auch viel in der Welt dasselbe durch mich angenummen; und mich für einen Lehrer der Wahrheit halten, ungeacht des Papsts Bann, Kaisers, Künige, Fürsten, Pfaffen, ja aller Teufel Zorn: soll man ja viel mehr mir hier in diesen geringen Sachen glauben, sonderlich weil hier ist meine Hand, fast wohl bekannt, der Hoffnung, es soll gnug sein, wenn man sagen und beweisen kann, dieß ist D. M. L. (der Gottes Notarius und Zeuge ist in seinem Evangelio) ernstliche und wohlbedachte Meinung, mit seiner eigen Hand und Siegel zu beweisen. Geschehen und geben am Tag Ephiphaniä, 1542.

M. L.

Ego Ph. Melanthon testor, hanc esse et sententiam et voluntatem et manum Rdi D. D. M. L., Praeceptoris et Patris nostri charissimi.

Et ego Ca. Cruciger D. testor, hanc esse et sententiam et voluntatem et manum Rdi D. D. M. L., charissimi Patris nostri, quare et ipse mea manu subscripsi.

Et ego Joh. Bugenhagius Pomeranus D. idem testor mea manu.

672.

An Wolfgang, Pfarrherrn zu Weißenfels, vielleicht im Januar 1542.

Leipz. Suppl. No. 191. S. 102.; bei Walch X. 2734. De W. V. 428.

Gnad und Fried. Mein lieber Magister Wolfgang! Nachdem ihr mir als ein Seelsorger zu Weißenfels angezeiget, daß die würdige Domina im Kloster daselbst nicht will oder kann gläuben, daß es recht sei, des heiligen Sacraments beider Gestalt zu gebrauchen, es sei denn, daß ich Doctor Martinus Luther selbst solches sage oder bekenne, weil ich zuvor soll geschrieben haben, daß ein Concilium soll und müßt ordnen, solches zu gläuben: darauf wollet ihr der Domina ansagen: wenn sie nichts anders ansicht, so will ich sie hiemit brüderlich und schwesterlich gebeten haben, sie wolle von ihrem vorigen Verstande abstehen, und nunmals mir gläuben, weil sie es dahin stellen will, als einem treuen Freund, daß es gegen helfen, was etliche unnütze Mäuler sie beschweren oder verunglimpfen wollten, als sollt sie etwa eine Barschaft hinter sich haben, die sie den armen Kindern entwenden oder unterschlahen würde. Ich bin deß Zeuge, daß da keine Barschaft ist, ohn die Becher und Kleinod, droben im Wipgeding erzählet. Und zwar sollte bei Jedermann die Rechnung öffentlich geben, weil man weiß, wie viel ich Einkummens gehabt von M. gestr. Herr, und sonst nicht ein Heller noch Körnlein von Jemand einzukummen gehabt, ohn was Geschenk ist gewesen, welchs droben unter den Kleinodern, zum Theil auch noch in der Schuld steckt, und zu finden ist. Und ich doch von solchen Einkummen und Geschenk so viel gebaut, gekauft, große und schwere Haushaltung geführt, daß ichs muß neben andern selbst für ein sonderlichen, wunderlichen Segen erkennen, daß ichs hab können erschwingen, und nicht Wunder ist, daß keine Barschaft, sondern daß nicht mehr Schuld da ist. Dieß bitte ich darumb; denn der Teufel, so er mir nicht kunnt näher kummen, sollt er wohl meine Käthe allein der Ursachen allerlei Weise suchen, daß sie des Mannes D. M. eheliche Hausfrau gewesen, und (Gott Lob) noch ist.

Zuletzt bitt ich auch Jedermann, weil ich in dieser Begabung oder Wipgeding nicht brauche der juristischen Forme und Wörter (darzu ich Ursachen gehabt), man wolle mich lassen sein die Person, die ich doch in der Wahrheit bin, nämlich öffentlich, und die beide im Himmel, auf Erden, auch in der Höllen bekannt, Ansehens oder Autorität genug hat, der man trauen und glauben mag, mehr denn keinem Notario. Denn so mir verdampten, armen, unwürdigen, elenden Sünder Gott der Vater aller Barmherzigkeit das Evangelium seines lieben Sohnes vertrauet, darzu mich auch treu und wahrhaftig darinnen gemacht, bisher behalten und funden hat, also daß auch viel in der Welt dasselbe durch mich angenummen, und mich für einen Lehrer der Wahrheit halten, ungeacht des Papsts Bann, Kaisers, Künige, Fürsten, Pfaffen, ja aller Teufel Zorn: soll man ja viel mehr mir hier in diesen geringen Sachen glauben, ich mache den Beutel löcherig, und blase ins Getreidig, daß ihr doch nichts behaltet ꝛc.

Gottes schreibe ich, als ich denke, E. G. zuletzt; denn mir das Grab numehr näher ist, weder man vielleicht gedenket, und bitte, wie vor, daß E. G. sanfter und gnädiger wollten mit ihren Unterthanen umbgehen, sie lassen bleiben, so werden E. G. auch bleiben durch Gottes Segen hier und dort. Sonst werden sie es alles beedes verlieren, und gehen, wie Fabel Aesopi sagt, von dem, der die Gans auffschneidt, die ihm alle Tage ein gülden Ei legte; verlor darmit das güldene Ei, mit Gans und Eierstock; und wie der Hund im Aesopo, der das Stücke Fleisch verlor im Wasser, da er nach dem Schein schnäppete. Denn gewiß ists wahr, wer zuviel haben will, der kriegt das Wenigere, darvon Salomon in Proverb. viel schreibet.

Summa, es ist mir nur zu thun umb E. G. Seelen, die ich nicht kann leiden aus meiner Sorge und Gebet verstoßen sein; denn das ist bei mir gewiß: aus der Kirchen verstoßen sein, ist aus dem Himmel. Und darzu zwinget mich nicht allein das Gebot christlicher Liebe, sondern auch das schwere Dräuen Ezech. 3., darmit Gott uns Prediger beladen hat; denn wir sollen umb frembder Sünde willen verdampt sein, da er spricht: Wirst du dem Sünder seine Sünde nicht sagen, und er stirbt darumb, so will ich seine Seele von deinen Händen fordern; denn darumb hab ich dich zum Seelsorger gesetzet.

Darumb werden E. G. mir solche nöthige Vermahnung wohl wissen zu gute zu halten; denn umb E. G. Sünde willen kann ich mich nicht verdämmen lassen, sondern suche sie vielmehr mit mir selig zu machen, wo es immer müglich ist. Sonst bin ich hiermit fur Gott wohl entschuldigt. Hiermit dem lieben Gott in alle Gnade und Barmherzigkeit befohlen, Amen. Donnerstag nach Cathedra Petri, anno 1542.

E. Gnaden

williger und unterthäniger

Martin Luther.

674.

An die Grafen Philipp und Georg zu Mansfeld, v. 14. März 1542.

Bei Joh. Georg Leukfeld Historia Spangenbergensis.
Quedlinb. und Aschersl. 1712. S. 8. f. Altenb. VIII. 990.
Leipz. XXII. 571. Walch XXI. 463. De W. V. 445.

Denen Edelen und Wohlgebornen Herrn,
Herrn Philipps und Herrn Hans Georgen, Gebrüdern, Grafen und Herrn zu
Mansfeld, meinen gnädigen, lieben Landesherrn.

Gnad und Friede, und mein arm Pater noster.
Gnädige Herren! Es ist mir wohl leid, daß ich mein
erstes Schreiben an E. Gnaden, als meine liebe
Landsherrn, nicht fröhlicher anfangen kann, ohne daß
meine Schuld nicht ist. E. G. wissen freilich wohl,
was Rede und Geschrei nun eine Weile gangen über
meinen gnädigen Herrn Graf Albrechten, welches
ich wahrlich mit großer Betrübniß hören muß täglich,
wie S. G. ihre Unterthanen zwingen und dringen,
auch öffentlich zu sich reißen, das doch J. G. nicht
zusteht. Ich aber, wie man leichtlich kann antworten, hierinne nichts soll zu thun haben, oder was
mich angehe, oder ich darnach fragen solle. Das
ist ja wahr. Aber ich bin ein Landkind in der Herrschaft zu Mansfeld, dem es gebühret, sein Vaterland und Herren zu lieben, und das Beste zu wünschen, darzu auch ein offentlicher Prediger, der da
schuldig ist zu vermahnen, wo Jemand, durch den
Teufel verführt, nicht sehen kann, was er für Unrecht thut.

Darumb bitte ich, E. G. wollen mein arm
Seufzen gnädiglich hören, oder wo das nicht sein
könnte, mein Zeuge sein (wie sie doch thun müssen)
an jenem Tage, daß ich treulich gewarnet, und das
Meinige gethan habe.

Ich denke, daß der böse Geist etliche reizt, die
E. G. Herrschaft sollen helfen zu Grunde verderben.

Denn Gott hat E. G. eine Herrschaft gegeben, der man nicht ohn Ursach, der Welt nach, gram oder ungünstig sein, oder, wie man redet, aus Neid vergönnen möchte. Denn wer was hat, der hat seine Neider, und derselben vielmehr, die alle wollten, daß E. G. Bettler wären, und vielleicht, wie ich denke, darumb, daß der leidige Keper D. Martinus der Herrschaft Landkind ist, damit sie zu rühmen hätten: Siehe da, wie Gott alle die Verfluchten verderben lässet, die am Evangelio hangen; zum Wahrzeichen ist sein eigen Vaterland, die edle löbliche Grafschaft zu Mansfeld, darinnen der Bube geboren, so zu Grund verderbt. Weil nun Gott der Herr hat E. G. in solche Herrschaft gesetzet, und befohlen, Recht handzuhaben: so bitte ich und vermahne ganz demüthiglich, E. G. wollten darein sehen und helfen, daß solch Unrecht nicht fort bringe, sonst wirds Gott von E. G. fordern, wie sie es thun können und doch nicht thun. Denn E. G. haben es zu bedenken, wann solch Exempel sollte einreißen, den Unterthanen zu nehmen, was ihr eigen ist: so wird ein jeder Oberherr den Unterherrn auffressen, und wie der Edelmann den Bauer, also der Fürst den Edelmann und Gräfen. Dann ist es hier recht, so ist es dort auch recht. Was will dann zulept werden, denn ein Regiment ärger, denn der Türke hat, ja ein teufelisch Regiment. Und wo das schon nicht geschähe, so wird doch sonst Gott einen Fluch lassen gehen; denn er kann Unrecht nicht leiden. Da mügen sich E. G. fürsehen, ich bin unschuldig.

Denn daß mein gn. Herr Graf Albrecht vielleicht gedenkt, die Herrschaft und alle Güter seind sein eigen: da sagt Gott nein zu, und wirds nicht leiden. Denn Baur, Bürger, Adel haben eigene Güter, doch unterworfen mit Lehn, nach kaiserlichen Rechten, so von Gott bestätiget ist, und habens also aus göttlichen Recht. Wer nun also will die Güter zu sich reißen, daß auch Lehne sollen mit gehen, da ist Gottes Gnade und Segen nicht, heißet auch gestohlen und geraubet für Gott, wie sein Gebot sagt: Du sollt nicht stehlen, noch deines Nächsten Gut begehren. Denn ob

Graf Albrecht Herr ist über Land und Leute, so ist
er dennoch nicht Herr über die Lehne und Eigenthum
der Güter, so der Kaiser gibt; denn er ist nicht Kaiser, sondern ein Graf.

Summa, E. G. haben einen Segen Gottes im
Lande, sie wollen ja fleißig zusehen, daß Gott denselben nicht wegnehmen, und die Nachkommen, E. G.
Erben, auch nicht klagen müssen: Ach wie eine reiche,
gesegnete Herrschaft hat uns unser Vorfahr, Graf
Albrecht, verderbet. Der böse Geist durch neidische
Menschen suchet E. G. und mein liebes Vaterland,
das thut mir wehe: denn was frage ich sonst darnach,
der ich auf der Gruben gehe, und nichts anders suchen kann, denn daß ich den Lästermäulern gerne
wollte begegnen, die dem Evangelio zur Schmach
rühmen werden, mein Vaterland und Landesherren
hätten müssen umb meinet willen verderben. Denn
gewiß ists, wo E. G. nicht werden darzu thun, und
M. G. Herrn Graf Albrecht, der fürwahr übereilet
ist vom bösen Geiste, wehren: so werden E. G. auch
mit schuldig werden. Denn so kann es nicht stehen,
wie ich von Vielen höre, und am meisten von denen,
die dazu lachen, und solch Verderben gerne sehen,
welches mich auch so heftig zu schreiben bewogen.
Denn wo das Bergwerk fällt, so liegt die Grafschaft,
und lachen alle Feinde. Hätte aber M. G. Herr
Graf Albrecht Mangel (ach Herr Gott! Herr Gott!
der wirds nicht sein), daß die Bürger so überflüssig
leben: so wäre der Sach wohl leichter zu rathen:
Straf gelegt von Überfluß; darvon würde die Herrschaft reicher, und die Unterthanen auch fetter, wie
zu Nürrenberg und anderswo geschicht.

Aber hier ist ein zorniger Teufel, der dahin
will arbeiten, daß weder Herr noch Unterthan soll
etwas haben. Es sagen ja alle Bücher: es sei besser
reiche Unterthanen haben, denn selbst reich sein. Denn
selbst reich sein ist bald verthan, reiche Unterthanen
können allzeit helfen.

Ich bitte abermal, E. G. wollten mir solch ernstlich Schreiben gnädiglich zu gut halten; denn es gerathe, wie es wolle, so kann ich E. G. meinen lie-

hen Landesherrn nicht gram sein, und meinem Va=
terland nichts Uebels gönnen, wie ich mich will zu E.
G. als zu meinen gnädigen lieben Landsherrn verse=
hen, daß sie mir solch kindlich Herz gegen mein Va=
terland aufs Beste deuten werden. Hiermit Gott be=
fohlen. Dienstag nach Oculi, 1542.

E. G.

williger

Martinus Luther.

675.

An den Kurfürsten Johann Friedrich, v. 26.
März 1542.

Leipz. Suppl. No. 185. S. 109.; Walch XXI. 466. De
W. V. 443.

Dem Durchleuchtigsten, Hochgebornen Für=
sten und Herrn, Herrn Johanns Friedrich,
Herzogen zu Sachsen, des heil. Ro. Reichs
Erzmarschall und Kurfursten, Landgra=
fen in Thüringen, Markgrafen zu Meis=
sen und Burggrafen zu Magdeburg, mei=
nem gnädigsten Herrn.

G. u. F. in Christo und mein arm Pater no=
ster. Durchleuchtigster, Hochgeborner Fürst, Gnädig=
ster Herr! Ich muß einmal das Korbholz los schnei=
den, denn ich lange nicht E. K. F. G. geantwortet
habe. Erstlich danke ich unterthäniglich E. K. F. G.
fur das Urtheil, so E. K. F. G. haben lassen gehen
zwischen meiner Käthen und denen zu Kititsch; denn
es gefällt uns das Urtheil wohl, und hätten in der
Güte (wo es jenem Theil geluckt) wohl mehr und
Friede und guter Nachbarschaft willen eingeräumet.

Zum andern dank ich auch fur den Wein, wie=
wohl das ein ubrig Geschenk ist.

Zum dritten haben mir die Herrn Rector und
Universität angezeigt, wie E. K. F. G. befohlen,
die Schätzung meiner Häuser und Güter nicht sollen

von mir fordern, doch die Schätzung anschlagen: deß
dank ich auch unterthäniglich. Aber ich muß E. K.
F. G. meine Gedanken anzeigen, und bitten, dieselbe
gnädiglich zu vernehmen.

Das große Klosterhaus, wenn ich gleich sollt,
so kunnt ichs nicht verschätzen; denn ich allwege dran
verzweifelt, daß nach meinem Tod sollte mein Käthe
oder Kinder bestreiten, so ichs bei meinem Leben mit
Dachung, Glas und Eisen rc. schwerlich erhalte, so
doch das dritte Theil nicht ausgebauet ist, und das
Beste daran ist, daß E. K. F. G. lauts der Verschreibung den Vorkauf dran haben. So hore ich auch,
und kanns leichtlich gläuben, wo die Zeit sollt so
fortfahren, mochts geschehen, daß man das Haus
und Collegium mußte vollschutten zur Wehre: darumb
ich zuvor bedacht, meiner Käthen und Kindlin den
nähesten Raum dran, Bruns Haus, gekauft um 400,
und 20 fl. dasselbige zu bauen, aber nichts daran bezahlet, ohn 120 fl., die ich schuldig bin, ohn daß
die Tagezeit als in 10 Jahren zu bezahlen mich bewogen hat: davon ich auch schwerlich kann Schätzung
geben, weil ichs nichts genieße, und eitel Schuld ist.

Aber dafur will ich unterthäniglich gebeten haben, daß E. K. F. G. wollten die andern Guter
von mir verschätzt annehmen: nämlich den Garten
für 500 fl., die Hufe mit dem Garten für 90 fl. und
ein kleines Gärtlin für 20 fl. Und ist die Ursache,
daß ich gerne wollt mit sein in dem Heer wider den
Türken mit meinem armen Pfennige, neben andern,
die es williglich geben. Denn der Unwilligen ist sonst
gnug, dazu, daß ich ein Exempel wäre, und die
scheelen Augen nicht zu sehr neiden mußten, weil D.
Martinus auch mußte geben. Und wer weiß, ob
unsere der willigen Pfennig nicht Gott baß gefallen
mit der armen Wittwen, die mit ihrem Scherflin mehr
einlegte, denn die Reichen, weder der unwilligen
Gulden, und ich gern unter denen sein wollte, die
auch mit leiblicher That dem Türken Schaden thun,
oder von ihm Schaden leiden wurden. Denn wo ich
nicht zu alt und zu schwach, wohl persönlich mochte
unter dem Haufen sein; doch mein Gebet mit der

Kirchen-Gebet längst zu Felde gelegen, darum daß
ich sorge, unser Deutschen werden zu vermessen sein,
und zuvor ungebußet den Feind verachten, der nicht
zu verachten ist, als der alle Teufel in der Hölle bei
sich hat, und wo Gott nicht versühnet bei uns sein
wird mit seinen Engeln, ich wenig Hoffnung habe
auf unser Macht oder Rüstung ꝛc.

Zuletzt hab ich Er Julius Pflug Schrift gelesen,
wiewohl ichs zu langsam kriegt, doch am Ende etwas
hinein geflickt. Ist aber gar schlecht Ding, daß er
uns mit dem geistlichen Recht angreift, deß sie selbs
nicht mit einem Finger anrühren. Und wo sie es halten, sollten freilich alle müssen abtreten von ihren
Ständen, Papst zuvor, alle Bischoffe, Dumherrn,
als durch ihr eigen Recht verdampt und entsetzt, wie
sie horen sollen, wenn sie wieder kommen.

Hiemit dem lieben Gott befohlen, Amen. Und
bitte, E. K. F. G. wollten mirs gnädiglich zu gut
halten solch verzogen Antwort; denn ich itzt in einer
Arbeit stecke, den Mahmet deutsch ein wenig zu malen, daß ich dafur nicht viel denken noch sorgen kann
auf etwas Anders. Sonntags Judica, 1542.

E. K. F. G

unterthäniger

Mart. Luther, D.

676.

An den Kurfürsten Johann Friedrich, v. 1.
April 1542.

Leipz. Suppl. No. 183. S. 98. Walch XXI. 461. De
W. V. 452.

Dem Durchleuchtigsten, Hochgebornen Fursten und Herrn, Herrn Johanns Friedrich,
Herzogen zu Sachsen, des heil. Ro. Reichs
Erzmarschalk und Kurfursten, Landgrafen
in Thuringen, Markgrafen zu Meissen

und Burggrafen zu Magdeburg, meinen
gnädigsten Herrn.

G. und Friede in dem Herrn und mein Gebet zu
Durchleuchtigster, Hochgeborner Fürst, gnädigster
Herr! Wiewohl ich zur Unzeit komme mit dieser
Schrift, so zwingets doch die Noth. Wie Graf Albrecht zu Mansfeld mit seinem Bruder Grafen Gebhard handelt, habe ich, E. K. F. G. unverborgen.
Ich hab die Verträge alle gelesen und Briefe, sonst
wohl ich sonst zu thun gnug, und jammert mich der
guten frommen Herrn, daß Graf Albrecht so schändlich mit ihm handelt, selbst Richter und Part ist, weil
dazu auch die Güter und Grafschaft ihm kehren, und
so ihm allein die Nutzung, oder Ausbruch verschreiben, will ers alles nehmen, Grund und Boden, und
ihn der Grafschaft enterben; ein roher Kaufmann
der die Aepfel kauft, und will den Baum und Garten mitnehmen; thut nicht anders, denn als hätte er
keinen Oberherrn. Wo soll nu der gute Graf hin?
wo er nicht Schutz und Hülfe soll haben bei dem
Fürsten zu Sachsen, seinem Landesfürsten. Wiewohl
nu die Grafschaft von Herzog Morizen zu Lehen gehet in diesem Theil, so sind aber E. K. F. G. im
Anfall auch Erben; hat mich derhalben gebeten, an
E. K. F. G. zu schreiben, und wo D. Bruck mir
nicht angezeigt, daß ich itzt E. K. F. G. vielleicht
nicht antreffen, auch sonst zu ungelegner Zeit kommen
wurde, so hätte ich mich heute aufgemacht, dem guten Herrn zu Dienst, unangesehen auch meiner Un-
gelegenheit. So bitte ich nu unterthäniglich, E. K.
F. G. wollten doch hierin gnädiglich rathen helfen,
und bei Herzog Morizen handeln lassen, daß doch
Graf Albrecht nicht solch einen Zwist in der Herrschaft treibe zum Verderben der Herrschaft und fürstlichen Lehen und Ehren. Denn wo Herzog Moriz
hie nichts zuthun wurde, wie sein Beruf und Ampt
schuldig ist, und den guten Herrn also ungeschützt
und unverhört lassen unterdrucken, wurde es E. K.
F. G. ein böse Gerücht im Himmel und auf Erden
bringen, und Gott höchlich erzürnen, der allenthal-

ben in der Schrift dräuet denen, so den Unterdruckten nicht rathen noch helfen, davon ich E. K. G.
hiermit auch schreibe. E. K. F. G. wollten mir diese
nöthige Schrift gnädiglich zu gut halten; denn der
gute Graf hat sich persönlich here zu mir umb dieser
Sachen willen begeben, und begehrt solche Schrift
neben meiner persönlichen Reisen. Hiemit dem lieben
Gott befohlen, Amen. Denn es stehet, als seien
alle Teufel sonst in der Welt mussig, und sich an
uns Deutschen gelegt, da er Gottes Wort nicht leiden will. Sonnabends nach Jubila, 1542.

E. K. F. G.

unterthäniger

Mart. Luther.

677.

An den Kurfürsten Johann Friedrich und den
Herzog Möriz von Sachsen und deren Land-
 stände, v. 7. April 1542.

Bgl. Seckendorf III. 413. Wittenb. XII. 229. Jen.
VIII. 40. Altenb. VIII. 42. Leipz. XXI. 426. Walch XVII.
1808. De W. V. 454.

Meine unterthänige Dienste und mein armes
Pater noster zuvor rc. Gnädigster, Gnädiger, Ehrwürdige, Wohlgeborne, Edle, Gestrenge, Feste, und
wie ein jeden sein Titel gebühet. Mir ist solch ernst
Furnehmen und plötzlicher Zorn zwischen beiden, Eur
Kur- und Fürstlichen Gnaden, sowohl als andern,
heut erst recht kund worden. Und wiewohl mir, als
Prediger und geistlichen Ampts, hierin weder zu richten noch zu handeln ichts gebührt, weil es sogar eitel weltliche Sachen sind, da mir auch nicht viel zu
wissen befohlen ist; so stehet doch, da Gottes Wort
1. Tim. 2, 1., welchs uns Predigern und der ganzen Kirchen gebeut, für die weltlichen Herrschaften
zu sorgen, und zu beten umb Friede und Alles Wesen auf Erden, wider den Teufel, alles Unfriedes
Stifter und Anfänger.

Nu, das ein Stück unser Sorge ist geschehen und geschieht noch täglich von ganzem Herzen, nämlich das Gebet, wie das beide Bücher und Gesänge zeugen, sonderlich itzt, weil der Teufel so eilend und plötzlich diese Unlust erreget hat. Das ander, daß wir auch müssen Gottes Wort und Befehl anzeigen in allerlei Anfechtungen, es sei zu trösten die Betrübten, oder zu vermahnen die Angefochtenen, oder zu schrecken die Halsstarrigen, und dergleichen.

Damit ich nu hierinne das Meine auch thue, und fur Gott mein Gewissen entschuldigt habe; so bitte ich aufs Unterthänigst, E. Kur= und Fürstl. Gn. wollten mich gnädiglich hören. Denn ich will nicht mein, sondern Gottes Wort reden, sonderlich weil E. Kur= und Fürstl. Gnaden, sampt beiden Landschaften, das Evangelium angenommen und bekannt, Christen sein, das ist, Christi Wort hören und gehorchen wollen und sollen. Und freilich, weil ich bei beiden Seiten geacht, daß ich Christus Diener und Prediger des Evangelii bin (als die Wahrheit ist), wer mich höret, höret Gott, wie er spricht (Luc. 10, 16.): Wer euch höret, der höret mich, wer euch verachtet, der verachtet mich; wer mich aber verachtet, der verachtet den, so mich gesandt hat: da behüte Gott für, Amen.

Er spricht aber: Selig sind die Friedfertigen, denn sie sollen Gottes Kinder heißen, Matth. 5, 9. Ohne Zweifel wiederumb wirds heißen: Vermaledeiet sind die Friedbrecher, denn sie müssen des Teufels Kinder heißen. Solcher Spruch, weil er Gottes des Allmächtigen ist, wird keinen Unterschied der Personen achten, wie hoch sie seien, sondern alle unter sich haben, und gebieten Friede zu halten, bei Verlust ewiger Seligkeit, oder (das gleich so viel ist) der Kindschaft Gottes.

Darumb ist dieß das erste Gebot Gottes, daß E. Kur= und Fürstliche Gnad schuldig sind, vor allen Dingen zum Frieden zu trachten, zu rathen und helfen, und sollts auch Leib und Gut gelten, will geschweigen solchs liederlichen und geringen Schadens, so itzt in diesem gegenwärtigen Fall mag furstehen.

Denn, ohne Verletzung des Gewissens, ja Fährlichkeit ewiger Verdammniß, werden E. Kur= und F. Gn. in diesem geschwinden Zorn und Unfriede wider solch göttlich Gebot nicht können fortfahren.

Ja, mag man sagen, Niemand kann länger Friede haben, denn sein Nachbar will: das ist wahr; darauf sagt Gott aber also, Röm. 12, (18.): So viel an euch ist, so habt mit allen Menschen Friede. Demnach müssen Euer Kur= und Fürstl. Gn. sampt beider Landschaften hierin Gott auch Gehorsam schuldig sein bei ewiger Verdammniß, und ein Theil dem andern Friede und Recht anbieten. Wenn alsdenn das Recht und Urtheil gegangen, so mag sich denn wehren, wer da kann. Denn auch die Rechte sagen: Niemand soll sein selbs Richter sein, viel weniger sein selbs Rächer; und wer wiederschlägt, ist unrecht, ausgenommen die einige elende Nothwehr.

So hat wahrlich Gott die Rache hart verboten, Röm. 12, (9.): Die Rache ist mein, ich will vergelten; wer nu Gott das Gericht und Rache nehmen will, den wird sein Urtheil treffen, Röm. 13. Und wenn mir Jemand meinen Vater oder Bruder erschlüge, so bin ich dennoch uber den Mörder nicht Richter noch Rächer. Und was darf man der Recht und Oberkeit, ja was darf man Gottes, wenn ein Jeder will selbs Richter, Rächer, ja Gott selbs sein wider und uber seinen Gleichen oder Nähesten, sonderlich in weltlichen Sachen? Denn in geistlichen Sachen ists ein anders, da ein Christ wohl uber Welt und alle Teufel Richter, das ist, Gottes Worts Werkzeug oder Zunge ist. Denn sein Wort ist Gottes Wort, der keinen Gleichen, noch Nähesten hat, sondern uber alle Richter, Rächer und Herr ist.

So ist in dieser plötzlichen Zweiung noch kein Recht weder Handlung furgenommen, viel weniger ein endlich Urtheil gesprochen, darauf man möchte mit gutem Gewissen die Rache oder Straf furnehmen, so doch furhanden sind das feine Kleinod, das Fürstl. Hofgericht, item so viel feiner löblicher Grafen, Herrn, Ritterschaft und gelehrte Juristen, die solchs wohl zuvor könnten hören und bewegen, zuletzt auch die erbvereinigte Fürsten, und vielleicht mehr, denn is weiß, bei welchen man zuvor beides Theil Recht oder Unrecht könnte erforschen und schließen; damit man nicht wider Gott und eigen Seligkeit Uneinfuhre, und unversuchtes, unverhortes und unerkanntes Rechts, Land und Leute, Leib und Seel also dem Teufel zu Ehren und Gott zu Unehren opfern müßte!

Ist doch das Städtlin Wurzen nicht werth der Unkost, so bereit darauf gegangen ist; schweige solchs großen Zorns so großer mächtiger Fürsten und trefflicher Landschaften, und würde bei vernünftigen Leuten nicht anders angesehen, denn als zween volle Bauren sich schlügen im Krebsmaat und ein zubrochen Glas, oder zween Narren um ein Stück Brods, ohne daß der Teufel und seine Glieder aus solchem Funken gern ein groß Feuer aufbliesen, und also den Feinden eine Freude, dem Türken ein Gelächter, dem Evangelio ein sonderliche Schande anthäten, auf daß der Teufel rühmen möchte durch seine Lästermäuler. Siehe da, das sind evangelische Fürsten und Landschaften, so aller Welt den Weg zum Himmel weisen wollen, und alle Menschen die Wahrheit lehrten, und sind solche Narren und Kindel worden, daß sie selbs noch nicht wissen, auch geringe weltliche Sachen, mit Recht und Vernunft fürzunehmen; wie die Evangelischen an! Ja freilich, so würden wie hören müssen vom Teufel und aller Welt. Das würde Gott trefflich wohl gefallen, daß sein Name so sollte und unser willen entheiliget werden, Röm. 2. (24.)

So wäre auch dieser Krieg, wie beide Theil wohl wissen, wo sie es bedenken, kein Krieg, sondern ein rechte Aufruhr, ja wohl ein Hausaufruhr, da Vater und Sohn, Bruder und Vetter in einander fallen. Denn die beide Fürstenthum so nahe unter einander verwandt sind, daß es völlig Ein Haus, Ein Geblüte möchte heißen, von oben an bis unten aus. Da sind beide Fürsten unter zweier Schwester Herzen gelegen, darnach der Adel unter einander gezweiet, geschwistert, geschwägert, gefreundet, ja fast geschwäbert, gevattert, gesöhnet, daß es wohl mag heißen Ein Haus, Ein Blut; auch Bürger und Bauern

gegen einander Söhne und Töchter gegeben und genommen, daß es nicht näher sein könne.

Und solche Nähe sollte durch den leidigen Teufel
so ver einander gestürzt und gemenget werden, umb
einer Hans oder Risse willen? Denn was kann Wit-
zen mit aller seiner bischöflichen Herrlichkeit sein gegen
solchem theuren Adel und so viel Blut, denn eine
läuftige Laus? Sollt doch Gott mit Donner und
Blitz plötzlich darein schlagen, sonderlich weil wir
Christen so mutwillige Teufel sein wollen, und wäre
besser Türken und Tattern im Lande leiden.

Ich gedenk Herzog Friedrichs, seliger Gedächt-
niß: da er mit Erfurt Adel stand, wollten ihm etliche
Krieger Erfurt erkaufen; wo er fünf Mann wa-
gen wollt. Es wäre zu viel, sprach er, an einem
Mann; so doch Erfurt viel ein andrer Brate in die
Küchen wäre, denn Wurzen. Das war ein Fürst.

Demnach ist mein unterthänig Bitten, eur Kur
und Fürstliche Gn. wollen Gottes Ehre, ihre Seligkeit betrachten, die ewige Schande und Nachrede nicht
auf so herrlich, löblich Fürstenthumb ererben, auch
die armen Unterthonen bedenken, das Kreuz wider
den Teufel für sich schlagen, und doch meiner armen
Bitt in Gnaden so viel thun, in ein Kämmerlein allein gehen, und mit Ernst ein Vater Unser beten:
so wird, ob Gott will, der Heil. Geist euer Kur- und
Fürstl. Gnaden Herzen ändern. Mögen auch wohl
dasselb thun, was fromme Herzen sind in beiderseits
Landschaften: die andern tollen Hunde mögen dieweil
suchen, und ihr Herzeleid haben mit ihrem Gott, dem
Teufel, dem Gott, unser Vater, wohl steuren kann.

Und da Gott für sei, dafür mich ja du, mein
lieber Herr Jesu Christe, sampt allen, die mit mir
beten, gnädiglich behüten wollest, daß ein Fürste oder
Landschaft Friede und Recht wegern, und mit dem
Kopf wider Gott laufen, und dem rachgierigen Zorn
nachgehen wollte: In dem Falle, dei Gott gnädiglich
abwende, trete ich zu dem Theil, es sei mein gnädigster Herr, der Kurfürst, und Landschaft, oder mein
gnädiger Herr Herzog Moritz, und Landschaft, (denn
es gilt hie keins Heuchelns, ich reden sei Gott auf

mein Gewissen): ich bitte, sage ich, in dem Fall zu
dem Theil, das Friede und Recht anbeut, leiden kann
und begehrt.

Denn wenn gleich das ander Theil das höchste
Recht hätte, und billig Zorn schnauben könnte, so
verdampt sichs doch selbs damit, daß es Gott in seine
Gewalt greifft, selbs Richter und Rächer sein will,
und damit das Gegentheil zur Nothwehr dringet, und
dasselbige mit der That recht spricht, und unschuldig
machet, sich selbs aber an dem Rechten stürzt, wie
droben gesagt ist. Denn so heißt: Quod justum
est, juste exequaris, et mea est vindicta. Und alsdenn soll das Theil, so Recht und Friede sucht, getrost und fröhlich sich wehren, und rühme nur, daß
ichs an Gottes Statt geheißen, gerathen und vermahnet hab. Denn ich will solch Blut und Verdammniß jenes Theils auf mich nehmen, muß es auch wohl
thun.

Und wo es dahin käme, da Gott für sei, daß
man zu Felde zöge, oder sonst zum Angriff geriethe,
so bücket eure Häupter hieher gegen Wittenberg zu
uns, und empfahet unsere Hände, die ich hiemit auch
verheiße zu Vergebung euer Sünde, als die sich aus
Noth wehren, und gerne Recht leiden und haben
wollten, und damit auch desfalls für Gott gerecht
seid, und gläubet unser Absolution. Darnach seid
getrost und unerschrocken, laßt Spieß, Büchsen gehn
in die Kinder des Unfriedes, Zorns und Rache, Gottes Wille geschehe, wer stirbt, der stirbt seliglich, als
im Gehorsam und Nothwehr, seinen Fürsten und
Land zu schützen. Wir müssen uns nicht zu Tote
fürchten für einem lebendigen Teufel, viel weniger für
sterbliche armen Menschen. Dem andern rachgierigen
unfriedlichen Haufen verkündige ich hiemit, daß sie
wissen, und sich nicht entschuldigen sollen am jüngsten
Tage und Gericht, daß sie sich selbs in Bann gethan,
und in Gottes Rath gegeben, und, wo sie im Kriege
umbkommen, ewiglich verdampt sein müssen, mit Leib
und Seel. Denn sie nicht allein ohn Glauben schlagen, sondern auch in weltlichem Recht böse Gewissen
in die Schlacht bringen.

Und rathe euch treulich, daß wer unter solchem unfriedlichen Fürsten krieget, er laufe, was er laufen kann aus dem Felde, errette seine Seele, und lasse seinen rachgierigen, unsinnigen Fürsten allein, und selbs mit denen so mit ihm zum Teufel fahren wollen, kriegen. Denn Niemand ist gezwungen, sondern vielmehr verboten, Fürsten und Herrn gehorsam zu sein, oder Eide zu halten zu seiner Seelen Verdammniß, das ist, wider Gott und Recht. Es heißet: Hoc possum, quod jure possum. Und bitte und hoffe, daß Gott werde dem rachgierigen Haufen ein verzagt Herz, zitternde Hände und bebende Knie geben, wie Moses sagt (5. Mos. 28, 25.), daß sie durch sieben Wege fliehen, da sie durch einen heraus kommen sind, Amen. Der barmherzige Gott schicke seinen friedlichen Engel, der beide zwischen Fürsten und Landschaften rechte Einigkeit erwecke, wie wir uns eins Glaubens und Evangelii rühmen, Amen.

D. Martinus Luther.

678.

An Hieron. Weller, v. 19. April 1542.

Deutsch in den Unsch. Nachr. 1714. S. 726. u. in Cod. Jen. B. 24. n. fol. 2. Latein. in Samuels Biblioth. seltn. Bücher I. S. 236. Schütze I. 204. Clossische Sammlung S. 541. mit dem Datum fer. 4. post Quasimodogeniti, anno MDXLII., Cod. Gud. 214. Bibl. Guelph. Im Leipz. Suppl. No. 188. S. 100. und bei Walch XXI. 468. wird er deutsch als aus dem lateinischen übersetzt geliefert, und nochmals S. 1480. De W. V. 465.

Gnad und Fried ꝛc. Der schnelle, unersehlich Lärmen dieses Kriegs hat aus vieler Herzen Gedanken an Tag gegeben, wie betrügliche untreue und erdichte Liebhaber des göttlichen Worts die Meißnische Scharhansen und Leipzische Gift und Ungeziefer sei. Gott wolle solchen verfluchten Tyrannen, die do in Schwelgerei, Wucher, Geiz, Hoffarth, Untreu, Hasse,

Gottlosigkeit, Gleisnerei, Unwahr-, Betrug, und aller
Ungerechtigkeit und Bosheit schossen, zu seiner Zeit
ihr gebührliche Belohnung geben, daß sie ser ein grausamen Krieg, da der Vater den Sohn, und wiederum
der Sohn den Vater hat ermorden sollen, erwogt
haben.

Gott hat der christlichen Gemeine Gebet erhört,
und wird hinfort erhören wider solche Teufel, daß sie
ihr Vorhaben nicht vorbringen werden. Gehabt dir
wohl, und bitt vor die christliche Gemeine, wie dieselbe
vor dich und uns allen bittet. Geben den Kirchtag
nach dem Sonntag Quasimodogeniti. Amen.

679.

An Joh. Cellarius Wittwe, v. 8. Mai 1542.

Wittenb. XII. 171. Jen. VIII. 48. Altenb. VIII. 66.
Leipz. XXII. 587. Walch X. 2352. De W. V. 469.

Gnade und Friede in Christo. Ehrbare, tugendsame, liebe Frau! Ich habe leider erfahren, wie
Gott der liebe Vater euch, ja uns auch, mit einer
Ruthen gestäupet, und den lieben Mann M. Johannem Cellarium, euren Hausherrn, von euch und uns
genommen, daran uns allen wehe geschehen, ob er
wohl in guter, seliger Ruge ist. Aber lasset euch das
trösten, daß euer Leid das größte nicht ist unter Men-
schen-Kindern, der viel sind, die hundert Mal Aergers
müssen leiden und vertragen. Und ob unser aller Leiden auf Erden auf einem Haufen läge, so wäre es
doch nichts gegen dem, so Gottes Sohn für uns und
umb unser Seligkeit willen unschuldig gelitten hat.
Denn es ist kein Tod gegen den Tod unsers Herrn
und Heilands Christi zu rechen, durch welchs Tod wir
alle vom ewigen Tod errettet sind.

Also tröstet euch in dem Herrn, der für euch und
uns alle gestorben und viel Mal besser ist, denn wir,
unser Männer, Weiber, Kinder und alles ist. Denn
wir sind doch sein, wir sterben oder leben, darben

oder thaten, und wie es gehet. — Sind wir aber sein,
so ist er auch unser mit allem, was er ist und hat,
Amen. Demselbigen hiemit Gnaden befohlen. Mein
Käthe grüßet euch in Gott Trost und Gnade. Montags nach Cantate, 1542.

680.

An den Kurfürsten Joachim II. zu Brandenburg,
v. 17. Mai 1542.

Altenb. VIII. 999. Leipz. XXI. 428. Walch XXI. 469.
De W. V. 471.

Gnade und Friede in Christo. Durchleuchtigster,
Hochgeborner Fürst, Gnädigster Herr! Daß E. K.
F. G. oberster Feldhauptmann worden sind wider
den grausamen Feind Christi, da wünschen wir E.
K. F. G. Gottes Gnad und alles Gutes zu, wie es denn
auch von nöthen ist zu wünschen, und mit Ernst zu
bitten für Gott, welchs wir mit allem Vermögen thun
wollen durch Gottes Gnad. Denn wir wahrlich fur
uns selbs auch gar herzlich bedenken, wie nicht allein
E. K. F. G. Person, sondern viel ander mehr seiner
Leute, die sich in diese Fahr begeben, die so groß ist,
daß Gott selbs muß durchs Gebet der Kirchen bewegt
dabei sein, oder wird nichts Guts damit ausgericht
werden. Denn unsers Deutschlandes vorige, dazu
itzige Sünde, als Gottes Wort lästern und seine Diener verfolgen, so ubermacht ist, daß mir oft mein Gebet dadurch geschwächt ist worden. Dennach ist auch
wiederumb meine demüthige Bitte, E. K. F. G. wollten ihre Prediger das Volk lassen vormahnen, daß
sie ja aus einfältigen Herzen zu Lob und Ehre Gottes, der Kirchen oder Christenheit zu gut, auch Weib
und Kind, Polizei und Zucht, wie E. K. F. G. selbst
anzeigen, zu erhalten, und nicht umb eigner Ehre,
Ruhm oder Genieß willen, ihr Leib und Leben wagen wollten. Denn Türken und Teufel, unsere Sünde
und Gottes Zorn sind vier mächtige, große Feinde,

so uns auf dem Hals liegen, welchen wir mit leiblicher Macht viel, vielmal zu schwach sind. Deß mögen wir uns gewißlich vorsehen, haben es auch bisher oftmals (leider) allzu jämmerlich erfahren, daß wohl vonnöthen sein will, daß E. K. F. G. ein gute Discipline halt, das Lästern und Martern der Scharhansen verbieten und strafen, auch zum Beten und Gottesfurcht lassen reizen durch die Prediger. Denn so lehret uns die Schrift, daß, wo Gott nicht dabei ist, da hilft keine Macht, Kunst noch Klugheit, sonderlich in seinem Volk, die sich seines Namens rühmen. Denn die Fremdden, seine Feinde, läßt er Glück haben und dahin fahren; aber sein Volk soll heilig sein, oder er will sie strafen, Ps. 89, 33. Doch weil wir wissen, daß E. K. F. G. und so viel seiner Leute (denen es Ernst ist) da sind, da wollen wir, so lieb uns Gott giebt, treulich mit unserm Gebet bei euch sein, ungeacht, daß so viel loses Gesindes im Haufen mit untergemengt ist, und mit euch Sorge tragen, beten helfen, und thun, was uns müglich ist. Daran sollen E. K. F. G. keinen Zweifel tragen. Denn E. K. F. G. das ja werden müssen glauben, und sicher sein, daß wir dem Türken wider E. K. F. G. weder können Glück wünschen noch Amen sprechen, sondern müssen E. K. F. G. und den Unsern wider den Türken, das ist, wider den Teufel, Gottes Zorn und unser Sünde, beistehen. Das helf uns unser lieber Herr Jesus Christus, und sehe nicht an, was wir verdienen und werth sind, sondern seinen heiligen Namen, und gebe uns die Gnad, daß wir mügen zuletzt fröhlich rühmen, daß wir seinem heiligen Namen gedienet, seine Ehr und Reich, auch seinen Willen gesucht haben, Amen. Wenn wir das thäten, oder thun könnten, so sollt es, hoff ich, auch nicht Noth haben, ohn daß mich auch ein wenig schwächt solche große Bosheit der Papisten, die helf uns Gott der liebe Vater auch überwinden, und laß uns derselbigen nicht entgelten. Denn wir ja derselben aller unschuldig seind, und uns ihr Thun leid ist. Hiermit dem lieben Gott befohlen sampt dem ganzen Heer; denn ich hiermit mein Gebet und Segen will gegeben haben, im Namen des Vaters, des Sohns und des Heiligen Geists, Amen. Vigilia Ascensionis anno MDXLI.

C. R. F. G.

williger Diener

Martinus Luther, D.

681.

An einen Ungenannten, v. 23. Mai 1542.

Wittenb. XII. 171. **Jen.** VIII. 48. **Altenb.** VIII. 66. **Leipz.** XXII. 537. **Walch** X. 2128. **De W.** N. 473.

Gnade und Friede im Herrn. Ehrbar, Fürsichtiger, guter Freund! Es hat mir euer lieber Sohn R. angezeigt, wie ihr euch höch bekümmert der entwandten Güter halben, und darauf begehret ein Trostbrieflin von mir an euch. Nu, mein lieber Freund, mir ist, furwahr leid euer Beschwerung und Leiden. Christus, aller Betrübten höchster Tröster, wolle euch, wie er wohl kann, auch thun wird, trösten, Amen.

Gedenkt, daß ihrs nicht allein seid, die der Teufel betrübt. Hiob ward geplagt, und nicht allein alles beraubt bis auf die Haut, sondern dazu auch leiblich und geistlich hart geschlagen; noch fand Gott ein gut Ende, und ward reichlich wieder getröstet. Sprecht, wie der 55. Psalm lehret: Wirf dein Anliegen auf den Herrn, der wird dich versorgen, und St. Petrus (1. Epist. 5, 7.) demselben Spruch nach: Lieben Brüder, werfet alle euer Bekümmerniß auf ihn, denn er sorget fur euch. Obs eine Zeit lang wehe thut, so ist er doch treu und gewiß, und wird zu rechter Zeit helfen, wie er spricht Ps. 50, (15.): Rufe mich an in der Noth, so will ich dich erretten, so sollst du mich preisen; denn er heißt Nothhelfer zu rechter Zeit Ps. 9, (10.).

Und was ist unser Leiden gegen dem, das Gottes Sohn unschuldig, dazu fur uns, gelitten hat? Ohne daß unser Schwachheit unser Leiden schwer und groß

... wohl, wohl lehren müß, wo wir lieber wä=
ren. Hiemit dem lieben Gott befohlen. Dienstag
nach Exaudi, 1542.

682.

An den Herzog Albrecht von Preußen, v. 9. Junius 1542.

G. u. F. Durchleuchtiger, Hochgeborner Fürst,
gnädiger Herr! Ich hab E. F. G. Schreiben, auch
mündlich Werben des Secretarien sehr gern vernom=
men. Bitte auch noch, wie zuvor, E. F. G. woll=
ten (wie sie sich selbs herzlich erbieten) darauf sehen,
daß die Secten nicht einreißen; denn es darf Aufse=
hens, weil der Feind nicht ist ein gemalet oder ge=
schnitzt Bilde, sondern, wie Christus sagt, ein leben=
diger, ja, ein regierender Fürst und Gott der Welt,
wie wir denn täglich wohl erfahren.

Daß E. F. G. erfordert sind zum Kriege wider
den Türken von m. G. Herrn Kurfürsten zu Bran=
denburg rc., höre ich gern, und wollt wohl gern, daß
solchem großen mächtigen Feinde stattlich Widerstand
geschehe. Aber daß es sollt ein Vocatio sein, das ist
nichts, weil E. F. G. nicht vom Reich erfordert sind.
Sonst wäre es wohl ein freundlicher Dienst als von
einem Nachbar, derhalben E. F. G. ohn Gefahr des
Gewissens wohl können heim bleiben, wie auch wohl
vonnöthen. Wo nu E. F. G. aus unverbundener
Pflicht allein zur Freundschaft wollten ziehen: so hät=
ten E. F. G. Begehr nach allhie die zween Stipen=
diaten, welche zum Heerprediger=Amt tüchtig gnug,
acht auch wohl, wo sie E. F. G. fodern würden,
sollten sie sich willig finden lassen. Des Wundarzts
halben weiß ich hier keine Antwort zu geben, denn
sie hier nicht sind oder schon alle abgefodert. Unser
lieber Herr Christus segene E. F. G. und behüet

sie in allen Gnaden; Amen. Freitags nach Trinitatis 1542.

E. F. G.

williger

Martinus Luther.

683.

An die Grafen zu Mansfeld, v. 15. Junius 1542.

Hall. 400. Leipz. XXII. 513. Walch XXI. 471. De W. V. 475.

Den Edlen, Wohlgebornen Herrn, Herrn Albrecht, Philipps und Johann Georgen, Grafen und Herrn zu Mansfeld, meinen gnädigen und lieben Landesherrn.

Gnad und Friede, und mein armes Pater noster. Gnädige Herren! Ich hab es allzugewiß erfahren, wie E. G. so nahe Freunde, Vettern, Brüder, Vater, Sohn x., an einander kommen sind, uber der Pfarre und Schulen zu St. Andres zu Eisleben, das mir von Herzen leid ist; als denn billig ist, daß ich als ein Landkind meinem Vaterlande und väterlichen Landesherrn mit allen Treuen diene, und dafür sorge, sonderlich so ich sehe, was der leidige Teufel im Sinn hat zu dieser letzten Zeit und Noth ganz Deutschlandes, da es wohl bedürft, daß eitel Einigkeit und Liebe wäre zwischen allen Ständen, am meisten aber zwischen so nahen Blutsfreunden, weil uns der Türke, Gottes Zorn, so hart aufm Halse liegt. Aber es stehet, als wollte Gott kein Gebet erhören, sondern die alten vorigen Sünden, im Papstthum begangen, sampt der Verachtung des ausgegangenen Evangelii zu Haufe strafen, dem Teufel Raum lassen in allerlei Muthwillen. Und ist mir kläglich gnug, daß unter euch Freunden soll Uneinigkeit entstehen uber dem Wort der Gnaden und Friedes, das ist uber der Pfarre und Schulen x.

Gott, der barmherzige Vater, steure dem leidigen Teufel, und wehre den bösen Mittlern, so solchen Unlust zwischen E. G. anrichten, Amen.

Demnach ist an E. G., meine liebe Landherren, meine herzliche und schuldige Bitte, sie wollten Gott und seinem Wort zu Ehren sich demüthigen, und diese Sache mit Sanftmuth und nicht mit der Schärfe (wie der Teufel gern wollte) fürnehmen, unternander freundlich (wie Gott gern wollte) handeln. Denn mit der scharfen Weise wildernander zu fahren, werden E. G. nicht allein selbs das Evangelium verlieren, sondern auch Ursach geben, daß beide, Pfarre und Schule zergehen müssen.

Denn daß ich E. G. zuvor sage, sie werden keine tüchtige Personen zur Pfarre und Schule kriegen, und ich will und kann auch den nicht für einen Biedermann halten, der sich in solcher Zwiespalt gebrauchen lassen wird, viel weniger für einen tüchtigen und evangelischen Pfarrherrn oder Schulmeister 2c. Es darf noch wohl Gottes Gnade, wo die Herrschaft ganz einträchtig, und die Schule und Pfarre aus einerlei sind, daß unter den Kirchen= und Schuldienern Eintracht bleibe, vor dem Teufel, der beiden Aemptern feind ist. Und was man in Gottes Namen und Gefallen anhebt, wird mit Mühe durch ernstes Gebet und viel Leiden kaum erhalten; was sollte denn da Guts auskommen, das ins Teufels Namen und Willen, das ist, mit Stolz und Hohmuth, wird angefangen?

Ist doch bishero seint der Aufruhr oder noch länger feine Einigkeit blieben, da gleich die Pfarre papistisch und der Prediger evangelisch geweß: wie vielmehr sollte es itzt so sein können, weil E. G. zu beiden Theilen das Evangelium angenommen und haben wollen? Und ist fürwahr eine sonderliche Anfechtung vom Satan, daß sichs uber dem Jure Patronatus stößet, welches frembde und des Bischoffs zu Halberstadt ist, obs wohl der itzige für seine Person von sich geben, nach seinem Tode aber dem Stift Halberstadt heimfället, das nicht leicht wird die Pfarre lassen mit christlichen Pfarrherren oder Predigern ver=

sorgen, wie dieser Bischoff gethan hat aus Furcht
und in der Aufuhr, und hiemit gewinnen würde
mehr, denn er zuvor hatte, oder je mit Gott und
allen Ehren verloren hatte, nämlich den Predigstuhel
und Schule (wie sie denn ohne das derselben wenig
geachtet). Darumb, meine gnädige, liebe Herren! E.
G. wollten dafür sein, und nicht frembde Herrn mit
eignen Schaden bessern; dafür sie E. G. spotten, in
die Faust lachen, und für Narrheit oder Kinderspiel
E. G. Gezänk halten werden.

Auch ist zu bedenken, welch ein groß Aergerniß
und dem Teufel sampt den Seinen ein Freudenspiel
das sein wird, daß solche feine und hochberühmte
Herren und Grafen, beiderseits evangelisch, umb
solch geringe, dazu frembde Jus Patronatus sich unter
einander so ärgern. Es laut nicht, es taugt nicht,
es gefällt Gott nicht, noch keinen frommen Christen-
menschen. Können doch wohl E. G. beiderseits Räthe niedersetzen, und in der Güte solchs lassen stillen
und schlichten. Und was ich und wir alle dazu thun
können, thäten wir gar herzlich gerne. Und bitten
Gott, den Vater aller Gnaden und Einigkeit, er wollte
E. G. ein sanftes, welches Herz gegen ander geben,
sein Werk (so E. G. beides meinen wollen) dem Teufel zuwider, einträchtlich und seliglich zu vollbringen,
Amen. Donnerstags S. Viti, Anno 1542.

    E. G.

      williger

         Martinus Luther.

684.

An Fürst Georg von Anhalt, Domprobst zu
Magdeburg, v. 26. Junius 1542.

Altenb. VIII. 1000. Leipz. XXI. 429. Walch XIX. 1632.
De W. V. 478.

Dem Durchleuchtigen Hochgebornen Fürsten
und Herrn, Herrn Georgen, Domprobst

zu Magdeburg, Fürsten zu Anhalt, Grafen zu Ascanien und Herrn zu Bernburg, meinem gnädigsten Herrn.

Gnad und Fried im Herrn. Durchleuchtiger, Hochgeborner Fürst, gnädigster Herr! Es hat mir mein lieber Herr und Freund, D. Augustinus, angezeigt, wie E. F. Gnaden bewogen sein, daß wir allhier das Sacrament aufzuheben nachlassen, wiewohl ichs für mich nicht gethan, sondern D. Pomer. So hab ich doch darumb nicht wollen streiten, und ist mir bisher gleich viel gewest, ob mans aufhebe, wie bei uns, oder liegen lasse, wie zu Magdeburg und fast in allem Sachsenlande. Zu dem daß ichs gesehen, wie mit Unwillen es unser Diacon aufgehoben, nicht über den Mund. Derhalben auch D. Pomer längst darmit ist umbgangen, und nicht neulich darauf gerathen. So mügen sich E. F. G. deß trösten, daß ich mich tröste, daß die Ceremonien nicht Artikel des Glaubens sind, und doch mehr und größer Wesen allzeit in der Kirchen angericht weder das Wort und die Sacrament, und der Pöfel leicht darauf geräth, ein einig Ding daraus zu machen. Darumb ich nicht anders hierin thue, denn wo die Ceremonien stehen, so stehe ich mit, wo sie nicht gottlos sein; wo sie fallen, so falle ich mit. Denn wir auch ohne das, wenn der Hostien oder Weins zu wenig consecrirt, und mehr consecriren muß, daß wir die zum andern Mal nicht aufheben, wie im Papstthum auch gehalten wird, im Fall, daß man anderweit auch consecriren muß; und sonderlich die Partikul, so für das Volk consecriret, wurden nicht aufgehoben, und doch dasselbige Sacrament waren. Und ob sie Jemand wollte noch itzt aufheben, wollt ich nichts darnach fragen. Es gilt oder nimpt dem Sacrament nichts. Und kömpt vielleicht einmal die Zeit, die Ursachen mit sich bringt aufzuheben, so ist uns frei, und ohn Fahr, daß mans wiederumb aufhebe; dann die Ceremonien seind uns unterworfen, und nicht wir den Ceremonien, ohne, wo es die Liebe fodert, der wir unterworfen sein. E. F. G. werden

dieß und anders wohl besser bedenken, denn ich schreiben kann. Hiemit dem lieben Gott befohlen. Montags nach Johannis, 1542.

685.

An den Kurfürsten Johann Friedrich, v. 23. August 1542.

Leipz. Suppl. No. 187. S. 104.; Walch XXI. 476. De W. V. 491.

Dem Durchleuchtigsten, Hochgebornen Fursten und Herrn, Herrn Johanns Friedrich,
Herzogen zu Sachsen, des heil. Ro. Reichs
Erzmarschall und Kurfursten, Landgrafen
in Thuringen, Markgrafen zu Meissen
und Burggrafen zu Magdeburg, meinem
gnädigsten Herrn.

G. u. Friede in Christo. Durchleuchtigster, Hochgeborner Furst, Gnädigster Herr! Es hat mich Christoph von Schaumburg lassen fleißig bitten, ich wollt
an E. K. F. G. seinet halben schreiben, daß E. K.
F. G. ihm wollten gnädigliche Forderung thun in
seiner Sachen. Ich hab sein gedruckten Bericht gesehen, wie der Herr Mordbrenner so gar märrisch
und päpsisch mit umbgangen. Wiewohl ich nu weiß,
daß ohn mein Schreiben E. K. F. G. dem verzweifelten Menschen mehr, denn ich billig, wider sein
mussen; doch weil ich wohl achten kann, daß dergleichen Sachen viel werden sich finden, damit E. K.
F. G. wohl zu thun haben (denn der verzweifelte
Mordbrenner wirds einem nicht allein gethan haben):
so bitte ich desto mehr fur diesen Er Christoph ganz
unterthäniglich, E. K. F. G. wollten das Beste bei
ihm thun, damit er nicht so gar verlassen, von dem
Umbschlag rein ausgefressen werde. Der barmherzige
Gott sei mit E. K. F. G., und helfe allen Sachen

zum guten Ende, zu seinem Lob und Ehren, Am
Mittwoch nach Agapiti, 1542.

E. K. F. G.

unterthäniger

Mart. Luther.

686.

An Fürst Wolfgang von Anhalt, v. 18. September 1542.

Hall. 449., Leipz. XXII. 573., Walch XXI. 460., in
Leipz. Suppl. aus dem Original No. 182. S. 97. De
W. V. 497.

Dem Durchleuchtigen, Hochgebornen Fürsten und Herrn, Herrn Wolfgang, Fürsten zu Anhalt, Grafen zu Ascanien und
Herrn zu Bernburg, meinem gnädigen
Herrn.

Gnade und Friede im Herrn. Durchleuchtiger,
Hochgeborner Fürst, Gnädiger Herr! Es hat mich
die Frau Selbitzin sampt ihrem Sohne, Georgen
von Selbitz, freundlich gebeten an E. F. G. diese
schriftliche Fürbitte zu thun. Nachdem E. F. G.
tausend Gülden an Thalern und Silbergröschen ausgethan, den Thaler zu vier und zwanzig Gl., und
die Silbergroschen ein zwanzig für einen Fl. gerechnet, mit der Vertröstung, sie sollten zur Zeit der
Ablösung wieder in gleicher Güte überreichet werden;
nun aber sie empfangen den Thaler, wie er itzt gehet,
auf fünf und zwanzig Gl., welches ich wohl ermessen,
daß E. F. G. nicht gemeinet, etwas Nachtheils der
guten Frauen und ihres Sohns zu suchen, sondern
die Amptschösser thun itzt allenthalben also, und
wollen die Herrn mit geringen Vortheilichen reich
machen (wo sie anders so fromm sind und sich selbst
nicht meinen), so es doch im Grunde nichts hilft,
sondern vielmehr als eine Abbruch des Nächsten dem

Abbrecher Schaden thut: ist ihre Bitte und meine
auch aufs Demüthigste, E. F. G. wollen ihrer Vertröstung nach gleicher Güte reichen lassen, und das
Nachtheil nicht auf sie kommen lassen. Denn E. F.
G. mit dem Vortheilichen wenig geholfen, und doch
dem Gewissen eine Strieme machen möchte. So ist
auch fürwahr nicht viel übrigs. E. F. G. wollten
mir solche Fürbitte gnädiglich zu gute halten, und
sich christlich und fürstlich gegen die gute Frau erzeigen. Hiemit Gott befohlen, Amen. Montags
nach Crucis, 1542.

E. F. G.

williger

Mart. Luther.

687.

An Justus Jonas, v. 6. November 1542.

Altenb. VIII. 1000. Leipz. XXI. 429. Walch XIX. 2401.
De W. V. 504.

Gnad und Fried im Herrn. Mein lieber Herr
Doctor! Ihr wisset, daß der Spottzettel vom Heilig-
thumb des Cardinals mein ist. Solchs wissen die
Drucker, die Universität, die Stadt, daß es gar unverborgen, und nicht heimlich ist. So wirds die
Braut zu Mainz selbs wohl wissen. Denn ich habs
also gemacht, daß ich habe wollen gemerkt sein. Und
wer es lieset, und jemals mein Feder und Gedanken
gesehen, muß sagen, das ist der Luther. Und weiß,
daß die Braut selbs sagen wird, oder gesaget hat:
Das ist der Bube Luther, sonderlich im Herzen,
welchs mir wohl bewußt. Sonst, wo ichs hätte wollen heimlich haben, wollte ich meine Feder und Gedanken besser verborgen haben. So ist die Braut
bei mir nicht in dem Ansehen, daß ich mich für seiner,
wiewohl teuflischer Kunst fürchte. Und obs gleich ein
famos Libell wäre, als nicht sein kann, so will ich
solches Recht, Fug und Macht haben wider den Cardinal, Papst, Teufel und allen ihren Haufen, und

soll dennoch nicht ein famos Libell heißen. Oder haben die Eselsten (Juristen wollt ich sagen) ihre Jura also studirt, daß sie noch nicht wissen, was subjectum und finis sei juris civilis? Soll ich sie es lehren, werd ich deste weniger Lehrgeld nehmen, und sie ungewaschen lehren. Wie ist doch die schöne Moritzburg so plötzlich zu einem Eselstall worden? Wohlan lustet sie zu pfeifen, so lustet mich zu tanzen: und will mit der Braut zu Mainz (so ich lebe) noch einen Reigen umher springen, der soll gut sein zur Letzt. Ich habe noch etliche süße Bißlin, die ich gerne geben wollte auf ihr rosenroth Mäulichen. So helf zu, Jurist, oder wem es Gott bescheeret hat. Lasset sie den Frischmuth sieden, braten: was gilts, ob ich sie (so ich lebe) nicht wieder braten werde, daß sie wunschen sollten, sie hätten solchen Zettel nicht gesehen, wo sie anders ehrenwerth sein wollen. Denn ichs nicht gesinnet, von dem verzweifelten Gottsfeinde und Lästerer zu Mainz zu schweigen zu seinem teuflischen Muthwillen, den er für und für wider das Blut Christi treibet. Aber laßt gehen und kommen, wie sie wollen. Ich will sie lehren, wie ich Macht und Recht habe, auch famos Libell (wo es möglich wäre) wider den Cardinal zu schreiben, unangesehen sein und seiner Juristen Zorn und Ungnad. Denn sie sollen unter dem Scheblimini, id est, sede a dextris meis, und nicht daruber sitzen, mit Ehren nicht. Diesen Brief laß ich auch frei, wiewohl ich leiden mocht, sie ließen mich alten Mann ungeheßt wo nicht, so mugen sie es getrost wagen. Ich will, ob Gott will, mich daheim lassen finden. Vale. 6. Novembr., anno Domini MDXLII.

Martinus Luther, D.

688.

An den Kurfürsten Johann Friedrich von Sachsen, Bedenken, im November 1542.

Aus Cod. chart. 461. f. Bibl. Gothi bei De W. V. 508.

Wahr ists, daß ein Potestat dem andern in rechten Sachen mag Hülf thun, mag sich auch dazu verbinden, wie Johannes spricht: wie Christus für uns gestorben, also sind wir schuldig unser Leben für unsere Brüder zu setzen, doch jeder nach seinem Stand und Beruf: ein Prediger anders, dann ein Fürst; ein Privatperson anders, dann ein Potestat; und wäre vergeblich Ding, so ein Privatperson aus Deutschland wollt in Frankreich laufen, den armen Christen Rettung da zu thun wider die Herrschaft. Denn solche Werk haben ihr Ordnung und ihr Maß, nämlich das Ampt und Möglichkeit. Potestat soll schützen, doch nach Möglichkeit, wie Christus spricht: Gebt Eleemosynen von dem Euren, das ihr habt, d. i. nicht höher, dann ihr vermögt. Unterthan sollen folgen, Prediger sollen ihre Bekenntniß mit ihrem Leiden bestätigen, ein Privatperson, so sie insonderheit fürgenommen wird, soll bekennen. Es sein auch allzeit Bündniß auf Erden gewesen bei Heiligen und Gottlosen; aber allzeit ist große Fahr dabei gewesen, und sind die allerhärtesten Kriege auf Erden durch Bündnissen verursacht, als zwischen Karthago und Rom, zwischen Athen und Sparta ꝛc. Abraham schützet Sodoma als ein Nachtbar und rett seinen Bruder, und that Recht daran; Salomon hat Bündniß mit Hiram; Constantinus schützet die Christen wider Licinium, mit dem er sonst Bündniß hätt, thät aber Recht, daß er der öffentlichen Tyrannei wehret; Theodosius schützet den jungen Valentinianum wider der Heidnischen Praktiken, und that Recht ꝛc. Dagegen sind auch oft Bündniß gemacht in Gottes Volk, nicht allein bei Heiden, die Gott mißfallen haben, und nicht wohl gerathen sind, wie sich Israel und Juda denn an Aegypten, denn an Syrien, denn an Babylon hängten, und half sie doch nicht. Denn das Herz muß zuvor mit Gott verbunden sein, und nicht allein auf menschliche Hülf sehen. So ists auch ordentlicher, daß Potestat mit Potestat sich in rechten Sachen vereinige, denn mit Privatpersonen, als da mit einem Theil der Stadt, da jener Theil eben daraus Ursach mag nehmen, frembd Volk einzulassen und Aufruhr und Mord anzurichten. Doch ist recht, so ein Potestat nach Möglichkeit armen Privatpersonen wider öffentliche Tyrannei Hülf thut. Wir haben aber nu oft gesehen, wie es ein Thun ist mit fremdden Nation Engelland und Frankreich, und stecken dieselbigen Leute voll Praktiken, und meinen nicht ein Ding, das sie fürgeben allein, suchen alls andere Vortheil darneben. Wo nu die Herzen im Grund nicht gleich sind, und nicht zu Gott gericht, da werden unbeständige Bündniß allezeit, wie die Erfahrung gibt; und ist sehr zu besorgen, die Päpstischen in Metz werden eben dadurch Ursach nehmen, fremdd Volk in die Stadt zu bringen, Aufruhr anrichten ꝛc. Dazu denn Lotharing, Burgund und Franzosen gute Lust haben, wie man weiß, daß die Lotharinger über zugesagtem Fried bei 20000 Mann im Bauern-Lärmen jämmerlich umbrachten ohne Noth, und werden sich Lotharing und Burgund viel leichter regen, dieweil noch die Stadt uneinig ist, damit sie ein Fuß in die Stadt setzen, und werden fürgeben der unterdruckten Part Rettung zu thun.

Aus diesen allen ist leichtlich abzunehmen, daß viel fährlicher ist mit einem Theil der Stadt, denn mit ganzer Stadt Bundniß zu machen. Darumb wollen die Herrn, als die durch Gottes Gnad selb hohes Verstands sein, und Gelegenheit viel besser wissen, denn wir selb bedenken: daß es fremdd und außerordentlicher Weis ist, mit einem Theil in einer Stadt Bundniß zu machen; item daß es vielmehr Fahr mit sich bringet, und der Stadt selb ehe zu Unrug Ursach geben möge; item wie den Unsern möglich sei da Rettung zu thun; item man muß hie auch gedenken, daß man mit Lotharing, Burgund und Frankreich zu schaffen haben wird. Doch stellen wir dieses Alles zu Gott, und bitten, die Herrn wollen selbst den Sachen nachdenken, wie dieses Thun zu mäßigen, daß die zu Metz nicht ganz ohne Trost gelassen werden.

E. K. F. G.

unterthäniger

Martinus Luther.

689.

An den Rath zu Regensburg, v. 27. November 1542.

Leipz. Suppl. No. 189. S. 102.; Walch XXI. 478. De W. V. 510.

Den Ehrbarn, Fürsichtigen, Herrn Bürgermeister und Rath der Stadt Regensburg, meinen günstigen Herrn und guten Freunden.

Gnade und Friede. Ehrbare, Fürsichtige, liebe Herrn, gute Freunde! Auf euer Schreiben und Begehren habe ich mit dem M. Hieronymo Nopo geredet, euer Kirchenampt anzunehmen, deß er sich beschweret für großer Demuth. Nachdem aber M. Philippus und ich angehalten, daß er solche Gabe Gottes und großen Verstand in der Schrift schuldig sei anzulegen, und Gott damit zu dienen, hat er sich dermaßen ergeben und erboten: nachdem er sich bis daher im Predigen wenig geübet, wollte er sich auf Fastnacht besser üben und sich hören und euch ihn versuchen lassen; und wiewohl uns solch Versuchen unnöthig gedunkt, nachdem wir wissen, daß ein guter Schulmeister nicht kann ein böser Pfarrer sein, haben wir doch ihn nicht mögen härter dringen, dann daß er gewißlich auf die Fastnacht solle bei euch erscheinen. Doch auf eure Kost und Zehrung. So hoffe ich, die zu Nürnberg können D. Förstern so lange zum freundlichen christlichen Dienst wohl gerathen. Solches hab ich E. Ehrb. zur Antwort wollen geben. Und E. Ehrb. und Stadt zu dienen bin ich willig. Hiemit Gott befohlen, Amen. Montags nach Katharinä, 1542.

Mart. Luth., D.

690.

An Graf Albrecht zu Mansfeld, v. 8. December 1542.

Altenb. nach der Vorrede des Hauptregisters. Bei Fz. XXII.
571. und Suppl. No. 184. S. 98.; Walch XXI. 454. De
W. V. 512.

Dem Edlen, Wohlgebornen Herrn, Herrn
Albrecht, Grafen und Herrn zu Mans-
feld, meinem gnädigen und herzlichen
Landsherrn.

Gnad und Fried in dem Herrn, und mein arm
Pater noster. Gnädiger Herr! Ich bitte ganz herzlich, E. G. wollten diese meine Schrift ja christlich
und gnädiglich vernehmen. Es wissen E. G., wie
ich der Herrschaft zu Mansfeld Landkind bin, auch
bis daher mein Vaterland natürlich lieb gehabt, wie
dann auch aller Heiden Bücher sagen, daß ein iglich
Kind sein Vaterland natürlich lieb hat; über das so
hat Gott durch E. G. im Anfang des Evangelii
viel lobwürdiger Thaten ausgericht, die Kirchen und
Predigtstühle, auch die Schulen zu Gottes-Lob und
Ehren fein bestellet, und in der Baurn Aufruhr E.
G. trefflich und herrlich gebraucht, daß ich aus solchen
und andern mehr Ursachen E. G. nicht kann also
leichtlich vergessen, oder aus meiner Sorge und Gebet lassen. Aber mir kommet für, zumal durch viel
Plaudern und Klagen, wie E. G. sollten von vorigem Anfang abfallen, und viel anders worden sein,
welches mir (wie ich halt, E. G. wohl gläuben werden) sehr ein groß Herzleid sein würde für E. G.
Person. Denn also wird man itzt plaudern wider
den christlichen Glauben, daß ich selbest oft gehört:
Was Evangelium? Ists versehen, so muß es also
ergehen; laßt uns thun, was wir thun; sollen wir
selig sein, so werden wir selig rc. Solches soll itzt
heißen große Klugheit und Weisheit, wiewohl wir
Theologen zuvor oder Gott selbst solchs auch wissen;
und wo E. G. in diesen Gedanken oder Anfechtun-

gen stecken, so wäre es mir von Herzen leid, denn
ich etwa auch drinnen gestecket, und wo mir Doct.
Staupiz, oder vielmehr Gott durch Doct. Staupiz
nicht heraus geholfen hätte, so wäre ich drinnen ersoffen, und längst in der Hölle. Dann solche teufolische Gedanken machen zuletzt, wo es blöde Herzen
seind, verzweifelte Leute, die an der Gnade Gottes
verzagen, oder seind sie kühne und muthig, werden
sie Gottesverächter und Feinde, sagen, laß hergehen,
ich will thun, was ich will, ists doch verloren.

Aber wie gern wollt ich mündlich mit E. G. reden, dann mir ist aus der Maßen leid für E. G.
Seelen, weil ich E. G. nicht so leichte achte, als die
verdampten Heinzen und Meinzen und doch ja mit
der Feder nicht so wohl kann geredt werden. Doch
kurz davon zu schreiben, G. H., ists ja die Wahrheit, was Gott beschlossen, das muß gewißlich geschehen, sonst wäre er ein Lugner in seiner Verheißung!
darauf wir unsern Glauben setzen müssen, oder schändlich fehlen, das ist unmöglich. Aber hie ist gleichwohl der große Unterscheid zu halten, nämlich was
uns Gott offenbaret, verheißen oder geboten hat,
das sollen wir glauben und uns darnach richten, daß
er nicht lügen werde. Aber was er uns nicht offenbaret oder verheißen hat, das sollen wir, ja können
auch nicht wissen, viel weniger darnach richten; und
wer sich damit viel will bekümmern, der versuchet
Gott, indem daß er läßt das fahren, das ihm zu
wissen und zu thun befohlen ist, und geht damit umb,
das ihm zu wissen und zu thun nicht befohlen ist. Daraus müssen denn wohl solche Leute werden, die nichts
nach Gottes Wort oder Sacrament fragen, begeben
sich dahin in wildes Leben, zum Mammon, Tyrannei und allerlei wüstes Leben. Denn sie können für
solchen Gedanken keinen Glauben, Hoffnung, noch
Liebe zu Gott oder Menschen haben, als den sie verachten, weil sie nicht wissen sollen, was er heimlich
gedenket; so er sich doch so reichlich offenbaret in allen, das ihn nützlich und seliglich ist, davon sie sich
muthwillig wenden. Kein Mensch kann leiden, daß
sein Knecht nicht ehr wollte sein befohlen Ampt aus

richten, er wüßte denn zuvor alle heimliche Gedanken
seines Herrn uber alle seine Güter. Und Gott sollte
nicht deßgleichen Macht haben, etwas Heimlichs zu
wissen, uber das, so er uns bestehlet? E. G. denken
doch, wo man sich sollt richten nach solchen Gedanken
der heimlichen Gericht Gottes: warumb läßt er seinen
Sohn Mensch werden, warumb stift er Vater- und
Mutterstand, warumb ordnet er weltlich Recht und
Obrigkeit? was darfs ehr, solls geschehen, so geschichts
wohl ohne solches alles, was soll uns dann die Taufe,
die heilige Schrift und alle Creatur? will ers thun,
so kann ers wohl ohne das alles thun. Aber es heißt,
er will seinen Rath nunmehr offenbaret durch uns
als Mitarbeitern 1. Korinth. 3. vollbringen: darumb
sollen wir ihn laffen machen, uns damit nicht bekum-
mern, sondern thun dasjenige, das uns befohlen ist.
Also spricht auch Salomo Proverb. 25. (?): Wer
die Majestät will forschen, der wird uberfallen werden, und Sirach am 3.: Verstehe nicht, was zu
hoch ist, sondern denke, was dir befohlen ist, und
die Jünger Actorum 1. Christum fragten, ob er ißt
wurde Israels Reich aufrichten, spricht er: Es ge-
buhret euch nicht zu wiffen Zeit oder Stunde, die
mein Vater ihm vorbehalten hat; sondern gehet hin,
und seid meine Zeugen ꝛc. Als sollt er sagen: Laßt
meinen Vater und mich sorgen, was geschehen soll,
gehet ihr hin, und thut, was ich euch heiße. Demnach bitte ich E. G. ganz herzlich, E. G. wollten
sich nicht entziehen vom Wort und Sacrament; denn
der Teufel ist ein boser Geist, E. G. viel zu listig,
wie auch allen Heiligen, schweige denn allen Menschen,
wie ich auch wohl erfahre, wann ich gleich kaum ein
Tag mich versäume; denn es wird der Mensch kalt,
und je länger je mehr; und wenn schon keine Frucht
mehr da wäre, so wäre das guug, daß dennoch
der Teufel zur selbigen Stunde weichen muß, und
dem Herzen eine Hitze zukommen laffen. (?) So fuhlen E. G. selbest wohl, wie sie bereit kalt und auf
dem Mammon gerathen, gedenken sehr reich zu werden, auch, wie die Klagen gehen, die Unterthanen
allzu hart und zu scharf drucken, sie von ihren Erd-

feuern und Gütern zu bringen, und schier zu eigen
zu machen gedenken, welches Gott nicht leiden, oder
wo ers leidet, die Grafschaft zu Grund wird verar-
men lassen, denn es ist seine Gabe, daß er leicht wieder nehmen kann, und keiner Rechnung gefangen ist,
wie Haggai sagt: Ihr sammlet viel, aber ihr macht
den Beutel löcherig, und blaset ins Getraidig, daß
ihr doch nichts behaltet. Ich habe von etlichen hören sagen, daß sie wollen in Deutschland ein Regiment anrichten, wie in Frankreich: ja, wenn es auch
gefragt würde, obs recht und für Gott gefällig wäre,
das wollt ich loben. Man sehe auch daneben, wie
das Königreich zu Frankreich, das vor Zeiten ein gülden, herrlich Königreich gewesen, itzt so gar nichts
weder an Gütern noch Leuten ist, daß es aus dem
gülden Königreich ein blechern Königreich ist worden,
und nun den Turken zum Freunde angerufen, das
zuvor das christliche Königreich berühmt. So geht
es, wo man Gott und sein Wort verachtet.

Solches schreibe ich, als ich denke, E. G. zur
Letze, denn mir das Grab nunmehr näher ist, weder
man vielleicht gedenkt; und bitte, wie vor, daß E. G.
sanfter und gnädiger wollten mit E. G. Unterthanen
umbgehen, sie lassen bleiben, so werden E. G. auch
bleiben durch Gottes Segen beide hie und dort. Sonsten werden sie alles beides verlieren, und gehen wie
die Fabel Aesopi sagt von dem, der die Gans auf-
schneidet, die ihm alle Tage ein gülden Ei legt, verlor damit das gülden Ei mit Gans und Eierstock;
und wie der Hund in Aesopo, der das Stuck Fleisch
verlor im Wasser, da er nach dem Schein schnappt.
Denn gewißlich ist wahr: wer zu viel haben will,
der kriegt das wenigst, davon Salomo in Sprüchw.
viel schreibet. Summa, es ist mir zu thun umb E.
G. Seelen, die ich nicht kann leiden aus meiner Sorge
und Gebet verstoßen sein, denn das ist bei mir gewiß
aus der Kirchen verstoßen sein. Dazu zwingt mich
nicht allein das Gebot christlicher Liebe, sondern auch
das schwere Dräuen Ezechiel 4., damit Gott uns beladen hat, daß wir sollen umb frembder Leute Sünde
willen verdampt sein. Denn er spricht: Wirst du

dem Sünder seine Sünde nicht sagen, und er stirbet
daruber, so will ich seine Seele von deinen Händen
fodern, denn darumb hab ich dich zum Seelsorger gesetzt ꝛc.

Darumb werden mir E. G. solche Vermahnung
wohl wissen zu gut halten, denn ich umb E. G. Sünde
willen nicht kann mich lassen verdampt sein; sondern
suche sie vielmehr mit mir selig zu machen, wo es
mir immer müglich ist. Sonst bin ich hiemit für Gott
wohl entschuldiget. Hiemit dem lieben Gott in allen
Gnaden und Barmherzigkeit befohlen, Amen. Die
innocentum puerorum, anno MDXLII.

E. G.

williger und treuherziger

Martinus Luther, D.

691.

An Hans von Ponnecken, Kurf. sächs. Käm-merer, v. 9. December 1542.

Unsch. Nachr. 1705. S. 19. Leipz. Suppl. No. 190.
S. 102. Walch XXI. 479. De W. V. 516.

Dem Gestrengen und Festen Hans von Pon-
necken, Kurfl. zu Sachsen Kämmerer, meinem besonders gunstigen Herrn und guten
Freunde.

G. et P. Gestrenger, Fester Herr Kämmerer, guter Freund! Mein Schwager, Hans von Bora, hat
mich gebeten, an euch diesen Denkzettel zu schreiben.
Und ist mein gütliche Bitte, wie ich euch gestern gebeten habe, wollet ihm gegen M. G. Herrn gunstiglich fordern. So werdet ihr auch von ihm selbs wohl
hören, daß es seine Noth, und nicht sein Geiz oder
Furwitz ist. Sonst wollt ich so fleißig nicht für ihn
bitten. Hiemit dem lieben Gott befohlen, Amen.
Sonntags frühe, nach Luci, 1542.

Martinus Luther, D.

692.

In eine Bibel geschrieben, ohne Datum 1542.

Unsch. Nacht. 1730. S. 715; Walch XXI. 1596. De
W. V. 525.

Ps. XLI.

Im Buch ist von mir geschrieben.
Mein Gott, deinen Willen thue ich gerne.

Durch dieß Gernethun oder Gehorsam Christi sind
wir alle geheiligt, Ebr. X., wie S. Paulus sagt Rom.
V.: Durch Eines Gehorsam werden Viele gerecht.

Vieles soll man in diesem Buche studiren.
So wirds verstanden sein.

Anno 1542.

Mart. Luther, D.

693.

An den Kanzler Brück, v. 6. Januar 1543.

Leipz. Suppl. No. 192. S. 102.; Walch XIX. 1633.
De W. V. 528.

Gnade und Friede in Christo. Achtbar, hochgelehrter, lieber Herr und Gevatter! Euer Sohn Christianus brachte mir gestern Nachmittage die Briefe.
Und wenn er sie mir gleich ehe gebracht hätte, war
ich doch allzu ungeschickt im Haupte ꝛc. Doctor Ste-
phan, Pfarrer zum Hof, ist mir fast wohl unbekannt,
hat wohl für etlichen Jahren weg begehrt; aber ich
wußte keine Condition vor ihn, wie ich noch nicht
weiß, die ihm genug wäre, oder doch gleich der, die
er jetzt hat. Er hat mir auch geschrieben zuvor, bald
nach der Geschichte, wie ers mit dem Te Deum laudamus verderbt hätte. Ich rathe ihm aber nicht,
daß er darumb dem Teufel weiche und fliehe, so lange
ihn der Landesfürst leiden kann; denn das Schmäh-
gedichte ist viel zu viel zu gering, daß man umb seinet

willen dem Teufel sollte haßen mit Flehen oder Trauer, sondern man soll sein zum Schaden spotten und lachen, wie er gethan hat, da sein Diener die armen Leute mordete, brennete, plagte; ja laß ihn auch ein wenig Verdrusses leiden mit den Seinen. Wer nicht will mit Christo und seinen Heiligen leiden, sondern ihr noch dazu lachen, der habe Mitleiden mit allen Teufeln und seinen Heiligen, und müsse hören, daß ihrer alle Engel im Himmel lachen. So wollen sie es haben. Summa, es ist teuflische Bitterkeit, et, ut Cicero dicit, malevolentia ipsa etc. Wollte gerne ... und hat nichts im Bauche.

Mit der Elevation will ich zuvor auf M. Philipps harren. Es machen uns die heillosen Ceremonien mehr zu thun, denn sonst große, nöthige Artikel, wie sie allezeit von Anfang gethan haben. Ich bin noch nicht bedacht, ob es gut sei, öffentlich durch den Druck davon etwas lassen ausgehen. Ich habe keine Hoffnung, daß wir immermehr in allen Kirchen einerlei Ceremonien zu brauchen eins werden mögen, wie es im Papstthum auch nicht möglich gewesen ist. Denn so wirs gleich in unsern Landen so und so machen, so thun es doch die andern nicht, und wollen von uns ungemeistert sein, wie wir vor Augen sehen. So gings den Aposteln selbst mit den Ceremonien, mußten es Jedermann frei lassen, wie sie essen, kleiden, geberden wollten. Aber hernach weiter, wenn ich mich beschlossen habe. Hiemit Gott befohlen, Amen. Bittet auch zuweilen für mich umb ein gut Stündlein. Ich habe ausgearbeitet und ausgelebt, der Kopf ist kein Nutz mehr, ich begehre Gnade und Barmherzigkeit, die habe ich, und werde sie noch mehr kriegen, Amen. Die Epiphan., 1543.

Martin Luther.

694.

An eine Ungenannte, v. 11. Januar 1543.

Wittenb. XII. 172. Jen. VIII. 106. Altenb. VIII. 274. Leipz. XXII. 537. Walch X. 2058. De W. V. 529.

Gnade und Friede im Herrn. Meine liebe Frau
Margarita! Es hat mir euer Bruder Johannes angezeigt, wie der böse Geist euer Herz damit beschweret, daß ein solch böse Wort aus eurem Munde gangen ist. Ich wollt, daß der Teufel alle die holete,
so dazu gerathen haben, daß mein ꝛc. darumb er euch
plaget und eingibt, als müßtet ihr sein ewiglich bleiben.

Ei liebe Margarita, weil ihr denn fühlet und
bekennet, daß es der böse Geist ist, der euch solch Wort
heraus gerissen hat, auch sein böses Eingeben ist: so
sollt ihr wissen, daß alles, was er eingibt, erlogen
ist; denn er ist ein Lügener und ein Vater der Lügen (Joh. 8, 44.). Denn gewißlich ists nicht von
Christo eingegeben, daß ihr sollt des Teufels sein,
sintemal er darumb gestorben ist, daß die, so unter
des Teufels Gewalt sind, von ihm los werden sollen.
Darumb thut ihm also, speiet den Teufel an, und
sprecht: Hab ich gesündiget, ei so hab ich gesündiget,
und ist mir leid, ich will aber darumb nicht verzweifeln; denn Christus hat alle meine Sünde getragen
und weggenommen, ja der ganzen Welt, wo sie ihre
Sünde bekennet, sich bessert, und gläubt an Christum,
der befohlen hat, Buße und Vergebung der Sünden
zu predigen in seinem Namen unter allen Völkern.
Luc. 24, (47.). Und wie wollt ich thun, wenn ich
Mord, Ehebruch ꝛc. begangen, ja Christum selbs gekreuziget hätte; dennoch ists vergeben, laut seines
Gebets am Kreuze: Vater, vergib ihnen ꝛc. Das
bin ich schüldig zu gläuben, darzu bin ich auch absol-
virt; darumb heb dich, Teufel, immer hinweg.

Derhalben sollt du, liebe Margarita, nicht deinen,
noch des Teufels Gedanken gläuben, sondern uns
Predigern, welchen Gott befohlen hat, die Seelen zu
unterrichten, trösten und absolviren, wie er spricht
(Matth. 16, 19. Joh. 20, 23.): Was ihr löset, soll
los sein. Solchs sollt du gläuben, und daran gar nicht
zweifeln. Nu sprechen wir Prediger dich los und frei
in Christ Namen und aus seinem Befehl nicht allein
von dieser einigen Sünde, sondern von allen Sünden, die dir angeboren sind von Adam, welche so groß
und viel sind, daß sie Gott uns zu gut nicht will in

diesem Leben alle und ganz sehen lassen und recht fühlen (denn wir könntens nicht ertragen), viel weniger uns zurechen, so wir an ihn gläuben.

Darumb sei zufrieden und getrost, dir sind deine Sünd vergeben; da verlasse dich kühnlich auf, kehr dich nicht an deine Gedanken, sondern höre allein, was dir dein Pfarrherr und Prediger aus Gottes Wort fur sagen, veracht ihr Wort und Trost nicht. Denn Christus selbs ists., der durch sie mit dir redet, wie er spricht; Wer euch höret, der höret mich, Luc. 10, (16.). Solchs gläube, so wird der Teufel weichen und aufhören. Bist du aber noch schwachgläubig, so sprich: Ich wollte ja gerne starker gläuben, weiß auch wohl, daß solchs wahr und zu gläuben ist. Ob ichs nu nicht gnugsam gläube, so weiß ich doch, daß es die lauter Wahrheit ist. Das heißet auch gläuben zur Gerechtigkeit und Seligkeit, wie Christus spricht (Matth. 5, 6.): Selig sind, die da hungert und dürstet nach der Gerechtigkeit.

Christus, der liebe Herr, welcher ist und unser Sünde willen dahin gegeben, und umb unser Gerechtigkeit willen auferweckt (Röm. 4, 25.), der tröste und stärke dein Herz in rechtem Glauben; der Sünden halben hats kein Noth. Donnerstag nach Epiphaniä, Anno 1543.

D. Martinus Luther.

695.

An einen gewissen Stadtrath, v. 27. Januar 1543.

Wittenb. XII. 208. Jen. VIII. 106. Altenb. VIII. 274. Leipz. XXII. 422. Walch X. 1896. De W. V. 534.

Gnad und Fried im Herrn. Gestrenge, Weise, liebe Herren, gute Freunde! Ich hab ohnlangst an euch, Hauptmann, geschrieben, und gebeten, daß ihr euren Pfarrherrn wöllet in der Güte von euch kommen lassen. Dann ich die Sachen nicht anders ver-

nommen, als hätte er sich vergriffen, und von den
Visitatoribus abgesetzt wäre. Nun werde ich von den
Visitatoribus bericht, daß er sich nicht vergriffen, sie
ihn auch nicht entsetzt, noch entsetzt haben wollen,
sondern ihm Zeugniß geben, daß er reiner Lehre und
unsträflichs Lebens sei, allein solltet ihr einen Gram
auf ihn geworfen haben, daß er die Laster hart gestraft hat, darumb ihr fürhättet ihn weg zu bringen.
Daraus ich merk, daß hie der Teufel gern wollt Unglück anrichten, und euch in großen Schaden führen,
daß mich beweget, diese Schrift an euch zu thun, und
bitte ganz freundlich, wöllet sie gutlich (wie ichs treulich meine) zu eurem Besten annehmen.

Ich hoffe ja, ihr werdet so viel christliches Verstands haben, daß ein Pfarrampt und das Evangelium sei nicht unser, noch einiges Menschen, ja auch
keines Engels, sondern allein Gottes, unsers Herrn,
der es mit seinem Blut uns erworben, geschenkt und
gestiftet hat zu unser Seligkeit. Darumb er gar hart
urtheilt die Verächter, und spricht (Luc. 10, 16.):
Wer euch verachtet, der verachtet mich; und wäre ihm
besser, er hätte es nie gehört, spricht St. Petrus (2.
Epist. 2, 21.).

Weil nun die zween trefflichen Männer, Herr
Jobst und Herr Friedrich Visitatores, die da müssen
Rechenschaft dafür geben, beide zeugen, und man ihnen glauben muß, daß euer Pfarrherr das rechte,
reine Gottes Wort lehret, und ehrliches Lebens ist,
welches auch die Stadt Kreuzberg und Nachbarn zeugen: so sehet, lieben Herren und Freunde, wie euch
der böse Geist so listiglich und böslich sucht, daß ihr
euch sollt vergreifen an dem obersten Pfarrherr und
Bischoff, Jesu Christo, Gottes Sohn, der euch aus
großer, sonder Gnaden sein Wort und Sacrament,
das ist, sein Blut, Sterben und Leiden, durch seinen
treuen, frommen Diener, euren Pfarrer, so rein und
reichlich mittheilet; wie kann der leidige Teufel nicht
leiden, daß ihr sollt selig werden.

So habt ihr auch nu das zu bedenken, weil da
kein ander Ursachen und Schuld ist, dann daß ihr
einen Gram auf den Pfarrherrn geworfen habt, ohn

seinen Verdienst, ja umb seinen großen Verdienst und treue Predigt willen, daß es nicht zu thun noch müglich sein will, umb euers Grams und unrechten Furnehmens willen, einen solchen wohlgezeugten Pfarrherr Gwalt und Unrecht zu thun, und mit Dreck auszuwerfen. Ich kann die Visitatorn nicht verdenken, daß sie solchs nicht thun, noch mit solchem Unrecht ihr Gewissen umbs Teufels willen beschweren, und mit euch (wo sie in eur Furnehmen bewilligten) zum Teufel fahren sollten. Sehet euch für, lieben Herren und Freunde, sehet euch für: bringt euch der Teufel zu Fall, so wurd er es dabei nicht lassen, sondern weiter fällen.

Der erst Fall ist dieser, daß ihr sollt euern Pfarrherrn verachten und hassen ohn Ursach, das ist, Christum, aller Pfarrherren Obersten, selbst verachten: da werdet ihr euch an den Stein stoßen, und an dem verzehrenden Feur verbrennen. Dann ihm ist mehr gelegen an einem frommen treuen Pfarrherr, weder an aller Oberkeit in der ganzen Welt. Denn derselbigen Ampt dienet ihm nicht zu seinem Himmelreich, wie das Pfarrampt thut. Mit diesem bringt ers dahin, daß er euer Herz und Mund zustopfet, daß sie nicht glauben, nicht beten, nicht loben, noch euer Häupt vor Gott aufheben thürt in keiner Noth, wie er spricht Matth. 5, (24.): Laß dein Opfer für dem Altar, und versühne dich zuvor. Damit wäret ihr schon keine Christen mehr, hättet euch selbst verbannet, das ist schrecklich.

Darnach wurd ers dahin arbeiten, daß er uber diese euer eigen Sünde euch mit großen fremdden Sunden fälle, nämlich daß ihr sollet euren unschüldigen Pfarrherrn verdringen, damit die Kirche wüste wird, und Kinder und ander fromme Leute des Worts, Tauf oder Sacraments beraubt bleiben, und, so viel an euch ist, auch mit euch verdampt sein müssen. Das wäre viel ärger, denn des Papsts Regiment; wie wollt ihr das verantworten? Dazu wenn der gemeine Mann und die liebe Jugend solch gräulich Exempel sehen würde, daß man gelehrte, fromme Pfarrherren für ihre Mühe und treuen Dienst also mit Dreck

und Schanden belohnet: wer will ein Kind zur
Schule ziehen? Wer will mit seiner Kost studiren?
Wo wollen wir denn Pfarrherrn nehmen?

In diesen Schaden sucht der Teufel durch solch
euer und euers gleichen Muthwillen euch und andere,
wie gesagt, zu führen. Wie viel besser wärs, unter
dem leidigen Papst und Türken sein, da doch noch
Schulen und Kirchen blieben sind zu Pfarrherren und
Predigern, weder unter euch, die ihrs gar wüst wollt
machen.

Zum dritten, wo ihrs versehet, wird er euch zu=
letzt in verstockte Unbußfertigkeit fällen: da ists dann
aus mit euch, und kein Rath mehr, ja hiemit gehet
der leidige Teufel umb. Darumb je ehe, je bes=
ser mit dem Pfarrherr und der Kirchen, das ist, mit
Christo vertragen, daß ihr nicht auch ein Exempel
werdet, wie etlichen bereitan geschehen.

Sind doch wohl andere Wege zu finden. Wer
den Pfarrherr nicht hören will, dem stehet die Kir=
chenthür offen; so mag er auch wohl ohn Gottes
Gnade heraus bleiben. Die Kirchen sind nicht da=
rumb gebauet, noch die Pfarren gestiftet, daß man
soll die hinaus stoßen, die Gottes Wort lehren und
hören wollen; und die drinnen lassen, die Gottes
Wort nicht dürfen noch hören wollen; sondern sie
sind gebauet und gestiftet umb derer willen, die es gern
hören, und nicht entbehren können.

Ihr seid nicht Herren uber die Pfarren und Pre=
digampt, habt sie nicht gestift, sondern allein Gottes
Sohn; habt auch nichts dazu gegeben, und viel we=
niger Recht daran, weder der Teufel am Himmelreich,
sollt sie nicht meistern noch lehren, auch nicht wehren
zu strafen. Dann es ist Gottes und nicht Menschen
Strafen, der wills ungewehret, sondern geboten ha=
ben; wartet eurs Ampts, und laßt Gott sein Regi=
ment zu Frieden, ehe ers euch lehre müssen thun.
Euer keiner ist, der es leiden kann, daß ein Frembder
ihm seinen Diener urlaubt oder verjage, deß er nicht
entbehren künnt. Ja, es ist kein Hirtenbub so gering,
der von einem frembden Herrn ein krumm Wort litte;
allein Gottes Diener, der soll und muß Jedermanns

Höbbel sein, und alles von Jedermann leiden, dagegen man nichts von ihm; auch nicht Gottes selbs
Wort will oder kann leiden.

Solche Vermahnung wollet gütlich verstehen, die
ich treulich meine; dann es ist Gottes Vermahnung.
Werdet ihr aber nicht hören, noch euch bessern, so
müssen wir euch lassen fahren, und dannoch sehen,
wie wir dem Teufel widerstehen, zum wenigsten so
fern, daß wir unsere Gewissen mit euern Sünden
nicht beschweren, noch dem Teufel darinnen zu Willen
werden.

In den Bann dürfen wir euch nicht thun, ihr
thut euch selber drein, da wir euch gern und viel lieber heraus hätten. Und wenn ihr gleich einen andern Pfarrherr kriegen könntet, da noch fern hin ist;
so könnet ihr doch nicht Christen werden, noch einigs
Stück christlicher Gnade und Lebens theilhaftig sein;
so wirds auch keiner annehmen wider der Visitatoren
Willen und Befehl. Und wer wollt auch zu solchen
verläugneten Christen, die solch böse Geschrei hätten,
daß sie ihren Pfarrherrn verdrängen mit Gewalt und
Unrecht, und gleichwohl Christen heißen, und solchen
Namen mit Schanden führen wollten, davon würdet
ihr einen schönen Namen in aller Welt kriegen, und
ein recht Exempel werden.

Endlich vertraget euch, das rath ich in Christo,
mit eurem Pfarrherr, und lebt freundlich mit ihm:
lasset ihn strafen, lehren, trösten, wie es ihm von
Gott befohlen ist, und auf seinem Gewissen liegt; wie
an die Ebräer am 13., (V. 17.) geschrieben stehet:
Gehorchet euern Lehrern, und folget ihnen, denn sie
wachen über eure Seelen, als die da Rechenschaft
dafür geben sollen, auf daß sie das mit Freuden und
nicht mit Seufzen thun, denn das ist euch nicht gut.
Dann, das ihr furhabt, ist ein böse Exempel, daß
ein jeglicher Amptmann, Richter oder Rathherr wollt
einen Pfarrherr, deß er kein Fug, Recht noch Ursach
hat, nach seinem Laun freventlich vertreiben; Gott
wird und kanns auch nicht leiden.

Gott gebe, daß ihrs nicht erfahret; sondern derselbe liebe Gott helfe, daß ihr erkennet seinen Willen

mit Furcht und Demuth, und ehret seinen Sohn, das ist, sein Wort, das er euch durch sein Blut ertheuret nnd erarnet hat, und seine Diener, die armen Pfarrherr, die sonst geplagt sind, und billig von euch weltlichen Regenten Schutz und Trost haben sollten, damit euer Ampt ein Gottesdienst würde.

Hiemit dem lieben Gott in seine Gnade befohlen. Datum Sonnabend nach Sanct Paul. Bekehrung, Anno 1543.

696.

An den Kurfürsten Johann Friedrich, v. 10. Februar 1543.

Aus dem Original im Weim. Archiv bei De W. V. 540.

Dem Durchleuchtigsten, Hochgebornen Fürsten und Herrn, Herrn Johanns Friedrich, Herzog zu Sachsen, des heil. Rom. Reichs Erzmarschall und Kurfürst, Landgrafen in Thüringen, Markgrafen zu Meissen und Burggrafen zu Magdeburg, meinem gnädigsten Herrn. Zu S. K. F. G. Händen.

G. u. F. im Herrn. Durchleuchtigster, Hochgeborner Fürst, gnädigster Herr! Ich bin gebeten an E. K. F. G. abermal von wegen D. Curio zu schreiben, ob ichs wohl ohn Noth geacht, weil E. K. F. G. gnädiglich ihm erläubet, den Durchleuchten, Hochgebornen Fürsten 2c. zu Meckelburg zu dienen. Weils aber die unnütze Mäuler wollen dahin deuten, als sei er domit seiner Lection 2c. entsetzt: so ist an E. K. F. G. mein unterthänige Bitte: Sie wollten solchen Mäulern mit öffentlichem Wort steuren. Denn ich will E. K. F. G. meine arme Gedanken anzeigen, nicht Doctor Curio rein oder unrein sprechen. Ich habs aber erkundet (auch wohl müssen), und finde, daß es ein recht Teufelsgespenst ist, angefangen, diese Schule zu schänden, wie er vormals mehr gethan, und weiter thun wird, wo er nicht durch frembde kann, doch unter uns selbs (wie die Schrift sagt, daß der Teufel unter Gottes Kinder ist). Ja wir haben unter uns seines Samens, das ist gewiß: heute ists D. Curio, morgen ein ander. Er kann nicht rugen, weil diese Schule stehet; ich verdenke ihn auch nicht, denn es ist ihm aus dieser Schule Verdrieß gnug geschehen, und die Kolbe mit einer schartigen Sichel geschorn. Es sei was es wolle, so bitte ich, E. K. F. G. wollten ein gnädigs Auge (wie Sie thun) auf diese Schule halten; auf welche der Teufel ein scheel und ungnädigs Auge hat, und helfen, daß er nicht musse seinen Stank hie zum Balsam machen; und ob etwas geschehen, geredt oder gelitten wäre, solchs alles auf einen Häuel winken, und in Ofen werfen, doch mit dem Ernst (wie denn bereit E. K. F. G. sein gethan), daß sie keine Unzucht selben wollten, weder von Hohen noch Niedrigen. Furwahr der Teufel sucht uns, daß wir mussen beten und demuthig sein; sonst sind wir verlorn.

E. K. F. G. halten mir mein Schreiben gnädiglich zu gut. Ich wollt wohl lieber E. K. F. G., auch mein selb noch mehr verschonen; es will aber nicht sein, ich muß mich zu Tod schreiben. Hiemit dem lieben Gotte befohlen. Scholasticae, 1543.

E. K. F. G

unterthäniger

Martinus Luther, D.

Ich dank E. K. F. G. hochlich des ehrlichen Geschenks, und schicke den Strahl (?) wieder, ob er vielleicht g—gseliger wäre denn ander.

697.

An Albrecht, Herzog von Preußen, v. 17. Februar 1543.

Fabers Briefsammlung S. 44, De W. V. 541.

G. u. F. und mein arm Pr. nr. Durchleuchtiger,
Hochgeborner Fürst, gnädiget Herr! Daß E. F. G.,
auch Doctor Speratus Bischoff Pozamienns an mich
geschrieben, und begehrn mein Meinung von der
Elevation des Sacraments, hab ich wohl vernommen;
weil ich aber viel zu schreiben gehabt, daß ich wohl
drei Schreiber bedurft: wollten E. F. G. diese Schrift
gnädiglich annehmen, als auch dem Bischoff und
allen andern geantwortet, wie E. F. G. ohn Zweifel wohl werden solchs denselben wissen zu entbieten.

Wir haben die Elevation in unser Kirchen abgethan und ich gern lassen abthun allein darumb,
daß solche Ceremonien nicht unser Herrn sein mußten, als wäre es Sunde, anders zu thun. Denn
wir Christen wollen und mussen solcher Ceremonien
Herrn sein, daß sie uns nicht uber das Häupt wachsen, als Artikel des Glaubens, sondern uns unterworfen
und uns dienen mussen, wenn, wo, wie und wie lange
wir wollen. Denn die Ceremonien haben allezeit das Herzeleid angericht, durchs Teufels List und menschliche
Unacht, daß sie haben Artikel des Glaubens wollen sein,
und aus der Kirchen ein Larvenspiel angericht, wie wir
im Papstthum erfahren. Denn wo es dahin wurde
kommen, daß die Elevation wiederumb von Nothen
sein wurde, umb Ketzerei oder ander Sache zu meiden, so wollten wir sie wieder anrichten. Summa,
des Glaubens unterthänige Diener (das ist Gottes)
wollen und mussen wir sein, der Ceremonien Herren
wollen wir sein, und sie nicht lassen dem Glauben
gleich werden; doch daß man solchs dem Volk, Aergerniß zu meiden, fleißig predige, damit sie nicht denken, man wolle alle Stunde neuen Glauben lehren.
Denn der Pöbel hat keinen Unterschied zwischen Glauben und Ceremonien, wie der Papst selbst kein Unterschied hierin hat, ja, auch wohl keinen Unterschied
zwischen geistlichem und weltlichem Regiment. Die Welt
ist blind und lebt unter dem Fursten der Finsterniß.

Solchs wollten E. F. G., in Eil und neben
viel Geschäften geschrieben, ja gnädiglich verstehen,
wie ich nicht zweifel, weil sich E. F. G. solcher
Glaubens-Sachen so ernstlich annehmen. Der barm-

herzige Gott und Vater unsers lieben Herrn Jesu
Christi stärke durch seinen Heiligen Geist sein angefangen Werk in E. F. G. wider den leidigen Teufel,
der nicht schläft noch ruget wider uns und die ganze
Christenheit von Anfang; aber es soll ihm zuletzt
doch fehlen, Amen. Sonnabends nach Invocavit,
1543.

E. F. G.

williger

Martinus Luther, D.

Einlage.

Es hat mich auch, gnädiger Herr, gebeten M.
Jacob Metius, ich wollte E. F. G. bitten noch umb
ein Jahr sein Stipendium zu erhalten. Ich beschwere E. F. G. nicht gern. Doch ists der Wahrheit, daß er durch Schwachheit seines Häupts zufällig etliche Zeit hat mussen versäumen, davon mir
bewußt. Weil ich nu kein Falsch an ihm spure,
denn er gutes Namens hie ist, wo er so bleibt: so
ist mein demuthig Bitte, wo es zu thun sein will,
E. F. G. wollten ihm noch ein Jahr das Stipendium lassen, damit er nicht musse sein angefangen
Studium zurütten. E. F. G. werden sich hierin
wohl wissen gnädiglich zu erzeigen. Hiemit dem lieben Gotte befohlen, Amen.

698.

An alle Pfarrherrn in der Superintendentur
Wittenberg, gemeinschaftlich mit Joh. Bugenhagen, im Februar 1543.

Wittenb. XII. 227. Jen. VIII. 170. Altenb. VIII. 341.
Leipz. XXII. 424. Walch XX. 2844. De W. V. 544.

Allen Pfarrherrn, unsern lieben Herrn
und Brüdern in Christo, Gnade und Friede
im Herrn. D. Martinus Luther und D.
Johannes Pomer,

Es hat uns unser gnädigster Herr Herzog Johanns Friedrich, Kurfürst rc., geschrieben, beide euch und uns befohlen und vermahnet, daß wir sollen das Volk immer fleißig zur Buße und zum Gebet vermahnen wider die Ruthe Gottes, den Türken. Welches wir auch ohn das uns neben unsers G. H. Befehl zu euch versehen, daß ihr aus vorigem Druck gnugsam vermahnet, und nicht zweifeln, daß ihrs gethan habt und noch thut.

Weil aber dieser Zug, so im vergangnen Sommer geschehen, nicht allzuwohl gerathen ist, leider, sondern die schwere Steure übel angelegt, groß Gut verthan, dazu viel feiner Leute verloren, und, das wohl das Aergeste ist, der Name Christi bei den Türken hoch veracht, der Mahomet aber hoch gerühmet ist worden; zudem daß etliche Fürsten und Herren (wie man sagt) sollen die Steure behalten und keine Hülfe geschickt haben, welches uns erschrecklich zu hören gewest, und haben denken müssen, daß sie entweder mit dem Türken im Bund und der Christenheit Verräther, oder doch sonst ärgere Feinde der Christenheit sein müssen, weder der Türke selbs ist, weil sie das Geld, so zur letzten Noth der Christenheit gelegt, so schändlich behalten und umbracht, davon viel böser Rede im Reich entstanden; und wo dem so wäre, sollt man sie billig aus dem Reich werfen, und aller Ehre des Reichs entsetzen, hätten dazu noch wohl Aergers verdienet. Solchs und dergleichen Stück haben uns wahrlich auch beweget, daß wir unser Gebet (ich Doctor Martinus sonderlich) schier für nichts gehalten hätten, als das Gott nicht hören wollt, weil nicht allein keine Buße gefolget ist, sondern Wuchern, Stehlen, Uebersetzen, allerlei Muthwill in allen Ständen, hohen und niedern, immerfort blieben, wo nicht gewachsen ist, sondern auch solche Feinde der Christenheit unter uns funden sind, die den streitenden Christen ihren Sold in solcher Noth entzogen, und so viel an ihnen ist, die Christen dem Türken zu Dienst erhungert haben. Solchs, sage ich, bewegt uns wahrlich auch, neben

andern vielen frommen Leuten, daß es scheinet, als
wolle Gottes Zorn und Strafe nicht zu erbitten sein,
sondern dem Türken und seinen Verräthern Raum
geben.

Aber weil uns Gottes Wort befohlen ist, so ist
uns auch das Gebet geboten. Darumb so laßt gehen,
was gehet, und wie es gehet. Wer nicht büßen noch
fromm will werden in Gottes Namen, der werde,
so er will, ärger in des Teufels Namen. Wir
müssen beten, wie wir auch predigen müssen, ohn
Aufhören und ungehindert, weil wir bei der Welt
und in der Welt sind, auf daß unser Gewissen frei
sei an jenem Tage, als die wir unser christlich Ampt
und Liebe gegen der falschen, undankbaren, bösen
Welt treulich und bis ans Ende unverdrießlich erzeigt haben. Will sie Gott durch den Türken strafen, wie sie verdienet; und noch itzt heftiglich mit
aller Unbußfertigkeit und Bosheit darnach ringet: so
wird sich doch unser Gebet zu uns wieder lenken, wie
Christus spricht Matth. 10, (13.), und uns Zeugniß sein für Gott, daß wir seinem Zorn und dem
Türken, unsers Vermögens, herzlich widerstanden,
und das arm Deutschland gern von Sünden, Gottes
Zorn und Verderben errettet hätten.

So sollt ihr auch das Mittagsläuten mit der
Glocken lassen hinfurt anstehen, dafur in der Kirchen
nach der Predigt, da das Volk beisammen, ernstlich
beten helfen, und in Häusern auch die Kinder lassen
beten. Denn uns Alten ist nicht so viel dran gelegen, die wir dahin fahren; aber unsern Nachkommen
ist hiemit zu dienen, daß sie bei dem Glauben Christi
und ewiger Seligkeit sicher fur dem Teufel des Ma-
homets bleiben mögen.

Vergesset auch des Reichstages nicht zu Nürnberg, daß Gott der Vater aller Gnaden wollte der
Fürsten Herzen erleuchten und neigen, nachdem itzt
diesen Sommer ihnen der Glaub ist gröblich in die
Hand kommen, daß sie einmal mit Ernst ihre Uneinigkeit lassen, mit aller Macht sich herzlich vereinigen möchten, und zu den Sachen anders, denn bis-

her, thun, ehe denn es ihnen verrannt und verkommen werde, da sie denn umsonst gern wollten, weil sie itzt nicht wollen, da sie können. Exempel sind gnug vorhanden mit Hungern und viel andern Landen. Wer nicht hören will, den wird Gott wieder nicht hören. Aber wir, so predigen und beten, sind entschuldiget. Hiemit Gott befohlen, Amen.

699.

An den Grafen Wolfgang von Gleichen, v. 9. März 1543.

Walch XXI. 1500. De W. V. 548.

Dem Edlen, Wohlgebornen Herrn, Herrn Wolfgang, Grafen zu Gleichen und Plankenhain rc., meinem gnädigen Herrn.

Gnad und Friede im Herrn. Edler, Wohlgeborner, Gnädiger Herr! Auf Ew. Gnaden Frage umb die Zins, so zum Salve gestiftet, konnte Magister Friederich Mecum baß antworten, denn ich, weil ich die Gelegenheit nicht weiß, ob sie, wie andere Lehen, in die Kosten der Kirchen geschlagen; dann, wo man dieselben Zins, zu Kirchen und Schulen geordnet, sollte zureißen, wo wollten zuletzt die Pfarrherrn und Schulen erhalten werden? Sonst wo das nicht wäre, und die Noth des Edelmanns da wäre, wollt ich nicht viel drumb reden. Derhalben können sich Ew. Gnaden bei Er Friederich Mecum, der ein Visitator und hierumb wissen wird, wohl wissen zu erkunden. Hiemit Gott befohlen, Amen. Freitags nach Lätare, 1543.

Ew. Gnaden

williger

Martinus Luther, D.

700,

An Anton Lauterbach, v. 2. April 1543.

Lat. bei Schütze I. 257. Deutsch bei Walch XXI. 1504.
In den Ausg. Wittenb. XXII. 210. Jen. VIII. 171. Al=
tenb. VIII. 342. Leipz. XXI. 431. Walch XIX. 1253.
ist der Theil des Briefs von den Ceremonien in einer deutschen
Umschreibung enthalten, die wir nach De W. V. 551.
hier liefern.

Gnade und Fried in Christo. Daß man Cere=
monien von Neuem anrichten soll, will mir nicht ein=
gehen, hab auch kein Hoffnung dazu. Auch sollen
wir nicht gestatten, daß gottlose Heuchler und Kinder
dieser Welt uns Gesetze furschreiben, so sie doch zu
keinem, auch geringsten nicht verbunden wollen sein.
Wo erstlich das Wort ungehindert allenthalben rein
geprediget und angenommen wird, und Platz behält,
ist leichtlich Rath zu finden, etliche Ceremonien, so zur
Besserung dienen, zu ordenen. Ohn das Wort aber
tügen Ceremonien nichts, ja thun nur Schaden.

Wir haben allhie das Aufheben des Sacraments
abgeschafft, umb keiner andern Ursach willen, denn
unser Freiheit dadurch anzuzeigen, daß wir Herrn,
nicht Knechte der Ceremonien seien, und wollen uber=
einstimmen mit den Kirchen in Sachsen. Sind doch
bereit, dasselbe Aufheben wiederumb anzurichten, wenn
es andern Kirchen nützlich wäre, sonderlich dadurch
die Freiheit der Gewissen zu vertheidingen und erhal=
ten; welche Freiheit der Satan zu allen Zeiten, an
allen Orten, durch Ceremonien angefochten, nachge=
stellt, und oft in schwerer Knechtschaft gebracht hat,
denn das Gesetz an ihm selber ist.

Ihr thätet wohl daran, und ließe mirs gefallen,
so ihr den Bann wieder anrichten könntet, nach Weise
und Exempel der ersten Kirchen. Aber es würde
den Hofjungherrn euer Fürnehmen sehr faul thun,
und sie hart verdrießen, als die nu des Zwangs ent=
wohnet sind. Unser Herr Gott stehe euch bei, und
gebe sein Gedeihen dazu.

Doch wäre solche Disciplin vonnöthen; denn der

Muthwille, daß Jedermann thut, was er nur will,
nimmet zusehens uberhand, und wird durchaus eine
lauter Schinderei. Da geben die Regenten Ursach
zu, sehen durch die Finger, lassen solchen großen
Muthwillen ungestraft, als die itzt nichts anders zu
thun haben, denn daß sie ein Schatzung uber die
ander ihren armen Unterthanen aufdringen: daß nu
hinfort der mehrer Theil Herrschaften nichts anders
sind, denn Renterei und Zollhäuser. Darumb wird
sie der Herr in seinem Zorn vertilgen. Ach daß doch
derselbige Tag unser Erlösung schier käme, und machte
des großen Jammers und teufelischen Wesens ein
Ende, Amen. Montags nach Quasimodogeniti, Anno
1543.

Martinus Luther, D.

701.

**An den Fürsten Georg zu Anhalt, Domprobst
zu Magdeburg, v. 3. April 1543.**

Altenb. VIII. 1001. Leipz. XXI. 432. Walch XXI. 480.
De W. V. 552.

Dem Durchleuchtigen Hochgebornen Fursten
und Herrn, Herrn Georgio, Thum-Prob-
sten zu Magdeburg, Fursten zu Ascanien
und Herrn zu Bernburg, meinem gnädigen Herrn.

Gratiam et pacem in Domino. Durchleuchtiger,
Hochgeborner Furst, Gnädiger Herr! Es hat der
Schulmeister zu Dessau von mir begehret in E. F. G.
Namen diesen Zettel, wie ers nennet, was ich davon
hielt, daß der Pfarrer und Prediger die Leute be-
wegte und unruhig machte, daß sie Lieder und Gesänge des Palmentags und ander mehr Narrenwerk
und Lottereien schelten. Solchs höre ich nicht gerne,
und sorge, es lucke ein Geislin heraus, der Raum
sucht, etwas Sonderlichs zu machen. Solche Neutralia, wenn sie in unschädlichem Brauch und nicht är-

rechen als eine Mörderin, viel ärger denn eine Ver-
gifterin. Helfe doch in solchem giftigen Geschmeiß
einer dem andern mit treuem Rath und Warnen,
wie du wolltest dir gethan haben.

Werdet ihr aber solche väterliche Vermahnung
von mir verachten, so haben wir Gott Lob einen solchen löblichen Landsfürsten, der züchtig und ehrlich,
aller Unzucht und Untugend Feind ist, dazu eine
schwere Hand hat mit dem Schwert gewappnet, daß
er seinen Speck und Fischerei, dazu die ganze Stadt
wohl wird wissen zu reinigen, zu Ehren dem Wort
Gottes, das S. K. F. G. mit Ernst angenommen,
bis daher mit großer Fahr und Unkost dabei blieben
ist. Darumb rath ich euch, Speckstudenten, daß ihr
bei Zeit euch trollet, ehe es der Landsfürst erfahre,
was ihr mit Huren treibt. Dann S. K. F. G. habens nicht wöllen leiden im Lager zu Wolfenbüttel,
viel weniger wird er es leiden in seinem Holz, Stadt
und Land. Trollet euch, das rathe ich euch, je ehe,
je besser.

Wer nicht ohn Huren leben will, der mag heim-
ziehen und wo er hin will; hie ist ein christliche
Kirch und Schule, da man soll lernen Gottes Wort,
Tugend und Zucht. Wer ein Hurentreiber sein will,
der kanns wohl anderswo thun. Unser gnädiger Herr
hat diese Universität nicht gestift für Hurenjäger und
Hurenhäuser; da wisset euch nach zu richten. Und ich muß
thörlich reden. Wenn ich Richter wäre, so wollt ich
eine solche franzosichte giftig Hure rädern und ädern
lassen; denn es ist nicht auszurechnen, was Schaden
ein solche unfläthige Hure thut bei dem jungen Blut,
das sie an ihr so jämmerlich verderbet, ehe er ein
recht Mensch ist worden, und in der Blueth sich verderbt. Die jungen Narren meinen, sie müssen nichts
leiden; so balde sie eine Brunst fühlen, solle eine
Hure da sein. Die alten Väter nennens impation-
tiam libidinis, heimlich Leiden. Es muß ja nicht
alles so bald gebüßet sein, was einem gelustet. Es
heißt, wehre dich: Post concupiscentias tuas non
eas Ecles. XVIII. Kanns doch im ehelichen Stand
nicht so gleich zugehen.

Summa, hüte dich für Huren, und bitte Gott, der dich geschaffen hat, daß er dir ein fromm Kind zufüge, es wird doch Mühe gnug haben: Dixi, wie du willt, stat sententia Dei: Non fornicemur, sicut quidam ex ipsis fornicati sunt et ceciderunt una die viginti tria millia. 1. Cor. X. Num. 25.

704.

An den Rath zu Torgau, v. 8. Junius 1543.

Langle Luthers Gesch. z. Torgau S. 93. De W. V. 563.

Den Ehrbarn, Fürsichtigen, Herrn Bur=
germeister und Rath zu Torgau, meinen
gonstigen und guten Freunden.

G. u. F. Ehrbarn, Fürsichtigen, lieben Herrn und Freunde! Es hat mich eur Bürgerin, die Franz Oesterreichen, umb Rath gebeten in Sachen ihrs Ehemannes halben. Darauf hab ich ihr gesagt, sie sollte solchs bei euch dem Ehrbarn Rathe suchen, der hierin zu sehen schuldig wäre, ihren Burger zu Recht und Gebühr zu zwingen; wie es Gott geboten hat. Deß hat sie von mir begehrt ein Brieflin, das ich hiemit will gethan, und auch fleißig gebeten haben, ihr wollet solche Sachen eurem Ampt befohlen treu= lich ausrichten. Denn wir für unser Theil (Gottlob) nicht müßig gehen, so wir schier ausgearbeit sollten haben. Hiemit Gott befohlen, Amen. Freitags nach Bonifacii, 1543.

Martinus Luther, D.

705.

**An den Herzog Albrecht von Preußen, vom
14. August 1543.**

Fabers Briefsammlung S. 52. De W. V. 581.

G. u. F. und mein arm Pr. nr. Durchleuch=

ticer, Hochgeborner Furst, Gnädiger! Es hat mich
Bastian Schmid, unser Stadt Kind, gebeten, weil
er von E. F. G. Vertröstung hätte zu seinem Studio,
ich wollte ihn an E. F. G. verschreiben, und bitten,
E. F. G. wollten gnädige hiezu Hülfe thun. Weil
er nu zuvor in Preußen in der Schule gedienet, daselbs auch so viel Zeugniß bekommen, daß D. Speratus Bischoff Posamien, seinen Sohn allhie im Studio
vertrauet und befohlen hat: so ist mein demuthige
Bitte, E. F. G. wollten ihm in Gnaden befohlen
haben und ihm etwo von den Klostern-Gütern zu
seinem Studio eine Zeit lang behulflich sein. Denn
E. F. G. bedurfen (acht ich wohl) selbs wohl Kir-
chen-Diener. So mussen ander Länder auch von
uns (wo es muglich) haben, was uns ubrig ist.

Neuer Zeitung werden E. F. G. mehr wissen,
denn wir. Der Turk soll da sein mit Macht. Der
Kaiser soll noch leben, ohn daß schwer zu glauben
ist bei vielen. Gott strafe uns gnädiglich. Denn
solcher großer Undank fur das Leiden seines lieben
Sohns und Verachtung seines heiligen Worts kann
so fort und fort nicht ungestraft bleiben. Aber die
Seinen werden die gnädige Strafe erbitten fur sich,
die Andern mugen leiden, was sie verdienen. Hiemit
dem lieben Gotte befohlen, Amen. Dienstags nach
Laurentii, 1543.

Martinus Luther, D.

706.

An den Herzog Albrecht von Preußen, vom 14. August 1543.

Bei De Wette V. 581.

G. u. F. im Herrn. Durchleuchtiger, Hochgeborner Furst, Gnädiger Herr! Ich sorge, meines
Schreibens soll wohl zu viel sein an E. F. G., so
oft, als ich komme mit Briefen; doch muß ichs thun,
und hoffe, E. F. G. werdens mir gnädiglich zu gut

halten, weil ich Andern hiemit dienen soll, und drumb
gebeten werde; sonst wußte ich E. F. G. und An=
derer deßgleichen, so sonst gnug zuthun, wohl zu
verschonen. Es hat mich Doctor Johannes Bret=
schneider gebeten, ihm diese Schrift mit zu geben an
E. F. G., weil er hinein zeucht zu E. F. G. Dienst,
damit E. F. G. sehen, daß er bei uns sich recht
wohl gehalten, und ein fromm, gelehrt, treuer Mann
ist, der (ich hoffe) E. F. G. gefallen wird. Darumb
bitte ich, E. F. G. wollten ihn gnädiglich befohlen
haben. Gott gebe E. F. G. Geist und Stärke, zu
thun seinen Willen, Amen. Dienstags nach Sanct
Laurentii, 1543.

E. F. G.

williger

Martinus Luther, D.

707.

An Christoph Froschauer, v. 31. August 1543.

Altenb. VIII. 1005. Leipz. XXI. 432. Walch XVII. 2626.
De W. V. 587.

Dem Ehrbarn, Fürsichtigen, Christophel
Froschauer, zu Zürich Drucker, meinem
gonstigen, guten Freund.

Gnade und Friede im Herrn. Ehrbar, Für=
sichtiger, guter Freund! Ich hab die Bibel, so ihr
habt mir durch unsern Buchführer zugeschickt und ge=
schenkt, empfangen, und euerthalben weiß ich euch
guten Dank. Aber weil es eine Arbeit ist eurer Pre=
diger, mit welchen ich, noch die Kirche Gottes, kein
Gemeinschaft haben kann, ist mir leid, daß sie so
fast sollen umbsunst arbeiten, und doch dazu verloren
sein. Sie sind gnungsam vermahnet, daß sie sollen
von ihrem Irrthumb abstehen, und die arme Leute
nicht so jammerlich mit sich zur Höllen führen. Aber
da hilft kein Vermahnung, müssen sie fahren lassen;
darumb dorft ihr mir nicht mehr schenken oder schicken,

was sie machen oder arbeiten. Ich will ihre Verdammnuß und lästerlicher Lehre mich nicht theilhaftig, sondern unschuldig wissen, wider sie beten und lehren bis an mein Ende. Gott bekehre doch etliche, und helf der armen Kirchen, daß sie solcher falschen verführischen Prediger einmal los werden, Amen. Wiewohl sie deß alles lachen; aber einmal weinen werden, wenn sie Zwingels Gericht, dem sie folgen, auch finden wird. Gott behüt euch und alle unschuldige Herzen für ihrem Geist, Amen. Freitag nach Augustini, 1543.

Martinus Luther, D.

708.

An Wolf Heinze, v. 11. September 1543.

Wittenb. XII. 173. Jen. VIII. 173. Altenb. VIII. 344. Leipz. XXII. 538. Walch X. 2364. De W. V. 588.

Dem Ehrbarn, Fürsichtigen, Wolf Heinzen, Organisten zu Hall.

Gnade und Friede in Christo. Itzt diese Stunde zeigt mir D. Jonas an, wie ihm sei von Halle geschrieben, mein lieber Wolf Heinze, daß eure liebe Heva zu Gott, ihrem Vater, gefahren. Nu kann ich wohl fühlen, wie euch solch Scheiden zu Herzen gehet, und ist mir wahrlich euer Herzleid herzlich leid; denn ihr wisset, daß ich euch mit Ernst und Treuen lieb hab, weiß auch; daß euch Gott lieb hat; denn ihr seinen Sohn Jesum lieb habt: darumb mich euer Leid recht wohl rühret.

Nu wie sollen wir thun? Dieß Leben ist also ins Elend gelegt, auf daß wir sollen lernen, wie gar gering alles Elend ist gegen dem ewigen Elend, davon uns Gottes Sohn erlöset hat, an dem wir noch den besten Schatz haben, der uns ewig bleibet, wenn alles Zeitlichs, wir selbs auch mit vergehen müssen. Unser lieber Herr Christus, den ihr lieb habt, und sein Wort ehret, der wird euch trösten, und solche Anfechtung zu eurem Besten, zuvor zu seinen Ehren, wissen zu ändern.

Euer liebe Hausfrau ist besser, da sie itzt ist, denn da sie bei euch war. Gott helfe euch und uns allen seliglich hinnach, obs wohl ohn Trauren nicht zugehen kann und soll. Den Teufelskopf zu Mainz und seines gleichen laßt weinen, das sind rechte elende Leute. Hiemit Gott befohlen, Amen. Dienstag nach Nativitatis Mariä, 1543.

Martinus Luther, D.

709.

An die Kurfürstin Elisabeth zu Brandenburg, v. 23. October 1543.

Aus dem Original auf der Wolfenbüttelschen Bibliothek bei De W. V. 596.

Der Durchleuchtigsten, Hochgebornen Fürstin und Frauen, Frauen Elisabeth, geborn aus königlichem Stamm zu Dänemark, Kurfürstin zu Brandenburg, Herzogin zu Stettin, Pommern, ꝛc. Wittwen ꝛc., meiner gnädigsten Frauen und lieben Gevattern.

G. u. F. im Herrn. Durchleuchtigste, Hochgeborne Fürstin, gnädigste Frau ꝛc.! Wie E. K. F. G. begehren, so will ich neben den Visitatorn gern Fleiß thun, damit die zu Prettin einen andern Prediger kriegen an Er Johann Fabri Statt, welchen E. K. F. G. zum Hofprediger berufen haben, wo anders der Pfarrherr Er Severin abzeucht. Denn mir gestern ein Wort furkommen ist, als sollt er nicht wollen gen Pelgern sich begeben. Aber das wird sich bald finden. E. K. F. G. zu dienen bin ich willig. Hiemit Gott befohlen, Amen. Montags nach Lucä, 1543.

E. K. F. G.
williger
Martinus Luther, D.

710.

An den Kurfürsten Johann Friedrich, v. 19. November 1543.

Leipz. Suppl. No. 193. S. 103.; Walch XXI. 484. De W. V. 603.

Dem Durchleuchtigsten, Hochgebornen Fürsten und Herrn, Herrn Johanns Friedrich, Herzogen zu Sachsen, des heil. R. Reichs Erzmarschall und Kurfürsten, Landgrafen in Thüringen, Markgrafen zu Meissen und Burggrafen zu Magdeburg, meinem gnädigsten Herrn.

G. u. F. und mein arm Pater noster. Durchleuchtigster, Hochgeborner Fürst, gnädigster Herr! Was sich mit D. Curio hat begeben diese Zeit her, ist E. K. F. G. unverborgen. Nu ists wahr, daß solch bose Geschrei seines Abwesens allhie entstund, daß die Herren der Universität nicht wohl kunnten anders thun, denn dem ärgerlichen Gerucht zu begegnen, ihnen, bis etliche Tage vergingen, seins Stands und Ampts zu suspendirn, auch solchs, damit es nicht ärger wurde, E. K. F. G. anzeigen mussen. Nu aber nach vorgangener Suspension er sich verhoren lassen hat, und die Sache nicht so bose erfunden ist, hat sichs alles wieder zur Versuhne geschickt, daß er seiner Suspension ledig worden, und allenthalben genug geschehen ist. Darauf er mich gebeten, E. K. F. G. fur ihnen demuthiglich zu bitten, E. K. F. G. wollten auch deßgleichen gefaßte Ungnade gnädiglich fallen lassen, und ihm die Section und Sold, wie zuvor, gnädiglich folgen lassen. Weil ich denn selbs auch erfahren, daß in dieser Sachen solch Gerucht und Ursach der Universität zu solcher Suspension erstlich durch bosen Argwohn entstanden und seines Abwesens, weil es Niemand vermocht zu verantworten, durchgerissen, als wäre er geflohen mit bosem Gewissen, daß auch viel frommer Leute schier

dem Gerücht muffen glauben: so bitte ich E. K. F.
G. unterthäniglich, wollten ihm die Lection und Sold
forder laffen, wie bis daher geschehen, denn er sich
zu Recht hierin und allenthalben erbeut. E. K. F.
G. werden sich wohl wiffen gnädiglich zu erzeigen.
Hiemit dem lieben Gott befohlen, Amen. Montags
nach Felicis, 1543.

E. K. F. G.

unterthäniger

Mart. Luther.

711.

An den Kurfürsten Johann Friedrich, v. 3. December 1543.

Leipz. Suppl. No. 194. S. 103.; Walch XXI. 485. De
W. V. 605.

Dem Durchleuchtigsten, Hochgebornen Fursten und Herrn, Herrn Johanns Friedrich,
Herzogen zu Sachsen, des heil. R. Reichs
Erzmarschall und Kurfurst, Landgrafen
in Thuringen, Markgrafen zu Meissen
und Burggrafen zu Magdeburg, meinem
gnädigsten Herrn.

G   und mein arm Pater noster.

ädigster

H   ion durch Aurogalli
Tod ledig worden, darumb sich vielleicht etliche werben annehmen; aber ich bitte ganz   erthäniglich,
E. K. F. G. wollten dieselb fur andern M. Lucas
Edenberger leihen und befehlen, nicht
halben, daß er sich zu dieser Zeit schwe
(welchs wohl andere mehr fuhlen in solchem Wesen),
sondern daß er E. K. F. G. und uns allen wohl
bekannt, daß er treu und fleißig, auch ernstlich ist
uber der reinen Lehre, welchs alle   nnothen ist
dem, der Ebräisch lesen soll. Denn viel Ebräisten

sind, die mehr rabbinisch, denn christlich sind, und
doch die Wahrheit ist, wer nicht Christum sucht
oder siehet in der Bibel und ebräischer Sprache,
der siehet nichts, und redet wie der Blinde von der
Farbe. Nu ist ja M. Lucas ein rechter Theologus,
und zur ebräischen Lection tuchtig, ist auch bei E.
K. F. G. verdienet; wer kennet die andern, so neu=
lich herkommen, und sich noch nicht bewähret haben?
E. K. F. G. wollten solch mein unterthäniges Bit=
ten gnädiglich erhoren. Ich bitte nicht falsch noch
ohn Ursache. Hiemit dem lieben Gotte befohlen, der
helfe E. K. F. G. und allen frommen Fursten und
Herrn in solcher schwerer Zeit, da der Teufel so
schone und bose denkt, daß ihm Gott wehre, Amen.
Montag nach St. Andreä, 1543.

E. K. F. G.

unterthäniger
Mart. Luther.

712.

An Christoph Jörger, v. 31. December 1543.

Raupach Evang. Desterreich 1. Fortf. S. 69. f. Moseder
Glaubensbekanntniß S. 68 f. De W. V. 612. (Vgl. Nr. 515.)

Gnad und Fried im Herrn. Gestrenger, Ehren=
fester, lieber Herr und Freund! Aus euer Schrift,
an Magister Georg Major und mich gethan, hab
ich vernommen, wie euch fast sehr beschwert, daß ihr
als ein Regent zu N. sollet mit zum Opfer und al=
lerlei Päpsterei gehen, und euch als ein rechter Pa=
pist stellen in äußerlichen Geberden, und doch im
Herzen viel anders und darwider gesinnet sich fühlen,
sonderlich weil durch solch Exempel jenes Theil ge=
stärkt, und dieß Theil geärgert oder geschwächt, da=
rauf ihr von mir Trost begehrt.

Erstlich, weil euer Gewissen sich hierinne beschwert
findet, so könnt ihr keinen bessern Rathmeister noch
Doctor finden, denn eben solch euer eigen Gewissen.
Worumb wollt ihr also leben, daß euch ohn Unter=
laß euer Gewissen sollt beißen und strafen, auch keine

Ruhe lassen? Wüßte doch daß die rechte, wie man's
vor Zeiten hieß, Vorburg der Höllen. Darumb, wo
euer Gewissen hierin unruhig ist oder ungewiß, da
suchet, wo ihr könnt, daß ihr aus solcher Unruhe
(welche strebt wider den Glauben, der ein sicher, fest
Gewissen machen soll) je länger je mehr euch wickeln
mügt, und daheimen, wie bisher, in den Eurigen
bei dem Wort bleiben; dann daß ihr sollt mit den
Andern öffentlichen in Procession opfern, und dergleichen euch begeben. So euer Gewissen dawider murret, nach dem ihr die Wahrheit erkennt, so wird solches eben so viel als die Wahrheit verläugnet heißen,
wie Paulus zum Römern am 14. saget: Wer wider
sein Gewissen thut, der ist verdampt, oder wie seine
Wort lauten: Was nicht aus dem Glauben gehet,
das ist Sünde. Solches und deß mehr, achte ich,
werdet ihr aus der Schrift und andern Büchern,
welche das Gewissen wohl lehren und halten, genugsam verstanden haben.

Euer R. ist ancb Gottes Diener in solchen Sachen: darumb, ob ihm gleich Federmann schuldig ist
in Zeitlichem zu gehorchen, so kann man ihn doch in
geistlichen Sachen (die ewiges Leben antreffen) nicht
gehörsam sein, als der nicht kann ewiges Leben geben,
und keinen Befehl, sondern eitel Verbot hat von Gott,
sich des geistlichen ewigen Lebens zu unterstehen und
zu meistern in seinem Reich, sondern soll selbst Schüler und Unterthan sein Gottes Wort, wie alle Creatur 2c. Hiemit dem lieben Gott befohlen, Amen.
Montags nach dem Christtage, 1543.

D. Martinus Luther.

713.
An Kaspar Schwenkfelds Boten, ohne Datum.
1543.

Wittenb. II. 210. Jen. VIII. 173. Altenb. VIII. 344.
Leipz. XXI. 437. Walch XX. 2072. De W. V. 613.

Mein Bote, lieber Mensch! Du sollt deinem

Herrn Casper Schwenkfeld zur Antwort sagen, daß ich von dir den Brief und die Büchlin empfangen habe. Und wollt Gott, er höret auf! Denn er hat zuvor in der Schlesien ein Feuer angezündet wider das heilige Sacrament, welchs noch nicht gelöscht, und auf ihm ewiglich brennen wird. Über das fähret er zu mit seiner Eutycherei und Creaturlichkeit, macht die Kirchen irre, so ihm doch Gott nichts befohlen noch gesandt hat. Und der unsinnige Narr, vom Teufel besessen, verstehet nichts, weiß nicht, was er lallet.

Will er aber nicht aufhören, so lasse er mich mit seinen Büchlin, die der Teufel aus ihm speiet und schmeißet, ungehetet, und habe ihm das mein letzt Urtheil und Antwort. Increpet Dominus in te, Satan, et spiritus tuus, qui vocavit te, et cursus tuus, quo curris, et omnes, qui participant tibi, sacramentarii et Eutychiani tecum et cum vestris blasphemiis in perditionem. Sicut scriptum est: Currebant, et non mittebam eos: loquebantur, et nihil mandavi eis. MDXLIII.

714.

An den Kurfürsten Johann Friedrich, v. 22. Januar 1544.

Leipz. Suppl. No. 196. S. 104.; Walch X. 830. De W. V. 615.

Dem Durchleuchtigsten Hochgebornen Fursten und Herrn, Herrn Johanns Friedrich, Herzog zu Sachsen, des heil. Rom. Reichs Erzmarschall und Kurfurst, Landgrafen in Thuringen, Markgrafen zu Meissen und Burggrafen zu Magdeburg, meinem gnädigsten Herrn.

G. u. F. und mein arm Pater noster! Durchleuchtigster, Hochgeborner Furst, Gnädigster Herr! Ich fuge E. K. F. G. unterthäniglich zu wissen, wie das

heimlich Verlobniß wieder einreißen will. Wir haben
einen großen Haufen junges Volks aus allerlei Landen, so ist das Meidevolk kuhne worden, laufen den
Gesellen nach in ihre Stublin, Kammer, und wo sie
konnen, bieten ihn frei ihre Liebe an; und ich hore,
daß viel Aeltern sollen ihre Kinder heimgefordert, und
noch fordern, und sagen: wenn sie ihre Kinder schicken zu uns ins studium, so hängen wir ihn Weiber
an den Hals; entziehen ihnen ihre Kinder; daraus
diese seine Schule einen bosen Namen bekommet. Ich
aber habe nicht anders gewußt, denn daß Jedermann
wisse, und sei auch von E. K. F. G. geboten, daß
die heimliche Verlubnisse sollen schlecht nichts, todt
und ab sein. Und indem ich so sicher sitze, gehet ein
Urtheil aus (denn ich auch drauf drang seines Verzugs
halben) von unserm Consistoria, das sich grundet auf
ein heimlich Verlubniß, daß ich erschrak und druber
hoch bewegt ward; darauf ich am nähesten Sonntage
eine starke Predigt gethan habe, man sollt bleiben
auf der gemeinen Straße und Weise, die von Anfang
der Welt in der hell. Schrift, bei allen Heiden, auch
im Papstthum und noch immerfort gehalten ist, nämlich daß die Aeltern sollen mit gutem Bedacht und
Willen die Kinder zusammen geben, ohn einiges vor-
gehend Verlobniß: welchs in der Welt nie gewest,
sondern ist ein Fundlin des leidigen Papsts, dem es
der Teufel eingegeben hat, der Aeltern Macht, von
Gott ihn gegeben und ernstlich befohlen, aufzuheben,
zureißen, Ungehorsam zu stiften wider Gottes Gebot,
und unzählige Verwirrunge der Gewissen anzurichten,
wie ich im Papstthum oft erfahren, dazu den Aeltern
ihre Kinder zu stehlen und zu rauben, mit ihrem großen Jammer und Herzeleid, welchs sie leiden mussen
anstatt der Ehren, die ihn die Kinder schuldig sind
aus Gottes Gebot. Wie itzt M. Philippus und sein
Weib, wo meine Predigt nicht kommen wäre, und
schier zu langsam kommen bin, geschehen wäre, daß
sie verschmachtet wären an ihrem Sohn, den auch
bose Buben verleitet haben, bis er sich heimlich theuer
und hoch verlobet, daß ich große Muhe habe gehabt,
ihn abzuwenden, oder vielmehr abzuschrecken. So ge-

denke ich auch an das Exempel Herzog Philipps mit
seinem Sohn, Herzog Ernsten, und des Starstedels
Tochter, wie E. K. F. G. wissen; so wäre mir selbst
in meinem Hause auch schier ein solchs begegnet.

Weil es nu gewiß ist, daß heimlich Gelübd nichts
ander ist, noch sein kann; denn ein päpstlich Geschäft
und Teufelsgestift wider der Aeltern Willen, das ist,
wider Gottes Gebot und Befehl den Aeltern geben,
und eitel groß Jammer und Herzeleid (wie des Teufels Früchte sein mussen) draus kommet mit allerlei
Verwirrunge und Fährlichkeit der Gewissen, und wer
sein wohl gerathen kann, mit Gott und fröhlichem
Gewissen in dem rechten Wege wohl heirathen kann,
hab ich auf der Kanzel gepredigt. Ich kunnte es
und wollte es in dieser Kirchen Christi, die mir vertrauet ist von Gott dem Heiligen Geist, als einem
Seelsorger, zu meiden und zu lehren, dafür ich werde
Rechenschaft geben mussen, schlecht nicht leiden noch
auf mein Gewissen nehmen, sondern hab es auf der
Kanzel für aller Augen genommen und gesagt: Ich
Martin rc. Prediger dieser Kirchen Christi, nehme
dich heimlich Gelübd, und den väterlichen Willen, so
drauf gebet, sampt dem Papst, deß Geschäft du bist,
und dem Teufel, der dich gestiftet hat, keppel euch zusammen, und werfe euch in Abgrund der Höllen, im
Namen des B. und des S. und des H. Geists,
Amen. Also, daß ein Kind sich nicht kunne verloben,
und ob sichs verlobt, eben so viel sei als nicht gelobt,
ohn daß im Gelübd viel Sunden geschehen, im nicht
Geloben keine Sunde ist. Item, daß ein Vater nicht
kunne drein bewilligen, und, ob ers thäte, doch nichts
sein soll; denn wir konnen in des Teufels Geschäft
nicht bewilligen, sonderlich nu mans weiß und kennet, wer die Meister und Stifter sind solchs Jammers.

Demnach ist an E. K. F. G. mein unterthänigst
Bitte, E. K. F. G. wollten umb Gottes und der
Seelen Heil willen ihre Fürstl. Oberkeit abermal
und aufs Neue hiezu thun, und bei dem Wort und
Gebot Gottes (wie sie bisher mit großem Ernst und
Eifer gethan haben, durch Gottes Gnaden nicht ohn
viel und große Fahr) halten wider den Papst und

Teufel, damit wir beste stattlicher, auch durch unsers
Landsfursten Befehl, diesen Teufel, das heimliche Ge=
lubd, das verflucht, verdampt, lästerlich Geschäft des
Endechrists, mugen aus unser Kirchen treiben und
heraußen behalten, damit die armen Aeltern ihre Kin=
der behalten und in Sicherheit erziehen und versor=
gen mugen. Denn wo man diese Wort, so das Con=
sistorium führet in den Actis: ich gelobe dirs, so fern
mein Vater will, soll lassen gelten, und der Teufel
solch Loch behält, so ist dem heimlichen Gelubd unge=
wehret, ja ist stärker denn zuvor; denn wie leicht kann
man einen Vater uberreden, ubertäuben, oder ein
Wort fur dem Maul abbrechen durch Behendigkeit
unzähliger Weise, und ohn daß ein Vaters Herz dem
Sohn geneigt ist? Daß hie kein ander Rath ist, denn
das heimliche Gelubd fur ein Teufelswerk erkennen,
darein kein Vater bewilligen kann, sondern schuldig
sei zu verdammen und zu widerrufen, wo er drein
bewilliget hätte. Also bitte ich auch E. K. F. G.
fur diesen Gesellen, der an E. K. F. G. appellirt
hat vom Urtheil des Consistorii, nämlich Kaspar
Beyer, E. K. F. G. wollten ihn lossprechen, ehe
denn E. K. F. G. auf den Reichstag abreisen, oder
Jemand Befehl thun loszusprechen, denn es ist schon
lange angestanden. Ich gedenke wohl, daß ich sol=
cher Sachen einen Tag dreie hätte abgericht; sie ha=
ben aber sint Pfingsten drinnen gehandelt, doch nichts
gethan, denn ein heimlich Gelubd funden, und einen
kalten faulen Willen des Vaters, der heftig schreiet,
es sei sein Wille nie gewest, ohn was sie seine Wort,
vor seinem Maul abgebrochen, verstehen wollen.

So ist gewiß, daß der Sohn in vier Jahren (so
lang ist das heimlich Verlobniß) und noch nicht we=
der seines Vaters noch der Dirnen Aeltern Willen
gesucht noch begehrt, welchs nicht pflegen zu thun
Gesellen, die eine Metze mit Ernst lieben; sondern
hats lassen fallen, als ein untuchtig und nichtig Ge=
lubd, bis daß jenes Theil der Jungfrauen den Va=
ter drumb angeredt; und gehet alles sehr verdächtig
zu. Aber dennoch ists gleichwohl alles nicht, weil
das giftige Wort drinnen stehet: Gelobt, Gelobt,

Gelobt; das verderbts alles, wie gesagt. E. K. F.
G. wollten sich gnädiglich erzeigen; denn in diesem
geringen Werk werden E. K. F. G. einen großen
herrlichen Gottesdienst thun, vielen, ja allen Aeltern
Trost und Ruge schaffen, auch unzähligen Sünden
wehren, Irrungen und Fährlichkeiten der Seelen
verkommen. Das helfe E. K. F. G. und in allen
Sachen Gott der Vater, Sohn und Heiliger Geist,
gelobet in Ewigkeit, Amen. Dienstags nach Fabiani,
1544.

E. K. F. G.

unterthäniger

Mart. Luther.

715.

An die Mitglieder des Consistoriums zu Witten=
berg, bald nach dem vorigen 1544.

Jen. VIII. 378. Altenburg VIII. 591. unter dem J. 1546.
Leipz. XXII. 470. Walch X. 824. unter dem J. 1535., wel=
ches er selbst Vorr. z. X. Th. S. 58. für unrichtig erkennt.
De W. V. 618.

Den Ehrwürdigen, Gestrengen, Hochgelahr=
ten Herren Doctoren und Hauptmann,
Johann Bugenhagen, Pfarrherrn, Asmus
Spiegel und Chilian Goltstein rc., Kur=
fürstlichen Befehlhabern zu Wittemberg
zu Handen.

Ehrwürdiger, Gestrenger, Hochgelahrten, lieben
Herren und Freunde! Nachdem unser gnädigster Herr,
Johanns Friedrich, Herzog zu Sachsen und Kurfürst rc.,
euch befohlen, und mir gnädiglich geschrieben, so ich be=
dacht wäre, etwas Weiters anzuzeigen in der Handlung,
so sich zwischen den Herrn des Consistorii und mir,
in der Ehesachen E. B. begeben, solltet ihrs neben
der Parteien Einbringen auch annehmen: so schicke
ich euch zu diese meine Meinung schriftlich zu über=
antworten.

Erstlich, wäre ich zwar der Unlust lieber über-
haben gewest; aber weil ichs auf mein Gewissen, als
ein Seelsorger in dieser Kirchen, nicht habe können
nehmen, hab ich mich wider des Consistorii Urtheil
setzen müssen von meines Ampts wegen. Und ob
ichs hätte lassen hingehen können, daß so viel Sünde
in dem Handel und Actis begangen, da so viel Lügen, Meineide und verdächtige Praktiken geschehen,
daß michs erbarmet, daß man zu dieser Zeit zum
Recht ohn viel Unrecht und Sünde nicht kommen
kann, ohn was der Verzug noch Schadens und Unrechts thut, da des Rechtens kein Ende werden kann,
und fährlich worden ist, ein frommer Jurist zu sein:
so hat mich doch dieß Stück bewogen, daß solch Urtheil gelangen wollte zu einer Verwirrung oder Per-
plexität des Gewissens (welchs Gottes Wort nicht
leidet, und ehe alle Juristenbücher verdampt), wo
es wäre gangen in rem judicatam, wie sie es nennen; denn C. hätte die M. nicht können nehmen,
und die gute Jungfrau wäre dadurch auch sitzen
blieben, auch vieler ander Unrath daraus erfolget;
wie denn aus dem heimlichen Verlöbniß viel Unraths
und Jammers, auch im Papstthum, kommen ist, welches der Ursachen eine gewest ist, daß wirs in unser
Kirchen verworfen und verdampt haben, denn wohl
ein richtiger, sicherer und göttlicher Weg ist, Heirath
zu machen.

Aber die ander und rechte Ursach ist diese, daß
es alles mit einander zu Haufe, nämlich beider Part
heimlich Verlöbniß, sampt den Acten, auch des Consistorii Urtheil, eitel Teufelsgespenst und Getrieb ist,
dahin gericht, daß der leidige Papst mit seinen
Gräueln der Verwüstung wieder in unser Kirchen sitzen
möge, und zuletzt ärger werden, denn vorhin, ehe
er ausgetrieben ward. Hie war mirs Zeit aufzuwa-
chen, und drein zu sehen. Denn da unser Consistorium gewußt, oder je gewußt sollten haben, wie es
umb das heimliche Verlöbniß in unser Kirchen gethan
ist, sollten sie billig sich anders erzeigt haben, nämlich das heimlich Verlöbniß verdampt, den Handel
nicht lassen in Acten kommen, viel weniger ein Urtheil

drüber gesprochen haben; solchs Teufelswerk unser
armen Jugend in einem bösen starken Exempel zu
bestätigen.

Es kann ja ein heimlich Verlöbniß anders nichts
sein, denn des Teufels Geschäft, durch den Gottes=
Feind und Seelmörder, den Papst, gestiftet, wie Da=
niel von ihm geweissagt hat, daß er sich uber und
wider Gott setzen, und aller Gottes Ordnung gräu=
lich zustoren würde, als Kirchenregiment, weltlich Re=
giment, Hausregiment. Also hat er in diesem Stück
auch das vierte Gebot Gottes aufgehaben, den Kin=
dern erlaubet und sie gelehret den Aeltern ungehorsam
zu sein, sich selbs den Aeltern zu stehlen und zu rau=
ben durchs heimlich Verlöbniß, damit den Aeltern ihre
Ehre und Macht uber ihre Kinder und Güter, von
Gott gegeben und befohlen, zunicht gemacht, dazu
solche gräuliche Sünde wider Gott und die Aeltern,
fur ein gut köstlich Werk gelobt und belohnet, als
dem, der homo peccati ist und filius perditionis,
wohl geziemet; darüber die Aeltern hoch betrübt, et=
liche auch wohl durch Grämen getödtet, wie neulich
und gar nahe M. P. hätte geschehen können, da
ich mit Macht wehren mußte, daß er nicht uberwo=
gen in seines Sohns Verlöbniß willigte; denn er
zuvor uber der Tochter gleichfalls betrübt, und klagt,
daß ihm seine Kinder so jämmerlich gestohlen würden,
und wo ers mit dem Sohn versehen, hernach, wenn
der Reuel kommen wäre, sich abermal zu Tode ge=
grämet hätte.

Weil wir nu wissen aus Gottes Gnaden durch
sein heilsams Wort, was heimliche Verlöbniß ist,
nämlich ein Teufelswerk, ein schändlicher Ungehorsam
wider Gott und die Aeltern, ein solcher großer Dieb
und Räuber, der mir nicht allein Geld und Gut,
sondern mein liebstes Kleinod auf Erden, mein Toch=
ter oder Sohn, der vielleicht ein einiger Sohn oder
Tochter ist, so böslich stiehlet, raubet und wegreißt,
dazu ein Mörder und Stöcker ist der Aeltern: soll
man, wo es erfahren wird, daß zwischen den Parten
ein heimlich Verlöbniß ist, sie heißen mit aller Macht
stillschweigen, sie scharf schelten, nicht lassen für Ge=

richt kommen, sondern für allen Dingen alles in integrum restituirn, dem Vater seinen Sohn, durch Verlöbniß gestohlen und geraubt, wiedergeben und frei machen, die Tochter auch also, das Verlöbniß zureißen und verdammen, als es für Gott verflucht und verdampt ist; so darf man des Jammers nicht, den der Teufel durchs heimlich Verlöbniß suchet und anrichtet. Man darf nicht Läuse in den Pelz setzen, noch den Kindern erlauben oder sie lehren ungehorsam zu sein; sie thun es ohne das mehr, denn es Gott und uns lieb ist. Einen Dieb, der zehn oder zwanzig Floren stiehlet, henket man; und diesen Dieb, der mir mein Kind stiehlet, und mich zu Tod martert, soll ich noch feiern als einen Wohlthäter und Heiligen, dazu in meine Güter setzen, die mir sauer worden sind, damit solche Bosheit, an mir begangen, ja herrlich belohnet und geehret werde. Dank habe du, heiligster Vater Papst, für deine gute Lehre! Dank müssen haben solche päpstische Juristen, mit welchen wir gar kein wöllen haushalten in der Kirchen Christi, wenn sie wöllen brechen, was wir bauen, und bauen, was wir brechen.

Eben so sollte der M. auch gethan haben, den Vater H. B. nicht mit klugen geschliffen Worten gelockt oder gesucht haben umb ein Jawort, wie in den Acten stehet; sondern still geschwiegen, und seine Schwester umb das Verlöbniß hart gestraft, daß sie sich selbs, und jenem den Sohn gestohlen hätte. Ja wohl, da bringet er auf das heimlich Verlöbniß, als sei es köstlich Ding, und müsse gehalten sein, auf daß er ein Jawort erlange: und ist doch ein faul ungewiß Jawort. Und wenns gleich gewiß wäre, dennoch nichts ist noch gelten kann für Gott; denn kein fromm Mensch kann in des Teufels Werk wider Gott willigen; und ob ers unwissend thät, muß ers widerrufen und büßen, wenn ers besser lernet. Auch kein Vater, sonderlich der sein Kind nicht wollt gern gestohlen haben, so toll ist, wenn er wüßte, daß heimlich Verlöbniß nichts wäre, daß er darein bewilligen würde; aber weil er irrendes Gewissens gläubt, durch des Papsts Lügen verführet, es sei recht und

gut, so meinet er, er müsse es bewilligen, oder ent=
hält sich schwerlich; und ist doch im Grund sein Herz,
wo das heimlich Verlöbniß nicht da wäre, wollte er
nimmermehr bewilligen. Das heiße ich, alle Ver=
nunft, Gott selbs auch, keine rechte, freie väterliche
Bewilligung, sondern eine genöthigte, oder gestohlene,
oder geraubte Bewilligung, durch den großen Dieb
das heimlich Verlöbniß. Das heißt denn nach dem
Sprüchwort: Gezwungen Eid ist Gott leid; darumb
muß der Vater auch für allen Dingen in integrum
restituirt, und seines gestohlen Jaworts frei und los
gesprochen sein. Das sind die Früchte des heimlichen
Verlöbniß, der man leicht umbgehen könnte, wo man
Gottes Gebot folgete und hielte, und nicht andere
Wege ginge, da Gott versucht und erzürnet wird,
und wir uns selbs Unglück zurichten.

Dieß ist mein endliche gründliche Meinung. Ob
dieselbige den Juristen nicht gefället, welche beschlossen
haben und sich frei hören lassen, sie wollen nicht ein
Wort in ihrem Buch weichen, muß ich lassen ge=
schehen, und sie ihrem Gewissen und ihrem Gott be=
fehlen, kann und will sie nicht zwingen, den Papst
und ihr heiliges Buch zu verlassen, und meine Katö=
nichen anzunehmen (so nennen sie unser Bücher);
wiederumb kann ich auch nicht leiden, noch auf mein
Gewissen laden, daß sie in meiner Kirchen mir befeh=
len, da sie kein Recht noch Befehl von Gott innen
haben, wollen aus ihrem heiligen päpstlichen Buch
Urtheil sprechen wider meine christliche Katönichen,
und mir in diese Kirchen, wie die Säu, fallen, ihren
Abgott, den Papst, drein setzen; das sollen sie lassen:
denn sie haben wohl ander Ort, da sie ihres Papsts
Hintern dran wischen können.

Bin auch froh, daß ich numehr die Bäume an
ihren Früchten habe erkannt, kann ihrer nu frei mit
guten Gewissen müßig gehen, dazu sie fahren lassen,
da sie hin gehören; sie dürfen mein und meiner Lehre
nichts, haben große Herren, die mit ihnen fahren,
sonderlich den Papst, der wird sie wohl wissen zu
trösten: allein das ich bezeuget haben will für Gott
und der Welt und ihren Ohren, daß ich nicht mit

ihnen fahren will, noch in ihre Fahrt willigen, sondern mit Macht widerrathen habe. Solch Gewissen
will ich in meiner Hinfahrt mit mir nehmen, und an
ihrem Verdammniß, oder wie sie es rühmen, an ihrer Seligkeit unschuldig, auch ihres Himmelreichs
nicht theilhaftig sein, und denken, es sind wohl größere
Leute in die Hölle gefahren; weder sie sind. So ist
mir armen Sünder Gottes Wort vertrauet und befohlen zu predigen, das kann ich mich mit gutem
Gewissen rühmen, und muß es verantworten: den
Juristen ist's nicht befohlen, zu predigen, sondern wie
geschrieben stehet: Gebet dem Kaiser, was des Kaisers ist, und Gotte, was Gottes ist (Matth. 22, 21.).
Dabei will ich's, und sie sollen es ohn ihren Dank
auch dabei lassen bleiben, deß und kein anders.

D. Martinus Luther.

716.

An einen Ungenannten, v. 25. Januar 1544.

Altenb. VIII. 276. Leipz. XXII. 575. Walch XXI. 498.
De W. V. 623.

Gnad und Fried im Herrn. Mein lieber Freund,
daß solche Schrift der vier Bürger zu Arnstadt an
den Grafen sollte aufrührisch sein, ist mir unmüglich
zu verstehen, weil es eine demüthige bittliche Schrift
ist, an Niemand anders, denn an ihre ordenliche
Oberkeit für einen getreuen gelehrten Prediger, darin sie vielmehr zu loben denn zu schelten sein sollten, schweige denn, daß es ihnen nicht sollte zu gut
gehalten werden, wo sie gleich etwas in Worten sich
überredt hätten. Aber wenn man dem Hunde zu
will, so hat er das Leder gefressen. Es hat mir auf
den Rath zu Arnstadt über die Maßen übel gefallen,
daß sie solch einen trefflichen Mann verjagen, und
damit Christum selbst ausschlagen; und wenns bei
mir stünde, sollten sie ewig keinen Pfarrherrn kriegen; und wers auch nach diesem D. Mörlin annimpt,

der soll in meiner Gemeinschaft nicht sein, bis sie mit
D. Mörlin sich christlich vertragen. Sollt ein Pfarr-
kind nicht ein wenig leiden, ob es umb Sünde willen gestrafet würde, gerade als verdienten wirs nicht
viel ärger, und haben unter dem Papstthumb sich
schinden lassen, dafür eitel Lügen und Verdammniß
gelernet. An den Kurfürsten zu schreiben, ists (sorg
ich) zu lange, vielleicht auch vergeblich, zu dem daß
E. K. F. G. sich auf den Reichstag geschickt hat.
Ich höre aber, der Grafe werde zu uns herein schreiben: geschichts, so soll er mich, ob Gott will, daheim
finden; denn ich D. Mörlins Handel bei mir habe.
Hiemit Gott befohlen, Amen. Am Tage S. Pauli
Conversionis, 1544.

Martinus Luther, D.

717.

An Joh. Göritz, Richter zu Leipzig, v. 29. Januar 1544.

Altenb. VIII. 1002. Leipz. XXII. 576. Walch XXI. 490.
De W. V. 626.

Gnad und Friede, mein lieber Herr Richter und
guter Freund! Ich werde bericht, wie bei euch ein
Gast zu Leipzig sei, der sich nennet Rostna von Truchses, eine solche unverschämte Lügnerin, der ich auch
nicht gleich gesehen. Denn sie mit solchem Namen
auch erstlich zu mir kam, als eine arme Nonne, von
solchem hohen Geschlecht; da ich aber darnach fragen
ließ, fand sichs, daß sie mich belogen hatte. Darauf
ich sie fürnahm, und forschete, wer sie wäre; also bekannt sie mir, sie wäre eines Bürgers Tochter zu
Minderstadt in Franken, welcher in der Bauren
Aufruhr geköpft, und sie also in die Irre, als ein
arm Kind, kommen wäre: bat sie, ich wollt ihrs
umb Gottes willen vergeben, und mich ihrer erbarmen. Darauf ich ihr gebot, sie sollt sich forthin solcher Lügen mit dem Namen Truchses enthalten. Aber

indem ich sicher bin, weiß ich nicht anders, denn sie
that also; da richtet sie hinter mir allerlei Büberei
und Hurerei aus; auch in meinem Hause bescheißt
alle Leute mit dem Namen Truchses, daß ich, nach=
dem ichs erfahren habe, da sie weggekommen, nicht
anders denken kann, denn sie sei mir zugefügt von
den Papisten, als eine Erzhure, verzweifelter Balg
und Lügensack, der mir im Keller, Küchen, Kammern
allen Schaden gethan, und doch Niemand schuldig
sein könnte. Wer weiß, was sie mehr im Sinn ge=
habt, denn ich sie bei mir in meinen Kammern und
bei meinen Kindern in großem Vertrauen gehabt.
Zuletzt hat sie etliche an sich gezogen, und von dem
einen schwanger worden, und meine Magd gebeten,
sie sollt ihr auf den Leib springen, die Frucht zu
tödten. Ist mir also durch meiner Käthen Barm=
herzigkeit entkommen, sonst sollt sie mir keinen Men=
schen mehr betrogen haben, die Elbe hätte denn nicht
Wasser gehabt. Demnach ist meine Bitt an euch,
wollet solche Truchseßin in Augen haben, und euch
laſſen befohlen sein, und fragen laſſen, woher sie sei,
endlich, wo es nicht anders sein kann, den verfluch=
ten Hurenbalg, verlogene, diebische Schälkin, dem
Evangelio zu Ehren und mir auch zu Dienst, nicht
bei euch leiden, damit auch die Euren für ihrer teuf=
lischen Büberei, Dieberei, Trügerei sicher sein. Ich
sorge fast, wo man sie sollt recht fragen, sie würde
mehr denn einen Tod verdienet haben, so viel Zeu=
gen finden sich nach ihrem Abschied. Solches will
ich euch guter Meinung angezeiget haben, auf daß
mirs nicht auf meinem Gewiſſen liegen bliebe, wo
ich geschwiegen hätte, euch solchen verdampten Lü=
gens=, Huren=, diebischen Balg anzuzeigen, und euch zu
warnen. Thut ihr nun, was und wie ihr wiſſet;
ich bin entschuldiget. Hiemit Gott befohlen, Amen.
Dienſtags nach Pauli Converſionem, 1544.

718.

**An Elisabeth, verwittwete Kurfürstin zu Branden=
burg, v. 10. Februar 1544.**

Leipz. Suppl. No. 197. S. 105. Walch XXI. 491.
De W. V. 630.

Der Durchleuchtigsten, Hochgebornen Für=
stin und Frauen, Frauen Elisabeth, ge=
bornen aus königlichem Stamm zu Däne=
mark, Markgräfin zu Brandenburg, Kur=
fürstin, Wittben meiner gnädigsten Frauen
und Gevatterin.

Gnade und Friede. Durchleuchtigste, Hochge=
borne Fürstin, Gnädigste Frau und liebe Gevatter!
Gar herzlich gerne habe ich es vernommen aus E.
K. F. G. Schrift, daß sie so ganz willig, ja auch
gnädig, Herr Johann Faber der Stadt Prettin zu
einem Pfarrer erlaubet und gewichen haben. E. K.
F. G. haben daran ein gut Werk gethan; denn
weil er zuvor daselbst bekannt, und ihm auch zu
Dank angenommen ist, hoffe ich, er solle Frucht
schaffen, und Gott seinen Segen darzu geben. E. K.
F. G. zu dienen bin ich schuldig und willig. Der
liebe Gott und Vater unsers Herrn und Heilandes
Jesu Christi sei mit E. K. F. G. allezeit, Amen.
Sonntags nach Dorothea, 1544.

Martinus Luther.

719.

An die Kurfürstin Sibylle, v. 30. März 1544.

Leipz. Suppl. No. 198. S. 105. Walch XXI. 491. De
W. V. 638.

Der Durchleuchtigsten, Hochgebornen Fur=
stin und Frauen, Frauen Sibylla, gebor=
nen Herzogin zu Julich, Cleve rc., Her=

zogin zu Sachsen, Kurfürstin, Landgrä=
fin in Thüringen, Markgräfin zu Meis=
sen und Burggräfin zu Magdeburg, mei=
ner gnädigsten Frauen.

G. u. F. im Herrn. Durchleuchtigste, Hochge=
borne Fürstin, Gnädigste Frau! Ich habe E. K.
F. G. Brief empfangen, und bedanke mich ganz un=
terthäniglich gegen E. K. F. G., daß sie so sorgfäl=
tig und fleißig fragen nach meiner Gesundheit, und
wie mirs gehe mit Weib und Kindern, auch mir al=
les Gutes wunschen. Es gehet uns, Gott Lob! wohl,
und besser, denn wirs verdienen für Gott. Daß ich
aber am Häupt zuweilen untüchtig bin, ist nicht
Wunder. Das Alter ist da, welches an ihm selbs
alt und kalt und ungestalt, krank und schwach ist.
Der Krug gehet so lange zu Wasser, bis er einmal
zubricht. Ich habe lange gnug gelebt, Gott beschere
mir ein selig Stündlein, darin der faule, unnütze
Madensack unter die Erden komme zu seinem Volk,
und den Würmen zu Theile werde. Acht auch wohl,
ich habe das Beste gesehen, das ich hab auf Erden
sollen sehen. Denn es läßt sich an, als wollte es
bose werden. Gott helfe den Seinen, Amen. Daß
auch E. K. F. G. anzeigen, wie es ihr langweilig
sei, weil unser gnädiger Herr E. K. F. G. Gemahl
abwesend sind, kann ich wohl glauben; aber weil es
die Noth fodert, und solch Abwesen umb Nutz und
Gut der Christenheit und deutscher Nation geschicht,
müssen wirs mit Geduld tragen nach dem göttlichen
Willen. Wenn der Teufel kunnte Friede halten, so
hätten wir auch mehr Friedens und weniger zu thun,
sonderlich so viel Unlusts zu leiden. Aber wie dem
allen, so haben wir das Vortheil, daß wir das liebe
Gottes Wort haben, welchs uns in diesem Leben tro=
stet und erhält, und jenes Leben der Seligkeit zusa=
get und bringet. So haben wir auch das Gebet,
welchs wir wissen (wie E. K. F. G. auch schreiben),
daß es Gotte gefället und erhört wird zu seiner
Zeit. Solche zwei unaussprechliche Kleinod kann
der Teufel, Turke, Papst und die Seinen nicht ha=

ben, und sind in dem viel ärmer und elender, denn
kein Bettler auf Erden. Deß mugen wir uns rühmen und trösten gewißlich, dafür wir auch sollen
danken Gott, dem Vater aller Barmherzigkeit, in
Christo Jesu, seinem lieben Sohn, unserm Herrn,
daß er uns solchen theuren, seligen Schatz geschenkt,
und zu solchem Kleinod berufen hat, uns Unwürdigen
durch seine reiche Gnade, daß wir dagegen nicht allein billig und gerne das zeitliche Böse sehen und
dulden sollen, sondern auch uns der blinden, elenden
Welt, sonderlich solcher hohen großen Häupter in der
Welt erbarmen müssen, daß sie solcher Gnaden beraubt, und noch nicht werth sind zu haben. Gott
erleuchte sie einmal, daß sie es mit uns auch sehen,
erkennen und begreifen, Amen. Meine Käthe läßt
E. K. F. G. ihr armes Vater Unser bieten mit aller Unterthänigkeit, und danket sehr, daß E. K. F.
G. so gnädiglich ihrer gedenken. Hiemit dem lieben
Gotte befohlen, Amen. Judica, 1544.

E. K. F. G.

unterthäniger

Mart. Luther, D.

720.

An König Gustav in Schweden, v. 12. April 1544.

Leipz. Suppl. No. 199. S. 106. Walch XXI. 498. De
W. V. 640.

Dem Großmächtigen, Durchleuchtigsten
Herrn, Herrn Gustav, in Schweden, der
Gothen und Wenden König, meinem Gnä-
digsten Herrn.

Gnade und Friede im Herrn. Großmächtigster,
Durchleuchtigster, Gnädigster Herr König! Mein ar-
mes Pater noster sei E. K. Maj. demüthiglich zuvor.
E. K. M. füge ich zu wissen, wie einer, genannt
Conradus Peutinger, der sich einen Doctor rühmet,
daß er nie worden ist, allhie in diesen Landen eine

Ehefrauen hat, mit Namen Kathern Unwerdin, vom Adel, gutes Geschlechts, auch etlich Jahr öffentlich bei ihr gewohnet, aber zuletzt von ihr gelaufen, und sie in viel Jahr in Elend und Armuth sitzen lassen: darauf er eine andere genommen, vom Geschlecht eine Köckeritz, hat sich mit aller Schalkheit durch die Lande gedrehet, bis er ist bei E. K. M. Kanzler worden. Nun ist an E. K. M. oft geschrieben, von mir selbs auch; uns dünkt aber, er habe die Briefe unterschlagen, und man sagt, er hält sich wie eine Grafe, so er doch nichts mehr als ein Bürger, eines Korsners Sohn ist zu Frankfurt am Main, welchs öffentlich die Wahrheit ist. So bittet nun die arme Frau, und ich bitte auch umb Gottes willen, E. K. M. wollten den Buben zurecht bringen, oder helfen, daß die arme Frau von seinen Gütern eine ziemliche Unterhaltung bekomme, wie es billig: denn er hat sie in solche Elende bracht, daß sie fast muß das Bettelbrod suchen bei ihren Freunden, auch sie schier drücket, ... von Sinnen kommen ist, von großer Jammer und Leide, so doch die Anzeigung da ist, daß sie eine feine, gesunde, vernünftige Matron ist gewest. Hieran werden E. K. M. ein königlich, christlich gut Werk der Barmherzigkeit und Gerechtigkeit thun, welches Gott reichlich vergelten wird; dem ich E. K. M. mit rechtem treulich (?) hiermit in seine Gnade befehle, Amen. Am Osterabend, 1544.

E. K. M.

willger

Martinus Luther, D.

721.

An König Christian in Dänemark, v. 12. April 1544.

Leipz. Suppl. No. 200. S. 106.; bei Walch XXI. 494. Dän. Bibl. 4. St. 157. Schumachers Gelehrter Männer Briefe an die Könige in Dänemark 2. Th. S. 263. De W. V. 641.

Dem Großmächtigen, Durchleuchtigsten, Hochgebornen Fürsten und Herrn, Herrn Christian, zu Dännemark, Norwegen, der Wenden und Gothen König, Herzogen zu Schleswig, Holstein, Stormarn und Ditmarschen, Grafen zu Oldenburg und Delmenhorst, meinem gnädigsten Herrn.

Gnade und Friede und mein armes Pater noster. Großmächtiger, Durchleuchtigster, Hochgeborner, Gnädigster Herr König! Es hat mich die arme verlassene Frau Katherin Peutingerin gebeten umb diese Fürschrift an E. K. M., und ist dieß die Sache. Es ist bei J. K. M. in Schweden ein loser Bube, der sich Doctor Peutinger etwa genennet hat, und mit Lügen und Praktiken so weit kommen, daß er in Schweden Kanzler worden, sich, wie ich höre, einen Grafen läßt halten. Derselbe Bube ist eines Kürners Sohn zu Frankfurt am Main, ist nie Doctor worden, hat sich durch die Lande gedrehet und alle Schalkheit getrieben, unter welchen diese auch eine ist, daß er diese Frau Katherin, so vom Adel und guten Freunden, zur Ehe genommen, öffentlich beigewohnet, zuletzt, als ein Schalk, sie in viel Jahr verlassen in Elende, soll sich dazu rühmen, er sei durch D. Luther und M. Philipps gescheiden von ihr (das ist nicht wahr), und darauf eine andere genommen, vom Geschlecht Köckeritz, mit welcher er sich in Schweden gefunden und Kanzler worden. Nu ist oft an J. K. M. in Schweden geschrieben, ich selbs auch einmal geschrieben; aber der Bube hat die Briefe wissen zu unterschlagen. Weil nu keine Hoffenung noch Weise ist, an J. K. M. in Schweden, denn durch E. K. M.: ist unser allerunterthänigste Bitte, E. K. M. wollten ein gut Werk der Barmherzigkeit thun und gnädiglich helfen rathen, daß diese Briefe mochten J. K. M. in Schweden zu Handen kommen; denn wir alle zweifeln nicht, wo J. K. M. in Schweden den Buben würden erkennen, sie würden ihm wohl wissen Recht zu thun. Solche meine unterthänige Bitte wollten mir E. K. M. gnädiglich

zu gut halten. Ich habe es nicht können abschlagen;
so ist die Sache gewiß und offenbar, mit Land und
Leuten zu beweisen, und die arme Frau muß sich
bei ihren Freunden fast des Bettelbrods behelfen.
Hiemit dem lieben Gotte befohlen, Amen. Am Oster=
abend, 1544.

E. K. M.

williger Diener

Martinus Luther, D.

722.

An die Kurfürstin Sibylle, v. 28. April 1544.

Leipz. Suppl. No. 202. S. 107.; Walch XVI. 497. De
W. V. 645.

Der Durchleuchtigsten, Hochgebornen Furstin
und Frauen, Frauen Sibylla, gebornen
Herzogin zu Julich ꝛc., Herzogin zu Sach=
sen, Kurfurstin, Landgräfin in Thurin=
gen, Markgräfin zu Meissen und Burg=
gräfin zu Magdeburg, meiner gnädigsten
Frauen.

G. u. F. und mein arm Pr. nr. Durchleuch=
tigste, Hochgeborne Furstin, Gnädigste Frau! Es
hat mich D. Augustin von E. K. F. G. wegen ange=
redt umb die Schriften, so ich auf E. K. F. G.
Schreiben thun sollt. Ich hoffe aber, solche mein
Antwort sei indeß D. Augustin bei E. K. F. G. zu=
kommen; denn ich sie dem Häuptmann Asmus Spie=
gel zugeschickt, weil ich sonst keine andere Botschaft
gewußt noch gehabt. Wo dem nicht so ist, daß sie
E. K. F. G. zukommen nicht sollt sein, will ich gern
noch einmal antworten. Denn ich E. K. F. G. gar
herzlich gedankt habe und noch danke fur solche gnä=
dige Schrift und Erzeigung.

Wir hoffen und bitten, daß Gott uns unsern lie=
ben Landsvater und gnädigsten Herrn aufs Schierst froh=
lich wieder anheimen helfe, Amen. Es ist doch mit

den Papisten nicht viel auszurichten, ohn daß sie uns
mit Unkost auszehren und den Beutel ledig machen,
wiewohl sie sich stellen, als wollten sie, und wollten
doch nicht. Unser Herr Jesus, ders angefangen hat,
deß die Sachen eigen ist, wollte selbs dazu thun,
wie er thun wird und bisher gethan hat; sonst wills
ungethan bleiben, und nichts Guts gethan werden.
Demselbigen befehl ich E. K. F. G. in seine Barmherzigkeit sampt den lieben Frauen rc., Amen. Montags Vitalis, 1544.
                          E. K. F. G.
                            unterthäniger
                               M. Luther, D.

723.

An Herzog Johann Ernst zu Sachsen, v. 29. April 1544.

Leipz. Suppl. No. 201. S. 107., Walch XXI. 496. De W. V. 646.

Dem Durchleuchtigen, Hochgebornen Fur-
sten und Herrn, Herrn Johanns Ernst,
Herzogen zu Sachsen, Landgrafen in
Thüringen und Markgrafen zu Meissen.

G. u. F. im Herrn und mein arm Pater noster.
Durchleuchtiger, Hochgeborner Furst, Gnädiger Herr!
E. F. G. haben die zween, Johannes Helnecker
und Otto Bleydner, aus des Teufels Banden, der
Muncherei, geholfen aus fürstlicher Mildigkeit, allhie
zu Wittemberg im Studio gnädiglich erhalten ein
Jahr, darin sie sich wohl angericht und fein geschickt
haben zu Theologia und andern Kunsten. Aber sie
sind sehr versäumet in ihrem Kloster. Bitten und begehren sie, E. F. G wollten sie umb Gottes willen
noch ein einigs Jahr unterhalten, damit sie vollend
auf die Beine kommen, und sich stärken in dem, das
sie begriffen haben. Denn sie nu sehen, wo weit sie
gewest und wo es ihnen gefehlet. Ist demnach an

E. F. G. mein unterthänige Bitte, weil solchs wohl
angelegt ist, und sie feine nützliche Männer werden
mugen, E. F. G. wollten Gotte zu Lob und Ehre
sie noch ein Jahr gnädiglich unterhalten, und wo
es nicht anders sein kann, in die Klostergüter greifen. Denn solch Werk zu fördern, sollten auch Kelch
und Monstranzen zuschmelzt werden, viel mehr oder
ja so viel mehr, denn da man sie zur Türkensteuer
zuschmelzen mußte. Hierin thun E. F. G. ein Werk,
das Gott gefället und der Kirchen noth und nützlich
ist. Hiemit dem Gott befohlen, beide zu Land und
zu Haus, Amen. Dienstags nach Vitalis, 1544.

E. F. G.

unterthäniger

Martinus Luther, D.

724.

An die Fürsten Barnim und Philipp von Pommern, gemeinschaftlich mit den andern Theologen,
v. 14. Mai 1544.

In Diplomatariis et Scriptoribus Historiae Germ. med. aevi
op. et stud. Christ. Schoettgen et Georg Christoph.
Kreysig. Tom. III. Altenb. 1760. fol. p. 293. (Pomerania
diplomatica No. CCCXXII.). Mohnike's Kirchen- und
litterarhistorischen Studien u. Mittheilungen I. 1. 186. De W.
V. 649.

An die Durchleuchten, Hochgebornen Fursten und Herrn, Herrn Barnim und Herrn
Philipps, beide Herzogen zu Pomern und
unsere gnädige Herrn und Gesandten.

Gottes Gnad durch seinen Eingebornen Sohn
Jesum Christum unsern Heiland zuvor. Durchleuchte,
Hochgeberne, Gnädige Fursten und Herrn! Erstlich
bitten wir E. F. G. in Unterthänigkeit, sie wöllen
unser Schrift gnädiglich vernehmen, als die mit rechter christlicher Treue, und Niemand zu Nachtheil oder

Vortheil gemeint, auch nit derwegen furgenommen,
daß wir uns zu frembden Sachen nöthigen wöllen,
sondern dweil wir wissen, daß beide E. F. G. als
hochlobliche christliche Fursten in ihr Regierung und
ihrem Leben nicht Höhers suchen oder begehren, denn
daß durch E. F. G. Regiment rechte Gotteserkannt-
nuß und Anrufung gepflanzt und erhalten, und daß
ihre Unterthan zu ewiger Seligkeit berufen, und
recht unterwiesen werden. Und aber wir vernommen, daß E. F. G. der Wahl halben eines Bischoffs
zu Camin nicht einträchtig, haben wir, als die wir
auch fur die christliche Kirchen zu sorgen schuldig
sind, unterthäniger Wohlmeinung vor dieser Zeit
bedacht, unser einfältige christliche Erinnerung an
beide E. F. G. in dieser Sach zu schreiben, welches zu fördern wir jetzund durch Euer Herzog Philippsen F. G. Gesandten Bericht verursacht; und
bitten in Unterthänigkeit, E. F. G. wollen diese
Erinnerung gnädiglich anhoren, und mit Fleiß bewegen, und vor allen Dingen Gottes Ehre, und
der armen zerstraueten Christenheit Heil und Nothdurft furdern; und ist dieses unser Bedenken:

Erstlich ist ganz gewiß und ohne Zweifel, E.
F. G. als Herzogen zu Pomern und von Gott verordnete Oberkeit sind schuldig, mit höhistem Ernst
zu verordnen, daß die Kirchen in ganzem Herzogthumb und ihren Landen, auch im Bisthumb Camin
recht und christlich mit tuchtigen Personen und ziemlicher Unterhaltung derselbigen bestellet und versorgt
werden; denn also spricht der Psalm: Ihr Fursten
sollt ufthuen die Thor der Welt, daß der König der
Ehren hinein ziehe.

Nu haben beide E. F. G. sampt ihren löblichen
Landschaften eine christliche Ordnung bedacht, insonderheit mit welcher Form und zu welchem Ampt
furohin allezeit ein Bischoff zu Camin zu wählen,
und wie das Dumbcapitel, zu Erhaltung christlicher
Lahr und anderer nuzlichen Studien, in Wesen
bleiben und erhalten werden soll, welche beider E.
F. G. Ordnung wir auch fur gut und nuzlich achten,
so viel wir bericht sind, und so mit Ernst darob

gehalten wurde, daß die Kirchen nicht versäumet wurden. Denn das ist wahr und offentlich, daß ein Bischoff, als ein Uffeher, die reine christliche Lahr das Evangelii auszubreiten, und selbs zu lehren, wie vorzeiten alle heilige Bischoffe gethan, item die Kirchen zu visitiren, tuchtige Personen zu ordiniren, ein Uffehen uf die Studie zu haben, die Ehegericht und andre Kirchengericht zu regirn, und christliche Zucht zu handhaben, dazu erstlich die Bisthumb fundirt sind, billig soll gebraucht werden, und kann mit diesen erzähleten Diensten viel Gutes zu Gottes Lob wirken und erhalten; und ist sonderlich in diesen letzten Zeiten, darin die Welt roh und wild wird, und die Turken uns nicht fern sind, hohe von nöthen, daß treue, fleißige, ernste, verständige Uffeher sind, die die Kirchen weislich erbauen und zusammen halten, daß sie in Kunftig bestehn mögen.

Dweil dann E. F. G. jetzund nach Absterben Bischoff Erasmi ein andern, deß Alter und Geschicklichkeit zur Regierung tuchtig zu achten, kraft der ufgerichten Erbverträg und Ordnungen ernennen sollen, bitten wir in Unterthänigkeit und umb Gotteswillen, beide E. F. G. wöllen einträchtiglich eine solche Person zum bischofflichen Ampt ernennen, wie gemeldt ist, die Alters halb zur Regierung tuchtig, gelahrt, verständig, und bischoffliche Aempter, das Evangelium zu lehren, der Visitation, Regierung, geistlicher Gericht und Zucht ꝛc. selb auszurichten willig und geneigt sey.

Daß aber hierin Uneinigkeit furgefallen, sind wir wahrlich erschrocken, in Betrachtung, daß diese Uneinigkeit nit allein jetzund schädlich und ärgerlich ist, sondern auch furohin ein bös Exempel gibet; und so solche Unrichtigkeit sich jetzund sobald in der ersten Nomination nach Ufrichtung der Ordnung zugetragen, was ist furohin über vierzig oder mehr Jahr zu besorgen?

Und daß in der einen Nomination der jung Grafe von Eberstein, der uns bekannt ist, ernennet wird, wiewohl wir gedachten Grafen und Herrn, als ein jungen zuchtigen Menschen seiner Sitten hal-

ben in dieser seiner Jugend nit zu strafen wissen,
und gönnen ihm alles Gutes; so ist doch sein Alter
und Verstand noch viel Jahr nicht zum bischofflichen
Ampt tuchtig, darumb billig von dieser des jungen
Grafen Nomination abzustehn aus folgenden Ursachen:

Erstlich so man Kirchenregenten wählen will, ist
Jedermann schuldig der Regel Pauli zu folgen, die er
zu Timotheo, primae Timoth. tertio, und Tito ad
Titum I. geschrieben, und ernstlich geboten, ein solche
Person zu wählen, die das Ampt selb ausrichten kann;
und kann ohne Sund Niemand willigen, ein solche
Person zu ernennen oder zu wählen, die er weiß,
daß sie noch lang zum Ampt nit tuchtig ist, und nicht
so ernstlich studirt, daß sie ernach tuchtig werde zu
predigen, lehren, den Widersachern des Evangelii
das Maul mit der Wahrheit der heiligen Schrift zu
stopfen, und reine Lahr zu verfechten, auch andre
Kirchenämpter zu üben ꝛc.

Denn dieses Gebot in S. Pauli Schriften ist
nicht also wegzusetzen und gering zu achten, als
Wort, die alleine zum Schein geredt sein sollten;
sondern es sind ernstliche göttliche Befelch, deren
Verachtung mit ewigem Zorn, so man in der Sund
verharret, und mit zeitlichen Plagen gestraft wird,
wie die Exempel vor Augen sind, da die großen
Herrn, die Bisthumb Kindern und andern Ungelehrten und Verächtern christlicher Aempter geben haben.
Da ist die rechte Lehr vertilget worden, und Abgötterei und Unzucht gewachsen, die Gott strafet mit
Kriegen und mancherlei Zerruttungen.

Zum andern spricht Paulus 1. Timoth. 5.:
Du sollt Niemand leichtlich zum Kirchenampt ordnen,
und dich nit theilhaftig machen frembder Sunden.
Wer nu ein Person, die das Ampt nit führen kann,
ernennet oder wählet: was dieselbig Person versäumet und verderbet, daran macht sich derjenig theilhaftig, der ihn dazu erhaben hat.

Nu bitten wir, E. F. G. wöllen diese Ver-
warnung hören und annehmen, und sich nit freventlich in diese Fahr vor Gott setzen, daß sie sich schul-

dig machen an aller Versäumniß, die aus wissent-
licher Nomination eins unverständigen Jungen folgen wurde, wollen sich auch nit schuldig machen am
Aergerniß. Denn mit solcher unfuglicher Nomination wurden die vorigen Exempel Berächter-Wahl
gebilligt, und dergleichen furohin gestärkt, wie wir
wissen, daß an etlichen andern Orten in deutschen
Landen zu dieser Zeit mit der bischöflichen Wahl viel
ungereimbter Praktiken furgenommen werden.

Zum dritten, so ist in der Confession der löblichen und christlichen Fursten, welche zu Gottes
Ehre und Besserung der Kirchen geschehen, dieser
Mißbrauch insonderheit gestraft, daß die Bisthumb
nit mit Personen zum Ampt tuchtig versorget werden,
daraus Irrthumb und große Sunden und Strafen
in der Christenheit gefolget. Nu haben wir nit Zweifel, beide E. F. G. sind endlich bedacht, bei allen
Artikeln der Confession zu bleiben, und nicht dagegen
zu handeln. Es wurde aber mit dieser Kinderwahl
sehr ein großer Riß in einen furnehmen Artikel der
Confession geschehen, und wurden nit allein die
vorigen Mißbräuch gestärkt, sondern das roh Wesen
dieser Zeit wurde größern Schaden wirken. Denn
obgleich vor Zeiten die Bischoff und Official die Lehr
nichts geacht, so haben doch dieselbige Zeit die
Official von wegen ihres Genieß ein Ufsehen gehabt
uf etliche Ceremonien und grobe Aergerniß. Jezund
sind auch kein Official, und lieget alle bischofliche
Regierung in großen und kleinen Stucken im Koth;
und so man nit ein christlich Ordination und Visitation der Kirchen und Schulen, und ein Ufsehen uf
die Zucht und Einkommen der Kirchen, Unterhaltung
und Schutz der Schulen und Kirchendiener mit großem Ernst ufrichten wird: ist zu besorgen, es werde
ein jammerliche heidnische Finsternuß und Verwustung
folgen. Und sind wahrlich alle Menschen, Konig,
Fursten, Edel und Unedel, Gelehrte und Ungelehrte,
ein jeder in seinem Beruf und nach seinem Vermögen fur Gott schuldig, wider diese heidnische Finsternuß jezund furzubauen, und fur die Nachkommen zu
sorgen.

Das wöllen beide E. F. G. als hochlöbliche christliche Fursten mit Fleiß bedenken, und nit wider Gottes Befehl und wider die christlich Confession, zu Schaden der Kirchen, den alten Mißbrauch handhaben und stärken, besonder dweil der Schad offentlich vor Augen ist.

Beide E. F. G. wissen, daß jetzund viel Kirchen, besonder in des Bischoffs Gebieten, wust stehen, ohne Seelsorger, als wären sie Heiden, zu dem, daß sunst im Land die Visitatio und Kirchengericht hoch vonnöthen sind. So viel gefallene Pfarren wiederumb ufzubauen, und die Visitation und Kirchengericht ordenlich und nutzlich anzurichten, dazu gehört wahrlich ein treue, gelahrte, verständige, erfahrne und geübte Person. Und sind E. F. G. selb diesen Dienst Gott schuldig, daß sie zu diesem christlichen Werk mit ganzem Ernst Hulf thun.

Zum vierten, dweil dieses nach ufgerichten furstlichen Verträgen der Nomination halben das erst Exempel ist, darin nu E. F. G. allen andern Landen ein löblich Exempel furstellen söllen, daß sie Gottes Ehre suchen, und ihre eigne Zusag ohne Sophisterei halten: so wäre es uber die Maßen ärgerlich, so E. F. G. nach altem Mißbrauch ein Person, die von wegen ihrer Jugend und Unverstands noch lang nit tuchtig ist, nominirn wollten, oder so sie ungeacht gottlichs Befehls und eigner wohlbedachter und christlicher Verträg sich selb nit uf rechte Weg vergleichen wollten.

E. F. G. wöllen hierin Gottes Zorn bedenken, der solche Verachtung nit ungestraft laßt, so Jemand gedenkt, es sei nit Großs an den Pfarren, an der Visitation und andern Kirchensachen gelegen, es sei viel stattlicher, so ein Furstenthumb ihre Grafen und den Adel zu großen Gütern erhebe, dazu die Bisthumb und Dumbcapitel dienen sollen.

Daß aber Gott uber diese päpstliche und heidnische Verachtung ein ernsten Zorn erzeigen wölle, das beweisen sehr offentlich alle große Krieg und Plagen, die vor Augen sind. Weh euch, spricht Esaias am 5., die ihr nach großen Gütern, Weilust, Pracht und Herrschaften trachtet, und versäumet die Aempter, die euch Gott befohlen hat.

Und so man hiegegen wollt furwenden, obgleich E. F. G. der Nomination halben dieser Zeit nicht verglichen wären, so hättens doch beide E. F. G. allbereit dahin gestellt, vermöge ufgerichter furstlichen Verträg, nach dem jeder Theil eine Person nominirt hätte, daß diese Irrung durchs Loos entscheiden wurde, darumb bedurfe es keiner andern Nomination, sondern man soll es bei dieser lassen bleiben, und gewarten, welchem das Loos zufall, daß derselbe fur einen Bischoff angenommen und bestätigt werde, als von Gott dazu gegeben, denn Gott wurde es freilich also schicken, daß die tuglichste und nutzlichste Person getroffen wurde, dieweil die Schrift Proverb. 16. sagt: Das Loos wird vom Herrn gewendet 2c.; dagegen wöllen E. F. G. bedenken, daß in dieser ganzen Sachen nicht also zu spielen, und Gott zu versuchen; sondern daß gedachte E. F. G. Verträge also und der Meinung aufgericht, daß nach rechter christlicher Wahl und Nomination zweier Personen, die Alters und Geschicklichkeit halben zum bischofflichen Ampt tuchtig, soll das Loos geworfen werden, und hierin dem löblichen Exempel der Apostel Wahl Actor. 1. gefolget, nach welchem ohne Zweifel gedachte Verträge durch E. F. G. also bedacht und geordnet sind. Denn daselbst sehen wir, daß die Aposteln erstlich aus vielen Personen zween solcher Männer, die sie für die tuchtigsten gehalten, benennet und furgestellt haben, darnach das Loos uber sie geworfen mit Anrufung Gottes, daß er wollte zeigen, welchen er unter diesen zweien zu solchem Ampt furziehen wollte. Dabei ist Gott gewesen, und will noch dabei sein, und seinen Segen dazu geben, wo man solchem Exempel nach in Gottesfurcht und Anrufung mit diesen Sachen ernstlich handelt. Wo man aber anders suchet, so wird auch wenig Segens und Guts dabei sein.

Darumb bitten wir unterthäniglich und umb Gottes willen, vermahnen auch beide E. F. G., als die wir solchs in unserm Ampt zu thun schuldig

find, sie wöllen unser angezeigte Meinung und Ursach Gott zu Lob und eigner Seligkeit und Landen
und Leuten zu Gut, welche je auch sind die Leute
und Seelen, dafur Christus sein Blut vergossen und
den Tod gelitten hat, bedenken und zu Gemuth
fuhren, und dieser unser Bitt und Vermahnung
Statt geben. Wir wissen wohl, wie fern sich unser
Ampt und Vermögen streckt, und maßen uns nicht
Höhers an, denn uns gebuhrt; bitten und vermahnen und erinnern beide E. F. G. von Gottes ernst-
lichem Befehl. So dieß unser Bitten, Vermahnen
und Erinnern nichts Guts wirkt, mussen wir die
Sach Gott befehlen. Aber dennoch werden wir durch
unser Ampt gedrungen, daß wir hernach uber der
Fursten Unfleiß klagen, und diejenigen, so die Fursten hierin zu Schaden der Christenheit durch Geiz
verleiten, mit harten Schriften strafen. Denn wir
finds gewiß, daß Niemand mit Gott und gutem Gewissen zu solcher Kinderwahl rathen oder darein
willigen kann. Ein recht geordent Bisthumb wäre
ein nußlich Kleinod des ganzen Herzogthumbs und
Landen Pomern und ihrer Nachbarschaft.

Darumb bitten und vermahnen wir abermals
E. F. G. in Unterthänigkeit und umb Gottes willen,
sie wöllen nicht ein Scheinbischoff oder Affenwerk,
sondern ein wahrhaftigen Bischoff, der sich des Ampts
mit Ernst annehme, nominirn und wählen lassen.
Denn in dieser Nomination nit allein uf Erhaltung
der Guter zu sehen, sondern erstlich ist das Ampt
zu bedenken, darin viel großer Stuck gefaßt sind,
nämlich das Lehreampt, so ein Bischoff selbs zu thun
schuldig, der Priester Verhör, Examen und Ordination, Ufsehung uf die Lehr und Ceremonien, Visitatio der Kirchen und Schulen, Erhaltung christlicher
Zucht, mit Straf der Gotteslästerungen, Ehebruchs ꝛc.,
Bestellung der Kirchengericht in Ehesachen, und so
Streit der Lahr halben furfallen, und in Summa
Erhaltung christlicher Lahr und Zucht, daß solchs uf
die Nachkommen erben möge, und nit heidnische Ver-
wustungen werden.

Diese Sachen wöllen beide E. F. G. fur großwich-

tig achten, und Gottes Ehre, eigen Seligkeit, und
E. F. G. Herzogthumb und Landen Nutz und Wohlfahrt bedenken, und nit das Bisthumb, als ein Par-
teken, ungeacht des Ampts, wegwerfen. Und bitten
zuletz, wie wir nit zweiseln, beide E. F. G. wöllen
diese unser treuen und wohlgemeinte Schrift, die Niemand zu Vortheil oder zu Nachtheil, sondern allein
zu Gottes Ehre bedacht, gnädiglich vernehmen. Der
ewig Gott Vater unsers Heilands Jesu Christi wölle
E. F. G. allezeit bewahren und regiern, Amen.

Martinus Luther, D.
Joh: Bugenhagen Pomer, D.
Caspar Creuziger, D.
Philippus Melanthon.

725.

An die Fürstl. Pommer'schen Räthe, gemeinschaftlich mit den andern Theologen, v. 30. Mai
1544.

Mohnike's Kirchen- u. litterarhistor. Studien und Mittheilungen I. 1. 197. De W. V. 660.

Den Wohlgebornen, Edlen, Ehrnfesten,
Gestrengen Grafen und Herrn 2c., der
Durchleuchten, Hochgebornen Fürsten und
Herrn, Herrn Barnims und Herrn Phi-
lippsen, Herzogen zu Pommern 2c., zu-
sammen verordneten Räthen jetzund zu
Sweyna, unsern gnädigen und gunstigen
Herrn.

Gottes Gnad durch seinen eingebornen Sohn
Jesum Christum unsern Heiland zuvor. Wohlgeborne,
Edle, Ehrnfeste, Gestrenge und gunstige Herrn.
Ewr. Gnaden und Ehrnfesten fugen wir zu wissen,
daß wir guter, treuer Wohlmeinung an die Durch-
lauchten Hochgebornen Fürsten und Herrn, Herrn
Barnim und Herrn Philippsen, beide Herzogen in

7*

Namen rc., unsere gnädige Herrn; ein unterthänige
Schrift von der Nomination eins christlichen Bißhoffs
vor etlichen Wochen gesandt, dazu wir aus christlichen Ursachen, und zum Theil aus schuldiger Pflicht
gegen dem Vaterland bewegt worden. Denn als
wir vernommen, daß beide Ihr. F. G. von gemeldter Nomination nicht einträchtig, sind wir wahrlich
derselben sehr erschrocken, und beides bedacht, daß
aus Uneinigkeit beider regierenden Fursten viel Verhinderung im Regiment und großer Jammer zu besorgen, item daß unrechte Bestellung des Bisthumbs
ewigen Schaden in Kirchen wirken wurde.

Wiewohl wir nu geringe Personen sind, so wissen doch E. G. und Ehrfeste, daß Gottes Befelch
und Ordnung ist, daß wir als Prediger und Lehrer,
zu Erhaltung gottlicher Erkanntnuß und Anrufung,
hohe und niedrige Ständ vermahnen sollen.

Darumb wir an hochgedachte beide Fursten ein
gleichlautende Schrift in Unterthänigkeit gesandt, und
nachdem uns ernach angezeigt, daß beide Ihr F. G.
verordnet, daß etliche Ihrer F. G. furnehmiste Räth
zusammen kummen sollen, von dieser Sach zu reden,
wie beide Fursten der Nomination halben zu vergleichen, daß Fried und Einigkeit bleibe, und daß
das Bisthumb recht bestellet werde, haben wir bedacht an E. G. und Ehrfeste auch zu schreiben.

Und bitten erstlich unsern Heiland Jesum Christum, er wolle auch in eurem Rath sein, wie er
gesprochen hat: Wo zween oder drei in meinem
Namen zusammen kummen, will ich bei ihnen sein.
Nu sind E. G. und E. in Gottes Namen zusammen gesandt, das ist, aus Befelch der Oberkeit umb
Friedens willen und Gottes Ehre zu furdern: darumb wir billig bitten sollen, daß unser Heiland
Jesus Christus eure Herzen mit seinem Heiligen Geist
regeirn und zu gutem Rath neigen wolle.

Und wiewohl wir nit zweifeln, E. G. und E.
sind selb geneigt, mit großem Ernst und Fleiß Einigkeit beider Fursten und Frieden zu erhalten, und
rechte Gottesdienst zu furdern; so haben wir doch
E. G. und E. nit verhalten wollen, was wir an

beide Fürsten geschrieben; und senden E. G. und E.
hiemit die Copia gemeldter Schrift, mit Bitt, diesel=
bige zu lesen und anzuhoren.

Und bitten weiter, E. G. und E. wollen uf
gedachten christlichen Weg uf beiden Theilen arbeiten,
daß beide Fürsten einträchtiglich willigen, ein solche
Bischoff zu nominirn, der Alters und Verstands hal=
ben zum bischofflichen Ampt tüchtig sei, wie solchs in
Gottes Wort oft befohlen ist.

Ewr. Gnaden und Ehrenfeste wissen selb, als
die Weisen und Gottforchtigen, daß erstlich der Bis=
thumb, Capiteln und Stift Fundation nicht zum
Pracht oder zum Müssiggang gemeint sind, sonder
daß sie ein besunder Zier und Trost der Landen sein
sollten, und sollten dienen zu bestehnder, volger Er=
haltung christlicher Lehr, Religion, Zucht und guter
Kunsten, nämlich, daß fur und fur viel gelahrter,
verständiger, geubter Männer wären, bei welchen die
Herrschaft, Ritterschaft und Städt in christlichen und
vielen andern Sachen guten Rath finden mochten,
item daß gemeldte Bischoff und Capitel ein Uffehen
hätten uf die Lehre und Ceremonien in den Kirchen
des ganzen Landes, hielten die Ehegericht und hand=
habten gute Zucht und gute Sitten.

Wenn nu das Bißthumb Camin jezund in sol=
cher guten Reformation und Ordnung stunde, so ist
offentlich, daß dasselbig Bißthumb ein schon Kleinod
wäre aller Land umbher, und wäre den loblichen
Fürsten und der Ritterschaft trostlich und ein Freud;
zu dem daß Gott an solcher Ordnung ein Wohlge=
fallen haben, und wurde dazue seine Gnad und reiche
Belohnung geben, wie er spricht: Wer mich ehret,
den will ich auch zu Ehren bringen; und wer mich
verachtet, den will ich auch veracht machen.

Nu sehen aber E. G. und E., wie das Bis=
thumb leider nu viel Jahr wie ein verwuster Gart
gestanden. Der Bischoff hat seine eigen Kirchen ohne
Seelsorger stehen lassen, viel weniger hat er sunst
im Land visitirt; er hat kein Consistorium zu Ehege=
richten g usten, und, in Summa, nichts gethan,
das zur bischofflichen Ampt gehort.

Dweil denn diese Versäumnuß, so bis anher
geschehen, viel Schaden gebracht, und so nicht ein
verständiger, fleißiger, ernster Bischoff gewählet wurde,
die Sunden, Gottes Verachtungen und Strafen großer werden wollten: so kann ja ein jeder Verständiger sich selb erinnern, was er in diesem Fall zu rathen schuldig ist. Dweil nu Gott die Sachen also
gnädiglich gefuget, daß man das Bißthumb in Besserung, allen Furstenthumben in Pomern zu gut,
bringen kann, und ist auf beiden Seiten der Schade
und Nuß, Gottes Verbot und Gebot also offentlich vor Augen, daß wir nit achten, daß in euerm
Rath Jemand sei, der unserm Bedenken zuwider
rathen wöll oder gedenke, oder dagegen prakticir.

Darumb wir auch deß kurzer geschrieben, euch
allein der Rede Pauli zu erinnern, der besonder von
Erwählung der Bischoff und Kirchendienern gesprochen: Es soll sich Niemand fremder Sunden theilhaftig machen. Wer nu gute Bestellung des Biß-
thumbs verhindert, der macht sich aller dieser Ver-
saumnuß und Verwustung schuldig, welche auß boser
Bestellung folgen wird; und so Unfriede zwischen den
Herzogen furstele, welchs Gott gnädiglich verhuten
wolle, wären dieselbigen furnehmlich Anfänger und
Ursacher des Jammers, die jezund diesen Rath giben
oder stärken, daß nicht ein Bischoff soll nominirt
werden, deß Alter und Verstand zum Ampt tuchtig ist.
Man bedenke doch die Nachkommen. Obgleich jezund
die loblichen Fursten selb ein Uffehen uf die Lehr haben, und die Visitation und viel Kirchensachen auß
ihr Kammer erhalten; so ist doch zu besorgen, die
Nachkommen werden sich dermaßen nit beladen. Wo
denn das Bißthumb dieweil auch wüst wär worden,
und nit Consistoria und andere Nothdurft darin angericht, so wurde ein jammerliche Barbarei folgen.

Und wiewohl wir E. G. und E. alle der Tugend
achten, daß sie das Kirchengut nicht begehren, so konnen
wir doch nit unterlassen, E. G. und E. zu erinnern,
daß sie bedenken wollen, daß nicht recht ist, solche
Guter, die zu nothigem Brauch der Kir en, als
zum bischofflichem Ampt, Visitation, Gerichas x. ver-

ordnet sind, zu sich zu bringen, und der Kirchen Nothdurst vergessen; und sundigen hierin die Thäter, und die, so dazu helfen mit Rath oder That; denn fremdde Güter begehren und entziehen der Gemeine oder Privatpersonen ist unrecht, das weiß Männiglich.

So wissen E. G. und E., daß in der Regierung allerlei fürfällt, dazu man Güter bedarf, darumb auch Gott in seinem Volk dieses geordnet hat, daß ein jede Person über zwanzig Jahr zu Erhaltung des Tabernakels oder Tempels alle Jahr so viel hat geben müssen, als ein Ort eins rheinischen Florens, das ist jährlich auf etlich Tonnen Golds geloffen. Und der Prophet Hagäus spricht: Darumb kommen Theurung, daß man dem Tempel nicht geben, das man ihm schuldig wäre. Darumb wollen E. G. und E. treulich rathen, daß das Kirchen=Gut zu Gottes Ehren, Erhaltung rechter Religion, der Ehegericht und guter Zucht und Stublen gebraucht, und nicht vergeblich verbracht und zerstreuet werde.

Diese unsere christliche Erinnerung, die in der Wahrheit treulich und Niemand zu Nachtheil oder Beschwerung gemeint, wollen E. G. und E. gnädiglich und freundlich von uns annehmen, wie wir nit zweifeln, E. G. und E., als Liebhaber der Tugend, werden ihn diese unser Schrift nicht mißfallen lassen, und selb diese Sach uf christliche Wege treulich richten, das wird Gott belohnen. Und E. G. und E. sind wir zu dienen willig. Datum Wittenberg am 30. Tag Mai, 1544.

Ewr Gnaden und Ehrnfesten
willige
Martinus Luther, D.
Joh. Bugenhagen Pomer, D.
Caspar Creuziger, D.
Philippus Melanthon.

726.

An den Kanzler Brück, v. 21. Junius 1544.

Altenb. VIII. 1002. Leipz. XXII. 577. Walch XXI. 493.
De W. V. 669.

Gnad und Fried. im Herrn. Ich danke E. A., mein lieber Herr und Gevatter, euers gütlichen Erbietens, die Sache Kaspar Beyers zu fördern; will mich verlassen, es werde bald geschehen, Amen. Sonst hätt ich gesprochen, unangesehen, daß ihrs Kristen für ein Privatabsolution gehalten hättet, und er nimmermehr nicht krim Weib hat kriegen sollen. Doch achte ich mich für keine Privatperson, und stände drauf, daß Gott meinen Senten bei vielen Leuten würde stärker gehen lassen, denn unsers Consistorii. Quia verbum Domini regnat etc.

Weil ihr auch zu meinem gnädigsten Herrn reiset, bitte ich, wollet diese Schrift unterwegen ohne sonsten ansehen, darauf bei meinem G. H. anhalten, daß S. K. F. G. doch ein gnädiges Einsehen thäten. Das Geschrei wird wahrlich zu stark über die Jägermeister und etliche Amptleute, daß auch die Leute ihr eigen Holz nicht brauchen sollen. Es wird das gemeine Gebet einmal einen Fluch über sie erzwingen, das kann nicht fehlen; so sagen etliche, und etliche glauben, daß meinem G. H. das Wild sehr geringer wird; weiß nicht, obs wahr sei. Hiemit Gott befohlen, Amen. Sonnabends nach Viti, 1544.

   E. A.

        williger

               Martin Luther, D.

727.

An einen Stadtrath, v. 7. Julius 1544.

Schütze I. 403. De W. V. 671.

G. und Fr. im Herrn. Ehrbare, fürsichtige, liebe Herren und Freunde! Euren casum der 2 Klöster halben habe ich durch euren Gesandten empfangen und fürnummen. Darauf ihr begehret kurze schriftliche Bericht nach der heil. Schrift zu geben. Nu ist wahr, daß wir Theologen bisher gelehret und noch lehren, daß solche verledigte Klostergüter sollen zum Brauch

der Kirchen und armer Leute angelegt werden fürnehmlich und für allen Dingen; denn das ist billig,
auch göttlich, wie ihr selbst auch bekennet in eurem
casu. Aber welchen Personen solches zustehe oder
gebähren wolle, da haben wir Theologen nichts mit
zu thun, weil es uns nicht befohlen, auch die Gelegenheit nicht wissen können; sondern solches muß
durch die Juristen geurtheilt werden, da Part gegen
Part gehöret wird. Was nu hier die Juristen sprechen werden oder gesprochen haben, da lassen wir s
bei bleiben; denn solches gar weltlich Ding betrifft,
welches den Juristen befohlen ist, und unser Theologia lehret das weltliche Recht zu halten; die Frommen zu schützen und die Bösen zu strafen. Derhalben mögen E. W. sich bei den Juristen solches und
dergleichen befragen. Denn wir Theologen können
nicht dazu kommen, als die nicht können Part gegen
Part verhören, und auf Eins Parts Reden oder
Sache nichts kann gesprochen werden. Hiemit dem
lieben Gott befohlen, Amen. Montags nach Visitationis Mariae, 1544.

Martinus Luther, D.

728.

**An Hieron. Bäumgärtners Gattin, v. 8. Ju-
lius 1544.**

Wittenb. XII. 173. Jen. VIII. 183. Altenb. VIII. 355.
Leipz. XXII. 539. Walch X. 2217. De W. V. 672.

Gnad und Fried in unserm lieben Heiland und
Herrn, Jesu Christo. Ehrbare, tugendsame, liebe
Frau! Wie ist mir euer Traurigkeit und Unfall so
herzlich leid, das weiß Gott, der mein Seufzen siehet
und höret; ja, es ist Jedermann von Herzen leid
umb den theuren feinen Mann, daß er so bößlich soll
in der Feinde Hände sein. Gott erhöre unser Gebet, und aller frommen Herzen. Denn es ist gewiß,

daß alle fromme Herzen ganz schmlich fur ihn bitten, und ist gewiß solch Gebet erhöret und angenehm fur Gott.

Indeß müssen wir uns trösten göttlicher Zusagung, daß er die Seinen nicht verlaßen noch vergeßen will, wie deß der Psalter voll ist; denn wir wißen, daß euer Hausherr ein rechtschaffener Mann ist im Glauben Christi, denselben stattlich bekannt, und mit viel schönen Früchten wohl gezieret. Darumb ist unmuglich, daß er sollte ihn von sich geworfen haben; sondern wie er ihn hat durch sein heiliges Wort zu sich und in seiner Gnaden Schoos berufen und angenommen, so behält er ihn noch immerfort in demselben Schoos, und wird ihn täglich behalten. Es ist noch derselbe Gott, der ihn bisher vor diesem Unfall für seinem lieben Christen und Kind des Lebens behalten hat: derselbe Gott wird er gegen ihm bleiben, ob er sich eine kleine Zeit anders stellet, unsern Glauben und Geduld ein wenig zu versuchen. Er hat gesagt (Joh. 16, 20.): Ihr werdet heulen und trauren; aber euer Traurigkeit soll zur Freude werden, die Niemand von euch nehmen soll; das wird er uns halten, und nicht fehlen.

So ists auch noch nicht mit unserm Leiden so hoch und bitter, als seines lieben Sohns und seiner lieben Mutter Leiden gewesen ist, durch welchs wir uns in unserm Leiden trösten und stärken sollen, wie uns S. Petrus lehret. 1. Petr. 3, 18.: Christus hat einmal für uns gelitten, der Gerechte für die Ungerechten. So der Teufel und die Seinen sich unsers Unfalls freuen, darfur werden sie gräulich gnug heulen müssen, und aus der kurzen Freude ein langes Trauren machen. Wir aber haben das herrliche, große Vortheil, daß uns Gott gnädig und gunstig ist, mit allen Engeln und Creaturn, darumb uns kein Unglück dieses Leibes an der Seelen kann schaden, sondern vielmehr uns nutze sein muß; wie S. Paulus sagt Röm. 8, (28.): Wir wißen, daß denen, die Gott lieben, alle Dinge zum Besten dienen 2c. Nach dem Leibe thuts wehe, und soll auch und muß wehe thun; sonst wären wir nicht rechte Christen, die mit Christo nicht litten, und mit den Leidenden nicht Mitleiden hätten.

Darumb, meine liebe Frau, leidet und habt Geduld; denn ihr leidet nicht alleine, sondern habt viel, viel trefflicher, treuer, frommer Herzen, die groß Mitleidung mit euch haben, die allzumal nach dem Spruch sich gehalten (Matth. 25, 43.): Ich bin gefangen gewesen, und ihr seid zu mir kommen. Ja freilich, mit großem Haufen besuchen wir, den lieben Baumgartner in seinem Gefängnuß, das ist, den Herrn Christum selbst in seinem treuen Geliede gefangen, bitten und rufen, daß er ihm wollte aushelfen, und euch mit uns allen erfreuen. Derselbige Herr Jesus, der uns heißt unter einander trösten, und tröstet uns auch durch sein seliges Wort: der tröste und stärke euer Herz durch seinen Geist, in fester Geduld bis zum seligen Ende dieses Unfalls und alles Unfalls. Dem sei Lob und Ehre, sammt dem Vater und dem Heiligen Geist ewiglich, Amen. Dienstag nach Visitationis Mariä, Anno 1544.

Martinus Luther, D.

729.

An Frau Jörgerin, v. 13. Julius 1544.

Raupach Evang. Oesterreich 1. Fortf. S. 87. f. Raseber Glaubensbekenntniß S. 80. f. De W. V. 674.

Gnad und Friede im Herrn. Ehrbare, tugendsame Frau! Wir haben euer liebe Niftel und Kinder allhier angenommen, und hoffen, sie sein wohl und ehrlich versorget bei einem frommen Magister Georg Meyer. Gott gebe ihnen Gnade, daß sie wohl studiren und fromm werden, als ich mich gänzlich zu ihnen versehe. Denn es in dieser bösen Zeit wohl noth ist, daß der frommen Leute viel wären, die uns hülfen mit gutem Leben und Beten, unsere vorigen Sünden und tägliche Mehrung desselben für Gott zu

Dweil denn diese Versäumnuß, so biß anher geschehen, viel Schaden gebracht, und so nicht ein verständiger, fleißiger, ernster Bischoff gewählet wurde, die Sünden, Gottes Verachtungen und Strafen größer werden wollten: so kann ja ein jeder Verständiger sich selb erinnern, was er in diesem Fall zu rathen schuldig ist. Dweil nu Gott die Sachen also gnädiglich gefuget, daß man das Bisthumb in Besserung, allen Fürstenthumben in Pomern zu gut, bringen kann, und ist auf beiden Seiten der Schade und Nuz, Gottes Verbot und Gebot also offentlich vor Augen; daß wir nit achten, daß in euerm Rath Jemand sei, der unserm Bedenken zuwider rathen wöll oder gedenke, oder dagegen praktizir.

Darumb wir auch deß kurzer geschrieben, euch allein der Rede Pauli zu erinnern, der besonder von Erwählung der Bischoff und Kirchendienern gesprochen: Es soll sich Niemand frembder Sünden theilhaftig machen. Wer nu gute Bestellung des Bisthumbs verhindert, der macht sich aller dieser Versäumnuß und Verwüstung schuldig, welche aus boser Bestellung folgen wird; und so Unfriede zwischen den Herzogen furstiele, welchs Gott gnädiglich verhuten wolle, wären dieselbigen furnehmlich Anfänger und Ursacher des Jammers, die jezund diesen Rath geben oder stärken, daß nicht ein Bischoff soll nominirt werden, deß Alter und Verstand zum Ampt tuchtig ist. Man bedenke doch die Nachkommen. Obgleich jezund die loblichen Fursten selb ein Ussehen uf die Lehr haben, und die Visitation und viel Kirchensachen aus ihr Kammer erhalten; so ist doch zu besorgen, die Nachkommen werden sich dermaßen nit beladen. Wo denn das Bisthumb dieweil auch wüst wär worden, und nit Consistoria und andere Nothdurft darin angericht, so wurde ein jammerliche Barbarei folgen.

Und wiewohl wir E. G. und E. alle der Tugend achten, daß sie das Kirchengut nicht begehren, so konnen wir doch nit unterlassen, E. G. und E. zu erinnern, daß sie bedenken wollen, daß nicht recht ist, solche Guter, die zu nothigem Brauch der A en, als zum bischofflichem Ampt, Visitation, Ger as x. ver-

Vaters), es wird euch im Himmel wohl belohnet
werden.

Dieß ist nu unser Frucht, unser Lohn, unser
Ehre, daran wir uns genügen lassen, ja für die
reichste und herrlichste Vergeltung achten, und annehmen für unser geringe und zeitliche, ja die kaum
ein Augenblick währet, Mühe und Arbeit, die wir,
unsers Herrn Christi Gnad und Wohlthat auszubreiten, tragen und ausrichten; und wenns schon hundert Jahr währete, und die Welt noch einst so ra-
send wäre, was wäre ihm denn? Was ist die Welt
mit alle ihrem Wüthen, Toben und grimmigen Zorn?
Ja, was ist ihr Fürst und Gott? Ein Rauch und
Wasserblase sind sie gegen dem Herrn zu rechen,
der bei und mit uns ist, dem wir dienen, der durch
sein Wort, so er uns (die wir schwache irdische Gefäße sind) in Mund gelegt, wirket und kräftig ist.
Dieß sind gute Mähre, fröhliche, beständige neue
Zeitung, die wahr und gewiß sind und bleiben in
Ewigkeit, der sollen wir uns trösten und freuen,
und ihrer durch Geduld warten. Aber solchs wisset
ihr besser, denn ich euch sagen oder schreiben kann.

Daß ihr euch schwach fühlet, und klagt, daß
euers Leibs Kräften immer abnehmen, ist mir wahrlich von Herzen leid. Ich bitte den Herrn ernstlich,
daß er euch wollte stärken, und länger bei Leben erhalten, zu seiner Ehre, und seiner Heerde, welche er
euch befohlen hat zu weiden, Besserung, auch Weib
und Kind zu Gut und Trost. Ich kanns wohl gläuben, daß die böse Art der R. euer Geduld wohl
versuche und übe, der ihr doch von Herzen gern,
mit Verlust aller Wohlfahrt, ja auch euers Lebens,
begehret zu rathen und helfen. Wie sollen wir ihm
aber thun? Rühmen sollen wir uns, spricht St. Paulus (Röm. 5, 3.) auch der Trübsaln, und wie das
gemeine Sprüchwort lautet: Mitte vadere, sicut
vadit, quia vult vadere, sicut vadit: Laß gehen,
wie es gehet, es gehet doch nicht anders, denn es
gehet.

Unser Ehre und Ruhm stehet hierinne, daß wir
der gottlosen undankbarn Welt die Sonne unser

Lehre hell und klar, ohn alle trüb und finstere Wolken, durch Christus Gnade, haben aufgehen und scheinen lassen, dem Exempel nach unsers Vaters im Himmel, der seine Sonne läßt aufgehen uber Böse und Gute (wiewohl auch die Sonne, unser Lehre, sein, nicht unser ist). Was Wunder ists denn, daß die falsche., verstockte Welt, die im Argen liegt (nicht sitzt oder stehet), die Hausgenossen hasset und verfolget, die den Hausherrn selbs gehasset und verfolget hat? Ach, wir leben in des Teufels Reich, ab extra, darumb sollen wir nichts Guts sehen noch hören, ab extra. Wir leben aber im seligen Reich Christi ab intra, da sehen wir, doch durch einen Spiegel, in einem dunkeln Wort, wie St. Paul spricht 1. Korinth. 13, (12.), den uberschwenglichen, unaussprechlichen Reichthum Gottes Gnade und Herrlichkeit. Es heißt: Dominare in medio inimicorum tuorum (Psal. 110, 2.). Ein Reich soll er haben und herrschen, das kann ohn Herrlichkeit nicht zugehen, und herrschet doch mitten unter den Feinden, das kann ohn Lästerung, Verfolgung, Schmach und Schande nicht zugehen.

Drumb laßt uns im Namen des Herrn hindurch brechen, dringen und reißen durch Ehre und Schande, durch böse Gerücht und gut Gerücht, durch Haß und Liebe, durch Freunde und Feinde, bis wir kommen in das selige Reich unsers lieben Vaters, das uns Christus der Herr bereitet hat von Anbeginn der Welt, da wir allein Freude werden finden, Amen. Gehabt euch wohl im Herrn, den bittet treulich für mich. Geben zu Wittemberg am 1. Septembris, 1544.

———— ———— ————

731.

An Frau Jörgerin, v. 5. September 1544.

Raupachs Evang. Oesterreich 1. Fortf. S. 86.; Roseders Glaubensbekenntniß S. 94.; Canzlers u. Meißners Quartalschrift f. ält. Litteratur ꝛc. III. 2. S. 33. De W. V. 685.

Der Ehrbarn und Tugendreichen Frauen,
Dorothea Jorgerin, Wittwen zu Kappach,
meiner gonstigen Frauen und Freundin.

Gnad und Friede im Herrn. Ehrbare, tugendreiche, liebe Frau! Eur Niftel halben, versehe ich
mich, werd ihr Präceptor, M. Georg Major, alle
Gelegenheit geschrieben haben. Daß ihr aber be-
kommret seid uber eur Söhne Uneinigkeit, will ich
wohl glauben, ist mir wahrlich beide ihr Uneinigkeit
und eur Trübsal ganz leid. Nu, was soll man thun?
Es muß Unfall und Kreuz in diesem Leben sein, dadurch Gott uns treibe zu seinem Wort und Gebet,
auf daß er uns erhoren und trösten müge. Darumb
sollt ihr nicht ablassen, mit Gottes Wort sie zur brüderlichen Liebe zu vermahnen, und daneben ernstlich
bitten, daß Gott zu solchem Vermahnen sein Gedeihen und Gnade geben wolle, wie er uns zu bitten
und zu trauen befohlen hat: Bittet, so wird euch
gegeben, suchet, so werdet ihr finden, klopfet an, so
wird euch aufgethan. Ich wollt ihn dießmal wohl
auch schreiben; aber weil es ein Verdacht hat, als
wäre ich durch euch bericht, will ichs sparen, bis
ich sagen könne, daß ichs von Andern erfahren habe,
und alsdenn solche böse Exempel, so scharf ich kann,
furbilden, da Gott seine Gnade zu gebe, Amen.
Meine Käthe und Kinder danken auch eurs Grußes
und guts Willen sehr freundlich. Hiemit Gott befohlen, Amen. Den 5. Septembris, 1544.

Martinus Luther, D.

731.

An den Stadtrath von Amberg, gemeinschaftlich
mit Melanchthon, v. 4. October 1544.

Schenkl's Chronik von Amberg S. 217. De W. V. 699.

Den Ehrbarn, Weisen und Fürnehmen,
Herrn Burgermeistern und Rath der
Stadt Amberg, unsern günstigen Herrn
und Freunden.

Gottes Gnad durch seinen eingebornen Sohn Jesum Christum unsern Heiland zuvor. Ehrbare, Weise, Fürnehme, günstige Herrn und Freunde! Euer Weisheit christliche Schrift haben wir empfangen, und sind erfreuet, daß Gott euch diese Gnade geben, daß ihr selb Ihn begehrt mit rechter Erkanntnuß seines Evangelii, rechter Anrufung und von ihm befohlenen Gehorsam zu preisen, und daß euer löbliche Herrschaft zu solcher Besserung der Kirche nicht ungeneigt ist, bitten auch von Herzen, unser Heiland Jesus Christus wölle eure Herzen mit seinem Heiligen Geist erleuchten, regieren und zu Besserung der Kirchen stärken zu Gottes Lob und euer Seligkeit. Und nachdem wir uf eure Schrift mit Magistro Andrea Hugel und Magistro Johanne von Manchen geredt, haben sie sich gutwilliglich und christlich erboten, euer Kirchen laut der Vocation zu dienen; und wäre Magister Andreas nicht ungeneigt gewesen, jetzund alsbald zu euch zu ziehen, so hat es aber diese Gelegenheit mit ihm, daß ihm in der kalten Zeit mit den jungen Kindlein ein solch weite Reis fürzunehmen nicht wohl möglich, erbeut sich aber uf Ostern zu euch zu kommen, oder im Fall der Nothdurft noch diesen Winter, obgleich seine Hausfrau und Kindlein allhie bis nach dem Winter verharren mußten, wie solchs weiter euer Gesandter berichten wird. Wiewohl wir nun auch gern wollten, daß euer Kirch fürderlich versorgt wurde, so hoffen wir doch, dieweil wir vernehmen, daß jetzund ein christlicher Prediger bei euch sei, E. W. werden dieses Verzugs halber Geduld haben, wie wir hiemit bitten; und was Magister Johannis bedacht hat des Gradus halben und von seiner Zukunft, das wird E. W. aus seinem Schreiben vernehmen. Wir haben auch mit einem züchtigen, sittigen, wohlgelahrten Mann, Magistro Matthäo Michaele von Torgau, der Schul halben geredt, der sich erboten ohngefährlich in vier Wochen zu euch zu reisen. Und wo wir zu euer Kirchen Wohlfahrt dienen können, sind wir dazu willig. Und nachdem der allmächtig Gott in euch den Willen zu Guten erweckt hat, sollt ihr getrost sein und vertrauen, er werde das Vollbringen auch wirken, und bei euch sein, wie der heilige Paulus uns alle tröstet: Gott, der den Willen zu Guten gibt, wirkt auch das Vollbringen; der wolle euer Kirchen und Stadt allezeit bewahren. Dat. Wittenberg den 4. Tag Octobris, Anno 1544.

Martinus Luther D.
Philippus Melanchthon.

733.

An George Schulzens Wittwe, v. 8. October 1544.

Wittenb. XII. 175. Jen. VIII. 208. Altenb. VIII. 878. Leipz. XXII. 542. Walch X. 2854. De W. V. 690.

Gnade und Friede im Herrn. Ehrbare, Tugendsame Frau Heva, gute Freundin! Es ist mir euer Unfall fast leid, daß Gott euern lieben Hauswirth von euch genommen, kanns wohl gläuben, daß solch Scheiden euch wehe thun muß; wäre auch nicht gut, wenns euch nicht wehe thäte, denn das wäre ein Zeichen kalter Liebe.

Aber dagegen habt erstlich den großen Trost, daß er so christlich und seliglich ist von hinnen gefahren.

Zum andern, ist Gottes, unsers liebsten Vaters, Wille der allerbeste, welcher auch seinen Sohn für uns gegeben hat: wie billig ists nu, daß wir auch seinem Willen zu Dienst und Gefallen unsern Willen ihm opfern? welchs wir nicht alleine schuldig sind, sondern deß auch große und ewige Frucht und Freude haben werden.

Er aber, unser lieber Herr Jesus Christus, tröste euch mit seinem Geiste reichlich, Amen. Hiemit dem lieben Gott befohlen. Mittwochen nach Francisci, 1544.

734.

An ungenannte Aeltern, vom 25. October 1544.

Wittenb. XII. 175. Jen. VIII. 204. Altenb. VIII. 578. Leipz. XXII. 542. Walch X. 2570. De W. V. 691.

Gnade und Friede in Christo, unserm Herrn und Heilande. Ehrbare, liebe, gute Freunde! Es hat mich euers lieben Sohns, seliger Gedächtniß, Präceptor gebeten, euch diese Schrift zu thun, und euch zu vermahnen in eurem Unfall, so euch ist durch Abscheid euers Sohns, als den Aeltern, wider= fahren. Und ist wahr, daß euch nicht leid sollt daran geschehen sein, ist nicht zu gläuben, wäre auch nicht fein zu hören, daß Vater und Mutter nicht sollten betrübt werden uber ihres Kindes Tod. So spricht auch der weise Mann Jesus Sirach Kap. 22, (10. 11.): Du sollt trauren uber den Todten, denn sein Licht ist verloschen; doch sollt du nicht zu sehr trauren; denn er ist zur Ruge kommen.

Also auch ihr, wenn ihr Maße getrauret und geweinet habt, sollt ihr euch wiederumb trösten, ja mit Freuden Gott danken, daß euer Sohn ein solch schön Ende genommen hat, und so fein in Christo entschlafen ist, daß kein Zweifel sein kann, er muß in der ewigen Ruge Christi sein, süßiglich und sanft schlafen. Denn Jedermann sich verwundert hat uber der großen Gnade, daß er mit Beten und Bekennt= niß Christi bis an sein Ende beständig blieben ist; welche Gnade euch lieber sein soll, denn daß er tausend Jahr hätte sollen in aller Welt Gut und Ehren schweben. Er hat den großen Schatz, so wir in diesem Leben erlangen mügen, mit sich genommen.

Darumb seid getrost, ihm ist wohl gestorben für andern viel tausend, die jämmerlich, auch zuweilen schändlich umkommen, und dazu in Sünden sterben. Wäre derhalben von Herzen zu wünschen, daß ihr sampt alle den Euren und wir allesampt auch solchen Abscheid durch Gottes Gnade haben möchten. Er hat die Welt und den Teufel getäuscht; wir müssen aber uns noch täglich täuschen lassen, und in aller Fahr schweben, da er wohl sicher fur ist. Ihr habt ihn zur rechten Schule geschickt, und eure Liebe und Kost wohl angelegt. Gott helf uns auch also hinnach, Amen.

Der Herr und höchste Tröster, Jesus Christus, der euren Sohn lieber, denn ihr selbs, gehabt, und zu sich selbs erstlich durch sein Wort berufen, und hernach zu sich gefodert und von euch genommen, der tröste und stärke euch mit Gnaden, bis auf den Tag, da ihr euern Sohn wieder sehen werdet in ewigen Freuden, Amen. Sonnabend nach St. Lucas, Anno 1544.

Martinus Luther, D.

735.

An Marcus Crodel, Schullehrer zu Torgau, v. 26. October 1544.

Leipz. Suppl. No. 200. S. 107. Walch XXI. 500. Das Original befindet sich im Cod. Seidel. zu Dresden. De W. V. 692.

Erudito et optimo Viro, D. Marco Crodel, Torgensis juventutis Institutori fidelissimo, suo in Domino fratri charissimo.

Gratiam et pacem in Domino. Mi Marce! Wie ihr mich habt gebeten um meinen Sentenz des Gartens halben, der an dem Spital gelegen, sonderlich weil ihr zeiget, daß der Innehaber desselben die Sache hab auf mein Urtheil gestellet: so geb ich hierauf solch mein Urtheil, weil ein ehrbar Rath Willens ist, denselben Garten zu keinem andern Werk brauchen, denn zum Dormitorio und Ruge der lieben und heiligen Christen, so in Hoffnung der Auferstehung zum Leben da liegen und liegen werden, und zu Häusern, darin die Kranken, sonderlich der Pestilenz und andern süchtigen, fährlichen Plagen behauset und versorget werdn. Ist mein Sentenz, daß der Innehaber den Werth für den Garten von dem Rathe nehme, und räume denselben Garten zu solchem guten, christlichen, auch zur Zeit fast nöthigen Werk, weil es doch ein gering Stück und zum Kirchhof wohl gelegen. So wird erstattet die erste Meinung, da derselbe Garte doch sonst zu solchem Werk prädestinirt und etlicher Maßen gehandelt gewest ist; so hoffe ich auch, weil der Innehaber die Sachen auf mein Urtheil begeben hat, er sei nicht unwillig gewest und noch nicht, daß er solchen Garten, umb seinen Werth, zu solchem Werk fahren lasse, auch zu erhalten seinen guten Leumund und desto bessere Gonst bei der christlichen Kirche und Gemeine. Hiemit Gott befohlen, Amen. Dominica 26. Oct., 1544.

T. Martinus Luther, D.

736.

An Christoph Straße, von 1. Nov. 1544.

Leipz. Suppl. No. 204. S. 108.; bei Walch XXI. 501. De W. V. 698.

Dem Ehrbaren, fürsichtigen Herrn Christoffel Straße, Markgräfischen aufm Gebirge Kanzeler, meinem günstigen guten Freund.

Gnad und Friede. Ehrbar, fürsichtiger, lieber Herr und Freund! Mich haben die frommen, würdigen Herren Pfarrherrn, Herr Johann Weber, Pfarrherr zur Neustadt an der Orla, und Herr Adam Utzinger, Pfarrherr zu Pesing, gebeten umb diese Schrift an euch, ihrer Weiber halben, welche zu Himmelskron sind Nonnen gewesen, daß ihr wollet guter günstiger Förderer sein beim gnädigen Herrn Markgraf Albrecht rc., damit sie eine gnädige Abfertigung bekommen möchten. Demnach weil ich solche ihre ehrliche Bitte nicht wußte abzuschlagen, und

doch euch unbekannt, hab ich mich das am meisten
laffen bewegen, daß sie solch gut Vertrauen auf euch
gesetzt, als sollte meine Fürbitte gleichwohl etwas
gelten: ist mein an euch ganz gütliche, freundliche
Bitte, wolltet Freund der beste sein, und den guten
Herrn förderlich erscheinen zu solcher ihrer billigen
Bitte; denn solche treue Diener (sagt St. Paulus)
sind zwiefältiger Ehren werth. Hieran thut ihr ein
gut Werk, welches Gott angenehm, und euch guts
Gewissens Zeugniß geben wird. Hiemit Gott befohlen, Amen. Prima Novembr. (omnium sanctorum),
MDCLIV.

Martinus Luther; D.

737.

An den Kurfürsten Johann Friedrich, v. 8. No-vember 1544.

Leipz. Suppl. No. 205. S. 108.; Walch XXI. 562. De W. V. 694.

Dem Durchleuchtigsten, Hochgebornen Fursten und Herrn, Herrn Johanns Friedrich, Herzogen zu Sachsen, des heil. R.
Reichs Erzmarschall und Kurfurst, Landgrafen in Thuringen, Markgrafen zu
Meissen und Burggrafen zu Magdeburg,
meinem gnädigsten Herrn.

G. u. F. im Herrn und mein arm Pater noster.
Durchleuchtigster, Hochgeborner Furst, Gnädigster
Herr! Es ist mein lieber Herr und Freund D. Jonas allhie, und hat mich seiner Sache bericht, darauf
ich ihm diese Schrift und mein unterthäniges Bedenken gegeben. Erstlich, daß die Lection zu Wittemberg musse, wie beschlossen, lauts der Stiftung oder
Fundation bestellet sein, hats nirgend keine Disputation, wie es E. K. F. G. machen. Aber nu D.
Jonas nicht wohl kann ohn Fahr und Schaden der
Kirchen zu Halle sich wegbegeben, ists gar nicht zu

ben, daß er sollte Halle lassen, Ursache, daß der
 Wurm zu Mänz noch lebt, der doch gleichwohl
Sorgen stehen muß, so lange D. Jonas zu Halle
 welcher ihm den Anhang genommen, und mehr
t, denn dem bosen Wurm zu leiden ist. Aber da
ts, weil E. K. F. G. sich gnädiglich vernehmen
en, und ihm erlaubt, daß, wo es seine Gelegen-
sei, zu Halle bleiben muge, und E. K. F. G.
jährlich auf acht oder neun Jahr reichen wol-
lassen 140 Fl. oder, wie mein lieber Herr D.
uck an E. K. F. G. schreibet, auch D. Jonas
enwärtig anzeigen wirdet. Ist darauf solchs Er-
ens, daß er wolle die Propstei oder Lectur las-
, mit diesem Bescheid, wo E. K. F. G. wollten
biglich (wie er begehrt) solch hundert, und wie
igt Anzahl Fl. die acht, neun Jahr lassen reichen.
will auch (welchs ich gern vernommen) gleich-
ol sich lassen rufen und brauchen als eine Person
 Facultät in Theologia, zu Dienst nicht allein
K. F. G., sondern auch der Universität, so oft
n sein bedurfen wurde; denn er sich nicht will
 der Universität gesundert achten, welchs ich acht
zu Hall (als ich merke) ganz gerne werden ver-
nen. Demnach ist mein unterthänige Bitte, E.
F. G. wollten sich hierin gnädiglich finden lassen,
n er auch nu der alten Diener einer ist, beide in
chen und Schulen, und solchs und mehres würdig
 wer weiß, wo es Gott wird wieder herein brin-
. Es wachsen ihm die Kinder daher, und ist
riet zu bedenken. E. K. F. G. werden sich wohl
en gnädiglich und christlich zu erzeigen. Hiemit
 lieben Gotte befohlen, Amen. Sonnabends nach
erheiligen Tag, 1544.

E. K. F. G.

unterthäniger
Martinus Luther.

738.

An Georg Hosel, vom 13. December 1544.

Leipz. Suppl. No. 206. S. 109. Walch X. 2372. De W.
V. 704.

**Ad Georgium Hoselum, scribam in fodinis
metallicis montis Mariae.**

Gottes Gnade und Trost durch seinen eingebor=
nen Sohn Jesum Christum unsern Heiland zuvor.
Ehrbarer, günstiger, weiser Herr! Wiewohl ich euch
nicht gerne diese traurige Botschaft zu erkennen gebe,
daß euer lieber Sohn Hieronymus aus dieser Welt
in Gottes Willen verschieden ist; so fordert es doch
die Nothdurft, solches euch anzuzeigen, und will euch
dabei gebeten haben, ihr wollet euch als ein christ=
licher Mann betrachten, daß unser Heiland Christus
gesagt: Es ist der Wille des himmlischen Vaters
nicht, daß einer aus diesen Kleinen verderbe. Die=
weil dann Christus klar spricht, daß diese Jugend,
so in Gottes Erkenntniß und Kirchen ist, sei Gott
gefällig, und solle nicht verloren sein, sagt dabei
ein Zeichen, daß ihre Engel allezeit Gottes Angesicht
sehen: sollet ihr nicht zweifeln, er sei bei unserm
Heiland Christo und bei allen Seligen in Freuden.
Ich bin auch ein Vater, und habe meiner Kinder
etliche sterben sehen, auch ander größer Elend, denn
der Tod ist, gesehen, und weiß, daß solche Sachen
wehe thun. Wir sollen aber dem Schmerzen wider=
stehen, und uns mit Erkenntniß der ewigen Selig=
keit trösten. Gott will, daß wir unsere Kinder lieb
haben, und daß wir trauren, wann sie von uns
genommen werden hinweg; doch soll die Traurigkeit
mäßig und nicht zu heftig sein, sondern der Glaube
der ewigen Seligkeit soll Trost in uns wirken. Von
euers Sohns Krankheit wisset, daß er an einem
Fieber gelegen, daran etliche mehr eine Zeit lang ge=
storben, und doch bei eurem Sohn guter Fleiß ge=
schehen durch die Aerzte; wie uns neulich ein wohl=
geschickter Knabe von Lüneburg und ein Straßbur=

ger also gestorben. Der ewige Vater unsers Heilands Jesu Christi wolle euch helfen trösten und
stärken zu aller Zeit. Datum Wittenberg den 13. Dec.,
Anno 1544.

Martin Luther.

739.

An Antonius Corvinus, ohne Datum 1544.

Joh. Letzners Dasselischer und Einbeckscher Chronica p. 122.
Theol. Nachrichten 1814. S. 379. De W. V. 707.

Dem ehrwürdigen und gelehrten M. Antonio
Corvino, unserm lieben Mitbruder in
Christo zu Handen in Münden.

Lieber Corvine, wir haben allhie mit herzlicher
Freude eures jungen wohlerzogenen Fürsten christliche
Bekenntniß angehöret, die wir uns durchaus wohlgefallen lassen. Gott, der Vater aller Gnaden, wolle
in allen Fürstenhäusern in unserm vielgeliebten Vaterlande die jungen Herrschaften in solcher christlichen
Auferziehung erleuchten und erhalten. Der Teufel
aber ist listig und überaus geschwinde; so sind unsere
geistliche Bischoffe, Prälaten und alle gottlose Fürsten
der wahren christlichen Religion und unsere Feinde,
durch welcher Autorität viele christliche Herzen abge-
wendet und verführet werden. Derhalben wollet mit
Beten und Vermahnen immer für und für anhalten;
denn man sich befürchten muß, wo der junger Fürst
mit unsern Widersachern viel Gemeinschaft haben
würde, durch selben großes Ansehen er leichtlich zum
Abfall könnt gereizet und getrieben werden. Das
habe ich euch zu diesem Male nicht verhalten wollen.
Betet, betet ohn Aufhören, denn die Kirche stehet in
großer Gefahr; Christus das Haupt wolle aufsehen
und den Mundbügel Einhalt thun, Amen. Demselbigen thun wir euch befehlen. Datum Wittenberg,
Anno 1544.

Martinus Lutherus.

740.

An den Kanzler Brück, ohne Datum 1544.

Leipz. Suppl. No. 195. S. 103.; Walch XXI. 486. De. W. V. 708.

Achtbar, Hochgelehrter Herr, lieber Gevatter! Des Bischoffs Articul gefallen mir wohl, sonderlich der vom Abendmahl, denn da liegt Macht an, und schicke sie auch hiermit wieder. Wohl gefällt mir im Buche, daß sie meinen Namen nicht anziehen, wie es der Bischoff zu Zeiz guter Meinung gerne hätte; denn er schreckt die Leute im Anfange abe, und ist besser, daß ohne aller Namen in des Bischoffs von Cöln Namen ausgehe. Ich bin aber aus den Artikeln bewogen flugs ins Buch gefallen, und vom Sacramente; denn da druckt mich hart der Schuh, und befinde, daß mir nichts überall gefällt. Es treibt lange viel Geschwätz vom Nutz, Frucht und Ehre des Sacraments; aber von der Substanz mummelt es, daß man nicht soll vernehmen, was er darvon halte in aller Maße, wie die Schwärmer thun, und wie der Bischoff anzeiget, nicht ein Wort wider die Schwärmer saget, darinnen doch nöthig zu handeln ist; das andere würde sich wohl finden mit weniger Mühe und Reden. Aber nirgend wills heraus, ob da sei rechter Leib und Blut mündlich empfangen, auch nichts davon meldet, da er der Wiedertäufer ihr Thun erzählet, so doch die Schwärmer wohl so viel böser Articul haben, als die Wiedertäufer. Summa, das Buch ist den Schwärmern nicht allein leidlich, sondern auch tröstlich, vielmehr für ihre Lehre, als für unsere. Darumb hab ich sein satt und bin über die Maßen unlustig darauf. Soll ichs nun ganz lesen, so muß mir M. G. Herr Raum darzu lassen, bis sich meine Unlust setzet; sonst mag ichs nicht wohl ansehen. Und ist auch ohne das, wie der Bischoff zeigt, alles und alles zu lang und groß Gewäsche, daß ich das Klappermaul, den Bucer, hier wohl spüre.

Ein ander Mal, wenn ich zu euch komme, weiter.
An. 1544.

E. A.

williger

Mart. Luther.

741.

In Nic. Omeler's Bibel geschrieben, ohne Datum 1544.

Hall. S. 475. Leipz XXII. 581. Walch XXI. 504. De W. V. 709.

Meinem guten alten Freunde, Nicolao Omeler, der mich Pusillen und Kind auf seinen Armen hat in und aus der Schule getragen mehr denn einmal, da wir alle beide nicht wußten, daß ein Schwager den andern trug. Anno 1544.

Martinus Luther.

742.

An den Kurfürsten Johann Friedrich, v. 1. Januar 1545.

Leipz. Suppl. No. 208. S. 109.; Walch XXI. 504. De W. V. 710.

Dem Durchleuchtigsten, Hochgebornen Fursten und Herrn, Herrn Johanns Friedrichen, Herzog zu Sachsen, des heil. Ro. Reichs Erzmarschall und Kurfursten, Landgrafen in Thuringen, Markgrafen zu Meissen, Burggrafen zu Magdeburg, meinem gnädigsten Herrn.

Gnad und Friede im Herrn und mein arm Pater noster. Durchleuchtigster, Hochgeborner Furst, G. H.! Was der neue Doctor George Major an E. K. F. G. schreibet, werden E. K. F. G. aus

beigelegter seiner Schrift wohl wissen gnädiglich zu
vernehmen. Damit ich nu nicht viel Schreibens mache
der andern Stuck halben, stehets mit der Schloßpre-
digt also, daß die Leute ihn sehr gerne horen; denn
er lehret sehr wohl, deß ihm Stadt und Universität
(so viel der hinein gehen) trefflich Zeugniß geben,
ohn daß ich sonst wohl weiß, daß er geschickt ist, und
mit Fleiß der Sachen sich annimpt. Auch do er Doctor ward, schon die Leute anfingen zu klagen, er
wurde durch die Lection vom Prediger gerissen werden; denn ich auch selbs lieber wollte einen guten
Prediger behalten, weder einen guten Leser. Solchs
zeige ich E. K. F. G. der Meinung an, weil es ihm
D. Georgen Major nicht anstehet, sich selbs fur E.
K. F. G. zu ruhmen, daß E. K. F. G. sich zu bedenken hätten, wie es hierin zu verschaffen sein wolle,
sonderlich weil ers nicht länger begehrt, denn bis die
Propstei vollend ledig werde und gleichwohl auch schwer
sein will, alle Wochen vier Lection und zwo Predigt
zu thun. Aber solchs stelle ich alles E. K. F. G. heim,
und bitte unterthäniglich, E. K. F. G. wollten sich mit
gnädiger Antwort vernehmen lassen. Hiemit dem lieben
Gotte befohlen, Amen. Am Neuenjahrstage, 1545.

E. K. F. G.

unterthäniger

Mart. Luther.

743.

An den Kurfürsten Johann Friedrich, v. 18.
Januar 1545.

Aus dem Cod. Palat. No. 689. p. 135. bei De W. V. 715.

Dem Durchleuchtigsten, Hochgebornen Fursten und Herrn, Herrn Johanns Friederich,
Herzogen zu Sachsen, des H. R. Reichs
Erzmarschall und Kurfursten, Landgrafen
zu Thuringen, Markgrafen zu Meissen
und Burggrafen zu Magdeburg, meinem
gnädigsten Herren.

Gnad und Friede im Herrn, und mein arm
Pater noster. Durchleuchtigster, Hochgeborner Furst,
gnädigster Herr! Auf E. K. F. G. Schreiben und
Befehl, daß die Juristen des Consistorii und Hofgerichts sich mit uns Theologen vergleichen sollten uber
dem heimlichen Verlobniß, fielen mir etzliche seltsame
Gedanken zu, als wurde solcher Befehl unmüglich
und umbsonst sein. Denn ich bis daher sehr wohl
gewußt, daß die im Hofgericht stracks nach des Papsts
Recht anders, denn wir in der Pfarr, sprechen; auch
mir noch im Sinn steckt, daß sich etliche Juristen,
auch die großen, hatten hören lassen, sie könnten
nicht nach unsern Katönichen (so nennen sie unser
Bücher) sprechen. Auch etzliche drauten, unser Weiber und Kinder könnten nicht erben unser Güter nach
unserm Tod, sondern wolltens unser Freundschaft zusprechen u. s. w.; es wäre denn, daß E. K. F. G.
ein Landrecht aufs Neue daruber ließe ausgehen.
Diese Rede ließ ich also hinstreichen und sie machen,
was sie machten, als die mir nicht befohlen wären.
Nichts desto weniger fuhren wir die Weile zu Stand,
wollten in unser Pfarrkirchen auch nicht nach ihren
päpstischen Scartecken, sondern nach unsern Katönichen sprechen; welche, wie wenig und geringe sie sind,
haben sie doch mehr Guts gethan bei der Kirchen,
denn alle Päpst und Juristen sämptlich mit allen
Scartecken gethan haben, schweige was sie Schadens gethan haben. Also fegten wir unser Kirchen
und Pfarr von heimlichen Gelubden, und was mehr
der laustichten Scartecken der Juristen uns nicht leidlich war. Darmit ward es fein stille, und hatten
feine Ruge für den heimlichen Gelubden. Solchs
stund und ging also, bis das Consistorium aufgericht
ward: da fing sich das Gepolter wieder an, sonderlich uber dem Kaspar Beyer. Denn mich daucht,
die Juristen ließen sich dunken, sie hätten nu ein Loch
troffen zu rumpeln in meiner Kirchen mit ihrem ver-
drießlichen verdampten Proceß, welchen ich noch heutiges Tages und ewiglich will aus meiner Kirchen verdampt und verflucht haben. Denn ich höret rühmen,
und muß hören sonderlich von den jungen Löffel-Ju-

risten, sie wollten wohl dreimal Ostereier essen uber
dieser oder dieser Sachen. Und etliche Große sollten
gesagt haben, sie wollten Kaspar Beyers Sachen
noch wohl zehen Jahr aufziehen, wie ich denn selbst
die acta sahe auf solchen Weg gerichtet. Das wären
mir frohliche Gäste in meiner Kirchen, die ich fur
Gott verantworten sollt, daß mir solche Wechsler und
Taubenkrämer eine solche Mordergruben aus meiner
Kirchen zusehens machen sollten. Ich wurde und
mußte anders dazu thun, sie hat mich zu viel und
groß gestanden.

Solche Gedanken walleten noch gar frisch in
meinem Herzen wider die Juristen, da E. K. F. G.
Schrift kam, und war nicht gesinnet mit ihnen zu
handeln. Doch auf E. K. F. G. Befehl fodert
ich sie zu mir, gar nicht einiger guter Hoffnung, und
hielt ihnen nur fur, wie ich nicht gedächte, mich mit
ihnen in Disputation zu begeben; ich hätte gottlichen
Befehl zu predigen das vierte Gebot in dieser Sachen:
deß wollt ich mich halten; wer nicht hernach wollte,
möchte dahinten bleiben.

Auch daß in E. K. F. G. Briefe von Herzog
Philipps consensu tacito oder ratificante aus den
alten Rechten angezogen, wußte ich wohl (wo mirs
befohlen wurde) zu antworten, und zu vertheidigen,
daß Herzog Philipps nicht geschwiegen noch schwei=
genden Consens gegeben hätte, wie sie selbst, wo sie
es lustet, thun konnten durch ihre regulas juris.

Und obs im Fall so wäre (als nicht ist), daß
Herzog Philipps nach den alten Rechten (wie sie die=
selben deuten wollen) einen schweigenden Consens
sollt gegeben haben; so hätte ich mich doch nicht un=
terworfen in allen Stucken dem weltlichen Recht, son=
dern das Stuck angenommen in den institutis, da
der Kaiser Justinianus das naturliche Recht einfüh=
ret, und mit dem vierten Gebot Gottes stimmet.
Sonst weil der Kaiser numals dem Papst mit Buch,
Schwert und Kronen die Füße küsset, mußt ich auch
das Evangelion lassen, und in die Kappen kriechen,
in des Teufels Namen aus Kraft und Macht geist=
lichs und weltlichs Rechtens. Darzu mußte mir E.

R. F. G. den Kopf laffen abhauen fampt allen, fo ſich mit Nonnen verehlicht haben, wie der Kaiſer Jovianus mehr denn vor tauſend Jahren geſagt hat.

Als ich ſolchs alles erzählet, geſchichts wider meine Hoffnung, daß ſie alleſampt beide des Conſiſtorii und Hofgerichts Juriſten einträchtiglich ſich begeben, das heimliche Verlobniß ganz zu laſſen und verwerfen. Welchs ich wahrlich fröhlich und gerne höret, und zeige ſolchs hiemit E. R. F. G. demuthiglich und unterthäniglich an, daß wir in dieſem Stück uns allerdinge verglichen haben.

Das Ander.

Die Fraue, welcher Sohn ſoll wider ihren Willen ſich verehlicht haben, ſoll der eine ſein (wie ſie mich berichten), die zuvor ihrem Sohn vergunſt, darnach wetterwendiſch worden, und die Dirnen wollen zur Ehren ſchelten. Darwider der Rath und ganze Stadt der Dirnen gut Zeugniß gegeben. Denn wir das oft gethan und recht gethan, wenn Vater oder Mutter ihre eigene Kinder wollten hindern zu ehelicher Heirath, haben wir ſie nicht fur natürliche Aeltern, ſondern Feinde ihrer eigen Kinder erkannt, und ohn ihren Dank den Kindern zur Ehe geholfen. Das ſoll man auch thun.

Das Dritte.

Wir haben den Brief E. R. F. G. nicht wiſſen zu deuten, da von den gradibus oder Geliedern ſtehet: der vierte Grad ſolle verboten ſein incluſive. Wir denken, es ſei mit der Federn verſehen, ſolle excluſive, oder der dritten incluſive heißen, und achten, es ſei nu ſo weit eingeriſſen faſt in alle Land unſer Verwandtnuß, daß der vierte Grad frei und zugelaſſen ſei, daß er nunmehr nicht ohn große Aergerniß oder Zurüttunge verboten werden müge. Daß aber der dritte verboten werden müge, haben wir alle fur nützlich und gut angeſehen gar einträchtiglich, zur Haltung der Zucht unter dieſer Zeit wilden frohen Volk.

Solchs habe ich E. R. F. G. dießmal zur unter-

thänigen Antwort wollen geben auf E. K. F. G.
Schrift. Weiter wird Doctor Bruck auch wohl gehört und angezeigt haben. Hiemit dem lieben Gott
befohlen, der E. K. F. G. durch seinen Heiligen
Geist seliglich regiere und erhalte, Amen. Sonntags
nach Antonii, 1545.

E. K. F. G.

unterthäniger

Martinus Luther.

744.

An den Stadtrath von Amberg, gemeinschaftlich mit Melanchthon, v. 20. Januar 1545.

Schenll's Chronik von Amberg S. 220. De W. V. 718.

Den Ehrbaren, Weisen und Fürnehmen
Herrn Bürgermeister und Rath zu Am-
berg, unsern günstigen Herrn und
Freunden.

Gottes Gnad durch seinen eingebornen Sohn Jesum Christum unsern Heiland zuvor. Ehrbare, Weise,
günstige Herrn und Freund! Wiewohl wir aus euern
Fleiß in Berufung der Prädicanten erkennen, daß
ihr selb zu Pflanzung und Erhaltung des heiligen
Evangelii und rechter Erkanntnuß und Anrufung
Gottes und zu Fürderung christlicher Prediger selb
geneigt seid; so haben wir doch dem würdigen Doctor
Johann Gaberio, der euch zuvor bekannt ist, diese
Schrift mitgeben, ihme euch freundlich als einen gelahrten gottsforchtigen Mann, der zum Dienst des heiligen
Evangelii berufen, zu befehlen; bitten derwegen, E.
W. wolle ihn freundlich annehmen, und ihm Gutes
erzeigen, wie ihr selb wißt, daß alle Menschen auf
Erden fürnehmlich diesen Gottesdienst Gott schuldig
sind, das ministerium evangelii mit Ehrbietung anzunehmen, zu hören, zu lieben, helfen zu erhalten
und zu schützen, ein jeder nach seinem Stand, und
also auch treuen Prädicanten Gutes zu thun. Und

ist der Welt Hartigkeit billig zu beklagen, daß sie nicht bedenken will, daß Gott seinen Sohn gesandt hat, und mit klarer Stimm von Himmel geboten, diesen sollt ihr hören, und will allein also erkannt und angerufen werden, und allein also selig machen durch die einige Lehre von ihm gegeben, daß gleichwohl der größer Hauf in der Welt das Evangelium verfolget oder verachtet. Dagegen aber wollet ihr als die Gottforchtigen das Evangelium unsers Heilands Christi lieben und ehren: so wird Gott bei euch seine Wohnung haben, euch Gnad und Seligkeit geben, wird euch auch leiblich bewahren, wie unser Heiland Christus spricht: Wer mich liebt, der wird mein Wort behalten, und mein Vater wird ihn lieben, und wir werden zu ihm kommen, und unser Wohnung bei ihm machen. Dieses ist ja ein reicher Trost, daß Gott seine Wohnung bei denen und in denen haben will, die sein Evangelium gern hören, lernen, helfen erhalten rc. Darumb wollet euch das heilig Evangelium und christliche Prediger treulich lassen befohlen sein, und euch freundlich zu dienen sind wir willig. Dat. Witteberg 20. Januarii, 1545.

Martinus Lutherus, D.

Philippus Melanchthon.

745.

An den Kurfürsten Joachim II. von Brandenburg, v. 9. März 1545.

Nach dem Original auf der Kirchenbibliothek zu Landshut in Schlesien bei De W. V. 724.

G. u. F. im Herrn und mein arm Gebet. Durchleuchtigster, Hochgeborner Fürst, Gnädigster Herr! Mir hat der würdige Herr George Buchholzer, zu Berlin Propst, angezeigt, daß mir E. K. F. G. durch ihn läßt ihren gnädigen Gruß sagen, und sich wundern, daß ich E. K. F. G. nichts schreibe, auch begehren, daß ich wollt ein Büchlein lassen ausgehen

wider die Zwiewärtigen. (?) Erstlich danke ich demüthiglich E. K. F. G. gnädigem Gruß. Daß ich aber
E. K. F. G. nichts schreibe, sollen mir E. K. F.
G. ja nicht deuten, als geschehe es aus Unwillen.
Denn mein Herz stehet je also, daß ich keinem Menschen auf Erden feind oder abgünstig bin; sonderlich
euch Fürsten und Herrn kann ich nicht abgünstig sein,
weil ich täglich für euch beten muß, was St. Paulus lehrt 1. Timoth. 2. Sehe auch wohl, was für
ein arm Ding ist umb einen Regenten zu dieser schändlichen Zeit, da so groß Untreu ist unter den Räthen,
und der Hofeteufel ein gewaltiger Herr ist: daher
Zwietracht und Unlust zwischen allen Königen und
Fürsten sich entspinnet. So hab ich auch kein sonderliche Ursachen gehabt E. K. F. G. zu schreiben.
Darumb sollen E. K. F. G. gewiß sein, daß es aus
keinem Unwillen nachbleibt. Ich habe oft gesagt und
geprediget, daß ich auch dem Cardinal zu Mainz
nicht gram bin. Ja ich wünsche nicht, das er meinen Catarrhum sollt eine Stunde haben, wiewohl
ich ihn hart angreife; denn ich nicht gerne sehe, daß
er also eilet und rennet zur Hölle zu, als hätte er
Sorge, er möchte sie versäumen, so er doch zeitlich
genug hineinkommen kann, wenn er schon langsam
Fuß für Fuß hinein trachtet. Aber es will keine
Vermahnung da etwas schaffen.

Für E. K. F. G. habe ich wohl große Sorge,
daß die Juden einmal ihr jüdische Tücke möchten beweisen. Aber E. K. F. G. haben ein solchen starken Glauben und Vertrauen auf sie, daß mein
Schreiben doch umbsonst wäre, ich aber gar keinen
Glauben: darumb bitte ich Gott, daß er E. K. F.
G. wollte gnädiglich für ihnen behüten, auch die
jungen Markgrafen, daß E. K. F. G. Glauben nicht
zu-stark sei hierinnen, damit nicht etwas geschehe,
welches uns darnach allen zu langsam und vergeblich leid sein würde. Der Propst gefället mir über
die Maße wohl, daß er so heftig auf die Juden ist.
Er hat E. K. F. G. mit Ernst lieb, das spür ich
wohl, und meinet sie mit Treuen. Und ich hab ihn
auch dazu gestärkt, daß er auf der Bahn bleiben

soll. Denn daß sie mit der Alchymei fürgeben, ist ein großer, schändlicher Trug. Man weiß wohl, daß Alchymei nichts ist und kein Gold machen kann, ohne Sophisterelen, das kein Feuer hellt (?), wie ander Gold, welches auch wohl etliche Goldschmiede können.

Auch hat mich Hr. George vermahnet und gebeten: ich wollte E. K. F. G. für ihn schreiben und bitten, daß E. K. F. G. wollten seinen zween Söhnen gnädiglich etwan ein geistlich Lehen zuwerfen, damit sie zum Studio möchten gehalten werden. Schade wäre es, daß sie sollten versäumet und verlassen werden.

Summa E. K. F. G. halten mich nicht für einen Feind. Aber ich kann das nicht glauben, daß E. K. F. G. glauben kann, nämlich daß die Juden E. K. F. G. mit Treuen meinen. Und die Alchymisten gewißlich mit E. K. F. G. spielen, daß sie Alles, und E. K. F. G. das Nichte gewinnen. Doctor Jeckel macht viel fromm, als mir viel Andere gesagt haben.

Hiemit dem lieben Gott befohlen sampt der jungen Herrschaft und dem ganzen Regiment, Amen. Am 9. Martii, 1545.

E. K. F. G.

williger

Martinus Luther, D.

746.

An den König von Dänemark, vom 14. April 1545.

Schumachers Gelehrter Männer Briefe an die Könige zu Dänemark 2. Th. S. 265. De W. V. 728.

G. u. F. im Herrn und mein armes Pater noster. Großmächtiger, Durchleuchtigster, Hochgeborner, Gnädigster Herr König! Ich bedanke mich ganz unterthäniglich E. K. M. so gnädiger Verschreibung; denn ich solches in nicht verdienet. Unser

lieber Herr Gott gebe E. K. M. seinen heiligen
Geist reichlich, zu regieren seliglich, und zu thun sei=
nen göttlichen guten Willen, Amen. Der Reichstag
gehet langsam an, das Concilium stellet sich, als
wollts den Krebsgang gehen, Kais. M. soll im Nie=
derland hart legen an der Artritica, und toben die
Sophisten getrost wider Gott. Was der Turk macht,
wissen wir nicht. Gott der Allmächtig helfe, daß es
gut werde; welches nicht wohl geschehen kann, der
jüngste Tag komme denn balde, Amen. M. Torber=
tus, so etliche Zeit mein Tischgesell und Kostgänger
gewest, kompt itzt weder heim zu E. K. M., den
befehl ich unterthäniglich E. K. M. Es ist ein feiner,
gelehrter Mann. Hoffe, Gott solle viel Frucht und
Guts durch ihn schaffen, welchs ich auch von Herzen
bitte und wunsche. Hiemit dem lieben Gott befoh=
len, Amen. Am 14. Aprilis, 1545.

E. K. M.

unterthäniger

Martinus Luther, D.

747.

An Chr. Jörger, vom 17. April 1545.

Raupach Evang. Oesterreich 1. Fortf. S. 71.; Moseder
Glaubensbekenntniß S. 73 f. De W. V. 729.

Gnad und Fried im Herrn. Gestrenger, Ehren=
fester, lieber Herr und Freund! Ich höre es gern,
daß ihr vom Ampt erlöset und in bessere Ruhe des
Gewissens kommen seid. Wir haben den Herrn
Leopold Secretarien gern gehört, und unsers gerin=
gen Vermögens Dienst und Willen erboten, worzu
er unser bedarf. Daß bei euch das liebe Wort so
schwerlich gehet, deß muß sich erbarmen der Vater
aller Barmherzigkeit. Die Herren sind zum Theil
unselige Leute, und gehet ihnen, wie dem König
Ahas zu Jerusalem, welcher auch, je mehr Unglück

9*

ihn überfiel, je mehr er wider Gott strebet, daß ich wohl denken kann, wo Gott seinen heiligen Namen nicht ehren wird, so kanns der Herren halber nicht gut werden, so die Gewissen beschweren und stärken den Feind Christi, den Papst, daß viel Seelen ohne Gottes Wort bleiben müssen. Darumb ist Noth zu bitten mit Ernst, daß der liebe Vater nicht wolle ansehen unser Verdienst und der Feinde Toben, sondern seine bloße Gnad und Barmherzigkeit, und in uns Unwürdigen seinen Namen ehren, daß der Türke nicht rühme: Wo ist nun ihr Gott? Denn er hat lang genug gerühmet, und ist hoch kommen mit Morden und Lästern; Gott wolle ihn steuren und wehren und sein ein End machen; Amen. Grüßet mir euere liebe Frau Mutter. Hiemit Gott befohlen, Amen. Zu Wittenberg am 17. Aprills, 1545.

Martinus Luther.

748.

An Heinrich von Einsiedel, v. 30. April 1545.

Altenb. VIII 471. Leipz. XXII. 577. Walch XXI. 505. Kapps Ref. Urk. I. 355. De W. V. 730.

Dem Gestrengen und Festen Er Heinrich von Einsiedel zum Gnanstein, meinem besondern gunstigen Herrn und Freunde.

Gnad und Friede im Herrn. Gestrenger, Fester, lieber Herr und Freund! Auf eur angezeigte Fragen hab ich kurz an den Rand meine Meinung verzeichnet. Aber wohl hat mirs gefallen, daß ihr ein solch zart Gewissen habt, Niemand gern wollen wissentlich Unrecht zu thun. Gleichwohl ist die Welt böse, und der Baur hat sehr diebische Nägel an den Fingern, und ist nicht bäurisch, sondern doctorisch gnug, das Seine zu suchen, wo man nicht fleißig drauf stehet; demselben muß man scharf auf die Schanze sehen. Aber wo es arme gute Leute sind,

da werden sich E. G. wohl wissen christlich mit Nachlassen x. x. zu halten. Das mehrer Theil, sonderlich die nicht arm sind, geizen so getrost, daß wir
uns auf unserm Markt mussen schinden und schaben
lassen, wie alle Welt klagt. Hiemit dem lieben Gott
befohlen, der euch behüte fur allem Ubel, Amen.
Am letzten Aprilis, 1545.

Mart. Luther, D.

749.

An den Herzog Albrecht von Preußen, vom 2. Mai 1545.

Fabers Briefsammlung S. 61. De W. V. 782.

G. u. F. im Herrn. Durchleuchtiger, Hochgeborner, Gnädiger Herr! Es hat mich gegenwärtiger Christoph Albert von Kunheim umb diese Schrift
an E. F. G. ersucht und ermahnet. Wiewohl ich
nicht sonderlich zu schreiben hatte, doch ließ ich mir
diese Sache genugsam sein, daß er begehrt E. F. G.
von mir befohlen zu sein und mein Zeugniß bringen
mocht, zu dem, daß ich weiß, E. F. G. meine Schrift
wohl kann gnädiger Geduld leiden. Neues wissen
nichts. Einer sagt, der Turke komme; der sagt, er
bleibt außen. Aber gewiß ists, daß sich weder Kaiser, noch Konig, noch Fursten rusten. Der Kaiser
hebt an das Evangelion heftig zu verfolgen im Niederland. Gott wend es, Amen. Der Bischoff zu
Collen steht noch feste von Gottes Gnaden. So hat
Pfalzgraf Friedrich Kurfurst das Evangelion angenommen, mit seiner Kurfürstin, diese Ostern, das
Sacrament beider Gestalt offentlich genommen und
bekannt. Gott sei Lob und Ehre, und stärke sie,
Amen. Der romische Gräuel äffet noch immer fort
den Kaiser und Reich mit seinem Concilio, welchs
er von der Mitfasten bis auf Michaelis verschoben,
hat sich auch horen lassen in Fertar, es sei noch fern
dahin: das ist freilich ein Mal das wahre Wort, so

aus dem Lügen=Maul gehet; denn sie können kein Concilium leiden in Ewigkeit. Hiemit dem lieben Gotte befohlen, Amen. Befehl auch E. F. G. diesen Kunheim, denn er ein fein Gesell sich allhie sehr wohl gehalten. Secunda Mai, 1545.

E. F. G.

williger

Marttnus Luther, D.

750.

An den Kurfürsten Johann Friedrich, v. 7. Mai 1545.

Leipz. Suppl. No. 209. S. 110.; Walch XXI. 506. De W. V. 735.

Dem Durchleuchtigsten, Hochgebornen Fürsten und Herrn, Herrn Johanns Friedrich, Herzogen zu Sachsen, des heil. R. Reichs Erzmarstall (sic) und Kurfürst, Landgrafen in Thüringen, Markgrafen zu Meissen und Burggrafen zu Magdeburg, meinem gnädigsten Herrn.

G. u. Fr. im Herrn, und mein arm Pr. ec. Durchleuchtigster, Hochgeborner Fürst, Gnädigster Herr! Ich schicke E. K. F. G. wieder die Artikel, zu Löven gestellet, denn wir sie etwa für acht Tagen auch gedruckt bekommen. Es ist sehr gut, daß sich die elenden Leute so an den Tag geben, und selbst zu Schanden machen. In des Kaisers Brief werden sie seine, des Kaisers Tochter, genennet. O unseliger Kaiser, der solcher großen, schändlichen, gräulichen Huren Vater sein muß! Wohlan, der Papst ist toll und thoricht von der Scheitel an bis auf die Fersen, daß sie nicht wissen, was sie thun oder reden. Zweifel ists nicht, wo ein Concilium sollt angehen, sie würden eben solche Weisheit und noch größer drinnen beschließen. Aber ich halt, sie sind wohl so

Aug, sonderlich ihr heil. Geist, Mainz, sie werden
das Concilium, wie die unreise Gersten in der Kap=
pen stecken lassen, ohn daß sie die Wort nicht lassen
können. Das ander Stück der Zeitung vom Con=
cilio zu Trient und die daselbs sein sollen, halt ich
für ein römisch und mänzisch Geschwätz und Gewäsch,
welches ihn selbst gar leid sein sollt, wenns wahr
werden mußte. Gott will ihr nicht, und sie wollen
sein auch nicht. Laß gehen, es gehet recht. Hiemit
sei E. K. F. G. dem lieben Gott befohlen, der
regier und behüte E. K. F. G. zu allem seinem
gütigen, vollkommenen Willen, Amen. Des siebenten
Mai, 1545.

E. K. F. G.

unterthäniger
Martinus Luther, D.

751.

An den Rath zu Halle, vom 7. Mai 1545.

Altenb. VIII. 478. Leipz. XXI. 522. Walch XXI. 567.
De W. V. 787.

Gnade und Friede im Herrn. Ehrbare und
vorsichtige liebe Herrn und gute Freunde! Ich habe
mich mit meinem lieben Herrn und Freunde D. Jo=
nas allerlei, sonderlich von Kirchensachen beredt, und
von ihme ganz fröhlich vernommen, wie eure Kirche
zu Halle fast zugenommen und wohl stehe im Segen
des Heiligen Geistes, daß sich das Volk sehr wohl
hält, und die Lehrer unter einander ein Herz und
einen Mund haben, auch der Rath dem Evangelio
geneigt.

Der barmherzige Gott und Vater aller Freuden
und Einigkeit wollte solchen seinen gnädigen Segen
bei euch mehren und erhalten, und sein angefangen
Werk in euch vollbringen bis auf jenen Tag! Es
ist eine große Gnad und Kleinod, wo eine Stadt
einträchtiglich singen kann den Psalm: Ecce, quam

bonum et quam jucundum, habitare fratres in unum. Denn ich täglich wohl erfahre leider, wie seltsam solche Gabe in den Städten und auf dem Lande sei. Derhalben ichs nicht hab lassen können, euch solche meine Freude anzuzeigen, und auch zu bitten und zu vermahnen, wie St. Paulus die zu Thessalonich, daß ihr so fortfahret, und wie sein Wort lautet, ut abundetis magis, und immer stärker werdet. Dann wir wissen, daß uns der Satan feind ist, und solches Gottes Werk in uns nicht leiden kann, sonderlich schleicht umbher und sucht, wen er verschlingen möge, wie St. Peter sagt. Darumb ists wohl noth, wacker zu sein und zu beten, daß wir nicht von ihm übereilet werden. Denn uns ist nicht unbewußt, was er im Sinne hat; so hat er bei euch noch großen Raum, als auf der Moritzburg und zu Aschenburg, neben andern, also, daß er auch itzt zwei Nonnen hat eingesegnet oder eingeflucht (Gott wolle die Seelen wieder erlösen, Amen): daran er sich beweiset, was er gerne mehr thäte.

Darauf hab ich meinen lieben Herrn Doctor Jonas fleißig gebeten, daß er die Kirche, Rath, Prediger und Schule ja desto fleißiger also beisammen halte, auf daß ihr mit ernstem, einträchtigem, starken Gebet und Glauben dem Teufel widerstehen möget, ob er was Weiteres fürnehmen würde, als er freilich ohne Unterlaß gedenket; wie ich denn weiß, daß Doctor Jonas solches neben euch bisher treulich gethan hat, und fürder thun wird.

Befehle euch hiemit die Prediger, Kirchendiener und Schulen in eure christliche Liebe, sonderlich Doctor Jonas, welchen ihr wisset, daß wir ihn ungerne von uns ließen, und ich vor mich noch selbst gerne ihn umb mich wissen wollte. Sie seind theuer solche treue, reine, feine Prediger, das erfahren wir täglich. Gott achtet sie selbst theuer, wie er spricht: Wenig sind der Arbeiter, und St. Paulus: Hie findet sichs, wer treu erfunden werde. Daher befiehlet er auch, sie in zwiefältiger Ehren zu haben, und zu erkennen, daß sie Gottes große, sonderliche Geschenk seind, damit es die Welt verehret, zur ewigen Selig-

keit, als Pf. 68. singet: dedit dona hominibus. Nicht
viel geringer Gabe ists, da euch Gott ein solch Herz
dazu gegeben hat, daß ihr sie berufen, lieb und werth
habt und im Herren ehret. An vielen Orten werden
sie sehr unwerth gehalten und verursacht, sich hin=
weg zu wenden, darzu auch gedrungen, zu fliehen.
Darnach sehen sie dann allzuspat, was sie gethan
haben, nach dem Sprüchwort: Ich weiß wohl, was
ich hab; ich weiß aber nicht, was ich kriege. Denn
Aendern ist leichte, Bessern aber ist mislich. Der Vater
unsers lieben Herrn Jesu Christi stärke euch wider
alle Bosheit des Satans, und behüte euch vor alle
seinen listigen Anlauf, gebe euch auch einmal zeitlich
Gemach und Friede von dem bösen tückischen Fleisch
und Blut, Amen, Amen. Datum Donnerstags nach
Johannis Latin., Anno 1545.

E. E.

williger

Martinus Luther, D.

752.

An Joh. Lange, v. 14. Julius 1545.

Theologische Nachrichten Aug. 1820. S. 855. Lateinisch
in Aurifaber III. f. 451. De W. V. 747.

Mein geliebster Lange!

Gnad und Fried in Christo. Dein Disputation
von dem heimliche Verlöbnuß ist mir ganz angenehm
gewesen, nicht allein derhalben, daß ihr es in dieser
Sachen mit uns haltet, sondern hab auch gern ge=
hört, daß euer Schuel mit der unsern zugleich hal=
tend durch die Welt geacht würdet, welches den Pa=
pisten ohn Zweifel wehe thun wird, dieweil bis an=
her nichts von euch ausgangen ist, darin angezeigt
wäre, wie ihr es in eurer Schule hieltet. Denn do
du schon allein herfür brichest, so werden die Papi=
sten doch fürchten, die Andern alle werden dir gleich

sein. Seid tapfer, Männer, in der Tugend; denn dieß ist der Weg zum Himmel.

In der ander Frage halt ich euer Meinung für ganz gerecht, daß die, so Christen sein wollen, zum wenigsten einmal im Jahr bezeugten, daß sie Christum kenneten, wiewohl es sich durch das ganze Leben gebühret. Die aber so zur Ursach nehmen, sie bedürfens nit, sie fühlen auch kein Noth, die bezeugten darburch damit, daß sie einen Vordrieß an Gottes Gnade und an dem Manna oder Himmelbrod ein Ekel haben, und seind schon in sich selbst todt, und haben vorlangen sich wieder zu den ägyptischen Speisen gewendet, derhalben sie auch für kein Christen zu halten sein.

Die Ander aber, so ihr hangende oder während Kriege zur Ursach verwenden, die haben auch kein billige Entschuldigung, dieweil sie alle Stunde des Todes zu gewarten haben; denn was würden sie wohl thun, wenn sie balde zur selben Stunde sterben sollen? Sie würden den Zank und Krieg zurück setzen und vor sich hangen lassen; aber die Seele selbst soll dieweil nicht ohn Glauben, ohn Christum und ohn das Wort sein. Dann der Ursach halben möchten sie auch sagen, sie konnten nicht glauben, Gottes Wort hören oder christlich leben, denn sie waren mit Zank und Krieg beladen. Derowegen verläugen sie Christum, und verlieren das Wort und verlassen den Glauben, denn diese Ding alle werden zugleich durch Gezänk und Krieg verhindert. Warumb thun sie nicht also? Sie lassen der Part Sachen oder das Recht streiten, sie aber vor sich sollen zufrieden sein und erwarten, was einem Jeden das Recht gibt. Ich habe auch Zank und Krieg mit den Papisten, deßgleichen mit den Juristen diese Jahre hero gehabt und bei dem Landes F. die Sachen angehängt; aber dieß hat mich nichts bewegt oder gehindert, sonder bin gleichwohl oftmals zum Sacrament gangen, bin auch willig und bereit, da der Sentenz wider mich gefallen, von der Stätt an zu weichen.

Nun hast du mein Meinung. Du aber kannst

deiner Gaben nach vielmehr hierzu thun. Sei in Christo gesegnet und bitt für mich sterblichen Maden-sack. 14. Juli, 1545.

753.

An seine Hausfrau, Ende des Julius 1545.

Leipz. Suppl. No. 214. S. 111. Walch XXI. 512. De W. V. 752.

G. u. F. Liebe Käthe, wie unser Reise ist gangen, wird dir Hans alles wohl sagen; wiewohl ich noch nicht gewiß bin, ob er bei mir bleiben solle, so werdens doch D. Caspar Creuciger und Ferdinan-dus wohl sagen. Ernst von Schönfeld hat uns zu Lobnitz schon gehalten, noch viel schoner Heinz Scherle zu Leipzig. Ich wollts gerne so machen, daß ich nicht durft wieder gen Wittemberg kommen. Mein Herz ist erkaltet, daß ich nicht gern mehr da bin, wollt auch, daß du verkauftest Garten und Hufe, Haus und Hof; so wollt ich M. G. H. das große Haus wieder schenken, und wäre dein Bestes, daß du dich gen Zulsdorf setzest, weil ich noch lebe, und kunnte dir mit dem Solde wohl helfen, das Gutlin zu bessern, denn ich hoffe, M. G. H. soll mir den Sold folgen lassen, zum wenigsten ein Jahr meins letzten Lebens. Nach meinem Tode werden dich die vier Element zu Wittemberg doch nicht wohl leiden, darumb wäre es besser bei meinem Leben gethan, was denn zu thun sein will. Vielleicht wird Wittemberg, wie sichs anläßt, mit seinem Regiment nicht S. Veits Tanz, noch S. Johannis Tanz, sondern den Bettler-Tanz oder Belzebubs Tanz kriegen; wie sie angefan-gen, die Frauen oder Jungfrauen zu bloßen hinten und vornen, und Niemand ist, der da strafe oder wehre, und wird Gottes Wort dazu gespottet. Nur weg und aus dieser Sodoma. Ist Lecks Bachscheiße, unser ander Rosina und Deceptor, noch nicht einge-setzt, so hilf, was du kannst, daß der Bösewicht sich

soll. Denn daß sie mit der Alchymei fürgeben, ist ein großer, schändlicher Trug. Man weiß wohl, daß Alchymei nichts ist und kein Gold machen kann, ohne Sophistereien, das kein Feuer hellt (?), wie ander Gold, welches auch wohl etliche Goldschmiede können.

Auch hat mich Hr. George vermahnet und gebeten: ich wollte E. K. F. G. für ihn schreiben und bitten, daß E. K. F. G. wollten seinen zween Söhnen gnädiglich etwan ein geistlich Lehen zuwerfen, damit sie zum Studio möchten gehalten werden. Schade wäre es, daß sie sollten versäumet und verlassen werden.

Summa E. K. F. G. halten mich nicht für einen Feind. Aber ich kann das nicht glauben, daß E. K. F. G. glauben kann, nämlich daß die Juden E. K. F. G. mit Treuen meinen. Und die Alchymisten gewißlich mit E. K. F. G. spielen, daß sie Alles, und E. K. F. G. das Nichte gewinnen. Doctor Seckel macht viel fromm, als mir viel Andere gesagt haben.

Hiemit dem lieben Gott befohlen sampt der jungen Herrschaft und dem ganzen Regiment, Amen. Am 9. Martii, 1545.

E. K. F. G.

williger

Martinus LutheR, D.

746.

An den König von Dänemark, vom 14. April 1545.

Schumachers Gelehrter Männer Briefe an die Könige in Dänemark 2. Th. S. 265. De W. V. 725.

G. u. F. im Herrn und mein armes Pater noster. Großmächtiger, Durchleuchtigster, Hochgeborner, Gnädigster Herr König! Ich bedanke mich ganz unterthäniglich E. K. M. so gnädiger Verschreibung; denn ich solches in nicht verdienet. Unser

Lieber Herr Gott gebe E. K. M. seinen Heiligen
Geist reichlich, zu regieren seliglich, und zu thun seinen göttlichen guten Willen, Amen. Der Reichstag
gehet langsam an, das Concilium stellet sich, als
wollts den Krebsgang gehen, Kais. M. soll im Niederland hart legen an der Artritica, und toben die
Sophisten getrost wider Gott. Was der Turk macht,
wissen wir nicht. Gott der Allmächtig helfe, daß es
gut werde; welches nicht wohl geschehen kann, der
jüngste Tag komme denn balde, Amen. M. Torber-
tus, so etliche Zeit mein Tischgesell und Kostgänger
gewest, kompt itzt weder heim zu E. K. M., den
befehl ich unterthäniglich E. K. M. Es ist ein feiner,
gelehrter Mann. Hoffe, Gott solle viel Frucht und
Guts durch ihn schaffen, welchs ich auch von Herzen
bitte und wunsche. Hiemit dem lieben Gott befohlen, Amen. Am 14. Aprilis, 1545.

E. K. M.

unterthäniger

Martinus Luther, D.

747.

An Thr. Jörger, vom 17. April 1545.

Raupach Evang. Oesterreich 1. Fortf. S. 71.; Roseder
Glaubensbekenntniß S. 73 f. De W. V. 729.

Gnad und Fried im Herrn. Gestrenger, Ehren-
fester, lieber Herr und Freund! Ich höre es gern,
daß ihr vom Ampt erlöset und in bessere Ruhe des
Gewissens kommen seid. Wir haben den Herrn
Leopold Secretarien gern gehört, und unsers geringen Vermögens Dienst und Willen erboten, worzu
er unser bedarf. Daß bei euch das liebe Wort so
schwerlich gehet, deß muß sich erbarmen der Vater
aller Barmherzigkeit. Die Herren sind zum Theil
unselige Leute, und gehet ihnen, wie dem König
Ahas zu Jerusalem, welcher auch, je mehr Unglück

9*

ihn überfiel, je mehr er wider Gott ſtrebet, daß ich wohl denken kann, wo Gott ſeinen heiligen Namen nicht ehren wird, ſo kanns der Herren halber nicht gut werden, ſo die Gewiſſen beſchweren und ſtärken den Feind Chriſti, den Papſt, daß viel Seelen ohne Gottes Wort bleiben müſſen. Darumb iſt Noth zu bitten mit Ernſt, daß der liebe Vater nicht wolle anſehen unſer Verdienſt und der Feinde Toben, ſondern ſeine bloße Gnad und Barmherzigkeit, und in uns Unwürdigen ſeinen Namen ehren, daß der Türke nicht rühme: Wo iſt nun ihr Gott? Denn er hat lang genug gerühmet, und iſt hoch kommen mit Morden und Läſtern; Gott wolle ihn ſteuren und wehren und ſein ein End machen, Amen. Grüßet mir euere liebe Frau Mutter. Hiemit Gott befohlen, Amen. Zu Wittenberg am 17. Aprilis, 1545.

Martinus Luther.

748.

An Heinrich von Einſiedel, v. 30. April 1545.

Altenb. VIII 471. Leipz XXII. 577. Walch XXI. 565. Kapps Ref. Urt. I. 858. De W. V. 730.

Dem Geſtrengen und Feſten Er Heinrich von Einſiedel zum Gnanſtein, meinem beſondern gunſtigen Herrn und Freunde.

Gnad und Friede im Herrn. Geſtrenger, Feſter, lieber Herr und Freund! Auf eur angezeigte Fragen hab ich kurz an den Rand meine Meinung verzeichent. Aber wohl hat mirs gefallen, daß ihr ein ſolch zart Gewiſſen habt, Niemand gern wollen wiſſentlich Unrecht zu thun. Gleichwohl iſt die Welt boſe, und der Baur hat ſehr diebiſche Nägel an den Fingern, und iſt nicht bäuriſch, ſondern doctoriſch gnug, das Seine zu ſuchen, wo man nicht fleißig drauf ſtehet; demſelben muß man ſcharf auf die Schanze ſehen. Aber wo es arme gute Leute ſind,

da werden sich E. G. wohl wissen christlich mit Nach=
lassen ꝛc. ꝛc. zu halten. Das mehrer Theil, sonder=
lich die nicht arm sind, geizen so getrost, daß wir
uns auf unserm Markt mussen schinden und schaben
lassen, wie alle Welt klagt. Hiemit dem lieben Gott
befohlen, der euch behüte fur allem Ubel, Amen.
Am letzten Aprilis, 1545.

Mart. Luther, D.

749.
An den Herzog Albrecht von Preußen, vom 2. Mai 1545.

Fabers Briefsammlung S. 61. De W. V. 732.

G. u. F. im Herrn. Durchleuchtiger, Hochge=
borner, Gnädiger Herr! Es hat mich gegenwär=
tiger Christoph Albert von Kunheim umb diese Schrift
an E. F. G. ersucht und ermahnet. Wiewohl ich
nicht sonderlich zu schreiben hatte, doch ließ ich mir
diese Sache genugsam sein, daß er begehrt E. F. G.
von mir befohlen zu sein und mein Zeugniß bringen
mocht, zu dem, daß ich weiß, E. F. G. meine Schrift
wohl kann gnädiger Geduld leiden. Neues wissen
nichts: Einer sagt, der Turke komme; der sagt, er
bleibt außen. Aber gewiß ists, daß sich weder Kai=
ser, noch Konig, noch Fursten rusten. Der Kaiser
hebt an das Evangelion heftig zu verfolgen im Nie=
derland. Gott wend es, Amen. Der Bischoff zu
Collen steht noch feste von Gottes Gnaden. So hat
Pfalzgraf Friedrich Kurfurst das Evangelion ange=
nommen, mit seiner Kurfürstin, diese Ostern, das
Sacrament beider Gestalt offentlich genommen und
bekannt. Gott sei Lob und Ehre, und stärke sie,
Amen. Der romische Gräuel äffet noch immer fort
den Kaiser und Reich mit seinem Concilio, welchs
er von der Mitfasten bis auf Michaelis verschoben,
hat sich auch horen lassen in Fertar, es sei noch fern
dahin: das ist freilich ein Mal das wahre Wort, so

aus dem Lügen=Maul gehet; denn sie können kein Concilium leiden in Ewigkeit. Hiemit dem lieben Gotte befohlen, Amen. Befehl auch E. F. G. diesen Kunheim, denn er ein fein Gesell sich allhie sehr wohl gehalten. Secunda Mai, 1545.

E. F. G.

williger

Martinus Luther, D.

750.

An den Kurfürsten Johann Friedrich, v. 7. Mai 1545.

Leipz. Suppl. No. 209. S. 110.; Walch XXI. 506. De W. V. 735.

Dem Durchleuchtigsten, Hochgebornen Fürsten und Herrn, Herrn Johanns Friedrich, Herzogen zu Sachsen, des heil. R. Reichs Erzmarstall (sic) und Kurfürst, Landgrafen in Thüringen, Markgrafen zu Meissen und Burggrafen zu Magdeburg, meinem gnädigsten Herrn.

G. u. Fr. im Herrn, und mein arm Pr. ar. Durchleuchtigster, Hochgeborner Fürst, Gnädigster Herr! Ich schicke E. K. F. G. wieder die Artikel, zu Löven gestellet, denn wir sie etwa für acht Tagen auch gedruckt bekommen. Es ist sehr gut, daß sich die elenden Leute so an den Tag geben, und selbst zu Schanden machen. In des Kaisers Brief werden sie seine, des Kaisers Tochter, genennet. O unseliger Kaiser, der solcher großen, schändlichen, gräulichen Huren Vater sein muß! Wohlan, der Papst ist toll und thöricht von der Scheitel an bis auf die Fersen, daß sie nicht wissen, was sie thun oder reden. Zweifel ists nicht, wo ein Concilium soll angehen, sie würden eben solche Weisheit und noch größer drinnen beschließen. Aber ich halt, sie sind wohl so

Aug, sonderlich ihr heil. Geist, Mainz, sie werden das Concilium, wie die unreife Gersten in der Kappen stecken lassen, ohn daß sie die Wort nicht lassen können. Das ander Stück der Zeitung vom Concilio zu Trient und die daselbs sein sollen, halt ich für ein römisch und mänzisch Geschwätz und Gewäsch, welches ihn selbst gar leid sein sollt, wenns wahr werden mußte. Gott will ihr nicht, und sie wollen sein auch nicht. Laß gehen, es gehet recht. Hiemit sei E. K. F. G. dem lieben Gott befohlen, der regier und behüte E. K. F. G. zu allem seinem gütigen, vollkommenen Willen, Amen. Des siebenten Mai, 1545.

E. K. F. G.

unterthäniger
Martinus Luther, D.

751.

An den Rath zu Halle, vom 7. Mai 1545.

Altenb. VIII. 478. Leipz. XXI. 522. Walch XXI. 567. De W. V. 737.

Gnade und Friede im Herrn. Ehrbare und vorsichtige liebe Herrn und gute Freunde! Ich habe mich mit meinem lieben Herrn und Freunde D. Jonas allerlei, sonderlich von Kirchensachen beredt, und von ihme ganz fröhlich vernommen, wie eure Kirche zu Halle fast zugenommen und wohl stehe im Segen des Heiligen Geistes, daß sich das Volk sehr wohl hält, und die Lehrer unter einander ein Herz und einen Mund haben, auch der Rath dem Evangelio geneigt.

Der barmherzige Gott und Vater aller Freuden und Einigkeit wollte solchen seinen gnädigen Segen bei euch mehren und erhalten, und sein angefangen Werk in euch vollbringen bis auf jenen Tag! Es ist eine große Gnad und Kleinod, wo eine Stadt einträchtiglich singen kann den Psalm: Ecce, quam

bonum et quam jucundum, habitare fratres in unum.
Denn ich täglich wohl erfahre leider, wie seltsam
solche Gabe in den Städten und auf dem Lande sei.
Derhalben ichs nicht hab lassen können, euch solche
meine Freude anzuzeigen, und auch zu bitten und
zu vermahnen, wie St. Paulus die zu Thessalonich,
daß ihr so fortfahret, und wie sein Wort lautet,
ut abundetis magis, und immer stärker werdet. Denn
wir wissen, daß uns der Satan feind ist, und solches
Gottes Werk in uns nicht leiden kann, sonderlich
schleicht umbher und sucht, wen er verschlingen möge,
wie St. Peter sagt. Darumb ists wohl noth, wacker
zu sein und zu beten, daß wir nicht von ihm übereilet werden. Denn uns ist nicht unbewußt, was er
im Sinne hat; so hat er bei euch noch großen Raum,
als auf der Moritzburg und zu Aschenburg, neben
andern, also, daß er auch itzt zwei Nonnen hat eingesegnet oder eingeflucht (Gott wolle die Seelen
wieder erlösen, Amen): daran er sich beweiset, was
er gerne mehr thäte.

Darauf hab ich meinen lieben Herrn Doctor
Jonas fleißig gebeten, daß er die Kirche, Rath,
Prediger und Schule ja desto fleißiger also beisammen halte, auf daß ihr mit ernstem, einträchtigem,
starken Gebet und Glauben dem Teufel widerstehen
möget, ob er was Weiteres fürnehmen würde, als
er freilich ohne Unterlaß gedenket; wie ich denn weiß,
daß Doctor Jonas solches neben euch bisher treulich
gethan hat, und fürder thun wird.

Befehle euch hiemit die Prediger, Kirchendiener
und Schulen in eure christliche Liebe, sonderlich Doctor
Jonas, welchen ihr wisset, daß wir ihn ungerne
von uns ließen, und ich vor mich noch selbst gerne
ihn umb mich wissen wollte. Sie seind theuer solche
treue, reine, feine Prediger, das erfahren wir täglich. Gott achtet sie selbst theuer, wie er spricht:
Wenig sind der Arbeiter, und St. Paulus: Hie findet
sichs, wer treu erfunden werde. Daher befiehlet er
auch, sie in zwiefältiger Ehren zu haben, und zu
erkennen, daß sie Gottes große, sonderliche Geschenk
seind, damit es die Welt verehret, zur ewigen Selig-

keit, als Pf. 68. singet: dedit dona hominibus. Nicht viel geringer Gabe ists, da euch Gott ein solch Herz dazu gegeben hat, daß ihr sie berufen, lieb und werth habt und im Herren ehret. An vielen Orten werden sie sehr unwerth gehalten und verursacht, sich hinweg zu wenden, darzu auch gedrungen, zu fliehen. Darnach sehen sie dann allzuspat, was sie gethan haben, nach dem Sprüchwort: Ich weiß wohl, was ich hab; ich weiß aber nicht, was ich kriege. Denn Aendern ist leichte, Bessern aber ist mislich. Der Vater unsers lieben Herrn Jesu Christi stärke euch wider alle Bosheit des Satans, und behüte euch vor alle seinen listigen Anlauf, gebe euch auch einmal zeitlich Gemach und Friede von dem bösen tückischen Fleisch und Blut, Amen, Amen. Datum Donnerstags nach Johannis Latin., Anno 1545.

C. E.

williger

Martinus Luther, D.

752.

An Joh. Lange, v. 14. Julius 1545.

Theologische Nachrichten Aug. 1829. S. 855. Lateinisch in Aurifaber III. f. 451. De W. V. 747.

Mein geliebster Lange!

Gnad und Fried in Christo. Dein Disputation von dem heimliche Verlöbnuß ist mir ganz angenehm gewesen, nicht allein derhalben, daß ihr es in dieser Sachen mit uns haltet, sondern hab auch gern gehört, daß euer Schuel mit der unsern zugleich haltend durch die Welt geacht würdet, welches den Papisten ohn Zweifel wehe thun wird, dieweil bis anher nichts von euch ausgangen ist, darin angezeigt wäre, wie ihr es in eurer Schule hieltet. Denn do du schon allein herfür brichest, so werden die Papisten doch fürchten, die Andern alle werden dir gleich sein. Seid tapfer, Männer, in der Tugend; denn dieß ist der Weg zum Himmel.

In der ander Frage halt ich euer Meinung für ganz gerecht, daß die, so Christen sein wollen, zum wenigsten einmal im Jahr bezeugten, daß sie Christum kenneten, wiewohl es sich durch das ganze Leben gebühret. Die aber so zur Ursach nehmen, sie bedürfens nit, sie fühlen auch kein Noth, die bezeugten dardurch damit, daß sie einen Vordrieß an Gottes Gnade und an dem Manna oder Himmelbrod ein Ekel haben, und seind schon in sich selbst todt, und haben vorlangen sich wieder zu den ägyptischen Speisen gewendet, derhalben sie auch für kein Christen zu halten sein.

Die Ander aber, so ihr hangende oder währende Kriege zur Ursach verwenden, die haben auch kein billige Entschuldigung, dieweil sie alle Stunde des Todes zu gewarten haben; denn was würden sie wohl thun, wenn sie balde zur selben Stunde sterben sollen? Sie würden den Zank und Krieg zurück setzen und vor sich hangen lassen; aber die Seele selbst soll dieweil nicht ohn Glauben, ohn Christum und ohn das Wort sein. Dann der Ursach halben möchten sie auch sagen, sie konnten nicht glauben, Gottes Wort hören oder christlich leben, denn sie waren mit Zank und Krieg beladen. Derowegen verläugen sie Christum, und verlieren das Wort und verlassen den Glauben, denn diese Ding alle werden zugleich durch Gezänk und Krieg verhindert. Warumb thun sie nicht also? Sie lassen der Part Sachen oder das Recht streiten, sie aber vor sich sollen zufrieden sein und erwarten, was einem Jeden das Recht gibt. Ich habe auch Zank und Krieg mit den Papisten, deßgleichen mit den Juristen diese Jahre hero gehabt und bei dem Landes F. die Sachen angehängt; aber dieß hat mich nichts bewegt oder gehindert, sonder bin gleichwohl oftmals zum Sacrament gangen, bin auch willig und bereit, do der Sentenz wider mich gefallen, von der Stätt an zu weichen.

Nun hast du mein Meinung. Du aber kannst

deiner Gaben nach vielmehr hierzu thun. Sei in
Christo gesegnet und bitt für mich sterblichen Maden=
sack. 14. Juli, 1545.

753.

An seine Hausfrau, Ende des Julius 1545.

Leipz. Suppl. No. 214. S. 111. Walch XXI. 512. De
W. V. 752.

G. u. F. Liebe Käthe, wie unser Reise ist
gangen, wird dir Hans alles wohl sagen; wiewohl
ich noch nicht gewiß bin, ob er bei mir bleiben solle,
so werdens doch D. Caspar Creuciger und Ferdinan=
dus wohl sagen. Ernst von Schönfeld hat uns zu
Lobnitz schön gehalten, noch viel schöner Heinz Scherle
zu Leipzig. Ich wollts gerne so machen, daß ich
nicht durft wieder gen Wittemberg kommen. Mein
Herz ist erkaltet, daß ich nicht gern mehr da bin,
wollt auch, daß du verkauftest Garten und Hufe,
Haus und Hof; so wollt ich M. G. H. das große
Haus wieder schenken, und wäre dein Bestes, daß
du dich gen Zulsdorf setzest, weil ich noch lebe, und
kunnte dir mit dem Golde wohl helfen, das Gütlin
zu bessern, denn ich hoffe, M. G. H. soll mir den
Sold folgen lassen, zum wenigsten ein Jahr meins
letzten Lebens. Nach meinem Tode werden dich die
vier Element zu Wittemberg doch nicht wohl leiden,
darumb wäre es besser bei meinem Leben gethan, was
denn zu ihnen sein will. Vielleicht wird Wittemberg,
wie sichs anläßt, mit seinem Regiment nicht S. Veits
Tanz, noch S. Johannis Tanz, sondern den Bettler=
Tanz oder Belzebubs Tanz kriegen; wie sie angefan=
gen, die Frauen oder Jungfrauen zu bloßen hinten
und vornen, und Niemand ist, der da strafe oder
wehre, und wird Gottes Wort dazu gespottet. Nur
weg und aus dieser Sodoma. Ist Lecks Bachscheiße,
unser ander Rosina und Deceptor, noch nicht einge=
setzt, so hilf, was du kannst, daß der Bösewicht sich

bescheißen muſſe. Ich habe auf dem Lande mehr gehort, denn ich zu Wittemberg erfahre, darumb ich
der Stadt mude bin, und nicht wieder kommen will,
da mir Gott zu helfe. Uebermorgen werde ich gen
Merſeburg fahren, denn Furſt George hat mich ſehr
drumb laſſen bitten. Will alſo umbherſchweifen, und
ehe das Bettelbrod eſſen, ehe ich mein arm alte
letzte Tage mit dem unordigen Weſen zu Wittemberg
martern und verunrugigen will, mit Verluſt meiner
ſauren theuren Aerbeit. Magſt ſolches (wo du willt)
D. Pomer und Mag. Philipps wiſſen laſſen, und
ob D. Pomer wollt hiemit Wittemberg von meinen-
wegen geſegenen; denn ich kann des Zorns und Un-
luſts nicht länger leiden. Hiemit Gott befohlen,
Amen. Dienſtag Knoblochstag, 1545.

Martinus Luther.

754.

An einen Ungenannten, v. 8. Auguſt 1545.

Wittenb. XII. 176. Jen. VIII. 263. Altenb. VIII. 480.
Leipz. XXII. 544. Walch X. 2048. De W. V. 754.

Es hat N., mein lieber Herr und Freund, mir
angezeigt, wie ihr zu Zeiten Anfechtung von der ewigen
Verſehung Gottes habt, und euch davon dieß kurze
Brieflin zu ſchreiben gebeten. Nu iſts wahr, daß
eine böſe Anfechtung iſt. Aber dawider iſt zu wiſſen,
daß uns ſolchs verboten iſt zu verſtehen, oder damit
umbzugehen. Denn was Gott will heimlich halten,
das ſollen wir gern nicht wiſſen. Denn das iſt der
Apfel, da Adam und Heva den Tod an gefreſſen
haben, ſampt allen ihren Kindern, da ſie auch wiſſen
wollten, das ſie nicht wiſſen ſollten. Gleichwie es
nu Sünde iſt, morden, ſtehlen, fluchen, ſo iſt auch
Sünde, mit ſolchem Forſchen umbgehen; und iſt des
Teufels Getrieb, wie alle ander Sünde.

Dagegen hat uns Gott ſeinen Sohn gegeben,
Jeſum Chriſtum, an den ſollen wir täglich gedenken,

und uns in ihm spiegeln; da wird sich denn die Versehung selb und gar lieblich finden. Denn außer Christo ist alles eitel Fahr, Tod und Teufel; in ihm aber ist eitel Friede und Freude. Denn wenn man ewig sich mit der Versehung martert, so gewinnet man doch nichts dran, denn Angst.

Darumb meidet und fliehet solche Gedanken, als der Schlangen im Paradies Anfechtung, und schauet dafur Christum an. Gott bewahre euch. Datum am 8. Augusti, Anno Domini 1545.

Martinus Luther.

755.

An den Fürsten Wolfgang von Anhalt, vom 9. August 1545.

Leipz. Suppl. No. 210. S. 110. Walch X. 975. De W. V. 755.

Gnad und Fried in Christo Jesu, der unser einiger Trost und Heiland ist. Durchleuchtiger, Hochgeborner Furst, Gnädiger Herr! Mir ist angezeigt E. F. G. trauriger Zufall, so E. F. G Gemahl betrifft, welches mir von Herzen leid ist. Christus, unser lieber Herr, wollt es gnädiglich schicken zur Erlösung solcher Trubsal. Doch mussen E. F. G. dennoch auch denken, daß sie mit allen Heiligen im Jammerthal allhier seind, und noch nicht dahin in unser ewiges Vaterland kommen, das wir hoffen. Darumb wirs nicht besser haben konnen, denn unser Vorfahren, und alle Mitbrüder in der ganzen Welt alle mit uns in dem Schiffe fahren, und den Teufel mit seinem Sturmwinden leiden mussen. Er ist uns ja darumb nicht gram, daß er uns mit Trubsal versucht, wenn wir uns nur mit rechtem Vertrauen und Ernst zu ihm schicken kunnten oder wollten. Drumb sein E. F. G. nicht zu schwach oder zu blöde. Wir haben einen Gott, der es besser machen kann, weder wir gedenken, und mehr gibt, weder mir vor-

sollen (wie St. Paulus schreibet): demselben sollen wirs befehlen, und sollen unser Anliegen ihm heimstellen; als der für uns sorget, wie St. Peter saget: Alle eure Sorge werft auf ihn, und wisset, daß er für euch sorget (1. Petr. 5, 7.); und David: Wirf dein Anliegen auf den Herrn, der wird dich wohl versorgen (Ps. 55, 23.). Thun wirs aber nicht, so thut doch mit unserm Sorgen verloren, und bringen nichts darvon, dann vergebliche Mühe, hindern damit Gott, daß er selbst nicht für uns sorgen kann. Mein lieber Herr Christus Jesus tröste und stärke E. F. G. mit seinem Heiligen Geiste, zu thun und leiden seinen gnädigen Willen, Amen. Mein arm Pater noster wünsche ich und alles Guts meinem gnädigen Herrn, Fürst Joachim, und danke beiden E. F. G. für das Wildpret. Den 9. Aug., Anno 1545.

Martinus Luther.

756.

An den Rath zu Torgau, v. 18. August 1545.

Einigls Luthers Gesch. z. Torgau S. 93. De W. V. 756.

Den Ehrbarn und Fürsichtigen, Burgermeister und Rath der Stadt Torgau, meinen gunstigen, guten Herrn und Freunden.

G. u. F. im Herrn. Ehrbarn, Fürsichtigen, lieben Herrn und Freunde! Mich hat eur Pfarrherr, M. Gabriel, gebeten umb diese Fürbitt an euch: nachdem er zuvor ein Bier auf sein Haus vom Ehrbarn Rath geschenkt, und zwei dazu gekauft hat, und das vierte kaufen solle: daß ihm dasselb vierte Bier auch geschenkt würde. Wiewohl ich nu achte, daß ers ohn mein Bitten wohl hätte mügen erlangen, hat ers doch für gut angesehen, daß ich ihm eine Fürschrift gebe. Weil nu ein Ehrbar Rath und Stadt weiß, daß er lange und treulich gedienet, dazu auch sich verbauet, sonst auch keinen sondern Zugang hat: bitte ich ganz freundlich, wollet ihm solch vierte Bier auch schenken. Denn er ja der einer ist, davon S. Paulus sagt: Welche wohl fürstehen, sollen zweifältig geehret werden, und er sich schuldig erkennet, die Seinen zu versorgen, wie S. Paulus lehret; und ich solche Bitte nicht thun wollte, wo ich nicht achtet, daß ein Ehrbar Rath ohn Beschwerde thun kounten. Was ich wüßte wiederumb zu Dienst einem Ehrbarn Rathe zu thun, bin ich in alle Wege bereit und willig. Hiemit dem lieben Gotte befohlen, Amen. Dienstags nach Assumptionis Mariä, 1545.

Martinus Luther, D.

Ich achte (denn es mir vergessen in der Menge meiner Geschäft und Gedanken), daß ich einem Ehrbarn Rath gedankt habe für das Faß Bier mir geschenkt ist; wo nicht, so danke ich noch itzt gar freundlich, denn es ist fast gut gewest.

757.
An Amsdorf, v. 19. August 1545.
Schütze III. 225.; deutsch bei Walch XXI. 1553. De W. V. 757.

Dem Ehrwürdigen in Gott Vater und Herrn, Herrn Nicolao, Bischoff zur Naumburg, unserm gnädigen Herren.

Gratiam et pacem in Dómino. Veni tandem domum, Reverende in Christo Pater, 18. die Augusti tam plenus calculis, ut nec hodie ab omnibus sim liber. Etsi non multo dolore, ut ante, tamen siti intolerabili adhuc laboro. De hoc satis. Sed audi pulchrum cavillum. Cùm Lipsiae apud Joachimum narrarem de Mogentino Satana, quomodo e tecto turris evelli jussit ista verba: Soli Deo gloria: dixit, Mutianum illum Gothensem sic elusisse, esse idololatricam sententiam. Nam solem confteremur esse Deum, dam gloriam ei, sicut Deo daremus, scilicet: Gloria sit Soli, vel Sol habeat gloriam, sicut Deus. Vides igitur, quam pulchre cavillo Moguntinus possit defendi, qui noluerit, gloriam Dei tributam Soli, qui est lux creata.

Auch, Ehrwürdiger Herr, bitten wir D. Pomer und ich, E. G. wollten die gute Frau Elsabeth Ruckers, quae est soror Dominae Christianissae Goldschmieden, selbs hören mit ihrem Manne, der sie sehr übel tractirt. Soll itzt zur Naumburg sein, und die Frau gegen E. G. hart verklagt haben. Wiewohl ich weiß, daß E. G. Häuptmann und der Kanzler solchs wohl thun können, aber weil sie begehret, von E. G. die Sachen zu verhören, mügen E. G. thun, was sie wollen oder mügen. Die gute Frau ist uns allen bekannt, und hat auch sonst gut Zeugniß. Ali as plura. Nam adhuc sum ex calculis languidus et lassis viribus. Gratia Dei tecum, vir Dei. 19. Augusti MDXLV.

T. D,

deditus Martinus Luther, D.

758.

An den Kurfürsten Johann Friedrich, v. 8. November 1545.

Leipz. Suppl. No. 211. S. 110. Walch XXI. 509. De W. V. 767.

Dem Durchleuchtigsten, Hochgebornen Fursten und Herrn, Herrn Johanns Friedrich, Herzogen zu Sachsen, des heil Ro. Reichs Erzmarschall und Kurfursten, Landgrafen in Thuringen, Markgrafen zu Meissen und Burggrafen zu Magdeburg, meinem gnädigsten Herrn.

G. u. F. und mein arm Pr. nr. Durchleuchtigster, Hochgeborner Furst, Gnädigster Herr! Ich habe heute früh von E. K. F. G. das reich Geschenk, nämlich ein halb Fuder Suptitzer, ein halb

Fuder Gornberger, vier Eimer Jenisches Weins, dazu ein Schock Karpen und einen Centner Hecht, schöne Fische. Es ist auf einmal zu viel, wäre gnug an der Stück einem gewest. Wohlan, ich danke E. K. F. G. aufs Unterthänigst. Unser Herr Gott wirds E. K. F. G. wieder erstatten. So weiß ich alle die Gnade, so mir E. K. F. G. täglich und so reichlich erzeigen, nicht zu verdienen. Mit meinen Armen will ich thun, was ich kann. Hiemit dem lieben Gotte befohlen, Amen. Sonntags nach Leonhardi, 1545.

E. K. F. G.

unterthäniger

M. Luther, D.

759.

An den König Christian von Dänemark, v. 26. November 1545.

Leipz. Suppl. No. 212. S. 110.; Walch XXI. 510. De W. V. 769.

Dem Großmächtigsten, Durchlauchtigsten, Hochgebornen Fürsten und Herrn, Herrn Christian, König zu Dännemark, Norwegen, der Gothen und Wenden, und Herzogen zu Schleßwig, Holstein, Stormarn und der Ditmarschen, Grafen zu Oldenburg und Delmenhorst, meinem gnädigsten Herrn.

Gnad und Fried im Herrn, und mein arm Pater noster. Großmächtigster, Durchlauchtigster, Hochgeborner Fürst, Gnädigster Herr König! Es hat mich gebeten Magister Georgius Stur, aus dem Fürstenthum Schleßwig gebürtig, diese Schrift an E. K. Majestät zu thun, nachdem er von E. K. Majestät Vertröstung eines Stipendii, auch bereit an etlich Geld empfangen hat, daß E. K. M. wollten aufs Gnädigst an ihn gedenken, und solche Vertröstung vollenden. Denn er hat allhier einen guten Namen, daß er fromm und redlich sei, fleißig studire und guter Hoffnung sei, er solle ein nützlicher Mann werden: derhalben ich nicht hab ihm können versagen dieß Zeugniß und Fürschrift. Bitte unterthänigst, E. K. M. wollte ihm in Gnaden befohlen haben, das ist ein gut Werk, und wird Gott wohlgefallen, der alles Gut reichlich gibt, und noch reichlicher vergilt. Demselben sei E. K. M. sammt der jungen Herrschaft, Land, Leuten und ganzen Regiment treulich befohlen, Amen. Donnerstags nach Katharinen, 1545.

E. K. M.
unterthäniger
Martinus Luther, D.

Ich hab auch durch Doctor Pommer die funfzig Thaler, E. K. M. gnädigste Gabe, empfangen, bedanke mich gegen E. K. M. aufs Allerhöchste. Gott gebe alles reichlich wieder hier und dort, Amen.

760.

An den Grafen Albrecht zu Mansfeld, v. 6. December 1545.

Leipz. Suppl. No. 213. S. 111.; Walch XXI. 511. De W. V. 770.

Dem Edlen, Wohlgebornen Herrn, Herrn Albrecht, Grafen und Herrn zu Mansfeld, meinem gnädigen und lieben Landsherrn.

Gnad und Fried im Herrn, und mein arm Pater noster zuvor. Gnädiger Herr! Abermal bin ich Willens gewest, bei E. G. zu sein auf den nächsten Montag, wie ich mich erboten habe: so kompt mir heute diese Stunde eine Schrift von M. G. Herrn Grafen Phillipps und Graf Hans Georgen, darinnen sie mir sehr gnädigen Antwort geben auf meine vorgethane Schrift, daß ich sehr erfreuet bin, und

erbieter sich sehr gütig auf Handelung gegen E. G.
mit Anzeigung, ich soll einen Tag nennen, nach dem
nächsten Leipsischen Markt. Also muß ich abermals
hie bleiben; denn ich diese Weihnachten mir furgesetzt
hatte, zu Mansfeld bleiben. Weil sie sich so gütig
gegen E. G. und so gnädig gegen mir erbieten, will
ich balde am Ende des Leipsischen Markts zu Mans=
feld erscheinen, und euch beide Parten einen Tag
selbest lassen ernennen, und wen sie zu und bei sich
haben wollen, bescheiden. Es muß umb ein 8 Tage
nicht Noth haben, wiewohl ich viel zu thun habe, die
ich dran wagen will, damit ich mit Freuden in mei=
nen Sarg mich legen muge, wo ich zuvor meinen
lieben Landesherrn vertragen und freundlichs, ein=
müthigs Herzen ersehen habe. Ich zweifel nicht, E.
G. werden sich ihrem Erbieten nach halten, und diese
Unlust gern sehen hingelegt. Hiermit dem lieben
Gott befohlen. Die Nicolai, anno 1545.

E. G.

williger
Martinus Luther, D.

761.

An den Kurfürsten Johann Friedrich, v. 9.
Januar 1546.

Leipz. Suppl. No. 215. S. 112.; Walch XXI. 504. De
W. V. 774.

Gnad und Fried im Herrn, und mein arm Pa=
ter noster. Durchlauchtigster, Hochgeborner Fürst,
Gnädigster Herr! Ich bitte E. K. F. G. unterthä=
niglich, sie wollten sich wohl bedenken, ob M. Phi=
lippus zu schicken sei auf das itzige zu Regenspurg
nichtige und vergebliche Colloquium, da keine Hoff=
nung ist; denn sie haben keinen Mann auf jener
Seiten, der ichtes werth sei, und D. Major ist mehr,
denn genug dazu, wenn er gleich nichts könnte, denn
Nein oder Ja darzu sagen. Und ist Schneppe und

10*

Brentius auch da, die ihnen nichts lassen nehmen; und ob sie wollten etwas lassen nehmen, so ist noch der Hintergang da, daß man uns auch fragen muß. Wie wollte man thun, wenn M. Philippus todt oder krank wäre, als er wahrlich krank ist, daß ich froh bin, daß ich ihn von Mansfeld heimbracht habe. Es ist sein hinfort wohl zu schonen; so thut er hie mehr Nutz auf dem Bette, als dort im Colloquio. Er zeucht wohl gern, wenn mans haben will, und waget sein Leben; aber wer wills ihm rathen oder heißen in solcher Gefahr, darinnen man Gott versuchen möchte, und uns selbst zuletzt einen vergeblichen Reuel stiften. Die jungen Doctor müssen auch hinan, und nach uns das Wort führen; kann D. Major und andere predigen und lehren, so wird ihnen nicht sauer werden mit solchen Sophisten zu reden, wie sie hören, weil sie ohne das müssen täglich wider den Teufel selbst stehen und fechten. Solches schreibe ich, als in E. K. F. G. Bedenken unterthäniglich gestellt. Der Herr Christus gebe E. K. F. G. zu thun, was seinem göttlichen Willen lieb ist, Amen. Sonnabend nach Epiphan. Dom., 1546.

E. K. F. G.

unterthäniger

Martinus Luther.

762.

An seine Hausfrau, v. 25. Januar 1546.

Altenb. VIII. 1005. Leipz. XXII. 575. Walch XXI. 506. De W. V. 780.

Meiner freundlichen lieben Käthen Lutherin zu Wittenberg zu Handen ꝛc.

Gnad und Friede im Herrn. Liebe Käthe! Wir sind heute umb acht Uhr zu Halle ankommen, aber nach Eisleben nicht gefahren; denn es begegnete uns eine große Wiedertäuferin mit Wasserwogen und großen Eisschollen, die das Land bedeckte, die drauete

uns mit der Wiedertaufe. So konnten wir auch nicht
wieder zurück kommen von wegen der Mulda, mußten also zu Halle zwischen den Waffern stille liegen;
nicht daß uns darnach durstete zu trinken, sondern nahmen gut torgisch Bier und guten rheinischen Wein dafür,
damit labeten und trösteten wir uns dieweil, ob die
Saala wollte wieder auszürnen: Dann weil die
Leute und Fuhrmeister, auch wir selbst zaghaftig
wären, haben wir uns nicht wollen in das Waffer
begeben und Gott versuchen; denn der Teufel ist
uns gram, und wohnet im Waffer, und ist besser
verwahret denn beklaget, und ist ohne Noth, daß
wir dem Papst sampt seinen Schuppen eine Narrenfreude
machen sollten. Ich hätte nicht gemeinet, daß die
Saala eine solche Sodt machen könnte, daß sie über
Steinwege und alles so rumpeln sollte. Itzo nicht
mehr, denn betet für uns und seid fromm. Ich halte,
wärest du hie gewesen, so hättest du uns auch also
zu thun gerathen, so hätten wir deinem Rathe auch
einmal gefolget. Hiermit Gott befohlen, Amen. Zu
Halla am St. Paulus Bekehrungstage, Anno 1546.

Martinus Luther, D.

763.

An seine Hausfrau, v. 1. Februar 1546.

Aus Cod. chart. 79. 4. Bibl. Goth. bei De W. V. 783.

Meiner herzlieben Hausfrauen Katharin
Lutherin, Doctorin, Zulsdorferin, Säu-
märkterin und was sie mehr sein kann.

Gnade und Friede in Christo, und meine alte
arme Liebe, und wie ich weiß, unkräftige, zuvorn.
Liebe Käthe! Ich bin ja schwach gewest auf dem
Wege hart für Eisleben, das war meine Schuld.
Aber wenn du wärest da gewesen, so hättest du ge-
sagt, es wäre der Juden oder ihres Gottes Schuld
gewest. Denn wir mußten durch ein Dorf hart für
Eisleben, da viel Juden inne wohnten; vielleicht ha-

ben sie mich so hart angeblasen. So sind sie in
der Stadt Eisleben itzt diese Stunde über 50 Juden
wohnhaftig. Und wahr ists, da ich bei dem Dorf
war, ging mir ein solch kalter Wind hinten in Wagen
ein auf meinen Kopf durchs Baret, als wollt mirs
das Hirn zu Eis machen. Solchs mag nun zum
Schwindel etwas haben geholfen; aber itzt bin ich
Gott Lob wohl geschickt, ausgenommen, daß die schönen
Frauen mich so hart anfechten, daß ich wider Sorge
noch Furcht habe fur aller Unkeuschheit.

Wenn die Hauptsachen geschlichtet wären, so
muß ich mich dran legen, die Juden zu vertreiben.
Graf Albrecht ist ihnen feind, und hat sie schon
Preis gegeben, aber Niemand thut ihn noch nicht.
Wills Gott, ich will auf der Kanzel Graf Albrecht
helfen und sie auch Preis geben.

Ich trinke Neunburgisch Bier fast des Schmacks,
den du von Mansfeld mir etwa hast gelobet. Es
gefällt mir wohl, macht mir auch des Morgens wohl
drei Stuhele in dreien Stunden.

Deine Söhnichen sind von Mansfeld gefahren
ehegestern, weil sie Hans von Jene so demüthiglich
gebeten hatte; weiß nicht, was sie da machen. Wenns
kalt wäre, so mochten sie helfen frieren. Nun es
warm ist, konnten sie wohl was anders thun oder
leiden, wie es ihnen gefället. Hiemit Gott befohlen
sampt allem Hause, und grüße alle Tischgesellen.
Vigilia Purificationis, 1546.

M. L., dein alten Liebchen.

764.

An seine Hausfrau, v. 6. Februar 1546.

Lilienthal Erläut. Preußen. IV. B. S. 156., jedoch ver-
stümmelt, vollständig bei Horpwski-Faber S. 106. De
W. V. 786.

Der tiefgelehrten Frauen Katherin Lutherin,
meiner gnädigen Hausfrauen zu Wittenberg.

Gnad und Fried. Liebe Käthe! Wir ſitzen
hie und laſſen uns martern, und wären wohl gern
davon; aber es kann noch nicht ſein, als mich dünkt,
in acht Tagen. M. Philipps magſt du ſagen, daß
er ſeine Poſtill corrigire; denn er hat nicht verſtanden, warumb der Herr im Evangelio die Reichthumb
Dornen nennt. Hie iſt die Schule, da man ſolchs
verſtehen lernet. Aber mir grauet, daß allewege in
der h. Schrift den Dornen das Feuer gedrauet wird,
darumb ich deſto großer Geduld habe, ob ich mit
Gottes Hulfe mochte etwas Guts ausrichten. Deine
Sohnechen ſind noch zu Mansfeld. Sonſt haben zu
freſſen und ſaufen gnug, und hätten gute Tage,
wenn der verdrießliche Handel thät. Mich dunkt,
der Teufel ſpotte unſer, Gott woll ihn wieder ſpot-
ten, Amen. Bittet fur uns. Der Bote eilete ſehr.
Am S. Dorotheentage, 1546.

Martinus Luther, D.

765.

An ſeine Hausfrau, v. 7. Februar 1546
Schütze I. 406. De W. V. 787.

Meiner lieben Hausfrauen Katherin Lutherin, Doctorin, Selbsmartyrin zu Wittenberg, meiner gnädigen Frauen zu
Handen und Fußen.

Gnad und Fried im Herrn. Lieſe, du liebe
Käthe, den Johannem und den kleinen Catechismum,
davon du zu dem Mal ſageteſt: Es iſt doch alles in
dem Buch von mir geſagt. Denn du willt ſorgen
für deinen Gott, gerade als wäre er nicht allmächtig, der da konnte zehen Doctor Martinus ſchaffen,
wo der einige alte erſoffe in der Saal oder im Ofen-
loch oder auf Wolfes Vogelheerd. Laß mich in Frie-
ben mit deiner Sorge, ich hob einen beſſern Sorger,
denn du und alle Engel ſind. Der liegt in der
Krippen und hänget an einer Jungfrauen Zißen;

aber ſitzet gleichwohl zur rechten Hand Gottes, des allmächtigen Vaters. Darumb ſei in Frieden, Amen.

Ich denke, daß die Hölle und ganze Welt muſſe itzt ledig ſein von allen Teufeln, die vielleicht alle umb meinet willen hie zu Eisleben zuſammen kommen ſind: ſo feſt und hart ſtehet die Sache. So ſind auch hie Juden bei funfzig in einem Hauſe, wie ich dir zuvor geſchrieben. Itzt ſagt man, daß zu Ris= dorf hart vor Eisleben gelegen, daſelbſt ich krank war im Einfahren, ſollen aus= und einreiten und gehen bei vierhundert Jüden. Graf Albrecht, der alle Grenze umb Eisleben her hat, der hat die Jü= den, ſo auf ſeinem Eigenthum ergriffen, Preis ge= geben. Noch will ihnen Niemand nichts thun. Die Gräfin zu Mansfeld, Wittwe von Solims, wird geachtet als der Juden Schützerin. Ich weiß nicht, obs wahr ſei; aber ich hab mich heute laſſen hören, wo mans merken wollte, was meine Meinung ſei, gröblich genug, wenns ſonſt helfen ſollt. Betet, betet, betet und helft uns, daß wirs gut machen. Denn ich heute im Willen hatte, den Wagen zu ſchmieren in ira mea; aber der Jammer, ſo mir für fiel, meines Vaterlandis hat mich gehalten. Ich bin nu auch ein Juriſt worden. Aber es wird ihnen nicht gedeihen. Es wäre beſſer, ſie ließen mich einen Theologen blei= ben. Komme ich unter ſie, ſo ich leben ſoll, ich mocht ein Poltergeiſt werden, der ihren Stolz durch Got= tes Gnade hemmen mochte. Sie ſtellen ſich, als wären ſie Gott, davon mochten ſie wohl und billig bei Zeit abtreten, ehe denn ihr Gottheit zur Teufel= heit würde, wie Lucifer geſchah, der auch im Himmel für Hoffart nicht bleiben kunnte. Wohlan, Gottes Wille geſchehe! Du ſollt M. Philipps dieſen Brief leſen laſſen: denn ich nicht Zeit hatte, ihm zu ſchrei= ben, damit du dich tröſten kannſt, daß ich dich gern lieb hätte, wenn ich komme, wie du weißeſt, und er gegen ſeine Frauen vielleicht auch weiß, und alles wohl verſtehet. Wir leben hie wohl, und der Rath ſchenkt mir zu iglicher Mahlzeit ein halb Stübigen Rheinfall, der iſt ſehr gut. Zuweilen trink ichs mit meinen Geſellen. So iſt der Landwein hie gut, und

naumburgsch Bier sehr gut, ohn daß mich dünkt,
es machet mir die Brust voll phlegmate mit seinem
Pech. Der Teufel hat uns das Bier in aller Welt
mit Pech verderbet, und bei euch den Wein mit
Schwefel. Aber hie ist der Wein rein, ohn was des
Landes Art gibt. Und wisse, daß alle Briefe, die
du geschrieben hast, sind anher kommen, und heute
sind die kommen, so du am nächsten Freitag geschrie=
ben hast mit M. Philipps Briefen, damit du nicht
zörnest. Am Sonntag nach Dorotheens Tag, 1546.

Dein lieber Herr
M. Luther.

766.

An seine Ehefrau, v. 10. Februar 1546.

Walch XXI. 1564. De W. V. 789.

Der heiligen, sorgfältigen Frauen, Ka=
thern Lutherin, D. Zulsdorferin zu Wit=
tenberg, meiner gnädigen, lieben Haus=
frauen.

Gnad und Fried in Christo. Allerheiligste Frau
Doctorin! Wir danken uns gar freundlich für eure
große Sorge, dafür ihr nicht schlafen kunnt; denn
sint der Zeit ihr für uns gesorget habt, wollt uns
das Feur verzehret haben in unser Herberg hart vor
meiner Stubenthür; und gestern, ohn Zweifel aus
Kraft euer Sorge, hat uns schier ein Stein auf den
Kopf gefallen und zuquetscht, wie in einer Mäus=
fallen. Denn es in unserm heimlichen Gemach wohl
zween Tage über unserm Kopf rieselt Kalch und
Leimen, bis wir Leute dazu nahmen, die den Stein
anrührten mit zwei Fingern, da fiel er herab so
groß als ein lang Kissen und zweier großen Hand
breit: der hatte im Sinn euer heiligen Sorge zu
danken, wo die lieben heiligen Engel nicht gehütet
hätten. Ich sorge, wo du nicht aufhörest zu sorgen,
es möchte uns zuletzt die Erden verschlingen, und

alle Element verfolgen. Lehrest du also den Katechis=
mum und den Glauben? Bete du und laß Gott
sorgen, es heißt: Wirf dein Anliegen auf den Herrn,
der sorget für dich, Pf. 55. und viel mehr Orten.

Wir sind, Gott Lob, frisch und gesund, ohne
daß uns die Sachen Unlust machen, und D. Jonas
wollt gern ein bösen Schenkel haben, daß er sich an
eine Laden ohngefähr gestoßen: so groß ist der Neid
in Leuten, daß er mir nicht wollt gönnen allein einen
bösen Schenkel zu haben. Hiemit Gott befohlen.
Wir wollten nu fort gerne los sein, und heimfahren,
wenns Gott wollt; Amen, Amen, Amen. Am Tag
Scholastica, 1546.

Euer Heiligen williger Diener

Martinus Luther.

767.

An seine Hausfrau, v. 14. Februar 1546.

Aus Cod. chart. 79. 4. Bibl. Goth. bei De W. V. 791.

Meiner freundlichen, lieben Hausfrauen,
Katherin Lutherin von Bora zu Witten=
berg zu Händen.

Gnade und Friede im Herrn. Liebe Käthe!
Wir hoffen diese Woche wieder heim zu kommen, ob
Gott will. Gott hat groß Gnade hie erzeigt; denn
die Herrn durch ihre Räthe fast alles verglichen ha=
ben, bis auf zween Artikel oder drei, unter welchen
ist, daß die zween Brüder Graf Gebhard und Graf
Albrecht wiederumb Brüder werden, welchs ich heute
soll furnehmen, und will sie zu mir zu Gast bitten,
daß sie auch mit einander reden; denn sie bis daher
stumm gewest, und mit Schriften sich hart verbittert
haben. Sonst sind die jungen Herren fröhlich, fah=
ren zusammen mit den Narren=Glöcklin auf Schlit=
ten, und die Fräulin auch, und bringen einander
Mumschenz, und sind guter Ding, auch Graf Geb=

hards Sohn. Also muß man greifen, daß Gott ist exauditor precum.

Ich schicke dir Forellen, so mir die Gräfin Albrichts geschenkt hat: die ist von Herzen froh der Einigkeit. Deine Söhnichen sind noch zu Mansfeld. Jacob Luther will sie wohl versorgen. Wir haben hie zu essen und zu trinken als die Herrn, und man wartet unser gar schön, und allzu schön, daß wir euer wohl vergessen mochten zu Wittenberg. So ficht mich der Stein auch nicht an. Aber D. Jonas Bein wäre schier quad worden, so hats Locher gewonnen auf dem Schienbein; aber Gott wird auch helfen.

Solchs alles magst du M. Philipps anzeigen, D. Pomer und D. Creuziger. Hie ist das Gerücht herkommen, daß D. Martinus sei weggeführt, wie man zu Leipzig und zu Magdeburg redet. Solchs erdichten die Raseweisen, deine Landsleute. Etliche sagen, der Kaiser sei dreißig Meil Wegs von hinnen bei Soest in Westphalen; Etliche, daß der Franzose Knecht annehme, der Landgraf auch. Aber laß sagen und singen: wir wollen warten, was Gott thuen wird. Hiemit Gott befohlen. Zu Eisleben am Sonntag Valentini, 1546.

M. Luther, D.

———

768.

Luthers und J. Jonas Bedenken nebst gestiftetem Bertrog in der Mansfeldischen Streitsache, vom 16. Februar 1546.

Hall. Samml. S. 471. Leipz. XXI. 689. Walch XXI. Anh. S. 261. De W. V. 792.

———

Des Herrn D. Martini und D. Jonä Bedenken, die Kirchen zu Mansfeld belangende.

Die Kirche auf dem Schloß.

Der Dechant auf dem Schlosse soll von gemeiner Herrschaft angenommen und besoldet werden, der

soll die Kirchen regieren, Sonntag, Mittwoch und
Freitag predigen.

Die andern Diener, als ein Capellan, ein Cantor, zweene Chorales, vier Knaben und der Küster,
soll der Decanus, anzunehmen und zu regieren haben.
Doch so viel den Capellan und Küster belanget, soll
mit Verwilligung der Herren und in Beisein ihrer
Amptleute eine jegliche Person angenommen werden.

Der Capellan soll die Sacramente handeln und
Aufsehen haben, daß die Ceremonien ordentlich gehalten werden. Die andern Personen wissen, was
sie thun sollen.

Die zween Chorales und vier Knaben sollen auf
der Schule wohnen, daselbst unter der Zucht des
Schulmeisters gehalten werden. Und sollen die zween
Chorales jeder zwo Stunden des Tages in der Schule
helfen lesen, wozu der Schulmeister ihrer bedarf.

Der Pfarrherr im Thal soll von gemeiner Herrschaft angenommen werden; und nachdem dieselbige
Pfarr ist, denn sie nicht mehr denn 52 Gülden Ein-
kommens hat, wollten unsere gnädige Herren Gott
zu Ehren und auf unser beider, D. Martini und D.
Jonä, Fürbitte jährlich 100 Gülden zu Unterhaltung
eines Pfarrers geben, und mit solchem Almosen
Christo zu seinem Reich dienen. Dagegen sollen die
von Mansfeld die Behausung auf dem Kirchhofe, da
jetzund der Dechant innen ist, der Dechanei einver-
leihen, und ihren Pfarrherrn, Prediger und Capellan in den andern drei Häusern bei dem wohnen
lassen. Und damit Einigkeit in beiden Kirchen gehalten werde, soll der Dechant ein Aufsehen haben,
daß, wie eine gemeine Kirchenordnung von dem Ehrwürdigen D. Martino gemacht, dieselbige ordentlich
gehalten werde. Doch so soll der Dechant, Pfarrherr und andere Diener dem Superintendenten zu
Eisleben unterworfen sein.

Die Schule im Thal Mansfeld.

Dazu haben unsere gnädige Herren etwa eine
Präbend geben, und nun dafür geordnet: funfzehen
Gülden Graf Gebhart, funfzehen Gülden Graf Al-

brecht, vierzig Gülden die jungen Herren. Und ist
der Herren Doctoren Bitte, J. J. G. G. wollten
solches Geld bei der Schulen bleiben lassen, und daß
es auf die Quartal zu geben geordnet werde.

Besoldung der Personen, der Diener auf dem Schlosse.

Zweihundert Gülden, funfzehen Scheffel Waizen,
funfzehen Scheffel Roggen, funfzehen Scheffel Gersten, fünf Fuder Holz dem Dechant.

Hundert Gülden dem Capellan, vierzig Gülden
dem Cantor, zwei und dreißig Gülden beiden Cho-
ralisten, acht Gülden jedem Knaben, deßgleichen auch
jedem einen Rock auf Michaelis. Dreißig Gülden
dem Küster, vierzig Gülden dem Organisten.

Summa an Gelde 506 Gülden.

Summa, was jezund alle Personen zu unterhalten gestehen, macht auf dem Schlosse 568 Gülden,
9 Groschen.

Vertrag von beiden Herren Doctoren auf vorhergehendes Bedenken begriffen, und von allen Grafen zu Mansfeld bewilliget und vollzogen.

Ich Martinus Luther, der heiligen Schrift Doc-
tor, thue kund mit diesem offenen Briefe, daß die
Wohlgebornen und Edle Herren, Herr Gebhart,
Herr Albrecht, Herr Philipps, und Herr Hans
George, Gebrüdere und Vettern, Grafen und Herren
zu Mansfeld rc., und nächst gemeldte beide Grafen,
für sich und J. Gn. jungen und unmündigen Brüdere,
auf mein, auch des Ehrwürdigen, meines lieben
Freundes, D. Jonä gepflogene Unterrede, Gott zu
Ehren, und umb Beförderung willen gemeines Nußes,
nachfolgender Artikeln Ordnung halben der Kirchen,
Schulen, Spitalen, Ehesachen und des geistlichen
Bannes endlich und freundlich mit einander verglichen
haben.

Nämlich es sollen und wollen J. G. in der
Kirchen zu Eisleben, St. Andreä, die fürnehmste

Person, welche Pfarrer und Superintendentens sein, und von wohlgemeldetem Grafen, J. G. Erben und Nachkommen berufen und angenommen werden soll, hinfort unterhalten. Demselbigen Superintendenten soll jährlich fünfhundert Gülden zu Besoldung, daburch er sich stattlich und wohl erhalten möge, gegeben werden. Ihm soll auch die Behausung, da etwan die Schule St. Andreä gewesen ist, sampt dem Hause, darinnen jetzo Herr Clemen wohnet, daburch er sich stattlich und wohl seinem Stande nach erhalten kann, zugericht und erbauet werden. Was nun auf den Bau gehet, dazu wollen Graf Albrecht zwei Fünftheil und die andern Grafen drei Fünftheil entrichten. Aber die andern Personen in der Kirchen St. Andreä, außerhalb die Schulpersonen, sollen Graf Philipps und Graf Hans George zu bestellen haben. Graf Albrecht aber soll alle Personen in St. Niclas und Peter Pfarrkirchen als Patron zu berufen und zu bestellen haben. Derselbe Superattendens soll auf alle Pfarrherren und Prädicanten dieser Grafschaft Lehre und Sitten Acht geben, sie zu erfordern und in Beisein zugeordneter Personen anzureden und zu strafen haben. Und im Fall, da sie nicht gehorsam sein wollten, dem Herrn, unter welchem sie gesessen, angezeigt, und von ihm zu christlichem und gebührlichem Gehorsam gedrungen werden.

Es sollen auch die streitigen Ehesachen in der ganzen Herrschaft vor diesen Superintendenten gebracht werden, welcher denn die Zugeordneten, als oft als eine Ehesache vorfallen wird, erfordern soll, auch den Grafen, wo die Sachen gemeiner Herrschaft, oder aber eines alleine zuständige Unterthanen belangend, schreiben; so wollen J. G. alsdenn, da es gemeine Unterthanen belangend, ihre sämptliche Räthe, oder, da es eines Grafen Unterthanen allein belangend, alsdenn derselbige Grafe seine Räthe zu solcher Handlung schicken. Würden aber J. G. sämptlich, da es gemeiner Herrschaft Unterthanen belangete, oder Ihr einer, da es J. G. eines einigen Unterthanen berührete, Räthe nicht schicken, so soll gleichwohl der Superintendens, neben den Zugeordneten, die Billig-

kett nach göttlichen Rechten und zugestalter Ordnung
zu verfügen haben.

Der Schulen halben ist förder abgeredt, daß
die zwo Schulen, welche J. G. hart bei St. Andres
Kirchen gehalten, sollen zusammen geschlagen werden:
also daß allhie zu Eisleben eine fürnehme lateinische
Schule sein soll, welche J. G. stattlich unterhalten
wollen, nämlich dem Schulmeister 200 Gülden, dem
andern nach ihm 100 Gülden, dem dritten 90 Gülden, dem vierten 80 Gülden, dem fünften 50 Gülden und dem sechsten 40 Gülden, dem siebenten auch
40 Gülden, und dem achten 30 Gülden geben:

J. G. sollen auch dieselben Schulpersonen im
Fall der Nothdurft zu entsetzen und von Neuem anzunehmen haben.

Dieweil denn nun auf den Superintendenten
und die Schulpersonen 1130 Gülden gehen wird, an
welcher Summa Graf Albrechten 452 Gülden auf
zwei Fünftheil, und den andern Grafen 678 Gülden
auf drei Fünftheil gebühren wird: so soll solche Summa
durch die dazu geordneten jedes Quartal den vierten
Theil jeder Person nach seiner Anzahl ausgetheilet
werden. Und sollen an allen Feiertagen, oder so
man predigen wird, aus dieser zusammengeschlagenen
Schule beide Kirchen St. Andres und Nicolai mit
Collaboratoren und Schülern versorget werden. Aber
die Kinderschule zu St. Peter in der Stadt Eisleben
soll auch nichts desto weniger bleiben.

Förder ist abgeredt, daß die Häuser, so jetzo
an Kirchen und Schulen gebracht worden, sie gehören welchem Herrn sie wollen, forthin bei den Schulen und Kirchen bleiben sollen.

Vergleichung der Dechanei aufm Schloß und
der Pfarre im Thal Mansfeld ist abgeredt, verhan-
delt und von beiderseits Grafen verwilliget, daß der
Vertrag, so in Neulichkeit aufgerichtet, welcher gibt,
daß Graf Hoier und seine junge Vettern die Dechanei, Graf Gebhart und Albrecht die Pfarr im
Thal hinfort sollen zu verleihen haben, in diesem
Punkt nichtig und absein soll, dergestalt, daß hinfort
die Dechanei aufm Schloß und die Pfarre im Thal

von allen Grafen sollen zur Lehen gehen. Und nach=
dem außerhalb der Dechanei fünf Lehen in der Kirche
aufm Schlosse gewesen, welche getheilet, also daß
jedem Herrn eine Lehen zu verleihen zugefallen ist:
so sollen nun hinfort die Nutzung derselben fünf
Lehen, dergleichen was dem Dechant, Caplan, Sang=
meister, Chorschülern, Organisten, vier Knaben und
Küster zu Unterhalt und Belohnung gemacht, zu
Unterhalt des Dechants und der Kirchenpersonen auf
dem Schlosse gebraucht werden. Nämlich, so ist dem
Dechant jährlich hinfort 200 Gülden zu geben ver=
ordnet worden. Derselbe Dechant soll einen Capel=
lan, so auch zu predigen geschickt, auch den Sang=
meister, und die zweene Chorschüler und vier Kna=
ben, doch alles mit Rath der Grafen, Amptleute oder
Befehlichhaber anzunehmen haben.

Es soll auch der Dechant Sonntags, Mittwochs
und Freitags, wo ers Leibes halber thun kann, pre=
digen: der Capellan soll die Sacrament handeln, auch
den Montag, Dienstag, Donnerstag und Sonnabend
eine deutsche Lection aus den Predigten D. Luthers
thun, und 100 Gülden jährlich zu seiner Besoldung
haben. Der Cantor beneben den zweien Choralen
sollen der Kirchen und Gesang fleißig warten. Und
soll dem Cantor 40 Gülden, und jedem Choralen 32
Gülden zu Lohn gegeben werden.

Die Chorales aber sollen alle Tage zwo Stun=
den in der Schule im Thal zu lesen, und wozu der
Schulmeister ihrer bedarf, zu helfen schuldig sein.
Hierüber so sollen vier Knaben gehalten werden,
so den Gesang helfen vollbringen: denen soll jährlich
jedem 8 Gülden, und ein Rock auf Michaelis gerei=
chet werden. Dem Küster soll 30 Gülden und dem
Organisten 40 Gülden jährlich zu Lohn gegeben wer=
den. Thut also dasjenige, das auf die Dechanei und
Kirchendiener des Schlosses gehet, 506 Gülden, ohne
die Kleidung der vier Knaben.

Nachdem nun nicht mehr, wie im Erbregister
hieneben verzeichnet, vorhanden: so wollen bemeldte
Grafen dasjenige, so mangelt, nämlich Graf Albrecht
zwei Fünftheil, und die andern Grafen, als Graf

Philipps und Graf Hans Georg sampt J. G. Brüdern, drei Fünftheil an gewissen Renten ordnen, und
also verschaffen, daß solche 560 Gülden, mit dem,
so bereit vorhanden, ganghaftig gemacht und auf
Ostern gewißlich ganghaftig sein.

Und dieweil Graf Albrecht das Einkommen des
Lehens, so man der vierzehen Nothelfer geheißen
hat, und ihm zuständig gewesen, eine Zeitlang dem
Rath zu Heckstädt hat folgen lassen: so will er solch
Einkommen wieder ganghaftig machen, oder ander
Ende versichern. So viel es aber die Pfarr belanget, dieweil dieselbige, als der die Bürger im Thal
Mansfeld wenig zur Erhaltung geben, nicht über
52 Gülden Einkommen haben: so soll mit den Bürgern dermaßen geredet werden, den Pfarrer also zu
unterhalten, daß der zum wenigsten anderthalb hundert Gülden haben wird. Und so ihm die Grafen
solches bei der Gemeine nicht verschaffen könnten, was
alsdenn daran mangelt, das wollen die Grafen erstatten, und verschaffen, daß der Pfarrer anderthalb hundert
Gülden haben soll. Der Dechant aber soll seine Behausung hinfort auf dem Kirchhofe, da der jetzige Dechant, Herr Michael, innen ist, haben und behalten.
Und sollen in den dreien Häusern daneben Pfarrer,
Prediger und Capellan, wie die ausgeordnet worden,
wohnen. Und damit Einigkeit in beiden Kirchen gehalten werde, soll der Dechant ein Aufsehen haben,
daß, wie eine gemeine Kirchenordnung, von mir D.
Martino gemacht, dieselbe ordentlich gehalten werde.
Doch soll der Dechant, Pfarrer und andere Diener
dem Superintendenten zu Eisleben unterworfen sein.

Damit auch die Schule zu Mansfeld desto stattlicher erhalten (werde): so wollen die Grafen von
jedem Fünftheil 15 Gülden für die Kost, wie denn
bis anhero der Gebrauch ist, geben, und der Ende,
da der Andern Unterhalt verordnet, zu empfahen gewiß machen und Versorgung thun.

Die beiden Hospital zu Eisleben, als zum Heiligen Geist und St. Catharina, sollen mit aller Nu-
tzunge und Bestallung zusammen geschlagen, aber die
Gesunden in unterschiedliche Gemach von den Unrei-

nen und Gebrechlichen abgesondert werden. Und wollen J. G. acht Personen von ihren fürnehmlichen Bürgern, so am dienstlichsten sein, sampt einem Spitalmeister verordnen, den armen Leuten zum treulichsten vorstehen, und die zu versorgen, auch den Lichtschiefer, dergleichen alles dasjenige, was die Spital zu Erfurt und andere Ende ausstehend haben, wiederumb ganghaftig machen. Wäre auch Sache, daß dem Spital anliegende Gründe, oder sonst etwas entwendet, wollen J. G. dran sein, daß solche hinwiederumb hinzu bracht werden.

So viel aber die Ehesachen und Gradus, auch den geistlichen Bann belanget, wollen J. G. sampt ihren Räthen, Superintendenten und Gelahrten, in der Grafschaft eine christliche Ordnung begreifen, und alsdenn dieselbe nach Christus Wort und Ordnung aufrichten und publiciren lassen.

Zu Urkund und steter, fester Haltung haben wohlgedachte Grafen für sich J. G. Erben, junge Brüdere und Nachkommen, diese Handlung unverbrüchlich zu halten, uns D. Martino Luthero und D. Justo Jonä zugesagt: darauf denn wir jetzt gemeldte und beide Doctores diesen Vertrag und Bewilligung gezwiefacht, mit unsern anhängenden Petschaften bekräftiget, mit eigener Hand unterschrieben, den einen Graf Albrechten, und den andern dem andern Grafen zugestellet. Geschehen zu Eisleben am Dienstage den 16. Monats Februarii, nach Christi unsers lieben Herrn Geburt im funfzehen hundert und sechs und vierzigsten Jahre.

Martinus Luther D.
Justus Jonas D.

768*.

An die Gemeinde zu Pensa, ohne Datum 1546.

Altend. IX. 1590. Leipz. XXII. 578. Walch X. 2200. De W. V. 799.

Dem kleinen Häuflein der christlichen Gemeine zu Pensa, meinen geliebten Brüdern.

Gnade und Friede in Gott und unserm Herrn Christo. So ich nach menschlicher Weise ansehe, allergeliebtesten Herren und Brüder, euren Fall und Trübsal, weiß ich nicht, wie mir größer Leid widerfahren möchte, so ich auch euch nach dem Fleisch groß geliebet habe; wiederumb aber, so ich nach dem Geist urtheile, muß ich mich wundersehr freuen, daß ich die Frucht des Evangelii folgen sehe, als das heilig Kreuz oder Verfolgung, welches wahrlich das rechte Zeugniß ist, daß ihr das wahrhaftige Wort Gottes gehöret und angenommen habt; denn umb meines Namens willen, spricht Christus, werden sie euch verfolgen. Darumb freuet euch mit mir, allerliebsten Brüder, der ich würdig bin zu erfahren, daß ihr die rechten Apostel oder Jünger Christi worden seid, denn hie stehet das wahre Zeugniß, so euer Meister sagt (Joh. 16, 20.): Die Welt wird sich freuen, ihr aber werdet betrübt sein. Sehet doch, meine Brüder, wie sie toben, wie sie wüthen, und für Freuden auf den Köpfen gehen, das arme, elende, blinde Volk, daß Gott euch zum ewigen Preis, ihnen aber zum Verderbniß, sich ein wenig verborgen, und sie sich ihres Muthes an euch lassen ergößen, daß ihr des Ampts entsezet, nach welchem sich auch viel der Ungläubigen, schweig denn der Christen, nichts sehnen; denn euer Betrübniß soll in Freude verwandelt werden, und euer Freude soll Niemand von euch nehmen. Sehet zu, das Betrübniß ist kurz, die Freude lang: sie freuen sich über euch mit dem Teufel, mit euch aber freuen sich die Engel mit Christo, dem ihr durchs Kreuz gleichförmig werdet. Stehet feste und werdet nicht müde. Denn euer Gott ist mit euch; jezo sagt er im (91.) Psalm (V. 15.): Cum ipso sum in tribulatione: Ich will mit ihm in der Anfechtung sein; er trägt euch in seinem Schoos, wie ein Vater sein Kind; wer euch Leid thut, der verlezet seinen Augapfel (Zach. 2, 8.): er stehet und

11*

sorget, und pfleget euer allezeit. Ja er saget Esa.
49, (15.): Kann auch eine Mutter ihres eigen Kindes vergessen, daß sie sich sein nicht annehme? doch
so sie es vergessen würde, will ich doch dein nicht
vergessen, denn stehe, in meine Hände habe ich dich
geschrieben. Solche und dergleichen reichliche Zusagung habt ihr in der Schrift genug von Gott, der
euch nicht lügen kann: was fürchtet ihr denn die
Höllenbrände, euere Feinde, die den Himmel zugleich,
wie der Rauch, wollen ersteigen, werden doch von
einem kleinen Windlein göttliches Geistes so bald ver-
wehet; lassen sich drücken fein harte, wie Wachs,
müssen aber von der Hitze göttlicher Sonne bald zer-
schmelzen. Darumb seid tecke, fürcht sie nicht, euer
Leben ist eine Ritterschaft; kämpfet freudig wider sie,
nicht sag ich mit Schwertern und Spießen (denn also
haben itzt etliche vermeinte falsche Christen gestritten,
und sind ihr etliche hundert tausend todt geschlagen),
sondern wie der heilige Paulus lehret (Eph. 6, 14
—17.): Stehet, umbgürtet eure Lenden mit Wahrheit, und angezogen mit dem Krebs der Gerechtigkeit,
und geschuhet an euren Füßen, mit Rüstung des
Evangelii von dem Friede; vor allen Dingen aber
ergreift den Schild des Glaubens, mit welchem ihr
auslöschen könnt alle feurige Pfeile des Bösewichts,
und nehmet an euch den Helm des Heils, und das
Schwert des Geistes, welches ist das Wort Gottes.
Das wird euch lehren Geduld, die in allen Dingen,
wie geschrieben stehet, vonnöthen ist, Sanftmüthigkeit,
Freundlichkeit gegen Jedermann; denn das ist der
Wille Gottes, spricht Petrus, daß ihr mit Wohlthun
verstopfet die Unwissenheit der thörichten Menschen.
Darumb rächet euch nicht, bittet und stehet der heilige
Paulus, meine Liebsten, sondern gebet Raum dem
Zorn Gottes. Denn es stehet geschrieben: Die Rache
ist mein, ich will vergelten, spricht der Herr. So
nun deinen Feind hungert, so speise ihn; dürstet ihn,
so tränke ihn; wenn du das thust, so wirst du feurige Kohlen auf sein Haupt sammeln. Laß dich
nicht das Böse überwinden, sondern überwinde das
Böse mit dem Guten. Also lehren uns, lieben Brü-

der, Christus, unser Heerführer, und die Apostel
kämpfen und unsere Feinde schlagen, nämlich mit
Geduld und Wohlthun; denn wir wissen nicht, welche
noch herzu gehören. . .

Derhalben, meine allerliebsten Kinder, bitte ich
euch, wollet einen guten Wandel führen, auf daß
nicht durch euer leichtfertig Leben das Wort Gottes
geschmähet werde; welches sich denn der heilige Paulus auch beklagt, und der heilige Petrus (1. Ep. 2,
11. 12.): Lieben Brüder, spricht er, ich ermahne
euch, als die Fremdlinge und Pilgrim, enthaltet
euch von fleischlichen Lüsten, welche wider die Seele
streiten, und führet einen guten Wandel unter den
Heiden, auf daß die, so von euch afterreden, als von
Übelthätern, eure gute Werk sehen, und Gott preisen,
wenns nun an den Tag kommen wird. Und bald
hernach: Seid als die Freien, und nicht, als hättet
ihr die Freiheit zum Deckel der Bosheit, sondern als
die Knechte Gottes. Seid ehrerbietig gegen Jedermann, habt lieb die Brüderschaft, fürchtet Gott, ehret
den König ꝛc. Ich besorge, daß viel das Evangelium
nicht als recht können erkennen, umb der Evangelischen leichtfertiges Leben. Dieweil denn die, so da
sollen selig werden, Gott allein bekannt, und unter
denen, so euch jetzt verfolgen, viel zum Wort der
Wahrheit gehören, so hütet euch mit Fleiß vor
Aergerniß, und vermahne einer den andern zum besten.

Lieben Brüder, ihr batet mich, Fleiß anzuwen-
den umb einen Prediger; so sein mir die Briefe langsam zukommen: wollte gerne, ihr wäret mit einem
rechtschaffenen, guten, getreuen Hirten versorget, der
euch mit christlicher Speise wohl weidete, auf daß ihr
durchs Evangelium, welches eine Kraft Gottes ist
zur Seligkeit (Röm. 1, 16.), zum ewigen Leben geboren wurdet, Amen.

Grüßet alle eure Weiber, meine geliebte Schwestern in Christo. Der Friede Gottes bewahre euch.
Schreibet mir wieder, wie es noch stehe umb eure
christliche Gemeine.

Nachtrag

von deutschen Briefen Dr. Martin Luthers, welche erst nach dem Erscheinen der De Wette-schen Gesammtausgabe Bd. 1 — 5, d. i. seit 1828 bekannt geworden sind.

769.

An den Rath der Stadt Zerbst, am Dienstag nach Lucä 1523.

L. sendet der Stadt Zerbst den gewünschten Prediger, wahr-scheinlich Johann Groner.

Aus Fried. Will. Sintenis Denkschrift zur frommen Feier des 18. Febr. 1846. Zerbst 1846. 8. p. 21.

Den ehrsamen und weisen Herren, Burge-meister und Rathmann der Stadt Zerbst, meinen besondern gonstigen Herren und Freunden.

Gnad und Friede in Christo. Ehrsamen, weisen, lieben Herrn! Ich sende hier Briefs-zeiger den Magister, so zu Jutterbock Prediger ist gewesen, umb welchen ihr mir neulich habt ge-schrieben. Mugen E. W. weiter mit ihm handeln; denn er bisher an vielen Orten versucht und gelehr-ret gnug ist. Beschlen denselben E. W. in Gottes Gnaden. Was ich aber thun kann, bin ich willig und bereit. Hiemit Gott befohlen. Zu Wittemberg am Dienstag nach Lucä 1523.

Martinus Luther.

770.

An den Rath der Stadt Zerbst, am Dienstag
nach Martini 1523.

Fürwort, daß der Rath den Augustinern zu Magdeburg den
jährlichen Zins von 20 fl. aus einem Schuldcapital von
400 fl. nach eingetretener reformatorischer Bewegung, nicht
vorenthalten wolle.

Aus Sintenis Denkschrift v. 1846. p. 24.

———

Den Ehrsamen und Weisen, Burgermeister
und Rath zu Zerbst[1], meinen besonderen
gonstigen Herrn und Freunden.

Gnad und Fried. Ehrsamen, weisen, lieben
Herrn! Es hat mich gebeten der Schäffler der Augustiner zu Magdeburg, eine Furschrift an E. W.
zu thun, daß er die Zinse, so da sollen verkümmert
sein, bei E. W. mochte erlangen. Deß ich ihm nicht
habe wissen zu versagen, wiewohl ich E. W. nicht
gerne bemühe. Wo es aber ohn E. W. Fahr sein
kunnt, wollt ich bitten, ihn solche Zinse folgen lassen,
angesehen, daß sie derselben wohl durfen, und der
Kummer nicht feste ist, weil der Kümmermann keine
Schrift noch Urkund bracht hat, wer er sei oder wo
er wohne, wie sichs doch gebührt in solchen Sachen,
und so es der wäre, deß man sich vermüthet, leichtlich mag fur Fahr und Schaden gerathen werden.
Hierinnen thun E. W., was Gott verleihet, in deß
Gnade ich E. W. befehle, Amen. Zu Wittemberg,
am Dienstag nach Martini 1523. Martinus Luther.

———

771.

An den Rath der Stadt Zerbst, am Sonnab.
nach Francisci 1524.

Gutachten, wie Ehebruch zu strafen sei.

Aus Sintenis Denkschrift v. 1846 p. 26.

———

1) Luther schrieb bald „Zerbst“, bald „Zerbst“, „Zerwst“,
„Cerbst“, „Zerbest“.

Den Ehrsamen und Weisen, Burgemeister
und Rathmann der Stadt Zerbist, meinen lieben Herrn und Frunden.

Gnad und Fried in Christo. Ehrsamen, weisen,
lieben Herrn! Auf euer Schrift, den Ehbruch betreffend, hab ich mit meinen Herrn und Doctorn geredt, und antworten also: Wiewohl nach dem Gesetz Mosi solche gesteinigt wurden, so ist doch solch
Gesetz nicht, denn den Jüden, geben; und wir, so
unter den Heiden sind und heidnische Oberkeit haben,
sind schuldig, nach derselben Recht und Gesetz uns
zu halten und strafen. Wiewohl auch leider dasselbe
Recht und Regiment Luge und wenig im Brauch ist.
Derhalben wir zu Wittemberg den ehrsamen Rath
lassen solche strafen mit der Staupen zur Stadt aus,
als mit linderer Strafe, weil die rechtschaffene nicht
im Brauch geht, die käiserlich Gesetz gibt. Mag
nu E. W. denselben Wittembergere folgen, oder,
so es geliebt, die strenge Straf des käiserlichen Rechts
furnehmen. Hiemit Gott befohlen. Am Sonnabend
nach Francisci 1524.

Martinus Luther.

772.

An die Goldschmied-Innung zu Nürnberg, am
Sonnabend nach Lätare 1525.

Fürbitte für Andreas Heydenreich, denselben als Goldschmied-
lehrling anzunehmen.

Nach dem Original, welches bei dem Vorstande der Gold-
und Silberarbeiter zu Nürnberg, Herrn praktischen Zahnarzt Eduard Moritz Bock, am Schleifensteige S. 41,
in der Innungslade aufbewahrt u. dem Herausgeber mit
großer Liberalität zur Abschrift vorgelegt worden ist.

Den Ehrsamen und Kunstreichen Meistern,
Goldschmiedhandwerks zu Nürnberg,
meinen besondern gonstigen Herren
und Freunden.

Gnad und Fried in Christo. Ehrsamen, Weisen,
Lieben Herren und Freunde! Ich bitt gar freundlich, Euer Weisheit wollen mir mein thürstiges
Schreiben zu gut halten, als die da ohn Zweifel
christlich Unterricht wissen, daß, gleichwie Christus
umb unser willen der Welt Narr und Spott worden
ist, also auch wir unternander Einer dem Andern
zu Dienst schuldig ist, auch närrisch und thürstig
handeln; denn christlich Liebe achtet weltlich Scham
und Schand nicht.

Es ist hie dieser frummer wohlgeschickter Gesell,
Andreas Heydenreich, der, nachdem er vermerkt, wie
Pfafferei und Müncheret, dazu er gehalten, ein fährlich unchristlich Wesen ist, wie es itzt gehet, sich gedenkt davon zu wenden, und mit eigener Hand gett-
lich [1]) sich ernähren. Nu er aber zu eurem Handwerk geneigt und sonderlich eur Kunst, weit berühmt
für andern Städten, begierig, in guter Hoffnung,
dieselben mit Gotts Hilf wohl zu fassen, hat er mich
durch etlich hohe Personen lassen bitten umb ein Furbitt an Euer Weisheit, verhofft meiner Furbitt bei
Euer Weisheit wohl zu genießen. Nu hab ich solchen Leuten mein Dienst, auch seiner Noth nicht mugen versagen, wiewohl ich Unbekannter fast ungern
E. W. damit anfahr. Weil aber sie mir den Gesellen also loben und preisen, als der frumm und geschickt sei, bitt ich freundlicher Meinung, E. W. wollten ihm zu eurm Handwerk, seiner Begierde nach,
föderlich sein, soferne dasselb ohn Eur Beschwer
wohl zu thun wäre, denn ich auch E. W. mit nichte
gedenke unvernünftiger Weise zu beladen.

Solchs hoff ich werde ohn meinen Verdienst
und nichtigem Vermügen, das ich doch alles E. W.
ungespart willig erbiete, unser Herr Christus gar
mit reichen Gnaden erkennen; der E. W. ihm laß

---

1) Bd. 55. S. 55. auf. Ausg. ist dies Wort „göttlich" u.
nach dem Original bei Lindner II. p. 19. „Göttlich"
(und ehrlich) geschrieben.

in seine Barmherzigkeit befohlen sein. Amen. Zu
Wittenberg am Sonnabend nach Lätare, 1525.
Martinus Luther, Ecclesiastes
zu Wittenberg.

773.

An den Landgrafen Philipp von Hessen, am Montag nach Epiphan. 1527.

Rath in Betreff der Einführung einer Kirchen-Ordnung.

Aus dem Prospectus. Doctor Martin Luthers sämmtliche
Werke. Herausg. v. Dr. Karl Zimmermann. Darmst.
1853. pag. 7 u. 8.

Gnad und Friede in Christo. Durchlauchtiger
hochgeborner Fürst, gnädiger Herr! Auf die Ord=
nung, so mir E. F. G. zugeschickt und meine Mei=
nung darauf begehrt, antwort ich zwar nicht gerne,
weil uns zu Wittenberg viele Schuld geben, als
wollten wir Niemand vor uns lassen etwas gelten,
so wir doch, das weiß Gott, wohl wünschen, daß
Jedermann an uns das Allerbeste thät. Aber E.
F. G. zu Dienst und weil solch Ordnung möcht mit
dem Geschrei ausgehen, als wäre mein Rath auch
dazu kommen, ist das mein treuer und unterthäniger
Rath, daß E. F. G. nicht gestatte, noch zur Zeit
diese Ordnung auszulassen durch den Druck, denn ich
bisher und kann auch noch nicht so kühne sein, so
ein Haufen Gesetze mit so mächtigen Worten bei
uns vorzunehmen. Das wäre meine Meinung, wie
Mose mit seinen Gesetzen gethan hat, welche er fast
das mehrere Theil, als schon im Brauch ganghaftig
unter dem Volk von Alters vorgekommen, hat ge=
nommen, aufgeschrieben und geordnet. Also auch E.
F. G. zuerst die Pfarren und Schulen mit guten
Personen versorgt und versucht zuvor mit mündlichem
Befehl oder auf Zettel gezeichnet und das Alles aufs
Kürzeste und Wenigste, was sie thun sollten. Und
welches noch viel besser wäre, daß der Pfarrherren

zuerst einer, drei, sechs, neune untereinander anfingen, eine einträchtige Weise in einem oder drei, fünf, sechs Stücke, bis in Uebung und Schwang käme, und darnach weiter und mehr, wie sich Sache wohl selbst werde geben und zwingen, bis so lange alle Pfarrer hinach folgen. Alsdann könnt mans in ein klein Büchlein fassen, dann ich wohl weiß, habs auch wohl erfahren, daß wenn Gesetze zu frühe vor dem Brauch und Uebung gestellet werden, selten wohl gerathen, die Leute sind nicht darnach geschickt, wie die meinen, so da sitzen, bei sich selbst und malens mit Worten und Gedanken ab, wie es gehen sollte. Fürschreiben und Nachthun ist weit von einander. Und die Erfahrung wirds geben, daß dieser Ordnung viel Stücke würden sich ändern müssen, etliche der Oberkeit alleine bleiben. Wenn aber etliche Stücke in Schwang und Brauch kommen, so ist dann leicht dazuthun und sie ordnen. Es ist fürwahr Gesetz machen ein groß, herrlich, weitläuftig Ding und ohne Gottes Geist wird nichts Gutes draus. Darums ist mit Furcht und Demuth vor Gott zuzufahren, und diese Maß zu halten kurz und gut, wenig und wohl sachte und immer an. Darnach wenn sie einwurzeln, wird des Zuthuns selbst mehr folgen, denn vonnöthen ist, wie Mosi, Christo, den Römern, dem Papst und allen Gesetzgebern gegangen ist. Solches ist meine Meinung, mich damit zu verwahren, denn E. F. G. und der Prediger in E. F. G. Lande will ich hiemit weder Ziel, noch Maß stecken, sondern sie Gottes Geist befehlen. Sondern E. F. G. zu dienen bin ich schuldig und willig. Zu Wittenberg Montag nach Epiphan. 1527.

774.

An den Rath zu Zerbst, am Tage St. Antonii 1527.

Luther empfiehlt dem Rath den Magister Niclas Pintzelt aus Kemberg zum Prediger.

Aus Sintenis Denkschrift v. 1846. pag. 27.

Den Ehrsamen und Weisen, Burgermeister und Rath zu Zerbst, meinen gonstigen Herren und Frunden.

Gnad und Friede in Christo. Ehrsamen, weisen, lieben Herren! Auf E. W. nähests Schreiben
und Bitten habe ich diesen M. Er Riclas aufbracht,
zu euch sich zu begeben, und zu versuchen, ob er
euch gefallen wolle. Frumm ist er und redlich, auch
geschickt zu predigen, wie E. W. wohl selbst hören
werden; ist auch vor etlichen Jahren in Schulmeisters Ampte wohl geübt, daß er die Schulen wohl
kann helfen mit Lesen und Singen helfen anrichten
und erhalten. Was Gott geben wird, wollen wir
warten. Christus Gnade sei mit euch allen, Amen.
Zu Wittemberg am Tage S. Antonii 1527.
Martinus Luther.

775.

An den Rath zu Zerbst, am Donnerst. nach St. Andreä 1527.

Nachdem Niclas Pintzelt das an der Bartholomäkirche
zu Zerbst übernommene Pfarramt zu Michaelis 1527 nie-
dergelegt hatte und nach der Mark gegangen war, hatte
der Rath zu Zerbst sich abermals mit der Bitte um einen
Prediger an Luthern gewendet, der ihnen hier antwortet,
daß er ihrem Begehren willfahren werde.

Aus Sintenis Denkschrift v. 1846 p. 30.

Den Ehrsamen und Weisen, Burgermeister und Rath zu Zerbst, meinen gonstigen lieben Herren und guten Frunden.

Gnad und Friede in Christo. Ehrsamen und
weisen lieben Herren und Freunde! Weß E. W.
an mich durch eurn geschickten Burgermeister und
Rathsfreund begehrt, hab ich vernommen. Darauf
ich E. W. und gemeinem Volk zu Zerbst zu Dienst
ich willig bin, und aufs Foderlichst, so ich immer
kann, einen Prediger oder Pfarrherr zu schicken, der

gelehret und sittig so viel es muglich ist. Wollet indeß ein Kurzes Geduld tragen. Hiemit Gott befohlen,
Amen. Zu Wittemberg Dornstag nach S. Andreä
1527.

Martinus Luther.

776.

An den Rath zu Zerbst, Freitags Luciä 1527.

Luther sendet den Zerbstern den Johann Pfeffinger v. Sonnenwald als Pfarrherrn.

Aus Sintenis Denkschrift v. 1846. pag. 31.

Den Ehrsamen und Weisen, Burgermeister und Rath zu Zerbst, meinen gonstigen lieben Herren und Freunden.

Gnad und Friede in Christo. Ehrsamen, weisen, lieben Herren! Wie ich E. W. am nähisten geschrieben habe, einen Pfarrherrn euch zu schaffen,
also kompt allhie Er Johann Pfeffinger, weiland zu
Sonnawald Pfarrherr gewest, welchen wir allhie
fur tuchtig achten, als der gelehrt und sittig und
frumm ist. Denselbigen befehlen wir auch E. W.
zum Pfarrherr, so ferne ihr beides Theils einander
gefallet. Hiemit Gott alle befohlen, der euch seine
Gnade gebe, fruchtbarlich zu fuhren in seim Wort,
Amen. Zu Wittemberg, Freitags Luciä 1527.

Martinus Luther.

(Ein eingelegter Zettel.)

E. Weisheit haben sich durch den geschickten
Burgermeister auch vernehmen und erbieten lassen,
die Koste und Zehrunge, die auf Botenlohn und
Reise gehen, wurde darstrecken, in welchem ihr euch
gegen den Er Johann wohl werdet wissen zu halten.

777.

An den Rath zu Zerbst, am Christabend 1527.

Nachdem die Sonnenwalder gegen die Berufung ihres Predi=
gers Joh. Pfeffinger nach Zerbst protestirt hatten, beruhigt
Luther deßhalb die Zerbster und schickt ihnen an Pfeffingers
Stelle den Hieron. Werner zur Probe.

Aus Sintenis Denkschrift v. 1846. pag. 32.

Den Ehrsamen und Weisen, Burgermei=
ster und Rathsmanne zu Zerbest, mei=
nen gonstigen lieben Herren und guten
Freunden.

Gnad und Friede in Christo. Ehrsamen, wei=
sen, lieben Herren! Am nähsten ist Herr Johann
Pfeffer zu euch kommen und durch unser Bitte und
Vermahnen, damit er auch bewegt, bei euch die
Pfarre angenommen. Aber die Sache hat einen
Stoß gewonnen. Denn, Gott Lob, sich die Leute
beginnen zu bedenken, wie daß geschickte Leute wol=
len theur werden, und haben beide, Rath und Ge=
meine zu Sonnenwald sampt ihrem Oberherrn, Herr
Nikel von Mynkewitz, sich so hart dagegen gesetzt
und so demüthiglich, christlich, fleißig, nu wohl zwei=
mal, gebeten und geschrieben, solchen ihren Pfarr=
herrn nicht von ihn zu nehmen, und wollen ihn dazu
auch nicht lassen aus merklichen Ursachen, die sie an=
zeigen, damit sie gleich nicht allein des Pfarrherrs
Gewissen, sondern auch unser Gewissen fangen, weil
sie auch ihn gar stattlich und redlich zu versorgen sich
verschrieben und verbunden, daß also wir euch die=
sen Er Johann nicht getrauen zu leisten, denn wir
wider Gewissen und Gewalt nichts mügen, der
Hoffnung, ihr werdet uns solchs zu Gut halten, weil
es der Meinung geschehen, daß wir nicht anders da=
zumal wußten, und auch also in der Wahrheit sich
hielt, daß Er Johann Pfeffer lose säße und leicht
weg zu fodern wäre.

Aber auf daß ihr dennoch spüren mügt, daß
wir euch geneigt sind und willig zu dienen, schicken

wir euch hiemit. Er Hieronymus Werner, Briefeszeiger, welchen ihr diese Feirtage horen und versuchen mügt, wie er euch gefalle; denn er uns zu Willen zu euch reiset, nichts zugesagt, und, wo er euch
gefiele und ihr sein begehrtet, uns schriftlich anzeigen, damit wir weiter mit ihm reden mugen, das
Ampt bei euch anzunehmen. Bitten aber gar freundlich, E. W. wollte eurn Burgern anzeigen, daß geschickte Lehrer und Pfarrherr itzt wahrlich theur sind,
und nicht so gemein, wie vorzeiten die Terminarier
waren, und beginnen sich zu bereden, warum doch
itzt zur evangelischen Zeit eine Stadt beschweret will
sein, hundert Gulden zu geben einem ehrlichen, frommen Pfarrherr, da sie zuvor wohl drei oder vier hundert Gulden hat geben einem einzelen Pfarrherr, der
dennoch nichts geprediget oder ihr kein Evangelion
geprediget. Solche Kargheit macht wahrlich itzt geschickte Prediger theur und wird mit der Zeit wiederumb eitel Esel oder ärger denn Esel, als die
Verführer sind, auf die Pfarren bringen. Denn
man leicht finden kann, der zwanzig Gulden nähme
und sei Pfarrherr; aber wie die Pfarr damit versorget, wird sich wohl finden. Solchs, bitt ich,
wollet bedenken und euch nicht schwer lassen sein, einen redlichen Mann redlich zu versorgen. Hiemit
Gott befohlen. Am Christabend 1527.

Martinus Luther.

778.

An den Rath zu Zerbst, Freitags nach Circum-cisionis 1527.

Die Zerbster hatten sich durch den vorhergehenden Brief wegen des Pfeffingers nicht beruhigen lassen und schrieben deßhalb nochmals an Luthern, der sie nicht nur mit diesem,
sondern auch einem Briefe Pfeffingers selbst zu beschwichti-
gen sucht.

Aus Sintenis Denkschrift v. 1848 pag. 84.

Den ehrsamen und weisen Herren Burgermeister und Rath zu Zerbst, meinen günstigen Herren und guten Freunden.

Gnad und Friede. Ehrsamen, weisen, lieben
Herren! Ich hab E. W. neulich geschrieben, wie
Er Johann Pfeffinger nicht konnte zu Sonnenwalde
abkommen, und halten, weß er sich mit euch vertragen. Hätte gehoffet, E. W. sollte deß zufrieden
sein, weil es Gott ohn unser Thun und Wissen also
hindert, welcher wohl mehrmalen menschliche Vertracht verhindert, und Niemand sich weiter verbinden kann noch Vertracht halten kann, denn sofern
es Gott will haben. Weil es denn nu nicht an ihm
noch an uns fehlet, auch nicht in unser Macht stehet, bitte ich nochmals, E. W. wolle sich deß zufrieden geben; denn ich mit gutem Gewissen nicht weiter ihn weiß zu treiben, und zwar, weil ich ver-
nahm, daß er bei euch auf die Probe bis auf Invocavit wäre angenommen, war ich deste leichter
dazu, und hoffet, es hätte bei euch solch kurze Zeit
nicht noth, und ließ mich, wie ich mich auch noch
lasse, bewegen seine, seines Volklins so große Ursache und Noth, sonderlich weil sie ihn nicht lassen
wollen, daß er da bleiben sollt, wie er denn auch
nu zu bleiben schuldig ist umb solcher zufälligen Sachen willen. Hiemit Gott befohlen, Amen. Freitags
nach Circumcisionis 1527.

Martinus Luther.

(Eingelegter Zettel.)

Auf daß ihr aber sehet, wie die von Sonnenwalde mit Ernst sampt ihrem Oberherrn an mich
schreiben, schicke ich die Schrift, so sie zum andern
Mal an mich gethan, welche ihr wohl mir wieder
zuschicken werdet.

779.

An den Rath zu Zerbst, Mittwochs nach Epiphan. 1528.

Luther verspricht den Zerbstern, wo möglich einen tüchtigen Pfarrherrn auszumitteln.

Aus Sintenis Denkschrift v. 1846. pag. 39.

Den Ehrsamen und Weisen, Burgermeister
und Rathe zu Zerbest, meinen gonstigen
lieben Herren und Freunden.

Gnab und Friede in Christo. Ehrsamen, weisen, lieben Herrn! Ich will von Herzen gerne
sampt unserm Pfarrherrn Fleiß fürwenden, euch
einen Mann zu schicken, so er anders zu finden ist,
tüchtig zu predigen und vorgehen. Denn ich auch
darumb Er Johann Pfeffinger gerne hätte dort aus-
gehoben und euch zugefugt, auf daß ihr ja wohl
versehen wäret. Aber weil es Gott also hndert und
schickt, mussen wir uns nach eim andern umbsehen;
denn euch zu födern bin ich willig und bereit. Hiemit Gott befohlen, Amen. Mittewochens nach Epiphaniä 1528.

Martinus Luther.

(Eingelegter Zettel.)

Ich bedanke mich fleißig eurs Geschenks und
Verehrunge des Biers. Ich wills dem Pfarrherr
also anzeigen.

780.

An den Rath zu Zerbst, Mittwochs nach Purificationis 1528.

Luther zeigt an, daß Niclas nach Zerbst zu gehen bereit sei,
bisher aber durch den schlechten Weg dahin aufgehalten worden sei.

Aus Sintenis Denkschrift v. 1846. pag. 40.

Den Ehrsamen und Weisen, Burgermeister und Rath zu Zerbist, meinen gonstigen Herren und Freunden.

Gnab und Friede in Christo. Ehrsamen, weisen, lieben Herren! Auf E. E. Schrift und des Burgermeisters geschickten Bericht weiß ich nicht anders zu antworten, denn daß Er Niclas von euch bis auf Ostern angenommen entweder heute zu euch kommen sollte, wie er denn ehegestern mit mir geredt; denn er sich böses Weges bisher verzogen nicht hat mugen kommen, wie euch weiter genannter Burgermeister selbs anzeigen wird; denn E. E. zu willen bin ich geneigt. Hiemit Gott befohlen, Amen. Mittewochens nach Purificationis Mariä 1528.

Martinus Luther.

781.

An den Fürsten Wolfgang zu Anhalt, Dienstags nach Petri und Pauli 1528.

Jacob Joachim, Fleischer zu Zerbst, war mit andern Meistern seines Handwerks wegen Widersetzlichkeit gegen den Rath in Haft gebracht worden. Die übrigen zahlten eine Geldbuße und erhielten ihre Freiheit, während Joachim, der sich Unstätereien auf dem Rathhause erlaubt hatte, nur gegen das ehrliche Versprechen, die Stadt Zerbst fortan zu meiden und sich ihr auf fünf Meilen Weges nicht zu nahen, entlassen ward. Er gieng zu Luthern und bat ihn um ein Fürwort bei Fürst Wolfgang, damit dieser die Zerbster, seine Unterthanen, veranlasse, ihn wieder in die Stadt aufzunehmen. Fürst Wolfgang schrieb deßhalb an den Rath zu Zerbst und legte Luthers Verwendungsschreiben bei, aber der Rath ertheilte seinem Fürsten eine abschlägige Antwort, indem ihm das, was einmüthig beschlossen sei, zu ändern nicht gebühren wolle.

Aus Sintenis Denkschrift v. 1846. p. 41.

Dem Durchleuchtigen Hochgebornen Fürsten und Herren, Herren Wolfgang, Fürsten zu Anhalt, Grafen zu Ascanien und Herren zu Bernburg ꝛc., meinem gnädigen Herren:

Gnad und Friede in Christo. Durchleuchtiger Hochgeborner Fürst, gnädiger Herr! Dieser Mann Jacob Jochim hat mich umb eine Fürschrift an E.

F. G. gebeten, nachdem er sampt etlichen Fleisch=
hauern zu Zerbst ist ins Gefängniß kommen, und
die andern alle los worden, und er alleine (weiß
nicht, was zufälliger Unlust halben, davon er wohl
wird E. F. G. weiter Unterricht geben) aus der
Stadt verweiset, über fünf Meilen nicht zu berühren,
und dem armen Mann schwer ist, also von Weib
und Kindern zu sein, und seine Nahrunge zu lassen.
Ist derhalben an E. F. G. mein unterthänige Bitte,
Sie wollen dem guten Mann in seiner Sach gnä=
diglich Hülfe erscheinen lassen, damit er nicht zu hoch
beschweret und, wo ers verdienet, mit ziemlicher und
leidlicher Geldstrafe gestraft wurde, auf daß er nicht
darüber von Weib und Kind, Haus und Hof wei=
chen müsse und also mehr Strafe leiden, denn er
verwirkt. E. F. G. werden sich hierin wohl wissen
gnädiglich zu halten. Denn E. F. G. zu dienen
bin ich unterthänigs Fleißes willig und bereit. Zu
Wittemberg, Dienstags nach Petri und Pauli 1528.

E. F. G.

williger

Martinus Luther.

782.

An den Rath zu Zerbst, Mittw. nach Michaelis. 1528.

Während der damals herrschenden Pest waren mehrere Pre=
diger zu Zerbst gestorben und Luther sollte andere schicken.
Er verspricht dies nach Möglichkeit zu thun.

Aus Sintenis Denkschrift v. 1846. p. 43.

Den Ehrsamen und Weisen, Burgermeister
und Rath zu Zerbest, meinen gonstigen
Herren und guten Freunden.

Gnad und Friede in Christo. Ehrsamen, wei=
sen, lieben Herren! Auf daß ich E. W. itzt nicht
ohn Antwort lasse, ists ja wahr, daß in solcher Fahr

aufrücken oder im Handel hindern, weil unser gnä-
biger H. bleibet bei dem Bekenntniß, so ausgangen
ist. Darumb bitt ich: Gebet dem tollen Kopf nur
gute Wort, und vergebet nichts, wie ihr denn itzt
fein thut, in dieser Supplication. Hilfts, so hilfts,
hilfts nicht, so schadets nicht, ja foddert euch für
Gott, der wird den Teufel und die Seinen bald
finden. Es heißt: Ich bin ein Gott der Elenden
und kenne die Hoffärtigen von fern. Seid getrost,
lieben Freunde. Es muß Sauersehen vorhergehen,
ehe das Lachen kömpt. Dulcia non meminit, qui
non gustavit amara. Ante gloriam conteritur cor.
Gott der Vater stärke euch durch seinen rechten Geist
in Christo Jesu und nicht in H. G.; denn Christus
lebet, H. G. stirbet, das ist gewiß und wird sich
bald beweisen. Amen, in die S. Francisci 1532.

D. M. L.

786 b.

An den Bürgermeister und Rath von Augsburg,
v. 8. Aug. 1533.

Ist Nr. 447., nach dem von Herrn Archivar Herberger
zu Augsburg aufgefundenen Original, mitgetheilt in dem
zwölften Jahresbericht des histor. Kreis-Vereins für den
Regierungsbezirk von Schwaben u. Neuburg für das
Jahr 1846 p. 69—72.

Den Ehrbarn und Fursichtigen Herrn Bur-
germeister und Rath der kaiserlichen Stadt
Augspurg, meinen günstigen Herrn und
Freunden.

Gnad und Friede vor Christo. Ehrsamen,
ehrbarn, fursichtigen, lieben Herrn und Freunde!
Es kompt so stattlich und gläublich fur mich, wie
daß eure Prediger sich stellen und fürgeben, als seien
sie mit uns zu Wittemberg einträchtig in der Lehre
von dem heiligen hochwürdigen Sacrament des
Leibs und Bluts unsers Herrn Jesu Christi, sollen

auch auf der Kanzel und auch sonst ihre Wort also
drehen und leise setzen, daß man beiderlei Meinung
draus nehmen möge, und nicht dürre heraus seien
einerlei Meinung, daß ichs nicht hab können unter=
lassen, E. Fürsichtigkeit mit dieser Schrift zu ersu=
chen und zu warnen. Es ist doch ja fürwahr ein
beschwerliche Sache, daß sie den gemeinen Mann
also lassen gehen im falschen Wahn, daß einer dieß,
der andere das gläubt, und doch beider Theil im
seglichen widerwärtigen Glauben einerlei Wort hö=
ret und gleich zum Sacrament gehet. So ist doch
im Grund nicht anders halten noch den Leuten dar=
reichen, dann eitel Brod und Wein. Und ist uns
auch eine harte Last, daß sie solchs treiben unter
unserm Namen und Schein, als künnten sie die Leute
ohn uns nicht verführen. Ist derohalben an E.
Fürsichtigkeit mein fleißige freundliche Bitte, ihr woll=
tet umb Christus willen euere Prediger dahin hal=
ten, daß sie sich solcher Beschwerung enthalten, und
nicht sich rühmen bei dem Volk, daß sie mit uns
gleich lehren und halten, denn wir sagen stracks
Nein dazu, und wissen allzuwohl, daß sie Zwing=
lisch lehren, haben uns auch noch nie kelnmal
ein Wörtlin zugeschrieben noch emboten, wie sie un=
ser Lehre und Meinung worden sind, so man doch
wohl weiß und auch aus ihrem gedruckten Katechismo
wohl vernimpt, daß sie wider uns gewest und noch
sind. Wollen sie lehren und die Leute führen, sollen
sie unsern Namen mit Frieden lassen und ihren eigen
oder ihres Meisters Namen brauchen; denn wir wol=
len unschuldig sein an ihrer Lehre und allen Seelen,
die von ihnen betrogen werden. Das bezeuge ich
auch hiemit gegen Gott und E. F. Und wo es
nicht gnug sein wird, muß ich solchs auch durch
offentliche Schrift für Gott und aller Welt bezeugen;
denn es ist (wie E. F. selbs wohl erkennen) uns
ein unleidlicher Handel, daß wir sollten wissen, wie
die Leute unter unserm Namen betrogen werden,
und stille dazu schweigen und also ihren Betrug be=
stätigen; und ich halt wohl, daß E. F. sich
selbst verwundern müssen, wie sie mügen so

fen, lieben Herren! Auf E. E.
Burgermeisters geschickten Bericht
ders zu antworten, denn daß
bis auf Ostern angenommen
kommen sollte, wie er denn
redt; denn er sich böses We..
hat mugen kommen, wie
germeister selbs anzeigen
fen bin ich geneigt.
Mittewochens nach ..

An den Ehr..

Jacob ..
seines
in Haft
buße
Un..
h..

.. Denkschrift v. 18.. p

..rsamen und Weisen, Bur..
o Rath zu Zerbest, meinen
Herren und guten Frunden.

Gnad und Friede in Christo.
fen, lieben Herren! Ich hab meinem
mich umbgethan nach ein Prediger,
ohn eur itzige Schrift Willens, euch
worten. Denn ich vermag itzt auf
in solcher fährlicher Zeit keinen auf
wohl ich gemeinet, es sollt mir nich..
let haben. Demnach mügt ihr ..
den itzigen euern Diacon, bis das
nig sich lindere; so hoffe ich, sollen
zu bekommen sein. Hiemit Gott ..
Dornstag nach Calixti 1528.

786ᵈ.

An Johannes, Fürsten zu Anhalt, v. 28. März 1533:

Ist Nr. 437., nach dem Original berichtigt v. Hubner, q. a. D. pag. 8.

Dem Durchleuchtigen, Hochgebornen Fürsten und Herrn, Herrn Johanns, Fürst zu Anhalt, Grafen zu Ascanien, Herrn zu Bernburg, meinem gnädigen Herrn.

Gnad und Friede in Christo. Durchleuchtiger, Hochgeborner Fürst, gnädiger Herr! Es hat mir Magister Nicolaus Hausmann, E. F. G. Prediger, angezeigt, wie E. F. G. von Herzen dem Evangelio geneigt, und doch schwer wird, vielleicht nicht allein aus voriger Gewohnheit, sondern auch durch etlicher großen Fürsten Schreiben und Abführen. Nu ists je die Wahrheit, daß solche zwei Stück (alte Gewohnheit und gegenwärtige großer Leute Anfechtung) wohl stärker Christen, weder E. F. G. vielleicht sind, heftiglich bewegen; aber gleichwohl müssen wir je lernen mit der Zeit (ob wir schwind und plötzlich nicht thun können), daß Christus mehr ist, und Gott der Vater will ihn uber alles gehöret haben. Es mag ein Concilium oder Papst den Heiligen Geist haben und durch sein Eingeben etwas ordnen, aber Christus hat ja auch keinen Teufel (Joh. 8.), ich will schweigen, daß er den Heiligen Geist ohn Maß hat (Joh. 1.), so doch alle heiligen Apostel, Propheten, Kirche, Concilia müssen des Heiligen Geists nur ein Theil und Erstling haben, Ro. 8. 1. Kor. 12. Wenn nu alle Propheten, Apostel, Kirche, Concilia etwas setzten, und Christus daruber oder wider setzte: so sollt ja Christus, als der den Geist ohn Maß hat, ja selbst austheilet, mehr gelten, denn seine Heiligen, die ihm so tief ungleich den Heiligen Geist nicht geben, sondern zum Theil empfahen müssen. Darumb bitte ich den Vater aller Barmherzigkeit, er wollte E. F. G. allein das einige

sen, lieben Herren! Auf E. E.
Burgermeisters geschickten Bericht
ders zu antworten, denn daß
bis auf Ostern angenommen
kommen sollte, wie er denn
redt; denn er sich boses Wat
hat mugen kommen, wie
germeister selbs anzeigen
sen bin ich geneigt.
Mittewochens nach

An ben Fü

Jacob Joa
seines
in Haft
buße
Unf

... s Denkschrift v. 1

yrsamen und Weisen, B
o Rath zu Zerbest, meine
Herren und guten Frunden.

Gnad und Friede in Christo.
sen, lieben Herren! Ich hab meinen
mich umbgethan nach ein Prediger,
ohn eur itzige Schrift Willens, eu
worten. Denn ich vermag itzt
in solcher fährlicher Zeit keinen
wohl ich gemeinet, es sollt mit
let haben. Demnach mügt ihr
ben itzigen euern Diacon, bis das
nig sich lindere; so hoffe ich, sollen
zu bekommen sein. Hiemit Gott
Dornstag nach Calixti 1528.

gelehret und sittig so viel es muglich ist. Wollet indeß ein kurzes Geduld tragen. Hiemit Gott befohlen, Amen. Zu Wittemberg Dornstag nach S. Andreä 1527.

Martinus Luther.

776.

An den Rath zu Zerbst, Freitags Luciä 1527.

Luther sendet den Zerbstern den Johann Pfeffinger v. Sonnenwald als Pfarrherrn.

Aus Sintenis Denkschrift v. 1846. pag. 31.

Den Ehrsamen und Weisen, Burgermeister und Rath zu Zerbst, meinen gonstigen lieben Herren und Freunden.

Gnad und Friede in Christo. Ehrsamen, weisen, lieben Herren! Wie ich E. W. am nähisten geschrieben habe, einen Pfarrherrn euch zu schaffen, also kompt allhie Er Johann Pfeffinger, weiland zu Sonnawald Pfarrherr gewest, welchen wir allhie fur tuchtig achten, als der gelehrt und sittig und frumm ist. Denselbigen befehlen wir auch E. W. zum Pfarrherr, so ferne ihr beides Theils einander gefallet. Hiemit Gott alle befohlen, der euch seine Gnade gebe, fruchtbarlich zu fuhren in seim Wort, Amen. Zu Wittemberg, Freitags Luciä 1527.

Martinus Luther.

(Ein eingelegter Zettel.)

E. Weisheit haben sich durch den geschickten Burgermeister auch vernehmen und erbieten lassen, die Koste und Zehrunge, die auf Botenlohn und Reise gehen, wurde darstrecken, in welchem ihr euch gegen den Er Johann wohl werdet wissen zu halten.

sen, lieben Herren! Auf E. E.
Burgermeisters geschickten Bericht
ders zu antworten, denn daß
bis auf Ostern angenommen
kommen sollte, wie er denn
redt; denn er sich boses Wo
hat mugen kommen, wie
germeister selbs anzeigen
len bin ich geneigt.
Mittewochens nach

An den Fü

Jacob
seines
in Haß
buße
un

... Denkschrift v.

rsamen und Weisen, Bu
Rath zu Zerbest, meine
Herren und guten Frunden.

Gnad und Friede in Christo.
sen, lieben Herren! Ich hab meinem
mich umbgethan nach ein Prediger,
ohn eur itzige Schrift Willens, euch
worten. Denn ich vermag itzt auf
in solcher fährlicher Zeit keinen
wohl ich gemeinet, es sollt mir nich
let haben. Demnach mögt ihr
den itzigen euern Diacon, bis das
nig sich lindere; so hoffe ich, sollen
zu bekommen sein. Hiemit Gott
Dornstag nach Calixti 1528.

784.

Rerbst, Montags prima Februarii, 1529.

von Remberg als Prediger nach

... ift v. 1845. pag. 45.

Burgermeister
nen gonstigen
reunden.

... ehrsamen, weisen,
eur Burgermeister, so
... rs Befehls redet, ist aber
... ger angeredt in eur Stadt Zer
Also hab ich mit Briefeszeiger
... n Remberg geredt und ihn vermahnet
... pt anzunehmen. Doß hat er sich bewilliget,
... auf solch E. W. Berufen sich zu eur Stadt ge
... Mügen, E. W. denselbigen versuchen und, so er
gütlig annehmen. Versehe mich, E. W. werden
denselbigen ihn, wie sichs gebuhrt, wohl wissen christ
lich befohlen sein lassen, beide, mit ziemlicher Unter
haltung und Nothdurft. Denn E. W. und ganzer
Stadt zu dienen bin ich willig. Hiemit Gott be
fohlen, Amen. Zu Wittemberg Montags prima
Februarii 1529.

Martinus Lutherann

785.

An seine Hausfrau, Katharina Luther, vom 8.
1530.

Vom Ende des Augsburger Reichstages und der Drangsale
... der Papisten. Von Auslegung eines Psalms, die Gott
Welt nicht brechen wollte, und von der Schrift von den
Schlüsseln. Auslegung der Propheten und Sermon vom
Sacrament.

788*.

An Joachim, Fürsten von Anhalt, v. 17. December 1534.

Ist Nr. 488, nach dem Original berichtigt von Lindner, a. a. O. S. 21.

Dem Durchleuchtigen, Hochgebornen Fursten und Herrn, Herrn Joachim, Furst zu Anhalt, Grafe zu Ascanien und Herrn zu Berneburg, meinem gnädigen Herren.

Gnad und Friede in Christp. Durchleuchtiger, Hochgeborner Furst, Gnädiger! Es hat mir der allmächtige Gott von meiner lieben Käthen diese Stunde eine junge Tochter bescheret. Nu ich denn zuvor E. F. G. verheißen, zu bitten umb das christlich Ampt geistlicher Vaterschaft: demnach bitte ich umb Christus willen, E. F. G. wollten die Demuth nicht beschweren und dem armen Heiden von seiner sundlichen tödtlichen Geburt zur neuen, heiligen und seligen Wiedergeburt helfen, und geistlicher Vater sein, durch das heilige Bad der Taufe. Und weil es itzt kalt und fur E. F. G. Leib ungeschickt Wetter, will ich E. F. G. eigen Person gern verschonet sehen, und E. F. G. heimgeben, ob sie einen an ihre Statt von Dessau oder von hinnen verordne. M. Philippus und M. Franscus ist nicht einheimisch. Was E. F. G. gefället, werden sie sich wohl wissen zu halten. Das wird Gott vergelten, und womit ichs wußte unterthäniglich zu verdienen, bin ich schuldig und pflichtig. Morgens wollt ichs gern lassen taufen. Christus sei mit E. F. G. seliglich, Amen. Donnstag nach Luciä, 1534.

E. F. G.

williger

Martinus Luther, D.

789.

An Joachim, Fürsten von Anhalt, v. 19. December 1534.

Zuerst gedruckt 1830, nach dem Original, in Lindners „Mittheilungen" II. S. 23.

Dem Durchleuchtigen, Hochgebornen Fürsten und Herrn, Herrn Joachim, Fürsten zu Anhalt, Grafen zu Ascanien und Herrn zu Berneburg, meinem gnädigen Herrn.

Gnad und Friede in Christo. Durchleuchtiger, Hochgeborner Furst, gnädiger Herr! Ich bedanke mich gegen eur F. G. ganz hochlich der Demuth, daß sich E. F. G. so gnädiglich hat erzeigt in dem christlichen Werk gegen mich und meinen neuen Menschen in Christo. Unser Herr Gott vergelte es E. F. G., Amen. Aber wohl haben E. F. G. gethan, und mir viel Sorge verwehret, daß sie nicht selbs sich in solch hart Ungewitter begeben hat; denn es mocht E. F. G. Leibe furwahr zu scharf und zu rauh gewest sein. Meinen gn. Fürsten und Herrn, F. Johanns und F. George rc., wunsch ich Gottes Gnade durch mein arm pater noster sampt den ganzen Stamm, Zweigen und Fruchten, und E. F. G. wollen mir mein vermessen Bitt zu Gut halten und in Christo frohlich und seliglich leben, Amen. XIX. Decembris 1534.

E. F. G.

williger

D. Martinus Luther.

790.

An Johannes, Fürsten von Anhalt, v. 15. December 1534.

Zuerst gedruckt 1830, nach bem Original, in Lindners „Mittheilungen" II. S. 24.

Dem Durchleuchtigen, Wohlgebornen Fürsten und Herrn, Herrn Johanns, Fürsten zu Anhalt, Grafen zu Ascanien, Herrn zu Bernburg, meinem gnädigen Herren.

G. u. Friede in Christo. Durchleuchtiger Fürst, gnädiger Herr! Es hat mir Magister Franciscus etliche Artikel der Wiedertäufer, so zu Zerbst untergeschlichen sind, angezeigt, und E. F. G. Begehrd daneben gesagt, wie mit denselben zu thun sein soll 2c. Aber es darf nicht viel Disputirens, weil sie solche Schleicher sind und heimlich unberufen kommen, wie die Wölfe in den Schafstall. Zum Andern, so sind ihre Artikel offentlich aufruhrisch, mordisch und lästerlich, billigen auch den verdampten Munzer. Darumb kann E. F. G. nicht anders, denn mit Ernst dazu thun und sie in keinen Weg dulden. Wie man sie aber solle examiniren, ist meins Ampts nicht zu rathen, weil es weltlich Ding ist. Gleichwohl wäre es gut, daß man sie auch geistlich scharf anredet, ob sich ihr unverschampt Gewissen wollt schämen, nämlich, wer sie her gesandt habe, und wer ihn so zu schleichen befohlen habe, weil sie wissen sollten, wo ihr Geist recht wäre, daß sich Niemand selbs senden noch berufen soll, wie auch Christus selbs Hebrae. 5. nicht sich selbs geehret hat 2c.; woher sie das Recht haben, einen berufenen Pfarrherr in sein Ampt zu greifen und hinter seinem Wissen sein befohlen Volk abwenden, damit sie seine Lehre verdammen meuchlings und unverhörter Sachen, und nicht so redlich sind, daß sie zuvor ihn oder seine Oberherrn hätten drumb gegrußt. Solchs sind eitel Bubenstuck und, wie Christus sagt Joh. X., Diebe und Schälke oder Mörder, und daß man ihn solchs hart furhälte, wie sie damit wohl den Tod allein verdienet haben und was noch ihr aufruhrische Lehre würdig ist 2c., wie E. F. G. wohl wissen besser hierin zu thun, denn ich schreiben kann. Ich danke meinem Herrn Christo, daß er unser Gebet erhöret und den lieben Prinz Fürst Joachim, gesund und frohlich gemacht hat, es

gebe lange, Amen. Derselbe Christus sei mit E.
F. G. und beiden meinen gn. Herren sampt Allem,
was Anhalt ist und heißt, Amen. Dienstags nach
Lucid 1534.

E. F. G.

williger

Mart. Luther, D.

791.

**An den Bürgermeister und die Stadt Augsburg,
v. 3. Aug. 1535.**

Zuerst gedruckt, nach dem von Herrn Archivar Herberger in
Augsburg aufgefundenen Original, in d. zwölften Jahresbericht
des histor. Kreis-Vereins für den Regierungs-Bezirk von
Schwaben und Neuburg für das Jahr 1846. p. 69—72.

**Den Ehrbarn, fürsichtigen Herren Burger-
meister und der kaiserlichen Stadt Augspurg, meinen gunstigen lieben Herren
und Freunden.**

Gnad und Fried in Christo. Ehrbarn, fursichtigen, lieben Herrn! Weil Doctor Gercon seiner
Credenz nach Magister Johann Forster gen Augspurg
gefodert hat, und wir doch denselben schon in unser
Kirchen Dienst angenommen hatten und demnach
gern behalten hätten, aber damit wir in solcher hof-
licher Einigkeit nicht Ursachen geben einiger Verdacht,
haben wir ihm erläubet, auf daß euer F. sehen sollen, daß wir mit allem Willen dazu gern thäten,
daß solche Einigkeit bestätigt. Ohn das hätten wir
ihn nicht gelassen; denn er ist ein gelehrter, frommer,
treuer Mann, deß wir hinfurt hätten müssen brauchen. Und ob sichs begäbe, daß etliche Prädicanten
vielleicht nicht Gefallen an ihm wurden haben, so wollen ihm E. F. ernstlich befohlen haben; denn wie
es ihm auch selbs zu Augspurg nicht leiblich zu bleiben sein würde, haben wir ihn gebeten gar freundlich sich wiederumb zu uns zu begeben. E. F. wollten helfen dazu thun, daß man Leute sonderlich zur

Frau soll sehen, daß der Pommer und die Pommersche sollen seher ähenlich und fröhlich sein anzusehen. Hiemit Gott befohlen, Amen. Und E. F. G. seien je fröhlich. Mein pater noster und ich auch sind bei E. F. G. Doch müssen sich E. F. G. etwas besorgen für R. Francisco auf dem Schachspiel; denn er hälts dafür, daß ers seher wohl könne, und ich wollt eine schöne Rose drumb geben, daß ers so wohl kunnte als er sichs läßt dünken. Den Ritter weiß er zu setzen, den Roche zu ziehen und die Bauren zu gekeln, aber die Fraue ist sein Meister in dem Spiel, vielleicht in anderm mehr. Das verstehet er am besten, Amen. XII. Junii 1534.

E. F. G.

williger

Martinus Luther, D.

788.

An Joachim, Fürsten zu Anhalt, v. 13. Juni 1534.

Zuerst gedruckt 1830, nach dem Orig., in Lindners Mittheilungen II. S. 14.

Meinem gnädigen, liebesten Fursten und Herrn, Furst Joachim zu Anhalt ꝛc., zu S. F. G. Handen, eilend.

G. u. Friede in Christo. Gnädiger Furst und Herr! Es hat D. Augustinus so seher geeilet, daß ich nichts schreiben hab können. Christus unser Heil, wird E. F. G. helfen, wenn das Stündlein kommen; denn er leuget nicht in seiner Verheißung. Ich will, sobald der Drucker ein wenig gespeiset, thun, was E. F. G. schreiben und ich zugesagt hab. Hiemit Gott befohlen, Amen. XIII. Junii 1534.

E. F. G.

williger

Martinus Luther.

788*.

An Joachim, Fürsten von Anhalt, v. 17. December 1534.

Ist Nr. 488, nach dem Original berichtigt von Lindner, a. a. O. S. 21.

Dem Durchleuchtigen, Hochgebornen Fürsten und Herrn, Herrn Joachim, Fürst zu Anhalt, Grafe zu Ascanien und Herrn zu Berneburg, meinem gnädigen Herren.

Gnad und Friede in Christo. Durchleuchtiger, Hochgeborner Fürst, Gnädiger! Es hat mir der allmächtige Gott von meiner lieben Käthen diese Stunde eine junge Tochter bescheret. Nu ich denn zuvor E. F. G. verheißen, zu bitten umb das christlich Ampt geistlicher Vaterschaft: demnach bitte ich umb Christus willen, E. F. G. wollten die Demuth nicht beschweren und dem armen Heiden von seiner sündlichen tödtlichen Geburt zur neuen, heiligen und seligen Wiedergeburt helfen, und geistlicher Vater sein, durch das heilige Bad der Taufe. Und weil es itzt kalt und für E. F. G. Leib ungeschickt Wetter, will ich E. F. G. eigen Person gern verschonet sehen, und E. F. G. heimgeben, ob sie einen an ihre Statt von Dessau oder von hinnen verordne. M. Philippus und M. Franscus ist nicht einheimisch. Was E. F. G. gefället, werden sie sich wohl wissen zu halten. Das wird Gott vergelten, und womit ichs wußte unterthäniglich zu verdienen, bin ich schuldig und pflichtig. Morgens wollt ichs gern lassen taufen. Christus sei mit E. F. G. seliglich, Amen. Dornstag nach Luciä, 1534.
        E. F. G.
            williger
                Martinus Luther, D.

---

auch auf der Kanzel und auch sonst ihre Wort also
drehen und leise setzen, daß man beiderlei Meinung
draus nehmen möge, und nicht dürre heraus seien
einerlei Meinung, daß ichs nicht hab können unter=
lassen, E. Fürsichtigkeit mit dieser Schrift zu ersu=
chen und zu warnen. Es ist doch ja fürwahr ein
beschwerliche Sache, daß sie den gemeinen Mann
also lassen gehen im falschen Wahn, daß einer dieß,
der andere das gläubt, und doch beider Theil im
jeglichen widerwärtigen Glauben einerlei Wort hö=
ret und gleich zum Sacrament gehet. So ist doch
im Grund nicht anders halten noch den Leuten dar=
reichen, dann eitel Brod und Wein. Und ist uns
auch eine harte Last, daß sie solchs treiben unter
unserm Namen und Schein, als künnten sie die Leute
ohn uns nicht verführen. Ist derohalben an E.
Fürsichtigkeit mein fleißige freundliche Bitte, ihr woll=
tet umb Christus willen euere Prediger dahin hal=
ten, daß sie sich solcher Beschwerung enthalten, und
nicht sich rühmen bei dem Volk, daß sie mit uns
gleich lehren und halten, denn wir sagen stracks
Nein dazu, und wissen allzuwohl, daß sie Zwing=
lisch lehren, haben uns auch noch nie keinmal
ein Wörtlin zugeschrieben noch emboten, wie sie un=
ser Lehre und Meinung worden sind, so man doch
wohl weiß und auch aus ihrem gedruckten Catechismo
wohl vernimpt, daß sie wider uns gewest und noch
sind. Wollen sie lehren und die Leute führen, sollen
sie unsern Namen mit Frieden lassen und ihren eigen
oder ihres Meisters Namen brauchen; denn wir wol=
len unschuldig sein an ihrer Lehre und allen Seelen,
die von ihnen betrogen werden. Das bezeuge ich
auch hiemit gegen Gott und E. F. Und wo es
nicht gnug sein wird, muß ich solchs auch durch
öffentliche Schrift für Gott und aller Welt bezeugen;
denn es ist (wie E. F. selbs wohl erkennen) uns
ein unleidlicher Handel, daß wir sollten wissen, wie
die Leute unter unserm Namen betrogen werden,
und stille dazu schweigen und also ihren Betrug be=
stätigen; und ich halt wohl, daß E. F. sich
selbst verwundern müssen, wie sie mügen so

kühne sein und sich unsers Namens und Lehre
rühmen, so sie es doch wohl anders wissen, dazu
auch unser Lehre und Namen feind sind. Christus,
unser Herr, verleih E. F. seine Gnade, daß ihr
eure Stadt möget bringen und erhalten in rechter
reiner Lehre des christlichen Glaubens, Amen. Des
achten Tags Augusti 1533.

Martinus Luther, Doctor.

786c.

An die Gebrüder Johann und Joachim, Fürsten von Anholt, v. 14. September 1532.

Ist Nr. 418., nach dem Original im Anhaltischen Archiv berichtigt von Lindner. S. dessen Mittheilungen aus der Anhaltischen Geschichte, zweites Heft, Dessau 1830. 8. p. 3.

Den Durchleuchtigen, Wohlgebornen Fürsten und Herrn, Herrn Johanns und Joachim, Gebrüdere, Fürsten zu Anhalt, Gräfen zu Ascanien und Herrn zu Bernburg, meinen gnädigen Herrn.

Gnad und Friede in Christo. Durchleuchtigen,
Wohlgebornen Fürsten, gnädigen Herrn! Es kompt
hie der fromme Mann, Magister Nicolaus Haus-
mann, bei E. F. G. das Predigampt zu versuchen.
Denselben befehl ich E. F. G. unterthäniglich. Es
ist ein treu Herz und sittiger Mann, der Gottes
Wort fein still und züchtig lehret und lieb hat.
Christus unser Herr gebe seinen reichen Segen dazu,
daß er viel Frucht schaffe, Amen. Und bin ohn
Zweifel, E. F. G. werden sich gegen ihm wohl
wissen gnädiglich zu erzeigen. Hiemit Gott befohlen.
Und was mein arm Gebet vermag, das sei E. F.
G. allzeit unterthäniglich zuvor. Dat. Vittembergae
Exaltation. Crucis 1532.

E. F. G.
williger
Martinus Luther, D.

786ᵈ.

An Johannes, Fürsten zu Anhalt, v. 28. März
1533.

Ist Nr. 437., nach dem Original berichtigt v. Lubner, g. a.
O. pag. 8,

Dem Durchleuchtigen, Hochgebornen Fursten und Herrn, Herrn Johanns, Furst
zu Anhalt, Grafen zu Ascanien, Herrn
zu Bernburg, meinem gnädigen Herrn.

Gnad und Friede in Christo. Durchleuchtiger,
Hochgeborner Furst, gnädiger Herr! Es hat mir
Magister Nicolaus Hausmann, E. F. G. Prediger,
angezeigt, wie E. F. G. von Herzen dem Evangelio geneigt, und doch schwer wird, vielleicht nicht
allein aus voriger Gewohnheit, sondern auch durch
etlicher großen Fursten Schreiben und Abfuhren.
Nu ists je die Wahrheit, daß solche zwei Stuck (alte
Gewohnheit und gegenwärtige großer Leute Anfechtung) wohl stärker Christen, weder E. F. G. vielleicht sind, heftiglich bewegen; aber gleichwohl mussen
wir je lernen mit der Zeit (ob wir schwind und
plozlich nicht thun konnen), daß Christus mehr ist,
und Gott der Vater will ihn uber alles gehoret haben. Es mag ein Concilium oder Papst den Heiligen Geist haben und durch sein Eingeben etwas
ordnen, aber Christus hat ja auch keinen Teufel
(Joh. 8.), ich will schweigen, daß er den Heiligen Geist
ohn Maß hat, (Joh. 1.), so doch alle heiligen Apostel, Propheten, Kirche, Concilia mussen des Heiligen Geists nur ein Theil und Erstling haben, Ro. 8.
1. Kor. 12. Wenn nu alle Propheten, Apostel,
Kirche, Concilia etwas setzten, und Christus daruber oder wider setzte: so sollt ja Christus, als der
den Geist ohn Maß hat, ja selbst austheilet, mehr
gelten, denn seine Heiligen, die ihn so tief ungleich
den Heiligen Geist nicht geben, sondern zum Theil
empfahen mussen. Darumb bitte ich den Vater aller
Barmherzigkeit, er wolte E. F. G. allein das einige

Stuck lernen laſſen und wohl bedenken, daß Chriſtus und ſein Wort höher, großer, mehr und gewiſ-
ſer iſt, denn hundert ſend heilige Väter, Concilia, Kirchen, Päpſte ꝛc.; denn ſie heißen in der
Schrift Alle Sünder und irrige Schaf, Pſ. 118.
[119.] Darumb ſei E. F. G. keck und fürchte ſich
nicht fur der Welt Regenten. Chriſtus iſt großer,
denn alle Teufel, vielmehr auch denn alle Furſten.
Demſelbigen befehl ich E. F. G. in ſeine Gnade und
Barmherzigkeit, Amen. Freitag nach Laetare 1533.

E. F. G.

williger

D. Martinus Luther.

786ᵉ.

An Joachim, Fürſten von Anhalt, v. 20. Juni 1533.

Iſt Nr. 446, nach dem Original berichtigt von Lindner, a. a
O. pag. 9.

Dem Durchleuchtigen Furſten und Herrn,
Herrn Joachim, Furſten zu Anhalt, Grafen zu Ascanien und Herrn zu Bernburg,
meinem gnädigen Herrn.

Gnad und Friede in Chriſto. Durchleuchtiger
Furſt, gnädiger Herr! Wiewohl ich nichts Beſon-
ders an E. F. G. zu ſchreiben habe, weil aber doch
der gute Mann, Eur F. G. Prediger, Mag. Nicolaus Hausmann, immer anhält, will mirs gebühren
nicht zu unterlaſſen; denn er begierig iſt, E. F. G.
zu ſtärken im furgenommenen Werk. Denn es iſt
auch Noth, obs wohl groß iſt, ſo iſt aber der noch
unzählig großer, der uns hiezu berufen hat durch
ſein heiliges Wort und dazu immer anhält und treibt
mit innerlichem Troſt. Derhalben wir uns ja ruhmen und bruſten mugen, daß wir nicht unſer Ding
noch unſer Wort handeln und treiben, wie S. Paulus auch ſich ruhmet zu den Romern, daß er Got-

tes Sachen treibe. Denn solcher Beruf und Fodern von Gott ist unser hohester Trost. Christus war auch zuerst ein Senfkorn, kleiner denn kein Kohlsamen, aber ward zuletzt ein Busch, daß auch die Vogel auf seinen Zweigen sitzen konnten. Das ist alles geschehen, da der geringe Christus so groß ist worden, daß auch große Kaiser, Konige und Fursten in seinen Versammlungen und Gliedern sich setzen und bleiben. Derselb Christus lebt und regiert auch noch, und heißt sein Titel: Scheblimini, hoc est, sede a dextris meis, und fuhret in seinen Stegreif gegraben: Ponam inimicos tuos scabellum pedum tuorum, und oben auf seinem diadema: Tu es sacerdos in aeternum. Demselben Herrn, der in Schwachheit allmächtig und in Thorheit allein weise ist, befehl ich E. F. G. sampt E. F. G. andern allen meinen gnädigen Fursten Herrn, Amen. F. 5. nach Viti 1533.

E. F. G.

williger
D. Martinus Luther.

786 f.

An Wolfgang, Fürsten von Anhalt, v. 15. Mai 1533.

Ist Nr. 444, nach dem Original berichtigt von Lindner a. a. O. pag. 11.

Dem Durchleuchtigen Fursten und Herrn, Herrn Wolfgang, Fursten zu Anhalt, Grafen zu Ascanien und Herrn zu Berneburg, meinen gnädigen Herrn.

Gnad' und Fried in Christo. Durchleuchtiger Furst, gnädiger Herr! Es ist (wie ich hore) die Pfarr zu Koßwick verledigt durch todtlichen Abgang des vorigen Pfarrherrs. Wo nun E. F. G. dieselbige noch nicht verliehen oder versehen hätten, ist meine unterthänige Bitte, E. F. G. wollten sie diesem Er Simon Haferitz, Briefes Zeiger, gönnen und verleihen. Denn er ist ein fast geschickter Mann, und überaus wohl beredt, itzt neulich von Großem= Salze verjagt, und im Elend umbgetrieben. Und ob er wohl etwan geirret zu Münzers Zeit, so ist er doch wohl gepanzerfegt, daß ich meine, er solle gnug gebüßet haben. So wollt ich auch gerne ihn wissen in der Nähe umb uns; wer weiß, wo man sein einmal brauchen mußte, als er denn wohl zu brauchen ist. E. F. G. wollten sich gnädiglich erzei= gen, das wird Gotte gefallen; und was ich E. F. G. dienen kann, bin ich willig und bereit. Hiemit Gotte befohlen, Amen. Dornstag nach Cantate 1533.

E. F. G.

williger

D. Martinus Luther.

787.

An Joachim, Fürsten zu Anhalt, v. 12. Juni 1534.

Zuerst gedruckt 1830, nach dem Original, in Lindners Mittheil= lungen II. S. 13.

Dem Durchleuchtigen, Hochgebornen Für= sten und Herrn, Herrn Joachim, Furst zu Anhalt, Grafen zu Ascanien und Herrn zu Bernburg, meinem gnädigen Herrn.

G. u. F. in Christo. Gnädiger Furst und Herr! Mir hat Er Johann Beichling seher gute Botschaft gebracht, wie E. F. G. guter Dinge und lustig zu essen sei. Denn ich wahrlich unterwegen und bisher allezeit auch gesagt und gebitt (wie m. g. H. der Thumbprobst): Ach Gott, laß meinen Prinz gesund und fröhlich sein; hoff auch, er werd es thun. Und zuerst ich meine Herrn Drucker ein wenig gespeiset habe, daß ich Ruge fur ihnen habe, will ich den Pommer (ob Gott will) mit mir brin= gen zu der Pommerschen und Hamester, daß m. g.

ſich finden, die nach der ißigen Schärfe unrecht ſchei=
nen und doch die Schuld gleichwohl der Vorfahren
beiderſeits iſt. E. F. G. werden ſich wiſſen gnä=
diglich und chriſtlich zu erzeigen. Hiemit Gott be=
fohlen, Amen. Zu Wittemberg, Montags nach Re=
miniſcere 1536.

E. F. G.

williger

D. Martinus Luther.

800.

An Johannes, Georg und Joachim, Fürſten zu Anhalt, v. 21. Juli 1536.

Zuerſt gedruckt 1830, nach dem Original, in Lindners „Mit=
theilungen" II. S. 38.

Den Durchleuchtigen, Hochgebornen Fur=
ſten und Herrn, Herrn Johanns und Ge=
orgen und Joachim, Gebrudern, Fur=
ſten zu Anhalt, Grafen zu Aſchanien und
Herrn zu Bernburg, meinen gnädigen
Herrn.

Gratiam und Friede in Chriſto. Durchleuchtige,
Hochgeborne Furſten, gnädige Herrn! Es iſt wahr,
daß die Eheſache, von E. F. G. an mich geſchrie=
ben, kürz vergangen Tagen fur mich kommen iſt, und
ich geſagt, daß ſolchen Grad weder gottlich noch kai=
ſerlich Recht verboten haben, aber ſie ſollten ſolche
bei E. F. G. ſuchen, wo ſie es da erlangen wur=
den, mochten ſie hinfahren. Denn weil der Kaiſer
ſein Recht dem päpſtlichen unterworfen hat, ſo ſtehts
bei einer idern Oberkeit, ob ſie wollte dem kaiſerli=
chen Recht folgen oder das Kaiſerrecht unter dem
Papſt laſſen bleiben, wie der Kaiſer thut. Darumb
ſtehets nu bei E. F. G., was ſie hierin thun oder
laſſen wollen. Ich zwar pflege gern ſolchen Sachen
(wiewohl ich widerpäpſtiſch bin) alſo zu thun: wenn
die Sachen ad copulam carnis kommen ſind, ſo ra=

the ich, daß man sie civiliter strafe, den andern zur
Scheue, und darnach bei einander lasse; aber ein
offentlich Recht daraus zu machen, hab ich mich nicht
konnen noch wollen unterstehen, weil die Leute
zu wilde werden, und durch christliche Freiheit wollen alles thun, was sie gelustet. Denn ich hab von
solchen Sachen viel geschrieben umb der gefangenen
Gewissen willen (welchen mich Gott erweckt hat), und
nicht umb wilder, roher, grober, fleischlicher, muth-
williger Leute willen. Wollen nu E. F. G. und
sind die Leute darnach, so mügen sie diese Ehe lassen
geschehen, doch daß die andern nicht ein Recht oder
Exempel draus machen mußten. Es mügen wohl
Leute kommen, den man solchs nachlassen kunnte,
darumb es nicht gar zu verdammen oder nachzulassen sein will. Es liegt am prudenti magistratui,
qui aequitatem spectet, consideratis circumstantiis
locorum, personarum, tempus, necessitatem etc.
Hiemit Gott befohlen, Amen. Vigilia Magdalenæ
1536.

E. F. G.
williger
Martinus Luther.

801.

An Johannes, Fürsten zu Anhalt, v. 27. Au-gust 1537.

Zuerst gedruckt 1830, nach dem Original, in Ludwers „Mit-theilungen" II. S. 42.

Dem Durchleuchtigen, Hochgebornen Fürsten und Herrn, Herrn Johanns, Fürsten
zu Anhalt, Grafen zu Ascanien und
Herrn zu Bernburg, meinem gnädigen
Herrn.

G. u. Fried in Christo rc. Durchleuchtiger,
Hochgeborner Fürst, gnädiger Herr! Daß ich das
Mal nicht hab kommen mugen, bitt ich, E. F. G.

wollten mich gnädiglich entschuldigt wissen. Denn
es hat nicht an willigen Willen und bereiten Gemüth gefehlet, sonder hat nicht konnen sein, sintemal ich en das von mir selbs furgenommen, und zu
Roslaw, darnach zu Dessen zu erscheinen, ehe denn
es E. F. G. von mir begehrt, denn mein Herze dahin mich treibt. Soerst ich kann, will ich solchs
nicht lassen. Gott gebe seine Gnade dazu, Amen.
Hiemit Gott befohlen. Montags nach Bartholomäi
1537.

E. F. G.

williger
Martinus Luther, D.

802.

An die Fürstin Margaretha von Anhalt, v. 26. Sept. 1537.

Zuerst gedruckt 1830, nach dem Original, in Lindners „Mit-theilungen" II. S. 43.

Der Durchlauchtigen, Hochgebornen Furstin, Frauen Margarethen, gebornen
Furstin zu Brandenburg, Furstin zu Anhalt, Gräfin zu Ascanien und Frauen zu
Bernburg, meiner gnädigen Frauen.

Durchlauchtige, Hochgeborene Furstin, gnädige
Frau! E. F. G. sind meine pflichtige und gehorsame Dienst allzeit mit Fleiß zuvoran bereit. Gnädige Furstin! Nachdem E. F. G. im jungsten Abschied mir Anzeigung gethan, daß dieselb E. F. Gn.
geneigt und willens wär, sich anher zu derselben
Frau Mutter zu begeben, und derwegen begehrt,
daß ich E. F. Gn. sampt etliche zugethanen Personen
Herberg in meiner Behausung widerfahren lassen
wollt oder sünst nahe darumb eine bequeme Herberg
aufrichten: nu hab ich, weil die Stadt allenthalben
voll Volks und allbereit alle Winkel und ganz voll
sein, E. F. G. kein füglich Wohnung konnen noch

wiſſen auszurichten. Achte es deshalb nicht vor
nothig, daß E. F. G. bei derſelben Frau Mutter
ſei, denn ihr Gnad, will Gott, kein Mangel ſoll haben, darzu ich keinen moglichen Fleiß ſparen will.
So bin ich auch der troſtlichen Hoffnung, der allmächtig Gott werde die Sachen nu von Tag zu Tag
je mehr und mehr zur Beſſerung wenden und ſchicken,
darumb denn unſer Kirchen ſtets zu Gott ſlehlich
bitten thut. Sollt nu E. F. G. ſich uber das anher begeben und kein bequem Herberg fur E. F. G.,
wie obbemeldt, haben noch bekommen können, haben
E. F. G. ſelbs zu bedenken, da es ganz unfugſam
ſein wollt. Darumb werden E. F. G. ſich, weil
es mit derſelben Frauen Mutter, wie beruhrt, ob
Gott will, kein Noth hat noch haben ſoll, anheim
wiſſen zu enthalten. Das hab E. F. G. ich de-
muthiger Wohlmeinung anzeigen wollen, dann derſelben in allweg pflichtig und gehorſame Dienſte zu
leiſten, bin ich ganz willig und unvordroſſen. Dat.
Wittenberg am Mittwoch nach Mauricii, Anno
DXXXVII.

    E. F. G.
       demuthiger, gehorſamer
        Martinus Luther zu Wittenberg und Doctor.

803.

An Johannes, Fürſt zu Anhalt. (Ohne Datum.)
Zuerſt gedruckt 1830, nach dem Original, in Lindners „Mittheilungen" II. S. 44.

Meinem gnädigen Herrn, Fürſt Johanns zu
Anhalt. Zu S. F. G. Handen.

    Gnädiger Furſt und Herr! Es iſt itzt mein
gn. Frau Markgräfin aus dem Schlaf auferwacht,
aber alſo geſchote [1]), daß ſie wenig verſtehet; wol-

---

  1) Iſt durch das Abdrucken der Tinte unleſerlich geworden.

len an E. F. G. solches sehen und horen, mugen
sie itzt kommen. Meine Käthe sitzt bei ihr auf dem
Bette und schweiget sie, und achtets gut, daß E.
F. G. käme, nicht allen zu sehen, sondern ob sie dadurch gar stille könnt werden rc.

E. F. G.

williger

Martinus Luther.

803*.

An Wolfgang, Fürsten von Anhalt, v. 9. Januar 1538.

Ist Nr. 566, nach dem Original berichtigt von Lindner, in
dessen „Mittheilungen" II. S. 45.

Dem Durchleuchtigen, Hochgebornen Fürsten und Herrn, Herrn Wolfgang, Fürsten zu Anhalt, Grafen zu Ascanien, Herrn
zu Bernburg, meinem gnädigen Herrn.

Gnad und Fried in Christo. Durchleuchtiger,
Hochgeborner Fürst, gnädiger Fürst! Ich hätte
wohl längest, auf E. F. G. Begier, ein Trostbrieflein geschrieben an E. F. G. liebe Frau Mutter,
aber ich hab nicht Boten gehabt. Denn mir gehets
also, daß mir die Briefe uberantwortet werden;
darnach findet sich Niemand, oder sie vielleicht finden
mich nicht, die von mir sollen Antwort empfahen,
daß ich gar oft vergebliche Briefe schreibe, die mir
allhie liegen bleiben, so ich doch wohl mehr zu thun
habe, denn daß ich vergebliche Briefe schreibe. Darumb wollen mich E. F. G. entschuldigt haben, und
gewiß dafur halten, daß an meinem willigen Vermugen nicht gefehlet hat, es sei auch was die Schuld
sein will oder kann. Demnach schreibe ich nu E.
F. G. Frau Mutter, so gut mirs Gott gibt, und
will hiemit dieselb m. g. Frau sampt E. F. G. in

die Gnade des lieben Herr Gottes befohlen haben,
Amen. Mittwochens nach Epiphaniä 1538.

E. F. G.

williger

Martinus Luther, D.

804.

An Georg und Joachim, Fürsten zu Anhalt, v. 22. Mai 1538.

Zuerst gedruckt 1830, nach dem Original; in Lehmens "Mittheilungen" II. S. 45.

Den Durchleuchtigen, Hochgebornen Fürsten und Herrn, Herrn Georgen, zu Magdeburg Thumpropst, und Herrn Joachim, Gebrüdere, Fürsten zu Anhalt, Grafen zu Ascanien und Herrn zu Bernburg, meinen gnädigen Herrn.

G. u. Friede in Christo. Durchleuchtigen, Hochgebornen Fürsten, gnädige Herrn! Weil es nicht hat mugen sein, daß ich auf heute Mittwochen wäre zu E. F. G. kommen, so geschehe es, wenn es E. F. G. gelegen sein will, ohn daß es nicht auf die Montag, Dienstag rc., so ich hie sein muß und arbeiten, geschehe, weil mir Gott Stärk verleihet; denn ich ohn das ungewiß bin und mehr versäumen und feiern muß, weder mir lieb ist, wie ich D. Jonas zuvor auch geschrieben habe. Denn E. F. G. zu dienen, bin ich willig. Hiemit dem lieben Gott befohlen, Amen. Mittwochens nach Cantate 1538.

E. F. G.

williger

Martinus Luther.

805.

An Georg und Joachim, Fürsten zu Anhalt.

Zuerst gedruckt 1830, nach dem Original, in Lindners „Mittheilungen" II. S. 46.

Den Durchleuchtigen, Hochgebornen Fursten und Herrn, Herrn Georgen, Thumpropst zu Magdeburg, und Joachim, Gebrüder, Fürsten zu Anhalt, Grafen zu Ascanien und Herrn zu Bernburg, meinen gnädigen Herren.

G. u. Friede. Durchleuchtigen, Hochgebornen Fürsten, gnädigen Herren! Wo ich von Gottes Gnaden der Gesundheit und Vermügens bleibe, will ich auf Mittewochen nächstkünftig Abends zu Wurlitz einkommen, wie E. F. G. mir itzt geschrieben und begehren. Hiemit Gott befohlen, Amen. Sonnabends pr. Ascensionis 1538.

E. F. G.

williger

Martinus Luther.

806.

An Johannes, Georg und Joachim, Fürsten zu Anhalt, v. 31. Juli 1538.

Zuerst gedruckt 1830, nach dem Original; in Lindners „Mittheilungen" II. S. 47.

Den Durchleuchtigen, Hochgebornen Fursten und Herren, Herrn Johanns, Herrn Georgen und Herrn Joachim, Gebrüdern, Fürsten zu Anhalt und Grafen zu Ascanien und Bernburg, meinen gnädigen Herren.

Gottes Gnade durch unsern Herrn Jesum Christum zuvor. Durchleuchte, Hochgeborne, gnädige Fürsten und Herren! E. F. G. füge ich zu wissen,

14*

daß der Durchleuchtest und hochgeborne Furst und
Herr, Herr Johanns Friederich, Churfurst, Herzog
zu Sachsen 2c., mein gnädigster Herr, an mich geschrieben, und gnädiglich begehret, nachdem der würdig und achtbar Magister Niclaus Hausmann zur
Superattendentia der Kirchen zu Freiburg durch einen
ehrbarn Rath zu Freiburg berufen und vocirt ist,
daß ich fleißig arbeiten wollt bei E. F. G. und bei
M. Niclao, daß dieselbige vocatio nicht abgeschlagen
werde. Denn wiewohl S. C. F. G. wohl bedach-
ten, daß E. F. G. Magister Niclaum nicht gern von
sich ließen, so hofften sie doch, E. F. G. wurden in
Ansehung der hohen Nothdurft der Kirchen zu Freiburg drein willigen, und zu Besserung derselben und
Verhutung vieler Aergerniß aus christlichem Gemuth
gerne helfen. Nun vernehme ich, daß der Durchleuchte, Hochgeborne Furst und Herr, Herr Heinrich,
Herzog zu Sachsen, auch an Magistrum Niclaum
geschrieben und ihn berufen, daß auch Magister Niclaus der Kirchen in seinem Vaterland zu dienen sich
schuldig erkennet und solchs, so viel ihm muglich, zu
thun willig ist. Derhalben bitt ich, E. F. G. wollen Magistro Nicolao gnädiglich erlauben, daß er
solcher Vocation folgen und sich gen Freiberg, derselben Kirchen zu dienen, begeben moge. Denn ob
er gleich in der itzigen Vocation auch nutzlich dienet,
so wissen doch E. F. G. selbs, daß die Nothdurft
zu Freiberg großer ist, do die Kirch neulich in bessern
Stand gebracht und noch zart ist und bedarf eines
furnehmen, sittigen, erfahrnen Manns, der Frieden
zwischen den Prädicanten erhalten konnte, der auch
bei den umbliegenden Städten ein Ansehen und guten Willen habe, wie denn insonderheit Magister
Nicolaus da bekannt und von wegen seines christlichen sittigen Wesens seher geliebet ist, so haben
E. F. G. ohne Zweifel vernummen, daß sich vor
dieser Zeit etzliche Uneinigkeit zwischen den Prädicanten allda zugetragen. Sollte nun die Kirch also
stehen ohne einen furnehmen Superattendenten, so
kunnen E. F. G. abnehmen, welch Aergerniß zu besorgen, welche zu verhuten ohne Zweifel E. F. G.

selb zum höchsten geneigt sind. Darumb wollen
E. F. G. in Ansehung der hohen Nothdurst auch
das Beste thun, und zu Erhaltung bemeldter Kirchen, unserm Herrn Christo zu Ehren, Furderung
und Hilf thun; und so E. F. G. ein ander Person
an Magistri Nicolai Statt begehren werden, will ich
allen Fleiß thun, E. F. G. wiederumb einen frommen gelehrten und sittigen Prädicanten anzuzeigen.
Denn E. F. G. zu dienen bin ich willig. Datum
Wittenberg, Mittwoch ultima Julii anno 1538.

E. F. G.

williger

Martinus Luther.

806†.

An die Bürgermeister und Baumeister zu Augsburg, v. 29. Aug. 1538.

Ist Nr. 576, nach dem von Herrn Archivar Herberger
in Augsburg, aufgefundenen Original, mitgetheilt in dem zwölften Jahresbericht des histor. Kreis-Vereins für den Regierungs-
bezirk von Schwaben u. Neuburg für das Jahr 1846,
p. 69—72.

Den Ehrbarn, fürsichtigen Herrn Bürgermeistern und Baumeistern als verordnete
Kriegs- und geheime Räthen zu Augspurg, meinen gonstigen guten Freunden.

G. u. Friede in Christo. Was E. Ehrbarkeit
und F. mir geschrieben von Magister Johann Forster, laß ich dieß Mal in seinem Werth; denn ich
der Sachen nicht Richter bin, so werdet ihr euer
Gewissen wohl wissen zu bewahren, ohn daß ich ihm
nicht wehren kann noch will, wo er sich würde entschuldigen. Befehl also das Alles seinem Richter;
doch hab ich mit betrübtem Gemüthe vernommen,
daß sich der Unfall durch den Teufel also hat zwi-
schen euch zugetragen. Aber euer Schrift bin ich höchlich beschweret.

Und wo ihr selbs oder euer Prädicanten dermaßen
von der Concordia viel wollt schreiben oder reden,
wie diese euer Schrift meldet, so sollt wohl kein gut
Spiel draus werden; denn ichs achte, daß Niemand
also von der Concordia mit Wahrheit reden kann,
und mirs auch nicht zu leiden will sein. Ist derhalben mein gütlich Bitte, ihr selbs und euer Präd-
canten wolltet sich solcher Rede enthalten und bedenken, wie gar mit großer Mühe und Arbeit, Kost
und Fleiß durch viel hohes Standes und gelehrter
Leute diese nöthige arme Concordia angefangen ist.
Sollt darüber das Feur wieder aufgeblasen, und
das Letzte ärger dann das Erste werden: so müsset
ihrs von Augspurg verantworten, deß ich euch hiemit will ganz treulich gewarnet haben, doch will ich
aus unbilliger Geduld der Sachen zu gut solchs erst
an D. Capito und M. Butzer gelangen lassen, ob dieselben hierin handlen könnten oder wollten, ehe denn
wir den Papisten ein neue Narrenfreude anrichten.
Euers Michel Kelnets Büchlein sind sampt andern
noch vorhanden, die lassen ihn nicht so rein und
schön sein, als eur Schrift und seins Rotte gern
wollte, sonderlich ohn vorgehende Buße. Solchs
wollet von mir wiederumb als meine Nothdurft vernehmen, bis es Gott besser mit euch mache, der
euer Schrift lautet. Hiermit Gott befohlen, Amen.
Donnerstags nach Bartholomäi, 1538.

Martinus Luther.

807.

**An Georg und Joachim, Fürsten zu Anhalt,
v. 14. October 1538.**

Zuerst gedruckt 1830, nach dem Original, in Studart "Mittheilungen" II. S. 19.

Den Hochgebornen, Durchlauchtigen Fürsten und Herrn, Herrn Georgen, Tham-
probst zu Magdeburg und Joachim, Ge-

Bruder, Fürsten zu Anhalt, Grafen zu
Ascanien und Herrn zu Berneburg, mei=
nen gnädigen Herrn.

G. u. Friede in Christo ꝛc. Durchleuchtigen,
Hochgebornen Fürsten, gnädigen Herrn! In den
zwo Ehesachen, so mir E. F. G. zugeschickt, weiß
ich nicht anders zu rathen, denn wie wir selbs allhie
thun, nämlich:

Im Ersten: Wenn ein Weibsbild verlobt ist,
und der Bräutigam einen Mord begehet, daß er
landsflüchtig oder civiliter mortuus wird und seine
Braut sitzen läßt, sie nicht zu sich fodert, so wissen
wir die Braut nicht in die Irre ihm nachzuschicken
oder ewiglich also zu sitzen lassen, sondern lassen ihn
citiren an der Kirchen Thür auf drei, vier Wochen,
darnach man denken kann, ob er in der Nähe sein
möcht (denn wo es sein Ernst ist, wird er nicht seine
Braut ferner sitzen lassen und er an der Welt=Ende
laufen). Darnach practiciren wir das I. Cor. 7.:
Si infidelis discedit, discedat. Non enim est frater
vel soror servituti subjecta in hujusmodi etc., und
sprechen sie öffentlich auf der Kanzel frei und ledig,
unangesehen, was des Papsts Rechte, so der Ehe
feind und der Fahr der Seelen nicht achten, hierin
sagen.

Im Andern: Wenn ein Weibsbilde ohn des
Mannes Schuld sich von ihm wendet, sonderlich, so
man nicht weiß, wo sie hinkommen und zu ihrer
Freundschaft nicht geflohen, so lassen wir sie auch
citiren (wie oben gesagt), damit es ihrer Freund=
schaft kund werde. Darnach sprechen wir sie auch
ledig und frei nach S. Pauli obangezeigtem Spruch.
Denn wirs für unbillig achten, daß ein Bart soll
ganz ungewiß ewiglich sitzen und da ander sollt
ewiglich frei sein, so oft es wollt, weg laufen und
wiederkommen, welche Freiheit Weibern und Bü=
bern recht. Aber nun dieselbi Freiheit nicht gestattet,
möcht sie das Laufen wohl lassen oder sich das den
denken. Das ist unser stilus. Wollen E. F. G.

solches auch thun, das stelle ich E. F. G. heim. Hiemit Gott befohlen. 14. Octobris 1538.

E. F. G.

williger

Martinus Luther.

808.

An den Fürsten Georg von Anhalt, v. 19. Oct.
1538.

Zuerst gedruckt 1830, nach dem Original, in Lindners "Mittheilungen" II. S. 51.

Dem Durchleuchtigen, Hochgebornen Fürsten und Herrn, Herrn Georgen, zu Magdeburg Thumbpropst, Fürsten zu Anhalt,
Grafen zu Ascanien, Herrn zu Bernburg,
meinem gnädigen Herrn.

G. und Friede in Christo. Durchleuchtiger,
Hochgeborner Fürst, gnädiger Herr! Des Wilhelm
Rincken halben hab ich nicht anders gewußt, denn
ich hätte E. F. G. geantwortet in der nähesten Schrift.
Ich weiß je fürwahr, daß ichs im Sinn hatte, da
ich schrieb, wie mirs auch aus der Feder gefallen
ist. Denn mein Häupt und Herz ist voller Gedanken. So ist das Alter nu da und durch Arbeit
auch geschwächt, vergessen worden. Bitt derhalben,
E. F. G. wollten mit mir alten vergessen Mann Geduld haben; denn ich auch wohl, ohn E. F. G. Fürbitt, von mir selbs Wilhelm Rincken gern zu Willen
bin, wo ich immer künnte, als meinem besondern
guten Freunde, dazu einem rechten Christen, dar ich
ihn für halt. Darumb fug ich E. F. G. zu wissen,
daß mein gnädiger Herr auch über Tisch mein Bitte
gnädiglich angenommen und in die Canzelei befohlen,
daß S. Kurfu. Gn. wollten Wilhelm Rincken Sachen
mit in die Handlung nehmen. Zusolcht E. F. G.
treuen Willen u. T.

Daß E. F. G. hernach begehrt von Herzog Ge=
orgen und seiner Prölaten Handel zu Leipzig, wie
M. Hausmann soll geschrieben haben, hätt ich längst
E. F. G. geschrieben. So gehet mirs also, daß
oft auch anderer guten Freunde Schrift und Quä=
stion furkommen, darnach ist Niemand, ders fordert,
oft auch, die Boten nicht harren noch anregen, ich
aber nicht kann Jedermann zu aller Stunde bereit
sein, wie auch kein geringes und großes Ampt thun kann;
so bleiben mir denn die Antwort liegen und verwesen.
Darumb schick ich nu hiemit die Schrift, so mir
vertrauet sind; E. F. G. werden sie mir wohl wis=
sen wiederzuschicken. Ich hab mit E. F. G. münd=
lich geredt, wie herzlich gern ich wollt, daß die Bis=
thumb und großen Kloster mochten zur Kirchen Un=
terhaltung bleiben, damit Deutschland nicht ein Bö=
hemische confusio wurde. Denn E. F. G. sehen in
dieser Schrift wohl, wo Herzog Georgen Gedanken
hinstehen; und wird freilich nach seinem Tod viel
ärger werden. Der leidige Mann, Cardinal zu
Mell könnte hierinnen viel Guts thun und helfen;
aber der Teufel reitet ihn, daß er nach der armen
Kirchen und Nachkommen nichts fraget. Wohlan,
Gott helfe; wo nicht, so wird des Cardinalis von
Schönberg Wort Wahrheit werden, da er gesagt:
Wir wollen itzt nicht thun, weil wir können; hernach
wird man Deutschland nicht so wieder bringen, wie
wir meinen. Ich zwar bin des Papsts Erzfeind;
aber doch wollt ich die Stift und Kloster gern sehen
zu rechtem Brauch kommen, erstlich der Kirchen, dar=
nach, was übrig wäre, zu gemeinem weltlichen Nutz
(wie billig); primum quaerite regnum Dei etc. Siehe
da, bin ich Prediger worden? Aber darumb, gnä=
diger Fürst und Herr, weil E. F. G. begehren et=
liche Person zur Seelsorge, und wir selbs Mangel
haben allenthalben, ist mir solch Geschwätz eingefal=
len, daß ihr fast Niemand hilft Personen erziehen,
ohn was meist gn. h. Herr der Kurfürst thut, welchs
doch nicht weit reichen kann, obwohl S. K. F. G.
reichlich der Kloster Güter dazu gebraucht. Darumb
bitt ich, E. F. G. wollten auch helfen, rathen und

thun, was möglich ist, wie ich mich deß gänz tröstlich zu E. F. G. versehe. Indeß will ich mich umbe-
sehen, wo ich die zwo Personen, von E. F. G. begehren, aufbringen. Hiemit dem lieben Gott befohlen, der sei selber Bischoff, wie er auch ist, seiner
lieben Braut und Kirchen, ohn daß wir mit müssen
auch bitten und helfen, wie S. Paulus sagt: Coo-
peratores ejus, sicut agricola est cooperator Dei
in frumento creando, sed instrumentalis et ipotu-
ctus. E. F. G. halte mir mein Geschwätz zu Gute.
Sabbathas post Cundecim Virginum 1538.

E. F. G.

williger

Martinus Luther.

809

An Georg, Fürsten zu Anhalt v. 30. Octob.
1538.

Zuerst gedruckt 1830, nach dem Original, in Niemeyers Mittheilungen" II. S. 54.

Dem Durchleuchtigen, Hochgebornen Fürsten und Herrn, Herrn Georgen, Thumprobst zu Magdeburg, Fürsten zu Anhalt,
Grafen zu Ascanien und Herrn zu Bernburg, meinem gnädigen Herrn.

G. u. Friede in Christo. Durchleuchtiger, Hochgeborner Fürst, gnädiger Herr! Diese arme Wit-
frau Jacoff Bernhards seliger, so über der Jagd
ersoffen, hat mich nu oft und durch Viele gebeten
(denn ich E. F. G. ungern bemühe) daß ich für
sie bitten wollt, weil sie nu ein arm Weib mit so
viel Kindern, Waisen, beladen, E. F. G. wollten
doch ihr gnädiglich diesen Mann tod mit Berodung
behülflich sein und sie der Jagdpflicht verschonen.
Denn sie anzeigt, wie sie auch wohl des Bettels
sich bereit nähren muß. Nun Weiß ich wohl, daß E.
F. G. sampt dem Bruder vornehmen, zu Lehens

so christliche Herzen haben und armen Leuten gern helfen; ohn daß ich denke, es falle zuweilen (wie in allen Fürstenhöfen) ein Ziba dem David in Weg, der dem armen Mephiboseth Hinderniß thu, auch ohn Willen des heiligen frommen Davids. Ist demnach mein ganz demuthig Bitt, E. F. G. wollten als ein christlicher Fürst, dem Bilde Gottes nach geschaffen, gegen dieser armen Frauen ein Richter der Wittwen und Vater der Waisen, erzeigen und darin keinen Ziba sich hindern lassen. Denn das sind die rechten guten Werk. Hiemit dem lieben Gott befohlen sampt beiden E. F. G. Brüdern, meinen gnädigen Herrn, und allem gemeinen Fleisch, Amen. Mittwochen nach Simonis et Judä 1538.

E. F. G.

williger

Martinus Luther.

810.

An Johannes, Fürsten zu Anhalt, v. 11. Nov. 1538.

Zuerst gedruckt 1830, nach dem Original, in Lindners „Mittheilungen" II. S. 55.

Dem Durchleuchtigen, Hochgebornen Fürsten und Herrn, Herrn Johanns, Fürsten zu Anhalt, Grafen zu Ascanien, Herrn zu Bernburg, meinem gnädigen Herrn.

G. u. F. und mein arm pater noster. Gnädiger Fürst und Herr! Ich bin itzt schwach und ungesund, habe aber E. F. G. Schrift fast gern gelesen, daß E. F. G. in des Sterbens Nöthen einen Prediger begehren, will mich auch umbthun, so ich einen kriegen kann, aber der ohn Weib sei, weiß ich noch nicht; doch halt ich, wo ich einen kriege, der sein Weib dieweil allhie sitzen läßt, und E. F. G. eine kleine Zeit dienet, nachdem sichs nicht wohl reimet, ein Weib so kurzer Zeit mit sich zu schleppen, solle es E. F. G. nicht zuwider sein. Ich will versuchen, was ich kann, und E. F. G. wieder anzeigen. Hiemit Gott befohlen, Amen. Octava S. Martini 1538.

E. F. G.

williger

Martinus Luther, D.

811.

An Johannes, Fürsten zu Anhalt, v. 22. Nov. 1538.

Zuerst gedruckt 1830, nach dem Original, in Lubers „Mittheilungen" II. S. 56.

Dem Durchleuchtigen, Hochgebornen Fürsten und Herrn, Herrn Johanns, Fürsten zu Anhalt, Grafen zu Ascanien und Herrn zu Bernburg, meinem gnädigen Herrn.

G. u. Friede in Christo. Durchleuchtiger, Hochgeborner Fürst, gnädiger Herr! Ich hab meinen nähisten Schreiben nach mich umbgethan nach einem Prediger. Als ist hie keiner ohn Weib. Aber doch heiße einer Magister Wendel, der kann sein Weib wohl so lange, als er E. F. G. zu dieser Sterbenszeit dienen wurde, allhie zu Wittenberg lassen. Er ist fromm, gelehrt und sittig. Wo das nu E. F. G. also gefiele, wollt ich sehen, daß er E. F. G. hierin dienet. Hiemit Gott befohlen, Amen.

Ich bitte auch ganz demuthig, wo E. F. G. soviel ubrigs hätten, wollten mir ein Frischling oder Schweinskopf schenken; denn ich soll bis Mittewochen mein Waislin, meiner Schwester Tochter, beilegen, doch daß E. F. G. je kein besondere Muhe darüber habe. E. F. G. zu dienen bin ich schuldig. Freitags nach S. Elisabeth 1538.

E. F. G.

williger

Martinus Luther.

812.

An den Grafen Ludwig zu Oettingen, Dienst. nach St. Laurentii 1539.

Aus der Zeitschr. für d. gesammte luther. Theologie u. Kirche, herausg. von Dr. A. G. Rudelbach u. Dr. H. E. F. Guericke 14. Jahrg. 4. Quartal, Leipz. 1853. pag. 679. Beilage 6b. Nach dem Original im Fürstl. Oettingen-Wallerstein'schen Archiv zu Oettingen mitgetheilt v. Hrn. Pfarrer Geiger in Oettingen.

Dem Wohlgebornen Edlen Herrn Ludewig dem Aeltern, Grafen zu Ottingen ꝛc., meinem gnädigen Herrn.

Gnade und Friede in Christo. Wohlgeborner, Edler, gnädiger Herr! Wie E. G. begehrt, haben wir Magister Georgen Karr nach christlicher apostolischer Weis ordinirt, wie er E. G. berichten wird, auch Magister Philippus ohn Zweifel alles geschrieben hat, befelhe ganz demüthiglich denselben Mgr. Georgen E. G., denn er ein fein gelehrt Mensch ist, und ob er wohl noch jung ist, hoffe ich doch, Gott solle durch ihn viel Früchte schaffen; denn er hat unsere Lehre und Weise (welche, Gott Lob, ja christlich ist) gesehen und wohl gehoret, mit Fleiß auch sich der gehalten. Unser lieber Herr Jesus Christus gebe E. G. sampt Landen und Leuten seine reiche Gnade, hie Gott zu dienen und dort ewiglich zu leben. Amen. Zu Wittenberg, Dienstag nach S. Laurentii 1539.

E. G.

williger

Martinus Luther, D.

813.

An Johannes, Georg und Joachim, Fürsten zu Anhalt, v. 13. August 1539.

Zuerst gedruckt 1580, nach dem Original, in Lindners „Mittheilungen" II. S. 58.

Den Durchleuchtigen, Hochgebornen Fürsten und Herrn, Herrn Johanns, Georgen, Thumbprópst zu Magdeburg, und Joachim, Gebrüder, Fürsten zu Anhalt, Grafen zu Ascanien und Herren zu Bernburg, meinen gnädigen Herren.

G. u. Friede in Christo. Durchleuchtigen, Hochgebornen Fürsten und Herrn! Ich bin neulich bei m. g. Herrn, Fürst Wolfgang, E. F. G. lieben Vettern, gewest. Da sich unter andern Rede begeben haben von dem Kloster Münche Reunhwng, daß daselbst noch die Messe und alle ander Abgötterei noch für und für in Brauch gehe, zu dem der Abt mit den Gütern als seinen eigen umbgehe, Baarschaft entwende und Erbgüter verkaufe ꝛc., daß ich mich verwundert habe, daß sich der Abt mit den Seinen unter E. F. G. also zieren thar, so sie doch freilich der Spruch 6. [4.] Jacobi auch mit trifft: Scienti bonum et non facienti peccatum est illi. Weil nu solch Kloster unter E. F. G. Herrschaft gelegen, und E. F. G. Gotte schuldig sind, seines Namen Lästerung zu steuren und seine Ehre zu fordern, bitte ich unterthäniglich, E. F. G. wollten dem Satan nicht länger zusehen noch seinem Muthwillen (denn er kann sich anfort Unwissens nicht entschuldigen) unter E. F. G. gestatten, damit sie sich nicht frembder Schuld theilhaftig machen. Daß sie fürgeben, es sei kaiserlich Gestift, das sei wahr, so fern es betrifft die Freiheit der Personen und Güter oder vielleicht der Güter zum Theil auch. Aber die Abgötterei hat kein Kaiser gestift noch stiften können, sondern die Kaiser sind betrogen durch die Münche, daß sie solche Abgötterei, zuvor durch Münche erdichtet, hernach befreiet und begabet sind. Dagegen ist von oben herab gestiftet unsers Herr Gottes Gestift, das heißt: Sanctificetur nomen tuum, welchem sich alle Stift, die da heißen: Assumere nomen Dei in vanum, und kann sie keine kaiserliche Freiheit noch Bestätigung vertheidigen; denn der Kaiser selbs auch unter dem Stift Gottes sein und des

sich Also verhalten soll, wie er denn Thun wurde,
wo ers wußte. Nu wollen sie erst sich sticken mit
Kaisers Schutz und Geistlich ins Weltlich mengen,
so sie zuvor Kaiser und alles Weltliche mit Füßen
getreten haben, und sich mit den Geistlichen wider
den Kaiser selbs gesetzt haben. E. F. G. fahren
fort. Es wird umb des Klosters willen weder kälter
noch wärmer. Christus der Herr, durch den Vater
E. F. G. erkannt gemacht, gebe E. F. G. seinen
heiligen Geist, seinen Namen fröhlich zu heiligen
und des Satans Namen zu schänden, Amen. Mittwochs nach Laurentii 1539.

E. F. G.

williger

Martinus Luther, D.

814.

An Johannes, Georg und Joachim, Fürsten zu Anhalt, v. 5. Juni 1540.

Zuerst gedruckt 1830, nach dem Original, in Lindners „Mittheilungen" II. S. 60.

Den Durchleuchtigen, Hochgebornen Fursten und Herrn, Herrn Johanns und Ge-
sigen, zu Magdeburg Thumprobst, und
Joachim, Gebrudere, Fursten zu Anhalt,
Grafen zu Ascanien und Herren zu Bernburg, meinen gnädigen Herren.

G. u. F. in Christo. Durchleuchtigen, Hochge-
bornen Fursten, gnädigen Herrn! Es hat Doctor
Jonas mir angezeigt, wie er bei E. F. G. geworben
und gebeten umb Wildpret auf die Hochzeit M.
Matthias Wandel von Hammelburg, auch gnädige
Vertröstung erlanget. Nu aber der Tag herzugehet,
als nämlich der 14. Tag Junii, das ist Montag nach
Barnabä, und Doctor Jonas zu Dresen sein Ab-
wesen verzeucht, hat mich der Bräutgam gebeten,
E. F. G. zu schreiben und solcher Vertröstung zu

erinnern. Demnach ich auch für meine Person der
muthiglich bitte, weil dieß die erste Tochter ist aus
der Priester Ehe nach dem Evangelio, E. F. G.
wollten solcher Ehe zu Ehren sich gnädiglich erzeigen
und diese Hochzeit helfen durch Wildpret zieren.
Weil aber die Zeit itzt hitzig ist und das Fleisch
nicht währet, wollten E. F. G. die rechte Zeit bedenken, daß das Wildpret heute oder zuletzt morgen
Sonntags über acht Tage zu Abend einkomme.
Denn der Brauttag wird Montags nach Barnabä
angehen zu Abend und Dienstag darnach vollbracht.
Auch viel gelehrter und ehrlicher Leute dazu geladen
und kommen werden. E. F. G. zu dienen, bin ich
allzeit bereit. Sonnabends am S. Bonifacii Tag 1540.

E. F. G.

williger

Martinus Luther.

815.

An Johannes und Georg, Fürsten zu Anhalt,
v. 25. Juni 1540.

Zuerst gedruckt 1830, nach dem Original, in Lindners „Mittheilungen" II. S. 62.

Den Durchleuchtigen, Hochgebornen Fürsten und Herrn, Herrn Johanns und
Herrn Georgen, Thumpropst zu Magdeburg, Gebrudere, Fürsten zu Anhalt, Grafen zu Ascanien und Herrn zu Bernburg,
meinen gnädigen Herren.

G. u. F. Durchleuchtigen, Hochgebornen Fürsten und Herrn! Ich weiß E. F. G. nicht zu rathen,
daß M. Johannes Zacharia Pagensteiner soll an M.
Hausmanns Statt kommen, bei E. F. G. Er ist nicht
ein Mann für E. F. G. Wo sich aber sonst würde
einer finden, wollt ich gern dazu förderlich sein. Sie
sind zumal seltsam, die nicht toppisch oder metschem
und seltsam sind 2c. Denn E. F. G. zu dienen bin

ich willig. Hiemit Gott befohlen, Amen. Freitags
nach Trinitatis 1540.

E. F. G.

williger

Martinus Luther.

816.

An seine Hausfrau, Katharina Luther, Donnerst. nach Kiliani 1540.

Aus J. F. Rarrer's Geschichte der lutherischen Kirche des
Fürstenthums Oettingen, abgedruckt in der Zeitschrift für die gesammte lutherische Theologie u. Kirche, herausg. v. Rudelbach
u. Guericke. 14. Jahrg. 4. Quart., Lpz. 1853. p. 707. Beil.
XX. b.

Frauen Kätherin Lutherin zu Wittemberg ic,
meiner lieben Hausfrauen ic.

B. V. F. Liebe Jungfer Käthe! Ich schick dir
hie mit dem Fuhrmann Doctor Bilibalds 2c. XXXX
Thaler, den Sold auf Michaelis künftig verfallen;
dazu die XXXX fl. Georgen Schütten auf Rechnung;
der magst du brauchen, bis wir kommen. Wir haben zu Hofe nicht einen Pfennig klein Münze mögen haben, so wenig, als ihr zu Wittemberg habt.
Dem Georgen Schnellen aus H. Georgen Land von
Weissensee ist das klein Geld kommen. Ich halt aber,
es seien nur kommen oder werden bald kommen 1000 fl.
an Groschlin von m. gten Herrn zu wechseln; denn
es ist ie so befohlen. Es wäre aber gut, daß die
Leute anfingen, selbs die Märker zu weihen, wie die
Schottenpfennige, denn sie thun ja zu großen Schaden diesem Fürstenthum, weil einer nicht 5 dl. werth
ist. Und mögen die lange nicht gelitten werden ohn
Verderben m. gten Herrn, auch seiner Land und Leute,
wie wir sagen werden, wills Gott. Du magst versuchen bei Hans von Teutzenhayn in Torg. , ob er
dir für die Thaler kleine Münze könnte oder wollt
wechseln. Nichts Neus, denn daß auch hier in die-

sen Landen der Teufel auch tobet mit schrecklichen
Exempeln seiner Bosheit, und die Leute treibet,
Mord, Brand, Lügenmord, werden auch flugs darüber gefangen und gerichtet, damit uns Gott vermahnet zu glauben, zu fürchten und zu beten. Denn
es ist Gottes Strafe uber die Undankbarkeit und
Verachtung seines lieben Worts. Magister Phylipps
kompt wieder zum Leben aus dem Grabe, stehet noch
kränklich, aber doch leberlich, scherzt und lacht wieder mit uns, und isset und trinkt, wie zuvor mit uber
Tische. Gott sei Lob, und danket ihr auch mit uns
dem lieben Vater im Himmel, der die Todten auf-
weckt und Allem alle Gnade und Güte gibt, gebenedeiet von Ewigkeit in Ewigkeit, Amen. Bittet
aber mit Fliß, wie ihr schuldig seid, für unsern Herrn
Christum, das ist für uns alle, die an ihn glauben,
wider den Schwarm der Teufel, so itzt zu Hagenau
toben und sich auflehen wider den Herrn und seinen
Gesalbten, und wollen ihre Bande zureißen rc., wie
der ander Psalm spricht, auf daß sie Gott im Himmel spotte, auch zulezt zuschmettern, wie eines To-
pfers Gefäße, Amen. Was aber daselbs geschieht,
wissen wir noch nicht, ohn daß man achtet, sie werden uns heißen: Thu das und das rc., oder wir
wollen euch fressen. Denn sie habens blos im Sinn.
Sage auch Doct. Schifer, daß ich nicht mehr von
Ferdinando halte, er gehet dahin zu Grunde. Doch
hab ich Sorge, wie ich oft geweissagt, der Papst
möcht den Türken uber uns führen, da Ferdinandus
nicht fast wehren wurde, wie er etwa auch seltsam
Wort gesagt soll haben, und die Werk abenteurlich
sehen. Denn der Papst singet schon bereit: : Fle-
ctere si nequeo superos, acheronta movebo. Kann
er den Kaiser nicht uber uns treiben, so wird ers mit
dem Türken versuchen. Er will Christo nicht weichen, so schlahe auch Christus drein, beede, in Türken, Papst und Teufel, und beweise, daß er der einige rechte Herr sei, vom Vater zur Rechten gesezt.
Amen. Amstorf ist auch noch hie bei uns. Hiemit
Gott befohlen, Amen. 4 nach Kiliani 1540.

Mart. Luther.

Das Opfer= und Trankgeld wirst du dem Fuhr=
mann Welssen wohl wissen zu geben. Ich denke,
wenn du die Fenster im neuen Dache machen lässest,
denn ich habs vergessen, da ich wegzog, es sollten
nur zwei gegen dem Collegio sein zwischen beeden
Feurmäuren, und vorn im First keines gegen dem
Collegio und drei kleine mit aufgerichten Ziegelsteinen
gegen der Kuchen; auf dem Gange in die Fenster=
kammern sollten durch die zwei gesetzten Felder die
Hälfte hoch gesticket (daß man unter hin gehan konnte)
und das Licht zum Dach hereinfallen. Aber ich hoffe,
es sei versäumet.

815ª.

An Wolfgang, Fürsten von Anhalt, v. 12. März
1541.

Is Nr. 840, nach dem Original berichtigt von Lindner, in
dessen „Mittheilungen" II. S. 62.

Dem Durchleuchtigen, Hochgebornen Fur=
sten und Herrn, Herrn Wolfgang, Fur=
sten zu Anhalt, Grafen zu Ascanien, Herrn
zu Bernburg, meinem gnädigen Herrn.

G. u. F. in Christo, unserm Herrn. Gnädiger
Furst und Herr! Daß E. F. G. begehrn mein und
der Unsern Gebet zu der Reise gen Regensburg, hab
ich gern gehoret, und zweifel nicht, der E. F. G.
solch Begier eingegeben hat, der hats darumb ge=
than, daß ers will erhoren. Denn also lesen wir
auch vom Konige Salomo, daß sein Gebet Gotte
wohl gefiel: da er umb Weisheit bat, und nicht
umb Reichthum noch etwas anders, da gab er ihm
Weisheit und alles ander auch. Also hoffen wir,
E. F. G. sei schon erhort. So wollen wir mit un=
serm Geist auch zu Regensburg sein. Christus wird
auch daselbs mitten unter seinen Feinden regiern,
wie ers bisher noch immer beweiset hat. Denn ob
wir der Sachen zu gering und unwürdig sind, so ist

15*

ste doch so gut und gewiß, daß sie muß Gottes eigne
Sache heißen, und nicht unser. Wird er nu seiner
eigen Sachen vergessen? Das sollen sie wohl erfahren, je länger je mehr. Darumb wollen wir getrost
und unverzagt sein. Denn Gott kann nicht verlieren, ob wir gleich druber geklemmet werden; so
werden wir zuletzt auch mit gewinnen. Es heißt und
bleibt dabei: Wer mich bekennet fur den Menschen,
den will ich bekennen fur meinen Vater und seinen
heiligen Engeln. Da wollen wir uns auf verlassen,
Amen.

Ich bedanke mich gegen E. F. G. des Bechers,
so mir geschenkt. Befehl hiemit E. F. G. dem lieben Gotte, in deß Sachen E. F. G. ein Legat worden ist: der gebe E. F. G. ein Herz, das da fuhle
und erfahre, daß sie Gottes Legat sind, so wirds
frohlich und getrost sein. Denn das ist auch allzeit
mein Trotz gewest bisher, daß ich gewiß bin gewest,
die Sache, so ich fuhre, nicht mein, sondern Gottes sei, der habe Engel genug, die mir beistehen,
oder, wo sie mich hier lassen, doch dort und besser
empfahen, Amen. Sonnabends nach Invocavit 1541.

E. F. G.

williger

Martinus Luther.

816ᵇ.

An Georg, Fürsten von Anhalt, v. 25. Mai
1541.

Ist Nr. 848., nach dem Original berichtigt von Lindner, in
dessen „Mittheilungen" II. S. 64.

Dem Durchleuchtigen, Hochgebornen Fürsten und Herrn, Herrn Georgen, Fürst
zu Anhalt, Thumpropst zu Magdeburg,
Grafen zu Ascanien, Herrn zu Bernburg,
meinem gnädigen Herrn.

G. u. F. Durchleuchtiger, Hochgeborner Fürst, gnädiger Herr! Es ist zu viel, daß mir E. F. G. die silbern Kanne geschenkt haben, denn mir armen Bettler solche Pracht nicht anstehet; aber weil es E. F. G. so wohl gefallen thut, bedanke ich mich aufs Höchst E. F. G. gnädiges Willens gegen mir.

Auch hat mir E. F. G. Diener, Jacob, angezeigt des Artikels halben, so zu Regensburg gehandelt, de transsubstatione (sic), meine Meinung E. F. G. anzugeben.

Ich achte wohl, daß des Teufels Spiel dahin gehe, wo wir dem Papst ein Stücke einräumen, daß er darnach alles wolle haben. Nu ist die transsubstantio (sic) sein, wie in seinem Decretal stehet, ich aber bis daher, weil es der Vigleff erstlich angestochen, nichts geacht habe, es sei oder nicht. Aber wenn sie drauf dringen wollten, einen Artikel des Glaubens draus zu machen, ists in keinem Weg zu leiden, denn was nicht in der Schrift klärlich stehet, dazu auch nicht Noth zu halten, sondern lauter philosophiæ ratio und Menschendunkel sind, das muß man nicht lassen als nöthig und der Schrift gleich für Artikel setzen; denn das heißt Gott versucht.

Eadem dicenda sunt de circumlatione et reservatione in cibario. Nam adoratio in sumendo per sese accidit, dem genibus flexis verum corpus et verus sanguis sumitur etiam sine disputatione. Aber, wie gesagt, mit dem Artikel hoffen sie uns zu verunglimpfen oder unter den Papst zu zwingen. Deus autem, qui coepit opus suum, perficiet et confundet consilia. Hiemit dem lieben Gotte befohlen, Amen. Die Urbani 1541.

E. F. G.

williger

Mart. Luther.

817.

An Georg, Fürsten von Anhalt, v. 17. Sept. 1541.

Zuerst gedruckt 1830, nach dem Original, in Lindners „Mittheilungen" II. S. 71.

Dem Durchleuchtigen, Hochgebornen Fürsten und Herrn, Herrn Georgen, Thumpropst zu Magdeburg, Fursten zu Anhalt, Grafen zu Ascanien, Herrn zu Bernburg, meinem gnädigen Herrn.

G. u. F. Durchleuchtiger, Hochgeborner Fürst, gnädiger Herr! Ich dank E. F. G. ganz demuthiglich für das geschenkt Wildpret, und es ist zu viel auf ein Mal und allzu furstlich geschenkt, mir sonderlich. Wir wollen also thun, wie E. F. G. schreiben, so es Gott verleihet, ich, M. Philipps und Pommer, und frohlich davon zehren, wiewohl itzt nicht fast frohliche Zeit ist, nachdem Konig Ferdinandus seinem gewohnlichen Gluck die Turken abermal hoch erfreuet und die Christen sehr betrubt hat; Gott wolls ändern und bessern. Ist er des Nordbrands auch ein heimlicher Genosse (wie Etliche mummeln), so ist ihm die Rache sehr bald auf den Hals kommen, daß er nu fort mehr (hab ich Sorge) wird heißen in Hungern Nirgendheim, bleibt er anders auch noch in Osterreich; oder wird unser Sunde schuld sein. Denn Deutschland ist auch reif worden in vielen bosen Stucken. Wir mugen nu fort mit dem Propheten sagen und auch also thun: Ego autem orabam; sonst ists alles umbsonst. Hiemit dem lieben Gotte befohlen, Amen. Sonnabends Lamperti 1541.

E. F. G.

williger

Martinus Luther.

817*.

An die Gebrüder Fürsten von Anhalt, v. 26. November 1541.

Ist Nr. 667., nach dem Original berichtigt von Stadler, in dessen „Mittheilungen" II. S. 72.

Den Durchleuchtigen, Hochgebornen Fürsten und Herrn, Herrn Johanns, Georgen, Thumpropst zu Magdeburg, und Joachim, Gebrudere, Fursten zu Anhalt, Grafen zu Ascanien und Herren zu Bernburg, meinen gnädigen Herren.

G. u. F. Durchleuchtige, Hochgeborne Fürsten, gnädige Herrn! Es hat mich Christoph Kune von Burou, E. F. G. Unterthan, gebeten, an E. F. G. zu schreiben, und zu bitten, daß er in der Sachen seiner Tochter, von Hieronymus Kunzel geschwächt, zum Ende kommen mochte. Ich hab gesehen den Abschied, darin E. F. G. ihn ins Recht gewelset. Aber mein gnädigen lieben Herrn, E. F. G., wissen, daß er solchs Rechts weder ausstehen noch dulden kann als ein armer Mann, und solch Recht, so itzt gewohnlich worden, mit Advocaten, Replicen, Triplicen und wiederumb Läuterung, nichts anders ist, denn ein ewiger Haber und ewiges Unrecht, daß Gott einmal wird beide, Juristen und Richter, zum Teufel jagen, die mit solcher Juristei die Part aussaugen und sich selbs mästen. So ist der Mann unter E. F. G. sowohl als sein Part unter E. F. G. gesessen. Die konnen wohl de simplici und plano hierin procediren ohn allen strepitu juris, welches mag gelten, wo die Part reich gegen ander sind, und nicht einen gewissen einigen Herrn haben. Sonst ist wahrlich solchs weitläuftig Recht dem Armen eine Tyrannei, und die Oberkeit, so solchs nicht wehret, selbs schuldig. Was wollt ihr Fursten und Herrn die Juristen zu Kaiser machen und Richter setzen uber eur Regiment, und ihr selbst nicht richten noch helfen, da ihr wohl konnet? So

E. u. F. im Herrn. Gnädiger Fürst und Herr! Ich hab erfahren, wie daß die Herren, m. g. H. Fursten, E. F. G. Vettern, sollen nicht wohl dran sein, daß E. F. G. das Kloster zu München Niennburg haben ohn ihr Zuthun eingenommen und bestellet, und sie auch eben an dem gewest, eine Reformation desselben furzunehmen, und zu langsam fertig wurden. Nu sie denn gleich Recht und Macht uber dasselbige Kloster haben, wollt ich E. F. G. demuthiglich gebeten haben, E. F. G. wollten solche Reformation mit ihrem Zuthun fordern helfen, damit nicht weiter Unwillen zwischen beiden Theilen sich regen mochte. Denn wo sie auch sollten einen Vorsteher hineinsetzen, so wurde die reformatio sich ubel schicken, und mehr, denn das Kloster vermag, drauf gehen, so doch E. F. G. guter Meinung dem Abt das Ziel haben setzen wollen, und das Beste furgenommen. Wo nu E. F. G. mit ihnen sich hierin vereinigen wurden, einer Weise, die beiden Theilen gefällig, so kunnte E. F. G. Furnehmen desto baß fortgehen; wie sich E. F. G. wohl werden gegen ihres Theil zu schicken wissen; denn ich Zwietracht und Unlust zwischen E. F. G. beiderseits nicht gern sehe, auch nicht gut zu sehen ist. Hiemit dem lieben Gotte befohlen, Amen. Freitags nach S. Georgen 1542.

E. F. G.

willger

Mart. Luther, D.

820.

An Johannes, Fürsten zu Anhalt, v. 9. Juni 1542.

Zuerst gedruckt 1830, nach dem Original, in Lindners „Mittheilungen" II. S. 77.

Dem Durchleuchtigen, Hochgebornen Fursten und Herrn, Herrn Johanns, Fursten

Sache und Nothdurft, und ist die, daß ich E. F. G. ganz demuthiglich bitte, Sie wollten mich, so fern es müglich und thülich ist, etwa mit Wildpret begaben. Denn ich einer Häusjungfrauen, meiner Freundin, soll zun Ehren helfen in den heiligen gottlichen Stand der Ehe; und ist hie wenig zu bekommen. Denn die Menge und viel mehr die Aempter und Hofelager haben schier alles aufgefressen, daß weder Hühner noch ander Fleisch wohl zu bekommen, daß, wo es feihlet, ich mit Wursten und Kaldaunen muß nachfüllen. Ich hab auch E. F. G. noch nicht gedankt fur das Schwein, mir geschenkt, danke aber itzt schriftlich, der ich zuvor mündlich und herzlich gedankt habe. Denn ich vielfältig spure, daß E. F. G. einen großen gnädigen Willen gegen mich Unwürdigen tragen. Und wäre dieselbige Sau nach dem Verlobniß kommen, so hätte sie mussen auf die Hochzeit gespart sein, damit ich E. F. G. dieß Mal hätte unbeschwert gelassen. E. F. G. wollten mir mein Geilen gnädiglich zu Gut halten. Der Hochzeittag soll sein Montag nach S. Pauli Bekehrung oder am XXX. Januarii. Hiemit dem lieben Gotte befohlen, Amen. Dat. Mittewoch post Erhardi 1542.

E. F. G.

williger

Martinus Luther, D.

819.

An Wolfgang, Fürsten von Anhalt, v. 28. April 1542.

Zuerst gedruckt 1830, nach dem Original, in Lindners „Mittheilungen" II. S. 75.

Dem Durchleuchtigen, Hochgebornen Fursten und Herrn, Herrn Wolfgang, Fursten zu Anhalt, Grafen zu Ascanien und Herrn zu Bernburg, meinem gnädigen Herrn.

propst zu Magdeburg, Fürsten zu Anhalt,
Grafen zu Ascanien, Herrn zu Bernburg,
meinem gnädigen Herrn.

G. u. F. im Herrn. Durchleuchtiger, Hochge=
borner Fürst, gnädiger Herr! Es hat mir mein
lieber Herr und Freund, D. Augustin, angezeigt,
wie E. F. G. bewogen sollen sein, daß wir allhie
das Sacrament aufzuheben nachlaffen ꝛc. Wiewohl
ichs fur mich nicht gethan, sondern D. Pomer, so
hab ich doch nicht darumb wollen streiten, und ist
mir bisher gleich viel gewest, ob mans aufhebe, wie
bei uns, oder liegen laffe, wie zu Magdeburg und
fast in allem Sachsenlande. Zu dem, daß ich ge=
sehen, wie mit Unwillen es unser Diacon aufgeha=
ben, nicht uber den Mund. Derhalben auch der
Pomer längest damit ist umbgegangen, und nicht
neulich darauf gerathen. So mugen sich E. F. G.
deß trösten, deß ich mich tröste, daß die Cerimonien
nicht Artifel des Glaubens sind, und doch mehr und
großer Wesen allzeit in der Kirchen augericht, weder
das Wort und die Sacrament, und der Pobel leicht
drauf geräth, ein frei Ding daraus zu machen.
Darumb ich nicht anders hierin thu, denn wo die
Ceremonien stehen, so stehe ich mit (wo sie nicht
gottlos sind); wo sie fallen, so falle ich mit. Denn
wir auch ohn das, wenn der Hostien oder Wein zu
wenig consecrirt, und mehr consecriren muß, daß
wir dieselbigen zum andern Mal nicht aufheben, wie
im Papstthum auch gehalten ward, im Fall, daß
man anderweit consecriren mußte; und sonderlich die
Partifel, so fur das Volk consecriret, wurden nicht
aufgehaben, und doch dasselbige Sacrament waren.
Und ob sie Jemand wollte noch itzt auch aufheben,
wollt ich nichts darnach fragen. Es nimpt und gibt
dem Sacrament nichts, und kompt vielleicht einmal
die Zeit, die Ursachen mit sich bringt aufzuheben, so
ists uns frei und ohn Fahr, daß mans wiederumb
aufhebe. Denn die Cerimonien sind uns unterwor=
fen, und nicht wir den Cerimonien, ohn wo es die
Liebe fodert, der wir unterworfen sind. E. F. G.

werden dieß und anders viel besser bedenken, denn
ich schreiben kann. Hiemit dem lieben Gotte befoh=
len, Amen. Montag nach S: Johannes 1542.

E. F. G.

williger

Martinus Luther, D.

821.

An Johannes, Fürsten von Anhalt, v. 3. August
1542.

Zuerst gedruckt 1830, nach dem Original, in Lindners „Mitthei=
lungen" II. S. 79.

Dem Durchleuchtigen, Hochgebornen Fur=
sten und Herrn, Herrn Johanns, Fursten
zu Anhalt, Grafen zu Ascanien, Herrn
zu Bernburg, kurfurstlichen zu Branden=
burg Statthalter, meinem gnädigen
Herrn.

G. u. F. im Herrn. Durchleuchtiget, Hochge=
borner Furst, gnädiger Herr! Es ist der Pfarrherr
zu Bernaw bei mir gewest und dieß Buchlin uber=
antwortet, auch begehrt meins Raths 2c. Darauf
ich ihm zugesagt, solch sein Buchlin an E. F. G.
zu verschaffen, als Statthaltern Abwesens meins gn.
Herrn Kurfursten zu Brandenburg. Demnach ist an
E. F. G. mein unterthänig Bitte, E. F. G. wollten
doch mit Ernst drein sehen, damit solche arme Pfarr=
herrn versorget werden, oder sie mussen (so zu reden)
entlaufen. Es ist solcher Klage wohl mehr in der
Mark, daß ich besorge, wir mussen etliche ausheben
und anderswo versorgen, welchs ich doch nicht gern
thäte Abwesens des Landsfursten. Aber der arme
Christus ist ja zu sehr verlassen und veracht in sei=
nen Geringsten, das ist, Predigern. Es ist aber
nicht gut, sonderlich itzt, da man sein wohl bedurft
wider den Turken, Papst, Welt, Fleisch, Teufel,
Gottes Zorn und unser eigen Sunde, die uns alle

sämptlich gar geschwinde itzt angreifen. E. F. G. werden sich (was ich mich versehe) hierin und sonst noch wohl wissen christlich, gnädiglich und hülflich zu erzeigen. Hiemit dem lieben Gotte befohlen, Amen. 3. Augusti 1542.

E. F. G.

williger

Martinus Luther, D.

822.

An Georg, Fürsten zu Anhalt, von 19. März 1543:

Zuerst gedruckt 1830, nach dem Original, in Ludners „Mittheilungen" II. S. 82.

Dem Durchleuchtigen, Hochgebornen Fürsten und Herrn, Herrn Georgen, Thumprobst zu Magdeburg, Fürsten zu Anhalt, Grafen zu Ascanien und Herrn zu Bernburg, meinem gnädigen Herrn.

G. u. F. in dem Herrn. Durchleuchtiger, Hochgeborner Fürst, gnädiger Herr! Es hat mich Magister Johannes Rosenberg, zu Zerbest Pfarrherr, gebeten umb Rath, weil er, nu alt und schwach, dazu am Gesicht seher abnimpt, die große Arbeit nicht mehr vermag, wo er doch möcht versehen werden mit geringer und müglicher Arbeit. Darauf ich willens, ihme wegzuhelfen an einen andern Ort. Aber weil ich keinen bessern itzt zur Zeit an seine Statt wußte, hab ich gerathen, daß er sollte zu Zerbest bleiben und die Arbeit, so ihm unträglich, sich äußern, des Verhoffens, wo er zwo Predigt und sonst thät, was er vermöchte, E. F. G. würden das nicht Beschwerung tragen. Demnach ist an E. F. G. mein ganz demüthige Bitte, Sie wollten gnädiglich dran sein, daß ihm seine Arbeit träglich gemacht werde, damit er daselbs bleiben möge. Denn es ja billig und göttlich ist, emeritis militibus

honorem debitum haberi. Wo es aber nicht sein
kann oder will (als ich nicht hoffe), so müssen wir
sehen, wie wir thun. Besser ists aber: Halt was
du hast, so lange du kannst. Denn Non eodem
cursu respondent ultima primo. E. F. G. werden
sich wohl wissen gnädiglich und christlich hierin zu
erzeigen. Hiewit dem lieben Gotte befohlen, Amen.
Montags Palmarum 1543.

E. F. G.

williger

Martinus Luther, D.

<hr />

822*.

An Georg, Fürsten von Anhalt, v. 5. April 1543.

Ist Nr. 701., nach dem Original berichtigt von Lindner, in
dessen „Mittheilungen" II. S. 83.

Dem Durchleuchtigen, Hochgebornen Fursten und Herrn, Herrn Georgen, Thumprobst zu Magdeburg, Fursten zu Anhalt,
Grafen zu Ascanien und Herrn zu Bernburg, meinem gnädigen Herrn.

G. et p. in Domino. Durchleuchtiger, Hochgeborner Furst, gnädiger Herr! Es hat der Schulmeister zu Dessen von mir begehrt in E. F. G. Namen diese Zettel (wie ers nennet), was ich davon
hielte, daß der Pfarrherr und Prediger die Leute
bewegten und unruhig machten, da sie Lieder und
Gesänge des Palmentags und ander mehr Narrenwerk und Bötterreimen schelten. Solchs höre ich nicht
gern und sorge, es lücke ein Geistlin heraus, der
Raum sucht, etwas Sonderlichs zu machen. Solche
Neutralia, weil sie in unschädlichem Brauch und nicht
ärgerlich, sollt man lassen gehen; oder so mans
wollt ändern, daß nicht einer allein furnehme im
Haufen, sondern alle andere Oberherrn und Pfarrherr, solchs mit bedächtem Rath thäten. Weil nu E.

F. G. nicht allein Oberherr, sondern auch Erzbischof=
conus sind, sollen sie nicht leiden, daß ein toller
Kopf aus ihm selber erfur fuhre und die Neutralia
Damnabilia schelte. Es ist ihm nicht befohlen, auch
noch viel zu ungelehrt dazu. Läßt man ihm das
Läpplin, so wird er fortan lernen das Leder fressen,
da muß man zusehen. Weiter werden E. F. G.
wohl sich wissen hierin zu halten. Hiemit Gott be=
fohlen, Amen. Donnstag nach Quasimodogeniti
1543.

E. F. G.

williger

Martinus Luther, D.

823.

**An Georg, Fürsten von Anhalt, v. 29. Octo-
ber 1543.**

Zuerst gedruckt 1830, nach dem Original, in Lindners „Mittheilungen". II. S. 35.

Dem Durchleuchtigen, Hochgebornen Fursten und Herrn, Herrn Georgen, Thumpropst zu Magdeburg, Fursten zu Anhalt,
Grafen zu Ascanien, Herrn zu Bernburg, meinem gnädigen Herrn.

G. u. F. im Herrn. Durchleuchtiger, Hochgeborner Furst, gnädiger Herr! M. Forcheim hat mir
angezeigt, was itzt fur ein Anfechtung E. F. G.
der Versucher zufugen will durch E. F. G. Vettern,
Furst Wolfgang rc., welchs mir wahrlich ist herzlich
leid, habe auch derhalben S. F. G. eine ziemliche
Schrift zugeschrieben, der Hoffnung, es sollen sich
S. F. G. etwas dran erinnern und sich bedenken.
Denn ich merk, daß bose Mäuler zwischen Seiner
und E. F. G. sich eingelassen, die den frommen Fursten hetzen wider E. F. G., wie der Teufel und alte
Schlange allzeit ihren Samen hat und säet wider
den Samen des Weibes. Es will nicht anders sein:

der Schlangen Same muß des Weibes Samen, immer in die Ferſen ſtechen; aber doch zuletzt muß ihm doch der Kopf zutreten werden. Darumb wollen E. F. G. geduldig ſein und Gotte alles heimſtellen, juxta illud: Jacta super dominum curam tuam, Ipsi est cura de vobis, ait S. Petrus. Si ipse pro nobis, quis contra nos? Fortasse ad horam est haec tentatio, sicut Abraham ad horam tentabatur. Ego vivo (inquit Vita nostra), et vos vivatis, et capillus de capite vestro non peribit. Etsi in hoc seculo aliquid patiamur detrimenti, centuplum tamen habebimus una cum vita aeterna, modo non oculos sed fidem sequamur in invisibilia, donec visibilia fiant. Sed, quid ego sus Minervam, nisi quod studium et affectum meum volui utrumque declarare tuae Celsitudini, optime princeps? In Domino bene valeat t. Celsitudo, non modo mihi veneranda, sed et amanda semper. 4. Calen. Novemb. 1543.

Cels. t.

deditus

Martinus Luther, D.

824.

An Margaretha, Fürſtin zu Anhalt, v. 22. Nov. 1543.

Zuerſt gedruckt 1830, nach dem Original, in Ludners „Mittheilungen" II. S. 86.

Der Durchleuchtigen, Hochgebornen Furſtin und Frauen, Frauen Margarethen, gebornen Markgräfin zu Brandenburg ꝛc., Furſtin zu Anhalt, Gräfin zu Aſcanien und Frauen zu Bernburg, meiner gnädigen Frauen und Gevattern.

G. u. F. Durchleuchtige, Hochgeborne Furſtin, gnädige Frau ꝛc.! Ich hab m. gn. H. Furſt Wolfen eine ſtarke Schrift geſchrieben mit heftiger Vermahnung, daß S. F. G. nicht also Ihr F. G. Gewissen beschweren wollten mit seiner lieben Vettern und natürlicher Erben großen Schaden ꝛc. Darauf mir S. F. G. geantwortet, Sie wollten mich in Kurz mündlich oder schriftlich berichten, aus was Ursachen S. F. G. solchs fürgenommen hätten. Wenn nu Gott wollt, daß S. F. G. sich also mit mir in die Disputation begeben würden, so will ich das Meine gewißlich thun (ob Gott will). Denn solchen Schaden wußte ich auch keinen meiner Feinde zu gönnen, als E. F. G. Herrschaft hierin begegnen würde; und ist mir fast leid und wider, daß der Satan solchen Unlust sucht unter und zwischen so nahen Vettern. Gott, der Vater unsers Herrn Jesu Christi, steure ihm, und gebe mir oder andern, so es wehren können, Wort und Segen dazu, daß es je verhindert werde.

Ich gläube wohl, gnädige Fürstin, daß E. F. G. nicht allzeit auf Rosen gehen, sonderlich zu dieser schändlichen Zeit, da der Teufel wider Gottes Wort tobet und alles Unglück anrichtet. Ich erfahre seines Tobens auch täglich mehr denn genug; doch heißts: Er ist größer, der in uns ist, weder der in der Welt ist. Der wird uns endlich, wenn alles fehlet, gewißlich genug sein zu aller Seligkeit. Dem befehl ich E. F. G. mit alle den Ihren, Amen. Donnerstags nach Elisabeth 1543.

E. F. G.

williger

Martinus Luther, D.

825.

An Georg, Fürsten zu Anhalt, v. 23. Mai 1544.

Zuerst gedruckt 1830, nach dem Original, in Lindners „Mittheilungen" II. S. 87.

Dem Durchleuchtigen, Hochgebornen Fürsten und Herrn, Herrn Georgen, Fürsten zu Anhalt, Thumbprobst zu Magdeburg, Grafen zu Ascanien und Herrn zu Bernburg, meinem gnädigen Herrn.

G. u. F. Durchleuchtiger, Hochgeborner Fürst, gnädiger Herr! Es hat mich Magister Johannes Zerbst gebeten, an E. F. G. zu schreiben, nachdem er von E. F. G. beiderseits Vertröstung erlanget hat zu seinem studio eines stipendii, daß E. F. G. wollten zu rathen und fordern helfen, daß er solchs möchte dieß Jahr bekommen, und verständigt werden, bei welchem Theil er dasselb Stipendium weiter suchen und anregen sollt. Weil er nu ein feiner geschickter Mensch ist, der wohl nütz sein wird zur Kirchen und auch sonst, zu dem, daß er E. F. G. Landkind ist: bitte ich ganz unterthäniglich, E. F. G. wollten ihn in gnädigem Befehl haben und sich sein gnädiglich annehmen. Gott wird solch Stipendium wohl wissen reichlich zu erstatten. Hiemit dem lieben Gotte befohlen. Mittewochen nach Exaudi 1544.

E. F. G.
williger
Martinus Luther, D.

826.

An Johannes, Fürsten von Anhalt, v. 27. Aug. 1544.

Zuerst gedruckt 1830, nach dem Original, in Kuhne's „Mittheilungen" II. S. 89.

Dem Durchleuchtigen, Hochgebornen Fürsten und Herrn, Herrn Johanns, Fürsten zu Anhalt, Grafen zu Ascanien, Herrn zu Bernburg, meinem gnädigen Herrn.

G. und F. im Herrn. Durchleuchter, Hochgeborner Fürst, gn. Herr! Von Herzen gern wollt

16*

ich auf E. F. G. Begier kommen. Ich bin aber itzt
heimkommen von Zeitz, so müde des Fahrens, daß ich
nicht gehen noch stehen kann, schier auch Sitzens
uberdrussig, daran ich spüre mein Alter und meins
Leibes Sinken und Senken hinunter unter der Erden. Gott helfe balde mit Gnaden. Derhalben ich
muß still sein und rugen, bis es mit mir anders
werde, es sei zum Leben oder zum Sterben, wie
Gott will. Unser lieber Herr Jesus Christus gebe,
daß m. g. H. Fürst George einen reichen Geist kriege
zu regiern sein Bisthum. Denn da ist viel zu thun,
und ist von den vorigen Bischoffen das Stift übel
versorget. Wohlan, ders angefangen hat, wird es
vollenden, Amen.

Hiemit dem lieben Gotte befohlen, Amen.
Mittewochens nach Bartholomäi 1544.
E. F. G.
williger
Martinus Luther, D.

827.

An Georg, Fürsten von Anhalt, v. 29. Mai 1545.

Zuerst gedruckt 1830, nach dem Original, in Lindners „Mittheilungen" II. S. 95.

Dem Durchleuchtigen, Hochgebornen Fürsten und Herrn, Herrn Georgen, Bischoff
zu Mersburg, Fürsten zu Anhalt, Grafen zu Ascanien und Herrn zu Bernburg,
meinem gnädigen Herrn.

G. und F. im HERRN. Durchleuchtiger, Hochgeborner Fürst, gnädiger Herr! Ich hab M. Georgen Schnell hören müssen und nicht gerne vernommen, daß er nicht kann die Condition bei E. F. G.
annehmen; denn er wendet seiner Person halben so
viel für, daß ich nicht hab weiter in ihn dringen

mugen, wiewohl er doch E. F. G., wo es immer mehr zu thun sein wollt, sonderlich zu dienen geneigt ist, nachdem es je billig ist, E. F. G. zu dienen, weil wir alle wissen, wie gar herzlich E. F. G. Gottes Wort meinet und mit Ernst fordert. Der Cälibat macht uns die Leute theur. So hindert uns der Ehestand auch allenthalben in diesem Reich des Teufels, der nichts leiden kann, was Gott haben will ꝛc. Solchs schreib ich E. F. G. unterthäniglich zur Entschuldigung gedachts M. Georgen Schnellen, denn er mich darumb gebeten, weil er besorget, E. F. G. mochten sein Weigern zu Ungnaden verstehen. Gott, der barmherzige Vater, gebe E. F. G. seinen Geist reichlich, zu thun seinen gottlichen Willen und Wohlgefallen, Amen. Freitags in Pfingsten 1545.

E. F. G.

williger

Martinus Luther, D.

Dr. Martin Luthers

geistliche Lieder.

Dr. Martin Luthers geistliche Lieder.
1524—1545.

Nachdem zuerst in Erfurt im J. 1524 das „Enchiridion geistlicher Gesänge und Psalmen" erschienen war, welches 25 Lieder, und darunter 18 von Luther, enthielt, kam in demselben Jahre, doch etwas später, das Walter'sche Chorgesangbüchlein zu Wittenberg heraus. Von ersterem ist nicht bekannt, wer es herausgegeben und die kräftige Vorrede dazu geschrieben hat; doch deutet Wackernagel, unter Bezugnahme auf Luthers Brief an Johann Lange, v. 6. Juli 1524 (bei De Wette II. p. 528.) auf Justus Jonas, welcher vielleicht von Luther dazu beauftragt war. Von dem Wittenberger Chorgesangbüchlein dagegen weiß man, daß es eine gemeinschaftliche Arbeit Luthers und des Cantors Johann Walther am Hofe Friedrichs des Weisen zu Torgau war, welche es für den Gesangunterricht der Jugend bestimmt hatten.

In Jahre 1529 erschien dann das Wittenberger Gemeindegesangbuch, in dessen Vorrede Luther nicht nur über die große Menge untüchtiger Gesänge, die seit der Herausgabe des Chorgesangbüchleins v. J. 1524 aufgekommen, sondern auch über die Fälschung seiner Lieder klagt und sich für die Zukunft jede Vermehrung oder Besserung des Gesangbuches ohne sein Wissen und Willen verbittet.

Die letzte zu Luthers Lebzeiten erschienene, innerlich vollendetere, äußerlich schön ausgestattete und mit einer neuen Vorrede versehene Ausgabe dieses Gesangbuches erschien im J. 1545 bei Valentin Bapst in Leipzig, nachdem vorher, im J. 1542, auch die christlichen Begräbnißgesänge mit einer besondern Vorrede Luthers zu Wittenberg herausgekommen waren.

19*

Da Wackernagel in seiner eben so gediegenen als splendiden Ausgabe der geistlichen Lieder Luthers Alles, was auf die Geschichte, Literatur und Bibliographie der ältesten Ausgaben derselben im Ganzen und Einzelnen Bezug hat, mit einer nichts zu wünschen übrig lassenden Gründlichkeit und Fülle zusammengestellt hat, so verweisen wir Alle, denen es in dieser Beziehung um weitern Nachweis zu thun ist, auf dessen treffliches Vorwort und die Anhänge zu seiner Ausgabe.

A. Aelteste Hauptausgaben.

1) Enchiridion | Oder eyn Handbüchlein, | eynem yetzlichen Christen fast nutzlich | bey sich zuhaben, zur stetter vbung | vnnd trachtung geystlicher ge= | senge, vnd Psalmen, Recht= | schaffen vnnd kunstlich | vertheutscht || M. CCCCC. XXIIII. || || Am ende dyses buchleins wyrstu fin= | den eyn Register, in welchem klerlich | angezeygt ist was vnd wie viell | Gesenge hieryn begriffen | sindt. || || Mit dysen vnd der gleychen Gesenge | sollt man byllich die iungenn | tugendt aufferzyhen. || Am Ende: Gedruckt zu Er= | fordt zcum Schwartzen | Horn, bey der Kremer | brucken. | M. D. xxiiij. Jar. 3 Bog. 11. 8., ohne Pag., die Rückseite des Titels mit der Vorrede bedruckt, die letzte Seite leer. (Auf der öffentlichen Bibliothek zu Straßburg, Liturg. A. 4942. a. S. Wackernagel I. Anhang, p. 81. u. 82.)

2) Geystliche gesang | Büchleyn. | TENOR. | Wittemberg. M. D. xxiiij. Fünf Theile, nach den fünf Stimmen, Tenor, Discantus, Altus, Bassus und Vagans (zweiter Tenor). BASSVS. Wittemberg. M. D. xxiiij. Näheres bei Wackernagel im I. Anhang, p. 83 u. 84. (Das einzige bekannte Exemplar, die Tenor= und Baßstimme enthaltend, befindet sich in der königl. Hof= und Staatsbibliothek zu München, Bar. Cimel. L 4. 6a.)

3) Geiſtliche Lieder auffs new gebeſſert zu Wittemberg. D. Mar. Luther. M. D. XXIX. Am Ende: Gedruckt zu Wittemberg durch Joſeph Klug. 1529. 12°. Mit Tit. Einf. Anfang der newen Vorrede: Nu haben ſich etliche ꝛc. Angezeigt iſt dieſe Ausgabe in dem „Journal von und für Deutſchland", v. J. 1788. II. 328. Näheres bei Wackernagel im I. Anhang, p. 91—93.

4) Chriſtliche | Geſeng Lateiniſch vnd | Deudſch, zum Begrebnis. | D. Martinus | Luther. ‖ Wittemberg, | Anno | M. D. XLII. Am Ende: Gedruckt zu Wittemberg, | durch Joſeph Klug, | Anno Domini M. D. XLij. 3 Bog. u. 6 Bll. 8., o. Pag. (In der Herzoglichen Bibliothek zu Wolffenbüttel, 1240. 27. Theol. — Bei Wackernagel im I. Anhang, p. 103.)

5) Geyſtliche | Lieder. | Mit einer newen vorrhede, | D. Mart. Luth. ‖ Warnung | D. M. L. | Viel falſcher Meiſter itzt Lieder tichten | Sihe dich für, vnd lern ſie recht richten | Wo Gott hin bawet ſein kirch vnd ſein wort | Da wil der Teuffel ſein mit trug vnd mord. | Leipzig. Am Ende: Gedruckt zu | Leipzig durch Valentin Bapſt | in der Ritterſtraſſen. | 1545. |

Titel des zweiten Theils.

Pſalmen vnd | Geiſtliche Lieder, welche | von fromen Chriſten | gemacht vnd zu | ſamen geleſen | ſind. ‖ Leipzig. Am Ende: Gedruckt zu Leipzig, | durch Valentin Bapſt, | in der Ritter= | ſtraſſen. ‖ M. D. XLV. 34 Bog. u. 7 Bll. in 8., o. Pag., alle Seiten mit ſchönen Einfaſſungen geziert. Ein Exemplar davon befindet ſich in der v. Meuſebach'ſchen Sammlung in der königl. Bibliothek zu Berlin. Näheres über die Beſchaffenheit dieſer letzten, unter Luthers Augen erſchienenen Ausgabe ſ. bei Wackernagel im I. Anhang, p. 106 bis 108.

Was die zwiſchen und nach dieſen Hauptausgaben erſchienenen Wieder= und Nachdrucke betrifft, ſo müſſen wir gleichfalls auf genannten Anhang verweiſen, da es uns nicht zuſteht, ſie hier alle aufzunehmen.

B. In den Sammlungen.

Jen. VIII. 391b. — Altenb. VIII. 570. — Leipz. XXII. 282. — Walch. X. 1722.

C. Neuere Ausgaben.

1) Geistliche Lieder und Psalmen, durch D. M. Luther zusammengebracht A. MDXXIX. Mit untermischten Gebeten. Tübingen. 1830. 8.

2) Dr. Martin Luthers geistliche Lieder. Als ehrenvolles Denkmal dieses Mannes bei der dritten Jubelfeier der Augsburger Confessions-Uebergabe im Jahre 1830 zum Druck befördert. M. e. Vorwort von L. Hüffell. Heidelberg. A. Oswald. 1830. 12°.

3) Dr. Martin Luthers geistliche Lieder. Paraphrasirt und praktisch behandelt. Als ehrenvolles Denkmal dieses Mannes bei der dritten Jubelfeier der Augsburger Confessions-Uebergabe im J. 1830 zum Druck befördert von Pfr. W. Riebel. Heidelberg. A. Oswald. 1830. 12°. (Neue Ausg. Mannheim. Bensheimer. 1846.)

4) D. Martin Luthers Geistliche Lieder. Nach dem letzten von ihm selbst besorgten Drucke herausgegeben und mit Anmerkungen und Beilagen begleitet von Julius Leopold Pasig, Dr. d. Philos. und Nachmittagsprediger an der Universitätskirche zu Leipzig. Leipz. Gebhardt und Reisland. 1845. H. 8. XLIII. u. 132 S.

5) 33 Geistliche Lieder, und Glaubensbekenntniß Dr. Martin Luthers, dem christlichen Volke dargeboten. Magdeburg. Falckenberg und Comp. 1846. 8.

6) Dr. Mart. Luthers geistliche Lieder. Vollständig und unverändert mit Erläuterungen herausgegeben von Dr. Fr. Crusius, Magdeburg. Falckenberg u. Comp. 1846. gr. 8.

7) Martin Luthers geistliche Lieder mit den zu seinen Lebzeiten gebräuchlichen Singweisen. Herausgegeben von Philipp Wackernagel. Stuttgart. Verlag von Samuel Gottlieb Liesching. 1848. H. 4. XVII. u. 194 S.

Wir geben den Text und die Ordnung der Lieder nach Wackernagel und zeigen die Abweichungen der Pasig'schen Ausgabe unter dem Texte in den Noten an; die Versikeln und Collecten aber, so wie die Litaney, welche in beiden Ausgaben fehlen, glaubten wir, in Ermangelung eines Urdrucks, nach der Jena'schen Gesammtausgabe und nach Walchs Vorgang mit aufnehmen zu sollen.

Vorrede auf alle guete Gesangbücher.

Frau Musika.

Für allen Freuden auf Erden
Kann Niemand kein feiner werden,
Denn die ich geb mit mein[1]) Singen
Und mit manchem süßen Klingen.
Hie kann nicht sein ein böser Muth,
Wo da singen Gesellen gut;
Hie bleibt kein Zorn, Zank, Haß noch[2]) Neid,
Weichen muß alles Herzeleid;
Geiz, Sorg und was sonst hart anleit,
Fährt hin mit aller Traurigkeit.
Auch ist ein Jeder deß wohl frei,
Daß solche Freud kein Sünde sei,
Sondern auch Gott viel baß gefällt,
Denn alle Freud der ganzen Welt:
Dem Teufel sie sein Werk zerstört,
Und verhindert viel böser Mörd.
Das zeugt David, des Könges[3]), That,
Der dem Saul oft gewehret hat
Mit gutem süßen Harfenspiel,
Daß er in großen Mord nicht fiel,
Zum göttlichen Wort und Wahrheit
Macht sie das Herz still und bereit,
Solchs hat Elisäus bekannt,
Da er den Geist durchs Harfen fand.

---

1) Pasig: mein'm.   2) P. und.   3) P. Königs.

Die beste Zeit im Jahr ist mein,
Da singen alle Vögelein,
Himmel und Erden ist der [4]) voll,
Viel gut Gesang da lautet wohl.
Voran die liebe Nachtigall
Macht Alles fröhlich überall
Mit ihrem lieblichen Gesang,
Deß muß sie haben immer Dank.
Viel mehr der liebe Herre Gott,
Der sie also geschaffen hat,
Zu sein die rechte Sängerin,
Der Musicen ein Meisterin.
Dem singt und springt sie Tag und Nacht,
Seins Lobes sie nichts müde macht:
Den ehrt und lobt auch mein Gesang
Und sagt ihm ein [5]) ewigen Dank.

I.

Geistliche Gesangbüchlein.
TENOR.
Wittemberg. M. D. XXIIIJ [1]).

Vorrede Martini Luther [2]).

Daß geistliche Lieder singen gut und Gott angenehme sei, acht ich, sei keinem Christen verborgen, dieweil Jedermann nicht allein das Exempel der Propheten und Könige im Alten Testament (die mit Singen und Klingen, mit Dichten und allerlei Saitenspiel Gott gelobt haben), sondern auch solcher Brauch, sonderlich mit Psalmen, gemeiner Christenheit von Anfang kund ist. Ja auch S. Paulus solchs 1. Kor. 14. einsetzt, und zu den Kolossern ge-

----

4) P. der'r. 5) P. ein'n.
  1) P. Geistliche Gesangbüchlein, erstlich zu Wittemberg und folgend durch Peter Schöffern gedruckt im Jahr 1525.
2) P. Luthers.

beut, von Herzen dem Herrn singen geistliche Lieder und Psalmen, auf daß dadurch Gottes Wort und christliche Lehre auf allerlei Weise getrieben und geübt werden.

Demnach hab ich auch, sampt etlichen Andern, zum guten Anfang und Ursach zu geben denen, die es besser vermügen, etliche geistliche Lieder zusammenbracht, das heilige Evangelion, so itzt von Gottes Gnaden wieder aufgangen[3]) ist, zu treiben und in[4]) Schwank[5]) zu bringen, daß wir auch uns möchten rühmen, wie Moses in seim[6]) Gesang thut, Exo.[7]) 15., daß Christus unser Lob und Gesang sei und nichts wissen sollen zu singen noch zu sagen, denn Jesum Christum, unsern Heiland, wie Paulus sagt 1. Kor. 2.

Und sind dazu auch in vier Stimme bracht, nicht aus anderer Ursach, denn daß ich gerne wollte, die Jugend, die doch sonst soll und muß in der Musica und andern rechten Künsten erzogen werden, Etwas hätte, damit sie der Buhllieder und fleischlichen Gesänge los worde[8]), und an derselben Statt etwas Heilsames lernete, und also das Guete[9]) mit Lust, wie den Jungen gebührt, einginge. Auch daß ich nicht der Meinung bin, daß durchs Evangelion sollten alle Künste zu Boden geschlagen werden und vergehen, wie etliche Abergeistlichen furgeben[10]), sondern ich wollt alle Künste, sonderlich die Musica, gerne sehen im Dienst deß, der sie geben und geschaffen hat. Bitte derhalben, ein iglicher frummer Christ wollt[11]) solchs ihm lassen gefallen, und wo ihm Gott mehr oder desgleichen verleihet, helfen fodern[12]). Es ist sonst leider alle Welt allzu[13]) laß und zu vergessen, die arme Jugend zu ziehen und lehren, daß man nicht allererst darf auch Ursach dazu geben. Gott geb uns seine Gnade. Amen.

---

3) P. aufgegangen. 4) P. im. 5) P. Schwang. 6) P. seinem. 7) P. 2. B. Mos. 8) P. würde. 9) P. Gute. 10) P. wie etliche Abergeistliche vorgeben. 11) P. wolle. 12) P. fördern. 13) P. zu.

II.

Geistliche Lieder
aufß Neu gebessert zu Wittemberg.
D. Mar. Luther. N. D. XXIX [1]).

Ein neu Vorrede Martini Luthers.

Nu haben sich Etliche wohl beweiset und die
Lieder gemehret, also daß sie mich weit ubertreffen [2])
und in dem wohl meine Meister sind. Aber daneben
auch die Andern wenig Guts dazu gethan. Und
weil ich sehe, daß des täglichen Zuthuns ohn alle
Unterscheid, wie einem Iglichen gut dunkt, will ferne
Maße werden, uber das, daß auch die ersten unser
Lieder je länger je fälscher gedruckt werden: hab ich
Sorge, es werde diesem Büchlin die Läng gehen,
wie es allezeit guten Büchern gangen ist, daß sie
durch ungeschickter Köpfe Zusetzen so gar uberschüt-
tet und verwüstet sind, daß man das Gute drunter
verloren und alleine das Unnütze im Brauch behalten hat. Wie [3]) wir sehen aus Sanct [4]) Luca am
1. Kapitel, daß im Anfang Jedermann hat wollen
Evangelia schreiben, bis man schier das rechte Evangelion verloren hätte unter so viel Evangelien. Also
ists auch Sanct [4]) Hieronymi und Augustini und
viel andern Büchern ergangen. Summa, es will je
der Mäuse Mist unter dem Pfeffer sein.

Damit nu das, soviel wir mügen, verkummen
werde, habe ich dies Büchlin wiederumb aufß Neu
ubersehen, und der Unsern Lieder zusammen nach
einander mit ausgedrucktem Namen gesetzt, welchs
ich zuvor umme [5]) Ruhmes willen vermieden, aber nu
aus Noth thun muß, damit nicht unter unserm Namen frembde, untüchtige Gesänge verkauft würden;
darnach die andern hinnach gesetzt, so wir die besten
und nütze achten. Bitte und vermahne Alle, die
das reine Wort lieb haben, wollten solchs unser
Büchlein hinfurt, ohn unser Wissen und Willen,

---

1) P. 1533. 2) P. ubertroffen. 3) „Wie" fehlt bei P.
4) P. St. 5) P. um.

nicht mehr beffern oder[6]) mehren; wo es aber ohn
unfer Wiffen gebeffert würde, daß man wiffe, es fei
nicht unfer zu Wittenberg ausgegangen Büchlein.
Kann doch ein Jeglicher wohl felbs ein eigen Büch=
lein voll Lieder zufammenbringen, und das unfer
für fich allein laffen ungemehret bleiben, wie wir
bitten, begehren und hiemit bezeuget haben wöllen.
Denn wir ja auch gerne unfer Münze in unfer
Würde behalten, Riemand unvergönnet für fich eine
beffere zu machen, auf daß Gottes Rame alleine ge=
preifet und unfer Rame nicht gefucht werde. Amen.

III.

Chriftliche Gefäng Lateinifch und Deutfch,
zum Begräbniß.

D. Martinus Luther.

Wittemberg, Anno[1]) M. D. XLII[2]).

Dem chriftlichen Lefer. D. Mart. Luther.

S. Paulus fchreibt denen zu Theffalonich, daß
fie uber den Todten fich nicht follen betrüben, wie
die Andern, fo keine Hoffnung haben, fondern fich
tröften durch Gottes Wort, als die gewiffe Hoffnung
haben des Lebens und der Todten Auferftehung.

Denn daß die fich betrüben, fo keine Hoffnung
haben, ift nicht Wunder, finds auch nicht zu verden=
ken, nachdem fie außer dem Glauben Chrifti find,
entweder allein dies zeitlich Leben achten und lieb
haben[3]) müffen und daffelb ungern verlieren, oder fich
nach diefem Leben des ewigen Tods und Zorn Got=
tes in der Hölle verfehen müffen, und dafelbs un=
gern hinfahren.

Wir Chriften aber, fo von dem allen durch das
theure Blut des Sohns Gottes erlöfet find, follen

---

6) P. und.
1) „Anno" fehlt bei P. 2) P. † Gedruckt durch Jofeph
Klug. 3) P. lieben.

Da Wackernagel in seiner eben so gediegenen als splendiden Ausgabe der geistlichen Lieder Luthers Alles, was auf die Geschichte, Literatur und Bibliographie der ältesten Ausgaben derselben im Ganzen und Einzelnen Bezug hat, mit einer nichts zu wünschen übrig lassenden Gründlichkeit und Fülle zusammengestellt hat, so verweisen wir Alle, denen es in dieser Beziehung um weitern Nachweis zu thun ist, auf dessen treffliches Vorwort und die Anhänge zu seiner Ausgabe.

A. Aelteste Hauptausgaben.

1) Enchiridion | Oder eyn Handbuchlein, | eynem yetzlichen Christen fast nutzlich | bey sich zu haben, | zur stetter vbung | vnnd trachtung geystlicher ge= | senge, vnd Psalmen, Recht | schaffen vnnd kunstlich | vertheutscht ‖ M. CCCCC. XXIIII. ‖ | Am ende dyses buchleins würstu fin= | den eyn Register, in welchem klerlich | angezeigt ist was vnd wie viel | Gesenge hieryn begriffen | sindt. ‖ | Mit dyesen vnd der gleychen Gesenge | sollt man byllich die iungenn | iugendt aufferzyehen. | Am Ende: Gedruckt zu Erffordt zcum Schwartzen | Hoern, bey der Krener brucken. | M. D. xxiiij. Jar. 3 Bog. ll. 8., ohne Pag., die Rückseite des Titels mit der Vorrede bedruckt, die letzte Seite leer. (Auf der öffentlichen Bibliothek zu Straßburg, Liturg. A. 4942. a. S. Wackernagel I. Anhang, p. 81. u. 82.)

2) Geystliche gesangk | Buchleyn; | TENOR. | Wittemberg. M. D. xxiiij. Fünf Theile, nach den fünf Stimmen, Tenor, Discantus, Altus, Bassus und Vagans (zweiter Tenor). BASSVS. Wittemberg. M. D. xxiiij. Näheres bei Wackernagel im I. Anhang, p. 83 u. 84. (Das einzige bekannte Exemplar, die Tenor- und Baßstimme enthaltend, befindet sich in der königl. Hof- und Staatsbibliothek zu München, Bav. Cimel. L. 4. 6a.)

3) Geistliche Lieder auffs new gebessert zu Wittemberg. D. Mar. Luther. M. D. XXIX. Am Ende: Gedruckt zu Wittemberg durch Joseph Klug. 1529. 12°. Mit Tlt. Einf. Anfang der newen Vorrede: Nu haben sich etliche ꝛc. Angezeigt ist diese Ausgabe in dem „Journal von und für Deutschland", v. J. 1788. II. 328. Näheres bei Wackernagel im I. Anhang, p. 91—93.

4) Christliche | Geseng Lateinisch vnd | Deudsch, zum Begrebnis. | D. Martinus | Luther. ‖ Wittemberg, | Anno | M. D. XLII. Am Ende: Gedruckt zu Wittemberg, | durch Joseph Klug. | Anno Domini M. D. XLij. 3 Bog. u. 6 Bll. 8., o. Pag. (In der Herzoglichen Bibliothek zu Wolffenbüttel, 1240. 27. Theol. — Bei Wackernagel im I. Anhang, p. 103.)

5) Geystliche | Lieder. | Mit einer newen vorrhede, | D. Mart. Luth. ‖ Warnung | D. M. L. | Viel falscher Meister itzt Lieder tichten | Sihe dich für, vnd lern sie recht richten | Wo Gott hin bawet sein kirch vnd sein wort | Da wil der Teuffel sein mit trug vnd mord: | Leipzig. | Am Ende: Gedruckt zu | Leipzig durch Valentin Bapst | in der Ritterstrassen. | 1545. |

Titel des zweiten Theils.

Psalmen vnd | Geistliche lieder, welche | von fromen Christen | gemacht vnd zu | samen gelesen | sind. ‖ Leipzig. Am Ende: Gedruckt zu Leipzig, durch Valentin Bapst, | in der Ritter= | strassen. ‖ M. D. XLV. 34 Bog. u. 7 Bll. in 8., o. Pag., alle Seiten mit schönen Einfassungen geziert. Ein Exemplar davon befindet sich in der v. Meusebach'schen Sammlung in der königl. Bibliothek zu Berlin. Näheres über die Beschaffenheit dieser letzten, unter Luthers Augen erschienenen Ausgabe s. bei Wackernagel im I. Anhang, p. 106 bis 108.

Was die zwischen und nach diesen Hauptausgaben erschienenen Wieder= und Nachdrucke betrifft, so müssen wir gleichfalls auf genannten Anhang verweisen, da es uns nicht zusteht, sie hier alle aufzunehmen.

B. In den Sammlungen.

Jen. VIII. 391b. — Altenb. VIII. 570. — Leipz. XXII. 282. — Walch. X. 1722.

C. Neuere Ausgaben.

1) Geistliche Lieder und Psalmen, durch D. M. Luther zusammengebracht A. MDXXIX. Mit untermischten Gebeten. Tübingen. 1830. 8.

2) Dr. Martin Luthers geistliche Lieder. Als ehrenvolles Denkmal dieses Mannes bei der dritten Jubelfeier der Augsburger Confessions-Uebergabe im Jahre 1830 zum Druck befördert. M. e. Vorwort von L. Hüffell. Heidelberg. A. Oswald. 1830. 12°.

3) Dr. Martin Luthers geistliche Lieder. Paraphrasirt und praktisch behandelt. Als ehrenvolles Denkmal dieses Mannes bei der dritten Jubelfeier der Augsburger Confessions-Uebergabe im J. 1830 zum Druck befördert von Pfr. W. Riedel. Heidelberg. A. Oswald. 1830. 12°. (Neue Ausg. Mannheim. Bensheimer. 1846.)

4) D. Martin Luthers Geistliche Lieder. Nach dem letzten von ihm selbst besorgten Drucke herausgegeben und mit Anmerkungen und Beilagen begleitet von Julius Leopold Pasig, Dr. d. Philos. und Nachmittagsprediger an der Universitätskirche zu Leipzig. Leipz. Gebhardt und Reisland. 1845. II. 8. XLIII. u. 132 S.

5) 33 Geistliche Lieder, und Glaubensbekenntniß Dr. Martin Luthers, dem christlichen Volke dargeboten. Magdeburg. Falckenberg und Comp. 1846. 8.

6) Dr. Mart. Luthers geistliche Lieder. Vollständig und unverändert mit Erläuterungen herausgegeben von Dr. Fr. Crusius, Magdeburg. Falckenberg u. Comp. 1846. gr. 8.

7) Martin Luthers geistliche Lieder mit den zu seinen Lebzeiten gebräuchlichen Singweisen. Herausgegeben von Philipp Wackernagel. Stuttgart. Verlag von Samuel Gottlieb Liesching. 1848. II. 4. XVII. u. 194 S.

Wir geben den Text und die Ordnung der Lieder nach Wackernagel und zeigen die Abweichungen der Pasig'schen Ausgabe unter dem Texte in
den Noten an; die Versikeln und Collecten aber, so
wie die Litaney, welche in beiden Ausgaben fehlen,
glaubten wir, in Ermangelung eines Urdrucks, nach
der Jena'schen Gesammtausgabe und nach Walchs
Vorgang mit aufnehmen zu sollen.

Vorrede auf alle gute Gesangbücher.

Frau Musika.

Für allen Freuden auf Erden
Kann Niemand kein feiner werden,
Denn die ich geb mit meim [1]) Singen
Und mit manchem süßen Klingen.
Hie kann nicht sein ein böser Muth,
Wo da singen Gesellen gut;
Hie bleibt kein Zorn, Zank, Haß noch [2]) Neid,
Weichen muß alles Herzeleid;
Geiz, Sorg und was sonst hart anleit,
Fährt hin mit aller Traurigkeit.
Auch ist ein Jeder deß wohl frei,
Daß solche Freud kein Sünde sei,
Sondern auch Gott viel baß gefällt,
Denn alle Freud der ganzen Welt:
Dem Teufel sie sein Werk zerstört,
Und verhindert viel böser Mörd.
Das zeugt David, des Königes [3]), That,
Der dem Saul oft gewehret hat
Mit gutem süßen Harfenspiel,
Daß er in großen Mord nicht fiel.
Zum göttlichen Wort und Wahrheit
Macht sie das Herz still und bereit,
Solchs hat Elisäus bekannt,
Da er den Geist durchs Harfen fand.

1) Pasig: mein'm. 2) P. und. 3) P. Königs.

Die beste Zeit im Jahr ist mein,
Da singen alle Vögelein,
Himmel und Erden ist der [4]) voll,
Viel gut Gesang da lautet wohl.
Voran die liebe Nachtigall
Macht Alles fröhlich überall
Mit ihrem lieblichen Gesang,
Deß muß sie haben immer Dank.
Viel mehr der liebe Herre Gott,
Der sie also geschaffen hat,
Zu sein die rechte Sängerin,
Der Musen ein Meisterin.
Dem singt und springt sie Tag und Nacht,
Seins Lobes sie nichts müde macht:
Den ehrt und lobt auch mein Gesang
Und sagt ihm ein [5]) ewigen Dank.

I.

Geistliche Gesangbüchlein.

TENOR.

Wittemberg.   M. D. XXIII [1]).

Vorrede Martini Luther [2]).

Daß geistliche Lieder singen gut und Gott angenehme sei, acht ich, sei keinem Christen verborgen, dieweil Jedermann nicht allein das Exempel der Propheten und Könige im Alten Testament (die mit Singen und Klingen, mit Dichten und allerlei Saitenspiel Gott gelobt haben), sondern auch solcher Brauch, sonderlich mit Psalmen, gemeiner Christenheit von Anfang kund ist.   Ja auch S. Paulus solchs 1. Kor. 14. einsetzt, und zu den Kolossern ge-

---

4) P. der'r.   5) P. ein'n.
1) P. Geistliche Gesangbüchlein, erstlich zu Wittenberg und folgend durch Peter Schöffern gedruckt im Jahr 1525.
2) P. Luthers.

eut, von Herzen dem Herrn singen geistliche Lieder
und Psalmen, auf daß dadurch Gottes Wort und
christliche Lehre auf allerlei Weise getrieben und ge=
übt werden.

Demnach hab ich auch, sampt etlichen Andern, zum
guten Anfang und Ursach zu geben denen, die es besser
vermügen, etliche geistliche Lieder zusammenbracht, das
heilige Evangelion, so itzt von Gottes Gnaden wieder
aufgangen[3]) ist, zu treiben und in[4]) Schwank[5]) zu
bringen, daß wir auch uns möchten rühmen, wie
Moses in seim[6]) Gesang thut, Exo.[7]) 15., daß
Christus unser Lob und Gesang sei und nichts wis=
sen sollen zu singen noch zu sagen, denn Jesum Chri=
stum, unsern Heiland, wie Paulus sagt 1. Kor. 2.

Und sind dazu auch in vier Stimme bracht,
nicht aus anderer Ursach, denn daß ich gerne wollte,
die Jugend, die doch sonst soll und muß in der Mu=
sica und andern rechten Künsten erzogen werden,
Etwas hätte, damit sie der Buhllieder und fleisch=
lichen Gesänge los worde[8]), und an derselben Statt
etwas Heilsames lernete, und also das Guete[9]) mit
Lust, wie den Jungen gebührt, einginge. Auch daß
ich nicht der Meinung bin, daß durchs Evangelion
sollten alle Künste zu Boden geschlagen werden und
vergehen, wie etliche Abergeistlichen furgeben[10]),
sondern ich wollt alle Künste, sonderlich die Musica,
gerne sehen im Dienst deß, der sie geben und ge=
schaffen hat. Bitte derhalben, ein iglicher frummer
Christ wollt[11]) solchs ihm lassen gefallen, und wo
ihm Gott mehr oder desgleichen verleihet, helfen fo=
dern[12]). Es ist sonst leider alle Welt allzu[13]) laß
und zu vergessen, die arme Jugend zu ziehen und
lehren, daß man nicht allererst darf auch Ursach da=
zu geben. Gott geb uns seine Gnade. Amen.

---

3) P. aufgegangen. 4) P. im. 5) P. Schwang. 6) P.
seinem. 7) P. 2, B. Mos. 8) P. würde. 9) P. Gute.
10) P. wie etliche Abergeistliche vorgeben. 11) P. wolle.
12) P. fördern. 13) P. zu.

II.
Geistliche Lieder
aufs Neu gebessert zu Wittemberg.
D. Mar. Luther. R. D. XXIX[1]).
Ein neu Vorrede Martini Luthers.

Nu haben sich Etliche wohl beweiset und die
Lieder gemehret, also daß sie mich weit ubertreffen[2])
und in dem wohl meine Meister sind. Aber daneben
auch die Andern wenig Guts dazu gethan. Und
weil ich sehe, daß des täglichen Zuthuns ohn alle
Unterscheid, wie einem Iglichen gut dunkt, will keine
Maße werden, uber das, daß auch die ersten unser
Lieder je länger je fälscher gedruckt werden: hab ich
Sorge, es werde diesem Büchlin die Läng gehen,
wie es allezeit guten Büchern gangen ist, daß sie
durch ungeschickter Köpfe Zusetzen so gar uberschüt-
tet und verwüstet sind, daß man das Gute drunter
verloren und alleine das Unnütze im Brauch behalten hat. Wie[3]) wir sehen aus Sanct[4]) Luca am
1. Kapitel, daß im Anfang Jedermann hat wollen
Evangelia schreiben, bis man schier das rechte Evangelion verloren hätte unter so viel Evangelien. Also
ists auch Sanct[4]) Hieronymi und Augustini und
viel andern Büchern ergangen. Summa, es will je
der Mäuse Mist unter dem Pfeffer sein.

Damit nu das, soviel wir mügen, verkummen
werde, habe ich dies Büchlin wiederumb aufs Neu
ubersehen, und der Unsern Lieder zusammen nach
einander mit ausgedrucktem Namen gesetzt, welchs
ich zuvor umme[5]) Ruhmes willen vermieden, aber nu
aus Noth thun muß, damit nicht unter unserm Namen frembde, untüchtige Gesänge verkauft würden;
darnach die andern hinnach gesetzt, so wir die besten
und nütze achten. Bitte und vermahne Alle, die
das reine Wort lieb haben, wollten solchs unser
Büchlein hinfurt, ohn unser Wissen und Willen,

---

1) P. 1533. 2) P. ubertroffen. 3) „Wie“ fehlt bei P.
4) P. St. 5) P. um.

nicht mehr beffern oder [6]) mehren; wo es aber ohn
unfer Wiffen gebeffert würde, daß man wiffe, es fei
nicht unfer zu Wittenberg ausgegangen Büchlein.
Kann doch ein Jeglicher wohl felbs ein eigen Büchlein voll Lieder zufammenbringen, und das unfer
für fich allein laffen ungemehret bleiben, wie wir
bitten, begehren und hiemit bezeuget haben wöllen.
Denn wir ja auch gerne unfer Münze in unfer
Würde behalten, Niemand unvergönnet für fich eine
beffere zu machen, auf daß Gottes Name alleine ge-
preifet und unfer Name nicht gefucht werde. Amen.

III.

Chriftliche Gefäng Lateinifch und Deutfch,
zum Begräbniß.

D. Martinus Luther.

Wittemberg, Anno[1]) M. D. XLII[2]).

Dem chriftlichen Lefer. D. Mart. Luther.

S. Paulus fchreibt denen zu Theffalonich, daß
fie uber den Todten fich nicht follen betrüben, wie
die Andern, fo feine Hoffnung haben, fondern fich
tröften durch Gottes Wort, als die gewiffe Hoffnung
haben des Lebens und der Todten Auferftehung.

Denn daß die fich betrüben, fo feine Hoffnung
haben, ift nicht Wunder, finds auch nicht zu verdenken, nachdem fie außer dem Glauben Chrifti find,
entweder allein dies zeitlich Leben achten und lieb
haben[3]) müffen und daffelb ungern verlieren, oder fich
nach diefem Leben des ewigen Tods und Zorn Gottes in der Hölle verfehen müffen, und dafelbs ungern hinfahren.

Wir Chriften aber, fo von dem allen durch das
theure Blut des Sohns Gottes erlöfet find, follen

---

6) P. und.
  1) „Anno" fehlt bei P. 2) P. † Gedruckt durch Jofeph
Klug. 3) P. lieben.

uns üben und gewöhnen im Glauben, den Tod zu
verachten und als einen tiefen, starken, süßen Schlaf
anzusehen[4]); den Sarg[5]) nicht anders, denn als
unsers HERRN Christi Schooß oder Paradies; das
Grab nicht anders, denn als ein sanft Faul= oder
Rugebette zu halten. Wie es denn für Gott in der
Wahrheit also ist, wie er spricht Joh. 11.: Lazarus,
unser Freund schläft. Matth. 9.: Das Maidlin[6])
ist nicht todt, sondern es[7]) schläfet.

Also thut auch S. Paulus 1. Korinth. 15.
Setzt aus den Augen alle häßliche Anblick des To=
des in unserm sterbenden Leibe und zeucht erfur eitel
holdselige und fröhliche Anblick des Lebens, da er
spricht: Es wird gesäet verweslich und wird aufer=
stehen unverweslich; es wird gesäet in Unehre (das
ist: häßlicher, schändlicher Gestalt) und wird aufer=
stehen in Herrlichkeit; es wird gesäet in Schwachheit
und wird auferstehen in[8]) Kraft; es wird gesäet
ein natürlicher Leib und wird auferstehen ein geist=
licher Leib.

Demnach haben wir in unsern Kirchen die
päpstlichen Gräuel, als Vigillen, Seelmessen, Be=
gängniß, Fegfeur und alles ander Gaukelwerk, für
die Todten getrieben, abgethan und rein ausgefegt,
und wollen unser Kirchen nicht mehr lassen Klag=
häuser oder Leidestätte sein, sondern, wie es die al=
ten Väter auch genennet, Koemiteria[9]), das ist, für
Schlafhäuser und Rugestätte halten.

Singen auch kein Traurlied noch Leidegesang
bei unsern Todten und Gräbern, sondern tröstliche
Lieder, von Vergebung der Sunden, von Ruge,
Schlaf, Leben und Auferstehung der verstorbenen
Christen, damit unser Glaub gestärkt und die Leute
zu rechter Andacht gereizt werden.

Denn es auch billig und recht ist, daß man die
Begräbniß ehrlich halte und vollbringe, zu Lob und
Ehre dem fröhlichen Artikel unseres Glaubens, näm=

---

4) P. ansehen. 5) P. Sarg. 6) P. Mägdlein. 7) „es" fehlt
bei P. 8) „Herrlichkeit — auferstehen in" fehlt bei P. 9)
P. Coemeteria.

ch von der Auferstehung der Todten, und zu Trutz
ein schrecklichen Feinde, dem Tode, der uns so
schändlich dahin frisset ohn Unterlaß mit allerlei
scheußlicher Gestalt und Weise.

Also haben (wie wir lesen) die heiligen Patriarchen Abraham, Isaac, Jacob, Joseph rc. ihre Begräbniß herrlich gehalten und mit großem Fleiß befohlen. Hernach die Könige Juda groß Gepränge
getrieben über den Leichen, mit köstlichem Räuchwerk [10]) allerlei guter edler Gewürz, alles darumb,
den stinkenden schändlichen Tod zu dämpfen und die
Auferstehung der Todten zu preisen und bekennen,
damit die Schwachgläubigen und Traurigen zu trösten.

Dahin auch gehört, was die Christen bisher und
noch thun an den Leichen und Gräbern, daß man
sie herrlich trägt, schmückt, besinget und mit Grabzei-
chen zieret. Es ist Alles zu thun umb diesen Artikel von der Auferstehung, daß er feste in uns gegründet werde, denn er ist unser endlicher, seliger,
ewiger Trost und Freude wider den Tod, Hölle,
Teufel und alle Traurigkeit.

Zudem haben wir auch zum guten Exempel die
schönen Musica oder Gesänge, so im Papstthum
in Vigilien, Seelmessen und Begräbniß gebraucht
sind, genommen, der etliche in dies Büchlin drücken
lassen und wollen mit der Zeit derselben mehr nehmen, oder wer es besser vermag denn wir, doch andere Text drunter gesetzt, damit unsern Artikel der
Auferstehung zu schmücken; nicht das Fegfeur mit
seiner Pein und Gnugthuung, dafur ihre Verstorbenen nicht schlafen noch rugen können. Der Gesang
und die Noten sind köstlich, Schade wäre es, daß
sie sollten untergehen, aber unchristlich und unge-
reimt sind die Text oder Wort, die sollten untergehen.

Gleichwie auch in allen andern Stücken thun
sie es uns weit zuvor, haben die schönsten Gottesdienst, schöne herrliche Stifte und Klöster. Aber
das Predigen und Lehren, das sie drinnen uben, die-

10) P. Räuchwerk.

net das mehrer Theil dem Teufel und lästert Gott.
Denn er ist der Welt Fürst und Gott, darumb muß
er auch das Niedlichste, Beste und Schönste haben.

Auch haben sie köstliche güldene silberne Monstranzen und Bilder, mit Kleinoden und Edelsteinen
gezieret, aber inwendig sind Todtenbein, so schier von
Schindleich [11]) als anderswoher. Item, sie haben
köstliche Kirchenkleider, Caseln, Mantel, Röck, Hüte,
Infulen. Aber wer ist drunter oder damit gekleidet?
Faule Bäuche, böse Wölfe, gottlose Säue, die Gottes Wort verfolgen und lästern.

Also haben sie auch wahrlich viel treffliche schöne
Musica oder Gesang, sonderlich in den Stiften und
Pfarren, aber viel unflätiger abgöttischer Text damit
gezieret. Darumb wir solche abgöttische todte und
tolle Text entkleidet und ihnen die schöne Musica ab-
gestreift und dem lebendigen, heiligen Gottes Wort
angezogen, dasselb damit zu singen, zu loben und zu
ehren, daß also solcher schöner Schmuck der Musica
in rechtem Brauch ihrem lieben Schöpfer und seinen
Christen diene, daß er gelobt und geehret, wir aber
durch sein heiliges Wort mit süßem Gesang, ins
Herz getrieben, gebessert und gestärkt werden im
Glauben. Das helfe uns Gott der Vater mit Sohn
und Heiliger [12]) Geist. Amen.

Doch ist nicht dies unser Meinung, daß diese
Noten so eben müßten in allen Kirchen gesungen
werden, ein igliche Kirche halte ihre Noten nach
ihrem Buch und Brauch. Denn ich selbs auch
nicht gerne höre, wo in einem Responsorio oder Gesang die Noten verruckt anders gesungen werden bei
uns, weder ich der in meiner Jugend gewohnet bin.
Es ist umb Veränderung des Texts und nicht der
Noten zu thun.

Wenn man auch sonst die Gräber wollt ehren,
wäre es fein an die Wände, wo sie da sind, gute
Epitaphia oder Sprüche aus der Schrift drüber zu
malen oder zu schreiben, daß sie für Augen wären

---

11) P. von Schindeleichen. 12) P. Heiligen.

denen, so zur Leiche oder auf den Kirchhof gingen, nämlich also oder dergleichen:

Er [13]) ist entschlafen mit seinen Vätern und zu seinem Volk versammlet.

Ich weiß, daß mein Erlöser lebt, und er wird mich aus der Erden aufwecken, und werde mit meiner Haut umgeben werden und werde in meinem Fleisch Gott sehen ꝛc. Hiob 19. (V. 25. 26.)

Ich liege und schlafe und erwache, denn der Herr hält mich. Psalm 3. (V. 6.)

Ich liege und schlafe ganz mit Frieden. Psalm 4. (V. 9.)

Ich will schauen dein Antlitz in Gerechtigkeit, ich will satt werden, wenn ich erwache nach deinem Bilde. Psalm 17. (V. 15.)

Gott wird meine Seele erlösen aus der Höllen Gewalt, denn er hat mich angenommen. Psalm 46.

Der Tod seiner Heiligen ist werth gehalten vor dem Herrn. Ps. 116. (V. 15.)

Der Herr wird auf diesem Berge das Hüllen wegnehmen, damit alle Völker verhüllet sind, und die Decke, damit alle Heiden zugedeckt sind, denn er wird den Tod verschlingen ewiglich ꝛc. Jes. 25. (V. 7. 8.)

Deine Todten werden leben und mit dem Leichnam auferstehen. Wachet auf und rühmet, die ihr lieget unter der Erden, denn dein Thau ist ein Thau des grünen Feldes. Jes. 26. (V. 19.)

Gehe hin, mein Volk, in eine Kammer, und schleuß die Thür nach dir zu; verbirg dich ein klein Augenblick, bis der Zorn vorüber gehe ꝛc. Jes. 26. (V. 20.)

Die Gerechten werden weggerafft vor dem Unglück, und die richtig vor sich gewandelt haben, kommen zum Frieden und ruhen in ihren Kammern. Jes. 57. (56, 1. 2.)

So spricht der Herr: Siehe, ich will eure Gräber aufthun und ich will euch, mein Volk, aus denselben herausholen ꝛc. Ezech. 37. (V. 12.)

13) P. Co.

Biele, so unter der Erden schlafen liegen, werben aufwachen, Etliche zum ewigen Leben, Etliche zu ewiger Schmach und Schande. Daniel 13. [12, 2.]

Ich will sie erlösen aus der Höllen und vom Tod erretten. Tod, ich will dir eine Gift sein, Hölle, ich will dir eine Pestilenz sein. Hos. 13. (B. 14.)

Ich bin der Gott Abraham und der Gott Isaac und der Gott Jacob. Gott aber ist nicht ein Gott der Todten, sondern der Lebendigen. 2. B. Mos. 3. (B. 6.) Matth. 22. (B. 32.)

Das ist der Wille des Vaters, der mich gesandt hat, daß ich nichts verliere von Allem, das er mir gegeben hat, sondern daß ichs auferwecke am jüngsten Tage. Joh. 6. (B. 39.)

Ich bin die Auferstehung und das Leben, wer an mich glaubet, der wird leben, ob er gleich stürbe. Und wer da lebet und glaubet an mich, der wird nimmermehr sterben. Joh. 11. (B. 25. 26.)

Keiner lebt ihm selber und Keiner stirbt ihm selber. Leben wir, so leben wir dem Herrn, sterben wir, so sterben wir dem Herrn, darum wir leben oder sterben, so sind wir des Herrn. Denn dazu ist Christus auch gestorben und auferstanden und wieder lebendig worden, daß er über Todte und Lebendige Herr sei. Röm. 14. (B. 7—9.)

Hoffen wir allein in diesem Leben auf Christum, so sind wir die elendesten Menschen unter allen. 1. Kor. 15. (B. 19.)

Wie sie in Adam Alle sterben, also werden sie in Christo Alle lebendig gemacht werden. 1. Kor. 15. (B. 22.)

Der Tod ist verschlungen in den Sieg; Tod, wo ist dein Stachel? Hölle, wo ist dein Sieg? Aber der Stachel des Todes ist die Sünde, die Kraft aber der Sünde ist das Gesetz. Gott aber sei Dank, der uns den Sieg gegeben hat durch unsern Herrn Jesum Christum. Amen. 1. Kor. 15. (B. 55—57.)

Christus ist mein Leben und Sterben ist mein Gewinn. Phil. 1. (B. 21.)

So wir glauben, daß Jesus gestorben und auferstanden ist, also wird Gott auch, die da entschlafen
sind durch Jesum, mit ihm führen. 1. Theff. 4.
(B. 14.) [14]).

Sölche Sprüche und Grabeschrift zierten die
Kirchof besser, denn sonst andere weltliche Zeichen,
Schild, Helm ꝛc.

(Folgen die Gesänge. : Danach Seite Dva.)

Wo aber Jemand tüchtig und lustig wäre, solche
Sprüche in gute feine Reime zu stellen, das wäre
dazu gut, daß sie deste leichter behalten und deste
lieber gelesen würden. Denn Reime oder Vers machen gute Sentenz oder Sprichwort, die man lieber
beraucht, denn sonst schlechte Rede.

Luca 2.

Im Fried bin ich dahin gefahren,
Denn mein Augen gesehen habn
Dein [15]) Heiland, HErr, von dir bereit [16])
Zum Licht der ganzen Christenheit.
Indeß rug ich in dieser Gruft,
Bis auf meins Herren Wiederkunft.

Luca 2.

Mit Fried und Freud in guter Ruh,
Fröhlich thät ich mein Augen zu
Und legt mich schlafen in mein Grab,
Weil ich dein [17]) Heiland gsehen hab,
Den du fur uns All hast bereit [18])
Zum Heil der ganzen Christenheit,
Daß er das ewig Licht soll sein
Den Heiden zum seligen Schein,
Und daß auch Israel darob
Hab Herrlichkeit und ewigs Lob.

Johann. 11.

Christ ist die Wahrheit und das Leben,
Die Auferstehung will er geben.
Wer an ihn gläubt, das Leben wirbt,
Ob er gleich hie auch leiblich stirbt.
Wer lebt und gläubt, thut ihm die Ehr,
Wird gwißlich [19]) sterben nimmermehr.

---

14) Die angeführten Sprüche hat Wackernagel bloß angedeu-
tet. 15) P. Dein'n. 16) P. bereit't. 17) P. dein'n. 18)
P. bereit't. 19) P. gewißlich.

Hiob 19.

In meim[20]) Elend war dies mein Trost,
Ich sprach: Er lebt, der mich erlöst[21]),
Auf den ich in der Noth vertraut,
Wird mich wieder mit meiner Haut
Umbgeben, daß ich aus der Erd
Vom Tod wieder erwecket werd
In meinem Fleisch werd ich Gott sehen.
Ist gewißlich wahr und wird geschehen.

Die deutschen Gesänge:
Mit Fried und Freud,
Wir glauben all an einen,
Nu bitten wir den heiligen,
Nu laßt uns den Leib 2c.

mag man eins umbs ander singen, wenn man vom Begräbniß heimgehen will; also mag man mit den latinischen Gesängen halten:

Jam moesta quiesce,
Si enim credimus,
Corpora sanctorum,
In pace sumus etc.

IV.
Geistliche Lieder.
Mit einer neuen Vorrede D. Mart. Luth.

Warnung D. M. L.[1])

Viel falscher Meister itzt Lieder dichten,
Siehe dich für und lern sie recht richten.
Wo Gott hinbauet sein Kirch und sein Wort,
Da will der Teufel sein mit Trug und Mord.

Leipzig.

(Am Ende:)

Gedruckt zu Leipzig, durch Valentin Babst, in der Ritterstraßen[2]). M. D. XLV.

Vorrede D. Mart. Luth.

Der xcvj. Psalm spricht: Singet dem HERRN ein neues Lied, singet dem HERRN alle Welt! Es war im Alten Testament unter dem Gesetz Mosi der

---

20) P. meinen. 21) P. erlöst!
1) P. Luthers. 2) „in der Ritterstraßen" fehlt bei R

Gottesdienst sauer und mühselig, da sie so viel und mancherlei Opfer thun mußten, von Allem, das sie hatten, beide, zu Hause und zu Felde, welches das Volk, so da faul und geizig war, gar ungern that, oder Alles umb zeitlichs Genießes willen that. Wie der Prophet Maleachi am 1. sagt: Wer ist unter euch, der umbsonst eine Thür zuschließe oder ein Licht auf meinem Altar anzünde? Wo aber ein solch faul unwillig Herze ist, da kann gar nichts oder nichts Guts gesungen werden. Fröhlich und lustig muß Herz und Muth sein, wo man singen soll. Darum hat Gott solchen sauren und unwilligen Gottesdienst fahren lassen, wie er daselbst weiter spricht: Ich habe keine Lust zu euch, spricht der HERR Zebaoth, und euer Speisopfer gefället mir nicht von euern Händen, denn vom Aufgang der Sonnen bis zu ihrem Niedergang ist mein Name herrlich unter den Heiden, und an allen Orten wird meinem Namen Räuchwerk geopfert und ein rein Speisopfer. Denn groß ist mein Name unter den Heiden, spricht der HERR Zebaoth.

Also ist nu im Neuen Testament ein besser Gottesdienst, davon hie der Psalm sagt: Singet dem HERRN ein neues Lied, singet dem HERRN alle Welt! Denn Gott hat unser Herz und Muth fröhlich gemacht, durch seinen lieben Sohn, welchen er für uns gegeben hat zur Erlösung von Sünden, Tod und Teufel. Wer solchs mit Ernst gläubet, der kanns nicht lassen, er muß fröhlich und mit Lust davon singen und sagen, daß es Andere auch hören und herzu kommen. Wer aber nicht davon singen und sagen will, das ist ein Zeichen, daß ers nicht gläubet und nicht ins neu fröhliche Testament, sondern unter das alte, faule, unlustige Testament gehöret.

Darumb thun die Drucker sehr wohl dran, daß sie gute Lieder fleißig drucken und mit allerlei Zierde den Leuten angenehme machen, damit sie zu solcher Freude des Glaubens gereizt werden und gerne singen. Wie denn dieser Druck Baltin Babsts sehr lustig zugericht ist. Gott gebe, daß damit dem Rö-

zwischen Papst, der nichts denn Heulen, Trauren und
Leid in aller Welt hat angericht, durch seine ver-
dampte nachträgliche und leidige Gesetze, großer Abbruch und Schaden geschehe. Amen.

Ich muß aber das auch vermahnen, das Lied,
so man zum Grabe singet: Nu laßt uns den Leib
begraben, führet meinen Namen; aber es ist nicht
mein, und soll mein Name hinweg davon gethan
sein; nicht daß ichs verwerfe, denn es gefällt mir
sehr wohl, und hat ein guter Poet gemacht, genannt
Johannes Weiß [3], ohn daß er ein wenig geschwärmet
hat am Sacrament; sondern ich will Niemand sein
Arbeit mir zueigen [4].

Und im De profundis solls also stehn: Deß
muß dich fürchten Jedermann. Ist versehen oder
ist übermeistert, daß fast in Büchern stehet: Deß
muß sich fürchten Jedermann. Ut timearis; denn es
ist ebräisch geredt, wie Matth. xv.: Vergeblich fürchten sie mich mit Menschenlehre; und Psal. xiiij. und
Psal. liij.: Sie rufen den HERRN nicht an, da
fürchten sie, da nicht zu fürchten ist. Das ist: Sie
können viel Demuth, Bucken und Ducken in ihrem
Gottesdienst, da ich keinen Gottesdienst will haben.
Also ist hie auch [5] die Meinung: Weil sonst nirgend Vergebung der Sünden zu suchen ist, denn bei
dir, so müssen sie wohl alle Abgötterei fahren lassen,
und thuns gern, daß sie sich für dir bucken, ducken,
zum Kreuz kriechen und allein dich in Ehren halten
und zu dir Zuflucht haben und dir dienen, als die
deiner Gnaden leben und nicht ihren eigen Gerechtigkeit rc.

---

3) P. weist in einer Anmerkung nach, daß Luther sich in dem
Vornamen geirrt hat, und daß der Dichter von dem genannten Lied „Michael Weiße" heißt. 4) R. zueignen. 5) P.
nach sie.

I.

Ein Danklied für die höchsten Wohlthaten, so uns Gott in Christo erzeigt hat.

Nun freut euch, lieben Christen gmein,
Und laßt uns fröhlich springen,
Daß wir getrost und All in ein
Mit Lust und Liebe singen:
  Was Gott an uns gewendet hat
Und seine süße Wunderthat,
Gar theuer hat es erworben.

  Dem Teufel ich gefangen lag,
Im Tod war ich verloren,
Mein Sünd mich quälet[1]) Nacht und Tag,
Darin ich war geboren;
  Ich fiel auch immer tiefer drein,
Es war kein Guts am Leben mein,
Die Sünd hatt mich besessen.

  Mein gute Werk, die golten nicht,
Es war mit ihn[2]) verdorben,
Der frei Will hasset[3]) Gotts Gericht,
Er war zum Gut[4]) erstorben.
  Die Angst mich zu verzweifeln trieb,
Daß nichts denn Sterben bei mir blieb,
Zur Höllen mußt ich sinken.

  Da jammert's Gott in Ewigkeit,
Mein Elend übermaßen,
Er dacht an sein Barmherzigkeit,
Er wollt mir helfen lassen.
  Er wandt zu mir das Vaterherz,
Es war bei ihm fürwahr kein Scherz,
Er ließ sein Bestes kosten.

  Er sprach zu seinem lieben Sohn:
Die Zeit ist hie zurbarmen[5]),
Fahr hin, meins Herzen[6]) werthe Kron,
Und sei das Heil dem Armen,

---

1) P. quälte. 2) P. thu'n. 3) P. haßte. 4) P. Gut'n;
5) P. zu erbarmen. 6) P. Herzens. —

Und hilf ihm aus der Sündennoth,
Erwürg für ihn den bittern Tod
Und laß ihn mit dir leben!

Der Sohn dem Vater ghorsam werd,
Er kam zu mir auf Erden,
Von einer Jungfrau rein und zart,
Er sollt mein Bruder werden.

Gar heimlich führt er sein Gewalt,
Er ging in meiner armen Gstalt,
Den Teufel wollt er fangen.

Er sprach zu mir: Halt dich an mich,
Es soll dir jetzt gelingen.
Ich geb mich selber ganz für dich,
Da will ich für dich ringen;

Denn ich bin dein und du bist mein,
Und wo ich bleib, da sollt du sein,
Uns soll der Feind nicht scheiden.

Vergießen wird er mir mein Blut,
Dazu mein Leben rauben,
Das leid ich Alles dir zu gut,
Das halt mit festem Glauben.

Den Tod verschlingt das Leben mein,
Mein Unschuld trägt die Sünde dein,
Da bist du selig worden.

Gen Himmel zu dem Vater mein
Fahr ich von diesem Leben,
Da will ich sein der Meister dein,
Den Geist will ich dir geben.

Der dich in Trübniß trösten soll
Und lehren mich erkennen wohl
Und in der Wahrheit leiten.

Was ich gethan hab und gelehrt,
Das sollt du thun und lehren,
Damit das Reich Gotts werd gemehrt
Zu Lob und seinen Ehren.

Und hüt dich für') der Menschen Gsatz,
Davon verdirbt der edle Schatz,
Das laß ich dir zu letze.   Amen.

---

7) P. vor.

II.

Der 12te Psalm:

Hilf, Herr, die Heiligen haben abgenommen[1]).

Ach Gott, von[2]) Himmel sieh darein
Und laß dich deß erbarmen,
Wie wenig sind der Heilgen dein,
Verlassen sind wir Armen.
   Dein Wort man läßt nicht haben wahr,
Der Glaub ist auch verloschen gar
Bei allen Menschenkindern.

   Sie lehren eitel falsche List,
Was eigen[3]) Witz erfindet;
Ihr Herz nicht eines Sinnes ist
In Gottes Wort gegründet.
   Der wählet dies, der Ander[4]) das,
Sie trennen uns ohn alle Maß
Und gleißen schön von außen.

   Gott wollt ausrotten alle Lahr,
Die falschen Schein uns lehren;
Darzu[5]) ihr Zung stolz offenbar
Spricht: Trotz, wer wills uns wehren?
   Wir haben Recht und Macht allein,
Was wir setzen, das gilt gemein,
Wer ist, der uns soll meistern?

   Darum spricht Gott: Ich muß auf sein,
Die Armen sind verstöret.
Ihr Seufzen dringt zu mir herein,
Ich hab ihr Klag erhöret.
   Mein heilsam Wort soll auf den Plan,
Getrost und frisch sie greifen an
Und sein die Kraft der Armen.

   Das Silber, durchs Feur siebenmal
Bewährt, wird lauter funden:
Am Gotteswort man warten soll
Desgleichen alle Stunden.

---

1) »Hilf, Herr — — abgenommen« fehlt bei P. 2) P.
vom. 3) P. eigner. 4) P. Andre. 5) P. Dazu (:

Es will durchs Kreuz bewähret sein,
Da wird sein Kraft erkannt und Schein
Und leucht stark in die Lande.

Das wollst du, Gott, bewahren rein
Für *) diesem argen Gschlechte,
Und laß uns dir befohlen sein,
Daß sichs in uns nicht flechte.
Der gottlos Hauf sich umher findt,
Wo diese lose Leute sind
In deinem Volk erhaben.

III.

Der 14te Psalm:

Die Thoren sprechen in ihrem Herzen: Es ist
kein Gott¹)

Es spricht der Unweisen Mund wohl:
Den rechten Gott wir meinen;
Doch ist ihr Herz Unglaubens voll,
Mit That sie ihn verneinen.

Ihr Wesen ist verderbet zwar,
Für ²) Gott ist es ein Gräuel gar,
Es thut ihr ³) Keiner kein gut.

Gott selbst von ⁴) Himmel sah herab
Auf aller Menschen Kinden ⁵),
Zu schauen sie er sich begab,
Ob er Jemand würd finden,
Der sein ⁶) Verstand gerichtet hätt,
Mit Ernst nach Gottes Worten thät
Und fragt nach seinem Willen.

Da war Niemand auf rechter Bahn,
Sie warn All ausgeschritten,
Ein Jeder ging nach seinem Wahn!
Und hielt verlorne Sitten.

---

6) P. Vor.
1) „Die Thoren — — kein Gott" fehlt P. 2) P. Vor.
3) P. ihr'e 4) P. vom. 5) P. alle Menschenkinder. 6) P.
sein'n. 7) P. that ihr'e.

Es thät ihr¹) Keiner doch kein gut,
Wiewohl gar Viel bewog der Muth:
Ihr Thun sollt Gott gefallen.

Wie lang wollen unwissend sein,
Die solche Müh aufladen
Und fressen dafür das Volk mein
Und nährn⁸) sich mit sein⁹) Schaden?

Es steht ihr Trauen nicht auf Gott,
Sie rufen ihm nicht in der Noth,
Sie wölln sich selbst versorgen.

Darum ist ihr Herz nimmer still
Und steht allzeit in Forchten;
Gott bei den Frommen bleiben will,
Dem sie mit Glauben ghorchen.

Ihr aber schmäht des Armen Rath
Und höhnet Alles, was er sagt,
Daß Gott sein Trost ist worden.

Wer soll Israel dem armen
Zu Zion Heil erlangen?
Gott wird sich seins Volks erbarmen,
Und lösen, die gefangen.

Das wird er thun durch seinen Sohn,
Davon wird Jacob Wonne han
Und Israel sich freuen.
        Amen.

IV.

Der 130ste Psalm.

Aus der Tiefe rufe ich, Herr, zu dir.

(Das ältere Lied.)¹)

Aus tiefer Noth schrei' ich zu dir,
Herr Gott, erhör' mein Rufen,
Dein gnädig Ohren kehr' zu mir
Und meiner Bitt sie öffen.

----

7) P. that ihr. 8) P. nähren. 9) P. seim.
  1) Dies ältere Lied fehlt bei P.

Denn so du das willt sehen an;
Wie manche Sünd ich hab gethan:
Wer kann, Herr, für dir bleiben?

Es steht bei deiner Macht allein,
Die Sünden zu vergeben,
Daß dich fürcht beide, Groß und Klein,
Auch in dem besten Leben.
Darum auf Gott will hoffen ich,
Mein Herz auf ihn soll lassen sich,
Ich will seins Worts erharren.

Und ob es währt bis in die Nacht
Und wieder an den Morgen,
Doch soll mein Herz an Gottes Macht
Verzweifeln nicht noch sorgen.
So thu Israel rechter Art,
Der aus dem Geist erzeuget ward,
Und seines Gotts erharre.

Ob bei uns ist der Sünden viel,
Bei Gott ist viel mehr Gnaden;
Sein Hand zu helfen hat kein Ziel,
Wie groß auch sei der Schaden.
Er ist allein der gute Hirt,
Der Israel erlösen wird
Aus seinen Sünden allen.

V.

Der 130ste Psalm:

Aus der Tiefe ruf ich, Herr, zu dir.[1]

(Das umgearbeitete Lied.)[2]

Aus tiefer Noth schrei ich zu dir,
Herr Gott, erhör mein Rufen,
Dein gnädig[3] Ohren kehr zu mir
Und meiner Bitt sie öffen.[4]
Denn so du willt das sehen an,

Was Sünd und Unrecht ist gethan:
Wer kann, Herr, für [5]) dir bleiben?

Bei dir gilt nichts denn Gnad und Gunst,
Die Sünde zu vergeben.
Es ist doch unser Thun umsunst
Auch in dem besten Leben.
Für [5]) dir Niemand sich rühmen kann,
Deß muß dich fürchten Jedermann
Und deiner Gnade leben.

Darum auf Gott will hoffen ich,
Auf mein Verdienst nicht bauen;
Auf ihn mein Herz soll lassen sich
Und seiner Güte trauen,
Die mir zusagt sein werthes Wort,
Das ist mein Trost und treuer Hort,
Deß will ich allzeit harren.

Und ob es währt bis in die Nacht
Und wieder an den Morgen,
Doch soll mein Herz an Gottes Macht
Verzweifeln nicht noch sorgen.
So thu Israel rechter Art,
Der aus dem Geist erzeuget ward,
Und seines Gotts erharre.

Ob bei uns ist der Sünden viel,
Bei Gott ist viel mehr Gnaden;
Sein Hand zu helfen hat kein Ziel,
Wie groß auch sei der Schaden.
Er ist allein der gute Hirt,
Der Israel erlösen wird
Aus seinen Sünden allen.

VI.

S. Johannis Hussen Lied:
Jesus Christus, nostra salus etc.
gebessert. [1])

Jesus Christus, unser Heiland,
Der von uns den Gottes Zorn wand,

---

5) P. vor.

1) P. Johannes Hussens Lied, gebessert. „Aus dem Lateinischen des Joh. Huß.)

Durch das bitter[2]) Leiden sein
Half er uns aus der Höllen Pein.

Daß wir nimmer deß vergessen,
Gab er uns sein[3]) Leib zu essen,
Verborgen im Brod so klein,
Und zu trinken sein Blut im Wein.

Wer sich will zu dem Tisch machen,
Der hab wohl Acht auf sein Sachen;
Wer unwürdig hinzu geht,
Für das Leben den Tod empfäht.

Du sollt Gott den Vater preisen,
Daß er dich so wohl wollt speisen,
Und für deine Missethat
In den Tod sein[3]) Sohn geben hat.

Du sollt glauben und nicht wanken,
Daß ein Speise sei den Kranken,
Den[4]) ihr Herz von Sünden schwer
Und vor Angst ist betrübet sehr.

Solch groß Gnad und Barmherzigkeit
Sucht ein Herz in großer Arbeit:
Ist dir wohl, so bleib davon,
Daß du nicht kriegest bösen Lohn.

Er spricht selber: Kommt, ihr Armen,
Laßt mich über euch erbarmen;
Kein Arzt ist dem Starken Noth,
Sein Kunst wird an ihm gar ein Spott.

Hättst du dir was könnt erwerben,
Was dürft ich denn für dich sterben?
Dieser Tisch auch dir nicht gilt,
So du selber dir helfen willt.

Glaubst du das von Herzengrunde[5])
Und bekennest mit dem Munde,
So bist du recht wohl geschickt,
Und die Speise dein Seel erquickt.

---

[2] P. bittre. [3]) P. se&rn. [3]) P. vern. [5]) P. Herzensgrunde.

Die Frucht soll auch nicht ausbleiben:
Deinen Nächsten sollt du lieben,
Daß er dein genießen kann,
Wie dein Gott an dir hat gethan.

VII.

Der Lobgesang:
Gott sei gelobet und gebenedeiet[1]).

Gott sei gelobet und gebenedeiet,
Der uns selber hat gespeiset
Mit seinem Fleische und mit seinem Blute,
Das gieb uns, Herr Gott, zu gute.
    Kyrieleison.
Herr, durch deinen heiligen Leichnam,
Der von deiner Mutter Maria kam,
Und das heilige Blut
Hilf uns, Herr, aus aller Noth.
    Kyrieleison.

                       en.

     größer[3])
Dabei wir sein   gedenken.
    Kyrielei
Herr, dein Lieb   roß dich zwungen hat,
Daß   groß Wunder that
Und bezahlt unser[4]) Schuld,
Daß uns Gott ist worden hold.
    Kyrieleison.

Gott geb uns Allen seiner Gnaden Segen
Daß wir gehn auf seinen Wegen
In rechter Lieb und brüderlicher Treue,
Daß uns die Speis nicht gereue.
    Kyrieleison.

---

1) P. Ein Lobgesang vom heiligen hochwürdigen Sacrament. 2) P. heiliges 3) P. größ're. 4) P. unsre.

Herr, dein Heilig [*] Geist uns nimmer laß,
Der uns geb zu halten rechte Maß,
Daß dein arm Christenheit,
Leb in Fried und Einigkeit.
Kyrieleison.

Ein Gebet.

So oft ihr von diesem Brod esset, und von diesem
Kelch trinket,
Sollt ihr des Herrn Tod verkündigen, bis er kommet.

Ach du lieber Herr Gott, der du uns bei diesem wunderbarlichen Sacrament deines Leidens zu
gedenken und predigen befohlen hast, verleihe uns,
daß wir solch deines Leibes und Bluts Sacrament
also mügen brauchen, daß wir deine Erlösung in uns
täglich fruchtbarlich empfinden, Amen.

Ein ander Gebet.

Welcher unwürdig von diesem Brod isset, oder von
dem Kelch des Herrn trinket,
Der ist schuldig an dem Leib und Blut des Herrn.

Wir danken dir, allmächtiger HERR Gott, daß
du uns durch diese heilsame Gabe hast erquicket, und
bitten deine Barmherzigkeit, daß du uns solches gedeihen lassest zu starkem Glauben gegen dir, und zu
brünstiger Liebe unter uns allen, durch Jesum Christ,
deinen Sohn, unsern Herren, Amen.

VIII.

Der 67ste Psalm:

Gott sei uns gnädig und segne uns[1].

Es wollt uns Gott genädig sein
Und seinen Segen geben,
Sein Antlitz uns mit hellem Schein
Erleucht zum ewgen[2] Leben,

[*] P. heiliger.
1) „Gott — — uns" fehlt bei P. 2) P. ewigen.

Daß wir erkennen seine Werk
Und was ihm liebt auf Erden,
Und Jesus Christus, Heil und Stärk,
Bekannt den Heiden werden
Und sie zu Gott bekehren.

So danken, Gott, und loben dich
Die Heiden über alle,
Und alle Welt die freue sich
Und sing mit großem Schalle,
Daß du auf Erden Richter bist
Und läßt die Sünd nicht walten,
Dein Wort die Hut und Weide ist,
Die alles Volk erhalten,
Zu rechter Bahn zu wallen.

Es danke, Gott, und lobe dich
Das Volk in guten Thaten,
Das Land bringt Frucht und bessert sich,
Dein Wort ist wohl gerathen.
Uns segen[3]) Vater und der Sohn,
Uns segen[3]) Gott der Heilig[4]) Geist,
Dem alle Welt die Ehre thu,
Für[5]) ihm sich fürchte allermeist.
Nun sprecht von Herzen: Amen.

IX.

Ein Lobgesang auf das Osterfest.

Jesus Christus, unser Heiland,
Der den Tod überwand,
Ist auferstanden,
Die Sünd hat er gefangen.
Kyrie eleison.

Der ohn Sünden war geborn,
Trug für uns Gottes Zorn,
Hat uns versöhnet,
Daß uns Gott sein Huld gönnet.
Kyrie eleison.

3) P. segne. 4) P. heilige. 5) P. Vor.

Tod, Sünd, Leben und Gnad,
Alls in Händen er hat;
Er kann erretten
Alle, die zu ihm treten.
Kyrie eleison.

Ein Gebet.

Christus, von den Todten erwecket, stirbt hinfurt nimmer, Halleluja.
Der Tod wird hinfurt über ihn nicht herrschen, Halleluja.
Ich weiß, daß mein Erlöser lebet, Halleluja.
Der wird mich hernach aus der Erden auferwecken, Halleluja.

Allmächtiger Gott, der du durch den Tod deines Sohns die Sünd und Tod zunicht gemacht, und durch sein Auferstehen, Unschuld und ewiges Leben wiederbracht hast, auf daß wir von der Gewalt des Teufels erlöset, in deinem Reich leben: verleihe uns, daß wir solches von ganzem Herzen glauben, und in solchem Glauben beständig, dich allzeit loben und dir danken, durch denselbigen deinen Sohn, Jesum Christum, unsern Herrn, Amen.

Ein Gebet auf den Tag der Himmelfahrt Christi.

Christus ist aufgefahren in die Höhe, Halleluja.
Und hat das Gefängniß gefangen, Halleluja.

Oder:

Ich fahre auf zu meinem Vater, und zu eurem Vater, Halleluja.
Zu meinem Gott, und zu eurem Gott, Halleluja.

Allmächtiger HERR Gott, verleihe uns, die wir gläuben, daß dein einiger Sohn, unser Heiland, sei heute gen Himmel gefahren, daß auch wir mit ihm geistlich im geistlichen Wesen wandeln und wohnen, durch denselbigen deinen Sohn Jesum Christum, unsern Herrn, Amen.

X.

Der Ostergesang[1]):
Christ ist erstanden,
gebessert.

Christ lag in Todesbanden,
Für unser[2]) Sünd gegeben,
Der ist wieder erstanden,
Und hat uns bracht das Leben:
  Deß wir sollen fröhlich sein,
Gott loben und dankbar sein
Und singen Halleluja.
    Halleluja.

  Den Tod Niemand zwingen kunnt
Bei allen Menschen Kinden,
Das macht Alles unser[2]) Sünd[3]),
Kein Unschuld war zu finden.
  Davon kam der Tod sobald,
Und nahm über uns Gewalt,
Hielt uns in seim[4]) Reich gefangen.
    Halleluja.

  Jesus Christus, Gottes Sohn,
An unser[5]) Statt ist kommen
Und hat die Sünd[6]) abgethan[7]),
Damit dem Tod genommen
  All sein Recht und sein Gewalt,
Da bleibt nichts denn Todsgestalt,
Den Stachel hat er verloren.
    Halleluja.

  Es war ein wunderlich Krieg,
Da Tod und Leben rungen,
Das Leben behielt den Sieg,
Es hat den Tod verschlungen.
  Die Schrift hat verkündet das,
Wie ein Tod den andern fraß,
Ein Spott aus dem Tod ist worden.
    Halleluja.

---

1) „Der Ostergesang" fehlt bei P. 2) P. unsre. 3) P. Sünd.
4) P. seinem. 5) P. unser. 6) P. Sünde. 7) P. abgethan.

Hie*) ist das recht Osterlamm,
Davon Gott hat geboten,
Das ist an des Kreuzes Stamm
In heißer Lieb gebraten⁹).
  Deß Blut zeichnet unser ¹⁰) Thür,
Das hält der Glaub dem Tod für,
Der Würger kann uns nicht rühren.
    Halleluja.

So feiern wir das hoh Fest
Mit Herzenfreud ¹¹) und Wonne,
Das uns der Herr scheinen läßt,
Er ist selber die Sonne,
  Der durch seiner Gnaden Glanz
Erleucht unser ¹²) Herzen ganz,
Der Sünden Nacht ist vergangen.
    Halleluja.

Wir essen und leben wohl
In rechten Osterfladen,
Der alte Sauerteig nicht soll
Sein bei dem Wort der Gnaden.
  Christus will die Koste sein
Und speisen die Seel allein,
Der Glaub will keins Andern leben.
    Halleluja.

XI.

Die zehn Gebote Gottes.

(Das längere Lied.)¹)

Dies sind die heilgen zehn ²) Gebot,
Die uns gab unser Herre Gott
Durch Mosen, seinen Diener treu,
Hoch auf dem Berg Sinai.
    Kyrieleis ³).

----

8) P. Hier. 9) P. gebroten. 10) P. unsre. 11) P. Her-
zensfreud. 12) P. erleucht't unsre.
  1) „(Das längere Lied.)" fehlt bei P. 2) P. heiligen
zehen. 3) P. Kyrioleis; ebenso bei den übrigen Versen.

Ich bin allein dein Gott der Herr,
Kein Götter sollt du haben mehr,
Du sollt mir ganz vertrauen dich,
Von Herzengrund [4]) lieben mich.
      Kyrieleis.

Du sollt nicht führen zu Unehrn
Den Namen Gottes, deines Herrn,
Du sollt nicht preisen recht noch gut,
Ohn was Gott selbst redt und thut.
      Kyrieleis.

Du sollt heilgen [5]) den siebent [6]) Tag,
Daß du und dein Haus ruhen mag,
Du sollt von deim [7]) Thun lassen ab,
Daß Gott sein Werk in dir hab.
      Kyrieleis.

Du sollt ehrn und gehorsam sein
Dem Vater und der Mutter dein,
Und wo dein Hand ihn [8]) dienen kann,
So wirst du langs Leben han.
      Kyrieleis.

Du sollt nicht tödten zorniglich,
Nicht hassen noch selbst rächen dich,
Geduld haben und sanften Muth
Und auch dem Feind thun das Gut.
      Kyrieleis.

Dein Ehe sollt du bewahren rein,
Daß auch dein Herz kein Andre mein,
Und halten keusch das Leben dein
Mit Zucht und Mäßigkeit fein.
      Kyrieleis.

Du sollt nicht stehlen Geld noch Gut,
Nicht wuchern Jemands Schweiß und Blut,
Du sollt aufthun dein milde Hand
Den Armen in deinem Land.
      Kyrieleis.

---

4) P. Herzensgrund.   5) P. heiligen.   6) P. siebent'n.
7) P. dein'm. 8) P. thu'n.

Du sollt kein falscher Zeuge sein,
Nicht lügen auf den Nächsten dein,
Sein Unschuld sollt auch retten du
Und seine Schand decken zu.
  Kyrieleis.

Du sollt deins Nächsten Weib und Haus
Begehren nicht noch etwas draus,
Du sollt ihm wünschen alles Gut,
Wie dir dein Herz selber thut.
  Kyrieleis.

Die Gebot all uns geben[9]) sind,
Daß du dein Sünd, o Menschenkind,
Erkennen sollt, und lernen wohl,
Wie man für[10]) Gott leben soll.
  Kyrieleis.

Das helf uns der Herr[11]) Jesus Christ,
Der unser Mittler worden ist:
Es ist mit unserm Thun verlorn,
Verdienen doch eitel Zorn.
  Kyrieleis

XII.

Die zehn Gebote Gottes,[1])
kürzer gefaßt.

Mensch, willt du leben seliglich
Und bei Gott bleiben ewiglich:
Sollt du halten die zehn Gebot,
Die uns gebeut unser Gott.
  Kyrieleis[2]).

Dein Gott allein und Herr bin ich,
Kein ander Gott soll irren dich,
Trauen soll mir das Herze dein,
Mein eigen Reich sollt du sein.
  Kyrieleis.

---

9) P. gegeben. 10) P. vor. 11) P. Herre.
1) „Gottes" fehlt bei P. 2) P. Kyrieleis; ebenso in den übrigen Versen.

Du sollt mein[3]) Namen ehren schon
Und in der Noth mich rufen an,
Du sollt heilgen den Sabbathtag,
Daß ich in dir wirken mag.
       Kyrieleis.

Dem Vater und der Mutter dein
Sollt du nach mir gehorsam sein,
Niemand tödten noch zornig sein
Und deine Ehe halten rein.
       Kyrieleis.

Du sollt eim[4]) Andern stehlen nicht,
Auf Niemand Falsches zeugen icht,
Deines Nächsten Weib nicht begehrn
Und all seins Guts gern entbehrn.
       Kyrieleis.

XIII.
Der Hymnus:
Veni redemptor gentium etc.
verdeutscht[1]).

Nun komm, der Heiden Heiland,
Der Jungfrauen Kind erkannt,
Daß sich wunder[2]) alle Welt,
Gott solch Geburt ihm bestellt.

Nicht von Manns Blut noch von Fleisch,
Allein von dem Heilgen[3]) Geist
Ist Gotts[4]) Wort worden ein Mensch,
Und blühet ein Frucht Weibsfleisch[5]).

Der Jungfrau Leib schwanger ward,
Doch blieb Keuschheit rein bewahrt,
Leucht[6]) herfür manch Tugend schon,
Gott da war in seinem Thron.

---

3) P. mein'n. 4) P. ein'm.
1) P. Nun komm, der Heiden Heiland! (Aus dem Lateinischen des heil. Ambrosius.) 2) P. wundre. 3) P. heiligen. 4) P. Gottes. 5) P. Weibesfleisch. 6) P. Leucht't.

Er ging aus der Kammer fein,
Dem könglichen Saal so rein,
Gott von Art und Mensch ein Held,
Sein [7]) Weg er zu laufen eilt.

Sein Lauf kam vom Vater her,
Und kehrt wieder zum Vater,
Fuhr hinunter zu der Höll
Und wieder zu Gottes Stuhl.

Der du bist dem Vater gleich,
Führ hinaus den Sieg im Fleisch,
Daß dein ewig [8]) Gottesgewalt
In uns das krank Fleisch enthalt.

Dein Krippen glänzt hell und klar,
Die Nacht giebt ein neu Licht dar,
Dunkel muß nicht kommen drein,
Der Glaub bleibt immer im Schein.

Lob sei Gott dem Vater thon,
Lob sei Gott seim [9]) einigen Sohn,
Lob sei Gott dem Heiligen Geist
Immer und in Ewigkeit.
Amen.

Ein Gebet.

Bereitet den Weg dem Herrn, macht seine Steig
richtig.

Lieber HERR Gott, wecke uns auf, daß wir bereit seien, wenn dein Sohn kompt, ihn mit Freuden zu empfahen, und dir mit reinem Herzen zu dienen, durch denselbigen deinen Sohn Jesum Christum, unsern Herrn, Amen.

----

7) P. seim'n.   8) P. ew'ge.   9) P. seim'n.

XIV.

Der Hymnus:

A solis ortus cardine etc.

verdeutscht [1]).

Christum wir sollen loben schon,
Der reinen Magd Marien Sohn,
So weit die liebe Sonne leucht [2])
Und an aller Welt Ende reicht.

Der selig [3]) Schöpfer aller Ding
Zog an eins Knechtes Leib gering,
Daß er das Fleisch durchs Fleisch erwörb [4])
Und sein Geschöpf nicht alls verdörb'.

Die göttlich Gnad von [5]) Himmel groß
Sich in die keusche Mutter goß,
Ein Maidlin [6]) trug ein heimlich Pfand,
Das der Natur war unbekannt.

Das züchtig [7]) Haus des Herzen [8]) zart
Gar bald ein Tempel Gottes ward,
Die kein Mann rühret noch erkannt,
Von Gotts Wort sie man schwanger fand.

Die edle Mutter hat geborn,
Den Gabriel verhieß zuvorn,
Den Sanct [9]) Johanns mit Springen zeigt,
Da er noch lag in Mutterleib.

Er lag im Heu mit Armuth groß,
Die Krippen hart ihn nicht verdroß,
Es ward ein kleine Milch sein Speis,
Der nie kein Vöglin [10]) hungern ließ.

Des Himmels Chör sich freuen drob
Und die Engel singen Gott Lob;
Den armen Hirten wird vermeldt
Der Hirt und Schöpfer aller Welt.

---

1) P. Christum wir sollen loben. (Aus dem Lateinischen
des Coelius Sedulius). 2) P. leucht't. 3) P. selge, 4) P.
erwärb' — — verdärb'. 5) P. vom. 6) P. Maidlein. 7)
P. züchtge. 8) P. Herzens. 9) P. St, 10) P. Vöglein.

Lob, Ehr und Dank sei dir gesagt,
Christ, geborn von der reinen Magd,
Mit Vater und dem Heiligen Geist,
Von nun an bis in Ewigkeit.
    Amen.

XV.

Ein Lobgesang von der Geburt unsers Herrn Jesu Christi.

Gelobet seist du, Jesu Christ,
Daß du Mensch geboren bist
Von einer Jungfrau, das ist wahr,
Deß freuet sich der Engel Schaar.
    Kyrieleis [1]).

Des ewigen Vaters einig Kind
Jtzt [2]) man in der Krippen sindt,
In unser armes Fleisch und Blut
Verkleidet sich das ewig [3]) Gut.
    Kyrieleis.

Den aller Welt Kreis nie beschloß,
Der liegt in Marien Schoos,
Er ist ein Kindlein worden klein,
Der alle Ding erhält allein.
    Kyrieleis.

Das ewig [3]) Licht geht [4]) da herein,
Giebt der Welt ein [5]) neuen Schein, t
Es leucht [6]) wohl mitten in der Nach
Und uns des Lichtes Kinder macht.
    Kyrieleis.

Der Sohn des Vaters, Gott von Art,
Ein Gast in der Werlet ward,
Und führt uns aus dem Jammerthal,
Er macht uns Erben in seim [7]) Saal.
    Kyrieleis.

---

1) P. Kyrioleis; so auch in den folgenden Versen. 2) P.
Jtzt. 3) P. ewge. 4) P. gehet. 5) P. ein'n. 6) P.
leucht't. 7) P. seim'm.

Er ist auf Erden kommen arm,
Daß er unser sich erbarm,
Und in dem Himmel machet reich
Und seinen lieben Engeln gleich.
Kyrieleis.

Das hat er Alles uns gethan,
Sein groß Lieb zu zeigen an.
Deß freu sich alle Christenheit
Und dank ihm deß in Ewigkeit.
Kyrieleis.

XVI.

Der Hymnus:

Veni creator Spiritus,

verdeutscht [1]).

Komm, Gott Schöpfer, Heiliger Geist,
Besuch das Herz der Menschen dein,
Mit Gnaden sie füll, wie du weißt,
Daß dein Geschöpf vorhin sein.

Denn du bist der Tröster genannt,
Des Allerhöchsten Gabe theur,
Ein geistlich Salb an uns gewandt,
Ein lebend Brunn, Lieb und Feur.

Zünd uns ein Licht an im Verstand,
Gib uns ins Herz der Liebe Brunst,
Das schwach Fleisch in uns, dir bekannt,
Erhalt fest dein Kraft und Gunst.

Du bist mit Gaben siebenfalt
Der Finger an Gotts rechter Hand,
Des Vaters Wort gibst du gar bald
Mit Zungen in alle Land.

Des Feindes List treib von uns fern,
Den Fried schaff bei uns deine Gnad,

---

1) P. hat als Ueberschrift: Komm, Gott Schöpfer, heiliger Geist. (Der lateinische Hymnus Veni creator spiritus verdeutscht.)

Daß wir beim²) Leiten folgen gern
Und meiden der Seelen Schad.

Lehr uns den Vater kennen wohl,
Dazu Jesum Christ, seinen³) Sohn,
Daß wir des Glaubens werden voll,
Dich, beider Geist, zu verstohn.

Gott Vater sei Lob und dem Sohn,
Der von den Todten auferstund,
Dem Tröster sei dasselb gethan
In Ewigkeit alle Stund.
Amen.

XVII.

Die Antiphona:

Veni sancte spiritus etc.

verdeutscht ¹).

Komm, Heiliger Geist, Herre Gott,
Erfüll mit deiner Gnaden Gut
Deiner Gläubgen³) Herz, Muth und Sinn,
Dein brünstig³) Lieb entzünd in ihn⁴).
O Herr durch deines Lichtes Glast⁵)
Zu dem Glauben versammlet⁶) hast
Das Volk aus aller Welt Zungen,
Das sei dir, Herr, zu Lob gesungen.
Halleluja, Halleluja!

Du heiliges Licht, edler Hort,
Laß uns leuchten des Lebens Wort,
Und lehr uns Gott recht erkennen,
Von Herzen Vater ihn nennen.
O Herr, behüt für ⁷) fremder Lehr,
Daß wir nicht Meister suchen mehr

---

2) P. beim'm. 3) P. sein'n.
1) P. Komm, heiliger Geist, Herre Gott. (Das latei=
nische Veni sancte spiritus gebessert.) 2) P. Gläubigen.
3) P. brünstige. 4) P. ihn'n. 5) P. Glanz. 6) P. versammlt.
7) P. vor.

Denn Jesum mit rechtem Glauben
Und ihm aus ganzer Macht vertrauen.
Halleluja, Halleluja!

Du heilige Brunst, süßer Trost,
Nun hilf uns fröhlich und getrost
In deim[8]) Dienst beständig bleiben,
Die Trübsal uns nicht abtreiben.
O Herr, durch dein Kraft uns bereit
Und stärk des Fleisches Blödigkeit,
Daß wir hier ritterlich ringen,
Durch Tod und Leben zu dir dringen.
Halleluja, Halleluja!

XVIII.

Der Lobgesang Simeons, des Altvaters:

Herr, nun lässest du deinen Diener in Frieden
fahren[1]). Luc. 2, 30—32.

Mit Fried und Freud ich fahr dahin
In Gottes Wille,
Getrost ist mir mein Herz und Sinn,
Sanft und stille.
Wie Gott mir verheißen hat:
Der Tod ist mein Schlaf worden.

Das macht Christus, wahr[2]) Gottes Sohn,
Der treue Heiland,
Den du mich, Herr, hast sehen lon,
Und macht bekannt,
Daß er sei das Leben
Und Heil in Noth und Sterben.

Den hast du Allen fürgestellt[3])
Mit großen Gnaden,
Zu seinem Reich die ganze Welt
Heißen laden
Durch dein theuer heilsam Wort,
An allem Ort erschollen.

8) P. dein'm.
1) „Herr, nun — — fahren" fehlt bei P. 2) P. wahr'r.
3) P. vorgestellt.

Er ist das Heil und selig[4]) Licht
Für die Heiden,
Zurleuchten, die dich kennen nicht,
Und zu weiden.
Er ist deins Volks Israel
Der Preis, Ehr, Freud und Wonne.

Ein Gebet.

Nu läßt du, Herr, deinen Diener im Friede fahren.
Denn meine Augen haben deinen Heiland gesehen.

Allmächtiger, ewiger GOtt, wir bitten dich
herzlich, gib uns, daß wir deinen lieben Sohn erkennen und preisen, wie der heilige Simeon ihn
leiblich in Armen genommen, und geistlich gesehen
und bekannt hat, durch denselbigen deinen Sohn
Jesum Christum, unsern Herrn, Amen.

Ein Gebet vom Leiden Christi.

Christus ist umb unser Missethat willen verwundet,
Und umb unser Sünd willen zuschlagen.

Barmherziger ewiger Gott, der du deines eigen
Sohnes nicht verschonet hast, sondern fur uns alle
dahin gegeben, daß er unser Sünde am Kreuz tragen sollte, verleihe uns, daß unser Herz in solchem
Glauben nimmermehr erschrecke noch verzage, durch
denselben deinen Sohn Jesum Christum, unsern
Herrn, Amen.

Ein ander Gebet.

Die Straf liegt auf ihm, auf daß wir Fried hätten,
Und durch seine Wunden sind wir geheilet.

Allmächtiger Vater, ewiger Gott, der du fur
uns hast deinen Sohn des Kreuzes Pein lassen leiden, auf daß du von uns des Feindes Gewalt trei-
best, verleihe uns also zu begehen, und danken seinem Leiden, daß wir dadurch der Sünden Vergebung, und vom ewigen Tod Erlösung erlangen,
durch denselbigen deinen Sohn rc.

---

4) P. sel'ge.

XIX.
Der christliche Glaube [1]).

Wir glauben All an einen Gott,
Schöpfer Himmels und der Erden,
Der sich zum Vater geben hat,
Daß wir seine Kinder werden.
Er will uns allzeit ernähren,
Leib und Seel auch wohl bewahren,
Allem Unfall will er wehren,
Kein Leid soll uns widerfahren.
Er sorget für uns,
Hut [2]) und wacht,
Es steht Alles in seiner Macht.

Wir glauben auch an Jesum Christ,
Seinen Sohn und unsern Herren,
Der ewig bei dem Vater ist,
Gleicher Gott von Macht und Ehren,
Von Maria, der Jungfrauen,
Ist ein wahrer Mensch geboren
Durch den Heilgen Geist im Glauben,
Für uns, die wir warn verloren,
Am Kreuz gestorben
Und vom Tod
Wieder auferstanden durch Gott.

Wir glauben an den Heilgen [3]) Geist,
Gott mit Vater und dem Sohne,
Der aller Blöden Tröster heißt
Und mit Gaben zieret schone.
Die ganz Christenheit auf Erden
Hält in einem Sinn gar eben,
Die [4]) all Sünd vergeben werden,
Das Fleisch soll auch wieder leben.
Nach diesem Elend
Ist bereit
Uns ein Leben in Ewigkeit.
Amen.

---

1) P. Das deutsche Patrem. 2) P. Hüt't. 3) P. heiligen.
4) P. Hie.

XX.

Gott der Vater wohn uns bei.

Gott der Vater wohn uns bei,
Und laß uns nicht verderben,
Mach uns aller Sünden frei
Und helf uns selig sterben.
Für [1]) dem Teufel uns bewahr,
Halt uns bei festem Glauben
Und auf dich laß uns bauen,
Aus Herzengrund [2]) vertrauen,
Dir uns lassen ganz und gar;
Mit allen rechten Christen
Entfliehen Teufels Listen,
Mit Waffen Gotts uns fristen.
Amen, Amen, das sei wahr,
So singen wir Halleluja.

Jesus Christus wohn uns bei,
Und laß uns nicht verderben,
Mach uns aller Sünden frei
Und helf uns selig sterben.
Für [1]) dem Teufel uns bewahr,
Halt uns bei festem Glauben
Und auf dich laß uns bauen,
Aus Herzengrund [2]) vertrauen,
Dir uns lassen ganz und gar;
Mit allen rechten Christen
Entfliehen Teufels Listen,
Mit Waffen Gotts uns fristen.
Amen, Amen, das sei wahr,
So singen wir Halleluja.

Heilig Geist der [3]) wohn uns bei,
Und laß uns nicht verderben,
Mach uns aller Sünden frei
Und helf uns selig sterben.
Für [1]) dem Teufel uns bewahr,
Halt uns bei festem Glauben
Und auf dich laß uns bauen,

---

1) P. Vor. 2) P. Herzensgrund. 3) P. Der heilige Geist.

Aus Herzengrund [4]) vertrauen,
Dir uns lassen ganz und gar;
Mit allen rechten Christen
Entfliehen Teufels Listen,
Mit Waffen Gotts uns fristen.
Amen, Amen, das sei wahr,
So singen wir Halleluja.

Ein Gebet.

Wir loben Gott den Vater, Sohn und den Heiligen
Geist, Halleluja.
Und preisen ihn von nu an bis in Ewigkeit, Halle=
luja.

Allmächtiger, ewiger Gott, der du uns gelehret
hast, in rechtem Glauben zu wissen und bekennen,
daß du in drei Personen gleicher Macht und Ehren
ein einiger, ewiger Gott, und dafür anzubeten bist,
wir bitten dich, du wollest uns bei solchem Glauben
allzeit fest erhalten, wider alles, das dagegen uns
mag anfechten, der du lebest und regierest von Ewig=
keit zu Ewigkeit, Amen.

Nu folgen geistliche Gesänge, darin der Katechismus kurz
gefasset ist; denn wir ja gern wollten, daß die christliche Lehre
auf allerlei Weise, mit Predigen, Lesen, Singen ꝛc. fleißig
getrieben, und immer dem jungen und einfältigen Volk einge=
bildet, und also für und für rein erhalten, und auf unser Nach=
kommen gebracht würde, dazu verleih Gott Gnade und Segen,
durch Jesum Christum, Amen.

XXI.

Der 128ste Psalm:

Wohl dem, der den Herrn fürchtet[1]).

Wohl dem, der in Gottes Furchte[2]) steht
Und auch auf seinem Wege geht!
Dein eigen[3]) Hand dich nähren soll,
So lebst du recht und geht dir wohl.

---

4) P. Herzensgrund.
1) „Wohl dem — fürchtet" fehlt bei P. 2) P. Furcht.
3) P. eigen.

Dein Weib wird in deim⁴) Hause sein
Wie ein Reben voll Trauben sein,
Und dein Kinder um deinen Tisch
Wie Oelpflanzen, gesund und frisch.

Sieh, so reich Segen hangt dem an,
Wo in Gottes Furchte⁵) lebt ein Mann;
Von ihm läßt der alt Fluch und Zorn,
Den Menschenkindern angeborn.

Aus Sion⁶) wird Gott segen⁷) dich,
Daß du wirst schauen stetiglich
Das Glück der Stadt Jerusalem,
Für⁸) Gott in Gnaden angenehm.

Fristen wird er das Leben dein
Und mit Güte stets bei dir sein,
Daß du sehen wirst Kindeskind
Und daß Israel Friede sind.

XXII.
Der 124ste Psalm:
Wo der Herr nicht bei uns wäre¹).

Wär Gott nicht mit uns diese Zeit,
So soll Israel sagen,
Wär Gott nicht mit uns diese Zeit,
Wir hätten mußt²) verzagen,
Die so ein armes Häuflin³) sind,
Veracht⁴) von so viel Menschenkind,
Die an uns setzen alle.

Auf uns ist so zornig ihr Sinn,
Wo Gott hätt das zugeben,
Verschlungen hätten sie uns hin
Mit ganzem Leib und Leben.
Wir wärn, als die ein Fluth ersäuft
Und über die groß Wasser läuft
Und mit Gewalt verschwemmet.

---

4) P. deim'm. 5) P. Furcht. 6) P. Zion. 7) P. segnen. 8) P. Vor.
1) „Wo der — wäre" fehlt bei P. 2) P. müssen. 3) P. Häuslein. 4) P. Veracht't.

Gott Lob und Dank, der nicht zugab,
Daß ihr Schlund uns möcht fangen.
Wie ein Vogel des Stricks kommt ab,
Ist unser [5]) Seel entgangen.
Strick ist entzwei und wir sind frei,
Des Herren Namen [6]) steht uns bei,
Des Gottes Himmels und Erden.
Amen.

XXIII.

Der Lobgesang [1]):
Nun bitten wir den Heiligen Geist.

Nun bitten wir den Heiligen Geist
Um den rechten Glauben allermeist,
Daß er uns behüte
An unserm Ende,
Wenn wir heimfahrn
Aus diesem Elende.
Kyrieleis [2]).

Du werthes Licht, gib uns deinen Schein,
Lehr uns Jesum Christ kennen allein,
Daß wir an ihm bleiben,
Dem treuen Heiland,
Der uns bracht hat
Zum rechten Vaterland.
Kyrieleis.

Du süße Lieb, schenk uns deine Gunst,
Laß uns empfinden der Liebe Brunst,
Daß wir uns von Herzen
Einander lieben,
Und in [3]) Friede
Auf einem Sinn bleiben.
Kyrieleis.

---

5) P. unfre. 6) P. Name.
1) „Der Lobgesang" fehlt bei P. 2) P. Kyrioleis, wie
auch in den übrigen Versen. 3) P. im.

Du höchster Tröster in aller Noth,
Hilf, daß wir nicht fürchten Schand noch Tod,
    Daß in uns die Sinne
Nicht verzagen,
Wenn der Feind wird
Das Leben verklagen.
        Kyrieleis.

Ein Gebet.

Schaffe in mir, Gott, ein reines Herze,
Und gib mir ein neuen gewissen Geist.

    Herr Gott, lieber Vater, der du (an diesem
Tage) deiner gläubigen Herzen durch deinen Heiligen Geist erleuchtet und gelehret hast, gib uns, daß
wir auch durch denselbigen Geist rechten Verstand
haben, und zu aller Zeit seines Trosts und Kraft
uns freuen, durch denselbigen deinen Sohn Jesum
Christum, unsern Herrn, Amen.

XXIV.

Die Antiphona:

Media vita in morte sumus,

verdeutscht[1]).

    Mitten wir im Leben sind
    Mit dem Tod umfangen:
    Wen such[2]) wir, der Hülfe thu,
    Daß wir Gnad erlangen?
        Das bist du, Herr, alleine.
    Uns reuet unser[3]) Missethat,
    Die dich, Herr, erzürnet hat.
    Heiliger Herre Gott,
    Heiliger starker Gott,
    Heiliger barmherziger Heiland,
    Du ewiger Gott,

---

1) F. hat als Ueberschrift: Ein geistlich Lied vom Tod.
2) P. such'n. 3) P. unsre.

Laß uns nicht versinken
In des bittern Todes Noth.
　　Kyrieleison.

Mitten in dem Tod anficht
Uns der Höllen Rachen.
Wer will uns aus solcher Noth
Frei und ledig machen?
　Das bist*) du, Herr, alleine.
Es jammert dein Barmherzigkeit
Unser*) Sünd und großes Leid.
Heiliger Herre Gott,
Heiliger starker Gott,
Heiliger barmherziger Heiland,
Du ewiger Gott,
Laß uns nicht verzagen
Für*) der tiefen Höllen Glut.
　　Kyrieleison.

Mitten in der Höllen Angst
Unser*) Sünd uns treiben:
Wo solln wir denn fliehen hin,
Da wir mügen*) bleiben?
　Zu dir, Herr Christ, alleine.
Vergossen ist dein theures Blut,
Das gnug für die Sünde thut.
Heiliger Herre Gott,
Heiliger starker Gott,
Heiliger barmherziger Heiland,
Du ewiger Gott,
Laß uns nicht entfallen
Von des rechten Glaubens Trost.
　　Kyrieleison.

---

4) P. bist.　5) P. Unser.　6) P. Vor.　7) P. Unser.
8) P. mügen.

XXV.

Ein Lied von den zween Märterern[1]) Christi,
zu Brüssel von den Sophisten von Löven verbrannt.

Geschehen am 1. Juli[2]) 1523.

Ein neues Lied wir heben an,
Das walt Gott, unser Herre,
Zu singen, was Gott hat gethan
Zu seinem Lob und Ehre.
 Zu Brüssel in dem Niederland
Wohl durch zween junge Knaben
Hat er sein Wundermacht bekannt,
Die er mit seinen Gaben
So reichlich hat gezieret.

 Der Erst recht wohl Johannes heißt,
So reich an Gottes Hulden;
Sein Bruder Heinrich nach dem Geist,
Ein rechter Christ ohn Schulden.
 Von dieser Welt geschelden[3]) sind,
Sie han die Kron erworben,
Recht wie die frommen Gottes Kind
Für sein Wort sind gestorben,
Sein Märtrer sind sie worden.

 Der alte Feind sie fangen ließ,
Erschreckt sie lang mit Dräuen;
Das Wort Gotts man sie leuken[4]) hieß,
Mit List auch wollt sie täuben.
 Von Löven der Sophisten viel,
Mit ihrer Kunst verloren,
Versammlet[5]) er zu diesem Spiel.
Der Geist sie macht zu Thoren,
Sie konnten nichts gewinnen.

 Sie sungen süß, sie sungen saur,
Versuchten manche Listen,
Die Knaben stunden wie ein Maur
Berachten[6]) die Sophisten.

---

1) P. Märtyrern. 2) P. im Jahr ꝛc. am 1. Juli. 3)
P. geschieden. 4) P. leuguen. 5) P. Versammelt. 6) P. Berachten.

Den alten Feind das sehr verdroß,
Daß er war überwunden
Von solchen Jungen, er so groß:
Er ward voll Zorn von Stunden,
Gedacht, sie zu verbrennen.

Sie raubten ihn[7]) das Klosterkleid,
Die Weih sie ihn[7]) auch nahmen;
Die Knaben waren deß bereit,
Sie sprachen fröhlich Amen.
Sie dankten ihrem Vater Gott,
Daß sie los sollten werden
Des Teufels Larven, Spiel und Spott,
Darin durch falsche Berden
Die Welt er gar betreuget.

Da schickt Gott durch sein Gnad also,
Daß sie recht Priester worden,
Sich selbs[8]) ihm mußten opfern da
Und gehn im Christenorden,
Der Welt ganz abgestorben sein,
Die Heuchelei ablegen,
Zum Himmel kommen frei und rein,
Die Möncherei ausfegen
Und Menschentand hie lassen.

Man schrieb ihn[9]) für ein Brieflein klein,
Das hieß man sie selbs[10]) lesen.
Die Stück sie zeichten alle drein,
Was ihr Glaub war gewesen.
Der höchste Irrthum dieser war:
Man muß allein Gott glauben,
Der Mensch leugt und treugt immerdar,
Dem soll man nichts vertrauen,
Deß mußten sie verbrennen.

Zwei große Feur sie zündten an,
Die Knaben sie her brachten.
Es nahm groß Wunder Jedermann,
Daß sie solch Pein verachten[11]).

---

7) P. ihn. 8) P. selbst. 9) P. ihn. 10) P. selbst.
11) P. verachtten.

Der alt böse Feind
Mit Ernst ers itzt[2]) meint,
Groß Macht und viel List,
Sein grausam Rüstung ist,
Auf Erd ist nicht seins Gleichen.

Mit unser[3]) Macht ist nichts gethan,
Wir sind gar bald verloren:
Es streit[4]) für uns der rechte Mann,
Den Gott hat selbs[5]) erkoren.
Fragst du, wer der ist?
Er heißt Jesus Christ,
Der Herr Zebaoth,
Und ist kein ander[6]) Gott,
Das Feld muß er behalten.

Und wenn die Welt voll Teufel wär
Und wollt uns gar verschlingen,
So fürchten wir uns nicht so sehr,
Es soll uns doch gelingen.
Der Fürst dieser Welt,
Wie saur er sich stellt,
Thut er uns doch nicht,
Das macht, er ist gericht[7]),
Ein Wörtlin kann ihn fällen.

Das Wort sie sollen lassen stahn
Und kein[8]) Dank dazu haben,
Er ist bei uns wohl auf dem Plan
Mit seinem Geist und Gaben.
Nehmen sie den Leib,
Gut, Ehr, Kind und Weib,
Laß fahren dahin,
Sie habens kein[9]) Gewinn,
Das Reich muß uns doch bleiben.

———

2) P. jetzt. 3) P. unsrer. 4) P. streit't. 5) P. selb
6) P. andern. 7) P. gericht't. 8) P. kein'n.

XXVIII.

Die Antiphona:

Da pacem Domine, etc,

deutsch[1]).

Verleih uns Frieden gnädiglich,
Herr Gott, zu unsern Zeiten.
Es ist doch ja kein Ander[2]) nicht,
Der für uns könnte streiten,
Denn du unser Gott alleine.

Ein Gebet.

Gott, gib Friede in deinem Lande,
Glück und Heil zu allem Stande.

HERR Gott himmlischer Vater, der du heiligen
Muth, guten Rath und rechte Werk schaffest, gib
deinen Dienern Friede, welchen die Welt nicht kann
geben, auf daß unser Herze an deinen Geboten hangen, und wir unser Zeit durch deinen Schutz stille
und sicher für Feinden leben, durch Jesum Christ,
deinen Sohn, unsern Herrn, Amen.

XXIX.

Der Lobgesang:

Te Deum laudamus etc.

verdeutscht[1]):

Herr Gott, dich loben wir,
Herr Gott, wir danken dir,
Dich, Vater in Ewigkeit,
Ehrt die Welt weit und breit,
All Engel und Himmelsheer,
Und was dienet deiner Ehr,

---

1) P. hat zur Ueberschr.: Verleih uns Frieden. (Da
pacem Domine deutsch.) 2) P. Andrer.

1) "verdeutscht" fehlt bei P. (Nach dem Lateins. des h.
Ambrosius.)

Auch Cherubin und Seraphin
Singen immer mit hoher Stimm:
Heilig ist unser Gott,
Heilig ist unser Gott,
Heilig ist unser Gott,
Der Herre Zebaoth.

Dein göttlich Macht und Herrlichkeit
Geht über Himmel und Erden weit.
Der heiligen zwölf Boten Zahl
Und die lieben Propheten all,
Die theuren[2]) Märtrer allzumal
Loben dich, Herr, mit großem Schall.
Die ganze werthe Christenheit
Rühmt dich auf Erden allezeit;
Dich, Gott Vater, im höchsten Thron,
Deinen rechten und einigen Sohn,
Den Heiligen Geist und Tröster werth
Mit rechtem Dienst sie lobt und ehrt.

Du König der Ehren, Jesu Christ,
Gott Vaters ewiger Sohn du bist;
Der Jungfrau Leib nicht hast verschmäht[3]),
Zu lösen das menschlich Geschlecht.
Du hast dem Tod zerstört sein Macht
Und all Christen zum Himmel bracht.
Du sitzt zur Rechten Gottes gleich
Mit aller Ehr ins Vaters Reich;
Ein Richter du zukünftig bist;
Alles, das todt und lebend ist.

Nun hilf uns, Herr, den Dienern dein,
Die mit deim[4]) theurn[5]) Blut erlöset sein;
Laß uns im Himmel habren Theil
Mit den Heiligen in ewigem Heil.
Hilf deinem Volk, Herr Jesu Christ,
Und segen[6]), das dein Erbtheil ist,
Wart und pfleg ihr[7]) zu aller Zeit
Und heb sie hoch in Ewigkeit.

Täglich, Herr Gott, wir loben dich
Und ehren dein[8]) Namen festiglich

Behüt uns heut, o treuer Gott,
Für[9] aller Sünd und Missethat.
Sei uns gnädig, o Herre Gott,
Sei uns gnädig in aller Noth.
Zeig uns deine Barmherzigkeit,
Wie unser[10] Hoffnung zu dir steht.
Auf dich hoffen wir, lieber Herr,
In Schanden laß uns nimmermehr,
    Amen.

Ein Gebet aufs Te Deum laudamus.

Danket dem Herrn, denn er ist freundlich,
Und seine Güte währet ewiglich.

HERR Gott, himmlischer Vater, von dem wir
ohn Unterlaß allerlei Guts gar überflüssig empfahen, und täglich für allem Übel ganz gnädiglich behütet werden, wir bitten dich, gib uns durch deinen
Geist solchs alles, mit ganzem Herzen, in rechtem
Glauben zu erkennen, auf daß wir deiner milden
Güte und Barmherzigkeit, hie und dort, ewiglich
danken und loben, durch Jesum Christ, deinen
Sohn, unsern Herrn, Amen.

Ein ander Gebet

Herr, ich will dich täglich loben,
Und deinen Namen rühmen immer und ewiglich.

Allmächtiger Gott, der du bist ein Beschützer
aller, die auf dich hoffen, ohn welches Gnad Niemands ichts[1] vermag, noch etwas für dir gilt,
laffe deine Barmherzigkeit uns reichlich widerfahren,
auf daß wir durch dein heilig Eingeben denken,
was recht ist, und durch deine Wirkung auch dasselbige vollbringen, um Jesus Christus, deines Sohns,
unsers Herrn willen, Amen.

---

9) P. Bor. 10) P. unser.
1) W. Niemand nichts.

XXX.

**Ein Kinderlied auf die Weihnachten vom Kinde-
lein Jesu.**

Luc. 2.

Vom Himmel hoch da komm' ich her,
Ich bring euch gute neue Mähr,
Der guten Mähr' bring ich so viel,
Davon ich singen und sagen will.

Euch ist ein Kindlein heut geborn,
Von einer Jungfrau auserkorn,
Ein Kindelein so zart und fein,
Das soll eur Freud und Wonne sein.

Es ist der Herr Christ, unser Gott,
Der will euch führn aus aller Noth,
Er will eur Heiland selber sein,
Von allen Sünden machen rein.

Er bringt euch alle Seligkeit,
Die Gott der Vater hat bereit [1]),
Daß ihr mit uns im Himmelreich
Sollt leben nun und ewigleich.

So merket nun das Zeichen recht:
Die Krippen, Windelein so schlecht,
Da findet ihr das Kind gelegt,
Das alle Welt erhält und trägt.

Deß läßt uns Alle fröhlich sein,
Und mit den Hirten gehn [2]) hinein,
Zu sehn [3]), was Gott uns hat beschert,
Mit seinem lieben Sohn verehrt.

Merk auf, mein Herz, und sieh dorthin:
Was liegt doch in dem Krippelin?
Was [4]) ist das schöne Kindelin [5])?
Es ist das liebe Jesulin.

Bis willekomm, du edler Gast,
Den Sünder nicht verschmähet hast,

---

1) P. bereit't. 2) P. gehn. 3) P. sehen 4) P. Deß.
5) Kindelein — Jesulein.

Und kommst ins Elend her zu mir,
Wie soll ich immer danken dir?

Ach Herr, du Schöpfer aller Ding,
Wie bist du worden so gering,
Daß du da liegst auf dürrem Gras,
Davon ein Rind und Esel aß!

Und wär die Welt viel mal so weit,
Von Edelstein und Gold bereit[6]:
So wär sie doch dir viel zu klein,
Zu sein ein enges Wiegelein.

Der Sammet und die Seiden dein,
Das ist grob Heu und Windelein,
Darauf du König so groß und reich
Her prangst, als wärs dein Himmelreich.

Das hat also gefallen dir,
Die Wahrheit anzuzeigen mir:
Wie aller Welt Macht, Ehr und Gut
Für[7] dir nichts gilt, nichts hilft noch thut.

Ach, mein herzliebes Jesulin[8],
Mach dir ein rein sanft Bettelin,
Zu ruhen in meins Herzen[9] Schrein
Daß ich nimmer vergesse dein.

Davon ich allzeit fröhlich sei,
Zu springen, singen immer frei
Das rechte Susaninne schon,
Mit Herzenlust[10] den süßen Ton.

Lob, Ehr sei Gott im höchsten Thron,
Der uns schenkt seinen einigen Sohn,
Deß freuen sich der Engel Schaar
Und singen uns solchs neues Jahr.

---

6) P. bereit't.   7) P. Vor.   8) P. Jesulein — Bette-
lein.   9) P. Herzens.   10) P. Herzenlust.

XIX.

Ein Lied von der heiligen christlichen Kirchen.

Offenbar. Joh. 12, 1—5.

Sie ist mir lieb, die werthe Magd,
Und kann ihr [1]) nicht vergessen,
Lob, Ehr und Zucht von ihr man sagt,
Sie hat mein Herz besessen.
  Ich bin ihr hold,
Und wenn ich soll
Groß Unglück han,
Da liegt nichts an:
Sie will mich deß ergötzen
Mit ihrer Lieb und Treu an mir,
Die sie zu mir will setzen
Und thun all mein Begier.

  Sie trägt von Gold so rein ein Kron,
Da leuchten inn zwölf Sterne,
Ihr Kleid ist wie die Sonne schön,
Das glänzet hell und ferne,
  Und auf dem Mond
Ihr Füße stohn,
Sie ist die Braut,
Dem Herrn vertraut,
Ihr ist weh und muß gebären
Ein schönes Kind, den edlen Sohn
Und aller Welt ein [2]) Herren,
Dem sie ist unterthon.

  Das thut dem alten Drachen Zorn
Und will das Kind verschlingen.
Sein Toben ist doch ganz verlorn.
Es kann ihm nicht gelingen.
  Das Kind ist doch
Gen Himmel hoch
Genommen hin
Und lässet ihn

---

1) P. Her't. 2) P. eine.

Auf Erden fast sehr wüthen,
Die Mutter muß gar sein allein,
Doch will sie Gott behüten
Und der recht Vater sein.

XXXII.
Das Vater Unser [1]).

Vater unser im Himmelreich,
Der du uns Alle heißest gleich
Brüder sein und dich rufen an,
Und willt das Beten von uns han:
    Gib, daß nicht bet allein der Mund,
    Hilf, daß es geh von Herzengrund [2]).

Geheilget [3]) werd der Name dein,
Dein Wort bei uns hilf halten rein,
Daß auch wir leben heiliglich
Nach deinem Namen würdiglich.
    Herr, behüt uns für [4]) falscher Lehr,
    Das arm verführte Volk bekehr.

Es komm dein Reich zu dieser Zeit
Und dort hernach in Ewigkeit,
Der Heilig [5]) Geist uns wohne bei
Mit seinen Gaben mancherlei.
    Des Satans Zorn und groß Gewalt
    Zerbrich, für [6]) ihm dein Kirch erhalt.

Dein Will gescheh, Herr Gott, zugleich
Auf Erden wie im Himmelreich,
Gib uns Geduld in Leidenszeit,
Gehorsam sein in Lieb und Leid:
    Wehr und steur allem Fleisch und Blut,
    Das wider deinen Willen thut.

Gib uns heut unser täglich Brod
Und was man darf zur Leibesnoth,
Behüt uns, Herr, für [6]) Unfried und Streit,
Für [6]) Seuchen und für [6]) theuer [7]) Zeit,

---

1) P., Kurz und gut ausgelegt und in Gesangweise gebracht. 2) P. Herzensgrund. 3) P. Geheiligt. 4) P. vor. 5) P. heil'ge. 6) P. vor. 7) P. theurer.

Daß wir in gutem Frieden stohn,
Der Sorg und Geizes müßig gehn.

All unser[8]) Schuld verglb uns, Herr,
Daß sie uns nicht betrüben mehr,
Wie wir auch unsern Schuldigern
Ihr Schuld und Fehl vergeben gern.
Zu dienen mach uns All bereit
In rechter Lieb und Einigkeit.

Führ uns, Herr, in Versuchung nicht,
Wenn uns der böse Geist anficht,
Zur linken und zur rechten Hand
Hilf uns thun starken Widerstand,
Im Glauben fest und wohlgerüst[9])
Und durch des Heilgen Geistes Trost.

Von allem Uebel uns erlös,
Es sind die Zeit und Tage bös,
Erlös uns vom ewigen Tod,
Und tröst uns in der letzten Noth;
Bescher uns auch ein seligs End,
Nimm unser[10]) Seel in deine Händ.

Amen, das ist: es werde wahr.
Stärk unsern Glauben immerdar,
Auf daß wir ja nicht zweifeln dran,
Daß wir hiemit gebeten han
Auf dein Wort in dem Namen dein.
So sprechen wir das Amen fein.

Ein Collecta aufs Vater Unser.

Bittet, so werdet ihr nehmen,
Daß euer Freud vollkommen sei.
Oder:
Rufe mich an in der Noth,
So will ich dich erretten, so sollt du mich preisen.
HERR, allmächtiger Gott, der du der Elenden
Seufzen nicht verschmähest, und der betrübten Herzen
Verlangen nicht verachtest, siehe doch an unser Ge-

---

8) P. unsre.   9) P. wohlgerüst't.   10) P. unser.

bet, welchs wir zu dir in unser Noth furbringen, und erhör uns gnädiglich, daß alles, so beide von Teufel und Menschen wider uns strebt, zunicht, und nach dem Rath deiner Güte zutrennet werde, auf daß wir von aller Anfechtung unverfehret, dir in deiner Gemeine danken, und dich allzeit loben, durch Jesum Christ, deinen Sohn, unsern Herrn, Amen.

Ein andere.

Das Verlangen der Elenden hörest du, HERR,
Ihr Herz ist gewiß, daß dein Ohr drauf merket.

Oder:

Ehe sie rufen, will ich antworten,
Wenn sie noch reden, will ich hören.

HERR Gott, himmelischer Vater, du weißest, daß wir in so mancher und großer Fahr für menschlicher Schwacheit nicht mügen bleiben: verleihe uns, beide, an Leib und Seel Kraft, daß wir alles, so uns und unser Sünde willen qualet, durch deine Hülfe überwinden, umb Jesus Christus, deines Sohns, unsers Herrn willen, Amen.

XXXIII.

Der Hymnus:

Herodes, hostis impie etc.

verdeutscht[1].

Was fürchst du, Feind Herodes, sehr,
Daß uns geborn kommt Christ der Herr?
Er sucht kein sterblich Königreich,
Der zu uns bringt sein Himmelreich.

Dem Stern die Weisen folgen nach,
Solch Licht zum rechten Licht sie bracht,
Sie zeigen mit den Gaben drei,
Dies Kind Gott, Mensch und König sei.

---

1) P. Was fürcht'ſt du, Feind Herodes. (Aus dem Lateinischen des Coelius Sedulius.) Im Ton: Christum wir sollen loben.

Die Tauf im Jordan an sich nahm
Das himmelische Gotteslamm,
Dadurch, der nie kein Sünde that,
Von Sünden uns gewaschen hat.

Ein Wunderwerk da neu geschah:
Sechs steinern Krüge man da sah
Voll Wassers, das verlor sein Art,
Rother Wein durch sein Wort draus ward.

Lob, Ehr und Dank sei dir gesagt,
Christe, geborn von der reinen Magd,
Mit Vater und dem Heiligen Geist,
Von nun an bis in Ewigkeit.
Amen.

XXXIV.

Ein Kinderlied, zu singen wider die zween Erz-
feinde Christi und seiner heiligen Kirchen, den
Papst und den [1]) Türken.

Erhalt uns, Herr, bei deinem Wort,
Und steur des Papsts und Türken Mord,
Die Jesum Christum, deinen Sohn,
Wollten [2]) stürzen von deinem Thron.

Beweis dein Macht, Herr Jesu Christ,
Der du Herr aller Herren bist;
Beschirm dein arme Christenheit,
Daß sie dich lob in Ewigkeit.

Gott Heilger Geist, du Tröster werth,
Gieb dein [3]) Volk einerlei Sinn auf Erd,
Steh bei uns in der letzten Noth,
Gleit uns ins Leben aus dem Tod.

---

1) „den" fehlt bei P.   2) P. Wollen.   3) P. dein'm.

XXXV.

Ein geistlich Lied von unster heiligen Taufe.

Christ unser Herr zum Jordan kam
Nach seines Vaters Willen,
Von Sanct[1]) Johanns die Taufe nahm,
Sein Werk und Amt zurfüllen.
　Da wollt er stiften uns ein Bad,
Zu waschen uns von Sunden[2]),
Ersäufen auch den bittern Tod
Durch sein selbs[3]) Blut und Wunden,
Es galt ein neues Leben.

　So hört und merket alle wohl,
Was Gott heißt selbs[3]) die Taufe,
Und was ein Christen[4]) glauben soll,
Zu meiden Ketzerhaufen:
　Gott spricht und will, das Wasser sei
Doch nicht allein schlecht Wasser,
Sein heiligs Wort ist auch dabei
Mit reichem Geist ohn Maßen,
Der ist allhie der Taufer.

　Solchs hat er uns beweiset klar
Mit Bilden und mit Worten,
Des Vaters Stimm man offenbar
Daselbs[5]) am Jordan horte.
　Er sprach: Das ist mein lieber Sohn,
An dem ich hab Gefallen,
Den will ich euch befohlen han,
Daß ihr ihn höret Alle
Und folget seinem Lehren.

　Auch Gottes Sohn hie[6]) selber steht
In seiner zarten Menschheit,
Der Heilig[7]) Geist hernieder fährt
In Taubenbild verkleidet,
　Daß wir nicht sollen zweifeln dran,
Wenn wir getaufet werden,

---

1) (n) P. St. 2) P. Suden. 3) P. selbs. 4) A. Christe.
5) P. Dasselbs. 6) P. hier. 7) P. heilgen.

23 *

All drei Person[8]) getaufet han,
Damit bei uns auf Erden
Zu wohnen sich ergeben.

Sein Jünger heißt der Herre Christ:
Geht hin, all Welt zu lehren,
Daß sie verlorn in Sünden ist,
Sich soll zur Buße kehren.
Wer glaubet und sich taufen läßt,
Soll dadurch selig werden,
Ein neugeborner Mensch er heißt,
Der nicht mehr könne sterben,
Das Himmelreich soll erben.

Wer nicht glaubt dieser großen Gnad,
Der bleibt in seinen Sunden[9]),
Und ist verdammt zum ewigen Tod
Tief in der Höllen Grunde.
Nichts hilft sein eigen[10]) Heiligkeit,
All sein Thun ist verloren,
Die Erbsünd machts zur Nichtigkeit,
Darin er ist geboren,
Vermag ihm selbs[11]) nicht zuhelfen[12]).

Das Aug allein das Wasser sieht,
Wie Menschen Wasser gießen;
Der Glaub im Geist die Kraft versteht
Des Blutes Jesu Christ,
Und ist für[13]) ihm ein rothe Fluth
Von Christus Blut gefärbet,
Die allen Schaden heilen thut,
Von Adam her geerbet,
Auch von uns selbs[14]) begangen.

---

8) P. Personn; 9) P. Sünden; 10) P. eigne. 11) P. selbst. 12) P. nichts helfen. 13) P. vor. 14) P. selbst

XXXVI.
Ein geistlich Lied auf die Weihnachten
im Ton: Vom Himmel hoch ꝛc.[1]).

Von[2]) Himmel kam der Engel Schaar,
Erschien den Hirten offenbar,
Sie sagten ihn[3]): Ein Kindlein zart
Das liegt dort in der Krippen hart,

Zu Bethlehem in Davids Stadt,
Wie Micha das verkündet hat.
Es ist der Herre Jesus Christ,
Der euer aller Heiland ist.

Deß sollt ihr billig fröhlich sein,
Daß Gott mit euch ist worden ein;
Er ist geborn eur Fleisch und Blut,
Eur Bruder ist das ewig[4]) Gut.

Was kann euch thun die Sünd und Tod?
Ihr habt mit euch den wahren Gott,
Laßt zürnen Teufel und die Höll:
Gotts Sohn ist worden eur Gesell.

Er will und kann euch lassen nicht,
Setzt ihr auf ihn eur Zuversicht.
Es mögen euch viel fechten an:
Dem sei Trotz, ders nicht lassen kann.

Zuletzt müßt ihr doch haben recht,
Ihr seid nun worden Gotts Geschlecht,
Deß danket Gott in Ewigkeit,
Geduldig, fröhlich alle Zeit.
Amen.

Ein Gebet.
Uns ist ein Kind geboren, Halleluja.
Ein Sohn ist uns gegeben, Halleluja.

1) P. hat zur Ueberschrift: Ein ander Christlied im vorigen (Nr. XXX.) Ton. 2) P. Vom. 3) P. ihn'n. 4) P. ew'ge.

Oder:

Das Wort ward Fleisch, Halleluja.
Und wohnet unter uns, Halleluja.

Oder:

Euch ist heut der Heiland geboren, Halleluja.
Welcher ist Christus, der Herr, in der Stadt David,
    Halleluja.

Hilf, lieber Herr Gott, daß wir der neuen leiblichen Geburt deines lieben Sohns theilhaftig werden und bleiben, und von unser alten sündlichen Geburt erlediget werden, durch denselbigen deinen Sohn,
Jesum Christum, unsern Herren, Amen.

XXXVII.

Der Hymnus:

O lux beata trinitas etc.

verdeutscht [1]).

Der du bist drei in Einigkeit,
Ein wahrer Gott von Ewigkeit:
Die Sonn mit dem Tag von uns weicht,
Laß leuchten uns dein göttlich Licht.

Des Morgens, Gott, dich loben wir,
Des Abends auch beten für [2]) dir,
Unser armes Lied rühmet dich
Itzund [3]) immer und ewiglich.

Gott Vater, dem sei ewig Ehr,
Gott Sohn, der ist der einig [4]) Herr,
Und dem Tröster, Heiligen Geist,
Von nun an bis in Ewigkeit.
    Amen.

---

1) P. hat zur Ueberschrift: Abendlied. (Nach dem Latein. des h. Ambrosius.) 2) P. vor. 3) P. Jetzund. 4) P.
ein'ge.

XXXVIII.

O du armer Judas, christlich verändert.

(Nach Pasig, p. 25. — Bei Wackernagel fehlt dieses Lied.)

Unsre große Sünde
Und schwere Missethat
Jesum, den wahren Gottes Sohn,
Ans Kreuz geschlagen hat.
Drum wir dich, armer Juda,
Dazu der Jüden Schaar,
Nicht feindlich dürfen schelten,
Die Schuld ist unser zwar.
Kyrieleison.

Gelobet seist du, Christe,
Der du am Kreuze hingst,
Und für unsre Sünde
Viel Schmach und Streich empfingst.
Jetzt herrschst mit deinem Vater
In dem Himmelreich,
Mach uns Alle selig
Auf diesem Erdreich.
Kyrieleison.

XXXIX.

Eine andere Auslegung des 128. Psalms in Versweise gestellet.

(Nach Pasig, p. 78. — Bei Wackernagel fehlt dieses Lied.)

Willst du vor Gott, mein lieber Christ,
Seliglich leben zu dieser Frist:
So fürchte Gott den Herren dein,
Liebe stets die Weg und Gbot sein.

Deiner Hände Werk du nähre dich,
So lebst du recht und seliglich,
Dein Weib dein Haus mit Kinderlein
Wird ziern wie Trauben den Reben sein.

Dein Kinder werden um deinen Tisch
Sein wie Oelpflanzen gsund und frisch.

Sieh, so reich segnet Gott den Mann,
Der ihm von Herzen trauen kann.

Den Mann wird Gott mit seinem Wort
Ganz selig machen hie und dort;
Sein Gut und Nahrung wird stehn wohl,
Viel Kindeskind er sehen soll.

Wird auch erlebn in Ewigkeit
Den Fried über Israel bereit,
Mit allen Christn den Himmel habn:
Wer solchs begehrt, der sprech: Amen.

Die deutsche Litaney.

Der erste Chor.   Der ander Chor.
Kyrie,   Eleison.
Christe,   Eleison.
Kyrie,   Eleison.
Christe,   Erhöre uns.
Herr Gott Vater im Himmel,
Herr Gott Sohn, der Welt Heiland,
Herr Gott Heiliger Geist,
   Erbarm dich über uns.
Sei uns gnädig,
   Verschon unser lieber Herre Gott.
Sei uns gnädig,
   Hilf uns, lieber Herre Gott,
Für allen Sünden,
Für allem Irrsal,
Für allem Übel,
Für des Teufels Trug und List,
Für bösem schnellen Tod,
Für Pestilenz und theuer Zeit,
Für Krieg und Blut,
Für Aufruhr und Zwietracht,
Für Hagel und Ungewitter,
Für dem ewigen Tod,
   Behüt uns, lieber Herre Gott.
Durch dein heilig Geburt,
Durch deinen Todkampf und blutigen Schweiß,
Durch dein Kreuz und Tod,

Durch dein heiliges Auferstehn und Himmelfahrt,
In unser letzten Noth,
Am jüngsten Gericht,
   Hülf uns, lieber Herre Gott.
Wir armen Sünder bitten,
   Du wollst uns erhören, lieber Herre Gott,
Und deine heilige christliche Kirchen regieren und
    führen,
Alle Bischoffe, Pfarrherr und Kirchendiener im heil-
    samen Wort und heiligem Leben behalten,
Allen Rotten und Aergernissen wehren,
Alle Irrige und Verführte wiederbringen,
Den Satan unter unsre Füsse treten.
Treue Aerbeiter in deine Ernte senden,
Dein Geist und Kraft zum Wort geben,
Allen Betrübten und Blöden helfen und trösten,
Allen Königen und Fürsten Fried und Eintracht geben,
Unserm Kaiser steten Sieg wider seine Feind gönnen,
Unsern Landherrn mit allen seinen Gewaltigen lei-
    ten und schützen,
Unsern Rath und Gemeine segenen und behüten,
Allen, so in Noth und Fahr sind, mit Hülf erscheinen,
Allen Schwangern und Säugern fröhliche Frucht
    und Gedeihen geben,
Aller Kinder und Kranken pflegen und warten,
Alle Gefangne los und ledig lassen,
Alle Wittwen und Waisen ertheidigen und versorgen,
Aller Menschen dich erbarmen,
Unsern Feinden, Verfolgern und Lästerern verge-
    ben, und sie bekehren.
Die Früchte auf dem Lande geben und bewahren,
Und uns gnädiglich erhören.
O Jesu Christe Gottes Sohn,
   Erhör uns, lieber Herre Gott.
O du Gottes Lamb, das der Welt Sünde trägt,
   Erbarm dich über uns.
O du Gottes Lamb, das der Welt Sünde trägt,
   Erbarm dich über uns.
O du Gottes Lamb, das der Welt Sünde trägt,
   Verleih uns steten Fried.
Christe,   Erhöre uns.

Kyrie   Eleison.
Christe,   Eleison.

Beide Chor zusammen.

Kyrie, Eleison, Amen.

Ein Gebet auf die Litaney.

Herr, handel nicht mit uns nach unsern Sünden,
Und vergelte uns nicht nach unser Missethat.

Oder:

Wir haben gesündiget mit unsern Vätern.
Wir haben mißgehandelt und sind gottlos gewesen.

HErr Gott, himmlischer Vater, der du nicht Lust hast an der armen Sünder Tod, lässest sie auch nicht gern verderben, sondern willt, daß sie bekehrt werden und leben, wir bitten dich herzlich, du wolltest die wohlverdiente Strafe unser Sünde gnädiglich abwenden, und uns hinfurt zu bessern deine Barmherzigkeit mildiglich verleihen, umb Jesus Christus, unsers Herrn, willen, Amen.

Ein ander Gebet.

HErr, gehe nicht ins Gericht mit deinem Knecht, Denn für dir wird kein Lebendiger rechtfertig sein[1]).

Ein ander Gebet.

Hilf uns, Gott, unsers Heils, umb deines Namens willen.
Errette uns, und vergib uns unsere Sünde, umb deines Namens willen.

Allmächtiger, ewiger Gott, der du durch deinen Heiligen Geist die ganze Christenheit heiligest und regierest, erhöre unser Bitte, [2])gib uns gnädiglich, daß sie mit all ihren Gliedern in reinem Glauben durch deine Gnade dir diene, durch Jesum Christum, deinen Sohn, unsern Herrn, Amen.

LATINA LITANIA CORRECTA.

Primus Chorus.   Secundus Chorus.
Kyrie,   Eleison.
Christe,   Eleison.

1) W. Denn vor dir wird—gerecht. 2) W. † und.

Kyrie,   Eleison.
Christe,   Eleison [1]).
Pater de coelis Deus,
Fili redemptor mundi Deus,
Spiritus sancte Deus,
    Miserere nobis [2]).
Propitius esto,
    Parce nobis, Domine.
Propitius esto,
    Libera nos, Domine
Ab omni peccato,
Ab omni errore,
Ab omni malo,
Ab insidiis diaboli,
A subitanea et improvisa morte,
A peste et fame,
A bello et caede,
A seditione et simultate,
A fulgure et tempestatibus,
A morte perpetua,
Per mysterium sanctae incarnationis tuae,
Per sanctam nativitatem tuam,
Per baptismum, ieiunium et tentationes tuas,
Per agoniam et sudorem tuum sanguineum,
Per crucem et passionem tuam,
Per mortem et sepulturam tuam,
Per resurrectionem et ascensionem tuam,
Per adventum Spiritus sancti Paracleti,
In omni tempore tribulationis nostrae,
In omni tempore felicitatis nostrae,
In hora mortis,
In die iudicii,
    Libera nos, Domine.
Peccatores,
    Te rogamus, audi nos.
Ut ecclesiam tuam sanctam Catholicam regere et
    gubernare digneris,
Ut cunctos Episcopes, Pastores et Ministros eccle-

---

1) W. exaudi nos.   2) W. nostri.

siae .in eme .verbo et sancta vita servare digneris,

Ut sectas et omnia scandala tollere digneris,

Ut errantes et seductos redacere in viam veritatis
digneris,

Ut Satanam sub pedibus nostris conterere digneris,

Ut operarios fideles in messem tuam mittere digneris,

Ut incrementum Verbi et fructum Spiritus cunctis
audientibus donare digneris,

Ut lapsos erigere, et stantes comfortare digneris,

Ut pusillanimos et tentatos consolari et adiuvare
digneris,

Ut regibus et principibus cunctis pacem et con-
cordiam donare digneris,

Ut Caesari nostro perpetuam victoriam, contra hostes suos donare digneris,

Ut Principem nostrum cum suis praesidibus diri-
gere et tueri digneris,

Ut Magistratui et plebi nostrae benedicere et custodire digneris,

Ut efflictos et periclitantes respicere et salvare digneris,

Ut praegnantibus et lactentibus [3]) felicem partum
et incrementum largiri digneris,

Ut infantes et aegros fovere et custodire digneris,

Ut captivos liberare digneris,

Ut pupillos et viduas protegere et providere digneris,

Ut cunctis hominibus misereri digneris,

Ut hostibus, persecutoribus et calumniatoribus nostris ignoscere et eos convertere digneris,

Ut fruges terrae dare et conservare digneris,

Ut nos exaudire digneris,

    Te rogamus, audi nos.

Agne Dei, qui tollis peccata mundi,
    Miserere nobis [4]).

Agne Dei, qui tollis peccata mundi,
    Miserere nobis [4]).

Agne Dei, qui tollis peccata mundi,
    Dona nobis pacem.

---

3) W. lactantibus. 4) W. nostri.

Christe,	Exaudi nos.
Kyrie,	Eleison.
Christe,	Eleison.

Kyrie Eleison, Amen.
    Pater noster etc.

ORATIO.

Domine, non secundum peccata nostra facias nobis,
Neque secundum iniquitates nostras retribuas nobis.

Deus, misericors Pater, qui contritorum non despicis gemitum, et moerentium non spernis affectum, adesto precibus nostris, quas in afflictionibus, quae iugiter nos premunt, coram te effundimus, easque clementer exaudi, ut hoc, quod contra nos diabolicae ac humanae fraudes moliuntur, ad nihilum redigatur, consilioque tuae bonitatis dispergatur, ut nullis inspectationibus laesi, in ecclesia tua sancta tibi semper gratias agamus, per Iesum Christum, Dominum nostrum, Amen.

ALIA.

Adiuva nos, Deus salutaris noster.
Et propter gloriam nominis tui libera nos et [1]) *propitius esto peccatis nostris, propter nomen tuum.*

Omnipotens aeterne Deus, cuius Spiritu totum corpus Ecclesiae sanctificatur et regitur, exaudi nos pro universis Ordinibus supplicantes, ut dono gratiae tuae ab his omnibus pura fide tibi serviatur, per Christum etc.

ALIA.

Peccavimus, Domine, cum Patribus nostris.
Iniuste egimus, iniquitatem fecimus.

Deus, qui delinquentes perire non pateris, donec convertantur et vivant, debitam quaesumus peccatis nostris suspende vindictam, et praesta propitius, ne dissimulatio cumulet [2]) ultionem, sed tua pro peccatis nostris misericordia semper abundet, per Dominum etc.

---

1) „et" fehlt W.   2) W. cumulat.

ALIA.

Non intres, Domine, in iudicium cum servo tuo,
Quia non iustificabitur in conspectu tuo omnis vivens.

Omnipotens Deus, qui nos in tantis periculis
constitutos, propter humanam fragilitatem, scis non
posse consistere, da nobis salutem mentis et corporis, ut ea, quae pro peccatis nostris nos affli-
gunt, te adiuvante vincamus, per Dominum nostrum etc.

ALIA.

Invoca me in die tribulationis;
Et eruam te, et tu honorificabis me.

Parce, Domine, parce peccatis nostris, et quam-
vis incessabiliter delinquentibus continua poena de-
beatur, praesta tamen quaesumus, ut, quod ad perpetuam meremur exitium, transeat a nobis ad cor-
rectionis auxilium, per Dominum etc.

Nachtrag

zu den ältesten Drucken der geistlichen Lieder Martin Luthers, von denen einige in Wackernagels I. Anhange nicht angezeigt sind.

1) Te deum laudamus Augustini vnd Ambrosij durch doctor Martinum Luther verteütscht. Am Ende: Jobst Gutknecht. 4 Blätter in 8. Die letzte Seite leer. Ohne Tit. Einf. In der ehemals Schwarzischen Sammlung zu Altdorf.)

2) Eine andere Ausgabe: Te Deum laudamus, durch D. Martin Luther vertentscht. Herr Gott dich loben wir. Ein ander geistlich lied, von dem leyden vnsers Herrn, O Jesu Christ, dein nam der ist. Am Ende: Gedruckt zu Nürnberg durch Kunegund Hergotin. 4 Blätter in 8., die letzte Seite leer. Unter dem Titel eine Darstellung aus dem 4. u. 5. Kap. der Offenb. Joh. (In der Schwarzischen Sammlung. Bei Wackernagel S. 93. Nr. 23.)

3) Eine andere, vermehrte Ausgabe: Das Vater vnser kurtz Außgelegt vnd in gesangweise gebracht, durch Doctor Mart. Luther. Das Te Deum laudamus vertentscht, durch Doctor Mart. Luther. Am Ende: Gedruckt zu Nürnberg durch Georg Wachter. 4 Blätter in 8., die letzte Seite leer. Ohne Tit. Einf. (Schwarz. Sammlung, Wackernagel S. 100. Nr. 31?)

4) Eine mit der vorigen völlig ähnliche Ausgabe. Nur die Rechtschreibung ist im Texte etwas verschieden. 8. (Schwarz. Sammlung.)

5) Das Gloria in excelſis beo Do. Mar. Luth. Wittenberg. 1 Bogen weniger 1½ Seiten in 4. Mit Tit. Einf. (Schwarz. Sammlung.)

6) Das Gloria in excelſis Deo. Doct. Mar. Luther. Wittemberg. 1 Bogen in 4., die letzte Seite leer. In der Titeleinfaſſung ſteht unten M. D. rriiii. (Schwarz. Sammlung.)

7) Enchiridion Geiſtlicher Geſänge, ſo man jetzt (GOtt zu Lob) in der Kirchen ſinget, gezogen aus der Heil. Schrifft des wahren und Heil. Evangelii, welches jetzt von GOttes Gnaden wieder auffgangen iſt, und mit etlichen Geſängen vermehret, gebeſſert, und mit Fleiß corrigirt, durch D. Martin Luther. Wittenberg, 1525. 8. (Von der Haardt L. 215. Wackernagel S. 85. Nr. 12*.)

8) Einige Chriſtliche Geſänge und Pſalmen, welche vor bey dem Enchiridio nicht geweſen ſind, mit hohem Fleiß verteutſcht und gedruckt mit einer Vorrede D. M. L. 8. 1525. (Bei Olearius, p. 25. Wackernagel S. 85. Nr. 11.)

9) Geiſtliche Geſänge, ſo man jetzt GOtt zu Lob in der Kirche ſingt, gemehret, gebeſſert, und mit Fleiß corrigirt, durch D. M. L. Witteb. Gedruckt zu Erffurth 1525. 8. (Bei Olear. p. 26.)

10) Der Geſang Simeonis etc. oder nunc dimittis etc. ausgeleget. Witteb. 1526. 8. (Bei Olear. S. 27.)

11) Der Geſang Simeonis: Nunc dimittis, gepredigt und ausgelegt durch Mart. Luther. Wittemberg 1530. 8. (Bei v. d. Haardt III. 194.)

12) Enchiridion Geiſtl. Geſänge und Pſalmen für die Lehett mit viel andern, denn zuvor, gebeſſert. 1528. 8. (Bei Olear. p. 29.)

13) Geiſtliche Lieder nuhs new gebeſſert zu Wittemberg D. Mar. Luther. M. D. XXIX. Am Ende: Gedruckt zu Wittemberg durch Joſeph Klug. 1529. 160 Blätter 12°, die letzte Seite leer. Mit Tit. Einfaſſung und vielen Holzſchnitten. Auf der vorletzten Seite iſt ein Baum, um welchen ſich unten 2 Schlangen winden. Ueber dem Baume iſt Luthers Wappen, nehml. die Roſe mit dem Herzen u.

Kreuz. (In der Schwarzischen Sammlung zu Altdorf. Bei Wackernagel S. 91. Nr. 21.)

14) Teütsche Letaney, vmb alles anligen der Cristenlichen gemayn. Am Ende: Jobst Gutknecht. 7 Blätter in 8. Mit Tit. Einfassung. Der Text steht unter Noten. Luther ist nicht genannt. (Schwarz. Sammlung.)

15) Eine andere Ausgabe: Die Teutsche Lytaney umb alles anligen der Christenlichen gemeyn. Psalmo. CVII. Sie schreyen zum Herren in der not, Vnd er hilfft jnen auß jren engsten. 4 Blätter in 8, die letzte Seite leer. Ohne Tit. Einfassung u. ohne Luthers Namen. (Schwarz. Sammlung.)

16) Christliche | Geseng Lateinisch vnd | Deudsch, zum Begrebnis. | D. Martinus | Luther. | Wittemberg, Anno M. D. XLII. | Am Ende: Gedruckt zu Wittemberg, | durch Joseph Klug. Anno Domini M. D. XLII. 3¾ Bogen in 8. Der Titel ohne Einfassung. (In der Schwarzischen Sammlung und bei Olear. pag. 42., bei v. d. Hardt III. 319., bei Wackernagel S. 103. Nr. 36⁴.)

17) Geistliche lieder, auffs new gebessert vnd gemehrt, zu Wittemberg. D. Mart. Luth. Item viel Geistliche geseng welche von frommen Christen gemacht sind. Die Ordenung der Deudschen Meß. Am Ende: Gedruckt zu Leipzig, durch Valten Schumann, des Jars. M. D. xlij. Dann folgt noch auf der letzten Seite ein geistliches Lied. 15 Bogen in 8., die letzte Seite leer. Auf der Rückseite des Titels ist Christus am Kreuze dargestellt. Der Titel roth und schwarz gedruckt mit einer Einfassung. (Schwarz. Sammlung.)

18) Geistliche Lieder mit einer neuen Vorrede Doct. Mart. Luthers. Warnung D. Mart. Luthers:
Viel falsche Meister jetzt Lieder dichten,
Sieh dich für und lern sie recht richten,
Wo GOtt hinbaut sein Reich und sein Wort.
Da wil der Teuffel seyn mit Trug und Mord.
Leipzig 1545. 8. (Bei v. d. Hardt I. 480., bei Wackernagel S. 103. Nr. 37*.)

19) Geystliche Lieder. Mit einer newen vor-

rhebe, D. Mart. Luth. Warnung D. M. L. Viel
falscher Meister itzt Lieder tichten, Sihe dich für
vnd lern sie recht richten. Wo Gott hin bawet
sein kirch vnd sein wort, Da wil der Teuffel sein
mit trug vnd mordt. Leipzig. Am Ende: Gedruckt
zu Leipzig, durch Valentin Bapst. 1547. 25 Bo=
gen in 8. Die letzte Seite leer.

Nicht allein der Titel, sondern auch jede Seite
mit einer Einfassung; der Text mit vielen Holzschnit=
ten u. viele Lieder mit Singnoten versehen. (In
der Schwarzischen Sammlung.)

———

Lightning Source UK Ltd.
Milton Keynes UK
UKHW020853201118
332647UK00012B/1199/P